파생법의 변천

파생법의 변천

파생법의 변천

조 일 규

역락

머리말

　살아가다 우연히 만나 평생을 함께하는 사람이 있다. 아내다. 이러한 아내처럼 대학 공부를 하다 우연히 만난 한 권의 책이 있다. 허웅 스승님께서 쓰신 '우리 옛말본'이다.

　대학 3학년 때의 일이다. 중세 국어 문법 시간이었다. 부산여대 김영신 교수님이 강의하셨다. 옛말이 무척 어려워 강의 내용을 제대로 이해할 수조차 없었다. 수업을 마치고 나가시는 교수님께 여쭈었다. "중세 국어 문법이 어렵습니다. '이 책만 다 익히면 된다' 할 만한 책 한권만 소개해 주십시오" 하였다. 교수님께서는 주저 없이 "'우리 옛말본'을 읽어라" 하셨다. 부산에서는 구할 수가 없었다. 그길로 서울 가는 기차를 탔다. 청계천 헌책방을 뒤졌다. 지금 기억으로 한 달 하숙비 정도의 값을 치루고 그 책을 샀다. 힘들게 구한 책이라 읽고 또 읽었다. 대학 졸업 때까지 몇 번이고 거듭하여 읽었다. 우연히 만난 이 한 권의 책이 나의 길을 열어 주었다. 큰 행운이었다.

　이제 나도 한 권의 책을 펴낸다. 부족하기 짝이 없다. 그래도 용기를 내는 것은 북극성을 싸고도는 작은 별이라도 되고 싶은 심정에서다.

　오래 전에 '파생법 변천(I)'을 펴낸 적이 있다. 파생 이름씨의 변천을 다룬 책이었다. (II), (III)을 펴내면서 파생 풀이씨와 나머지의 변천을 다룰 생각이었다. 쓰다 보니 너무 오랜 시간이 흘러 따로 펴내기가 어렵게 되었다. 이런 까닭으로, 어쩔 수 없이 파생 이름씨와 파생 풀이씨의 변천을 이 한 권의 책으로 묶었다. 이제 나머지 파생법의 변천을 살필 일이 남았다. 이건 또 언제 끝날지 모를 일이다. 하는 데까지 해 볼 생각이다.

해 보니 우둔한 탓도 있지만 언어 직관이 통하지 않는 중세나 근대 문헌에서 예외적인 현상이 많은 파생 뒷가지를 찾아내는 일도 힘들었다. 뿐만 아니라 이를 공시적으로 체계화 시키고 다시 이를 통시적으로 살펴 그 변천된 모습을 찾아내는 일들은 여간 까다로운 것이 아니었다. 그런데도 낱말 만들기에 매달려 이를 연구하고 또 책을 만들어 펴고자 하는 데는 나름대로 그 까닭이 있다. 요즈음 일부러 만들어 쓰는 말만들기 때문이다. 요즈음 젊은이들의 새말만들기를 보면 말만들기의 규칙에 어긋날 뿐만 아니라 오히려 규칙에서 더 많이 벗어나기 위한 경쟁이라도 하듯이 도무지 알 수 없는 말들을 만들어 통신을 통하여 널리 펼치고 있다. 외국어와 맞지 않는 한자말을 가져다 쓰기 일쑤이고 이들을 또 아무렇게나 줄여, 무슨 뜻인지 도무지 알 수 없는 말들이 많이 있다. 이렇게 되면 우리의 정신세계를 지배하는 말이 혼란스럽게 될 수밖에 없고 이것이 깊어지면 결국에는 스스로의 존재가치를 잃어버리게 된다. 이 뿐 아니다. 뜻이 다른 말들을 서로 주고받으면서 그 이질감으로 계층이 나누어지고 심지어는 가족끼리도 말을 알지 못한다 하여 서로에게 웃음거리가 될 수도 있다. 그럴 수는 없는 일이다. 말만들기에 있어

지난 때를 알고 오늘을 알아 바람직한 내일로 나아가고자 하는 것이 이
책을 쓰는 목적이다.

　이 책이 나오기까지 많은 분들의 은혜가 있었다. 내 평생의 푯대가
되어주시는 허웅 스승님, 늘 따뜻하게 손을 잡으며 이끌어 주시는 하치
근 스승님의 은혜를 잊지 못한다. 깊이 머리 숙여 인사를 드린다. 가족
에게도 감사를 드린다. 또 한 분의 스승이 되어 학자의 길로 나아가게
해 주신 작은아버지, 묵묵히 나를 나 되게 곱게 감싸주는 아내에게도
감사드린다. 하나님과 부모님께도 감사드린다. 끝으로 어설픈 글을 잘
단장하여 책으로 출판해 주신 역락 출판사 이대현 사장님과 그 직원들
께도 감사드린다.

2011년 12월 10일
조 일 규

1. 연구의 목적

이 글은 국어 파생뒷가지의 변천을 살핌으로써 궁극적으로는 국어 조어법 체계 수립의 한 단면을 제공하고자 하는 데 그 목적이 있다.[1]

말은 말할이와 들을이 사이에서 나타난다. 이 두 사람이 같은 언어 공동체에 속한 사람이라면 이들의 말은 서로 다르지 않다. 그러나 그 실현 과정은 다르다. 말할이는 갈무리된 말을 종합하여 부려쓰는 과정을 가지고 들을이는 부려쓰인 말을 분석하여 갈무리하는 과정을 가진다.

언어의 연구는 이러한 말을 대상으로 하는데 통어론이나 형태론의 굴곡법에 있어서는 그 어느 쪽의 말을 대상으로 하여도 상관 없다. 이들은 이미 존재하고 있는 말의 연결 체계를 연구하는 것이기에 말할이

---

1) 이 뒤부터는 파생 뒷가지를 줄여 그냥 가지라고 쓰기도 한다. 앞가지와 구별이 필요할 때에는 뒷가지라 하고 굴곡 뒷가지와 구별이 필요할 때에는 파생 뒷가지라 쓴다.

에게서 나타나는 과정은 들을이의 분석적 과정의 역으로 생각할 수 있
고 들을이에게서 나타나는 과정은 말할이의 종합적 과정의 역으로 생
각할 수 있다. 따라서 통어론이나 굴곡법의 대상이 되는 말의 원소간
결합은 들을이에게서의 분석을 전제로 하는 일시적인 것이다.

그러나 조어법에서는 다르다. 조어법은 새로운 말을 만들어 내는 규
칙을 연구하는 것이므로 이는 낱말 구성 요소의 분석만 해서는 안 되며
분석된 원소가 다시 종합될 수 있는가도 살펴야 한다.

이것은 조어법에서의 낱말 구성 요소 간 결합이 통어론의 대상이 되
는 월에서처럼 들을이에게서의 분석을 전제하는 것이 아니며 또 그 구
성 요소들의 분석이 곧 종합을 의미할 수도 없기 때문이다.

이러한 사실을 굴곡법의 대상이 되는 낱말과, 조어법의 대상이 되는
낱말을 빗대어 살펴보면 잘 알 수 있다.

(1) 먹었다, 옷을
(2) ㄱ. 키, 금
    ㄴ. 편지꽂이, 책꽂이, 뒤꽂이

(1)은 줄기에 굴곡가지가 붙어 형성된, 굴곡법의 대상이 되는 낱말이
고 (2)는 밑말에 파생뒷가지가 붙어 형성된, 파생법의 대상이 되는 낱말
이다.

(1)의 경우는 분석과 종합이 자유롭다. '먹었다'는 '먹-/-었-/-다'로 분
석되면서 '먹-', '-었-', '-다'의 원소 간 결합이 곧 낱말 '먹었다'를 형성
한다.

'먹었다'의 의미도 분석된다. '먹었다'의 의미가 분석될 때 그 집합적
의미는 각기 그 구성 요소인 '먹-', '-었-', '-다'에 분산 수용된다. 그리고

이들이 다시 종합되어도 처음의 의미를 그대로 가진다. 다시 말하면 분석과 종합, 어느 쪽에도 의미의 유동이 없다. 따라서 연구자는 이 경우 분석적 관점을 가지거나 종합적 관점을 가지거나 차이가 없다. 이러한 사실은 '옷을'에서도 그대로 적용된다.

그러나 (2)에서는 다르다. (2ㄱ)의 '키, 금'은 어원적으로는 '키←크-+-이, 금←긋-+-ㅁ'과 같이 분석될 수 있다. 그러나 분석된 원소들의 종합은 공시적으로 불가능하다. 이들에서는 이미 음운, 형태, 의미상 특이성이 나타나기 때문이다. 그리고 (2ㄴ)의 '편지꽂이, 책꽂이, 뒤꽂이'에서는 '편지/꽂-/-이, 책/꽂-/-이, 뒤/꽂-/-이'로 분석할 수 있고 분석된 원소는 다시 종합할 수는 있으나 각 원소의 분석만으로는 처음의 뜻 즉 <편지꽂이 : 편지를 꽂아 두는 기구>, <책꽂이 : 책을 세워서 꽂아 두는 장치>, <뒤꽂이 : 쪽진 머리 뒤에 덧꽂는 비녀 이외의 물건>과 같은 뜻은 도무지 구할 수 없다.

이러한 사실을 두고보면 조어법에서는 분석이 곧 종합일 수 없으며 종합이 곧 분석을 의미하지도 않는다는 것을 알 수 있다. 따라서 조어법 연구에서의 연구자는 낱말을 대할 적에 분석적 관점과 종합적 관점을 분명히 하면서 이들이 서로 배타적이지 아니한 일관성 있는 규칙을 설정해야 할 것이다.

그러기 위해서는 먼저 조어법의 통시적 연구가 선행되어야 한다.

그런데 이 조어법은 그 범위가 매우 넓다. 도무지 한 사람의 힘으로 이 모두를 밝히기는 힘들다.

따라서 이 글에서는 이름씨 뒷가지와 풀이씨 뒷가지에 국한하여 이들의 변천을 살펴 조어법 체계 수립에 이바지 하고자 한다.

2. 연구의 범위 및 구성

1) 연구의 범위

이 글의 연구 범위는 후기중세국어, 근대국어, 현대국어 등에 쓰였거나 쓰이고 있는 이름씨와 풀이씨 뒷가지를 연구 대상으로 한다.

후기중세국어2)는 한글창제(1443)에서 임진왜란(1592~1598)까지의 문헌어를 말하고 근대국어는 임진왜란부터 갑오경장(1894)까지의 문헌어를 말하며 현대국어는 갑오경장 이후 오늘까지 쓰이는 말을 말한다.

이 시대 구분은 국어의 문법사나 음운사의 연구에서 정리된 것인데 이 글은 여기에 따른다. 이 글이 중세국어 이전까지 거슬러가지 못하는 것은 고대국어와 전기 중세국어의 경우 지금까지 남아 있는 문헌 자료가 뒷가지의 특성을 찾을 수 있을 만큼 충분하지 못하고 또, 그 자료도 향찰, 이두 등으로 되어 있어 이것을 당시의 우리말로 정확히 읽어내기도 어렵기 때문이다.

파생법은 보는 이에 따라 조금씩 다르나 대개 가지의 종류와 위치에 따라 앞가지 파생법과 뒷가지 파생법으로 나누고 파생법에 사용되는 수단에 따라서는 가지붙이기, 영변화, 반복법 등으로 나눈다.

이 글의 주된 대상은 이름씨와 풀이씨 뒷가지의 변천 연구가 그 목적이므로 자연히 뒷가지붙이기에 의한 파생법이 될 것이다.

그리고 영변화는 이 글의 논리 전개상 필요가 있을 때 영가지를 하나의 가지로 인정하면서 매우 제한적으로 다루게 될 것이다.

뒷가지는 생산성이 높은 것도 있고 낮은 것도 있다.

---

2) 이 뒤부터는 중세국어로만 하고 꼭 원말을 밝힐 필요가 있을 때만 이 원말을 밝힌다.

가지의 생산성은 대개 이것이 얼마나 많은 밑말과 관계할 수 있는가 하는 정도로 측정된다.

굴곡가지는 생산성에 있어 일반성이 있고 뒷가지는 제약성이 있다.

(3) ㄱ. 높게, 깊게, 길게, 많게, 크게, 넓게, 낮게, 얕게, 짧게, 작게
ㄴ. 높이, 깊이, 길이, ──, ──, 넓이, ──, ──, ──, ──

(3ㄱ)의 '-게'는 어찌꼴 씨끝으로 굴곡가지이다. 이는 같은 종류의 그림씨에는 빈칸 없이 연결된다. 그러나 (3ㄴ)의 뒷가지 '-이'는 밑말에 따라 결합될 수 있는 것도 있고 없는 것도 있다. 결합될 수 없는 것은 빈칸으로 남는다. 이렇게 굴곡가지에는 일반성이 있고 뒷가지에는 제약성이 있다.

뒷가지는 제약성을 가지는 가운데 생산성이 있는 것도 있고 없는 것도 있다.

둘 이상의 밑말과 결합될 수 있는 것은 생산성이 있다 하고 하나에만 결합될 때에는 생산성이 없다고 한다. 그리고 생산성이 있는 것은 생산성이 높은 것과 낮은 것이 있다.

뒷가지와 결합되는 밑말의 수가 많을 때는 생산성이 높다고 하고 그 수가 적을 때는 생산성이 낮다고 한다.[3]

이 글은 생산성이 높은 뒷가지를 대상으로 한다.

생산성이 낮을 때는 그 가지의 보편적인 특성과 의미의 규칙성을 찾기가 힘들기 때문이다.

---

[3] 하치근(1993ㄱ : 360-365)에서는 뒷가지의 생산성 측정은 어휘사전에 올려 있는 파생어를 대상으로 하여야 한다는 사실을 밝히고 있다. 따라서 가지의 생산성 정도는 사전에 올려진 수로써 결정된다.

그러나 생산성이 낮다 할지라도 그 특성이 뚜렷할 경우에는 이 글의 대상으로 삼는다.

이 글에 나타난 중세, 근대국어의 뒷가지는 이조어 사전(유창돈, 1987, 7판)과 우리말 큰사전 4권(한글학회, 1992, 옛말과 이두)을 중심으로 먼저 뒷가지에 의한 파생 이름씨를 찾고 이를 자료 문헌과 낱낱이 대조함으로써 뽑아 모은 것이다. 그리고 두 사전의 올림말로 나타나지 아니하나 자료 문헌에서 뒷가지에 의한 파생 이름씨이거나 풀이씨가 확실한 것은 글쓴이가 이 연구 자료에 포함시켰다.

그리고 현대국어의 뒷가지는 이것이 실재어여야 한다는 점에서 우리말 큰사전 1, 2, 3권(한글학회, 1991, 1992)의 올림말을 중심으로 하되 한글학회 지은 큰사전(한글학회, 1957, 3판)과 새한글 사전(한글학회, 1965)의 올림말을 참고하였다.

2) 구성

이 글의 구성은 다음과 같다.

제1장은 들어가기로서 연구의 목적, 연구의 범위및 구성을 기술한 뒤 자료 문헌 이름과 줄인 이름, 그리고 이 글에 사용되는 약자의 원 이름을 보인다.

제2장은 파생법과 그 주요 성분의 개념과 특성을 살핀다. 주요 성분의 개념과 특성은 그 한계에서 나타나는 다른 원소들과의 비교를 통하여 정립될 것이므로 곁들여 그 한계에서 나타나는 다른 원소들의 개념도 살필 것이다.

제3장과 제4장은 이 글의 본론적인 부분이다.

먼저 각 문헌에 나타나는 파생어를 찾아 밑말과 가지로 나눈다. 그리고 가지의 중심적인 뜻바탕과 특이 뜻바탕을 찾고 각 시대에 나타난 가지의 특성을 찾아 기술 한다. 그리고 각 시대에 따른 가지의 변천을 살핀다.

제3장에서는 이름씨 뒷가지의 변천을 살피고 제4장에서는 풀이씨 뒷가지의 변천을 살핀다.

제1절은 중세국어의 뒷가지, 제2절은 근대국어의 뒷가지, 제3절은 현대국어의 뒷가지, 제4절은 종합하여 살핀다.

제5장은 맺음말로서 그 때까지 논의된 사실을 정리한다.

3. 자료 문헌과 줄인 이름

1) 중세국어

원 이름	발행년도	줄인이름
훈민정음 해례	1446	훈해
훈민정음 언해	?	훈언
용비어천가	1447	용가
석보상절	1447	석보
월인천강지곡	1447	월곡
월인 석보	1458	월석
세종 어제 훈민 정음(월인 석보)	1458	세훈민
능엄경	1461	능엄
법화경	1463	법화
금강 반야 바라밀경 육조해	1464	금강
아미타경	1464	아미
영가집	1464	영가
오대산 상원사 중창 권선문	1464	오원
원각경	1465	원각
구급방	1466	구방
목우자 수심결	1467	목우
법어	1467	법어
몽산 화상 법어 약록	1472	몽산
내훈	1475	내훈

원 이름	발행년도	줄인이름
두시 언해(초간)	1481	두초
금강 반야 바라밀경 삼가해	1482	금삼
남명집	1482	남명
불정심 다라니경	1485	불정
구급 간이방	1489	구간
악학궤범	1493	악궤
진언 권공	1496	권공
삼강 행실도(초간)	14?	삼강
삼강 행실도(중간)	1511	삼강중
속 삼강 행실도	1514	속삼
사성 통해	1517	사해
집람	1517	집람
번역 소학	1518	번소
벽온방	1518	벽온
여씨 향약 언해	1518	여약
이륜 행실도	1518	이륜
정속 언해	1518	정속
훈몽 자회	1527	자회
우마 양저 염역병 치료방	1541	우방
분문 온역 이해방	1542	분온
번역 박 통사	1547	박번
영험 약초	1550	영약
은중경	1553	은중
구황 촬요	1554	구황
지장경 언해	1569	지장
칠대 만법	1569	칠대
신정 유합	1576	유합
계 초심 학인 문	1577	계초
발심 수행장	1577	발심
야운 자경	1577	야운
선가 귀감	1579	귀감
석봉 천자문	1583	석천
소학 언해	1586	소언
시경 물명 언해	1588	시물
주역 언해	1588	주언
시경 언해	1588	시언
서전 언해	1588	서언
맹자 언해	1589?	맹언
대학 언해	1589?	대언
중용 언해	1590	중언
논어 언해	1590?	논언
박 통사(초간)	15?	박초
악장 가사	15?	악장

2) 근대국어

원 이름	발행년도	줄인이름
노계집	1561~1642	노계
고산 유고	1587~1671	고산
언해 구급방	1608	구언
언해 두창 집요	1608	두요
언해 태산 집요	1608	태요
양금 신보	1610	양금
연병 지남	1612	연병
동의보감	1613	동의
동국 신속 삼강 행실도	1617	신속
가례 언해	1632	가언
두시 언해(중간)	1632	두해증
화포식 언해	1635	화포
마경 초집 언해	1635?	마언
벽온 신방	1653	벽신
경민편	1656	경민
어록 해	1657	어록
구황 보유방	1660	구보
신간 구황 촬요	1660	신구
칠장사 천자문	1661	칠천
두창 경험방	1663	두창
여훈 언해	16??	여훈
노걸대 언해(초간)	1670?	노해초
노걸대 언해(중간)	1745	노해중
첩해 신어	1676	신어
박 통사(중간)	1677	박증
역어 유해	1690	역해
팔세아	1703	팔아
삼역 총아	1703	삼역
소아론	1703	소아
청어 노걸대	1709?	청노
역어 유해 보	1715~1775	역보
물보	1722~1837	물보
백련 초해	1723	백련
청구 영언	1728	청언
여 사서	1736	여사
어제 상훈 언해	1745	상언
송강 가사	1747	송강
동문 유해	1748	동문

원 이름	발행년도	줄인이름
왕랑 반혼전	1753	왕반
해동 가요	1763	해동
일동 장유가	1764	일동
박 통사 신석 언해	1765~1776	박신
몽어 유해	1768?	몽유
십구 사략 언해	1771	십구
어제 소학 언해	1774	어소
염불 보권문	1776	보권
명의록	1777	명의
증수 무원록 언해	1782	증무원
자휼 전칙	1783	자휼
병학 지남	1787	지남
몽어 유해 보편	1790	몽유해
무예 도보 통지 언해	1790	무예
첩해 몽어	1790	첩몽
증수 무원록 언해	1792	무원
오륜 행실도	1797~1859	오륜
제중 신편	1799	제중
왜어 유해	17?	왜어
한청 문감	17?	한청
물명고	1773~1837	물명
신간 증보 삼략 직해	1805	삼략
가곡원류	1876	가곡
농가 월령가	1876?	농월
경신록 언해	1880	경신
독립 신문	1896	독립
교본 역대 시조 전서	1972	교시조

3) 현대국어

한글학회 지은 큰 사전 1957(3판)

한글학회 지은 새한글 사전 1965

한글학회 지은 우리말 큰사전 1991(1권), 1992(2, 3권)

이 글에 사용된 약자 이름

X : 밑말, 그 : 그림씨, 움 : 움직씨, 이 : 이름씨, 어 : 어찌씨, 매 : 매김씨, 상 : 상징어 밑말, 제 : 제움직씨, 남 : 남움직씨

우리는 파생법을 밑말에 파생가지를 붙여 새말을 만드는 방법이라 정의한다. 이 정의가 타당성을 갖기 위해서는 여기에 나타난 주요한 성분 즉 밑말, 파생가지, 새말 등의 개념이 이와 관련 있는 다른 것들과 함께 밝혀져야 한다. 그리고 이들과 한계에 있는 다른 성분들에 관해서도 논의 되어야 한다.

여기서는 이러한 것들에 대해 살펴본다.

1. 새말

파생법의 테두리에서 새말은 파생어를 말하는 것으로 이는 기존말에 대한 상대적 개념으로서의 새말이다. 따라서 기존말이 없는 새말 즉 신어 창조의 방법으로 만들어진 새말은 파생법의 테두리를 벗어난다.

그렇다면 기존말은 무엇인가? 이 개념이 확실해지면 자연히 새말 즉 파생어의 개념도 확실해진다. 이것은 기존말의 결합으로 파생어가 형성되기 때문이다.

기존말은 말 그대로 파생어가 있기 전에 존재하던 말이면서 종합적 관점에서는 파생어의 형성 수단이 되는 말이고 분석적 관점에서는 파생어의 구성 요소가 되는 말이다.

이는 둘로 나누어진다. 하나는 밑말 단위이고 다른 하나는 가지 단위이다.[1] 이 둘은 모두 파생어 형성의 수단이 된다. 따라서 이를 어휘적 단위라고 한다. 이 두 어휘적 단위가 결합되어 파생어를 형성한다. 다시 말하면 파생어는 이 두 어휘적 단위의 결합으로 이루어진 말이다.

이 어휘적 단위를 우리는 형성소라 하는데 형성소는 낱말 형성의 원소란 뜻으로 이것은 유의미적 단위이다.

이 어휘적 단위는 우리가 파생어를 분석함으로 확인할 수 있다. 그러나 무조건 분석만 해서는 안된다. 분석된 원소를 다시 종합했을 때 처음의 파생어가 형성되어야 한다.

여기에서 제기되는 문제가 분석되는 원소의 생산성 문제이다. 생산성이 있는 원소는 분석되어도 종합될 수 있으나 생산성이 없는 원소는 분석되었을 때 종합될 수 없으므로 이는 두 원소가 하나의 낱말로 녹아 붙은 것으로 보아야 한다. 이를 어휘화한 낱말이라 한다. 어휘화한 낱말

---

[1] 여기에서의 밑말 단위는 아직 파생어의 밑말이 되기 전의 어휘적 단위를 말하는 것으로 이것은 뒤에 파생어의 밑말이 될 수 있는 것을 말한다. 가지 단위도 같은 논리이다. 밑말 단위와 가지 단위가 결합하여 파생어를 형성했을 때 밑말 단위는 밑말이 되고 가지 단위는 가지가 된다. 이들은 개념상 구분된다. 그러나 이 구분은 실제 파생법을 다룸에 있어서는 그리 큰 의미를 가지는 것은 아니다. 파생법은 형성된 파생어를 대상으로 하기 때문이다. 따라서 이 글에서는 꼭 구분해야 하는 경우 이외에는 그냥 밑말, 가지라고만 쓴다.

은 더 이상 분석이 불가능한 하나의 형태소이다(하치근, 1993ㄱ : 365).

새말은 어떤 낱말의 구성 요소가 종합적인 관점에서 하나의 어휘적 단위라는 사실이 확인되고 그 어휘적 단위를 기존말로 하여 형성된 새로운 낱말이다.

2. 밑말

1) 밑말의 개념

(1) 밑말과 뿌리

밑말은 낱말 형성에 있어 가지에 대한 중심적인 요소를 말하는 것으로 이는 종합적인 관점에서의 개념이고, 뿌리는 더 이상 분석될 수 없는 최소의 구체적 의미 단위를 말하는 것으로 이는 분석적인 관점에서의 개념이다.

그렇다면 이 개념적 차이는 실제 파생법 연구에 있어 어떠한 의미를 갖는가? 이것은 우리가 파생어를 분석할 때 어디까지 분석할 것인가 하는데 차이가 있다.

밑말을 위에서처럼 종합적 관점에서 낱말 형성의 중심적 요소라고 한다면 이는 파생어를 만드는 맨 마지막 요소에 대한 중심적 요소를 의미하므로 밑말은 마지막 파생가지가 붙기 전의 말이 되고 뿌리가 분석적 관점에서 더 이상 분석할 수 없는 시점으로까지의 최소의 구체적 의미 단위라고 한다면 이는 낱말 형성을 위한 마지막 요소나 그 다음의 요소 등에 상관 없이 오로지 파생어에 있어서의 형태, 의미상 중심이 되는 말이 된다.

따라서 밑말은 한 낱말에서 굴곡가지와 마지막 파생가지를 뺀 남은
말이라 할 수 있고 뿌리는 한 낱말에서 모든 파생가지와 굴곡가지를 뺀
남은 말이라 할 수 있다(김석득, 1992 : 180).

    (4) ㄱ. 꾀보, 노닐-(다)
       ㄴ. 게으름뱅이, 짓밟히-(다)

(4ㄱ)은 밑말과 뿌리가 같다. 종합적인 관점에서 보아도 밑말은 '꾀,
놀-'이 되고 분석적인 관점에서 보아도 뿌리는 '꾀, 놀-'이 된다. 따라서
어떠한 관점에서 보아도 같다. 그러나 (4ㄴ)의 경우는 다르다. (4ㄴ)의
경우는 밑말이 파생어를 만드는 맨 마지막 요소에 대한 중심적인 요소
를 의미하므로 '게으름뱅이, 짓밟히-(다)'에서는 '-뱅이, -히-'가 맨 마지
막 요소인 파생가지여서 밑말은 '게으름, 짓밟-(다)'가 되고, 뿌리는 모
든 파생가지나 굴곡가지를 빼고 남은 말이므로 (4ㄴ)에서의 뿌리는 '게
으르-(다), 밟-(다)'가 된다.

    (4)' 뿌리 : 꾀, 놀-(다), 게으르-(다), 밟-(다)
       밑말 : 꾀, 놀-(다), 게으름,   짓밟-(다)

이러한 사실을 두고보면 밑말은 뿌리와 같거나 크다고 할 수 있다.

(2) 밑말과 줄기

형태론의 하위범주로는 조어법과 굴곡법이 있다.
조어법은 새말을 만드는 방법이고 굴곡법은 한 낱말의 형태를 바꾸
는 방법이다(허웅, 1983 : 186).

밑말은 새말을 만들 때 그 중심적인 요소가 되는 말을 말하고 줄기는
한 낱말의 형태를 바꿀 때 그 바뀌지 아니하는 부분을 말한다(김석득,
1992 : 180). 따라서 밑말은 조어법(파생법)에서 파생가지를 전제로 하는 것
이라면 줄기는 굴곡법에서 굴곡가지를 전제로 한다.

(5) 동산지기가 손을 휘저었다.

(5)에서 보면 이 월은 3개의 낱말로 이루어져 있다.2) '동산지기가'와
'손을'과 '휘저었다'가 그것이다.

여기에서 위 세 낱말은 모두 그 형태가 바뀌었다. '동산지기가'는 '동
산지기'에서 '손을'은 '손'에서, '휘저었다'는 '휘젓-'에서 바뀌었다. 따라
서 줄기는, 굴곡법으로 한 낱말의 형태를 바꿀 때 그 바뀌지 아니하는 부
분 즉 '동산지기, 손, 휘젓-'이 된다. 그리고 (5)의 각 낱말에서 줄기를 제
한 부분 즉 '-가, -을, -었' 등은 굴곡법에 관여한 가지이므로 이를 굴곡가
지라 하며 굴곡가지에 의해 형태가 바뀐 말을 우리는 굴곡어라 한다.

이렇게 두고보면 굴곡어와 줄기와의 관계는 형태 바뀐 말과 형태 바
뀌지 아니한 말 즉 기본말3)이 될 것이고 굴곡어와 굴곡가지의 관계는

---

2) (5)의 예에서 '동산지기가, 손을'은 각각 임자씨에 토씨가 붙어 이루어진 말이라고
도 볼 수 있고 임자씨에 굴곡가지(곡용)가 붙어 이루어진 말이라고도 볼 수 있다
(허웅, 1983 : 125-127). '-가, -을'을 토씨라고 한다면 토씨는 하나의 낱말이 되는 것
이기에 (5)의 예는 5개의 낱말로 이루어진 월이라고 해야 한다. 글쓴이도 허웅(1983 :
125-127)에서 제시한 '-가, -을' 따위가 토씨로서 한 낱말로 인정되어야 한다는 이
유를 충분히 인정하면서도 여기서 3개의 낱말이라 한 것은 이 글의 논의를 위해
'-가, -을'을 굴곡가지로 보았기 때문이다.
3) 기본말과 기존말은 구분해야 한다. 기본말은 줄기와 굴곡어의 관계에서 나타나는
말로 굴곡어(형태 바뀐 말)의 기본이 되는 말이라는 뜻으로 쓰인 말이다. 따라서
기본말에는 굴곡가지가 포함되지 아니한다. 그리고 기본말에 굴곡가지 '-다'를 붙
인 형태(풀이씨의 경우)를 우리는 기본형이라 한다. 그런데 기존말은 낱말 형성 수

형태 바뀐 말과 형태 바꾼 말의 관계가 된다. 따라서 줄기나 굴곡가지
는 굴곡어의 존재를 떠나서는 생각할 수 없는 것이며 줄기는 굴곡법에
서 굴곡가지를 전제하지 않을 수 없다.

그런데 밑말은 다르다.

밑말은 새말을 만들 때 그 중심적인 요소가 되는 말이므로 (5)의 세
낱말에서 보면 '동산지기가'에서는 '동산지기'가 새말이므로 밑말은 '동
산'이 되고 '손을'에서는 새말이 없으므로 여기서는 밑말을 찾을 수 없으
며, '휘저었다'에서는 '휘젓-(다)'가 새말이므로 밑말은 '젓-(다)'가 된다.

(5)' 줄기 : 동산지기, 손, 휘젓-(다)
밑말 : 동산,　　　 -,　　 젓-(다)

이상의 사실을 두고보면 밑말은 뿌리와도 그 개념이 다르고 줄기와
도 다르다. 따라서 이 글에서는 밑말, 뿌리, 줄기의 용어를 이상에서 밝
힌 개념적 테두리 내에서 사용할 것이다.

2) 밑말의 특성

밑말은 파생가지의 상대적 개념을 가진다. 따라서 밑말의 특성은 가
지와의 비교를 통하여 얻을 수 있다.

밑말의 특성은 크게 언어수행의 차원에서 나타나는 의미의 실질성과
언어능력의 차원에서 나타나는 확충성을 들 수 있다.

단으로 참여한 말이므로 이는 밑말과 파생가지 모두가 된다.

(1) 밑말의 실질성

밑말의 실질성은 밑말이 언어수행에 있어 파생어의 중심된 의미를 가지는 특성으로 이는 가지의 형식적 의미에 대립된다.

의미적 측면에서 밑말이 실질성을 가지고 가지가 형식성을 가진다는 사실은 다음 몇 가지 특징으로 알 수 있다.

첫째, 밑말은 실질성을 가지기에 언제나 파생어의 중심적인 요소가 되어 그 파생어의 실질적이고 구체적인 뜻을 나타내는데 비하여 가지는 형식성을 가짐으로 파생어의 중심적인 요소가 되지 못하고 언제나 중심적인 요소에 대한 변두리 요소가 되어 그 파생어의 형식적이고 추상적인 뜻을 나타낸다.

따라서 파생어에 있어 밑말의 뜻은 언제나 일정하며 그 뜻이 한 낱말로 나타났을 때의 뜻과 일치한다. 이에 비해 가지의 뜻은 밑말에 따라 가변적일 수 있으며 더욱이 생산성이 낮은 가지는 그 뜻조차 찾기 힘들다. 이러한 관계로 가지의 뜻은 생산성이 높은 것을 대상으로 할 수밖에 없으며, 생산성이 높은 가지에 의해 형성된 파생어의 뜻을 해체하여 그 가운데서 가지의 공통되는 뜻바탕을 찾아낼 도리밖에 없다(하치근, 1993ㄱ : 125).

> (6) ㄱ. 가난뱅이 : 사람이 매우 '가난'하다.
> ㄴ. 안달뱅이 : 사람이 걸핏하면 '안달'을 한다.
> ㄷ. 앉은뱅이 : 사람이 항상 자리에 '앉아' 있다.
> ㄹ. 비렁뱅이 : 사람이 항상 '빌어' 먹는 일로 살아간다.
> ㅁ. 주정뱅이 : 사람이 항상 술을 마시기만 하면'주정'을 부린다.

(6ㄱ-ㅁ)에서 보면 왼쪽 밑말의 뜻이 오른쪽 풀이에 그대로 나타나면

서 왼쪽 밑말의 뜻과 오른쪽 풀이에 있는 낱말의 뜻이 일치한다. 그러나 가지의 뜻은 다르다. 모두 '사람'의 뜻을 가지고 있는 것은 같으나 (6ㄱ)에서는 '매우'의 뜻을, (6ㄴ)에서는 '걸핏하면'의 뜻을, (6 ㄷ-ㅁ)에서는 '항상'의 뜻을 가진다. 가지의 뜻은 이렇게 밑말에 따라 달라질 수 있다.

　만약 밑말의 뜻이 이렇게 달라진다면 도무지 파생어는 만들어 내지 못할 것이다.

　둘째, 밑말은 의미의 실질성을 가지기에 씨갈래를 가진다. 그러므로 밑말은 어휘부 목록에서 씨갈래 표시가 있는 괄호 매김을 가지는데 비하여 가지는 형식성을 가짐으로 어휘부 목록에서 씨갈래 표시가 없는, 가지 표시만의 괄호 매김을 가진다(Scalise, 1987 : 31-32).

　따라서 씨갈래를 명확히 알 수 있는 것은 규칙적인 밑말로 쓰일 수 있으나 그렇지 못한 것은 불규칙적인 것으로 이로써 이루어진 낱말은 이미 어휘화한 것으로 보아 그 자체로는 밑말이 되지 못한다.

(7) ㄱ. 마음-껏, 게으름-뱅이, 사람-답-(다), 믿-업(다)
　　ㄴ. 기 - 껏, 속달 - 뱅이, 아름-답-(다), 못-업(다)

　(7ㄱ)의 밑말은 씨갈래가 명확하다. 따라서 이것은 규칙적인 것이어서 월 성분으로 나타날 수도 있고 (7ㄱ)에서처럼 파생어의 밑말이 될 수 있다. 그러나 (7ㄴ)의 '기, 속달, 아름, 못' 등은 씨갈래가 명확하지 못하다. 이것은 월 성분으로 나타날 수 없고, 항상 '-껏, -뱅이, -답-, -업-' 가지와만 연결되는 특수 형태소이다. 이 특수 형태소는 분석적인 관점에서는 가지가 생산성을 가지므로 하나의 형태소로 분석되나 종합적인 관점에서는 이 형태가 밑말로서 생산성을 가지지 못하므로 이는 그 뒤의 가지와 함께 어휘화한 것으로 보아야 한다. 따라서 (7ㄴ)의 형태는 하나

의 어휘소이다(하치근, 1993 : 365-374). 밑말은 언제나 씨갈래를 명확히 가진다.

그러나 가지는 씨갈래를 가지지 못한다.

(7)에서 가지 '-껏, -뱅이, -답-, -업-' 등은 그 자체로 씨갈래를 가지고 있지 않다.

셋째, 밑말은 의미의 실질성을 가지기에 한 낱말로서 사전에 올려지기도 하고 하나의 월 성분으로 나타날 수도 있는데 비하여 가지는 형식성을 가지기에 그 자체로는 월 성분으로 나타나지 못하고 항상 밑말과 함께 나타난다.

    (8) 욕심-꾸러기, 순이-네, 가마니-때기, 서울-나기, 나무-깽이
    (8)' ㄱ. '욕심'이 많다.
         '순이'는 예쁘다
         '가마니'가 헐었다
         '서울'은 만원이다.
         '나무'가 잘 탄다.
    (8)' ㄴ. *꾸러기는, *네는, *때기는, *나기는, *깽이는

이상의 특징적 사실을 통하여 밑말은 실질성의 특성을 가진다고 할 것이며 여기에 비하여 가지는 형식성의 특성을 가진다고 할 수 있다.

(2) 밑말의 확충성

밑말의 확충성은 밑말의 실질성과 함께 밑말의 큰 특성 중의 하나이면서 이는 실질성과는 그 개념을 달리한다.

밑말의 실질성이 언어수행의 차원이라면 밑말의 확충성은 언어능력의 차원이다. 그리고 밑말의 실질성이 가지의 형식성에 상대되는 개념

이라면 밑말의 확충성은 가지의 보충성에 상대되는 개념이다. 가지의 보충성도 언어 능력의 차원이다.

따라서 여기서는 밑말의 확충성을 살피기 전에 먼저 가지의 보충성부터 살펴본다.

가지의 보충성은, 언중이 새말을 만들 때 밑말을 먼저 세우고 여기에 가지를 결합시켜 만들게 되는데 이 때 만들고자 하는 말에서 밑말의 부족한 부분을 가지가 보충하는 이러한 성질을 말한다.

> (9) ㄱ. 가난-뱅이 : 사람이 매우 가난하다.
> ㄴ. 안달-뱅이 : 사람이 걸핏하면 안달을 한다.
> ㄷ. 앉은-뱅이 : 사람이 항상 자리에 앉아 있다.

(9)에서 사람들이 만들고자 하는 말은 오른쪽 뜻을 가진 말이다. 그런데 '가난, 안달, 앉은'이라는 밑말만으로는 그 뜻이 부족하다. (9ㄱ)에서는 '사람이 매우 (X)하다'가 부족하고 (9ㄴ)에서는 '사람이 걸핏하면 (X)를 한다'가 부족하며 (9ㄷ)에서는 '사람이 항상 (X)있다'가 부족하다. 이 부족한 뜻을 보충하기 위하여 사람들은 '-뱅이'를 결합시킨다. 그리하여 오른쪽 뜻을 가진 왼쪽말을 만든 것이다. '가난뱅이, 안달뱅이, 앉은뱅이'는 결국 밑말이 가지의 보충을 받아 이루어진 것이라 할 수 있다. 가지는 이렇게 새말이 가져야 할 뜻에서 밑말만으로는 부족한 부분을 보충하게 되는데 가지의 이러한 성질을 가지의 보충성이라 한다.

그러면 가지의 보충은 무엇을 의미하는가? 이것은 밑말을 중심으로 하여 보면 곧 밑말의 확충이 된다. 밑말이 가지의 보충으로 말미암아 형태, 의미, 기능이 점점 확충되어 나가기 때문이다. 즉 밑말이 가지를 끌어당겨 자신의 형태와 의미를 확충해 나간다.

이것은 밑말의 조어 기능이다.

이러한 기능으로 말미암아 밑말에는 뿌리도 붙을 수 있고 가지도 붙게 된다. 만약 밑말에 이러한 기능이 없다면 새말은 만들어지지 못할 것이다. 그런데 가지에는 밑말에서처럼 스스로 자신을 확충해 갈 기능이 없다. 위에서 보았듯이 보충해 주는 기능밖에 없다. 밑말과 가지는 이러한 기능적 차이가 있다.

이러한 사실을 '달음박질'이라는 예로 살펴본다.

    (10) 달음박질

(10)의 '달음박질'은 다음과 같이 분석해 볼 수 있다.

    (11) ㄱ. [[[달-(닫-)]+ -음박-]+ -질]
        ㄴ. [[[달-(닫-)]+ -음]+ -박질]
        ㄷ. [[[[달-(닫-)]+ -음]+ -박]+ -질]

이 세 가지 분석 중 어떠한 분석이 옳은 분석인가?

만약 (11ㄱ, ㄴ)이 옳은 분석이라면 가지는 가지끼리의 결합이 가능하므로 가지도 확충성이 있다고 해야할 것이고 (11ㄷ)이 옳다면 이는 하나의 밑말에 하나의 가지만이 결합되는 것이므로 가지에는 확충성이 없다고 해야 할 것이다.

먼저 (11ㄱ)부터 본다.

이 분석이 가능하기 위해서는 다음 두 가지의 경우 중 하나이어야 한다.

    ① '-음', '-박'이 각각 하나의 어휘소이나 가지의 확충으로 '-음박-'이 하

나의 어휘항목이 된다.
② '-음박-'이 어휘화한 형태이다.

①부터 살펴본다.

①의 경우는 아로노프(Aronoff, 1976 : 48)의 '1가지 1규칙 가설'에 어긋난다. 여기에 의하면 낱말 형성 규칙은 한 번에 단 하나의 가지만을 첨가하게 되는 데 (11ㄱ)에서 보면 동시에 두 가지가 첨가되고 있으니 먼저 이 가설에 어긋난다. 그리고 이는 '이항 분지 가설'에도 어긋난다(Scalise, 1987 : 190-192). 파생법에서의 나무가지는 항상 둘로만 뻗을 수 있는데 (11ㄱ)의 분석은 (11ㄱ)'에서 보듯이 가지가 셋으로 뻗고 있으니 이 가설에도 어긋난다.

(11ㄱ)'

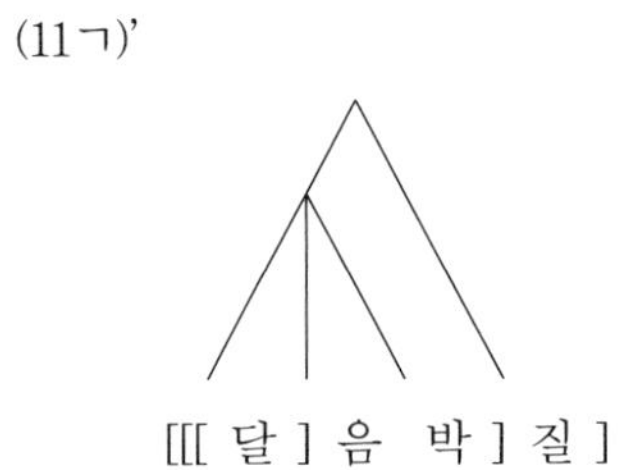

[[[달] 음 박] 질]

따라서 ①의 가능성은 없다.

이제 ②를 살펴본다. '-음박'이 어휘화한 형태인가 하는 것이다. 이들이 어휘화하기 위해서는 이 중 하나가 <-생산성>을 가져야 한다.

(11ㄱ)" -음 : 지킴, 가르침, 뉘우침, 슬픔, …
        -박 : 뜀박, 숨박, …

그런데 (11ㄱ)"에서 보면 '-음'이나 '-박'은 모두 <+생산성>을 가진다.

그러므로 '-음박'이 어휘화했다고 볼 수 없다.

따라서 ②의 가능성도 없다.

그렇다면 (11ㄱ)의 분석은 불가능한 분석이다.

이제 (11ㄴ)의 분석을 본다.

이것은 '-박질'이 (11ㄱ)에서처럼 ①, ②의 경우 중 어느 하나이어야 한다.

그런데 '-박질'도 (11ㄱ)처럼 '1가지 1규칙 가설'이나 '이항 분지 가설'에 어긋난다.

(11ㄴ)'

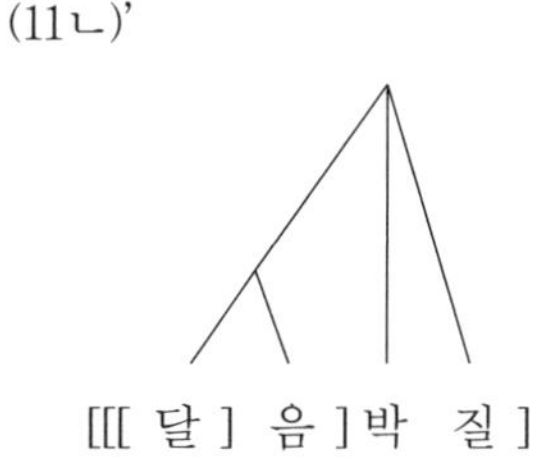

[[[달] 음] 박 질]

그리고 '-박'이나 '-질'도 (11ㄴ)"에서 보듯이 생산성이 있으므로 이도 어휘화한 형태가 아니다.

(11ㄴ)" -박 : 뜀박, 숨박, …
　　　　 -질 : 낫질, 도둑질, 놀음질, …

따라서 (11ㄴ)의 분석도 불가능한 분석이다.

끝으로 (11ㄷ)의 분석을 본다.

이것은 '닫-(→달-)'을 밑말로 하여 순차적으로 밑말을 확장해 나간 형태이다. 밑말 '닫-(→달-)'에 가지 '-음'이 결합되어 하나의 어휘가 형

성되고 이것이 다시 밑말이 되어 가지 '-박'이 결합되어 밑말 '달음박'이
형성된다. 여기에 가지 '-질'이 결합되어 결국 '달음박질'이라는 파생어
를 형성한다. 이것은 매우 정상적인 파생이다. '1가지 1규칙 가설'이나
'이항 분지 가설'에 어긋남이 없다.

(11ㄷ)'

[[[[달] 음] 박] 질]

따라서 (11ㄷ)의 [[[[달-]-음]-박]-질]이 옳은 분석이다.

이렇게 두고보면 (11ㄱ, ㄴ)에서 나타난 '-음박'이나 '-박질'과 같은 가
지의 확충은 있을 수 없는 일이며 가지는 오직 밑말을 보충하는 조어적
기능만을 가졌다 하겠고 밑말은 가지의 보충을 받아 형태나 의미 등을
확충해 가는 기능을 가졌다 하겠다.

밑말에 대한 가지의 이러한 조어 기능적 특성을 보충성이라 한다면
가지에 대한 밑말의 조어 기능적 특성을 확충성이라 한다. 파생어는 밑
말과 가지의 서로 다른 이러한 기능적 특성으로 말미암아 형성된다.

3. 파생가지

파생가지와 굴곡가지는 구분된다. 이로 말미암아 형태론은 전통적으
로 파생법과 굴곡법으로 나누어진다. 파생법은 새말을 만드는 방법을

말하고 굴곡법은 낱말의 형태를 변화시키는 방법을 말한다. 파생법으로 새말을 만들 때는 밑말에 파생가지를 결합시켜 만들게 되는데 여기에는 일정한 규칙이 있다. 이 규칙을 우리는 파생규칙이라 한다. 그리고 굴곡법으로 줄기를 변화시킬 때에도 일정한 규칙이 있다. 이것을 우리는 문법규칙이라 한다.

따라서 파생법과 굴곡법의 차이는 결국 파생규칙과 문법규칙의 차이이고 파생규칙과 문법규칙의 차이는 결국 밑말에 붙는 형태가 파생가지인가 굴곡가지인가로 나타나게 된다. 그런데 이들은 형태, 의미, 기능에 있어 서로 다르다. 또 이들이 다르기 때문에 파생규칙과 문법규칙이 다르게 된다.

이 둘의 근본적인 다름은 조어력에 있다. 파생가지는 조어력이 있는 데 비하여 굴곡가지에는 조어력이 없다. 파생가지가 조어력을 가지는 이러한 특성을 우리는 앞에서 보충성이라 한 바 있다.

이것은 앞에서 밑말의 확충성에 상대되는 개념으로 쓰인 말이기는 하나 여기서도 그대로 적용될 수 있을 것이다. 그러나 단지 보충성이라고만 할 때는 '굴곡가지에도 보충성이 있다' 할 수 있을 것이므로 여기서는 이를 구분하여야 한다. 즉 파생가지의 보충성은 조어력을 가지고 있는데 비하여 굴곡가지의 보충성은 조어력이 없이 단지 줄기에 문법적 의미와 낱말의 형태를 바꾸는 기능만을 보충할 뿐이다. 따라서 파생가지의 보충성과 굴곡가지의 보충성은 구분되어야 한다.

파생가지와 굴곡가지는 보충성에 있어 이런 근본적인 다름으로 말미암아 실현된 말에서는 몇 가지 다른 특징이 나타난다.

이는 지금까지 많은 분들에 의해 논의 되었다.4) 이 논의를 중심으로

---

4) 여기에 대한 논의는 파생법을 다루는 많은 문법서에 나타난다. 이 글은 이들 문법

그 특성을 살펴보면 다음과 같다.

첫째, 파생가지는 밑말의 씨갈래를 바꿀 수 있다. 그러나 굴곡가지는
줄기의 씨갈래를 바꾸지 못한다.

    (13) ㄱ. 임자씨(밑말)+뒷가지→풀이씨(파생어) : 사람-답(다),
            슬기-롭(다), 방정-맞(다), 걱정-스럽(다)
        ㄴ. 풀이씨+뒷가지→임자씨 : 덮-개, 미치-광이, 뜨-내기, 살-림,
            다듬-질
    (14) ㄱ. 임자씨+굴곡가지→임자씨 : 사람-은, 슬기-는, 방정-은, 걱정-은
        ㄴ. 풀이씨+굴곡가지→풀이씨 : 덮-게, 미치-게, 뜨-게, 살-게, 다듬-게

(13)의 파생가지는 밑말과 결합하여 밑말의 씨갈래를 바꾼다. 그러나
굴곡가지는 (14)에서 보듯이 줄기의 씨갈래를 바꾸지 못한다.[5]

그런데 모든 파생가지가 밑말의 씨갈래를 바꾸는 것은 아니다. 앞가
지나 뒷가지 중에서도 밑말의 씨갈래를 바꾸지 못하는 것이 있다.

    (15) ㄱ. 앞가지+임자씨→임자씨 : 맏-아들, 돌-감, 올-벼
           앞가지+풀이씨→풀이씨 : 헛-디디(다), 드-높(다), 들-끓(다)
        ㄴ. 임자씨+뒷가지→임자씨 : 키-다리, 욕심-꾸러기, 벼슬-아치
           풀이씨+뒷가지→풀이씨 : 낮-추(다), 밀-치(다), 죽-이(다)

(15)에서 보듯이 (15ㄱ)의 앞가지는 밑말의 씨갈래를 바꾸지 못한다.
그리고 (15ㄴ)과 같은 뒷가지도 밑말의 씨갈래를 바꾸지 못한다.

이러한 파생가지를 씨갈래 안바꾸는 가지라 한다. 가지의 종류에 대

서에서 지적하고 있는 사실들을 정리한 것이다.
 5) 이러한 사실은 많은 분들에 의해 지적되었다. 허웅(1983 : 244), 하치근(1993ㄱ : 97),
   송철의(1989 : 9) 등을 비롯한 파생법 다루는 거의 모든 문법서가 이를 지적한다.

해서는 뒤에서 다시 살핀다.

둘째, 파생가지는 어휘적인 뜻이 있어 이를 밑말에 보충함으로써 밑말의 개념상 뜻이 바뀐다. 그런데 굴곡가지는 어휘적인 뜻이 없다. 따라서 어휘적인 뜻을 줄기에 더하지 못하고 다만 어형변화 때에 문법적인 뜻만 더한다.

이러한 사실은 하치근(1993ㄱ : 97), 고영근(1989 : 529), 송철의(1989 : 11), 김봉모(1984 : 17), 스카리스(Scalise, 1987 : 144-145), 바우어(Bauer, 1983 : 29) 등에서 지적되고 있는데 특히 하치근에서는 이를 파생가지의 대치성으로 설명하고 있다.

   (16) ㄱ. 꾀보(꾀가 많은 사람)
       ㄴ. 앉을깨(앉는 물건)
       ㄷ. 가르치ㅁ(가르치는 일)
       ㄹ. 기다랗다(아주 길다)

(16ㄱ)의 '-보'의 자리에는 'X많은 사람'이 대치되고 (16ㄴ)의 '깨'의 자리에는 'X하는 물건'이 대치되며 (16ㄷ)의 자리에는 'X하는 일'이 대치된다. 그리고 (16ㄹ)의 자리에는 '아주 X하다'가 대치된다.

이러한 사실을 보면 파생가지는 대치되는 어휘적인 뜻을 가졌다 할 것이므로 어휘성이 있다. 그리고 파생가지의 이 어휘성으로 말미암아 밑말의 개념적인 뜻이 바뀐다.

이에 비해 굴곡가지는 (17)에서 보듯이 문법적인 뜻만 더한다. 따라서 줄기의 개념적인 뜻을 바꾸지 못한다.

   (17) 내일 비가 오겠다.(미래 시제)

셋째, 파생가지의 어휘적인 뜻은 밑말에 따라 달라질 수도 있는 가변적인 뜻을 가진다. 그런데 굴곡가지의 문법적인 뜻은 일정하다.6)

여기에 대한 파생가지의 예는 (6ㄱ-ㅁ)에서 다루었으므로 여기서는 굴곡가지의 예만 들어본다.

> (18) ㄱ. 갔다, 왔다, 있었다, 먹었다, 잡았다
> ㄴ. 가겠다, 오겠다, 있겠다, 먹겠다, 잡겠다
> ㄷ. 간다, 온다, 있는다, 먹는다, 접는다

(18)을 보면 굴곡가지가 어떤 자리에 붙어도 그 문법적인 뜻은 변하지 않는다. (18ㄱ)의 경우는 굴곡가지 '-았/었-'이 어떠한 줄기에 붙더라도 그 행위가 과거에 이루어졌음을 나타낸다는 데에는 변함이 없고 (18ㄴ)의 경우는 줄기의 행위가 미래에 그리고 말할이의 '의지 있음'의 뜻을 나타내는 데에는 변함이 없다. 그리고 (18ㄷ)은 모두 현재를 나타내고 있다. 굴곡가지는 이렇게 문법적인 뜻이 일정하다. 그러나 파생가지는 (6ㄱ-ㅁ)의 예에서 보듯이 밑말에 따라 그 어휘적인 뜻이 달라진다.

넷째, 파생가지는 밑말에 가깝게 위치한다. 그러나 굴곡가지는 파생가지보다 밑말에서 먼 자리에 놓이게 된다.

> (19) 먹음직스럽게, 게으름뱅이가, 깨뜨리시다, 잡히었다

(19)에서 보면 굴곡가지 '-게, -가, -시-, -었-' 등은 모두 밑말에서 먼, 파생가지의 오른쪽에 자리잡고 있다. 그리하여 굴곡가지의 왼쪽에 있는 낱말을 변화시킨다. 그런데 비하여 파생가지는 밑말에 바로 붙어 그 밑

---

6) 이러한 사실은 하치근(1993ㄱ : 102), 송철의(1989 : 12)에 지적되어 있다.

말을 보충함으로써 새로운 낱말을 만든다. 파생가지는 굴곡가지보다 밑
말에 가깝게 자리한다.

제3장 | 이름씨 뒷가지의 변천

이름씨 만드는 뒷가지는 ①그것이 파생하는 이름씨가 추상적인 이름씨인가 구체적인 이름씨인가에 따라 추상적인 뒷가지와 구체적인 뒷가지로 나누어지고 ②가지가 밑말의 씨갈래를 바꾸는가 바꾸지 않는가에 따라 씨갈래 바꾸는 뒷가지와 씨갈래 안바꾸는 뒷가지로 나누어지며 ③가지가 결합할 수 있는 밑말의 정도에 따라 한 씨갈래 뒷가지와 여러 씨갈래 뒷가지로 나누어진다.

따라서 이름씨 뒷가지는 다음 세 가지의 분류 기준을 세울 수 있다.

① 가지가 파생하는 이름씨의 추상성 여부
② 밑말의 씨갈래 바꿈의 여부
③ 가지가 결합될 수 있는 밑말의 씨갈래 정도

이 기준에 따른 뒷가지의 유형을 좀 더 자세히 살펴본다.

먼저 ①을 살펴본다.

이름씨 뒷가지는 그 가지가 파생하는 이름씨의 추상성 여부에 따라
먼저 <추상성>을 가진 이름씨를 파생하는 가지와 <구체성>을 가진 이
름씨를 파생하는 가지로 나누어진다.

> (20) 놀-이, 다듬-기, 가르치-ㅁ, 길-이
> (21) ㄱ. 장사-아치, 째-보, 늦-둥이
>   ㄴ. 낫-갱기, 집-개, 깜-아귀

(21)의 파생어는 사람이나 사물의 뜻바탕을 가진다. 이는 매우 구체적
인 뜻바탕이다. 여기에 비하여 (20)의 파생어는 (21)에서와 같은 구체적
인 뜻바탕이 잘 찾아지지 않는다. 이는 일반성을 가진 추상적인 뜻바탕
이다. 이름씨 뒷가지는 이렇게 추상적인 뜻바탕을 가진 이름씨를 파생하
는 것과 구체적인 뜻바탕을 가진 이름씨를 파생하는 것으로 나누어진다.
앞엣것을 '추상화 뒷가지'[1]라 하고 뒤엣것을 '구체화 뒷가지'라 한다.

구체화 뒷가지는 다시 둘로 나누어진다.

하나는 <사람>의 뜻바탕을 가진 이름씨를 파생하는 것이고 다른 하
나는 <사물>의 뜻바탕을 가진 이름씨를 파생하는 것이다.

위 (21ㄱ)에서 '-아치, -보, -동이' 가지는 각각 이름씨, 움직씨, 그림씨
밑말과 결합하여 모두 <사람>의 뜻바탕을 가진 파생어를 형성한다. 이
러한 가지를 '사람 뒷가지'라 한다.

---

1) 이 글에 쓰인 '추상성'의 의미는 이 말이 쓰인 자리에 따라 둘로 구분된다. 하나는
   '추상화 뒷가지'가 가지는 의미 자질로서의 '추상성'으로 이는 '사물 뒷가지'나 '사
   람 뒷가지'가 가지는 '구체성'의 의미 자질에 대한 것이고 다른 하나는 뒷가지가 일
   반적으로 가지는 의미로서의 '추상성'으로 이는 밑말이 가지는 구체적 의미에 대
   한 말이다.

이에 비하여 (21ㄴ)의 '-갱기, -개, -아귀' 가지는 모두 <사물>의 뜻바탕을 가진 파생어를 형성한다. 이러한 가지를 '사물 뒷가지'라 한다.

구체화 뒷가지는 이렇게 '사람 뒷가지'와 '사물 뒷가지'로 나누어진다.

이러한 사실을 두고보면 이름씨 뒷가지는 ①의 분류 기준에 따라 (22)와 같이 나누어진다.

(22)

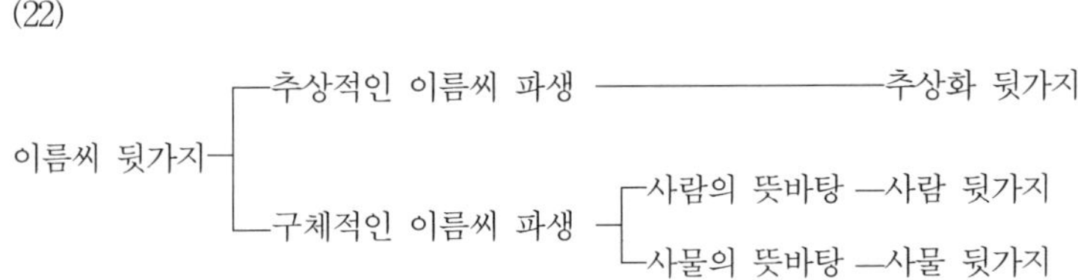

그런데 국어의 모든 이름씨 뒷가지가 위 세 유형 중 어느 하나에 속하는 것은 아니다. 행위, 뭇셈, 높임, 장소, … 등과 같은 잡다한 뜻바탕을 가지는 파생어를 형성하는 가지도 있다. 이들의 뜻바탕은 매우 복잡하여 하나의 체계를 세우기가 어렵다.

따라서, 이 글에서는 이들을 '기타 뒷가지'로 한데 묶어 따로 살핀다.

이제 ②에 따라 나누어 본다.

이름씨 뒷가지는 밑말의 씨갈래를 바꾸는 것도 있고 바꾸지 않는 것도 있다.

    (23) ㄱ. 잠-꾸러기, 벼슬-아치
         ㄴ. 덮-개, 먹-이

(23ㄱ)의 '-꾸러기, -아치' 가지는 이름씨 밑말과 결합하여 다시 이름

씨를 파생한다. 이는 밑말의 씨갈래를 바꾸지 아니한다.

이러한 뒷가지를 '씨갈래 안바꾸는 뒷가지'라 한다.

이에 비하여 (23ㄴ)의 '-개, -이' 가지는 밑말의 씨갈래를 바꾼다. 움직씨 밑말에 가지가 결합됨으로써 파생어는 이름씨로 바뀐다.

이러한 뒷가지를 '씨갈래 바꾸는 뒷가지'라 한다.

이름씨 뒷가지는 이렇게 밑말의 씨갈래 바꿈의 여부에 따라 '씨갈래 바꾸는 뒷가지'와 '씨갈래 안바꾸는 뒷가지'로 나누어진다.

이제 ③에 따라 나누어 본다.

이름씨 뒷가지는 그 가지에 따라 한 씨갈래의 밑말에만 결합되는 것이 있고 둘 이상의 씨갈래의 밑말과 결합되는 것이 있다.

(24) 가마니-때기, 거적-때기, 볼-때기
(25) ㄱ. 가난-뱅이, 안달-뱅이, 주정-뱅이
　　　ㄴ. 앉은-뱅이, 떠돌-뱅이, 돌림-뱅이
　　　ㄷ. 느림-뱅이, 게으름-뱅이, 짜름-뱅이
　　　ㄹ. 얼금-뱅이, 알금-뱅이, 너털-뱅이

(24)의 '-때기' 가지는 항상 이름씨 밑말에만 결합된다. 이는 한 씨갈래 밑말에만 결합되는 뒷가지이다.

이를 '한 씨갈래 뒷가지'라 한다.

이에 비하여 (25ㄱ-ㄹ)의 '-뱅이' 가지는 이름씨(25ㄱ), 움직씨(25ㄴ), 그림씨(25ㄷ), 상징 어찌씨(25ㄹ) 밑말과 결합된다. 이는 여러 씨갈래 밑말과 결합되는 뒷가지이다.

이를 '여러 씨갈래 뒷가지'라 한다.

이와 같이 이름씨 뒷가지는 가지가 결합될 수 있는 씨갈래의 정도에 따라 '한 씨갈래 뒷가지'와 '여러 씨갈래 뒷가지'로 나누어진다.

이상으로 이름씨 뒷가지의 분류 기준과 그 기준에 따른 유형을 살펴 보았다.

이를 정리하여 보면 다음과 같다.

(26)
① 가지가 파생하는 이름씨의 추상성 여부에 따라

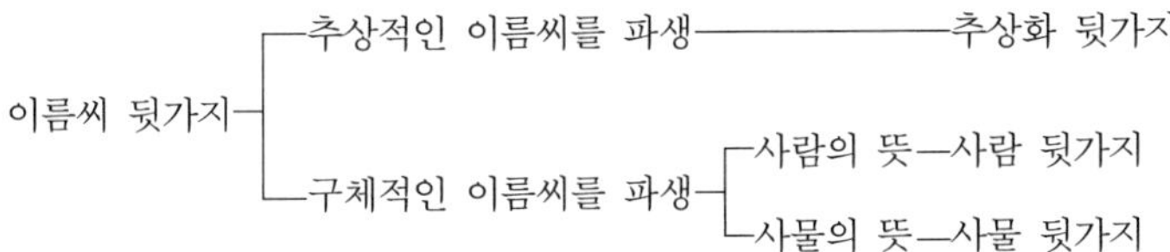

② 밑말의 씨갈래 바꿈의 여부에 따라

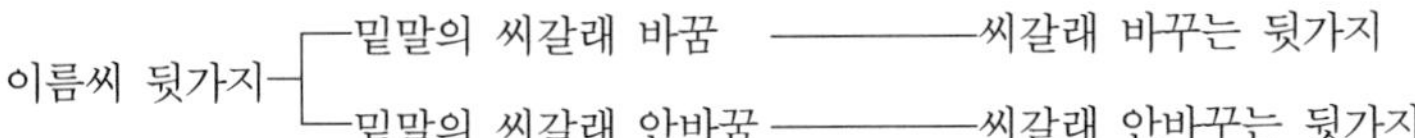

③ 가지가 결합될 수 있는 씨갈래의 정도에 따라

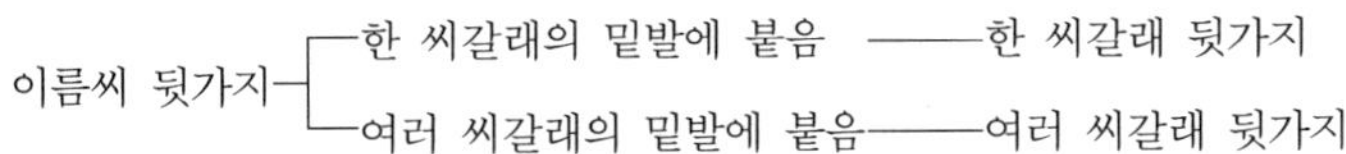

이 글에서는 ②, ③의 분류 기준은 한데 묶어 (27)과 같이 그 유형을 설정 한다.

(27)

유형	결합되는 씨갈래 정도	밑말의 씨갈래 바꿈 여부	가지 이름
1유형	한 씨갈래 밑말	안바꿈	한 씨갈래 밑말 안바꾸는 가지
2유형	한 씨갈래 밑말	바꿈	한 씨갈래 밑말 바꾸는 가지
3유형	여러 씨갈래 밑말	바꾸거나 안바꿈	여러 씨갈래 밑말 바꾸거나 안바꾸는 가지
4유형	여러 씨갈래 밑말	바꿈	여러 씨갈래 밑말 바꾸는 가지

그리고 ①에 바탕을 둔 유형을 으뜸으로 하고 ②, ③에 바탕을 둔 유형은 으뜸에 대한 딸림으로 한다.

따라서 이 글에서는 으뜸 유형을 ①추상화 뒷가지, ②사람 뒷가지, ③사물 뒷가지, ④기타 뒷가지로 하고, 딸림 유형은 1, 2, 3, 4 유형으로 한다. 1, 2, 3, 4 유형의 구분은 이 글의 논의를 위해 편의상 설정한 것이다.

1. 추상화 뒷가지

국어의 추상화 뒷가지는 밑말과 결합하여 추상적인 뜻바탕을 가진 파생어를 형성하는 가지이다. 이 가지는 구체화 뒷가지 즉 사물이나 사람 뒷가지에 비하여 의미의 일반성이 있다.

추상화 뒷가지는 중세, 근대 국어에서는 '-이, -기, -음, -익/의' 가지가 있고 현대 국어에서는 '-이, -기, -음' 가지가 있다.

1) 중세국어

(1) '-이' 가지

추상화 뒷가지로서의 '-이' 가지2)는 중세국어에서 움직씨나 그림씨
밑말과 결합하여 이름씨를 파생하므로 이는 4유형 가지이다.

① 움직씨 밑말 + '-이'

(28) ㄱ. (홑낱말 + '-이') 노리(遊, 놀-) : 녯날 노리는 淫흔 樂이라<내훈2
　　　상 : 30>
　　　사리(居, 살-) : 城 싸 사리롤 始作ᄒ니라<월석1 : 44>
　　　더니(博, 던-) : 혹식 돈 더니 ᄒ며<박초상 : 18>
　　　마기(防, 막-) : 防禦ᄂᆫ 軍 마기라<삼강효 : 5>
　　　겻기(供給, 겻ㄱ-) : 그위예서 겻깃 虛費룰 免ᄒ고<두초24 : 24>
　　　마지(迎, 맞-) : 錦里예셔 마지홀 主人은 잇도다<두초21 : 3>
　　　쁘ᅀᅥ리(掃, 쁘ᅀᅥᆯ-) : 오직 쁘ᅀᅥ리 쏜 ᄒ더라<두초8 : 55>
　　　하리(訴, 할-) : 東都애 보내어시놀 하리로 말이ᅀᆞᄫᆞᆫ둘<용가26>
　　　이바디(宴, 이받-) : 이바디예 머리롤 좃ᄉᆞᄫᆞ니<용가95>
　　ㄴ. 드리(勺, 들-) : 勺 되 드리 쟉<유합하 : 58>
　　ㄷ. 마기(鐕, 막-) : 록각 부리예 약대 뼈로 마기 ᄒ고<박초상 : 15>
　　　ᄃ리(鞦, 둘-) : 고돌개 딜채 고돌개 ᄃ릿 군뎌긔<박초 상 : 28>
(29) (겹낱말 + '-이') 므즈미(泳, 므즘-) : 泳 므즈미 영<자회중 : 2>
　　　나드리(出入, 나들-) : 나드리홀 제 얼운ᄃ려 니르디 아니코<은중13>
　　　죽사리(生死, 죽살-) : 제 ᄒᆞᆫ가짓 모몰 몯 여희여 죽사리도 오랄쎠
　　　　　ᄒ노라<석보6 : 37>
　　　녀름지시(農事, 녀름짓-) : 묏 시냇 구븨예셔 녀름지싀 ᄒ고<두초21 :
　　　　　41>

---

(30) ㄱ. (이은말 + '-이') 덥시기(←덥-+식-) : 밥 머기며 덥시기를 盡情ㅎ
        야<삼강열 : 26>
      굿닛이(←굿-+닛-) : 둘기 알 아놈 ㄱ티 ㅎ야 굿닛이 업게 호리
        라<법어 : 2>
    ㄴ. 희도디(←희+돋-) : 四月 八日 희도디예<월석2 : 35>
    ㄷ. 글지싀(←글+짓-) : 그 시졀 겨지비 글지싀와 글 수ㅁ로<내훈
        1 : 29><
      집지싀(←집+짓-) : 집지싀를 처엄ㅎ니<월석1 : 44>
      모심기(←모+심ㄱ-) : 揷秧은 모심기라<두초7 : 36>
      아기나히(←아기+낳-) : 집지싀를 처엄ㅎ니 그제ᅀᅡ 아기나히를
        始作 ㅎ니라<월석1 : 44>
      글닐기(←글+닑-) : 오직 실혹오로 ㄱㄹ쳐 글닐기를 춈탁ㅎ게
        ㅎ고<번소6 : 6>
      밥머기(←밥+먹-) : 늘거셔 줌과 밥머기와 져구니 묽고<두초15 : 4>
      댱가드리(←댱가+들-) : 比丘둘히 댱가드리를 ㅎ며<석보 23 : 34>
      거름거리(←거름+걷-) : 마순 세차힌 거름거리 더디 아니ㅎ시며
        <월석1 : 57>
      우숨우싀(←우숨+웃-) : 그 머근 後에 우숨우싀 나니라<월석1 : 43>
      연노히(←연+놓-) : 팔워릔 연노히 ㅎᄂ니<박초상 : 17>
      글시(←글+스-) : 글시며 유무에 니르러는 션비<소언5 : 6>
    ㄹ. ㅎㄹ사리(←ㅎㄹ+살-) : 蜉 ㅎㄹ사리 부<자회상 : 23>
      겨ᄉ사리(←겨슬+살-) : 蔦 寄生草 겨ᄉ사리<사해하 : 13>
      옷거리(←옷+걸-) : 옷거리를 ᄒᆞ딕 말며<내훈1 : 4>
      비알히(←비+앓-) : 또 비알힐 고툐딕<구방상 : 28>
      글시(←글+스-) : 隸 글시 예<석천21>
    ㅁ. 뫼ᄉ사리(←뫼+살-) : 뫼ᄉ사리ᄂ 나지 갈맷도다<두초15 : 9>
      씌거리(←씌+걸-) : 산호로 씌거리 ㅎ야 거든 씌예<박초상 : 27>

움직씨 밑말에 '-이'가 결합되어 이름씨를 파생하는 것은 매우 생산
적이다.

'-이'에 앞서는 움직씨 밑말은 위 예에서 보듯이 홑낱말, 겹낱말, 이은

말 짜임새 밑말 등이 있다.

이은말 짜임새 밑말은 밑말의 의미상 구성관계에 따라 다시 나누어
진다.

(30ㄱ, 덥시기)는 대등 짜임새이고 (30ㄴ, 히도디)는 임자-풀이 짜임새
이며 (30ㄷ, ㄹ, 글지ᇫ, ㅎㄹ사리)는 부림 짜임새이고 (30ㅁ, 뫼ᄼ리)는
상황짜임새이다.3)

'-이'는 이러한 밑말과 결합하여 이름씨를 파생하는데 여기에서 우리
는 가지 '-이'를 살피기 위하여 위 파생어에서 나타나는 '-이'의 뜻바탕
을 찾아야 한다.

가지의 뜻바탕은 먼저 그 가지가 결합된 파생어의 뜻에서 밑말의 뜻
을 뺀 나머지의 뜻을 찾고 여기에서 다시 이들이 가진 공통된 뜻을 찾
아 그것을 그 가지의 중심되는 뜻바탕으로 삼는다.

이러한 방법으로 (28-30)의 예를 살펴보면 '-이'의 뜻바탕은 매우 다
양하게 나타난다.

이를 살펴보면 다음과 같다.

(28ㄱ, 노리), (29, 므즈미), (30ㄱ, ㄷ, 덥시기, 글지ᇫ)의 파생어는 'X행
위의 이름'을 나타낸다. 그리고 거기에는 공통적으로 'X하는 일'이라는
뜻바탕이 있다. 따라서 이들 파생어에서는 'X하는 일'이라는 '-이'의 뜻
바탕을 구할 수 있다.

---

3) 여기에서 대등 짜임새라 함은 밑말의 구성 요소가 의미상 대등한 관계를 가지는
것을 말하며 임자-풀이 짜임새 밑말은 밑말의 구성 요소가 임자-풀이의 관계처럼
된 밑말이다. 그리고 부림 짜임새 밑말은 밑말이 부림-풀이의 관계처럼 된 밑말이
며 상황 짜임새 밑말은 위치 말, 방편말과 풀이말의 관계처럼 된 밑말이고 한정-
꾸밈 짜임새 밑말은 밑말이 어찌-풀이나 매김-임자씨처럼 된 밑말을 말한다.
이 용어는 허웅(1975 : 92, 1983 : 258)에서 따온 것으로 이에 대한 자세한 내용은 허
웅 같은 책 참조.

(28ㄴ, 드리)의 파생어는 'X행위의 특성이 있는 단위 이름'을 나타낸
다. 그리고 거기에는 'X정도'라는 뜻바탕이 있다. 따라서 여기서는 'X정
도, 단위'라는 '-이'의 뜻바탕을 구할 수 있다.

(28ㄷ, 마기), (30ㄹ, ㅁ, ㅎㄹ사리, 뫼ㅿ리)의 파생어는 '사물이나 현상'
의 이름을 나타낸다. 그런데 이들 파생어가 가지는 공통된 뜻바탕은 조
금씩 다르다.

(28ㄷ)의 '마기, 드리', (30ㄹ, ㅁ)의 'ㅎㄹ사리, 겨ㅿ사리, 뫼ㅿ리, 옷거
리, 씌거리' 등에는 'X행위의 특성을 가진 사물'의 뜻바탕이 있고 (30ㄹ)
의 '글시(隷)'에는 'X행위의 결과로 나타난 현상'의 뜻바탕이 있으며 (30
ㄹ)의 '비알히'에는 'X행위의 특성을 가진 현상'의 뜻바탕이 있다.

따라서 이들 파생어에서는 이들 파생어가 가진 공통된 뜻바탕에 따
라 각기 '(X행위)의 특성을 가진 사물', '(X행위)의 결과로 나타난 현상',
'(X행위)의 특성을 가진 현상'이라는 '-이'의 뜻바탕을 구할 수 있다.

(30ㄴ, 히도디)의 파생어는 'X행위의 시간 이름'을 나타낸다. 그리고
거기에는 'X행위의 특성이 있는 시간'이라는 뜻바탕이 있다. 따라서 여
기서는 '(X행위)의 특성이 있는 시간'이라는 '-이'의 뜻바탕을 구할 수
있다.

이렇게 두고보면 '-이'는 중세국어에서 매우 다양한 뜻바탕을 지닌
가지라 하겠다.

그런데 문제는 하나의 낱말 형성 단위인 가지가 위에서 보듯이 이렇
게 다양한 뜻바탕을 가질 수 있느냐 하는 것이다.

글쓴이는 그럴 수 없다는 입장을 가진다. 이것은 파생어가 중세나 근
대나 현대 국어를 막론하고 새말을 만드는 규칙인 파생법에 의하여 만
들어지는 것이고 또 이 규칙은 어휘부 속에 존재하는 그리고 일정한 뜻
을 가진 어휘적 단위로서의 밑말과 가지의 결합으로 이루어지는 것인

데 '-이' 뿐만 아니라 그 어느 가지도 이렇게 다양한 뜻바탕을 가진다고 하고서는 도무지 그 파생어들에 나타나는 규칙을 찾을 수 없기 때문이다.

그렇다면 실제 다양한 뜻바탕을 가지고 나타난 위 파생어는 어떻게 설명될 수 있을 것인가?

이에 대한 해결 방안을 우리는 하치근(1993ㄱ : 365-376)에서 찾을 수 있다.

하치근에서는, 모든 파생어는 그 파생어를 형성하는 낱말 형성 규칙에 의해 만들어지는 것이라는 전제 아래 이 파생규칙에서 설명될 수 없는 의미상 특이성이 나타나는 파생어는 어휘부 속에 있는 여과장치로써 이를 해결하자는 것이다.4)

하치근에서의 여과 장치는 파생에 관련된 특이 정보가 수록된 것으로 밑말과 가지가 결합할 때에는 항상 이 여과 장치를 거쳐 가도록 하되 규칙적인 파생의 경우는 이 여과 장치를 그냥 통과하고 불규칙적인 파생의 경우 즉 중심적인 뜻바탕에서 벗어나면서 의미상 혹은 형태상 특이성이 나타나는 경우는 이미 수록된 여과 장치 속의 특이 정보를 얻어 통과하도록 하자는 것이다.

이는 매우 타당한 제안으로 글쓴이는 이러한 제안이 현대국어의 언중에게 뿐만 아니라 중세나 근대국어의 언중에게도 그대로 적용되었을 것으로 본다.

이것은 그 때나 지금이나 말하는 존재로서의 사람이 다르지 않았을 것이고 파생법의 일반적 규칙이 또한 다르지 않았을 것으로 믿기 때문이다.

이제 이러한 입장에서 그리고 실제 다양한 뜻바탕을 가지고 나타난 '-이'에 의한 파생법을 합리적으로 설명하고자 하는 입장에서 (28-30)에

---

4) 여기에 대한 자세한 내용은 하치근(1993ㄱ : 365-376) 참조.

나타난 파생어의 중심적인 뜻바탕과 특이 뜻바탕을 살펴본다.

먼저 (28-30)에 나타난 '-이'의 뜻바탕에서 중심적인 뜻바탕을 찾아본다.5)

이를 찾기 위해서는 대개 다음 두 가지의 사실이 고려되어야 한다.

첫째, 생산성이 고려되어야 한다. 이것은 중심적인 뜻바탕을 가지고 파생되는 것이 여기에서 벗어나는 경우 즉 의미상 특이성을 가지는 것보다 더 생산적일 것이기 때문이다.

둘째, 추상성이 고려되어야 한다. 이것은 가지가 유의미적 단위이면서 이는 추상적 의미를 가지고 있기 때문이다. 이 추상적 의미는 실제 나타난 뜻바탕들이 가지는 포괄적인 의미로써 찾을 수 있다.

이러한 사실을 고려하면서 (28-30)에 나타나는 '-이'의 뜻바탕을 살펴보면 여기서는 'X하는 일'이라는 중심적인 뜻바탕을 구할 수 있다. 이것은 '-이'가 나타내는 여러가지 뜻바탕 중에서 (28ㄱ, 노리), (29, 므즈미), (30ㄱ, ㄷ, 덥시기, 글지ᅀᅵ)에서 나타나는 'X하는 일'이라는 뜻바탕이 가장 생산적이고 또, 다른 뜻바탕과 유연성을 가지면서 이들 뜻바탕을 포함하는 추상성을 가지고 있기 때문이다.

이렇게 두고보면 (28-30)의 파생어에서 (28ㄱ, 노리), (29, 므즈미), (30ㄱ, ㄷ, 덥시기, 글지ᅀᅵ)의 파생어는 '-이'의 중심적인 뜻바탕을 가진 파생어라 하겠고 (28ㄴ, 드리)이나 (28ㄷ, 마기), (30ㄴ, ㄹ, ㅁ, 희도디, ᄒᆞᆯ사리, 뫼ᅀᅡ리)의 파생어는 이 중심적인 뜻바탕에서 벗어나는, 의미상 특이성이 나타나는 파생어라 하겠다.

---

5) 이 글에서 중심적인 뜻바탕은 두 가지 의미로 쓰여진다. 하나는 한 낱말이 가지는 뭇뜻에서 중심이 되는 뜻바탕으로 이는 변두리 뜻바탕에 대립하는 것이고 다른 하나는 여러 낱말이 가지는 공통적인 뜻바탕으로 일반성과 일관성을 가지는 뜻바탕이다. 이는 특이 뜻바탕과 대립된다. 여기에 쓰인 것은 뒤엣것이다.

(28ㄴ)의 '드리'에는 'X정도, 단위'라는 특이성이 있고 (28ㄷ)과 (30ㄴ, ㄹ, ㅁ)에서 '힉도디'에는 '(X행위)의 특성이 있는 시간'의 특이성이, '글시(隷)'에는 '(X행위)의 결과로 나타난 현상'의 특이성이, '마기(鐏)드리, ᄒᆞ르사리, 겨스사리, 뫼사리, 옷거리, 씌거리'에는 '(X행위)의 특성을 가진 사물'의 특이성이, '박알히'에는 '(X행위)가 나타난 현상'의 특이성이 있다고 할 수 있다.

이것은 다음 (31-33)에서 보듯이 '드리'는 '드-는 일'이 아니라 이와 관련된 <용량 단위>의 뜻을 가지고 '힉도디'는 '힉돈-는 일'이 아니라 그러한 특성이 있는 시간의 뜻을 가지며 '마기(鐏), 드리, ᄒᆞ르사리, 겨스사리, 옷거리, 씌거리'는 각기 '막-는 일'이거나 '드-는 일', 'X사-는 일', 'X거-는 일'이 아니라 이와 관련된 특성이 있는 사물의 뜻을 가지고 '글시(隷)'는 '글스-는 일'이 아니라 이와 관련된 결과로 나타난 현상의 뜻을 가지며 '비알히'는 '비앓-는 일'이 아니라 이와 관련된 특성이 있는 현상의 뜻을 가지고 있기 때문이다.

  (31) 드리(드-는 정도, 용량 단위) : 勺 되 드리 쟉<유합하 : 58>
  (32) 힉도디(힉돈-는 시간) : 四月 八日 힉도디예 摩耶 夫人이 雲母 寶車
         타시고 東山 구경 가싫 제<월석2 : 35>
  (33) ㄱ. 마기(막-는 특성이 있는 사물) : 내 갈 혼 부를 밍굴요리라…록
        각 부리예 약대 쪄로 마기 ᄒᆞ고<박초상 : 15>
     드리(드-는 특성이 있는 사물) : 고돌개 딜채 고돌개 드릿 군뎌
        긔<박초상 : 28>
     ᄒᆞ르사리(ᄒᆞ르사-는 특성이 있는 사물) : 蜉 ᄒᆞ르사리 부<자회
        상 : 23>
     겨스사리(겨슬사-는 특성이 있는 사물) : 蔦 寄生草 겨스사리
        <사해하 : 13>
     뫼사리(뫼사-는 특성이 있는 사물) : 뫼사리는 나지 갈맷도다
        <두초15 : 9>

옷거리(옷거-는 특성이 있는 사물) : 옷거리룰 흔디 말며<내1 : 4>
띄거리(띄걸-은 특성이 있는 사물) : 산호로 띄거리 ᄒᆞ야 거든
 띄예<박초상 : 27>
ㄴ. 글시(隷, 글스-은 결과로 나타난 현상) : 隷 글시 예<석천 21>
ㄷ. 비알히(비앓-는 현상) : ᄯᅩ 비알힐 고툐디<구방상 : 28>

따라서 (28ㄱ, 노리), (29, 므즈미), (30ㄱ, ㄷ, 덥시기, 글지싀)의 파생어
는 중심적인 뜻바탕을 가진 파생이므로 규칙적이어서 중세 언중의 여
과 장치 속에는 아무런 조건이 없었다 하겠으나 (31-33)의 파생어는 그
여과 장치에 이미 의미상 특이 정보가 있었던 것으로 여겨진다.

그런데 의미상 특이성이 나타나는 파생어 중에서 (28ㄷ)의 '마기(鐏)'
와 (30ㄹ)의 '글시(隷)'의 경우는 다른 파생어와 구분되어야 한다.

다른 파생어는 의미상 특이성을 가지되 그 형태가 가지는 의미가 일
정하여 밑말과 가지의 결합에 특이 정보가 있었다고 하여도 별 문제될
것이 없으나 (28ㄷ)의 '마기'나 (30ㄹ)의 '글시'의 경우는 (28ㄱ)의 '마기
(막-는 일)'나 (28ㄷ)의 '글시(글스-는 일)'에서 보듯이 중심적인 뜻바탕
을 가지며 파생하는 경우도 있어 문제이다. 만약 (28ㄷ, 30ㄹ)의 '막- +
「-이」', '글스- + 「-이」'에 특이 정보가 있었다고 한다면 오히려 중심적
인 뜻바탕을 가지는 파생어(28ㄱ의 '마기'나 30 ㄷ의 '글시')가 이 특이
정보로 말미암아 나타나지 못할 것이므로 문제가 된다.

이 경우는 낱말의 의미 확장으로 설명할 수밖에 다른 도리가 없다.

낱말의 의미 확장은 한 낱말이 자신의 의미 영역을 확장해 가는 능력
을 말하는 것인데(심재기, 1987 : 135-138) '마기'와 '글시'의 경우는 이로써
설명된다. 즉 생산성 있는 파생 규칙으로 먼저, (28ㄱ)의 '마기'와 (30ㄷ)
의 '글시'가 파생되고 이것이 다시 하나의 낱말로서 자신의 의미 영역을
확장함으로써 (28ㄷ)의 '마기(鐏)'와 (30ㄹ)의 '글시(隷)'가 특이성을 가지

게 되었다는 것이다.

이렇게 되면 중세국어의 '마기, 글시'는 한 소리에 두 가지의 뜻을 가지게 되는데 이러한 현상을 우리는 한 소리에 붙은 '뭇뜻'이라 한다(허웅, 1983 : 153-154).

'뭇뜻'을 가지는 낱말은 어느 하나의 뜻을 중심된 뜻으로 하고 이에 벗어나는 다른 뜻은 변두리 뜻이 된다. '마기, 글시'에서는 (28ㄱ)의 '마기'와 (30ㄷ)의 '글시'가 가지는 뜻바탕, '막-는 일, 글스-는 일'이 중심된 뜻이 되고 '鐇, 隷'의 뜻이 변두리 뜻이다.

이러한 사실을 두고보면 (28ㄷ)의 '마기(鐇)'와 (30ㄹ)의 '글시(隷)'는 엄밀한 의미에서 파생어라 할 수 없다.

이것은 앞에서도 살폈듯이 파생어가 기존말인 밑말과 가지의 결합으로 이루어지는 것인데 '마기(鐇)'와 '글시(隷)'는 공시적으로 이미 파생어로 존재하는 낱말 즉 (28ㄱ)의 '마기'와 (30ㄷ)의 '글시'에다 그 때까지 없던 새로운 의미 즉 '사물'의 구실만을 주어 확장한 것이기 때문이다.

따라서 (28ㄷ)의 '마기(鐇)'와 (30ㄹ)의 '글시(隷)'는 이 글의 대상에서 제외된다.6)

그리고 (30ㄹ, ㅁ)의 '호ㄹ사리, 겨ㅿ사리, 뫼ㅿ리'의 경우도 다른 파생어와 구분되어야 한다.

이것은 이들에게서 나타나는 특이성이 '호ㄹ살- + 「-이」, 겨슬살- + 「-이」, 뫼살- + 「-이」'에서 나타나는 파생규칙에서의 특이성이 아니라 (34)에서 보듯이 '사리'가 이미 한 낱말로 쓰이고 있으므로 이들은 '호ㄹ+사리, 겨슬+사리, 뫼+사리'의 결합으로 나타나는 합성규칙에서의 특이성으로

---

6) 아르쌘-다르매스뜨때얘르(1963, 최석규 옮김, 25)에서는 이러한 경우를 두고 일러 '낱말의 새 뜻 만들기'라 하는데 '낱말의 새 뜻 만들기'는 이 글에서도 '새 낱말 만들기' 즉 파생법과 구분하고 있다.

보아야 하기 때문이다.

(34) 사리 : 城 싸 사리롤 始作ᄒ니라<월석1 : 44>

따라서 '사리'는 파생어로서 이 글의 대상이 되나 이 파생어와 다시 결합된 'ᄒᄅ사리, 겨ᅀᅳ사리, 뫼ᅀᅡ리'는 이 글의 대상에서 제외된다.

이상의 사실을 두고보면 중세국어에서 '움직씨 + 「-이」' 형태의 파생어는 (28ㄱ, 노리), (29, 므즈미), (30ㄱ, ㄷ, 덥시기, 글지ᅀᅵ)의 중심적인 뜻바탕을 가진 파생어와 (28ㄴ)의 '드리', (28ㄷ, 30ㄹ, ㅁ)의 'ᄃ리, 옷거리, 비알히, 쯱거리', (30ㄴ)의 '힉도디'와 같이 의미상 특이성이 나타나는 파생어가 있다 하겠는데 중심적인 뜻바탕을 가진 파생어에서는 'X하는 일'이라는 '-이'의 뜻바탕을 구할 수 있고 의미상 특이성이 나타나는 파생어에서는

　　　· 드리 : X정도, 단위
　　　· ᄃ리, 옷거리, 쯱거리 : (X행위)의 특성을 가진 사물
　　　· 비알히 : (X행위)가 나타난 현상
　　　· 힉도디 : (X행위)의 특성이 있는 시간

이라는 '-이'의 뜻바탕을 구할 수 있다.

② 그림씨 밑말 + '-이'

(35) (홑낱말 + '-이') 기리(長, 길-) : 훤히 기리와 너븨왜 自在ᄒ도다<금삼2 : 19>
(36) ㄱ. (겹낱말 + '-이') 놉ᄂ지(高下, 놉ᄂ-) : 撝 놉ᄂ지 헬 췌<유합하 : 41>

놉눗가뵈(高下, 놉눗갑-) : 밠바당이 포ᄒ샤디 짜히 놉눗가뵈 업
시 ᄒ 가지로 다ᄒ시며<월석2 : 40>
됴쿠지(吉凶, 됴쿶-) : 大便을 맛보아 됴쿠지를 알오져 ᄒ더라
<속삼효5>

ㄴ. 두터비/둗거비(蟾, 두텁-/두겁-) : ᄯ 두터비 스론 지롤<구방
하 : 67>/蝦蟆 옴 둗거비<사해하 : 31>

(37) ㄱ. (이은말 + '-이') 가슴알피(←가슴+알ᄑ-) : ᄒ다가 善男子 善女人
이 과글이 가슴알피롤 어더<관음7>

ㄴ. 고키리(←고ㅎ+길-) : 象兵은 ᄀᄅ쳐 싸호매 브리는 고키리오
<월석1 : 27>

ㄷ. 곳불기(←곶+븕-) : 곳불기예 나귀 타나 아뫼 짓 門의 갈 돌 몰
로라<두초8 : 32>

'-이'는 위 예에서 보듯이 그림씨 밑말과 결합하여 이름씨를 파생하기도 하는데 이는 '움직씨 밑말 +「-이」'에 비하여 생산적이지 못하다. 그러나 그 나타나는 밑말의 형태는 다양하여 '-이'에 앞서는 밑말은 홑낱말, 겹낱말, 이은말 짜임새 밑말 등이 있다.

이은말 짜임새 밑말은 여기서도 밑말의 의미상 구성관계에 따라 다시 나누어진다.

(37ㄱ, ㄴ)의 '가슴알피, 코키리'는 임자-풀이 짜임새이고 (37ㄷ)의 '곳불기'는 꾸밈 짜임새이다.

'-이'는 이러한 밑말과 결합하여 이름씨를 파생하는데 여기서도 우리는 '-이'를 살피기 위하여 그 뜻바탕을 찾아야 한다.

이를 살펴보면 (35)에서는 '길이'가 '척도의 이름'을 나타내면서 거기에는 'X정도'의 뜻을 가진다. 따라서 여기서는 '-이'의 뜻바탕으로 'X정도, 척도'를 구할 수 있다.

(36ㄱ, 놉ᄂ지)에서는 이들 파생어가 'X상태의 이름'을 나타내면서 거

기에는 공통적으로 'X정도'의 뜻을 가진다. 따라서 여기서는 '-이'의 뜻 바탕으로 'X정도'를 구할 수 있다.

(36ㄴ)과 (37ㄴ)의 '두터비/둗거비, 고키리'는 '사물의 이름'을 나타내면서 거기에는 'X상태의 특성이 있는 사물'이라는 공통된 뜻바탕을 가진다. 따라서 여기서는 '-이'의 뜻바탕으로 '(X상태)의 특성이 있는 사물'을 구할 수 있다.

(37ㄷ)의 'ㅈ볼기'는 '시간'을 나타낸다. 따라서 여기서는 '(X상태)의 시간'이라는 '-이'의 뜻바탕을 구할 수 있다.

여기에서 우리는 어떠한 뜻바탕을 '-이'의 중심적인 뜻바탕으로 삼아야 할 것인가?

이것은 생산성과 추상성이 고려되어야 할 것이므로 여기서는 'X정도'의 뜻바탕을 '-이'의 중심적인 뜻바탕으로 보아야 한다.

그렇다면 위 파생어에서 (36ㄱ, 놉ᄂ지)의 파생어는 중세 언중의 여과장치 속에 아무런 조건을 가지지 않은 중심적인 뜻바탕을 가진 새말이라 하겠으나 (35)의 '기리', (36ㄴ)의 '두터비/둗거비', (37ㄱ, ㄴ, ㄷ)의 '가슴알피, 고키리, ㅈ볼기'는 중세 언중의 여과장치 속에 이미 '척도', '사물', '현상', '시간'이라는 특이 정보가 있었던 것으로 보아 이로 말미암아 '길이'는 'X정도, 척도', '두터비/둗거비, 고키리'는 'X의 특성이 있는 사물', '가슴알피'는 '(X상태)의 특성이 있는 현상', 'ㅈ볼기'는 '(X상태)의 시간'이라는 의미상 특이성이 나타나는 것으로 보아야 한다.

그런데 여기에서 '고키리'는 다른 파생어와 구분된다. 이것은, '고키리'에서 나타나는 특이성이 '고ㅎ길- + 「-이」'에서 나타나는 파생규칙에서의 특이성이 아니라, (35)의 '기리'에서 보듯이 '기리'가 이미 한 낱말로 쓰이고 있으므로, '고ㅎ+길이'의 합성규칙에서의 특이성이기 때문이다.

따라서 '기리'는 파생어로서 이 글의 대상이 되나 이 파생어와 다시 결합된 '고키리'는 이 글의 대상에서 제외된다.

(2) '-기' 가지

추상화 뒷가지로서의 '-기'는 중세국어에서 움직씨 밑말과 결합하여 이름씨를 파생하므로 이는 2유형 가지이다.

> (38) ㄱ. (겹낱말 + '-기') 물보기(用便, 물보-) : 그머근 後에삭 물보기를
>   ᄒ니<월석15 : 34>
>   ㄴ. 물보기(痢疾, 물보-) : 내 요ᄉ이 물보기 어더서 물 타디 못ᄒ다
>   라 (我這幾日害疾 不會上馬)<박초상 : 37>
> (39) ㄱ. (이은말 + '-기') 쇠디기(←쇠+디-) : 範은 쇠디기옛 소히오<월석14 :
>   54>
>   댱티기(←댱+티-) : 겨슬내 뎌기 츠며 봄 내듣거든 댱티기 ᄒ며
>   <박초상 : 18>
>   태티기(←태+티-) : 구워렌 태티기 ᄒ며<박초상 : 18>
>   ㄴ. 구의나기(←구의+나-) : 자디 비쳇 구의나깃 믠 비단 ᄒ 자콰<박
>   초상 : 47>
>   ㄷ. 도나기(←도+나-) : 도나기 누에 나비<구간3 : 114>
>   ㄹ. 니믈리기(←닛-+믈리-) : 숟간나희가 니믈리기가<박초상 : 45>

중세국어의 '-기'는 문헌에 나타난 예가 얼마 되지 않을 뿐만 아니라 그 나타난 예도 이것이 뒷가지인지, 굴곡가지인지 그 형태로 보아서는 구분되지 않는다. 따라서 그 뜻으로 구분할 수밖에 없는데 여기에는 연구자에 따라 주관적인 요소가 개입될 여지가 많다.

따라서 중세국어를 다루는 문법서마다 뒷가지 '-기'로 제시되는 예가 조금씩 다르다.

여기 제시된 예들은 한글학회(1992)에서 파생어로 다룬 것들인데 여기

서는 일단 이들을 중심으로 그 널림을 살펴본다.

여기에서 보면 '-기'에 앞서는 밑말은 겹낱말이거나 이은말 짜임새 밑말이다.

이은말 짜임새 밑말은 밑말의 구성관계에 따라 다시 나누어진다.

(39ㄱ, 쇠디기)은 부림 짜임새 밑말이고 (39ㄴ)의 '구의나기'는 상황 짜임새 밑말이며 (39ㄷ, ㄹ)의 '도나기, 니믈리기'는 꾸밈 짜임새 밑말이다.

'-기'는 이러한 밑말과 결합하여 이름씨를 파생하는데 여기서도 우리는 '-기'를 살피기 위하여 먼저 '-기'의 뜻바탕을 찾아야 한다.

이를 살펴보면 다음과 같다.

(38ㄱ, 물보기), (39ㄱ, ㄴ, 쇠디기, 구의나기), (39ㄷ, 도나기)의 파생어는 'X행위의 이름'을 나타낸다. 그리고 여기에는 공통적으로 'X하는 일'이라는 뜻바탕이 있다. 따라서 이들 파생어에서는 'X하는 일 '이라는 '-기'의 뜻바탕을 구할 수 있다.

(39ㄴ)의 '물보기(痢疾)'는 'X현상의 이름'을 나타낸다. 그리고 여기에는 'X행위와 괸련있는 현상'이라는 뜻바탕이 있다. 따라서 이 파생어에서는 '(X행위)와 관련있는 현상'이라는 '-기'의 뜻바탕을 구할 수 있다.

(39ㄹ)의 '니믈리기'는 '사람'을 나타낸다. 그리고 여기에는 'X의 내적 상태의 특성이 있는 사람'이라는 뜻바탕이 있다. 따라서 이 파생어에서는 '(X상태)의 특성이 있는 사람'이라는 '-기'의 뜻바탕을 구할 수 있다.

이 중에서 우리는 어떠한 뜻바탕을 '-기'의 중심적인 뜻바탕으로 삼을 것인가?

여기서도 추상성과 생산성이 높은 'X하는 일'이 '-기'의 중심적인 뜻바탕이다.

그렇다면 (38ㄴ)의 '물보기(痢疾)'에는 '현상', (39ㄹ)의 '니믈리기'에는 '사람'의 특이 뜻바탕이 있었다고 하겠는데 이 특이 뜻바탕은 그 뜻바탕이 주어지는 환경이 서로 다르다.

'니믈리기'는 밑말 '니믈리-'와 가지 '-기'의 결합에서 나타나는 특이
성이라 할 수 있는데 비하여 '몰보기(痢疾)'는 (28ㄷ)의 '마기(鐯)'나 (30ㄹ)
의 '글시(隷)'에서 보았듯이 이것은 (38ㄱ)의 '몰보기'가 자신의 의미 영역
을 확장함으로써 나타난 것이므로 여기에서의 특이성은 밑말과 가지의
결합에서 나타나는 특이성이라 할 수 없다.

따라서 (30ㄴ)의 '몰보기(痢疾)'는 '뭇뜻'을 가진 낱말에서 변두리 뜻을
가지므로 이는 이 글의 대상에서 제외되어야 한다.

이상의 사실을 두고보면 중세국어에서 '움직씨 + 「-기」' 형태의 파생
어는 (30ㄱ, 몰보기), (39ㄱ, ㄴ, 쇠디기, 구의나기), (31, 도나기)과 같이
중심적인 뜻바탕을 가진 파생어와 (39ㄹ, 니믈리기)과 같이 의미상 특이
성이 나타나는 파생어가 있다 하겠는데 중심적인 뜻바탕을 가진 파생
어에서는 'X하는 일'이라는 '-기'의 뜻바탕을 구할 수 있고 의미상 특이
성이 나타나는 파생어에서는 '(X상태)의 특성을 가진 사람'이라는 '-기'
의 특이 뜻바탕을 구할 수 있다.

(3) '-음' 가지

추상화 뒷가지로서의 '-음'은 중세국어에서 움직씨 밑말과 결합하여
이름씨를 파생하므로 이도 2유형 가지이다.

(40) ㄱ. (홑낱말 + '-음') 거름(步, 걷-) : 닐굽 거르믈 거르시고<석보 6 : 17>
거품(晦, 그무-) : 그무메 가 주그리라<삼강효 : 21>
ᄃᆞ롬(走, 돋-) : 아비 命ᄒᆞ야 … ᄃᆞ롬으로 가고<소언2 : 15>
사홈(鬪, 사호-) : 사호ᄆᆞᆫ 어느 말미로 定ᄒᆞ리오<두초7 : 14>
우룸(哭, 울-) : 孝道홇 아ᄃᆞᆯ 우루믈 슬피 너겨<용가95>

즈오롬(眠, 즈올-) : 즈오롬 덜오 샹녜 무숨<법화5 : 191>

기츰(咳, 깇-) : 쏘 혼 기츰 彈指예 그 소리<법화6 : 103>

구지럼(罵, 구짖-) : 샹녜 구지럼 그로디<석보19 : 30>

ᄀᆞ롬(替, 골-) : 사ᄅᆞ몰 ᄀᆞ롬 ᄒᆞ시며<능엄5 : 69>

그슴(期, 그스-) : 그스ᄆᆞ로 알픠 塵劫을 가줄비건댄<법화3 : 165>

그림(圖, 그리-) : 그림 그리기예 늘구미 將次 오몰 아디 몯ᄒᆞᄂᆞ
    니<두초16 : 25>

ᄭᅮᆷ(夢, ᄭᅮ-) : 아뫼나 쏘 사ᄅᆞ미 모딘 ᄭᅮ믈 어더 구즌 相올 보거
    나<석보9 : 24>

너김(想, 너기-) : 민데 뜬 너기미니<능엄1 : 65>

ᄆᆞ춤(終, 몿-) : 처엄 ᄆᆞ츠몰 알리노니<석보서 : 2>

비르솜(始, 비릇-) : 一劫 은 修行이 비르소몰 니ᄅᆞ시고<능엄7 : 50>

쁘서름(掃, 쁘설-) : 뜰 쁘서르믈 게을이 호미오<여약9>

붓그림(羞, 붓그리-) : 쏘 서르 조차가 이바디 會集ᄒᆞ며 넙쩌이
    붓그림 업거든<내훈1 : 68>

ᄯᅳᆷ(灸, ᄯᅳ-) : 막다각 殀티 몯 ᄒᆞᄂᆞ닌 ᄯᅳ메셔 더은 거시 업스니
    <구방하 : 66>

소솜(沸, 솟-) : 다시 세 소소미어나 다숫 소소미어나 글혀<구간
    1 : 13>

사김(譯, 사기-) : 諺文으로 사김 혼 디<자회범례>

새옴(妬, 새오-) : 이바딜 머구리라 새옴 무숨올<월곡108>

우숨(笑, 웃-) : 笑 우숨 쇼<자회상 : 15>

ᄎᆞ림(覺, ᄎᆞ리-) : 내 ᄉᆞᆷ예 나 ᄎᆞ림 몯 ᄒᆞ야 간대로 듣다니<월
    석10 : 25>

춤(舞, 추-) : 樂온 풍뤼니 놀애 춤 트렛 지죄라<석보13 : 9>

헤욤(泗, 헤-) : 泗 헤욤 슈<자회중 : 1>

혬(計, 혜-) : 말쏨ᄒᆞ며 혬 혜는 안해 겨샤디<월석9 : 13>

ㄴ. 어름(氷, 얼-) : 열본 어르믈 하ᄂᆞ리 구티시니<용가30>

   고롬(膿, 곪-) : 내 더러우며 고롬 흘러<원각상2-2 : 25>

   주검(屍, 죽-) : 삼 ᄀᆞᄐᆞᆫ 주거믄 衛州에 사핫고<두초20 : 16>

   여름(實, 열-) : 곶 됴코 여름 하ᄂᆞ니<용가2>

   기슴(蕘草, 깃-) : 노내 기스미 기ᅀᅥ<월석10 : 18>

그스름(火台, *그슬-) : 火台 그스름 터<자회하 : 15>

무덤(墓, 묻-) : 무더멧 神靈을 請하고<석보9 : 17>

드림(垂, 드리-) : 王后ㅣ 親히 검은 관ㅅ 드림을 쓰시고<소언
4 : 45>

브스름(瘡, 븟-) : 모맷 브스르믈 보아 醫員을 무르며<원각 상
2-1 : 50>

ㄷ. 짐(負, 지-) : 약대 라귀 트며 짐 지는 報롤 브르고<법화2 : 116>

사람(人, 살-) : 九變之局이 사릆 쁘디리잇가<용가15>

뽐(裹, 쓰-) : 다시곰 빠 세 뽀매 눈화<구간1 : 90>

ㄹ. 아놈(圍, 안-) : 비 저저 마순 아노미오<두초18 : 12>

바람(托, *밟-) : 이 몃 바람고 닐굽 바리 츠니라<박초상 : 14>[7]

우희윰(握, 우희-) : 올히 난 회횟 가지 혼 우희윰을 두녁 그틀
버히고<구방상 : 30>

져붐(撮, 졉-) : 소곰 훈 져붐과 醋 훈 잔올<구방상 : 32>

(41) ㄱ. (겹낱말 + '-음') 서김(酵, 석이-) : 酵 서김 교<자회중 : 21>

가림(岐, 가리-) : 岐 가림 기<유합하 : 54>

돌임(廻, 돌이-) : 그 즛귀예 돌임 하나니<자회범례>

비우숨(譏笑, 비웃-) : 비록 頂受하ᅀᆞ바도 비우수믈 免티 몯하리
니<월석21 : 15>

입힐홈(辨嘴, 입힐후-) : 또 입일훔 업다혼 쁘디니<월석 7 : 5>

ㄴ. 드림(錘, 들이-) : 錘 드림 튜<자회중 : 11>

'-음'은 위의 예에서 보듯이 많은 변이 형태를 가진다. 이를 살펴보면

---

7) '밟-'은 중세국어에서는 그 예를 찾기 힘들고, 근대국어에서는 여러 곳에서 나타난다.
　· 네 펴라 내 발마보마(노하 : 29)
　· 기더냐 쟈르더냐 발므러냐 자힐러냐(청언p50)
따라서 이 글에서는 근대국어의 '밟-'을 중세국어에 소급하여 '바람'의 밑말로 삼는
다. 이것은 중세국어에서도, 비록 그 용례는 없으나 '밟-'이 쓰인 것으로 추정되기
때문이다.
'바람'은 '밟-'에 '-암'이 결합되면서 '-ㅁ'이 탈락한 형태이다. 이는 '고롬(← 곪- +
「-옴」)과 같은 현상이다.

'-ㅁ, -옴, -암/엄, -옴/움' 등이 있다. 이 중에서 '-ㅁ, -옴/음, -암/엄' 등은 중세 국어에서 뒷가지로만 쓰여 굴곡가지와 쉽게 구별되나 '-옴/움'은 뒷가지로 쓰이면서 굴곡가지로도 쓰여 그 형태만으로는 구분되지 않는다. 따라서 이의 구분을 대개 그 뜻이나 용법 등으로 할 수밖에 없는데(강성일, 1972 : 213) 여기에 나타나는 '-옴/움'은 모두 뒷가지로 보이는 것들이다. '-음'과 그 변이 형태에서 '-음'을 대표 형태로 한다.

'-음'에 앞서는 밑말은 홑낱말이거나 겹낱말이다.

'-음'은 이러한 밑말과 결합하여 이름씨를 파생하는데 여기서도 우리는 '-음'을 살피기 위하여 이 가지의 뜻바탕을 찾아야 한다.

이를 위해서는 먼저 (40)과 (41)에 나타난 파생어의 뜻바탕을 살펴야 한다. 이를 살펴보면 (40ㄱ, 거름)과 (41ㄱ, 서김)의 파생어는 'X행위를 함으로써 나타나는 추상적 현상의 이름'을 나타내고 (40ㄴ, 어름), (40ㄷ, 짐)과 (41ㄴ, 드림)은 '사물의 이름'을 나타내되 (40ㄴ, 어름), (41ㄴ, 드림)은 'X의 결과로 나타난 구체적 현상인 사물'의 이름이고 (40ㄷ, 짐)은 'X행위의 특성이 나타나는 사물'의 이름이다. 그리고 (40ㄹ, 아놈)은 'X행위가 나타난 단위의 이름'이다.

그렇다면 여기에서의 '-음'의 뜻바탕은 무엇인가?

이것은 파생어의 뜻에서 밑말의 뜻을 제한 나머지의 부분이 될 것이므로 (40ㄱ, 거름), (41ㄱ, 서김)에서는 '(X행위)를 함으로써 나타난 추상적 현상'이 '-음'의 뜻바탕이 되고 (40ㄴ, 어름), (41ㄴ, 드림)에서는 'X의 결과로 나타난 구체적 현상'이 되며 (40ㄷ, 짐)에서는 '(X행위)의 특성이 나타나는 사물', (40ㄹ, 아놈)에서는 '(X행위)가 나타난 단위'가 된다.

이 중에서 우리는 어떠한 뜻바탕을 '-음'의 중심적인 뜻바탕으로 삼을 것인가?

이를 위해서는 다시 위 '-음'이 가지는 부분적인 뜻바탕 중에서 가능한 넓은 의미의 공통된 뜻바탕을 찾아야 한다.

이 때 고려되어야 할 것은 앞의 1.1).(1)에서 말한 가지의 생산성과 추상성이다. '-음'의 부분적 뜻바탕을 살펴보면 (40ㄹ, 아놈)의 뜻바탕은 다른 셋에 비해 생산성과 추상성이 낮으면서 그 공통성을 찾기 힘듦으로 이는 제외시켜야 한다.

이를 제외한 상태에서 '-음'의 공통된 뜻바탕을 찾아보면 이는 (40ㄴ, 어름), (41ㄴ, 드림)의 뜻바탕을 중심으로 둘로 나누어짐을 볼 수 있다.

하나는 (40ㄱ, 거름), (41ㄱ, 서김)과 (40ㄴ, 어름), (41ㄴ, 드림)이 묶어지는 뜻바탕으로 여기서는 'X행위로 나타난 현상'이라는 공통된 뜻바탕을 구할 수 있고, 다른 하나는 (40ㄴ, 어름), (41ㄴ, 드림)과 (40ㄷ, 짐)이 묶어지는 뜻바탕으로 여기서는 'X행위가 나타나는 사물'이라는 공통된 뜻바탕을 구할 수 있다.

이 중에서 우리는 어떠한 뜻바탕을 '-음'의 중심적인 뜻바탕으로 삼을 것인가? 이것은 앞엣것 즉 'X행위로 나타난 현상'이 뒤엣것보다는 훨씬 생산적이고 또 추상성이 있으므로 이를 '-음'의 중심적인 뜻바탕으로 삼아야 한다.

그렇다면 위 파생어에서 (40ㄱ, ㄴ, 거름, 어름), (41ㄱ, ㄴ, 서김, 드림)은 중심적인 뜻바탕을 지닌 가지에 의한 파생이면서 '(X행위)로 나타난 현상'이라는 뜻바탕을 지닌 파생어라 할 수 있겠고 (40ㄷ, 짐)과 (40ㄹ, 아놈)은 중세국어에서 이미 의미상 특이성이 나타나는 파생어라 할 수 있다. (40ㄷ, 짐)에는 'X행위의 특성이 있는 사물'이라는 의미상 특이성이 있고 (40ㄹ, 아놈)에는 'X행위의 특성이 있는 단위'라는 의미상 특이성이 있다. 이 특이성은 밑말과 가지 사이에서 나타나는 의미상 특이성이다.

(4) ‘-익/의’ 가지

추상화 뒷가지로서의 ‘-익/의’는 중세국어에서 그림씨 밑말과 결합하여 이름씨를 파생하므로 이도 2유형 가지이다.

> (42) ㄱ. (홑낱말 + ‘-익/의’) 기러/기릐(長, 길-) : 혼 줌 기러에 견주워 베
> 혀 (박초상 : 38)/五色 綵幡을 밍フ로디 기릐 마순 아홉 才祭
> 手ㅣ오<월석9 : 53>
> 기퍼/기픠(深, 깊-) : 太古로 브터 오매 혼 잣 기픳 눈도 업더니라<두
> 초10 : 41>/톳기와 물와는 기픠롤 모롤씨<월석2 : 19>
> 너븨(幅, 넙-) : 닙마다 너븨와 길왜 다 스믈 다숫 由旬이오<월석8 : 11>
> 노퍼(高, 높-) : 노퍼는 혼 자히오<월석10 : 117>
> 므긔(重, *믁-) : 附子 므긔 닐굽 돈 남즛호닐<구방상 : 38>8)
> 여틔(淺, 옅-) : 西膁는 玉泉으로셔 흘러 오느니 기픠 여틔 기니
> 댜르니 되디 몯호리라<박초상 : 67>
> 킈(大, 크-) : 大地 다 지버 와 조뿔낫 킈 곧호닐<남명하 : 70>9)
> ㄴ. 고비/구븨(曲, 곱-/굽-) : 물곤 フ롧 혼 고비 모술홀 아나 흐르느
> 니(두초7 : 3)/쏘 어딘 버들 思戀호야 소는 자바셔 긼 구븨예
> 건니노라<두초22 : 38>
> 킈(丈, 크-) : 懼師羅 長者ㅣ 킈 석 자히러니<석보6 : 44>

---

8) ‘므긔’는 그림씨 ‘*믁다’에 가지‘-의’가 결합되어 나타난 형태로 보이는데 중세국어
에서 ‘믁다’라는 그림씨를 찾을 수 없다. 대신 남움직씨 ‘므기다’가 보인다. 만약 ‘므
기다’를 밑말로 삼는다면 파생어는 ‘므기- +「-의」’에서 /이/가 ‘-의’ 앞에서 탈락하
므로 ‘므긔’가 된다. 그러나 ‘므기-’를 파생어 ‘므긔’의 밑말로 삼을 수 없는 것은 다
음 예에서 보듯이 ‘므기다’의 뜻이 ‘무겁게 하다’로 ‘*믁다’의 하임형을 취하기 때문
이다. 여기에서의 ‘므긔’는 하임형의 파생어는 아니다. 따라서 파생어 ‘므긔’의 밑말
을 일단 ‘*믁다’로 보아둔다.
　· 므기다 : 이웃 사르미 쏘 죠고맛 거슬 더 브티면 이 다수로 더욱 므겨 因 톳 호니
　　이다(월석21 : 106)
9) 킈는 ‘크- +「-이」’로도 분석될 수 있고, ‘크- +「-의」’로도 분석될 수 있다. 여기서
는 ‘구븨, 기러, 기픠, 너븨…’와의 관계에서 동형성을 고려하여 ‘크- +「-의」’로 분
석한다. ‘킈’는 ‘크- +「-의」’에서 /으/가 ‘-의’ 앞에서 탈락한 형태이다.

추상화 뒷가지 '-이/의'에 앞서는 밑말은 (42)에서 보듯이 모두 그림씨 홑낱말이다.

이 가지는 이러한 밑말과 결합하여 이름씨를 파생하는데 여기서도 우리는 '-이/의'를 살피기 위하여 먼저 이 가지의 뜻바탕을 찾아야 한다.

이를 살펴보면 다음과 같다.

(42ㄱ, 기릐/기릐)의 파생어는 모두 '척도의 이름'을 나타낸다. 그리고 거기에는 'X정도'라는 공통된 뜻바탕이 있다. 따라서 이들 파생어에서는 'X정도, 척도'라는 '-이/의'의 뜻바탕을 구할 수 있다.

(42ㄴ, 고비/구븨)의 파생어는 'X현상의 이름'을 나타낸다. 그리고 거기에는 'X상태의 특성이 있는 현상'이라는 공통된 뜻바탕이 있다. 따라서 이들 파생어에서는 '(X상태)의 특성이 있는 현상'이라는 '-이/의'의 뜻바탕을 구할 수 있다.

이 중에서 우리는 어떠한 뜻바탕을 '-이/의'의 중심적인 뜻바탕으로 삼을 것인가?

여기서도 그 기준은 추상성과 생산성이 될 것이므로 (42ㄱ, 기릐/기릐)에서 나타나는 뜻바탕 즉 'X정도, 척도'의 뜻바탕이 '이/의'의 중심적인 뜻바탕이 된다.

그렇다면 (42ㄱ, 기릐/기릐)의 파생어는 중세국어에서 중심적인 뜻바탕을 가진 '-이/의'에 의한 파생이라 하겠고 (42ㄴ, 고비/구븨)의 파생어는 그 밑말과 가지의 결합에 'X현상'이라는 특이 정보가 있었다고 하겠다.

그런데 (42ㄴ)의 '고비/구븨'가 가진 특이 정보와 '킈(丈)'가 가진 특이 정보는 그 정보가 주어지는 환경이 다르다.

'고비/구븨'는 밑말 '곱-/굽-'과 가지 '-이/의'의 결합에서 나타나는 특이 정보인데 비하여 '킈(丈)'는 (42ㄱ)의 '킈(大)'가 자신의 의미 영역을 확장함으로써 나타난 것이므로 이것은 '뭇뜻'에서 변두리 뜻이다.

따라서 '킈(尺)'는 이 글의 대상에서 제외된다.

이상의 사실을 두고보면 중세국어에서 '그림씨 + 「-이/의」' 형태의 파생어는 (42ㄱ, 기러/기릐)과 같이 중심적인 뜻바탕을 가진 파생어와 (42ㄴ, 고비/구븨)과 같이 의미상 특이성이 나타나는 파생어가 있다 하겠는데 중심적인 뜻바탕을 가진 파생어에서는 'X정도, 척도'라는 뜻바탕을 구할 수 있고 의미상 특이성이 나타나는 파생어에서는 '(X상태)의 특성이 있는 현상'이라는 뜻바탕을 구할 수 있다.

이상으로 중세국어의 추상화 뒷가지에 대해 살펴보았다.

지금까지의 논의를 모아 간단히 표로 보이면 (43)과 같다.

(43) ㄱ. 밑말이 움직씨인 경우

가지	뜻	홑낱말	겹낱말	이은말 짜임새
-이	중심	노리, 사리, 더니, 마기, 겻기, 마지, **쓰여**리, 하리, 이바디 (X하는 일)	므즈미, 나드리, 죽사리, 녀름지싀 (X하는 일)	대등 : 덥시기, 굿닛이 (X하는 일) 부림 : 글지싀, 집지싀, 모심기, 아기나히, 글닐기, 밥머기, 댱가드리, 거름거리, 우숨우싀, 연노히, 글시 (X하는 일)
	특이성	드리(단위) 드리(사물)		임·풀 : 희도디(시간) 부림 : 옷거리, 씌거리 (사물) 비알히(현상)
	뭇뜻	마기(사물)		부림 : 글시(현상)
-기	중심		믈보기 (X하는 일)	부림 : 쇠디기, 태티기, 댱티기 (X하는 일) 상황 : 구의나기 (X하는 일) 꾸밈 : 도나기 (X하는 일)

가지	뜻	홑낱말	겹낱말	이은말 짜임새
-기	특이성			꾸밈 : 니믈리기(사람)
	못뜻		몰보기(현상)	
-음	중심	거름, 거품, 드룹, 사홈, 우룸, 즈오롬, 기츰, 구지럼, ㄱ룹, 그슴, 그림, 꿈, 너김, ㅁ춤, 비르솜, 쓰서름, 붓그림, 씀, 소솜, 사김, 새옴, 우슴, 츠림, 춤, 혜욤, 혬(X행위가 나타난 추상적 현상) 어름, 고롬, 주검, 여름, 기슴, 그스름, 무덤, 드림, ᄇ스름(X행위가 나타난 구체적 현상)	서김, 가림, 돌임, 비우슴, 입힐홈(X행위가 나타난 추상적 현상) 드림 (X행위가 나타난 구체적 현상)	
	특이성	짐, 사람, 뻠(X행위의 특성이 나타난 사물) 아놈, 바람, 우희윰, 져붐 (X행위가 나타난 단위)		

ㄴ. 밑말이 그림씨인 경우

가지	뜻	홑낱말	겹낱말	이은말 짜임새
-이	중심		놉ᄂ지, 놉늦가비, 됴쿠지(X정도)	
	특이성	기리(X정도, 척도)	두터비/둗거비(사물)	임·풀 : 사슴알피 (현상) 꾸밈 : ᄀ불기(시간)
-익 / 의	중심	기러/기릐, 너븨, 기픠/기픠, 노픠, 므긔, 여틔, 킈(X정도, 척도)		
	특이성	고비/구븨(X특성이 있는 현상)		
	못뜻	킈(X특성이 있는 현상)		

(43)의 표는 추상화 뒷가지에 의해 형성된 파생어만을 대상으로 만들어진 것이다.

그런데 추상화 뒷가지 특히 '-음, -기'는 움직씨를 이름씨로 만드는 가운데 두 기능 즉 한편으로는 움직씨의 기능을 가지면서 또 다른 한편으로는 이름씨의 기능을 가진 굴곡가지로도 쓰여 추상화 뒷가지의 경우는 이들과의 관계를 살피지 않을 수 없다.

따라서 여기서는 이들의 관계를 '-이, -기, -음'을 중심으로 살펴본다.

먼저 이들 가지의 특성을 파생법에서 살펴본다.

(43ㄱ)에서 보면 '-이, -기, -음'은 이 가지가 결합되는 밑말의 구성 형태가 다르다.

'-이'는 홑낱말, 겹낱말, 이은말 짜임새 밑말과 결합하고 '-기'는 겹낱말과 이은말 짜임새 밑말과 결합하며 '-음'은 홑낱말과 겹낱말을 밑말로 하여 결합한다.

홑낱말과 겹낱말은 이들이 한 낱말이라는 점에서 같은 종류의 밑말로 한데 묶을 수 있다. 그러면 이들 가지는 결국 이은말 짜임새 밑말과 결합될 수 있느냐, 없느냐 하는 것으로 나누어 볼 수 있다.

'-이, -기'는 이은말 짜임새 밑말과 결합되나 '-음'은 그러지 아니한다.

이렇게 두고보면 이들 가지는 그 가지와 결합되는 밑말의 형태에 따라 '-이, -기'와 '-음'으로 나누어진다.

이러한 사실은 이들 가지가 가진 뜻바탕에서도 확인된다.

'-이, -기'는 'X하는 일'이라는 중심적인 뜻바탕을 가지고 '-음'은 'X행위로 나타난 현상'이라는 중심적인 뜻바탕을 가진다.

그렇다면 '-이'와 '-기'는 중세국어에서 아무런 차이도 가지지 않는가?

(43ㄱ)에서 보면 이들 가지는 그 뜻바탕에 있어서는 별차이가 없다

하겠으나 이들 가지 사이에는 그 가지가 나타나는 밑말의 형태나 음운론적환경에 차이가 있어 보인다.

먼저 형태적 환경의 차이를 살펴본다. '-이'는 홑낱말, 겹낱말, 이은말 짜임새 밑말 등에 두루 결합한다. 그런데 비하여 '-기'는 나타난 예가 얼마되지 않아 단정할 수는 없겠으나 그 나타난 예만으로 보면 적어도 중세국어에서는 홑낱말과는 결합되지 못한 것으로 보인다.

그리고 '-이'는 (43ㄴ)에서 보듯이 그림씨 밑말과도 결합되는데 비하여 '-기'는 그림씨 밑말과 결합된 예를 찾을 수 없다.

따라서 '-기'는 '-이'와는 달리 중세국어에서 그 결합되는 밑말이 제한된다 하겠다.

이제 음운적 환경의 차이를 살펴본다. '-이'와 '-기'가 가지는 음운적 환경의 차이는 이들 가지에 앞선 마지막 소리가 닿소리냐 홀소리이냐에서 나타난다.

닿소리일 경우에는 '-이'가 나타나고 홀소리일 경우에는 '-기'가 나타난다.

이러한 현상은 '-이'의 경우에는 중세국어에서 뿐만 아니라 근대, 현대 국어에서도 나타나는 현상이고 '-기'의 경우는 중세국어에 한정되나 이것이 뒷가지에서 뿐만 아니라 굴곡가지 '-기'에도 나타나는 현상이라 이도 중세국어에서의 한 특징적 현상이 아닌가 한다.10)

　　(44) 호기 : 부텨 供養호기 外예<석보9 : 20>

10) '-기' 굴곡가지가 홀소리 뒤에서만 나타나는 음운론적 제약은 16세기부터 무너지는 것으로 보인다.
　　·콩삶기 아디 몯호는 듯 호고나<번소상 : 19>
　　그러나 그 예는 많지 않아 '-기'의 음운론적 제약은 적어도 15세기에서는 그대로 지켜진 것으로 보아 이 글에서는 이를 중세국어의 한 특성으로 보아둔다.

어르기 : 남진 어르기룰 ᄒᆞ며<월석1 : 44>
그리기 : 그림 그리기예 늘구미 將次 오몰<두초16 : 25>
소기 : 활 소기 비홈<원각상1-1 : 112>
ᄐᆞ기 : 비 ᄐᆞ기 아디 몯ᄒᆞ며셔<영가하 : 126>
스기 : 글지싀와 글 스기로<두초27 : 15>
눈호기 : 사ᄅᆞ물 셰어 받 눈호기룰 決케 ᄒᆞ니<석보9 : 19>
빗이기 : 花鬘瓔珞 빗이기 마롬과<석보6 : 10>

(44)는 중세국어에서 굴곡가지'-기'의 쓰임으로 나타난 예들인데 여기서도 '-기'는 모두 홀소리에 이어 나타나고 있다.

이상의 사실을 두고보면 '-기'는 중세국어에서 '-이'에서 생산성을 얻은 것으로 보이는데(허웅, 1975 : 637) 이는 '이은말 짜임새 밑말 + 「-이」'의 형태에서 굴곡가지로 생산성을 얻어 '-이'와는 달리 홀소리로 끝나는 줄기에 붙어 나타나다가 이것이 다시 앞의 부림말이나 위치말과 함께 의미의 불규칙성을 얻어 다시 파생가지로서의 생산성을 획득한 것이 아닌가 한다.

그렇다면 중세국어의 '-이'는 '이은말 짜임 움직씨 밑말 + 「-이」'의 형태에서 '-기' 굴곡가지와 연관을 맺을 수밖에 없는데 여기서는 이제 이 관계에 대해 살펴본다.

먼저 '-기' 굴곡가지에 대해 살펴본다.

'-기' 굴곡가지는 중세국어에서 '-음' 굴곡가지에 비하여 그 나타난 예가 얼마되지 않는다.

특히 15세기 국어에서는 더욱 그러한데 이를 밑말과 관련하여 살펴보면, 그 나타난 예는 (44)에 보인 예에 불과하고 밑말과 관계없이 그 나타난 빈도수를 보면 '-음' : '-기'가 석보상절(제6)에서는 46 : 2, 월인석보(권1)에서는 93 : 3, 몽산 화상 법어 약록에서는 117 : 0으로 나타난다(홍종선, 1990 : 192).

그리고 '-음' 굴곡가지는 홀소리 {-오/우-}를 줄기와 가지 사이에 삽입시켜 매우 규칙적인 음운론적 바탕을 가지는데 비하여 '-기'는 '-이'처럼 밑말에 직접 결합 시키므로 비음운론적 바탕을 가진다.[11]

물론 이러한 사실이 16세기 후반에 들어서는 어느 정도 붕괴되기 시작하기는 하나(이현규, 1975 : 236) 중세국어 전반을 통해서 볼 때는 위 사실이 유지되었다고 할 수 있다.

이러한 사실을 통해서 보면 중세국어의 '-기'는 '(-오/우-)-음'처럼 굴곡가지로서의 기능을 확실히 가지지 못하고 '-이' 파생가지의 영향권에 있었던 것으로 보인다.

그렇다면 중세국어의 '-기'는 굴곡가지의 기능보다는 오히려 파생가지로서의 기능이 더 두드러진 가지라 하겠다.

그런데 이것은 '-기'를 중심으로 본 관점이고 이를 '-이'로 바꾸어 살피면 '-이'는 '이은말 짜임새 밑말 + 「-이」'의 형태에서 '-기'와 오히려 가까운 기능을 가짐으로 이는 온전히 파생 기능만을 가졌다기보다는 오히려 파생 기능을 가지되 위 형태에서는 어느 정도 굴곡의 기능도 공유하고 있었던 것으로 보인다.

'-이'와 '-기'는 중세국어에서 이러한 특성을 보인다.

여기에 비하여 '-음'은 파생가지로서의 '-음'과 굴곡가지로서의 '-음'이 '-오/우-'의 개입 여부에 따라, 그리고 그 뜻바탕에 따라 구분되는데 파생가지로의 '-음'은 'X현상'이라는 어휘적인 뜻바탕을 가지면서 밑말에 주로 직접 결합하는데 비하여 굴곡가지의 '-음'은 '그러한 사실'을 말하는 문법

---

11) '-음' 굴곡가지의 활용 시 홀소리 {-오/우}의 삽입에 따른 음운론적 규칙성에 대해서는 허웅(1975 : 627-631)참조.

적인 뜻을 가지면서 가지의 결합시 '-오/우-'의 개입을 필요로 한다.

이상의 사실을 두고보면 이들 가지는 중세국어에서 다음과 같은 특성을 갖는다 하겠다.

'-이'는 파생 기능을 주된 기능으로 가진다. 그러나 '이은말 짜임새 밑말 + 「-이」'의 형태에서는 어느 정도의 문법성도 가진다.

'-기'는 파생의 기능과 굴곡의 기능을 가진다. 그러나 파생의 기능이 더 두드러진다.

'-음'은 파생의 기능과 굴곡의 기능을 가진다. 이 둘은 대개 '-오/우'의 개입 여부에 따라 구분된다.

2) 근대국어

(1) '-이' 가지

추상화 뒷가지로서의 '-이'는 근대국어에서도 움직씨나 그림씨 밑말과 결합하여 이름씨를 파생하므로 이도 4유형 가지이다.

① 움직씨 밑말 + '-이'

> (45) ㄱ. (홑낱말 + '-이') 노리(遊, 놀-) : 노리 ᄒᆞ려코 냄 내다<역해하 : 52>
> 봇기(炒, 봇ㄱ-) : 고기 봇기 아디 몯ᄒᆞ노라<노해초 상 : 19>
> 쓰서리(掃, 쓰설-) : ᄉᆞ당의 가 절ᄒᆞ고 쓰서리 ᄒᆞ더라<신속효3 : 45>
> 할이(訴, 할-) : 뎔으기를 ᄃᆞ토아 ᄀᆞ만ᄒᆞᆫ 할이 날로 들어<내훈중 3 : 36>
> 이바디(宴, 이받-) : 몯 이긔니ᄂᆞᆫ 이바디ᄒᆞ라<노해초 하 : 37>
> 다듬이(砧, 다듬-) : 이 ᄀᆞᆮ는 綿紬란 鴉靑드려 널 다듬이 ᄒᆞ고<박중중 : 4>
> ㄴ. 가리(耕, 갈-) : 一晌田 ᄒᆞᆫ 나잘 가리<동문하 : 1>

ㄷ. 마기(鐯, 막-) : 鐯 마기 답<왜어상 : 40>

(46) (겹낱말 + '-이') 녀름지이(農事, 녀름짓-) : 뫼ㅅ 시냇 구비예셔 녀름지
　　　이 ㅎ고<두해 중21 : 42>

　　　므즈미(泳, 므줌-) : 므즈미 ㅎ는 사롭<역해하 : 22>

(47) ㄱ. (이은말 + '-이') 싯닷기(←싯-+닷ㄱ-) : 뎌 煤火戶롤 가져다가 싯
　　　　　닷기롤 잘ㅎ라<박중하 : 44>

　　ㄴ. 여다지(←열-+닫-) : 가로다지 여다지에<청언p115>

(48) ㄱ. 사롭사리(←사롭+살-) : 내 뜯을 慰勞ㅎ니 사롭사리아 어느 시러
　　　　곰 니르리오<두해 중1 : 7>

　　　손시시(←손+싯-) : 셩녕 ㅁㅊ츤 후에 손시시<역해하 : 43>

　　　긔믈시시(←그믈+싯-) : 祭物을 親히 ㅎ야 긔믈시시라도 죵 맛뎌
　　　　아니ㅎ더니<신속효 : 32>

　　　글지이(←글+짓-) : 글지이는 國風을 닛놋다<두해 중21 : 1>

　　　술먹이(←술+먹-) : 남잡히 허비ㅎ야 못ㄱ지 ㅎ야 술먹이 홈이
　　　　쏘 ㅎ 罪 잇ᄂ니라<경민13>

　　ㄴ. 칰걸이(←칰+걸-) : 書架 칰걸이<역보12>

　　　풀거리(←풀+걸-) : 手弊子 풀거리 ㅎ다<청언17d>

　　　옷거리(←옷+걸-) : 衣架 옷거리<동문하 : 15>

　　　갓거리(←갓+걸-) : 帽架 갓거리<한청349c>

　　　바눌걸이(←바눌+걸-) : 針札子 바눌걸이<역보41>

　　　룡지거리(←룡지+걸-) : 糠燈架子 룡지거리<한청316b>

　　　거울거리(←거울+걸-) : 鏡子架 거울거리<역보30>

　　　등긁이(←등+긁-) : 孝椿子 등긁이<동문하 : 13>

　　　귓대박이(←귓대+박-) : 桅杆 돗대… 又 귓대박이<동문하18>

　　　ᄒᄅ사리(←ᄒᄅ+살-) : 陰生虫 ᄒᄅ사리<역해하36>

　　ㄷ. 비아리(←비+앓-) : 우리의 아기쏠이 고림 症 비아리와<청언p118>

(49) ㄱ. (이은말+-이) 녀막사리(←녀막+살-) : 무덤에 녀막사리롤 여슷히
　　　　롤 ㅎ니라<신속효3 : 57>

　　　셰간사리(←셰간+살-) : 薛穀 셰간사리 잘 몯ㅎ거늘<속삼열 : 7>

　　ㄴ. 가슴거리(←가슴+걸-) : 靮 가슴거리<물보 우방>

　　　오월잡이(←오월+잡-) : 梅鰕 梅雨時至 오월잡이<물명2 개>

　　　외다디(←외+닫-) : 샹다디 외다디<박중하 : 12>

상다디(←상+닫-) : 상다디 외다디<박중하 : 12>
가른다디(←가른+닫-) : 窓扇窓 딱 雙扇 가른다디<역해상 : 17>
모시솜이(←모시+솜-) : 繡 紵可爲布 모시솜이<물명3 초>
ㄷ. 왜걸이(←왜+걷-) : 羅圈腿 왜걸이<역보20>
(50) 붓바기(←붓-+박-) : 硬窓 붓바기 窓<역해상17>

'-이'는 근대국어에서도 움직씨 밑말과 결합하여 이름씨를 파생하는 것이 생산적이다.

'-이' 가지에 앞서는 움직씨 밑말은 홑낱말, 겹낱말, 이은말 짜임새 밑말 등이 있다.

이은말 짜임새 밑말은 밑말의 의미상 구성관계에 따라 다시 나누어진다.

(47, 싯닷기)은 대등 짜임새 밑말이고 (48, 사롬사리)은 부림 짜임새 밑말이며 (49, 녀막사리)는 상황 짜임새 밑말이고 (50, 붓바기)은 꾸밈 짜임새 밑말이다.

'-이'는 이러한 밑말과 결합하면서 이름씨를 파생하는데 여기서도 '-이'의 뜻바탕은 다양하다.

이를 살펴보면 다음과 같다.

(45ㄱ, 노리), (46, 녀름지이), (47ㄱ, 싯닷기), (48ㄱ, 사롬사리), (49ㄱ, 녀막사리)의 파생어는 'X행위의 이름'을 나타낸다. 그리고 거기에는 공통적으로 'X하는 일'이라는 뜻바탕이 있다. 따라서 이들 파생어에서는 'X하는 일'이라는 '-이'의 뜻바탕을 구할 수 있다.

(45ㄴ)의 '가리'는 'X행위의 특성이 있는 단위 이름'을 나타낸다. 그리고 거기에는 'X정도'라는 뜻바탕이 있다. 따라서 '가리'에서는 'X정도, 단위'라는 '-이'의 뜻바탕을 구할 수 있다.

(45ㄷ, 마기), (47ㄴ, 여다지), (48ㄴ, 칙걸이), (49ㄴ, 가슴거리), (50, 붓

바기)의 파생어는 '사물의 이름'을 나타낸다. 그리고 거기에는 공통적으로 'X행위의 특성을 가진 사물(도구)'이라는 뜻바탕이 있다. 따라서 여기서는 '(X행위)의 특성을 가진 사물(도구)'이라는 '-이'의 뜻바탕을 구할 수 있다.

(49ㄷ)의 '왜걸이'는 '사람'을 나타낸다. 그리고 거기에는 'X행위의 특성이 있는 사람'이라는 뜻바탕이 있다. 따라서 여기서는 '(X행위)의 특성이 있는 사람'이라는 '-이'의 뜻바탕을 구할 수 있다.

(48ㄷ)의 '비아리'는 'X현상의 이름'을 나타낸다. 그리고 거기에는 'X행위가 나타난 현상'이라는 뜻바탕이 있다. 따라서 여기서는 '(X행위)가 나타난 현상'이라는 '-이'의 뜻바탕을 구할 수 있다.

이 중에서 우리는 어떠한 뜻바탕을 '-이'의 중심적인 뜻바탕으로 삼을 것인가?

여기서도 (45, 노리), (46, 녀름지이), (47ㄱ, 싯닷기), (48ㄱ, 사롬사리), (49ㄱ, 녀막사리) 등에서 나타나는 뜻바탕 즉 'X하는 일'이 다른 뜻바탕에 비하여 추상성과 생산성이 높으므로 이 뜻바탕을 '-이'의 중심적인 뜻바탕으로 보아야 한다.

따라서 (45ㄱ, 노리), (46, 녀름지이), (47ㄱ, 싯닷기), (48ㄱ, 사롬사리), (49ㄱ, 녀막사리) 등은 근대국어에서 중심적인 뜻바탕을 가진 파생어라 하겠으나 여기에서 벗어나는 뜻바탕을 가진 (45ㄴ)의 '가리', (45ㄷ, 마기), (47ㄴ, 여다지), (48ㄴ, 칙걸이), (49ㄴ, 가슴거리), (50, 붓바기), (49ㄷ, 왜걸이), (48ㄷ, 비아리) 등의 파생어에는 의미상 특이성이 나타난다.

(45ㄴ)의 '가리'에는 'X정도, 단위', (45ㄷ, 마기), (47ㄴ, 여다지), (48ㄴ, 칙걸이), (49ㄴ, 가슴거리), (50, 붓바기)에는 'X행위의 특성을 가진 사물(도구)',12) (49ㄷ, 왜걸이)에는 'X행위의 특성이 있는 사람', (48ㄷ, 비아리)에는 'X행위가 나타난 현상'의 특이 뜻바탕이 나타난다.

② 그림씨 밑말 + '-이'

(51) (홑낱말 + '-이') 붉이(朝, 붉-) : 부희여 붉이예 뵈ᄋ와<어소2 : 3>
(52) ㄱ. (겹낱말 + '-이') 두텁이/둣겁이(蟾, 두텁-/둣겁-) : 蟾 두텁이 셤
     <왜어하 : 27>/蟾蜍 둣겁이<물보 수족>
    ㄴ. 됴쿠지(吉凶, 똥-+궂-) : 大便을 맛ᄲᅡ 됴쿠지를 알오져 ᄒ더라
     (至嘗糞以驗吉凶)<신속속효 : 2>
(53) (이은말 + '-이') 코키리(코ᄒ+길-) : 象 코키리 샹<왜어하 : 22>

'-이'는 위 예에서 보듯이 그림씨 밑말과 결합하여 이름씨를 파생하기도 하는데 이는 '움직씨 밑말 + 「-이」'에 비하여 생산성이 매우낮다.

근대국어에서도 '-이'에 앞서는 그림씨 밑말은 홑낱말, 겹낱말, 이은말 짜임새 밑말 등이 있다. 이은말 짜임새 밑말은 임자-풀이 짜임새이다.

'-이'는 이러한 밑말과 결합하여 이름씨를 파생하는데 여기서도 '-이'의 뜻바탕은 다르다.

(51)의 '붉이'는 '朝'의 뜻으로 '붉-은 상태의 시간'의 뜻을 가지고 (52ㄱ, 두텁-/둣겁-)과 (53, 코키리)은 '蟾, 象'의 뜻으로 '두텁-/둣겁-, 코ᄒ길-은 상태의 특성이 있는 사물'의 뜻을 가지며 (52ㄴ)의 '됴쿠지'는 '吉凶'의 뜻으로 '됴쿳-은 정도'의 뜻을 가진다.

따라서 (51-53)에 나타난 '-이'의 뜻바탕은 (51, 붉이)에서 '(X상태)의 시간', (52ㄱ, 53, 두텁이/둣겁이, 코키리)에서 '(X상태)의 특성이 있는 사물', (52ㄴ, 됴쿠지)에서 'X정도'를 구할 수 있다.

---

12) 이 글에서 중세국어의 'ᄒᄅ사리'는 합성어로 보고, 근대국어에서는 파생어로 본다. 이것은 '사리'가 중세국어에서는 한 낱말로 쓰이고 있으나 근대국어에서는 그 쓰인 예를 찾을 수 없기 때문이다. 또 현대국어에서도 '살이'는 한 낱말로 쓰이고 있지 아니한데 이러한 사실도 고려되었다. 이러한 현상은 뒤에 언급되는 '코끼리'의 경우도 마찬가지다.

여기에서 '-이'의 중심적인 뜻바탕은 무엇인가?

중심적인 뜻바탕은 앞에서 살핀대로 생산성과 추상성으로 찾아야 될 터인데 여기에서는 생산성으로 찾기는 힘들다. 이것은 '시간, 사물, 정도'의 생산성이 서로 비슷하여 어느 것을 중심적이라 하기 힘들기 때문이다.

따라서 추상성에 의존할 수밖에 없다.

(51-53)의 파생어가 가지는 추상적인 뜻바탕은 'X정도'이다.

따라서 (51-53)의 예에서 중심적인 뜻바탕을 가지는 파생어는 (52ㄴ)의 '됴쿠지'하나 뿐이고 나머지 '붉이'나 '두터비/둣겁이, 코키리' 등은 모두 의미상 특이성을 지닌 형태이다.

'붉이'에서는 '시간'이라는 특이성이 '두터비/둣거비'나 '코키리'에서는 '사물'이라는 특이성이 나타난다.

 (2) '-기' 가지

추상화 뒷가지로서의 '-기'는 근대국어에서도 움직씨 밑말과 결합하여 이름씨를 파생하므로 이도 2유형 가지이다.

> (54) (홑낱말 + '-기') 쉬기(息, 쉬-) : 동으로 둣고 셔로 드라 손쏩 다드믈
> 쉬기도 얻디 못ᄒ고<박중 : 43>
> (55) (이은말 + '-기') 불넘기(←불+넘-) : 竈嗓 불넘기<역보14>
> (56) ㄱ. 널뛰기(←널+뛰-) : 蹴踘 널뛰기<물보 박희>
> 뒤트기(←뒤+트-) : 開岐袍 뒤트기<역보28>
> 쏭쌋기(←쏭+쌋-) : 屎精 쏭쌋기<한청145a>
> 줄다리기(←줄+드릐-) : 拔河 줄드릐기<물보 박희>
> 태티기(←태+티-) : 九月에 태티기 ᄒ고<박중상 : 17>
> 져뷔앗기(←져뷔+앗-) : 風箏 연 … 又 져뷔앗기<동문 하 : 32>

ㄴ. 귀밋빗기(←귀밋+빗-) : 帽刷 靴刷 각 ᄒᆞ나와 刷牙 둘과 귀밋빗기 둘흘 엇디 풀짜<박중하 : 28>

ᄲᅳ레밧기(←ᄲᅳ레+밧-) : 承塵 ᄲᅳ레밧기<물보 광려>

ᄯᆞᆷ밧기(←ᄯᆞᆷ+밧-) : 汗衫 ᄯᆞᆷ밧기 젹삼<역해상 : 44>

춤밧기(←춤+밧-) : 衤匾子 아희 춤밧기<역해상 : 37>

ᄒᆞᆰ밧기(←ᄒᆞᆰ+밧-) : 泥托 ᄒᆞᆰ밧기<역해하 : 17>

실감기(←실+감-) : 線板 실감기<역보39>

히ᄇᆞ라기(←히+ᄇᆞ라-) : 向日蓮 히ᄇᆞ라기<물보 화훼>

ㄷ. 비알키(←비+앓-) : 비알키 혹 알ᄒᆞ며<태요21>

(57) 구읫나기(←구의ㅅ+나-) : 官銀 구읫나기 은<역해하 : 1>

(58) ㄱ. 도나기(도+나-) : 도나기 누에 나비<동의탕액2 : 8>

ㄴ. 니믈리기(닛-+믈리-) : 새각시러냐 니믈리기러냐<박중상 : 40>

근대국어의 '-기'는 상당 수의 예가 문헌에 나타난다. 그러나 여기서도 뒷가지의 '-기'와 굴곡가지의 '-기'에 대한 구분이 쉽지 않다.

여기 제시된 예들도 한글학회(1992)에서 파생어로 다루는 것들이다. 이를 중심으로 살펴본다.

근대국어에서 '-기'에 앞서는 밑말은 홑낱말과 이은말 짜임새 밑말이 있다.

이은말 짜임새 밑말은 밑말의 의미상 구성관계에 따라 다시 나누어진다.

(55, 불넘기)는 '임자-풀이' 짜임새 밑말이고 (56, 널뒤기)은 부림 짜임새 밑말이며 (57, 구읫나기)은 상황 짜임새 밑말이고 (58, 도나기)은 꾸밈 짜임새 밑말이다.

'-기'는 이러한 밑말과 결합하여 이름씨를 파생하는데 여기서도 우리는 '-기'를 살피기 위하여 먼저 '-기'의 뜻바탕을 찾아야 한다.

(54, 쉬기), (56ㄱ, 널뒤기), (57, 구읫나기), (58ㄱ, 도나기)의 파생어는

모두 'X행위의 이름'을 나타낸다. 그리고 거기에는 'X하는 일'이라는 공통된 뜻바탕이 있다. 따라서 이들 파생어에서는 'X하는 일'이라는 '-기'의 뜻바탕을 구할 수 있다.

(55, 불넘기), (56ㄴ, 귀밋빗기)의 파생어는 모두 '사물의 이름'을 나타낸다. 그리고 거기에는 공통적으로 'X행위의 특성을 가진 사물(도구)'이라는 뜻바탕이 있다. 따라서 이들 파생어에서는 '(X행위)의 특성을 가진 사물'이라는 '-기'의 뜻바탕을 구할 수 있다.

(56ㄷ)의 '비알키'는 'X행위의 특성을 가진 현상'이라는 뜻바탕이 있다. 따라서 이 파생어에서는 '(X행위)의 특성을 가진 현상'이라는 '-기'의 뜻바탕을 구할 수 있다.

(58ㄴ)의 '니믈리기'는 '사람'을 나타낸다. 그리고 거기에는 'X행위의 특성을 가진 사람'이라는 뜻바탕이 있다. 따라서 '니믈리기'에서는 '(X행위)의 특성을 가진 사람'이라는 '-기'의 뜻바탕을 구할 수 있다.

이렇게 두고보면 근대국어에서의 '-기'도 'X하는일, 사물, X현상, 사람' 등 매우 다양한 뜻바탕을 가진다 하겠는데 이 중에서 우리는 어떠한 뜻바탕을 '-기'의 중심적인 뜻바탕으로 삼을 것인가?

이것은 앞에서도 밝혔듯이 그 뜻바탕이 가진 추상성과 생산성이 고려되어야 할 것이므로 여기서도 'X하는 일'을 '-기'의 중심적인 뜻바탕으로 보아야 한다.

따라서 위 예에서 (54, 쉬기), (56ㄱ, 널뒤기), (57, 구윗나기), (58ㄱ, 도나기)의 파생어는 근대국어에서 중심적인 뜻바탕을 가진 '-기'에 의한 파생이라 하겠고 여기에서 벗어나는 뜻바탕을 가진 (55, 불넘기), (56ㄴ, 귀밋빗기), (56ㄷ, 비알키), (58ㄴ, 니믈리기)의 파생어에는 각기 '사물', 'X현상', '사람'이라는 의미상 특이성이 나타나는 파생이라 하겠다.

(3) '-음' 가지

추상화 뒷가지로서의 '-음'은 근대국어에서는 움직씨나 그림씨 밑말
과 결합하여 이름씨를 파생하므로 이는 4유형 가지이다.

① 움직씨 밑말 + '-음'

(59) ㄱ. (홑낱말 + '-음') 거름(步, 걷-) : 셜흐나믄 거르미나 가며<신속속
효 : 9>

기춤(咳, 깇-) : 北向흐야 기춤흐고<가언9 : 6>

꾸지람(罵, 꾸짓-) : 눔의게 꾸지람 드르리라<노해초 상 : 34>

그음(限, 그으-) : 그음 업순 근심과<한청중p64>

그뭄(晦, 그무-) : 盡頭 그뭄<동문하 : 30>

글림(圖, 그리-) : 遠近이 글림이로다<해동p50>

늘음(翅, 늘-) : 一翅 흔 늘음<역보48>

노름(遊, 놀-) : 노름 흐는 썩둑 쪄<한청260b>

더음(補錠, 더으-) : 補錠 더음<동문하 : 27>

다짐(打, 다지-) : 다짐을 호디<신속속효 : 30>

뜸(灸, 뜨-) : 약도 먹고 뜸도 흐여<신어2 : 18>

무춤(終, 뭇-) : 니르기를 무츠매<박중중 : 28>

붓그림(羞耻, 붓그리-) : 羞耻 붓그림<한청8 : 32>

소솜(沸, 솟-) : 흔 소솜 달혀 드스히 흐여 먹고<벽신3>

새옴(妬, 새오-) : 爭風 계집 드토는 새옴<역해하 : 48>

싸홈(鬪, 사호-) : 鬪鷄 싸홈 잘 흐는 둙<한청430c>

우숨(笑, 웃-) : 말흐며 우숨 우스며셔<두해 중6 : 39>

조오롬(眠, 조올-) : 눌애 브르며 조오로물 흐들히 흐리오<두해
중6 : 36>

찜(蒸, 찌-) : 둘찜 개찜 오려 點心 날 시기소<청언p40>

춤(舞, 추-) : 舞 춤추다<역해상 : 60>

헤음(泅, 헤-) : 泅 헤음 슈<왜어하 : 19>

헤옴(數, 헤-) : 내 헤옴은 예순냥이오<노해초 하 : 10>

ㄴ. 고롬(膿, 곪-) : 혹 헤여뎌 고롬이 나고<벽신11>
  여름(實, 열-) : 나모 여름을 먹더니<십구1 : 1>
  드림(垂, 드리-) : 耳鏡 투구 두 녑 드림<역보15>
  어름(氷, 얼-) : 氷牌 어름조각<역해상 : 7>
  주검(屍, 죽-) : 구의 주검을 검시ᄒ고<노해초 상 : 25>
  그으름(火台, 그을-) : 竈煤 그으름<역보 : 32>
  브으름(瘡, 븟-) : 出瘡 브으름 나다<역해상 : 61>
  소오롬(寒粟子, 솟-) : 寒粟子 소오롬<동문하 : 56>
ㄷ. 뿜(裹, ᄲ-) : 이바 뎌 실감기 뿜 가져다가<박중중 : 55>
  ᄉ름(人, 술-) : ᄉ름롤 부리고<삼약상 : 18>
ㄹ. 아ᄂ믐(抱, 안-) : 서리 마ᄌ 거프리 비 저저 마ᄋ 아ᄂ믜오<두해
    중8 : 21>
  우흠(握, 우희-) : 三掬 세 우흠<역보 : 36>
  쟈봄(撮, 잡-) : 다시 주엽 ᄀ론 굴올 ᄒ 쟈보믈 고해 부러 드리고
    <우방13>
(60) ㄱ. (겹낱말 + '-음') 서김(醋, 석이-) : 酒酵 서김<역해상 : 49>
  달힘(煎, 달히-) : ᄉ시예 져기로니 죠치로니 열치로니 달힘 ᄥ미
    로니<칠대13>
  가림(岐, 가리-) : 혬 가림도 ᄒ도 할샤<송강10 사미인곡>
  도림(廻, 돌이-) : 우리집 담도 여러 도림이 믄허뎌시니<박중
    상 : 10>
  동고림(圈, 동고리-) : 圈 동고림<동문상 : 43>
  비침(丿, 비티-) : 비침과 뎜과 동고림을 잘 긔록ᄒ여 쓰고<첩몽
    1 : 1>
  섭삭임(雕, 섭사기-) : 雕 섭삭임 ᄒ다 又 양각ᄒ다<한청 12 : 7>
  입힐흠(㗊嘴, 입힐후-) : 合口 입힐흠<역해상 : 65>
ㄴ. ᄃ림(錘, 돌이-) : 錘 ᄃ림 츄<왜어하 : 13>

  근대국어의 '-음'도 '움직씨 + 「-음」'의 형태에서는 중세국어와 마찬
가지로 홑낱말이나 겹낱말의 밑말과 결합하여 이름씨를 파생한다.
  그리고 이들 파생어가 가지는 뜻바탕도 중세국어와 다르지 않다.

따라서 근대국어에서의 ‘-음’은 중세국어와 마찬가지로 (59ㄱ, 거룜), (60ㄱ, 서김)에서는 ‘(X행위)를 함으로써 나타나는 추상적 현상’이라는 ‘-음’의 뜻바탕을 구할 수 있고 (59ㄴ, 고룜), (60ㄴ, 드립)에서는 ‘(X행위)의 결과로 나타난 구체적 현상인 사물’을 구할 수 있으며 (59ㄷ, 뿜)에서는 ‘(X행위)의 특성이 나타나는 사물’, (59ㄹ, 아놈)에서는 ‘(X행위)가 나타난 단위’라는 ‘-음’의 뜻바탕을 구할 수 있다.

그렇다면 ‘-음’의 중심적인 뜻바탕도 중세국어와 다르지 않을 것인데 이렇게 되면 위 예에서 (59ㄱ, 거룜), (60ㄱ, 서김)과 (59ㄴ, 고룜), (60ㄴ, 드립)의 파생어는 근대국어에서 중심적인 뜻바탕을 가진 ‘-음’에 의한 파생이면서 ‘(X행위)로 나타난 현상’의 뜻바탕을 지니고 있다 하겠고 (59ㄷ, 뿜)과 (59ㄹ, 아놈)은 근대국어에서도 의미상 특이성을 지닌 파생어라 하겠는데 (59ㄷ, 뿜)에는 ‘(X행위)의 특성을 가진 사물’이라는 특이성이 있고 (59ㄹ, 아놈)에는 ‘(X행위)의 특성이 있는 단위’라는 의미상 특이성이 있다.

② 그림씨 + ‘-음’

    (61) (홑낱말 + ‘-음’) 게여름(怠, 게여르-) : 혼가지로 먹기를 스므나믄 히를 죠곰도 게으름이 업더라<신속효1 : 14>
        셔름(悲, 셟-) : 범을 노하 사롬을 셔름 만나게 혼 거시니<삼역2 : 4>

(61)에서 ‘-음’에 앞서는 밑말은 홑낱말이다.

근대국어에서의 ‘-음’은 이러한 밑말과 결합하여 이름씨를 파생하는데 여기서는 ‘-음’의 중심적인 뜻바탕으로 ‘X현상’을 구할 수 있다.

이것은 (61)의 파생어가 모두 ‘X현상’의 뜻을 나타내고 있기 때문이다.

‘게여름’은 ‘게여른 인성적 상태’가 나타난 그 현상이고 ‘셔름’은 ‘셟은 심리적 상태'가 나타난 그 현상이다.

이렇게 두고보면 (61)의 파생어는 모두 중심적인 뜻바탕을 가진 '-음'에 의한 파생이라 할 수 있다.

(4) '-익/의' 가지

추상화 뒷가지로서의 '-익/의'는 근대국어에서 그림씨 밑말과 결합하여 이름씨를 파생하므로 이는 2유형 가지이다.

> (62) ㄱ. (홑낱말 + '-익/의') 기러/기릐(長, 길-) : 綾이 닐곱 발 기러 츳고
> <박중중 : 3>/長放 기릐로 놋타<역해하 : 45>
> 기픠(深, 깊-) : 기픠를 모르거니<송강1 : 10>
> 노퓌/노픠(高, 높-) : 三丈 노퓌 큰 긔예<박중하 : 47>/노픠 가히
> 일쳔 자히라<신속1 : 11>
> 므긔(重, *믁-) : 네 이 심이 몃 근 므긔오<노해초 하 : 57>
> 굴긔(大, 굵-) : 손까락 굴긔<박중상 : 27>
> ㄴ. 구비/구븨(曲, 굽-) : 圖經 열 두 구비<송강1 : 15>/아옴둘히 깁
> 구븨예 쯔롓도다<두해 중5 : 30>

근대국어에서도 추상화 뒷가지 '-익/의'에 앞서는 밑말은 모두 그림씨 홑낱말이다.

그리고 이들 가지는 중세국에서와 마찬가지로 (62ㄱ, 기러/기릐)에서는 'X정도, 척도'라는 중심적인 뜻바탕을 가지고 (62ㄴ, 구비/구븨)에서는 '(X상태)의 특성이 있는 현상'이라는 특이 뜻바탕을 가진다.

이상으로 근대국어의 추상화 뒷가지에 대해 살펴보았다.

지금까지의 논의를 모아 간단히 표로 보이면 (63)과 같다.

(63) ㄱ. 밑말이 움직씨인 경우

가지	뜻	홑낱말	겹낱말	이은말 짜임새
-이	중심	노리, 봇기, 쁘서리, 할이, 이바디, 다듬이 (X하는 일)	너름지이, 므즈미 (X하는 일)	대등 : 싯닷기(X하는 일) 부림 : 사롬사리, 손시시, 긔물시시, 글지이, 술먹이 (X하는 일) 상황 : 녀막사리, 셰간사리(X하는 일)
-이	특이성	기리(단위) 마기(사물)		임·풀 : 여다지(사물) 부림 : 칙걸이, 풀거리, 옷거리, 갓거리, 바눌걸이, 룡지거리, 거울거리, 등긁이, 귓대박이, ᄒᆞ릭사리(사물) 비아리(현상) 상황 : 가슴거리, 오월잡이, 외다디, 상다디, 가릭다디, 모시솝이(사물) 왜걸이(사람) 꾸밈 : 붓바기(사물)
-기	중심	쉬기 (X하는 일)		부림 : 널뒤기, 뒤트기, 쏭뿌기, 줄드릭기, 태티기, 져뷔앗기(X하는 일) 상황 : 구윗나기(X하는 일) 꾸밈 : 도나기(X하는 일)
-기	특이성			임·풀 : 불넘기(사물) 부림 : 귀밋빗기, 쁘래받기, 쑵밧기, 춤밧기, 흙밧기, 실감기, 힉브라기 (사물) 비알키(X현상) 꾸밈 : 니믈리기(사람)

가지	뜻	홑낱말	겹낱말	이은말 짜임새
-음	중심	거룸, 기춤, 꾸지람, 그음, 그뭄, 글림, 늘음, 노름, 더음, 다짐, 뜸, ㅁ춤, 소솜, 붓그림, 새옴, 싸홈, 우숨, 조오롬, 뜸, 춤, 혜음, 혜옴(X행위가 나타난 추상적 현상) 고롬, 여룹, 드림, 어름, 주검, 그으름, 브으름, 소오롬(X행위의 결과로 나타난 구체적 현상)	서김, 달힘, 가림, 도림, 동고림, 비침, 섭삭임, 입힐홈(X행위가 나타난 추상적 현상) 드림(X행위 결과가 나타난 구체적 현상)	
	특이성	밤, 스롭(X행위의 특성이 나타난 사물) 아눔, 우흠, 쟈봄(X행위가 나타난 단위)		

ㄴ. 밑말이 그림씨인 경우

가지	뜻	홑낱말	겹낱말	이음말 짜임새
-이	중심		됴쿠지 (X정도)	
	특이성	붉이 (시간)	두텁이/둣거비 (사물)	임·풀 : 코키리 (사물)
-음	중심	게여름, 셔름 (X현상)		
-익/의	중심	기러/기릐, 기픠, 노픠/노픽, 므긔, 굴긔 (X정도, 척도)		
	특이성	구비/구븨 (X특성이 있는 현상)		

이제 (63)을 중심으로 이들 가지가 중세부터 변천된 모습을 살펴본다.
여기에서 특기할만 한 것은, 움직씨 밑말과의 결합에서는 '-기'의 변
천된 모습이고 그림씨 밑말과의 결합에서는 '-음'이 중세국어에서는 보

이지 않다가 근대국어에서 '게으르-, 섧-'의 밑말과 결합하여 이름씨를 파생한다는 것이다.

물론 '-음'이 중세국어에서도 그림씨 갈래의 밑말과 결합하여 이름씨를 파생할 가능은 있다.

이것은 비록 중세국어에서는 '아춤'(그림씨, 앛- + 「-옴」)을 어휘화된 낱말로 보아 이 글에서는 다루지 아니하였으나 '아춤'이 이름씨로 쓰이고 있기 때문이다.

(64) 오눐 아ᄎᆞ미ᅀᅡ ᄉᆞ랑ᄒᆞ논 배 훤ᄒᆞ도다<두초20 : 54>

이렇게 두고보면 이들 가지의 변천은 주로 '-기'에서 찾을 수 있다.

(43)의 표와 (63)의 표를 빗대어 보면 먼저 그 생산성에서 차이가 난다. 특히 부림 짜임새 밑말과 결합하여 특이 뜻바탕을 가지는 것이나, 홀낱말과 '-기'가 결합되어 나타나면서 생산성을 가지게 되는 것은 중세국어에서는 볼 수 없었던 점인데 이것은 '-기' 굴곡가지의 독립된 쓰임과 무관하지 않은 듯 하다.

(65) ·우리의 뜻으로 보낼 바는 이실 듯 아니 ᄒᆞ건마는 오시기란 ᄒᆞ오리<신어1 : 8>
    ·ᄌᆞ가 홈ᄭᅴ 드러 오시기롤 ᄇᆞ라ᄋᆞᄂᆞ이다<인현왕후 어필3>
    ·일거는 춤ᄒᆞ오니 깃브ᄋᆞᆸ기 ᄀᆞ이업ᄉᆞ오이다<인현왕후 어필4>
    ·방극듕 보ᄋᆞᆸ시기 폐롭ᄉᆞ올가 이제야 뎍ᄉᆞ오며<명성왕후 어필>13)

(65)의 예를 보면 '-기' 굴곡가지가 안맺음씨끝 '-시, -옵' 등을 앞세우

---

13) 여기에 대해서는 이현규(1975) 참조.

는데 이는 15세기 국어에서는 보이지 아니하던 현상이다(허웅, 1975 : 636).

이로써 보면 근대국어의 '-기' 가지는 '-이' 뒷가지의 영향권에서 어느 정도 벗어나 하나의 독립된 가지의 쓰임을 가지는 것으로 보인다.

근대국어에서는 그 쓰임도 매우 활발하여진다.

이러한 까닭에 근대국어의 '-기' 뒷가지는 '-기' 굴곡가지에서 얻어진 특이성으로 말미암아 그 파생 영역을 점차 늘이게 될 것인데 (63)에 나타난 생산성의 향상은 이로 말미암은 듯하다.

따라서 근대국어의 '-기'는 파생가지와 굴곡가지의 기능을 공유하는 중간적 형태가 아닌가 한다.

이에 비하여 '-이'는 중세국어에서 '-기'와 함께 가지던 굴곡가지로서의 성질을 떠나 파생가지로서의 기능만을 가지게 되고 '-음'은 큰 변화가 없어 보인다. 다만 변화가 있다면 중세국어에서는 보이지 않던 '그림씨 밑말 + 「-음」'의 형태가 근대국어에서 나타난다는 것인데 이것은 '-음'의 유형이 2유형(한 씨갈래 바꾸는 가지)에서 4유형(여러 씨갈래 바꾸는 가지)으로 바뀌게 되었음을 의미한다.

3) 현대국어

(1) '-이' 가지

대상화 뒷가지로서의 '-이'는 현대국어에서도 움직씨나 그림씨 밑말과 결합하여 이름씨를 파생하므로 이는 4유형 가지이다.

① 움직씨 + '-이'

(66) ㄱ. (홑낱말 + '-이') 얽이, 갈이(磨), 갈이(替), 갈이(耕), 몰이, 겨 이,

맞이, 막이, 삶이, 낳이(紡績), 잡이, 풀이, 다듬이

ㄴ. 먹이, 훑이, 다듬이, 더듬이, 막이

ㄷ. 구이, 말이, 낳이, 볶이, 다리

ㄹ. 몰이, 잡이

ㅁ. 들이, 갈이(耕)

(67) ㄱ. (겹낱말 + '-이') 나들이, 여닫이, 붙박이, 설겆이, 휘몰이, 품앗이, 마수걸이, 서방맞이, 막살이, 소용돌이, 막깎이, 맴돌이, 다잡이, 마주잡이

ㄴ. 여닫이, 입씻이, 손씻이

ㄷ. 붙박이, 설구이, 막깎이

ㄹ. 떠돌이, 배돌이, 말더듬이, 바람잡이

ㅁ. 굽이돌이

(68) ㄱ. (이은말 + '-이') 죽살이, 갈닦이, 내들이

ㄴ. 미닫이, 빼닫이

ㄷ. 안돌이

(69) ㄱ. 움돋이, 목접이, 알들이

ㄴ. 알박이, 별박이, 외대박이, 세대박이, 옹이박이, 목달이, 고달이

ㄷ. 무넘이

ㄹ. 점박이, 외눈박이, 옥니박이, 덧니박이

ㅁ. 해돋이, 해넘이, 닭울이

(70) ㄱ. 가루받이, 말받이, 야단받이, 응석받이, 애받이, 잎꽂이, 싹꽂이, 자리걷이, 넋걷이, 덩굴걷이, 잔불놓이, 수놓이, 차씻이, 풀꺾이, 맴돌이, 깃달이, 비빌이, 열매맺이

ㄴ. 흙받이, 먼지받이, 턱받이, 땀받이, 걸레받이, 짐받이, 편지꽂이, 초꽂이, 책꽂이, 연필꽂이, 서류꽂이, 팔걸이, 붓걸이, 징걸이, 옷걸이, 하루살이, 한해살이, 먼지떨이, 이슬떨이, 쇠뚫이, 대뚫이, 마개뽑이, 등긁이, 살쩍밀이

ㄷ. 재떨이

ㄹ. 총알받이, 야단받이, 미움받이, 응석받이, 씨받이, 애받이

ㅁ. 젖앓이, 배앓이, 허리앓이, 속앓이, 가슴앓이, 걸음걸이

ㅂ. 삼지놓이, 사지놓이

ㅅ. 물살받이, 바람받이, 그늘받이, 썰물받이, 북풍받이

(71) ㄱ. 첩살이, 뭍살이, 물살이, 말살이, 오막살이, 가막살이, 농군살이,
      곁방살이, 뒷방살이, 시집살이, 셋방살이, 처가살이, 반달꽂이,
      판꽂이, 닻걸이, 공중걸이, 배밀이, 가을걷이, 시골접이, 팔방돌
      이, 가을줄이, 밤털이, 사탕절이
  ㄴ. 귀걸이, 어깨걸이, 팔목걸이, 벽걸이, 목걸이, 가슴걸이, 왼쪽박
      이, 칼집붙이, 혀돋이, 신돌이, 가로닫이
  ㄷ. 뒤꽂이, 외꽂이, 쌍꽂이, 봄살이, 여름살이, 가을살이
  ㄹ. 덤받이
(72) ㄱ. 혼자살이, 막살이, 어더살이, 숨어살이, 고생살이, 꺾꽂이, 휘묻이
  ㄴ. 꽉집이
  ㄷ. 막나이
  ㄹ. 감접이

추상화 뒷가지로서의 '-이'는 현대국어에서도 움직씨 밑말과 결합하
여 이름씨를 파생하는 것이 생산적이다.

'-이'에 앞서는 움직씨 밑말은 홑낱말, 겹낱말, 이은말 짜임새 밑말 등
이 있다.

이은말 짜임새 밑말은 밑말의 의미상 구성관계에 따라 다시 나누어
진다.

(68, 죽살이)은 대등 짜임새 밑말이고, (69, 움돋이)는 임자-풀이 짜임
새, (70, 가루받이)은 부림 짜임새, (71, 첩살이)은 상황 짜임새, (72, 혼자
살이)는 한정-꾸밈 짜임새 밑말이다.

'-이'는 이러한 밑말과 결합하여 이름씨를 파생하는데 여기서도 '-이'
의 뜻바탕을 찾아야 한다.

이를 살펴보면 다음과 같다.

(66-72의 ㄱ : 얽이, 나들이, 죽살이, 움돋이, 가루받이, 첩살이, 혼자살
이)의 파생어는 모두 'X행위의 이름'을 나타낸다. 그리고 여기에는 공통

적으로 'X하는 일'이라는 뜻바탕이 있다. 따라서 이들 파생어에서는 'X하는 일'이라는 '-이'의 뜻바탕을 구할 수 있다.

(66-67의 ㄴ, ㄷ, 먹이, 구이, 여닫이, 붙박이), (68ㄴ, 미닫이), (69-71의 ㄴ, ㄷ, 알박이, 무넘이, 흙받이, 재떨이, 귀걸이, 뒤꽂이), (72ㄴ, 꽉집이)의 파생어는 모두 사물의 이름을 나타낸다. 그런데 여기에는 이들 파생어가 가지는 뜻바탕이 조금씩 다르다.

(66-68의 ㄴ, 먹이, 여닫이, 미닫이), (70-72의 ㄴ, 흙받이, 귀걸이, 꽉집이)에는 'X행위의 특성이 있는 사물(도구)'이라는 뜻바탕이 있고 (66-67의 ㄷ, 구이, 붙박이), (69ㄴ, 알박이)에는 'X행위의 결과로 나타난 사물'이라는 뜻바탕이 있으며 (69-71의 ㄷ, 무넘이, 재떨이, 뒤꽂이)에는 'X행위를 위한 사물(도구)'이라는 뜻바탕이 있다.

따라서 이들 파생어에서는 각기 '(X행위)의 특성이 있는 사물(도구)', '(X행위)의 결과로 나타난 사물', '(X행위)를 위한 사물(도구)'이라는 '-이'의 뜻바탕을 구할 수 있다.

(66-67의 ㄹ, 몰이, 떠돌이), (69-71의 ㄹ, 점박이, 총알받이, 덤받이), (72ㄷ)의 '막나이' 등의 파생어는 모두 '사람'을 나타낸다. 그리고 여기에는 공통적으로 'X행위의 특성이 있는 사람'이라는 뜻바탕이 있다. 따라서 이들 파생어에서는 '(X행위)의 특성이 있는 사람'이라는 '-이'의 뜻바탕을 구할 수 있다.

(66ㅁ)의 '들이, 갈이'나 (70ㅂ)의 '삼지놓이, 사지놓이'는 '단위의 이름'을 나타낸다. '들이'는 '용량'의 단위 이름이고 '갈이, 삼지놓이, 사지놓이'는 '넓이'의 단위 이름이다. 그리고 여기에는 공통적으로 'X정도'라는 뜻바탕이 있다. 따라서 이들 파생어에서는 'X정도, 단위'라는 '-이'의 뜻바탕을 구할 수 있다.

(67ㅁ)의 '굽이돌이', (68ㄷ)의 안돌이, (70ㅅ, 물살받이), (72ㄹ)의 '감접

이'는 '장소의 이름'을 나타낸다. 그리고 여기에는 공통적으로 'X행위의 특성이 있는 장소'라는 뜻바탕이 있다. 따라서 이들 파생어에서는 '(X행위)의 특성이 있는 장소'라는 '-이'의 뜻바탕을 구할 수 있다.

(69ㅁ)의 '해돋이, 해넘이, 닭울이'는 모두 '시간의 이름'을 나타낸다. 그리고 여기에는 공통적으로 'X행위의 특성이 있는 시간'이라는 뜻바탕이 있다. 따라서 이들 파생어에서는 '(X행위)의 특성이 있는 시간'이라는'-이'의 뜻바탕을 구할 수 있다.

(70ㅁ, 젖앓이)의 파생어는 '어떠한 현상'의 이름을 나타낸다. 그리고 여기에는 'X가 나타난 현상'이라는 뜻바탕이 있다. 따라서 이들 파생어에서는 'X의 특성이 있는 현상'이라는 '-이'의 뜻바탕을 구할 수 있다.

이렇게 두고보면 현대국어의 '-이'도 매우 다양한 뜻바탕을 가진다 하겠는데 이 중에서 우리는 어떠한 뜻바탕을 '-이'의 중심적인 뜻바탕으로 삼을 것인가?

여기서도 'X하는 일'이 추상성과 생산성이 높으므로 이를 '-이'의 중심된 뜻바탕으로 보아야 한다.

그렇다면 위 파생어에서 (66-72의 ㄱ, 얽이, 나들이, 죽살이, 움돋이, 가루받이, 첩살이, 혼자살이)의 파생어는 모두 '-이'의 중심적인 뜻바탕에 의해 파생된 형태라 하겠고 나머지는 모두 이 중심적인 뜻바탕에서 벗어나는 의미상 특이성이 나타난다. 이 특이 정보는 밑말과 가지의 결합 시에 여과장치로서 주어진다.

'사물'의 특이성이 나타나는 파생어의 밑말과 가지의 결합에는 <사물>의 특이 정보가 주어지고 '사람'의 특이성이 나타나는 파생어의 밑말과 가지의 결합에는 <사람>의 특이 정보가 주어진다.

이제 위 파생어들에 나타나는 의미상 특이성과 그들 밑말과 가지의 결합 시에 주어지는 특이 정보를 표로써 보이면 (73)와 같다.

(73)

파생어	의미상 특이성	특이정보
(66-72의 ㄱ, 얽이, 나들이, 죽살이, 움돋이, 가루받이, 첩살이, 혼자살이)	없음(중심적인 뜻바탕)	없음
(66-68의 ㄴ, 먹이, 여닫이, 미닫이), (70-72의 ㄴ, 흙받이, 귀걸이, 꽉집이)	X행위의 특성이 있는 사물(도구)	사물
(66-67의 ㄷ, 구이, 붙박이), (69ㄱ, 알박이)	X행위의 결과로 나타난 사물	사물
(69-71의 ㄷ, 무넘이, 재떨이, 뒤꽂이)	X행위를 위한 사물(도구)	사물
(66-67의 ㄹ, 몰이, 떠돌이), (69-71의 ㄹ, 점박이, 총알받이, 덤받이), (72ㄷ, 막나이)	X행위의 특성이 있는 사람	사람
(66ㅁ)의 '들이' (66ㅁ)의 '갈이' (70ㅂ)의 '삼지놓이' '사지놓이'	용량 넓이 } 의 단위	단위
(69ㅁ)의 '굽이돌이' (68ㄷ)의 '안돌이' (70ㅅ)의 '물살받이' (72ㄹ)의 '감접이'	X행위의 특성이 있는 장소	장소
(69ㅁ)의 '해돋이', '해넘이', '닭울이'	X행위의 특성이 있는 시간	시간
(70ㅁ, 젖앓이)	X의 특성이 있는 현상	현상

그런데 (73)의 표에 나타난 특이 정보를 해당 파생어의 밑말과 가지에 무조건 줄 수 있는 것은 아니다.

예로, (66ㄱ)의 '다듬이'와 (66ㄴ)의 '다듬이'를 보자

(66ㄱ)의 '다듬이'는 '다듬-는 일'로서 중심적인 뜻바탕을 가진다. 그런데 (66ㄴ)의 '다듬이'는 '다듬-는 특성이 있는 사물'이다. 따라서 (66ㄴ)의 '다듬이'에는 '사물'이라는 특이성이 있다고 하겠는데 그렇다고 이 파생어의 밑말 '다듬-'과 '-이' 사이에 <사물>의 특이 정보를 줄 수는 없다. 만약 여기에 특이 정보를 주게 된다면 같은 형태를 가진 (66ㄱ)의 '다듬- + 「-이」'도 특이 정보를 가지게 됨으로 문제가 된다.

따라서 이 경우는 한 형태에 나타난 '뭇뜻'으로 처리되어야 한다.

(66ㄴ)의 '다듬이'가 가지는 뜻은 뭇뜻에서 변두리 뜻이다.

뭇뜻에서 변두리 뜻바탕은 중심적인 뜻바탕에서 의미 확장한 것으로 이는 파생법의 테두리에서 벗어난다.

(66-72)의 예에서 '뭇뜻'을 가진 형태를 찾아 표로써 보이면 (74)와 같다.

(74)

파생 형태	중심적인 뜻바탕	특이정보(변두리 뜻바탕)			
		사물	사람	단위	장소
막이	(66ㄱ)	(66ㄴ)			
낳이	(66ㄱ)	(66ㄷ)			
잡이	(66ㄱ)		(66ㄹ)		
몰이	(66ㄱ)		(66ㄹ)		
갈이(耕)	(66ㄱ)			(66ㅁ)	
다듬이	(66ㄱ)	(66ㄴ)			
여닫이	(67ㄱ)	(67ㄴ)			
붙박이	(67ㄱ)	(67ㄴ)			
막깎이	(67ㄱ)	(67ㄴ)			
애받이	(70ㄱ)		(70ㄹ)		
야단받이	(70ㄱ)		(70ㄹ)		
응석받이	(70ㄱ)		(70ㄹ)		

② 그림씨 + '-이'

(75) ㄱ. (홑낱말 + '-이') 길이, 깊이, 높이, 넓이, 부피
     ㄴ. 굽이
     ㄷ. 두꺼비
(76) ㄱ. (이은말 + '-이') 높낮이
     ㄴ. 갓밝이

'-이'가 그림씨와 결합하여 이름씨를 파생하는 것은 '움직씨 + 「-이」'와 비교할 때 생산성이 매우 낮다.

현대국어에서 '-이'와 결합하는 그림씨 밑말은 홑낱말과 이은말 짜임새 밑말이 있다.

이은말 짜임새 밑말은 여기서도 그 의미상 구성관계에 따라 다시 나누어지는데 (76ㄱ)의 '높낮이'는 대등 짜임새 밑말이고 (76ㄴ)의 '갓밝이'는 꾸밈 짜임새 밑말이다.

'-이'는 이러한 밑말과 결합하여 이름씨를 파생하는데 여기서도 '-이'의 뜻바탕은 다르다.

(75ㄱ, 길이)의 파생어는 모두 '척도의 이름'을 나타내면서 여기에는 공통적으로 'X정도'라는 뜻바탕을 가진다. 따라서 (75ㄱ, 길이)에서는 'X정도, 척도'라는 '-이'의 뜻바탕을 구할 수 있다.

(75ㄴ, ㄷ)의 '굽이, 두꺼비'는 각기 'X현상'이나 'X사물'의 이름을 나타낸다. 그리고 여기에는 'X상태의 특성이 있는 현상', 'X상태의 특성이 있는 사물'의 뜻바탕이 있다. 따라서 (75ㄴ, ㄷ)의 '굽이, 두꺼비'에서는 각기 '(X상태)의 특성이 있는 현상', '(X상태)의 특성이 있는 사물'이라는 '-이'의 뜻바탕을 구할 수 있다.

(76ㄱ)의 '높낮이'는 'X상태의 이름'을 나타낸다. 그리고 여기에는 'X정도'의 뜻바탕이 있다. 따라서 (76ㄱ)의 '높낮이'에서는 'X정도'라는 '-이'의 뜻바탕을 구할 수 있다.

(76ㄴ)의 '갓밝이'는 'X상태의 시간'을 나타낸다. 따라서 여기서는 '(X상태)의 시간'이라는 '-이'의 뜻바탕을 구할 수 있다.

여기에서 우리는 어떠한 뜻바탕을 '-이'의 중심적인 뜻바탕으로 삼을 것인가?

추상성의 기준으로 보면 (76ㄱ)의 '높낮이'에서 보인 'X정도'가 중심적이라 할 것이고 생산성의 기준으로 보면 (76ㄱ, 길이)에서 보인 'X정도, 척도'가 중심적이라 할 것이다.

그런데 여기에서 우리가 고려해야 할 것은 (76ㄱ, 길이)에 나타난 '척도'라는 뜻바탕이다.

이것은 매우 구체적인 뜻바탕이다.

어느 한 가지에서 추상적인 뜻바탕과 구체적인 뜻바탕이 함께 나타나면서 구체적인 뜻바탕이 오히려 생산성이 높을 때는 추상적인 뜻바탕을 예외 처리하거나 아니면 그 추상적인 뜻바탕으로 그 가지의 중심적인 뜻바탕으로 삼을 수밖에 없다. 이것은 생산성이란 것이 본래, 가지의 규칙성이 가지는 한 현상으로 우리는 그 현상으로써 가지의 규칙성을 추정할 수 있을 뿐, 그것이 절대적일 수는 없기 때문이다. 따라서 가지의 의미는 구체적인 것보다는 추상적인 것이 더 규칙적이라고 보아야 한다. 이러한 입장에서 글쓴이는 위 뜻바탕 중에서 'X정도'를 '-이'의 중심적인 뜻바탕으로 삼는다.

이렇게 두고보면 (75-76)의 파생어에서 중심적인 뜻바탕을 가지는 파생어는 (76ㄱ)의 '높낮이'하나 뿐이고 나머지는 모두 의미상 특이성이 나타난다 하겠는데 (75ㄱ, 길이)에서는 '척도' (75ㄴ)의 '굽이'에서는 '현상', (75ㄷ)의 '두꺼비'에서는 '사물' (76ㄴ)의 '갓밝이'에서는 '시간'이라는 특이성이 나타난다 하겠다.

(2) '-기' 가지

추상화 뒷가지로서의 '-기'는 현대국어에서 움직씨나 그림씨 밑말과 결합하여 이름씨를 파생하므로 이는 4유형 가지이다.

① 움직씨 + '-기'

(77) (홑낱말 + '-기') 다듬기, 닦기, 던지기, 달리기, 담그기, 밟기, 숨기, 심기, 쓰기, 홀치기, 징그기, 부르기, 조르기, 가꾸기, 걷기, 꾸미기, 밀기, 읽기, 나누기, 빼기, 보태기, 다지기, 듣기, 차기, 뒤집기

(78) ㄱ. (겹낱말 + '-기') 붙이기, 굳히기, 말하기, 맞추기, 끝내기, 모내기, 사뜨기, 본뜨기, 세간나기, 닭치기, 휘갑치기, 겹치기, 본보기, 살펴보기, 그네뛰기, 뜀뛰기, 재주넘기, 누에올리기, 앗아넣기, 앞지르기, 되살리기, 뒤섞기, 건네주기, 허물벗기, 짜깁기, 모심기

　　 ㄴ. 맞보기, 덮치기

　　 ㄷ. 날치기

(79) ㄱ. (이은말 + '-기') 싹트기, 손닿기

　　 ㄴ. 무넘기, 부넘기

　　 ㄷ. 잔풀나기

(80) ㄱ. 폭내기, 싹내기, 김내기, 즙내기, 그믈뜨기, 개걸뜨기, 꿀뜨기, 딱지치기, 돈치기, 등치기, 팽이치기, 공치기, 월점치기, 누에치기, 금치기, 수평보기, 애보기, 굽깎기, 밑깎기, 순라잡기, 고기잡기, 허리잡기, 약짓기, 집짓기, 글짓기, 줄넘기, 뜀틀넘기, 땅뺏기, 농기뺏기, 보리밟기, 다리밟기, 풀빼기, 무늬빼기, 빛넣기, 흙넣기, 줄타기, 장대타기, 공차타기, 도장찍기, 숨쉬기, 무늬찍기, 벽돌쌓기, 턱따기, 뽕따기, 열매따기, 고치따기, 물끌기, 배끌기, 돌깔기, 흙깔기, 겨울나기, 알품기, 나무심기, 얼굴막기, 씨뿌리기, 볕쬐기, 고치켜기, 나무재기, 넋올리기, 다리놓기, 보물찾기, 상차리기, 공기집기, 활쏘기, 빛깔섞기, 연기쐬기, 뱃짐싣기, 삼실뽑기, 논매기, 날달기, 길닦기, 흙들이기, 알뜯기, 연날리기, 관나르기, 알까기, 모기르기, 싹틔우기, 고치삶기, 암수가르기

　　 ㄴ. 흙받기, 쓰레받기, 턱받기, 못빼기, 실감기, 해바라기

　　 ㄷ. 양치기, 젖떼기

(81) ㄱ. 가루내기, 모눈뜨기, 가로뜨기, 세로뜨기, 박치기, 달치기, 먹줄치기, 당일치기, 본전치기, 장대뛰기, 앞넘기, 뒷넘기, 뒤트기, 옆트기, 세로짜기, 가로짜기, 멀리재기, 손뼘재기, 차례잇기, 안쌓기, 겉쌓기, 깍뚝쓸기, 육모쓸기, 반달쓸기, 나방나기, 흩어뿌리기, 공

먹기, 물막기, 간접찍기, 기계짜기, 날붓기, 공중매기, 반돌리기
　　　ㄴ. 발감기, 장내기, 오올뜨기
　　　ㄷ. 보름보기, 시골나기, 서울나기, 산골나기
　(82) ㄱ. 걸러내기, 우려내기, 빼뜨기, 걸쳐뜨기, 막치기, 올려치기, 거듭치
　　　　기, 비껴뛰기, 곤추뛰기, 멀리뛰기, 이어짓기, 돌려짓기, 옮겨묻기,
　　　　껴묻기, 펴묻기, 모두먹기, 거저먹기, 안아막기, 걸쳐막기, 높이뛰
　　　　기, 넓이뛰기, 마주잇기, 겹쳐잇기, 끌어올리기, 밀어올리기, 다져
　　　　쌓기, 세워쌓기, 말아쓸기, 마구쓸기, 맡아팔기, 막팔기, 돌려바치
　　　　기, 떠받기, 빗마르기, 막넘기기, 눌러넣기, 돌려나기, 씌워빼기,
　　　　사재기, 세워깔기, 늦치르기
　　　ㄴ. 후벼내기
　　　ㄷ. 멀리보기, 흑보기, 어리보기, 숫보기

　추상화 뒷가지로서의 '-기'는 현대국어에서 움직씨 밑말과 결합하여
이름씨를 파생하는 것이 생산적이다.
　'-기'에 앞서는 밑말은 (77-82)에서 보듯이 홑낱말, 겹낱말, 이은말 짜
임새 밑말 등이 있다.
　이은말 짜임새 밑말은 밑말의 의미상 구성관계에 따라 다시 나누어
진다.
　(79, 싹트기)는 임자-풀이 짜임새이고 (80, 폭내기)은 부림 짜임새이며
(81, 가루내기)은 상황 짜임새이고 (82, 걸러내기)는 꾸밈 짜임새이다.
　'-기'는 이러한 밑말과 결합하여 이름씨를 파생하는데 여기에서 '-기'
의 뜻바탕을 살펴보면 다음과 같다.
　(77, 다듬기), (78-82의 ㄱ, 붙이기, 싹트기, 폭내기, 가루내기, 걸러내
기)의 파생어는 모두 'X행위의 이름'을 나타낸다. 그리고 여기에는 공통
적으로 'X하는 일'이라는 뜻바탕이 있다. 따라서 이들 파생어에서는 'X
하는 일'이라는 '-기'의 뜻바탕을 구할 수 있다.

(78-82의 ㄴ, 맞보기, 무넘기, 흙받기, 발감기, 후벼내기)의 파생어는 모두 '사물의 이름'을 나타낸다. 그런데 여기서는 이들 파생어가 가지는 뜻바탕이 조금씩 다르다. (78ㄴ, 맞보기), (80-82의 ㄴ, 흙받기, 발감기, 후벼내기)에는 'X행위의 특성이 있는 사물(도구)'의 뜻바탕이 있고 (79ㄴ, 무넘기)에는 'X행위를 위한 사물'의 뜻바탕이 있다. 따라서 이들 파생어에서는 각기 '(X행위)의 특성이 있는 사물(도구)', '(X행위)를 위한 사물'이라는 '-기'의 뜻바탕을 구할 수 있다.

(78ㄷ, 날치기), (80-82의 ㄷ, 양치기, 보름보기, 멀리보기)은 '사람'을 나타낸다. 그리고 여기에는 'X행위의 특성이 있는 사람'이라는 뜻바탕이 있다. 따라서 이 파생어에서는 '(X행위)의 특성이 있는 사람'이라는 '-기'의 뜻바탕을 구할 수 있다.

(79ㄷ)의 '잔풀나기'는 '시간'을 나타낸다, 그리고 여기에는 'X행위의 특성이 있는 시간'이라는 뜻바탕이 있다. 따라서 '잔풀나기'에서는 '(X행위)의 특성이 있는 시간'이라는 '-기'의 뜻바탕을 구할 수 있다.

이렇게 두고보면 현대국어에서의 '-기'도 다양한 뜻바탕을 가진다 하겠는데 이 중에서 어떠한 뜻바탕을 '-기'의 중심적인 뜻바탕으로 삼을 것인가?

이것은 당연히 'X하는 일'이 된다. (77-82)의 예에서 'X하는 일'의 뜻바탕이 다른 뜻바탕에 비하여 생산성이 절대적으로 높을 뿐만 아니라 또 이것이 추상성을 가지기 때문이다.

그렇다면 위 파생어에서 (77, 다듬기), (78-82의 ㄱ, 붙이기, 폭내기, 가루내기, 걸러내기)의 파생어는 모두 '-기'의 중심적인 뜻바탕을 가진 형태이고 나머지는 이 중심적인 뜻바탕에서 벗어나는 의미상 특이성을 가진 형태라 하겠다.

(78-82ㄴ, 맞보기, 무넘기, 흙받기, 발감기, 후벼내기)의 파생어에는

<사물>이라는 특이성이 있고 (78ㄷ, 날치기), (80-82의 ㄷ, 양치기, 보름보기, 멀리보기)의 파생어에는 <사람>의 특이성이 있으며 (79ㄷ)의 '잔풀나기'에는 <시간>의 특이성이 있다.

이 특이성은 앞에서도 말했듯이 밑말과 가지의 결합 시에, 여과장치로서 주어진다.

그런데 이 중에서 <사람>의 특이 뜻바탕을 가진 (81ㄷ)에서 '시골나기, 서울나기, 산골나기'의 경우는 좀 더 신중한 태도를 요구한다.

이것은 이들 형태만 떼어서 보면 'X나기'가, (80ㄱ)의 '겨울나기', '(81ㄱ)의 나방나기', (82ㄱ)의 '돌려나기', (79ㄷ)의 '잔풀나기'의 'X나기'와 다를 바 없으나 이를 좀더 신중히 생각하면 '시골나기' 등은 'ㅣ 치닮기' 현상이 나타남으로써 다른 'X나기'와 구분되어야 하지 않을까 생각된다 (김창섭, 1983 : 75).

이들이 'ㅣ 치닮기' 현상을 가질 **때**는 모두 '시골내기, 서울내기, 산골내기'가 되는데 현대국어에서 실제 이 형태도 존재한다. 뿐만 아니라 'X내기'의 경우는 이 형태와 더불어 '촌내기, 뜨내기, 젖내기, 보통내기' 등이 <사람>의 뜻바탕을 가지면서 뒷가지로 나타나고 있어 이들 형태 즉 '시골나기' 등의 '-나기'는 '-내기'와 함께 가지로 보는 것이 좋을 듯하다.

이렇게 되면 (77-82)에 나타나는 'X나기'는 둘로 나누어지는데 하나는 '겨울나기, 나방나기' 등에서 나타나는 '-나기'로 이것은 'X나 + 「-기」'의 형태이고 다른 하나는 '시골나기, 서울나기' 등에서 나타나는 '-나기'로 이것은 'X + 「-나기」'의 형태이다.

'-나기'는 '사람 뒷가지'이다.

② 그림씨 + '-기'

    (83) (홑낱말 + '-기') 크기, 밝기, 굵기, 세기, 빠르기, 굳기, 기울기, 맑기

현대국어에서 '-기'와 결합하는 그림씨 밑말은 홑낱말이다.

이 가지는 이러한 밑말과 결합하여 이름씨를 파생하는데 이들 파생어
는 모두 '척도의 이름'을 나타낸다. 그리고 여기에는 모두 'X정도'라는 공
통된 뜻바탕이 있다. 따라서 이들 파생어에서는 'X정도, 척도'라는 '-기'
의 중심적인 뜻바탕을 구할 수 있다.

(3) '-음' 가지

추상화 뒷가지로서의 '-음'은 현대국어에서 움직씨나 그림씨 밑말과
결합하여 이름씨를 파생하므로 이는 4유형 가지이다.

① 움직씨갈래 + '-음'

    (84) ㄱ. (홑낱말 + '-음') 가르침, 가뭄, 꿤, 꾸지람, 꿈, 꾸밈, 구김, 갈음
(代), 고임, 견줌, 겨룸, 걸음, 갈음(分), 갚음, 갬, 깨달음, 뉘우침,
나무람, 놀림, 느낌, 놀음(遊), 내음, 내림, 다짐, 다룸, 드림, 뜀,
던짐, 달음, 뜸, 도움, 땜, 다툼, 마무름, 막음, 모질음, 믿음, 모임,
물림, 물음, 묶음, 보탬, 벼름, 부름, 부림, 삶, 싸움, 시침, 슈음,
셈, 새김(刻), 새김(釋), 울음, 웃음, 알음, 움직임, 이음, 여밈, 졸
음, 죽음, 지킴, 자람, 지나침, 잠, 차림, 춤, 틈, 헤엄, 흐름
       ㄴ. 거스름, 김, 그림, 그으름, 고름, 무덤, 비빔, 볶음, 조림, 얼음, 주
검, 찜, 쌈, 지짐
       ㄷ. 짐, 부스름, 사람
       ㄹ. 아름, 두름
    (85) ㄱ. (겹낱말 + '-음') 감침, 굶주림, 넘침, 높임, 되새김, 맞춤, 돌림, 붙
임, 보살핌, 비웃음, 숨김, 삭임, 살림, 알림, 울림, 틀림, 흐느낌,
불림(쇠를불림), 불림(일러바침), 돋움, 올림, 섶새김, 트임, 주림,
시새움, 입씻김, 구새먹음, 정다심, 따돌림, 여닫음, 겉꾸림, 끝막
음, 끝맺음

ㄴ. 무침, 받침, 튀김, 느림
(86) (이은말 + '-음') 늘줄임
(87) 땅풀림, 사람됨
(88) ㄱ. 앞가림, 눈가림, 해가림, 누이바꿈, 탈바꿈, 손바꿈, 뜻매김, 먹매
김, 몸뒤짐, 집뒤짐, 낯가림, 무릎꿇림, 색채움, 밤새움, 눈속임,
말뺌, 터닦음, 신명떨음, 선두름, 땅고름
ㄴ. 글방물림
(89) 마당꿇림, 대솟음, 키솟음, 골뿌림, 눈먹임, 속따짐, 줄뒤짐, 눈겨눔
(90) 곧뿌림, 덧뿌림, 늦뿌림, 맞줄임

'-음'은 현대국어에서 '-ㅁ'의 변이형태를 갖는다. 밑말의 끝소리가 닿소리일 때에는 '-음'이 쓰이고 홀소리일 때에는 '-ㅁ'이 쓰인다.

여기서도 '-음'의 형태를 그 대표 형태로 한다.

현대국어에서 '-음'에 앞서는 움직씨 밑말은 위 예에서 보듯이 홑낱말, 겹낱말, 이은말 짜임새 밑말이 있다.

이은말 짜임새 밑말은 밑말의 의미상 구성관계에 따라 나누어진다.

(86, 늘줄임)은 대등 짜임새이고 (87, 땅풀림)은 임자-풀이 짜임새이며 (88ㄱ, ㄴ, 앞가림)은 부림 짜임새, (89, 마당꿇림)는 상황 짜임새, (90, 곧뿌림)은 꾸밈 짜임새이다.

'-음'은 이러한 밑말과 결합하여 이름씨를 파생하는데 여기에서 '-음'의 뜻바탕을 찾아보면 다음과 같다.

(84-85의 ㄱ, 가르침, 감침), (86)의 '늘줄임', (87, 땅풀림), (88ㄱ, 앞가림), (89, 마당꿇림), (90, 곧뿌림)의 파생어는 모두 'X행위가 나타난 추상적 현상의 이름'을 나타낸다. 따라서 여기서는 '(X행위)가 나타난 추상적 현상'이라는 '-음'의 뜻바탕을 구할 수 있다.

(84ㄴ, ㄷ, 거스름, 짐), (85ㄴ, 무침)의 파생어는 모두 사물의 이름을 나타낸다. 그런데 이들 파생어가 가지는 뜻바탕은 서로 다르다. (84ㄴ,

거스름), (85ㄴ, 무침)은 'X행위의 결과로 나타난 구체적 현상인 사물'의
이름이고 (84ㄷ, 짐)은 'X행위의 특성이 나타나는 사물'의 이름이다. 따
라서 이들 파생어에서는 각기 '(X행위)의 결과로 나타난 구체적 현상인
사물'이라는 뜻바탕과 '(X행위)의 특성이 나타나는 사물'이라는 '-음'의
뜻바탕을 구할 수 있다.

(88ㄴ)의 '글방물림'은 '사람'을 나타낸다. 그리고 여기에는 'X행위의
특성이 있는 사람'이라는 뜻바탕이 있다. 따라서 이 파생어에서는 '(X
행위)의 특성이 있는 사람'이라는 '-음'의 뜻바탕을 구할 수 있다.

(84ㄹ, 아름)의 파생어는 '단위'의 이름을 나타낸다. 그리고 여기에는
'X정도'라는 뜻바탕이 있다. 따라서 이들 파생어에서는 'X정도, 단위'라
는 '-음'의 뜻바탕을 구할 수 있다.

이 중에서 우리는 어떠한 뜻바탕을 '-음'의 중심적인 뜻바탕으로 삼
을 것인가?

이를 위해서는 다시, 위 '-음'이 가지는 부분적인 뜻바탕 중에서 가능
한 넓은 의미의 공통된 뜻바탕을 찾아야 할 터인데 이는 이 장 1). (3)에
서 자세히 말한 바 있으므로 재론을 피하고, 그 결과만을 말하면 '-음'의
중심적인 뜻바탕은 (84ㄱ, ㄴ, 가르침, 거스름), (85ㄱ, ㄴ, 감침, 무침)이
공통적으로 가지는 뜻바탕, 즉 '(X행위)가 나타나는 현상'이 된다.

이렇게 되면 위 예에서 (84ㄱ, ㄴ, 가르침, 거스름), (85ㄱ, ㄴ, 감침, 무
침), (86)의 '늘줄임', (87, 땅풀림), (88ㄱ, 앞가림), (89, 마당꿇림), (90, 곤
뿌림)은 모두 '-음'의 중심적인 뜻바탕을 가진 형태이고 나머지는 이 중
심적인 뜻바탕에서 벗어나는 의미상 특이성을 가진 형태이다.

(84ㄷ, 짐)에는 'X행위의 특성이 있는 사물'이라는 의미상 특이성이
있고 (88ㄴ)의 '글방물림'에는 '사람'의 특이성이 있으며 (84ㄹ, 아름)에는
'단위'의 의미상 특이성이 있다. 이는 밑말과 가지의 결합 시에 여과장

치로서 주어지는 의미상 특이성이다.

② 그림씨 + '-음'

(91) ㄱ. (홑낱말 + '-음') 게으름, 기꺼움, 귀염, 고마움, 간지름, 그리움,
　　　기쁨, 놀라움, 노여움, 더러움, 두려움, 미움, 매움, 무서움, 미끄
　　　럼, 부끄러움, 반가움, 수줍음, 슬픔, 서러움(설움), 아름다움, 괴
　　　로움, 아픔, 외로움, 즐거움
　　ㄴ. 맑음, 흐림, 어두움
(92) (겹낱말 + '-음') 쓰라림

　추상화 뒷가지로서의 '-음'은 현대국어에서 그림씨 밑말과 결합하여
이름씨를 파생하는 데 생산적으로 쓰인다.

　현대국어에서 '-음'에 앞서는 그림씨 밑말은 위 예에서 보듯이 홑낱
말, 겹낱말이 있다.

　여기서 (91, 게으름, 맑음)의 밑말을 모두 홑낱말로 보는 것은 이들이
'게으름, 매움, 맑음, 흐림'의 밑말처럼 본래 홑낱말 이거나 아니면 그 나
머지처럼 본래는 [[[X] + 가지] + 「-음」]의 형태였으나 '[[X] + 가지]'가
현대국어에 이르러서는 이들이 어휘화함으로 말미암아 한 어휘소로 쓰
이고 있기 때문이다.

　'기꺼움, 귀염, 고마움, 간지럼, 그리움, 놀라움, 노여움, 더러움, 두려
움, 미움, 무서움, 미끄럼, 부끄러움, 반가움, 서러움, 즐거움, 어두움' 등
의 밑말은 본래 '[[X] + 「-ㅂ/압/업-」]'의 형태였으나 X가 현대국어에서
생산성을 잃거나 '-ㅂ/압/업-'이 낱말 파생력을 상실함으로써 어휘화한
형태이고 '기쁨, 슬픔, 아픔'의 밑말은 본래 '[[X] + 「-브-」]'의 형태였으
나 이 역시 '-브-'가 현대국어에서 낱말 파생력을 상실함으로써 어휘화
한 형태이다.

‘-음’은 현대국어에서 이러한 밑말과 결합하여 이름씨를 파생하는데 여기서도 우리는 ‘-음’의 중심적인 뜻바탕으로 ‘X현상’을 구할 수 있다.

이것은 (91, 92, 게으름, 맑음, 쓰라림)의 파생어가 모두 ‘X현상’의 뜻바탕을 가지고 있기 때문인데 (91ㄱ, 게으름), (92, 쓰라림)의 파생어는 ‘사람의 심리적 상태나 인성적 상태’가 추상화된 현상이고 (91ㄴ, 맑음)의 파생어는 ‘자연적 상태’가 추상화된 현상이다.

이렇게 두고보면 (91, 92)의 파생어는 모두 중심적인 뜻바탕을 가진 ‘-음’에 의한 파생이라 하겠다.

이상으로 현대국어에서의 추상화 뒷가지를 살펴보았다. 이들 가지의 중세, 근대부터의 변천된 모습은 ‘4) 종합’에서 살핀다.

4) 종합

지금까지 추상화 뒷가지를 각 시대별로 살펴보았다.

이제 이들을 (93)의 표로 한데 모으고 지금까지의 논의를 바탕으로 이들 가지의 변천된 모습을 살펴본다.

(93) ㄱ. 밑말이 움직씨인 경우
① ‘-이’ 가지

시대	뜻	홑낱말	겹낱말	이은말 짜임새
중세국어	중심	노리, 사리, 더니, 마기, 겻기, 마지, 쓰어리, 하리, 이바디(X하는 일)	므즈미, 나들이, 죽사리, 녀름지ᅀᅵ (X하는 일)	대등 : 덥시기, 굿닛이 (X하는 일) 부림 : 글지ᅀᅵ, 집지ᅀᅵ, 모심기, 아기나히, 글닐기, 밥머기, 당가드리, 거름거리, 우숨우ᅀᅵ, 연노히, 글시(X하는 일)
	특이성	드리(단위) 드리(사물)		임·풀 : 희도디(시간) 부림 : 옷거리, 씌거리(사물) 비알히(현상)
	못뜻	마기(사물)		부림 : 글시(현상)

시대	뜻	홑낱말	겹낱말	이은말 짜임새
근 대 국 어	중 심	노리, 봇기, 쓰서리, 할이, 이바디, 다듬이 (X하는 일)	너름지이, 므즈미 (X하는 일)	대등 : 싯닫기(X하는 일) 부림 : 사룸사리, 손시시, 긔물시시, 글지이, 술먹이 　　　(X하는 일) 상황 : 녀막사리, 세간사리 　　　(X하는 일)
	특 이 성	가리(단위) 마기(사물)		임·풀 : 여다지(사물) 부림 : 칙걸이, 풀거리, 옷거리, 갓거리, 바눌거리, 룡지거리, 거울거리, 등긁이, 귓대박이, 흐ᄅ사리(사물) 　　　비아리(현상) 상황 : 가슴거리, 오월잡이, 외다리, 상다디, 가ᄅ다디, 모시슴이 　　　(사물) 　　　왜걸이(사람) 꾸밈 : 붓바기(사물)
현 대 국 어	중 심	얽이, 갈이(磨), 갈이(替), 갈이(耕), 몰이, 겪이, 맞이, 삶이, 낳이(紡績), 잡이, 풀이, 다듬이 (X하는 일)	나들이, 여닫이, 붙박이, 설겆이, 휘몰이, 품앗이, 마수걸이, 서방맞이, 막살이, 소용돌이, 막깎이, 맴돌이, 다잡이, 마주잡이 (X하는 일)	대등 : 죽살이, 갈닦이, 내들이 　　　(X하는 일) 임·풀 : 움돋이, 목접이, 알들이 　　　(X하는 일) 부림 : 가루받이, 말받이, 야단받이, 응석받이, 애받이, 잎꽂이, 싹꽂이, 자리걷이, 넋걷이, 덩굴걷이, 잔불놓이, 수놓이, 차씻이, 풀꺾이, 맴돌이, 깃달이, 비빌이, 열매맺이(X하는 일) 상황 : 첩살이, 뭍살이, 물살이, 말살이, 오막살이, 가막살이, 농군살이, 곁방살이, 뒷방살이, 시집살이, 셋방살이,
				상황 : 처가살이, 반달꽂이, 판꽂이, 닻걸이, 배밀이, 공중걸이, 사탕절이, 가을걷이, 시골접이, 팔방돌이, 가을줄이, 밤털이 　　　(X하는 일) 꾸밈 : 혼자살이, 막살이, 어더살이, 숨어살이, 고생살이, 꺾꽂이, 휘묻이(X하는 일)

시대	뜻	홀낱말	겹낱말	이은말 짜임새
현대국어	특이이성	먹이, 훑이, 더듬이(X행위의 특성이 있는 사물) 구이, 말이, 볶이, 다리 (X행위의 결과로 나타난 사물) 들이 (X정도, 단위)	입씻이, 손씻이 (X행위의 특성이 있는 사물(도구)) 설구이(X행위의 결과로 나타난 사물) 떠돌이, 배돌이, 말더듬이, 바람잡이(사람) 굽이돌이 (장소)	대등 : 미닫이, 빼닫이(X행위의 특성이 있는 사물) 안돌이(장소) 임·풀 : 알박이, 별박이, 외대박이, 세대박이, 옹이박이, 목달이, 고달이(X행위의 결과로 나타난 사물) 무넘이(X행위를 위한 사물(도구)) 점박이, 외눈박이, 옥니박이, 덧니박이(사람) 해돋이, 해넘이, 닭울이(시간) 부림 : 흙받이, 먼지받이, 턱받이, 땀받이, 걸레받이, 짐받이, 편지꽂이, 초꽂이, 책꽂이, 연필꽂이, 서류꽂이, 팔걸이, 붓걸이, 징걸이, 옷걸이, 하루살이, 한해살이, 먼지떨이, 이슬떨이, 쇠뚫이, 대뚫이, 마개뽑이, 등긁이, 살쩍밀이(X행위의 특성이 있는 사물(도구)) 재떨이(X행위를 위한 사물(도구)) 총알받이, 미움받이, 씨받이(사람) 젖앓이, 배앓이, 허리앓이, 속앓이, 가슴앓이, 걸음걸이(현상) 삼지놓이, 사지놓이(X정도, 단위) 물살받이, 바람받이, 그늘받이, 썰물받이, 북풍받이(장소) 상황 : 귀걸이, 어깨걸이, 팔목걸이, 벽걸이, 목걸이, 가슴걸이, 왼쪽박이, 칼집붙이, 혀돋이, 신돋이, 가로닫이(X행위의 특성이 있는 사물(도구)) 봄살이, 여름살이, 가을살이, 뒤꽂이, 외꽂이, 쌍꽂이(X행위를 위한 사물(도구)) 덤받이(사람) 꾸밈 : 꽉잡이(X행위의 특성이 있는 사물(도구) 막나이(사람) 감접이(장소)

시대	뜻	홑낱말	겹낱말	이은말 짜임새
현대국어	뭇뜻 (변두리뜻)	다듬이, 나이, 막이(사물) 몰이, 잡이(사물) 갈이(X정도, 단위)	여닫이, 붙박이, 막깎이(사물)	부림 : 야단받이, 응석받이, 애받이 (사람)

② '-기' 가지

시대	뜻	홑낱말	겹낱말	이은말 짜임새
중세국어	중심		몰보기 (X하는 일)	부림 : 쇠디기, 태티기, 댱티기(X하는 일) 상황 : 구의나기(X하는 일) 꾸밈 : 도나기(X하는 일)
	특이성			꾸밈 : 니믈리기(사람)
	뭇뜻		몰보기(현상)	
근대국어	중심	쉬기 (X하는 일)		부림 : 널뒤기, 뒤티기, 쏭받기, 줄드릐기, 태티기, 져뷔앗기(X하는 일) 상황 : 구의나기(X하는 일) 꾸밈 : 도나기(X하는 일)
	특이성			임·풀 : 불넘기(사물) 부림 : 귀밋빗기, 쓰레밧기, 쏨밧기, 춤밧기, 흙밧기, 실감기, 히브라기(사물) 비알키(X현상) 꾸밈 : 니믈리기(사람)
현대국어	중심	다듬기, 닦기, 던지기, 달리기, 담그기, 밟기, 슉기, 심기, 쓰기, 홀치기, 징그기, 듣기, 부르기, 조르기, 차기, 가꾸기, 걷기, 꾸미기, 밀기, 읽기, 나누기, 빼기, 보태기, 다지기, 뒤집기 (X하는 일)	붙이기, 굳히기, 말하기, 맞추기, 끝내기, 모내기, 사뜨기, 본뜨기, 세간나기, 닭치기, 휘갑치기, 겹치기, 본보기, 살펴보기, 그네뛰기, 뜀뛰기, 재주넘기, 누에올리기, 앗아넣기, 앞지르기, 되살리기, 뒤석기, 건네주기, 허물벗기, 짜깁기, 모심기(X하는 일)	임·풀 : 싹트기, 손닿기(X하는 일) 부림 : 폭내기, 싹내기, 김내기, 즙내기, 그물뜨기, 개걸뜨기, 꿀뜨기, 딱지치기, 돈치기, 등치기, 팽이치기, 공치기, 월점치기, 누에치기, 금치기, 수평보기, 애보기, 굽깍기, 밑깍기, 순라잡기, 고기잡기, 허리잡기, 약짓기, 집짓기, 글짓기, 줄넘기, 뜀틀뛰기, 땅뺏기, 농기뺏기, 보리밟기, 다리밟기, 무늬빼기, 풀빼기, 빚넣기, 흙넣기, 줄타기, 장대타기, 공차타기, 도장찍기, 무늬찍기, 벽돌쌓기, 턱따기, 뽕따기, 열매따기, 고치따기, 물끌기, 배끌기, 돌깔기, 흙깔기, 겨울나기, 알품기, 나무심기, 얼굴막기, 씨뿌리기, 고치켜기, 나무재기, 넋올리기, 숨쉬기,

시대	뜻	홑낱말	겹낱말	이은말 짜임새
현 대 국 어	중 심			다리놓기, 보물찾기, 상차리기, 볕쬐기, 공기집기, 활쏘기, 빛깔섞기, 연기쐬기, 뱃짐싣기, 삼실뽑기, 논매기, 날달기, 흙들이기, 길닦기, 알뜯기, 연날리기, 관나르기, 알까기, 모기르기, 싹틔우기, 고치삶기, 암수기르기 (X하는 일) 상황 : 가루내기, 모눈뜨기, 가로뜨기, 세로뜨기, 박치기, 달치기, 먹줄치기, 본전치기, 장대뛰기, 앞넘기, 뒷넘기, 뒤트기, 옆트기, 세로짜기, 가로짜기, 멀리재기, 손뼘재기, 차례잇기, 안쌓기, 겉쌓기, 깍뚝쓸기, 육모쓸기, 반달쓸기, 나방나기, 흩어뿌리기, 공먹기, 물막기, 간접찍기, 기계짜기, 날붓기, 공중매기, 반돌리기 (X하는 일) 꾸밈 : 걸러내기, 우려내기, 빼뜨기, 걸쳐뜨기, 막치기, 올려치기, 거듭치기, 비껴뛰기, 곧추뛰기, 멀리뛰기, 이어짓기, 돌려짓기, 옮겨묻기, 껴묻기, 펴묻기, 모두먹기, 거저먹기, 안아막기, 걸쳐막기, 높이뛰기, 넓이뛰기, 마주잇기, 겹쳐잇기, 끌어올리기, 밀어올리기, 다져쌓기, 세워쌓기, 말아쓸기, 마구쓸기, 맡아쓸기, 막팔기, 돌려바치기, 떠받기, 빗마르기, 막넘기기, 눌러넣기, 돌려나기, 씌워빼기, 사재기, 세워깔기, 늦치르기 (X하는 일) 임·풀 : 무넘기, 부넘기(X행위를 위한 사물) 잔풀나기(시간) 부림 : 흙받기, 쓰레받기, 턱받기, 못빼기, 실감기, 해바라기(X행위의 특성이 있는 사물) 양치기, 젖떼기(사람)

시대	뜻	홑낱말	겹낱말	이은말 짜임새
현대국어	특이성		덮치기, 맞보기 (X 행위의 특성이 있는 사물) 날치기(사람)	상황 : 발감기, 장내기, 오올뜨기 (X 행위의 특성이 있는 사물) 보름보기, 시골나기, 서울나기, 산골나기(사람) 꾸밈 : 후벼내기 (X 행위의 특성이 있는 사물) 멀리보기, 흑보기, 어리보기, 숫보기(사람)

③ '-음' 가지

시대	뜻	홑낱말	겹낱말	이은말 짜임새
중세국어	중심	거름, 거품, 드롬, 사홈, 우롬, 즈오롬, 기츰, 구지럼, ᄀ롬, 그슴, 그림, 꿈, 너김, ᄆ춤, 비르솜, 쁘서름, 붓그림, 씀, 소솜, 사김, 새옴, 우숨, 츠림, 춤, 헤윰, 헴(X 행위가 나타난 추상적 현상) 고롬, 어름, 주검, 여름, 기슴, 그ᄉ름, 무덤, 드림, 브ᄉ름(X 행위가 나타난 구체적 현상)	서김, 가림, 돌임, 비우숨, 입힐홈 (X 행위가 나타난 추상적 현상) 드림(X 행위가 나타난 구체적 현상)	
중세국어	특이성	짐, 사람, 뽐(X 행위의 특성이 나타나 사물) 아놈, 바람, 우희윰, 져붐(X 행위가 나타난 단위)		
근대국어	중심	거롬, 기츰, 꾸지람, 그음, 그품, 글림, 눌음, 노름, 더음, 다짐, 뜸, ᄆ춤, 붓그림, 소솜, 새옴, 싸홈, 우숨, 조오롬, 찜, 춤, 헤음, 혜옴(X 행위가 나타난 추상적 현상) 고롬, 여롬, 드림, 어름, 주검, 그으름, 브으름, 소오롬(X 행위 결과로 나타난 구체적 현상)	서김, 달힘, 가림, 도림, 동고림, 비침, 섭삭임, 입힐홈(X 행위가 나타난 추상적 현상) 드림(X 행위 결과가 나타난 구체적 현상)	
근대국어	특이성	뽐, 스롬(X 행위의 특성이 나타난 사물) 아놈, 우홈, 쟈봄(X 행위가 나타난 단위)		

시대	뜻	홑낱말	겹낱말	이은말 짜임새
현 대 국 어	중	가르침, 가뭄, 뀜, 꾸지람, 꾸밈, 구김, 갈음(代), 고임, 견줌, 겨룸, 걸음, 갈음(分), 갚음, 갬, 깨달음, 뉘우침, 나무람, 놀림, 느낌, 놀음(遊), 내음, 내림, 다짐, 다룸, 드림, 뜀, 던짐, 달음, 뜸, 도움, 땜, 다툼, 마무름, 막음, 모질음, 믿음, 모임, 물림, 물음, 묶음, 보탬, 벼름, 부름, 부림, 삶, 싸움, 시침, 솎음, 셈, 새김(刻), 새김(釋), 울음, 웃음, 알음, 움직임, 이음, 여밈, 졸음, 죽음, 지킴, 자람, 지나침, 잠, 차림, 춤, 틈, 헤엄, 흐름(X행위가 나타난 추상적 현상) 거스름, 김, 그림, 그으름, 고름, 무덤, 비빔, 볶음, 조림, 얼음, 주검, 찜, 쌈, 지짐(X행위가 나타난 구체적 현상)	감침, 굶주림, 넘침, 높임, 되새김, 맞춤, 돌림, 붙임, 보살핌, 비웃음, 숨김, 삭임, 살림, 알림, 울림, 틀림, 흐느낌, 불림(쇠를 불림), 불림(일러바침), 돋음, 올림, 섭새김, 트임, 주림, 시새움, 입씻김, 구새먹음, 정다심, 따돌림, 여닫음, 겉꾸림, 끝막음, 끝맺음(X행위가 나타난 추상적 현상) 무침, 반침, 튀김, 느림(X행위가 나타난 구체적 현상)	대등 : 늘줄임 (X행위가 나타난 추상적 현상) 임·풀 : 땅풀림, 사람됨 (X행위가 나타난 추상적 현상 부림 : 앞가림, 눈가림, 해가림, 누이바꿈, 탈바꿈, 손바꿈, 뜻매김, 먹매김, 몸뒤짐, 집뒤짐, 낯가림, 무릎꿇림, 색채움, 밤새움, 눈속임, 말뺌, 터닦음, 신명떨음, 선두름, 땅고름(X행위가 나타난 추상적 현상) 상황 : 마당꿇림, 대솟음, 키솟음, 골뿌림, 눈먹임, 속따짐, 줄뒤짐, 눈겨눔(X행위가 나타난 추상적 현상) 꾸밈 : 곧뿌림, 덧뿌림, 늦뿌림, 맞줄임(X행위가 나타난 추상적 현상)
	특이성	짐, 부스름, 사람(X행위의 특성이 있는 사물) 아름, 두름(X정도, 단위)		부림 : 글방물림(사람)

ㄴ. 밑말이 그림씨인 경우

① '-이' 가지

시대	뜻	홑낱말	겹낱말	이은말 짜임새
중세 국어	중심		놉ᄂ지, 놉ᄂ가비, 됴쿠지(X정도)	
	특이성	기리 (X정도, 척도)	두터비/둗거비(사물)	임·풀 : 가슴알피(현상) 꾸 밈 : ᄀᆞᆺ볼기(시간)
근대 국어	중심		됴쿠지(X정도)	
	특이성	붉이(시간)	두텁이/둧거비(사물)	임·풀 : 코키리(사물)
현대 국어	중심			대등 : 높낮이(X정도)
	특이성	길이, 깊이, 높이, 넓이, 부피(X정도, 척도) 굽이(현상) 두꺼비(사물)		꾸밈 : 갓밝이(시간)

② '-기' 가지

시대	뜻	홑낱말	겹낱말	이은말 짜임새
중세				
근대				
현대	중심	크기, 밝기, 굵기, 세우기, 빠르기, 굳기, 기울기, 맑기 (X정도, 척도)		

③ '-음' 가지

시대	뜻	홑낱말	겹낱말	이은말 짜임새
중세				
근대	중심	게여름, 셔름(X현상)		
현대 국어	중심	게으름, 기꺼움, 귀염, 고마움, 간지름, 그리움, 기쁨, 놀라움, 노여움, 더러움, 미움, 두려움, 매움, 즐거움, 무서움, 미끄럼, 슬픔, 부끄러움, 반가움, 수줍음, 아름다움, 서러움(설움), 아픔, 괴로움, 외로움(심리적 현상) 맑음, 흐림, 어두움(자연적 현상)	쓰라림 (심리적 현상)	

④ '익/의' 가지

시대	뜻	홑낱말	겹낱말	이은말 짜임새
중세 국어	중심	기러/기릐, 기픠/기픠, 너븨, 노픠, 므긔, 여틔 (X정도, 척도)		
	특이성	고비/구븨 (X특성이 있는 현상)		
	못뜻	킈 (X특성이 있는 현상)		
근대 국어	중심	기러/기릐, 기픠, 노픠, 므긔, 굴긔 (X정도, 척도)		
	특이성	구비/구븨 (X특성이 있는 현상)		
현대				

(1) 움직씨 밑말 + 가지

먼저 '-이, -기' 가지에 대해 살펴본다.

'-이'는 앞에서도 살폈듯이 그 결합되는 밑말이 다양하다. 홑낱말과도 결합되고 겹낱말과도 결합되며 이은말 짜임새 움직씨 밑말과도 결합된다.

그리고 뜻바탕도 중심적인 뜻바탕과 특이 뜻바탕을 다 가진다.

이것은 중세, 근대, 현대국어를 막론하고 다 마찬가지다.

그런데 '-이'로 이루어진 파생어를 각 시대별로 놓고 빗대어 보면 어떤 파생어는 '-이'가 현대국어에까지 그대로 이어져 그 변천된 모습을 볼 수 없는 경우가 있는가 하면 또 어떤 경우는 중세나 근대국어에서는 '-이'에 의한 파생어이다가 현대국어에 들어서는 '-이'에 의한 파생어가 아니라 '-기'에 의한 파생어로 변천한 경우가 있다.

이를 밑말의 형태와 가지의 뜻바탕을 중심으로 나누어 살펴보면 (94)와 같다.

(94) ㄱ. 변천하지 아니한 경우

① 홑낱말 + '-이'

	중세국어	근대국어	현대국어
중 심	노리	노리	놀이
	사리	−	×
	마기	−	막이
	겻기	−	겪이
	마지	−	맞이
	이바디	이바디	이바지(어휘화)
	더니	−	×
	하리	할이	×
	쓰서리	쓰서리	×
	−	다듬이	다듬이
특이성	드리	−	들이
	드리	−	다리
	−	가리	갈이(뭇뜻 : 변두리)
	마기(뭇뜻 : 변두리)	마기	막이(뭇뜻 : 변두리)

② 겹낱말 + '-이'

	중세국어	근대국어	현대국어
중심	므즈미	므즈미	므자미(어휘화)
	나들이	−	나들이
	죽사리	−	죽살이(이은말 밑말+ −이)
	녀름지싀	녀름지이	여름지이(어휘화)

③ 이은말 짜임새 밑말 + '-이'

	중세국어	근대국어	현대국어
특이성	−	여다지	여닫이(뭇뜻 : 주변)
	힌도디	−	해돋이
	옷거리	옷거리	옷걸이
	씌거리	−	×
	−	칙걸이	×
	−	풀걸이	팔걸이
	−	옷거리	옷걸이
	−	갓걸이	×
	−	바늘걸이	×

	중세국어	근대국어	현대국어
특이성	–	룡지걸이	×
	–	거울거리	×
	–	등긁이	등긁이
	–	귓대박이	×
	ᄒᆞᄅᆞ사리(합성어)	ᄒᆞᄅᆞ사리	하루살이
	뫼ᅀᅡ리(합성어)	뫼아리	메아리(어휘화)
	비알히	비알히	배앓이
		가슴거리	가슴걸이
		오월잡이	×
		외다디	×
		상다디	×
		가로다디	가로닫이
		모시숨이	×
		왜걸이	×

ㄴ. 변천한 경우

① 이은말 짜임새 밑말 + '-이'

	중세국어	근대국어	현대국어
중심	글지ᅀᅵ	글지이	글짓기
	집지ᅀᅵ	–	집짓기
	모심ㄱ이	–	모심기
	아기나히	–	×
	몸닷ㄱ이	–	×
	짐시리	–	×
	글닐기	–	읽기
	머리갓ㄱ이	–	×
	머리비시	–	×
	당가드리	–	×
	굿그ᅀᅵ	–	×
	거름거리	–	×14)
	연노히	–	×
	글시(<글스-)	–	쓰기
	–	손시시	×
	–	긔믈시시	×
	–	술먹이	×

---

23) '거름거리'는 현대국어에서도 나타난다. 그러나 그 뜻바탕이 다르다. 중세국어에서
의 '거름거리'는 'X하는 일' 즉 '걸음을 걷는 일'이고 현대국어에서의 '걸음걸이'는

(94)의 예를 살펴보면 변천하지 아니한 경우는 '홑낱말 + 「-이」' 형태이거나 '겹낱말 + 「-이」' 형태에서 중심적인 뜻바탕을 나타내거나 특이 뜻바탕을 나타내는 경우와 '이은말 짜임 움직씨 밑말 + 「-이」' 형태에서 특이 뜻바탕을 나타내는 경우이고 '-이'에서 '-기'로 변천한 경우는 '이은말 짜임새 밑말 + 「-이」'의 형태에서 중심적인 뜻바탕을 나타내는 경우이다.

그리고 (94)에서 보면 이들 파생어 중에는 중세나 근대국어에서는 파생어로 쓰이다가 현대국어에서는 어휘화되거나 사라진 예도 있다.

이는 그 파생어 각각의 특성에 따라 나타난 현상이다.

(94ㄱ)의 ①, ②에서 '이바디, 더니, 할이, 쁘서리, 므자미, 녀름지이' 등은 현대국어에서 밑말이 생산성을 가지지 못하거나 그 쓰임이 다른 낱말에 밀려 어휘화되거나 아예 그 낱말 자체가 사라진 경우이고

(94ㄱ)의 ③에서 '쯰거리, 칙걸이, 갓걸이, 바늘걸이, 룡지걸이, 거울걸이, 귓대박이, 오월잡이, 외다디, 상다디, 모시슘이, 왜거리' 등은 현대국어에서 그 용도가 없어지거나 그 사물이나 사람에 대한 인식이 희박해짐으로써 그 낱말 자체가 사라진 경우이며

(94ㄱ)의 ③에서 '메아리'는 현대국어에서 본래의 밑말(뫼+살-)과 형태의 유연성이 너무 멀어져 그 뜻을 도무지 예상할 수 없어 어휘화된 경우이다.

그런데 비하여 (94ㄴ)의 경우는 '-이>-기'의 변천을 보인다.

(94ㄴ)에서 보면 '글지ᇫ, 집지ᇫ, 모심기' 등은 '-이>-기'의 형태 변천을 거쳐 그대로 '글짓기, 집짓기, 모심기' 등으로 나타나고 '글닐기, 글시

'걸음을 걷는 현상'이다. 따라서 중세국어에서의 '거름걸이'가 그대로 현대국어로 이어졌다고 할 수 없다. 이것은 '걸음걷기'로 이어진다.

(<글스이)’ 등은 각각 ‘읽기, 쓰기’로 나타나면서 ‘-이>-기’의 변천을 보인다. 그 나머지는 현대국어 쓰임에 보이지 않는다.

이 보이지 아니하는 것들도 ‘-이>-기’의 변천을 충분히 예상할 수 있다 ‘아이낳기, 몸닦기, 짐싣기, 머리깎기, 머리빗기, 밥먹기, 장가들기, 금긋기, 걸음걷기, 연놓기(연날리기), 손씻기, 기물씻기, 술먹기’가 그것이다.

그런데 이러한 현상은 ‘-이’의 자체에서 일어난 변천의 결과라고 보기는 힘들다.

만약 이러한 현상이 ‘-이’ 자체의 변천 과정으로 나타난 현상이라고 한다면 현대국어에서는 더 이상 ‘이은말 짜임새 밑말 + 「-이」’에서 중심적인 뜻바탕을 가진 파생이 생산성을 잃어야 할 터인데 ‘-이’ 가지는 현대국어의 이러한 환경에서 여전히 높은 생산성을 가지고 있기 때문이다.

그렇다면 이러한 현상은 어떻게 설명될 수 있을까?

이것은 현대국어에서 ‘-기’가 이러한 환경 즉 이은말 짜임새 밑말과 결합하면서 중심적인 뜻바탕을 나타내는 환경에서 가지는 높은 생산성으로 말미암아 이들 형태가 ‘-기’에 의한 파생어로 흡수된 것이 아닌가 한다.

이제 ‘-기’에 대해 살펴본다. ‘-기’는 중세나 근대국어에서 이은말 짜임새 밑말과 결합하여 이름씨를 파생하는 것이 본바탕이었다.

그러나 그 생산성은 ‘-이’나 ‘-음’에 비하여 매우 낮았다.

그러던 것이 현대국어에 들어서면서부터는 그 파생영역도 홑낱말, 겹낱말, 이은말 짜임새 밑말 등과 두루 결합함으로써 매우 넓어졌을 뿐만 아니라 각 영역에서의 생산성도 크게 높아져 오히려 ‘-이’보다도 더 생산적인 것으로 나타난다.

그런데 여기에서 특징적인 것은 ‘-이’나 ‘-음’은 중세에서 근대, 현대에 이르면서 꾸준히 자신의 생산성을 높여왔다고 한다면 ‘-기’는 현대국어에 이르러서 갑자기 그 생산성이 높아진다는 것이다.

그 까닭은 어디 있을까?

이는 '-이, -기, -음'의 관계와 특히 '-이, -기'의 통시적 관계의 변천에 그 원인이 있는 것으로 보인다.

앞에서 살폈듯이 '-이, -기'는 중세나 근대국어에서 '-음'과 대립하는 관계였다.

형태적으로는 '-음'이 홀낱말과 겹낱말과 결합하여 이름씨를 파생하는데 비하여 '-이, -기'는 이은말 짜임새 밑말과 결합하여 이름씨를 파생하는 것이 더 생산적이었고, 의미적으로는 '-음'이 'X현상'이라는 중심적인 뜻바탕을 가지는데 비하여 '-이, -기'는 'X하는 일'이라는 중심적인 뜻바탕을 가졌다.

이러한 대립 현상은 (93)에서 보듯이 현대국어에서도 거의 그대로 나타난다.

그런데 국어의 파생어는 '이은말 짜임새 밑말+가지'의 형태로 만들어지는 것이 특징적이라 할만큼 많다.

따라서 '-이, -기'는 자연히 그 생산성이 높아질 수밖에 없는데 그렇다고 이러한 관계 속에서만 '-기'의 생산성 향상의 원인을 찾을 수는 없다.

이러한 현상은 중세나 근대에서도 나타나기 때문이다.

그렇다면 어디에서 그 원인을 찾을 수 있을까?

이것은 '-이'와 '-기'의 관계 속에서 찾을 수 있겠다.

다시 말하면 중세나 근대국어에서의 '-이'는 현대국어에서의 '-기'가 가진 기능을 함게 가지고 있다가 현대국어에 이르러서는 '-이'와 '-기'의 기능이 분리되면서 '-기'의 생산성이 크게 향상되었다는 것이다.

물론 근대국어에서는 앞에서 살핀대로 '-기'가 어느정도 독립성을 가지기는 하나 현대국어에서처럼 완전하지는 못하였다.

그렇다면 현대국어에서 '-이'와 '-기'가 가지는 특성은 무엇인가?

(95)에서 보면 '-이'에 의한 파생어는 '-기' 파생어보다 특이 뜻바탕을 가진 파생어가 월등히 많다.

(95) 특이 뜻바탕을 가진 파생어

밑말	-이	-기
홑낱말	먹이, 훑이, 더듬이, 구이, 말이, 볶이, 다리, 들이, 막이, 낳이, 다듬이, 잡이, 몰이, 갈이	
겹낱말	입씻이, 손씻이, 설구이, 떠돌이, 배돌이, 말더듬이, 바람잡이, 굽이돌이, 여닫이, 붙박이, 막깎이	덮치기, 맞보기, 날치기
이은말 짜임새 밑말	미닫이, 빼닫이, 안돌이, 알박이, 별박이, 외대박이, 세대박이, 옹이박이, 목달이, 고달이, 무넘이, 점박이, 외눈박이, 옥니박이, 덧니박이, 해돋이, 해넘이, 닭울이, 흙받이, 먼지받이, 턱받이, 땀받이, 걸레받이, 짐받이, 편지꽂이, 초꽂이, 책꽂이, 연필꽂이, 팔걸이, 서류꽂이, 붓걸이, 징걸이, 옷걸이, 하루살이, 한해살이, 먼지떨이, 이슬떨이, 쇠뚫이, 마개뽑이, 등긁이, 살쩍밀이, 재떨이, 총알받이, 야단받이, 응석받이, 애받이, 미움받이, 씨받이, 젖앓이, 배앓이, 허리앓이, 속앓이, 가슴앓이, 걸음걸이, 삼지놓이, 사지놓이, 물살받이, 바람받이, 그늘받이, 썰물받이, 북풍받이, 귀걸이, 어깨걸이, 팔목걸이, 벽걸이, 목걸이, 가슴걸이, 왼쪽박이, 칼집붙이, 혀돋이, 신돋이, 가로닫이, 봄살이, 여름살이, 가을살이, 뒤꽂이, 외꽂이, 쌍꽂이, 덤받이, 꽉집이, 막나이, 감접이	무넘기, 부넘기, 잔풀나기, 흙받기, 쓰레받기, 턱받기, 못빼기, 실감기, 해바라기, 양치기, 젖떼기, 발감기, 장내기, 오올뜨기, 보름보기, 후벼내기, 멀리보기, 흑보기, 어리보기, 숫보기

따라서 '-이'는 '-기'에 비하여 특이 뜻바탕을 생산하는 힘이 강하다할 것이며 또 중심적인 뜻바탕에 있어서도 '-이'는 대상성이 강한데 비하여

'-기'는 서술성이 강하다(송철의, 1992 : 155-157).

이상의 사실을 두고보면 '-기'는 중세나 근대국어까지는 '-이'의 영향권에서 완전히 벗어나지 못하고 있다가 현대국어에 이르러 비로소 '-이'의 영향권에서 완전히 벗어나면서 가지로서의 독자적인 영역을 구축한 것으로 보인다.

이제 '-음'에 대해 살펴본다.

'-음'은 중세나 근대국어에서는 홑낱말이나 겹낱말과 결합하여 이름씨를 형성하였다. 그러나 현대국어에 이르러서는 이은말 짜임새 밑말과도 결합하게 됨으로써 확장된 파생영역을 가지게 된다. 그리고 뜻바탕에 있어서도 중세나 근대국어에서는 중심적인 뜻바탕으로 'X행위가 나타난 현상'을 나타내고 특이 뜻바탕으로는 'X행위의 특성이 나타난 사물', 'X행위가 나타난 단위' 등을 나타내다가 현대국어에서는 (88ㄴ)의 '글방물림'이 <사람>의 뜻바탕을 가지고 나타남으로써 그 의미 영역도 확장된다.

(2) 그림씨 밑말+가지

(93ㄴ)의 표를 살펴보면 그림씨 밑말과 결합하여 이름씨를 파생하는 추상화 뒷가지는 중세국어에서는 '-이, 익/의'가 있고 근대국어에서는 '-이, -음, 익/의'가 있으며 현대국어에서는 '-이, -기, -음'이 있다.

(96)

	-이	-기	-음	-익/의
중세국어	○	×	×	○
근대국어	○	×	○	○
현대국어	○	○	○	×

※ ○은 나타남. ×는 나타나지 않음.

그런데 이들 그림씨 밑말에 붙는 '-이, -기, -음'은 앞의 움직씨 밑말에 붙는 경우와는 사뭇 다른 점이 있다.

첫째, 뜻바탕이 다양하지 못하다.

물론 '그림씨 밑말 +「-이」'의 형태에서는 그런대로 다양한 뜻바탕을 가지나 나머지 가지 즉 '-기, -음, -이/의'의 경우는 모두 일정한 뜻바탕을 가진다.

둘째, 위 (96)에서 보듯이 그 가지가 나타나는 시대가 있고 나타나지 아니하는 시대가 있다.

셋째, 가지간 유동이 있다.

① '-이' 가지

'움직씨 +「-이」'와 '그림씨 +「-이」'의 형태는 그 변천을 달리 한다.

'움직씨 +「-이」'의 형태는 각 시대마다 그 생산성이 다르다. 따라서 새로운 파생어를 생산하기도 하고 밑말과의 결합에서 새로운 특이 뜻바탕을 가지기도 하며 특히 현대국어에 이르러서는 그 기능의 일부를 '-기'로 넘겨 가면서까지도 자신의 생산성을 향상시켜 나가는데 비하여 '그림씨 +「-이」'의 형태는 (93ㄴ)과 다음 (97)에서 보듯이 중세, 근대, 현대국어를 통털어 그 파생어의 유동이 거의 없다.

다만 현대국어에서는 '깊이, 높이, 넓이, 부피, 굽이' 등이 새롭게 나타난다.

그러나 이것은 어디까지나 '움직씨 +「-이」'와의 비교에서 나타난 것이고 '그림씨 +「-이」' 자체에서 보면 중세나 근대국어에서 나타나지 않던 '깊이, 높이, 넓이, 부피, 굽이'가 현대국어에 나타남으로써 결국 현대국어에서의 생산성은 중세나 근대국어에 비하여 크게 높아진 것은 사실이다.

(97)

중세	근대	현대
놉ᄂᆞ지	—	높낮이
놉놋가비	—	×
됴쿠지	됴쿠지	×
둗거비	듯겁이	두꺼비(재구조화)
고키리(합성)	코키리	코끼리(재구조화, 어휘화)
ᄀᆞᆺ불기	(ᄀᆞᆺ)붉이	갓밝이
길이	—	길이
×	×	깊이
×	×	넓이
×	×	높이

또 이러한 사실로 말미암아 '그림씨 + 「-이」'는 그 뜻바탕에 하나의 변천된 모습을 보인다 하겠는데 이것은 중세국어에서 '길이'로써 보였던 'X정도, 척도'의 특이 뜻바탕이 현대국어에서 그 기능을 활성화하여 '길이, 깊이, 넓이, 높이'와 같은 파생어를 형성하게 되었다는 것이다.

이러한 사실은 '그림씨 + 「-이」'가 보인 매우 두드러진 변천이다. 그런데 여기에는 하나의 문제가 있다.

이것은 현대국어에서 'X정도, 척도'의 뜻바탕을 가진 '길이, 깊이, 넓이, 높이'가 '-이' 가지에 의한 파생이냐 아니면 중세나 근대국어에서 '-ᄋᆡ/의'의 파생으로 나타난 '기릐/기리, 기픠/기피, 너븨, 노픠/노픠'의 단순한 음운 변천의 현상이냐 하는 것이다.

이에 대해서는 '-ᄋᆡ/의'의 변천을 살필 때 함께 다룬다.

② '-ᄋᆡ/의' 가지

중세국어에서 그림씨 밑말과 결합하여 이름씨를 파생하는 추상화 뒷가지는 위의 '-이' 외에 따로 '-ᄋᆡ/의'가 있었다.

'-이'는 홑낱말, 겹낱말, 이은말 짜임새 밑말 등과 결합하면서 'X정도'

라는 중심적인 뜻바탕을 나타내는데 비하여 '-익/의'는 홑낱말에 한정되면서 'X정도, 척도'라는 중심적인 뜻바탕을 나타낸다.

따라서 이 두 가지는 그 주된 기능이 다르다 할 수 있다.

그러나 한 편에서는 '기리'가 '그림씨 + 「-이」'의 형태에서 특이성 의미를 가지고 나타남으로써 '-익/의'의 '기릐/기릐'와 공존하고 또 '-익/의'에서는 '고비/구븨'가 'X현상'이라는 특이성 의미를 가지고 나타남으로써 이를 '가슴앓이(X현상)'와 비교할 때 여기에 한해서는 이들의 상관 관계가 어느 정도 느껴지기도 한다.

이러한 관계 속에서 이제 '-익/의'의 변천을 살펴본다.

중세국어에서 '-익/의'는 위에서 말했듯이 홑낱말과만 결합한다. 그리고 'X정도, 척도'라는 중심적인 뜻바탕을 가지면서 대개 '척도 이름씨'를 파생한다. 이러한 현상은 근대국어까지 이어진다.

따라서 중세국어나 근대국어에서는 (98)에서 보듯이 '그림씨 + 「-익/의」'의 파생어를 찾을 수 있다.

그런데 현대국어에 이르러서는 이 가지에 의한 파생어를 찾을 수 없고 대신 중세나 근대국어에서 쓰였던 '그림씨 + 「-익/의」' 형태는 '-이, -기, -게'의 형태를 띠면서 나타난다.

(98)

중세	근대	현대
기리/기릐	기리/기릐	길이
기픠/기픠	기픠	깊이
너븨	–	넓이(재구조화)
노픠	노픠/노픽	높이
므긔	므긔	무게(어휘화)
여틔	–	×
–	굴긔	굵기
–	–	부피
킈(大)	–	크기
고비/구븨	구비/구븨	굽이

여기에서 우리는 '-익/의'의 변천과 관련하여 다음 몇가지 사실을 발견할 수 있다.

첫째, 중세나 근대국어에서 생산성 있게 쓰이던 '-익/의'는 현대국어에서 생산성을 발휘하지 못하고 사라진다.

둘째, 중세나 근대국어에서 가졌던 '-익/의'의 기능은 현대국어에서 '-이, -기'가 수용 통합한다. 그리고 '-게'의 형태를 띤 '무게'는 어휘화한다.

'-이'로 통합되는 것은 '길이, 깊이, 높이, 굽이' 등이고 '-기'로 통합되는 것은 '굵기, 크기' 등이다.

셋째, 위 두 현상으로 말미암아 '-이, -기'는 그 생산성을 어느 정도 높이게 되는데 특히 '-이'는 현대국어에서 'X정도, 척도'라는 특이 뜻바탕을 가진 파생어를 생산할 수 있게 된다. 따라서 '길이, 깊이, 넓이, 높이, 굽이'와 같은 새로운 파생어를 생산한다.

이상의 사실을 두고보면 중세나 근대국어에서 생산성 있게 쓰이던 추상화 뒷가지 '-익/의'는 현대국어에서 더 이상 생산성을 발휘하지 못하고 그 기능을 '-이'나 '-기'에 통합시켰다고 할 수 있다.

그런데 여기에서 문제는 앞에서 지적한대로 '길이, 깊이, 넓이, 높이, 굵기, 크기'가 '-이'나 '-기'에 의한 새로운 파생어인가 아니면 앞 시대의 낱말이 음운 변천한 것인가 하는 것이다.

여기에 대한 지적을 송철의(1992 : 131-134)에서 찾을 수 있다.

글쓴이는 다음과 같은 까닭으로 위 형태를 '-이, -기'에 의한 파생어로 본다.

첫째, 송철의에서 지적한대로 '넓이'는 중세국어의 '너븨'에서 음운 변천한 것이 아니다.

중세국어에서 '너븨'의 밑말은 '넙-'이었다. 이것이 현대국어에는 '넓-'으로 재구조화 된다. 현대국어에서의 '넓이'는 이 재구조화된 형태를 밑말로 하고 있다. 따라서 '넓이'는 '너븨'에서 음운 변천한 것이 아니라 밑말 '넓-'에 '-이'가 결합된 파생 형태이다.

그리고 중세국어의 '너븨'가 음운 변천한 형태는 따로 '너비'가 있다. 이것은 '넙-'이 현대국어에 쓰이지 않으므로 어휘화한 낱말이다.

따라서 '넓이'가 '-이'에 의한 파생어라면 다른 형태도 같이 보는 것이 옳다.

둘째, '킈'는 중세국어에서 '크+-의'의 형태이다. 이것이 음운 변천한다면 '키'가 될 것이다. 그리고 실제 '키'는 어휘화한 형태로 현대국어에 쓰이고 있다.

따라서 '크기'는 '킈'에서 음운 변천한 것이 아니라 밑말 '크-'에 '-기' 가지가 결합된 파생어이고 또 이것이 '-기'에 의한 파생어라면 '굵기'도 '-기'에 의한 파생어로 보는 것이 옳다.

셋째, 파생법에서 언중의 언어 인식은 매우 중요하다. 많은 문법서에서 '-이'를 다룰 때 '길이, 깊이, 높이, 넓이, 굽이'의 '-이'와 '높낮이'의 '-이'를 따로 다루지 아니하고 '-기'의 경우도 '굵기, 크기'의 '-기'와 '밝기, 세기, 빠르기, 굳기, 기울기, 맑기'의 '-기'와 따로 다루지 아니한다.

따라서 이들을 같은 '-이'나 '-기'로 다루는 것이 옳다.

이상의 사실로써 글쓴이는 위 낱말을 '-이'와 '-기'에 의한 파생어로 다루면서 '길이, 깊이, 넓이, 높이, 부피' 등은 '-이'가 중세나 근대국어에서 가졌던 '-익/의'의 중심 기능을 이어 받아 파생시킨 것으로 보고 '굵기, 크기'는 '-기'가 이어 받아 파생시킨 것으로 본다.

③ '-기' 가지

'그림씨 + 「-기」' 가지는 중세나 근대국어에서 생산성을 가지지 못했다. 그러다 현대국어에 이르러서는 척도 이름씨를 중심으로 비교적 높은 생산성을 가지게 되는데 이것은 앞에서 살핀 바와 같이 '-인/의'가 현대국어에서 사라짐으로써 그 기능을 '-기'가 받아 발휘하는 것으로 보인다.

물론 '-이'도 척도 이름씨를 파생하기는 하나 이는 '-기'의 생산성과는 약간의 차이가 있다.

(99) '그림씨 + 「-이」' : 길이, 깊이, 넓이, 높이, 부피
　　 '그림씨 + 「-기」' : 크기, 밝기, 굵기, 세기, 빠르기, 굳기, 기울기, 맑기

(99)에서 보면 '-이'의 생산성은 주로 중세나 근대국어의 '-인/의'에서 이어 받은 그대로인데 비하여 '-기'는 '크기, 굵기'를 제외하면 모두 현대국어에서 생산된 것으로 이의 생산성은 매우 활발하다.

또 이러한 특성으로 말미암아 현대국어에서는 '-이'보다 '-기'가 더 생산적이다.

그리고 (99)에서 보면 이들 가지가 척도 이름씨를 파생함에 있어 현대국어에서는 그 정도가 큰 것을 밑말로 하여 이름씨를 파생하는데 중세국어에서는 '여틔(박초상 : 67)'가 나타남으로써 그 정도가 작은 것도 척도 이름씨의 밑말이 될 수 있었음을 알 수 있는데 이것도 척도 이름씨에 있어서는 하나의 변천일 수 있겠다.

④ '-음' 가지

'그림씨 + 「-음」'은 형태, 의미상의 변천 모습을 거의 찾을 수 없다.
중세국어에서는 아예 그 예를 찾기 힘들고 근대국어는 그 예가 '게여름, 셔름' 밖에 없어 무어라 단정할 수는 없으나 그 나타난 형태로만 보

면 현대국어와 같다 하겠다.

현대국어에서 이 가지가 가지는 밑말의 형태도 물론 '겹낱말 + 「-음」'의 형태인 '쓰라림([[쓰리- + 아리-]+ 「-음」])'이 있으나 그 중심은 '홑낱말 + 「-음」' 이어서 '게여름, 셔름'이 가지는 '홑낱말 + 「-음」'과 다르지 않고 그 뜻바탕도 다르지 않다.

현대국어에서 나타나는 '그림씨 + 「-음」'의 파생에는 사람의 심리적 현상을 나타내거나 자연적 현상에 대한 자신의 느낌을 나타낼 수 있는 말이다. 다시 말하면 '-음'은 이러한 뜻바탕의 파생어를 만들 수 있는 밑말과 결합하여 한편으로는 사람(자신)의 심리적 현상을 나타내는 파생어를 형성하고 다른 한편으로는 자연적 현상을 나타내는 파생어를 형성한다.

> (100) 심리적 현상 : 게으름, 기꺼움, 귀염, 고마움, 간지럼, 그리움, 기쁨,
> 놀라움, 노여움, 더러움, 두려움, 미움, 매움, 무서움, 미끄럼, 부
> 끄러움, 반가움, 수줍음, 슬픔, 서러움(설움), 아름다움, 괴로움,
> 아픔, 외로움, 즐거움, 쓰라림
> 자연적 현상 : 맑음, 흐림, 어두움

이러한 사실은 근대국어의 '그림씨 + 「-음」'의 형태에서도 나타난다 하겠는데 이것은 근대국어의 '게여름, 셔름'이 의미 변화 없이 그대로 현대국어에 이어지는 것으로 보아 그러하다.

다만 그 변천을 볼 수 있다면 가지의 생산성 부분인데 이는 근대국어보다는 현대국어의 생산성이 높아 '-음'의 생산성이 근대에서 현대로 나아 가면서 크게 향상되는 방향으로 변천했다는 것이다.

이러한 사실은 근대국어에서 나타났던 '그림씨 + 「-이」, 「-익/의」 : 「-음」'과 현대국어에서 나타나는 '그림씨 밑말 + 「-이」, 「-기」 : 「-음」'을 빗대

어 볼 때 그러하다.

2. 사물 뒷가지

사물 뒷가지는 밑말과 결합하여 사물의 구체적인 뜻바탕을 가진 파생어를 형성하는 가지이다. 이 가지도 1, 2, 3, 4 유형의 가지로 나눈다.
1유형은 한 씨갈래 안바꾸는 가지이고, 2유형은 한 씨갈래 바꾸는 가지이며, 3유형은 여러 씨갈래 바꾸거나 안바꾸는 가지이고, 4유형은 여러 씨갈래 바꾸는 가지이다.
여기에 대해서는 (26), (27)에서 설명한 바 있다.

1) 중세국어

(1) 1유형 가지(한 씨갈래 안바꾸는 가지)

① '-아지/야지'

> (101) 강아지(狗子, 가히) : 강아지와 돍과롤 아나<구방상 : 10>
> 묑아지/ᄆ야지(駒, 몰) : 駒 묑아지(시언 물명)/머에 아랫 ᄆ야지롤
> <두초23 : 36>
> 숑아지/쇠야지(犢, 쇼) : 犢 숑아지 독<자회상 : 18>/누른 쇠야지
> <두초25 : 51>

이 가지는 이름씨의 밑말과 결합하여 다시 이름씨를 파생하므로 이는1유형 가지이다.
이 가지의 뜻바탕을 살펴본다.
(101)의 파생어는 'X특성을 가진 작은 사물'의 뜻바탕을 가진다. 따라

서 이 가지에는 '작음'이라는 이 가지의 뜻바탕을 구할 수 있다.

그런데 이 '-아지'는 중세중기만 하더라도 그림씨 밑말 '앛-'에 추상화
가지 '-이'가 결합되어 '아지'로 쓰였음이 확인된다.

> (102) ㄱ. 故因其言 以閼智名之. 閼智卽鄕言小兒之稱也 (三國遺事1. 金閼智)
> ㄴ. 妹曰文姬. 小名阿之 (三國遺事1. 金庾信)

(102ㄱ, ㄴ)은 삼국유사의 기록인데 여기에 나타난 '閼智, 阿之'를 양주
동(1975 : 261)에서는 '아지'로 읽는다.

그렇다면 여기에서 고려해야 할 하나의 문제가 생긴다. 이것은 중세
후기의 '-아지'가 뒷가지가 아니라 파생어 '앛- + 「-이」'의 형태이고
(101, 강아지)의 예는 파생과 합성의 겹침이 아니냐 하는 것이다.

이러한 사실은 어느 정도 인정된다.

'-아지'가 그림씨 '앛-'을 밑말로 하여 파생된 것이 분명하고(앛- + '-이'>
-아지) '앛-'이 중세국어에서도 여전히 생산성을 가지면서 한 낱말로 쓰
이고 있기 때문이다.

> (103) 衆人이 怒ᄒ며 물사ᄅᆞ미 믜여 두리 아ᄎᆞ니라 (衆怒群猜ᄒ야 鮮有存
> 者 ᄒ니라)<내1 : 32>

그러나 그 뜻바탕에 있어서는 차이가 있다.

(102)의 '아지'는 '어리다, 작다'의 뜻바탕을 가지는데 비하여 (103)의
경우는 '드물다, 적다'의 뜻을 가져 분명한 차이를 보인다.

따라서 '-아지'는 삼국유사가 쓰여질 당시에는 파생어라 할 수 있겠
으나 중세후기에서는 이것이 어휘화함으로써 가지로 굳어진 것이 아닌
가 한다.

중세국어의 '아춤(朝)'도 어휘화한 형태이다(강성일, 1972 : 228 주2).

이런 까닭에 이 글에서는 '-아지/야지'를 한 어휘소로 보아 가지로 다룬다.

'-아지'는 'ㅇ'을 매개로 간접 결합한다.

② '-지'

> (104) 가락지(指環, 가락) : 금은 가락지어나<구간6 : 17>
>   풀지(髆皮, 풀) : 髆皮 풀지 한<자회중 : 28>

(104)의 파생어는 'X와 관련된 특성이 있는 둥근 사물'의 뜻바탕을 가진다.

'가락지'는 '(손)가락에 끼는 둥근 사물'이고 '풀지'는 '풀에 끼는 둥근 사물'이다. 따라서 '-지' 가지는 '둥긂'이라는 뜻바탕을 가진다.

③ '-째'

> (105) 오좀째(膀, 오좀) : 膀 오좀째 포<자회상 : 28>

(105)의 '오좀째'는 '오좀이 담기는 통의 특성이 있는 사물'의 뜻을 가진다. 현대국어의 '-집'에 해당한다. 이러한 사실은 근대국어에서 '오줌개(물보음식)'와 '오줌통(역해상 : 35)'이 같은 뜻으로 쓰이고 있다는 것으로 알 수 있다.

따라서 (105)에서는 'X와 관련된 통의 특성이 있는 사물'이라는 이 가지의 뜻바탕을 구할 수 있다.

④ ‘-복’

(106) 빗복(臍, 비) : 빗보ㄱ로 放光ㅎ샤<월석2 : 29>

이 가지는 허웅(1975 : 225)에서 현대국어의 ‘복판’과 빗대면서 ‘한가운데’의 뜻일 것으로 추측하는데 그렇다면 ‘빗복’은 ‘비의 한가운데 있는 사물’이라는 뜻이 된다.

⑤ ‘-살’

(107) 눖살(睫, 눈) : 눖살도 몯 보거니 ᄒ 물며 머리 아득ㅎ오미여<법화4 : 53>

‘눖살’은 중세국어에서 ‘睫’의 의미를 가져 현대국어의 ‘속눈섭’에 해당한다. 따라서 이 가지에는 ‘털’의 의미가 있는 듯 하다. 이 가지도 사물 뒷가지이다.

⑥ ‘-아리/어리’

(108) 둥어리(背, 등) : 龍익 둥어리로다<두초8 : 19>

이 가지는 밑말에 ‘낮춤’의 뜻바탕을 더한다.

그런데 이 뜻바탕은 1)~4)의 가지 ‘-아지, 야지, -지, -째, -복’의 뜻바탕과는 사뭇 다른 점이 있다. 이들 가지는 밑말에 가지가 가진 개념적인 뜻을 더하여 밑말과는 서로 다른 말을 파생하나 ‘-아리/어리’ 가지는 그렇지 못하다. ‘둥어리’는 밑말 ‘둥’과 동일어15)를 형성한다.

---

15) 최보일(1993 : 43)에서는 동일어를 동의어와 변이형태 등과 구분하면서 동일어의 개념을 두 낱말 사이에 어원의 동일성, 형태의 유연성, 의미의 동질성, 상호간 대치성은 있으나 분포 환경이 다른 것이라 한다.

(108)' 등(背) : 背 둥 비<자회상 : 27>

어떠한 가지가 밑말과 결합하여 그 밑말과 동일어를 형성할 때 그 가지는 대개 밑말에 상황적인 뜻을 더하게 되는데 이 가지에 나타난 '낮춤'의 뜻바탕은 상황적인 뜻바탕이다.

⑦ '-박(이)'

(109) 머릿박(頭, 머리) : 머릿바기며 눇즈싀며<월석1 : 13>

(109)의 '머리박'도 밑말 '머리'와 동일어이다.

(109)' 머리(頭) : 이바디예 머리를 좃스ᄫᆞ니<용가95>

여기에도 '낮춤'의 상황적 의미가 있는 것으로 보인다.

⑧ '-악/억(-옥/욱)'

(110) 터럭(毛, 털) : 플와 나모와 ᄀᆞᆮ는 터러게 니르리<능엄2 : 48>
　　　 주먹(拳, 줌) : 소니 제 주먹 쥐면<영가상 : 66>
　　　 가족(皮, 갗) : 皮 가족 피<유합상 : 26>
　　　 브섁(廚, 붓) : 브섁 구듨 골샛 거믜영<구간6 : 76>
　　　 가락(岐, 가ᄅ) : 옷 닙고 밥 머그며 가락ᄠᅳ며<금삼2 : 11>

(110)의 가지도 밑말에 개념적 의미를 더하지 못한다. 밑말과 파생어 사이에 의미의 분화가 없다. 따라서 이들 두 형태도 동일어이다.

이 글에서의 동일어는 여기에 따른다. 여기에 대한 자세한 내용은 최보일, 같은 책 참조.

(110)' 털(毛) : 붇 털 그트로<구간1 : 83>
　　　 줌(拳) : 구메 ᄀᄃᄀᆔ ᄒ놋다<두초8 : 66>
　　　 갗(皮) : 鹿皮ᄂᆫ 사ᄉᆞ미 가치라<월석1 : 16>
　　　 붓(廚) : 브세 들어<소언6 : 92>
　　　 갈(岐) : 세 가ᄅ 돌ᄃᆞ리 잇ᄂᆞ니<박초상 : 68>

이숭녕(1984 : 92)에서는 위 '-악/억(-옥/욱)'의 형태에 구체성이 있다 하
고, 강은국(1993 : 231-232)에서는 '지소'의 의미가 있다고 밝힌다. 이 글에
서는 '-악/억'에 '지소'의 상황적 의미가 있는 것으로 보아 둔다. 이숭녕
에서의 '구체성'은 사물의 범위에 대한 '지소'로 이해 할 수 있다.

⑨ '-을'

　　　(111) 수플(林, 숲) : 林 수플 림<자회상 : 7>
　　　　　 거플(皮, 겇) : 댓 거프를 取ᄒᆞ야<구방상 : 66>

(111)의 파생어도 밑말 '숲, 겇'과는 동일어이다.

　　　(111)' 숲(林) : 댓 수페 길흘 여러<두초15 : 25>
　　　　　　 겇(皮) : 느릅 나모 거츠로<구방하 : 73>

여기서도 (110, 터럭)과 같이 '지소'의 상황적 의미가 있는 것으로 보
인다.

(2) 2유형 가지(한 씨갈래 바꾸는 가지)

① '-이'

　　　(112) 부헝이(鵂, *부헝) : 鵂 부헝이 휴<자회상 : 8>

접동이(鵑, *접동) : 鵑 접동이 견<유합하 : 12>
듬브기(鸂, *듬븍) : 鸂 듬브기 계<자회상 : 17>
그려기(鴈, *그럭) : 치윗 그려기와<능엄8 : 121>
다와기(鶩, *다왁) : 鶩 다와기 목<자회상 : 15>
개고리(蛙, *개골) : 蛙 개고리 와<유합상 : 15>
굇고리(鶯, *굇골) : 鶯 굇고리 잉<유합상 : 11>
미야미(蟬, *미얌) : 설핀 남기는 우는 미야미 어즈럽도다<두초15 :
     27>
비두리(鳩, *비둘) : 비두리 모다 오거든<삼강효 : 25>
믯구리(鰍, *믯굴) : 鰍 믯구리 츄<자회상 : 20>

'-이'는 (112)에서 보듯이 상징 어찌씨 밑말과 결합하여 'X의 특성이
있는 사물'의 뜻바탕을 가진 이름씨를 파생한다.

따라서 '-이' 가지에는 'X의 특성이 있는 사물'이라는 중심적인 뜻바
탕이 있다. 중세국어에서 이 가지에 의해 파생된 형태는 모두 유정적
사물이다.

그런데 중세국어의 사물 이름씨 중에는 '이름씨 + 「-이」'의 형태를 가
진 것들도 있다.

    (112)' ㄱ. 곤이 : 곤
       곤이 : 닐온 바 곤이룰 사겨 이디몯ᄒ도<소언5 : 14>
       곤 : 거름 거루미 곤 ᄀᆞᆮ시며<월석2 : 57>
    ㄴ. 기장이 : 기장
       기장이 : 黍 기장이<사해상 : 33>
       기장 : 黍 기장 셔<자회상 : 12>
    ㄷ. 버리 : 벌
       버리 : 버리와 나븨왜 ᄒ도다<두초25 : 18>
       벌 : 바횟 버른 瞋使ㅣ오<원각상1-2 : 178>
    ㄹ. 술기 : 삵

　　　　술기 : 여슥 술기 셔 말ᄒ고<두초23 : 4>
　　　　슭 : 여슥와 슭과는 足히 議論티 몯ᄒ리로다<두초8 : 12>
　　ㅁ. 잇기 : 잇ㄱ
　　　　잇기 : 苔 잇기 틴<유합상 : 8>
　　　　잇ㄱ : 물ᄀ 브ᄅ미 잇글 쓰러 ᄃᄋ니<남명상 : 72>
　　ㅂ. 터리 : 털
　　　　터리 : 바랫 ᄒ 터리롤 몯 무으리니<석보6 : 27>
　　　　털 : 붇 털 그트로<구간1 : 83>

　그러나 이들 형태에서 나타나는 '-이'는 (112, 부훵이)의 '-이' 가지와
는 구분된다.

　(112, 부훵이)의 '-이'는 상징어 밑말과 결합하면서 이는 'X특성이 있
는 사물'이라는 뜻바탕을 밑말에 더하고 또 이 형태가 가진 씨갈래 성
질에 따라 결국 파생어의 씨갈래는 가지와 같은 씨 즉 이름씨가 되는데
비하여 (112', 곤이)의 '-이'는 그렇지 못하다. 단지 소리를 고루는 구실
을 할 뿐 밑말에 더하는 뜻이 없다. 또 파생어의 씨갈래도 밑말과 동일
하다. 따라서 (112)'에서 왼쪽에 있는 낱말과 오른쪽의 낱말은 밑말과 파
생어의 관계를 가지는 것이 아니다.

　(112, 부훵이)의 '-이'와 (112', 곤이)의 '-이'는 이로써 구분되는데 허웅
(1975 : 38-40, 228-229)에서는 (112, 곤이)의 '-이'와 같은 형태를 유사가지[16]
라 한다. 유사가지는 엄밀하게 따져 뒷가지라 하기 힘들다.

　그리고, (112, 부훵이)의 '-이'는 앞에서 논의된 추상화 뒷가지 '-이'와
도 구분된다. 먼저 그 형태가 다르다. 추상화 뒷가지의 '-이'는 움직씨나
그림씨 밑말과 결합하여 이름씨를 파생하는데 비하여 (112, 부훵이)의
'-이'는 상징어 밑말과 결합하여 이름씨를 파생한다. 그리고 그 중심된

---

16) '유사가지'에 대해 자세한 것은 허웅(1975 : 38-40, 228-229) 참조.

뜻바탕도 다르다. 추상화 뒷가지의 '-이'는 'X하는 일'이라는 추상적인 뜻바탕을 가지는데 비하여 (112, 부횡이)의 '-이'는 'X의 특성이 있는 사물'이라는 구체적인 뜻바탕을 가진다.

따라서 이 두 '-이'는 형태나 의미에 있어 서로 다르다 하겠는데 국어에서 어떠한 형태소가 그 결합되는 형태와 중심적 의미가 서로 다를 때 이는 다른 형태소로 보는 것이 일반적이다. 이 글에서는 이러한 입장에서 위 두 '-이'를 서로 다른 형태소로 나눈다.

이러한 사실을 두고보면 중세국어의 사물 뒷가지 '-이'는 상징어 밑말과 결합하여 이름씨를 파생하는 (112, 부횡이)의 '-이'뿐이라 하겠다. 중세국어의 '-이'는 한 씨갈래의 밑말과 결합하면서 그 밑말의 씨갈래를 바꾸는 2유형 가지이다.

② '-의'

> (113) 거믜(蜘, 검-) : 거믜줄이 얼것고<두초21 : 4>

'-의'는 그림씨 밑말 '검-(黑)'과 결합하여 '검-은 상태의 특성이 있는 사물'의 뜻바탕을 가진 '蜘'를 파생한다. 따라서 '-의'는 '(X상태)의 특성이 있는 사물'의 뜻바탕을 가진다.

③ '-아괴'

> (114) 가마괴(烏, 감-) : 다숫 가마괴 디고<용가86>

'-아괴'는 '-의' 가지와 마찬가지로 그림씨 밑말 '감-(黑)'과 결합하여 '감-은 상태의 특성이 있는 사물'의 뜻바탕을 가진 '烏'를 파생한다. 따라서 이 가지에도 '(X상태)의 특성이 있는 사물'이라는 뜻바탕이 있다.

④ '-듸영/의영'

> (115) 검듸영(火台, 검-) : 가마 미틔 검듸영<구방상 : 16>
> 　　거믜영(火台, 검-) : 가마 미틔 거믜영<구간1 : 48>

'-듸영/-의영' 가지도 위 2), 3)의 가지와 마찬가지로 그림씨 밑말 '감-
(黑)'과 결합하여 '검-은 상태의 특성이 있는 사물'의 뜻바탕을 가진 '火
台'를 파생한다. 따라서 이 가지에도 '(X상태)의 특성이 있는 사물'이라
는 뜻바탕이 있다.

⑤ '-우리'

> (116) 다리우리(熨斗, 다리-) : 다리우리롤 데여<구간1 : 43>

'-우리'는 움직씨의 밑말 '다리-(熨)'와 결합하여 '다리-는 행위의 특성
이 있는 사물'의 뜻바탕을 가진 '熨斗'를 파생한다.
　따라서 이 가지에는 '(X행위)의 특성이 있는 사물'이라는 뜻바탕이 있다.

⑥ '-읍'

> (117) 믿줍(流蘇, 및-) : 流蘇 믿줍<사해상 : 40>
> 　　믿듭(節, 및) : 실 믿듭<사해하 : 76>

'-읍'은 움직씨의 밑말 '및-'과 결합하면서 '및-는 행위의 결과로 나타
난 사물'이라는 뜻바탕을 가진 이름씨를 파생한다.
　따라서 이 가지에는 'X행위의 결과로 나타난 사물'이라는 뜻바탕이

있다.

그런데 '미줍'과 '미듭'은 같은 밑말, 같은 가지끼리 결합되었는데도 그 뜻에는 약간의 차이가 있어 보인다.

'미줍'은 '流蘇'의 뜻이므로 이 밑말은 '織'의 뜻에 가깝고(남풍현, 1981 : 30) '미듭'은 '節'의 뜻이므로 이 밑말은 '結'의 뜻이다. 또 이러한 뜻으로 '미줍'과 '미듭'의 형태가 나누어지는 것으로 보인다(허웅, 1975 : 237).

이상으로 중세국어의 2유형 가지를 살펴보았다.

이들 가지는 모두 한 씨갈래의 밑말과 결합하면서 그 밑말의 씨갈래를 바꾼다.

(3) 3유형 가지(여러 씨갈래 바꾸거나 안바꾸는 가지)

① '-앙(이)/엉(이)'

이 가지는 중세국어에서 ①움직씨나 상징어 밑말과 결합하여 밑말의 씨갈래를 바꾸어 이름씨를 파생하기도 하고, ②이름씨의 밑말과 결합하여 다시 이름씨를 파생하기도 하는 3유형 가지이다.

① 움직씨나 상징어 밑말에 붙는 경우
   (118) ㄱ. 쑤죵(罵, 쑤짖-) : 萬石君이 쑤죵ᄒᆞ여 굴오디<소언6 : 80>
        어우렁/어우러이(雙, 어울-) : 부리와 어우렁 ᄌᆞᅀᆞ롤 앗고 ᄀᆞ라
          <구방상 : 69>/부리와 어우러이롤 앗고<구방상 : 85>
      ㄴ. 시렁(架, 싣-) : 올ᄒᆡ며 시렁을 흗디 아니ᄒᆞ야<소언2 : 50>
        폴구브렁(肘, 폴+굽-) : 肘 폴구브렁 듀<자회상 : 13>
      ㄷ. 굼벙/굼벙이(蠐, ?굼틀) : 굼벙 爲蠐螬<해례용자>/蠐 굼벙이 졔
        <자회상 : 21>

‘-앙/엉’은 위 예에서 보듯이 ‘-앙이/엉이’의 형태로도 나타나는데 이는 ‘-앙/엉’ 가지에 소리 고르는 ‘-이’가 첨가된 변이 형태이다.

‘-앙/엉’은 (118ㄱ, ㄴ)에서 보듯이 움직씨 밑말과도 결합하고 (118ㄷ)처럼 상징어 밑말과도 결합하여 이름씨를 파생한다.

그런데 (118ㄱ, 꾸죵)과 (118ㄴ, ㄷ, 시렁, 굼벙/굼벙이)은 그 뜻바탕이 다르다.

(118ㄱ, 꾸죵)은 ‘X행위의 결과로 나타난 추상적 현상’의 뜻바탕으로 가지고 (118ㄴ, ㄷ, 시렁, 굼벙/굼벙이)은 ‘X행위의 특성이 있는 구체적 사물’의 뜻바탕을 가진다.

이 두 뜻바탕은 매우 이질적이다. 그리고 어느 것을 중심적인 뜻바탕으로 삼을 수 있을 만큼 생산성에 차이가 있는 것도 아니다.

따라서 글쓴이는 이 가지를 일단 사물 가지로 보아두고 이 뜻바탕에서 벗어나는 ‘쑤죵, 어우렁/어우러이’의 ‘-앙(이)/엉(이)’에는 <현상>의 특이 뜻바탕이 있는 것으로 보아둔다.

(118ㄴ, ㄷ)에서 가지의 뜻바탕은 ‘(X특성)이 있는 사물’의 중심적인 뜻바탕을 가진다.

② 이름씨 밑말에 붙는 경우
   (119) 기동(柱, 긷) : 구리 기동 여러 이리 잇느니라<능엄8 : 80>
     고랑(畎, 골) : 畎 고랑 견<자회상 : 7>
     굴헝(巷, 굴) : 나는 굴헝 南녀긔 살오<두초25 : 40>
     바당(場, 받) : 모미 뭇도록 是非人 바당과<법화1 : 222>
     블그트렁이(熅, *블그틀) : 熅 블그트렁이 외<유합하 : 52>[17]

---

17) ‘블그트렁이’의 밑말 ‘블그틀’은 중세에는 나타나지 않는다. 그러나 근대에 ‘불쁘틀’이 보이므로 이를 중세국어에 까지 소급하여 ‘블그트렁이’의 밑말로 삼는다.
   · 火盡火餘 불쁘틀 熅餘<물명5 화>

(119)는 이름씨 밑말에 '앙(이)/-엉(이)'가 결합된 형태를 보인 것이다. 이 가지가 가지는 뜻바탕은 무엇인가?

여기서도 그 뜻바탕은 (118ㄱ, ㄴ, 시렁, 굼벙/굼벙이)에서와 마찬가지로 '(X특성)이 있는 사물'로 보아야 한다.

그리고 실제 이러한 뜻바탕이 (119)에 나타난다.

'고랑'은 '골(谷)'이 아니라 '이와 같은 특성이 있는 사물'이고 '굴헝'은 '굴(坑)'이 아니라 '이와 같은 특성이 있는 사물'이며 '바당'은 '받(田)'이 아니라 '이와 같은 특성이 있는 사물'이고 '블그트렁이'는 '블근(火末)'이 아니라 '이와 같은 특성이 있는 사물'이다.

따라서 이 가지에도 'X특성이 있는 사물'이라는 뜻바탕이 있다 하겠다.

② '-아기/어기'

> (120) ㄱ. 스라기(糟, 뿔) : 黍民이 겨와 스라기도 훤히 몯 어더 먹놋다<두초16 : 71>
>
> ㄴ. ㅂ스라기(屑, *ㅂ술) : 쇠 ㅂ스라기<구방하 : 89>
> ㄱ슈라기(粒, *ㄱ술) : ㄱ슈라기를 더러ㅂ리니<두초7 : 18>
> 두드러기(疹, *두들) : 疹 두드러기 딘<자회중 : 16>

이 가지도 두 가지의 파생 형태를 가진다. (120ㄱ, 스라기)처럼 이름씨 밑말과 결합하여 다시 이름씨를 파생하기도 하고 (120ㄴ, ㅂ스라기)처럼 상징어 밑말과 결합하여 이름씨를 파생하기도 한다. 이도 3유형 가지이다.

이 가지의 뜻바탕을 살펴본다.

(120ㄱ)의 '스라기'는 '뿔의 특성을 가진 작은 사물'이다. 따라서 여기서는 'X특성을 가진 작은 사물'이라는 이 가지의 뜻바탕을 구할 수 있다.

(120ㄴ, ㅂ스라기)의 파생어는 모두 'X상태의 특성이 있는 사물'의 뜻

바탕을 가진다. 따라서 여기서는 ‘(X상태)의 특성이 있는 사물’이라는 이 가지의 뜻바탕을 구할 수 있다.

그렇다면 여기에서 공통된 뜻바탕은 무엇인가?

이는 (120ㄱ, 스라기)의 뜻바탕이 (120ㄴ, ㅂ스라기)에 포함될 것이므로 이 가지의 중심적인 뜻바탕은 ‘X의 특성이 있는 사물’이 된다.

이렇게 되면 (120ㄱ)의 ‘스라기’에 나타난 ‘지소’의 의미는 상황적 의미가 된다.

(4) 4유형 가지(여러 씨갈래 바꾸는 가지)

① ‘–게/개, –에/애’

이 가지는 중세국어에서 움직씨나 그림씨 밑말과 결합하여 이름씨를 파생하므로 이는 4유형 가지이다.

☐ 움직씨 + ‘–게/개, –에/애’

   (121) ㄱ. 집게(鉗, 집–) : 시혹 집게로 빠혀 내며＜구방상 : 32＞

받개(泥鏝, 받–) : 鏝 쇠손 만 俗稱 泥鏝 又 받개＜자회중 : 16＞

벼개(枕, 볘–) : 벼개예 굽스러셔 여희요믈＜두초22 : 40＞

글게(鉋, 긁–) : 몰 싯기라 가져 그늘 서느러운듸 미여 두고 글게로 글거 조히 ᄒᆞ야＜박초상 : 21＞

(귀)마개(珥, 귀막–) : 珥 귀마개 이＜유합하 : 31＞

눌개/눌애(翼, 눌–) : 두 눌개 쓰싀 三百三十六萬 里오＜월석1 : 14＞/매 눌애 티ᄃᆞ시 가비얍고＜월석10 : 78＞

놀애(歌, 놀–) : 슬픈 놀애롤 ᄒᆞᆫ 번 드로매＜두초21 : 9＞

두에(蓋, 둡–) : 모난 밑틔 두렫ᄒᆞᆫ 두에 ᄀᆞᇀ니라＜소언5 : 5 : 72＞

부체/부채(扇, 붗–) : 平生애 힌 짓 부체 기댓고＜두초24 : 17＞/ᄃᆞ론 나 처엄 부채롤 비ᄒᆞ고＜두초25 : 24＞

ᄀᅀᅢ(剪, ᄀᆽ-) : 剪 ᄀᅀᅢ 전<자회중 : 7>

서흐레(杷, 서흘-) : 杷 서흐레 파<자회중 : 17>

ㄴ. 울에(雷, 우르-) : 울에 번게 ᄒᆞ니<석보6 : 32>

부레(鰾, 부르-) : 고기 부레를 ᄒᆞ나 져그나<구간6 : 79>

(몰)굴에(革龍, 몰+구르-) : 革龍今俗呼 革龍頭 몰굴에<사해상 :
　　　11>

실에(架, 싣-) : 架 실에 가<자회중 : 14>

누에(蠶, 눕-) : 곧 누에와 쇼와<능엄8 : 121>

ᄭᅴ레(苞, ᄭᅴ리-) : 두 ᄭᅴ레예 논화<구방상 : 68>

(믈)자ᅀᅢ(桔, 믈+*잣-) : 桔 믈자ᅀᅢ 길<자회중 : 15>

체(麗, 츠-) : 체 爲 麗<해례 용자>

ㄷ. 둘에(輪, 두르-) : 蓮花마다 둘에 열 두 由旬이오<월석8 : 13>

(121)의 파생어는 모두 움직씨 밑말과 이 가지가 결합하여 형성한 사물 이름씨이다.

여기에서 보면 이 가지는 두 가지의 형태를 가진다.

하나는 '-게/개'이고 또 하나는 '-에/애'이다.

그리고 이들은 구체적 뜻바탕에 있어서도 다르다.

'-게/개'는 'X행위의 도구로 쓰이는 구체적 사물'의 뜻을 가지고 '-에/애'는 'X행위의 특성이 있는 구체적 사물'의 뜻을 가진다. 따라서 이 두 형태는 그 구체적인 뜻바탕에 따라 도구 이름씨를 만드는 '-게/개' 뒷가지와 사물 이름씨를 만드는 '-에/애' 뒷가지로 나누어 볼 수 있다.

그런데도 이 글에서 이 두 형태를 서로 나누지 아니하는 것은 첫째, 도구의 뜻바탕을 가지는 '놀애, 부체/부채, ᄀᅀᅢ, 서흐레' 등이 중세국어에서 '-개/게'로 쓰인 예를 찾을 수 없고 둘째, 위 두 형태의 뜻바탕이 엄밀한 의미에서는 나누어진다고는 하나 가지의 뜻바탕은 그렇게 엄밀하게 따질 수는 없는 입장이어서 '도구'의 뜻바탕을 'X행위의 특성'으로 묶을 수 있기 때문이다.

따라서 이 글에서는 이들 형태를 하나의 가지로 보면서 '-에/애'를 '-게/개'의 변이 형태로 본다(강성일, 1972 : 230).

그렇다면 이 가지의 중심적인 뜻바탕은 무엇인가?

위에서 말했듯이 (121ㄱ, 집게)가 가지는 '도구'의 뜻바탕이 'X행위의 특성'으로 포함될 것이므로 여기서는 이들 가지가 가지는 공통된 뜻바탕 즉 '(X행위)의 특성이 있는 구체적 사물'이 이 가지의 중심적인 뜻바탕이 된다.

그런데 (121ㄷ)의 '둘에'는 다르다 이는 구체적 사물이 아니다.

이는 'X행위의 특성이 있는 추상적 현상'이다. 따라서 이 파생어에는 중심적인 뜻바탕에서 벗어나는 의미상 특이성이 있다 하겠는데, 이 특이성은 밑말과 가지의 결합 시에 여과장치로서 주어진다. 중세국어의 '둘에'에는 이미 <추상적 현상>이라는 특이 정보가 있었다고 보아야 한다.

② 그림씨 + '-게'

    (122) 쓸게(膽, 쓰-) : 膽 쓸게 담<자회상27>

'-게/개'는 움직씨 밑말에만 결합되는 것은 아니다. (122)에서 보듯이 그림씨 밑말과도 결합된다.

그런데 이 가지의 뜻바탕도 '움직씨 + 「-게/개, -에/애」'의 중심적인 뜻바탕과 다를 바 없다.

따라서 이 파생어에도 'X의 특성이 있는 사물'이라는 이 가지의 뜻바탕이 있다. '쓸게'는 매김꼴 씨끝 'ㄹ'을 매개로 간접 결합한 형태이다.

② '-암이'

> (123) ㄱ. 드라미(韀, 돋-) : 韀 드라미 오<자회상 : 19>
>
> ㄴ. 귓돌아미(蟋, *귓돌) : 귓돌아미 中堂애 갓가이 와<두초7 : 36>

이 가지는 움직씨나 상징어 밑말과 결합하여 이름씨를 파생하므로 이도 4유형 가지이다. (123ㄱ)은 움직씨와 결합한 형태이고, (123ㄴ)은 상징어 밑말과 결합한 형태이다. 그리고 '-암이'는 'X특성을 가진 사물'이라는 뜻바탕을 가진 이름씨를 파생한다.

따라서 (123)의 파생어에서는 'X특성을 가진 사물'이라는 중심적인 뜻바탕을 구할 수 있다.

2) 근대국어

(1) 1유형 가지

① '아지/-야지'

> (124) ㄱ. 돗아지(猪, 돗) : 以豕爲豚 豕亦云 돗아지<아언1 이신>
>   미아지/미야지(駒, 몰) : 술위 멘 미아지<두해 중2 : 11>/馬駒子
>   미야지<역해하 : 29>
>   쇠아지/쇠야지(犢兒, 쇼) : 犢兒 쇠아지<역해하 : 30>/牛犢 쇠
>   야지<동문하 : 38>
>
> ㄴ. 박아지(瓢, 박) : 훈 박으로 뻐 分ᄒ야 두 박아지롤 밍글믈<가언
>   4 : 20>
>
> ㄷ. 비아지(服, 비) : 腹轉呼齒此 東俗呼 비아지<화방>

이 가지는 (124)에서 보듯이 근대국어에서는 유정적 사물 밑말과도 결합하고 무정적 사물 밑말과도 결합하면서 다시 사물 이름씨를 파생

한다.

(124ㄱ, 돗아지)의 밑말은 유정적 사물이고 (124ㄴ, ㄷ, 박아지, 비아지)의 밑말은 무정적 사물이다.

이렇게 두고보면 (124ㄴ, 박아지)과 (124ㄷ, 비아지)은 같은 밑말을 가졌다 하겠다.

그러나 이 둘은 그 뜻바탕이 서로 다르다.

오히려 (124ㄱ, 돗아지)과 (124ㄴ, 박아지)이 'X특성을 가진 작은 사물'이라는 뜻을 공유함으로써 이 둘은 그 뜻바탕이 같다 하겠고 (124ㄷ, 비아지)은 'X낮춤'의 뜻을 담고 있으므로 이는 위 둘과 서로 다르다 하겠다.

(124ㄱ, ㄴ, 돗아지, 박아지)에는 '낮춤'의 뜻이 없다. 여기에는 '지소'의 뜻이 있다.

그렇다면 우리는 이 중에서 어떠한 뜻바탕을 이 가지의 중심적인 뜻바탕으로 삼을 것인가?

이는 (124ㄱ, 돗아지)과 (124ㄴ, 박아지)이 가지는 뜻바탕 즉 '지소'가 (124ㄷ)의 '비아지'가 가지는 뜻바탕 '낮춤'보다는 훨씬 생산적이므로 이것을 이 가지의 중심적인 뜻바탕으로 삼아야 한다. 그리고 여기에서 벗어나는 뜻바탕 즉 (124ㄷ, 비아지)의 '낮춤'의 뜻바탕은 특이 뜻바탕으로 보아야 한다.

그런데 이 두 뜻바탕은 그렇게 이질적인 것이 아니다. 언중은 일반적으로 작은 것을 낮추어 보는 경향이 있으므로 '낮춤'의 뜻바탕은 '지소'의 뜻바탕에 포함될 수 있다. 따라서 이 글에서는 '-아지/야지'의 중심된 뜻바탕을 '지소(낮춤)'으로 보아둔다. (124ㄴ)의 '박아지'는 밑말과 동일어이므로 여기에 나타난 '낮춤'의 뜻바탕은 상황적인 뜻바탕이다.

이 가지는 중세국어에서도 쓰였다.

그러나 중세국어와는 사뭇 다른 모습을 보인다.

먼저 밑말을 두고 살펴보면 중세국어에서는 '강아지, 몽아지/ᄆᆞ야지, 숑아지/쇠야지'와 같이 유정적 사물의 밑말에만 결합된 데 비하여 근대국어에서는 위 예에서 보듯이 유정적 사물의 밑말 뿐만 아니라 무정적 사물의 밑말에도 나타난다.

그리고 뜻바탕도 중세국어에서는 'X특성을 가진 작은 사물'에 한정되다가 근대국어에서는 이 뜻바탕과 함께 '낮춤'의 뜻바탕이 나타난다.

따라서 이 가지는 근대국어에서, 형태나 의미 면에서 중세국어보다는 다양성을 띤다고 할 수 있다.

② '-지'

> (125) 가락지(指環, 가락) : 環 가락지<물보 의복>
>   폴지(拾, 폴) : 拾 폴지<물보 의복>

(125)의 파생어는 중세국어와 마찬가지로 'X와 관련된 특성이 있는 둥근 사물'의 뜻바탕을 가진다.

따라서 근대국어의 '-지' 가지도 '둥긂'이라는 뜻바탕을 가진다.

③ '-악/억(-옥/욱)'

> (126) 가족(皮, 갖) : 皮子 가족<동문상 : 17>
>   터럭(毛, 털) : 狐帽匠 터럭쟝<박중중 : 19>

근대국어의 이 가지도 밑말에 개념적 의미를 더하지 못하고 '지소'라는 상황적 의미만 더한다.

여기서도 '갖 : 가족, 털 : 터럭'은 동일어이다.

④ ‘-아리/어리’

　　(127) 죠아리(脚, 죡) : 안짱 죠아리<역해보20>

이 가지도 중세국어와 마찬가지로 ‘낮춤’의 상황적 의미가 있는 것으
로 보인다. ‘죠아리’는 근대국어에 ‘죵아리’로도 나타나는데 이는 가지가
‘ㅇ’을 매개로 간접 결합 형태이다.

　　· 죵아리 : 小腿 죵아리<동문상 : 16>

⑤ ‘-박’

　　(128) 니마ㅅ박(額腦盖, 니마) : 額腦盖 니마ㅅ박<역해상 : 32>

이 가지도 중세국어와 마찬가지로 ‘낮춤’의 상황적 의미가 있는 것으
로 보인다.

⑥ ‘-울(<-을)’

　　(129) 수풀(林, 숲) : 林 수풀<동문하 : 44>
　　　　 거풀(皮, 겇) : 樹皮 거풀<동문하 : 44>

이 가지도 중세국어와 마찬가지로 ‘지소’의 상황적 의미가 있는 것으
로 보인다.

⑦ ‘-다기’

　　(130) 볼다기(臀, 볼) : 볼다기ᄂᆞᆫ 러르고…볼다깃 쎠ᄂᆞᆫ 두렷ᄒᆞ고<마언
　　　　　상 : 9>

(130)의 파생어는 '볼'과 동일어 이다. '-다기'는 '볼'에 '낮춤'의 상황적
의미를 더한다.

(2) 2유형 가지

① '-이'

>   (131) 버국이(鵠, 버국) : 우논 거슨 버국이가 프른 거슨<청언p72>
>   부헝이(鵂, 부헝) : 鵂留鳥 부헝이<역해하 : 27>
>   듬부기(鸝, 듬북) : 풋둙 一名 듬부기<역해하 : 28>
>   귓도리(蟋, 귓돌) : 귓도리 져 귓도리<청언p114>
>   기러기(鴈, 기럭) : 기러기 기롬<동의 탕액1 : 36>
>   짜옥이(鶩, 짜옥) : 朱鷺 짜옥이<물보 우충>
>   개고리(蛙, 개골) : 蛤 개고리<물보 수족>
>   굇고리(鶯, 굇골) : 온 가지로 울며서 옮든디논 굇고리논<두해 중6 : 3>
>   믯그리(鰍, 믯글) : 泥鰍魚 믯그리<역해하 : 37>

'-이'는 (131)에서 보듯이 근대국어에서도 상징어 밑말과 결합하여 'X
의 특성이 있는 사물'의 뜻바탕을 가진 이름씨를 파생한다. 이들 파생어
는 모두 유정적 사물이다. 따라서 '-이'에는 근대국어에서도 'X의 특성
이 있는 사물'이라는 뜻바탕을 가진다. 이는 중심적인 뜻바탕이다.
이 가지도 중세국어와 형태, 의미적 특성이 다르지 아니하다.

② '-의'

>   (132) 검의(蜘, 검-) : 프리 잡논 검의<물보 주충>

이 가지도 중세국어와 마찬가지로 그림씨 밑말 '검-'과 결합하여 '검-
은 상태의 특성이 있는 사물'의 뜻바탕을 가진 이름씨를 파생한다.

따라서 (132, 검의)에서도 '(X상태)의 특성이 있는 사물'이라는 '-의'의 뜻바탕을 구할 수 있다.

③ '-아귀'

(133) 가마귀(烏, 감-) : 셩 낸 가마귀<청언p83>

이 가지도 중세국어 '-아괴'와 마찬가지로 그림씨 밑말 '감-'과 결합하여 '감-은 상태의 특성이 있는 사물'의 뜻바탕을 가진 이름씨를 파생한다.
따라서 (133, 가마귀)에서도 '(X상태)의 특성이 있는 사물'이라는 '-아귀'의 뜻바탕을 구할 수 있다.
이 가지의 '-아괴>아귀'는 '오>우'음운 교체이다.

④ '-디영/의영'

(134) 검디영(火台, 검-) : 오란 브억 어귀옛 검디영<동의탕액 토>
검의영(火台, 검-) : 손미티 검의영과<태요28>

이 가지도 중세국어와 마찬가지로 그림씨 밑말 '검-'과 결합하여 'X상태의 특성이 있는 사물'의 뜻바탕을 가진 이름씨를 파생한다.
따라서 이 가지에도 '(X상태)의 특성이 있는 사물'이라는 뜻바탕이 있다.

⑤ '-오리/우리'

(135) 다리오리(熨斗, 다리-) : 熨斗 다리오리<역해하15>
다리우리(熨斗, 다리-) : 熨斗 다리우리<동문하17>

이 가지도 중세국어 '-우리'와 마찬가지로 움직씨 밑말 '-다리(熨)'와

결합하여 '다리-는 행위의 특성이 있는 사물'의 뜻바탕을 가진 이름씨를
파생한다.

따라서 이 가지에도 '(X행위)의 특성이 있는 사물'이라는 뜻바탕이 있다.

⑥ '-읍/읍'

> (136) 미듭(節, 및-) : 헌 허믈렛 미듭<역해상 : 62>
> 미즙(流蘇, 및-) : 四面 미즙<역해상 : 45>

이 가지도 중세국어와 마찬가지로 움직씨 밑말 '및-'과 결합하면서
'및-는 행위의 결과로 나타난 사물'이라는 뜻바탕을 가진 이름씨를 파생
한다.

따라서 이 가지에도 '(X행위)의 결과로 나타난 사물'이라는 뜻바탕이
있다. 여기서도 '미즙'의 경우는 '織'에 가깝고 '미듭'의 경우는 '結'의 뜻
을 가진다.

(3) 3유형 가지

① '-앙(이)/엉(이)'

> (137) ㄱ. 집팡이(扶老, 딮ㅍ-) : 枴杖 집팡이<역보44>
>   곳챵이(尖子, 곳-) : 尖子 곳챵이<동문하 : 17>
>   바지랑이(兀丫, 바치-) : 兀丫 바지랑이<재물보>
>   시렁(架, 싣-) : 架 시렁 가<왜어상 : 33>
>   안쟝(鞍, 앉-) : 鞍 안쟝<물명1 모>
> ㄴ. 발강이(鱒, 밝-) : 鱒 발강이<물명2 수>
> ㄷ. 쓰르렁이(秋涼兒, ?*쓰르르) : 秋涼兒 쓰르렁이<한청448c>
>   굼벙이(蠐, ?굼틀) : 蠐螬 굼벙이<물명2 곤>
> ㄹ. 겨드랑(脇, 결) : 두녑 겨드랑을 딜러<신속열6 : 81>

> 골항(畎, 골) : 지새 골항<역보 : 13>
> 굴엉(巷, 굴) : 굴엉진 길을<경신 : 72>
> 바탕(場, 반) : 믈껼 바탕에<노하 : 45>

이 가지는 (137ㄱ, ㄴ, ㄷ)에서처럼 움직씨나 그림씨, 상징어 밑말과 결합하여 이름씨를 파생하기도 하고 (137ㄹ)에서처럼 이름씨 밑말과 결합하여 다시 이름씨를 파생하기도 하므로 이는 3유형 가지이다.

그런데 이 가지는 중세국어와 비교해 볼 때 '앙/엉' 가지와 '-앙이/엉이' 가지로 나누어 보는 것이 좋을 듯하다.

> (118)' ㄱ. 어우렁(雙, 어울-) : 부리와 어우렁 ᄌᆞᅀᆞ롤 앗고 ᄀᆞ라<구방상 : 69>
>   어우러이(雙, 어울-) : 부리와 어우러이롤 앗고<구방상 : 85>
> ㄴ. 굼벙(蠐, ?굼틀) : 굼벙 爲蠐螬<해례용자>
>   굼벙이(蠐, ?굼틀) : 蠐 굼벙이<자회상 : 21>

이것은 (118)'에서처럼 중세국어에서는 '-앙/엉', '-앙이/엉이'의 두 형태로 나타나던 것이 근대국어에서는 이들 형태가 모두 '-앙이/엉이'로만 나타나 이 두 형태가 같이 쓰인 예를 찾을 수 없기 때문이다.

그런데도 이들 형태를 여기에서 한데 묶어 두는 것은 이 글의 전개가 가지의 뜻바탕에 비중을 두고 있고 또 근대국어에는 우리의 언어 인식이 미치지 못하므로 글쓴이로서는 형태 이외에 이들 가지가 서로 다른 가지라는 근거를 제시하기가 힘들기 때문이다.

이제 이 가지의 뜻바탕을 살펴본다.

이를 살펴보면 다음과 같다.

(137ㄱ)의 '집팡이, 곳창이'는 'X행위의 도구로 쓰이는 사물'의 뜻바탕을 가진다. 따라서 여기서는 '(X행위)의 도구인 사물'이라는 이 가지의 뜻바탕을 구할 수 있다.

(137ㄱ)의 '바지랑이, 시렁, 안장'은 'X행위의 특성을 가진 사물'의 뜻
바탕을 가진다. 따라서 여기서는 '(X행위)의 특성을 가진 사물'이라는
이 가지의 뜻바탕을 구할 수 있다.

(137ㄴ)의 '발강이'는 'X상태의 특성을 가진 사물'의 뜻바탕을 가진다.
따라서 여기서는 '(X상태)의 특성을 가진 사물'이라는 이 가지의 뜻바탕
을 구할 수 있다.

(137ㄷ)의 '쓰르렁이, 굼벙이'의 밑말은 소리 흉내말이나 짓 흉내말이
다. 그리고 이들 파생어는 그러한 소리나 짓을 가진 즉 'X의 특성을 가
진 사물'을 나타낸다. 따라서 여기서는 'X의 특성을 가진 사물'이라는 이
가지의 뜻바탕을 구할 수 있다.

(137ㄹ, 겨드랑)의 밑말은 이름씨이다. 그리고 이들 파생어에서는 'X
특성이 있는 사물'의 뜻바탕이 있다. 따라서 여기서는 'X특성이 있는 사
물'이라는 이 가지의 뜻바탕을 구할 수 있다.

이렇게 두고보면 이 가지는 크게 두 가지의 뜻바탕을 가진다 하겠는
데 하나는 '(X행위)의 도구인 사물'이라는 뜻바탕이고 다른 하나는 'X의
특성을 가진 사물'이라는 뜻바탕이다.

그런데 이 둘은 서로 이질적인 것은 아니다.

'도구'의 뜻바탕도 그 사물의 특성으로 볼 수 있을 것이므로 이 가지
의 중심적인 뜻바탕은 결국 'X의 특성을 가진 사물'이 된다.

따라서 근대국어의 '-앙(이)/엉(이)' 가지도 중세국어와 마찬가지로 'X
특성이 있는 사물'의 뜻바탕을 가진다.

그런데 이 가지는 중세국어와 자세히 빗대어 보면 두 가지 점에서 다
른 모습을 보인다.

하나는, 중세국어에서는 '도구'의 뜻바탕을 가진 파생어의 예를 구할
수 없는데 비하여 근대국어에서는 '도구'의 뜻바탕을 가진 것으로 '집팡

이, 곳챵이’가 있다.

　둘은, 중세국어에서는 그림씨 밑말과 결합된 형태를 구할 수 없는데 비하여 근대국어에서는 ‘발강이’를 구할 수 있다.

　이렇게 두고보면 ‘-앙(이)/엉(이)’ 가지는 중세국어보다 근대국어에서 자신의 파생 영역을 형태, 의미면에서 확장하였다고 할 수 있다.

　② ‘-아기/어기’

> (138) ㄱ. 뿔아기(糟, 뿔) : 粐 뿔아기<물보 음식>
> 　　　ㄴ. 스럭이(屑, *부슬) : 고기 부스럭이<한청374d>
> 　　　　가스라기(粒, *가슬) : 芙 가스라기<물명3 초>
> 　　　　두드럭이(疹, *두들) : 鬼飯疙疸 두드러기 나다<동문하8>

　이 가지도 (138ㄱ)처럼 이름씨 밑말과 결합하여 다시 이름씨를 파생하기도 하고 (138ㄴ)처럼 상징어 밑말과 결합하여 이름씨를 파생하기도 하므로 이는 3유형 가지이다.

　(138ㄱ)의 ‘뿔아기’에서는 ‘X특성을 가진 작은 사물’이라는 이 가지의 뜻바탕을 구할 수 있고 (138ㄴ)에서는 ‘(X상태)의 특성이 있는 사물’이라는 이 가지의 뜻바탕을 구할 수 있다.

　따라서 여기서도 이 가지의 중심적인 뜻바탕은 ‘X특성이 있는 사물’이 된다. (138ㄱ)에 나타나는 ‘지소’의 의미는 상황적 의미이다.

　③ ‘쌔(개)’

> (139) ㄱ. 오좀쌔(胞, 오좀) : 오좀쌔롤 헐워<태요36>
> 　　　　쏭개(肫, 쏭) : 둙의 쏭개<역해하 : 25>
> 　　　　꿀개(蜜脾, 꿀) : 蜜脾 꿀개<물명2 곤>
> 　　　ㄴ. 안쌔(胞, 안-) : 즈식 나흔 안쌔<동의탕액1 : 31>

이 가지는 근대국어에서 (139ㄱ)처럼 이름씨 밑말과 결합하여 다시 이름씨 파생하기도 하고 (139ㄴ)처럼 움직씨 밑말과 결합하여 이름씨를 파생하기도 하므로 이도 3유형 가지이다.

이제 이 가지의 뜻바탕을 살펴본다. 먼저 (139ㄱ)을 살펴본다.

이는 중세국어에서도 살폈듯이 'X와 관련된 통의 특성이 있는 사물'이다. '오좀째, 쏭개, 쑬개'는 각기 '오좀통, 쏭통, 쑬통'의 뜻으로 모두 'X와 관련된 통의 특성이 있는 사물'이다. '-째(개)'나 '통'은 현대국어의 '-집'에 해당한다.

이러한 사실은 (139ㄴ)의 '안째'도 마찬가지다.

'안째'는 현대국어의 '애기집'을 말하는 것으로 이는 '(애를) 안-는 통의 특성이 있는 사물'이다.

이렇게 두고보면 이 가지의 뜻바탕은 근대국어에서도 'X와 관련된 통의 특성이 있는 사물'이 된다. 이는 중심적인 뜻바탕이다.

그런데 이 가지를 중세국어와 빗대어 보면 이들 가지가 가지는 기능에 차이가 있다.

중세국어의 이 가지는 그 나타난 예가 '오좀째'밖에 구할 수 없으므로 이를 한 씨갈래 밑말과 결합하면서 밑말의 씨갈래를 바꾸지 않는 1유형 가지로 처리 되었으나 근대국어에서는 이와 더불어 (139ㄴ)의 '안째'가 나타남으로써 이 가지는 여러 씨갈래의 밑말과 결합하여, 이름씨 밑말에서는 그 밑말의 씨갈래를 바꾸지 아니하고 움직씨 밑말에서는 그 밑말의 씨갈래를 바꾸는 3유형으로 처리된다.

이렇게 되면 이 가지는 중세국어에 비하여 그 파생 영역이 기능적인 면에서 확장되었다고 할 수 있다.

(4) 4유형 가지

① ‘-게/개, -에/애’

> (140) ㄱ. 집게(鉗, 집-) : 鉗子 집게<물보 공장>
>   벼개(枕, 볘-) : 門枕石 벼개ㅅ돌<역해상 : 18>
>   글게(鉋, 긁-) : 글게로다가 긁빗기를<박중상 : 20>
>   마개(口子, 막-) : 鹿角 마개에<박중상15>
>   놀개(翅, 놀-) : 搨翅 놀개 붓다<동문하 : 35>
>   노래(歌, 놀-) : 노래 부르다<동문상 : 53>
>   둡게(蓋, 둡-) : 시르 둡게예 미친 믈<동의탕액1 : 18>
>   부체(扇, 붗-) : 扇子 부체<동문하 : 13>
>   ᄀᆞ애(剪, ᄀᆞᆽ-) : ᄀᆞ애 일빅ᄌᆞᆫ<노해초 하 : 62>
>   뻐흐레(耙, *ᄡᅳ흘-) : 耖 뻐흐레<물보 경농>
>   불살오개(火絨草, 불+살오-) : 火絨草 불살오개<물명5 화>
>   니뷔시개(牙又兒, 니+뷔시-) : 니뷔시개 집<역보 : 29>
>   도도개(挑燈枝, 도도-) : 挑竿 도도개<역해하 : 16>
>   발ᄡᅡ개(裹脚, 발+ᄡᅡ-) : 裹脚 발ᄡᅡ개<역해상 : 47>
>   바늘거레(針札, 바늘+걸-) : 針札 바늘거레<한청331c>
>   ㄴ. 도리개(桃, 돌이-) : 枷 連枷 도리개<물보 경농>
>   우레(雷, 울-) : 雷 우레<동문상2>
>   부레(鰾, 부르-) : 鰾 부레<왜어하 : 25>
>   (물)굴레(革龍, 구르-) : 물굴레 쪄 여긔 가져다가<박중중 : 51>
>   누에(蠶, 눕-) : 蠶 누에<물명2 곤>
>   ᄌᆞ애(繰車, ᄌᆞᆽ-) : 繰車 ᄌᆞ애<물보 잠적>
>   ㄷ. 두레(暈, 두르-) : 두레 ᄒᆞ마 나ᄂᆞ다<두해 중12 : 6>
> (141) 쓸게(膽, ᄡᅳ) : 간과 쓸게 흙에 섯기리라 ᄒᆞ여도<삼역5 : 11>
>   둥구레(偏精, 둥굴-) : 偏精 둥구레<물명3 초>

이 가지는 중세국어와 마찬가지로 움직씨 밑말과 그림씨 밑말에 결
합되어 이름씨를 파생하므로 이는 4유형 가지이다.

(140ㄱ, ㄴ, ㄷ, 집게, 도리개, 두레)은 이 가지가 움직씨 밑말과 결합한 형태를 보인 것이고 (141, 쓸게)은 그림씨 밑말과 결합한 형태를 보인 것이다.

이 가지의 뜻바탕은 중세국어와 다르지 않다.

(140ㄱ, 집게)은 'X행위의 도구로 쓰이는 구체적 사물'이라는 공통된 뜻바탕을 가지고 (140ㄴ, 도리개), (141, 쓸게)은 'X행위의 특성이 있는 사물'이라는 뜻바탕을 가지며 (140ㄷ)의 '두레'는 'X특성이 있는 추상적 현상'이라는 뜻바탕을 가진다.

따라서 근대국어의 이 가지에서도 '(X행위)의 특성이 있는 사물'이라는 중심적인 뜻바탕과 'X행위의 특성이 있는 추상적 현상'이라는 특이 뜻바탕을 구할 수 있다.

이 가지는 중세국어와 형태, 의미적 특성이 다르지 아니하다.

② '-암이'

(142) ㄱ. 두라미(螳, 둗-) : 松螳 두라미<동문하 : 39>
　　　　올감이(套子, *옭-) : 活扣子 올감이<동문하 : 12>
　　ㄴ. 귓도람이(蟊, ?*귓돌) : 馬兒 귓도람이<역보 : 49>
　　　　실으람이(寒蜩, ?*실으르) : 실으람이 寒蜩<물명2 곤>
　　　　도로람이(絡緯, ?*도로로) : 絡緯 도로람이<물보 비충>

이 가지도 중세국어와 마찬가지로 움직씨 밑말이나 상징어 밑말에 결합하여 'X특성을 가진 사물'의 뜻바탕을 가진 이름씨를 파생한다.

따라서 이 가지에도 '(X특성)을 가진 사물'이라는 뜻바탕이 있다.

3) 현대국어

(1) 1유형 가지

① '-갱기'

> (143) 낫갱기, 신갱기, 앞갱기, 뒷갱기, 총갱기

이 가지는 (143)에서 보듯이 '낫, 신'처럼 사물의 뜻을 가진 이름씨의 밑말과도 결합하고 '앞, 뒤'처럼 방향의 뜻을 가진 이름씨의 밑말과도 결합하며 '총'처럼 정도의 뜻을 가진 이름씨와도 결합하여 'X감는 사물'이라는 뜻바탕을 가진 이름씨를 파생한다.

따라서 이 가지에는 'X감는 사물'이라는 뜻바탕이 있다 하겠다.

이 가지는 본래 이은말 짜임새 밑말에 추상화 뒷가지 '-기'가 결합된 형태 즉 'X감기'의 '-감기'였던 것으로 보인다.

이것은 '-감기'가 음운변화로 말미암아 '-감기>-강기>-갱기'로 나타나면서 재구조화 되어 결국 '-갱기'는 '-감기'와의 유연성을 상실함으로써 문법화한 것으로 보이기 때문이다.

이때 이들 구성 요소들 사이에는 'X#감+기→X+갱기'로 경계 약화 현상이 일어난다.

이러한 현상은 'X갱기'가 중세나 근대 국어에 보이지 않는 것으로 보아 근대에서 현대로 넘어오는 과정이나 현대에서 일어난 것으로 보인다.

② '-때기'

> (144) ㄱ. 가마니때기, 거적때기, 나무때기, 요때기, 널판때기
> ㄴ. 볼때기, 팔때기, 상판때기, 귀때기, 귀밑때기, 배때기
> ㄷ. 보추때기, 철때기

이 가지는 세 가지의 서로 다른 뜻을 가진 이름씨 밑말과 결합한다.

(144ㄱ, 가마니때기)은 사물의 뜻을 가진 이름씨 밑말이고 (144ㄴ, 볼때기)은 사물의 뜻을 가지되 인체의 뜻을 가진 이름씨 밑말이며 (144ㄷ, 보추때기)은 인성의 뜻을 가진 이름씨 밑말이다.

이 가지는 이러한 밑말과 결합하여 다시 이름씨를 파생하는데 밑말에 따라 그 뜻바탕은 다르다.

(144ㄱ, 가마니때기)에서는 이들 파생어가 모두 'X의 특성이 있는 작은 사물'의 뜻을 가지므로 여기서는 '지소, 사물'이라는 이 가지의 뜻바탕을 구할 수 있고

(144ㄴ, 볼때기)에서는 이들 파생어가 모두 'X낮춤, 사물'이라는 뜻바탕을 가지므로 여기서는 'X낮춤, 사물'이라는 이 가지의 뜻바탕을 구할 수 있으며

(144ㄷ, 보추때기)에서는 이들 파생어가 모두 'X낮춤, X현상'의 뜻바탕을 가지므로 여기서는 'X낮춤, X현상'이라는 이 가지의 뜻바탕을 구할 수 있다.

그런데 (144ㄱ, 가마니때기)의 뜻바탕에서 '작음'의 뜻바탕은 단순히 '작음'의 뜻이 아니다. 이를 좀 더 엄밀히 말한다면 '작아서 변변치 못한'의 뜻을 가지므로 이 뜻바탕 속에는 '지소'와 '낮춤'의 뜻바탕이 있다.

따라서 (144)의 '-때기' 가지는 (144ㄱ, 가마니때기)에서는 '지소, 낮춤, 사물'의 뜻바탕을, (144ㄴ, 볼때기)에서는 '낮춤, 사물'의 뜻바탕을 (144ㄷ, 보추때기)에서는 '낮춤, 현상'의 뜻바탕을 가진다.

이 중에서 어떠한 뜻바탕을 이 가지의 중심적인 뜻바탕으로 삼을 것인가?

위 예에서 (144ㄱ, 가마니때기)과 (144ㄴ, 볼때기)이 묶어진 뜻바탕 즉 '지소, 낮춤, 사물'의 뜻바탕을 이 가지의 중심적인 뜻바탕으로 삼을 수

있다. 이것은 '지소' 즉 작은 것은 일반적으로 하찮게 보는 경향이 있으므로 '낮춤'의 뜻바탕을 '지소'의 뜻바탕으로 묶을 수 있기 때문이다.

이렇게 되면 (144ㄱ, ㄴ, 가마니때기, 볼때기)의 파생어는 중심적인 뜻바탕을 가진 파생어라 하겠고 (134ㄷ, 보추때기)은 중심적인 뜻바탕에서 벗어나는 뜻바탕 즉 <현상>이라는 특이 뜻바탕을 가진 파생어라 하겠다.

이 특이 뜻바탕은 밑말과 가지의 결합 시에 여과장치로서 주어진다.

이 가지는 (130, 볼다기)에서 보듯이 근대국어에서는 상황적 의미를 가지는 1유형 가지였다. 그러던 것이 현대국어에서는 (144)에서처럼 어휘적 가지로 나타나는데 이것은 이 가지가 현대국어에서 밑말의 종류를 다양화하면서 자신의 생산성을 높인 때문인 것으로 보인다.

③ '-때'

(145) 바리때, 귀때

이 가지는 '그릇'의 뜻을 가진 이름씨 '바리'와 '耳'의 뜻을 가진 이름씨 '귀'와 결합하여 'X특성이 있는 사물'이라는 뜻바탕을 가진 이름씨를 파생한다. 따라서 'X특성이 있는 사물'이라는 이 가지의 뜻바탕을 구할 수 있다.

그런데 가지 '-때'는 중세나 근대국어에서는 실사 '다야/대야'였다.

(146) 다야 : 다야 爲匜<해례용자>
　　　 셩귀다야 : 墫口水門 셩귀다야<동문상 : 40>
　　　 대야 : 盆架 대야거리<역보 : 43>
　　　 귀대야 : 匜 귀대야 이<자회중 : 7>
　　　 셰슈대야 : 洗臉盆 셰슈대야<동문하 : 15>

그런던 것이 '다야/대야'는 현대국어에서 두 가지의 형태로 나타나게 되는데 하나는 '세숫대야'처럼 '대야'가 실사 그대로 쓰이면서 '둥글넓적하게 생긴 그릇'의 뜻을 가지는 것이고 다른 하나는 이것이 축약되면서 위 (145)처럼 가지로 쓰이는 것이다.

(145)의 '-때'는 이미 '대야'와는 형태 의미상 유연성을 잃고 가지화한 것이다.

(145)의 '바리때'는 '중들이 쓰는 넓적하게 생긴 그릇'을 뜻하고 '귀때'는 '그릇에 부리처럼 튀어나온 사물'을 뜻하므로 이 가지의 뜻바탕은 'X 특성이 있는 사물'이 된다.

④ '-아불/아풀'

(147) 끄나불/끄나풀

(147)의 파생어는 이름씨 밑말 '끈'에 가지 '-아불/아풀'이 결합된 형태이다.

'끄나불/끄나풀'은 '자질구레한 끈'을 말하므로 이 가지에는 '좋지 못함'의 뜻바탕이 있다.

⑤ '-아리/어리'

(148) 터거리, 이파리

(148)의 파생어는 이름씨 밑말 '턱, 잎'에 가지 '-아리/어리'가 결합된 형태이다.

'터거리'는 '턱의 낮은말'이고 '이파리'는 '잎의 낱개'의 뜻을 가진다. 여기에서 '낱개'는 그 수를 의미하는 것은 아니다. '지소'의 의미를 가진다.

따라서 이 가지에는 '지소'나 '낮춤'의 뜻바탕이 있다. 이 뜻바탕은 파
생어와 밑말이 동일어이므로 상황적인 뜻바탕이다.

상황적 의미에서 '지소'와 '낮춤'은 그렇게 이질적인 것은 아니다.

이 가지는 중세나 근대국에서도 1유형 가지로 나타난다. 이 때에도
'낮춤'의 뜻바탕을 가졌다.

이 가지는 중세국어부터 별다른 변화없이 쓰이는 가지이다.

⑥ '-빡'

    (149) 머리빡

(149)의 파생어는 이름씨 밑말 '머리'에 가지 '-빡'이 결합된 형태이다.
'머리빡'은 '머리의 낮은 말'이므로 이 가지에는 '낮춤'의 뜻바탕이 있다.
'머리빡'과 밑말 '머리'는 동일어이다. 따라서 이 뜻바탕도 상황적인
뜻바탕이다.

이 가지의 형태는 중세나 근대국어의 '-박'이 된소리 되기의 영향으
로 '-빡'으로 나타난다. '-빡'은 중세국어부터 그 뜻바탕에 있어서는 별
로 달라진 것이 없는 가지이다.

⑦ '-억'

    (150) 터럭

(150)의 파생어는 이름씨 밑말 '털'에 '-억'이 결합된 형태이다. '터럭'
은 '굵은 털'의 뜻을 가지므로 이 가지에는 '굵음'의 뜻바탕이 있다.

이 가지는 중세나 근대국어에서 1유형 가지로 쓰이던 것이다.

그런데 이 때에는 '지소'의 뜻을 가지던 것인데 현대국어에서는 '굵음'

을 나타냄으로써 그 뜻바탕이 바뀌었다.

이상으로 현대국어의 1유형 가지에 대해 살펴보았다. 이 외에도 현대국어의 1유형 가지는 많다.

그러나 이들 가지는 생산성이 낮고 또 이들 가지에 대해서는 필요에 따라 (4) 종합에서 다시 언급될 것이므로 여기서는 다만 이들 가지의 형태와 파생어의 예만을 보인다.

⑧ -지 : 가락지, 팔지

⑨ -계 : 물계

⑩ -꼬 : 물꼬

⑪ -깨 : 오줌깨, 똥깨

⑫ -초리 : 눈초리, 신초리

(2) 2유형 가지

① '-이'

(151) ㄱ. 뻐꾸기, 부엉이, 뜸부기, 기러기, 따오기, 개구리, 꾀꼬리, 꿀꿀이, 야옹이, 멍멍이, 매미
ㄴ. 짝짝이, 찰찰이, 땡땡이, 칭칭이, 딸따리, 딱따기
(152) 누더기, 얼룩이, 알록이, 알롱이, 깜빡이, 흔들이, 끈끈이, 번쩍이, 오또기

이 가지는 상징어 밑말과 결합하여 'X특성이 있는 사물'의 뜻바탕을 가진 이름씨를 파생한다.

(151ㄱ, 뻐꾸기)은 유정적 사물의 소리흉내말을 밑말로 하여 그 소리의 특성이 있는 유정적 사물을 파생한 것이고

(151ㄴ, 짝짝이)은 무정적 사물의 소리흉내말을 밑말로 하여 이 역시 그 소리의 특성이 있는 무정적 사물을 파생한 것이며 (152, 누더기, 얼룩이)는 유정적 사물이거나 무정적 사물의 짓흉내말을 밑말로 하여 그 짓의 특성이 있는 사물을 파생한 것이다.

이렇게 두고보면 '-이' 가지는 소리흉내말이나 짓흉내말 즉 상징 어찌씨 밑말과 결합하여 그 소리나 짓의 특성이 있는 사물을 파생한다.

이 가지도 중세국어부터 2유형 사물 가지로 쓰이던 가지이다.

그리고 이 가지가 결합되는 밑말의 형태나 뜻바탕도 다르지 않다. 다만 중세나 근대국어에서는 이 가지가 유정적 사물만을 파생하던데 비하여 현대국어에서는 그 파생 영역을 확대하여 무정적 사물도 파생한다.

소리흉내말과 결합된 '짝짝이, 찰찰이, 땡땡이…' 등은 그 소리를 내는 특성을 가진 무정적 사물이고 짓흉내말과 결합된 '누더기, 깜빡이, 흔들이…' 등은 그 짓을 하는 특성을 가진 무정적 사물이다.

현대국어에는 이 외에도 2유형 사물 뒷가지는 더러 있다.

그러나 이들은 생산성이 낮고 또 필요에 따라서는 (4)종합에서 다시 언급될 것이므로 여기에서 그 형태와 파생어의 예만을 보인다.

② -앙 : 놀랑, 파랑, 빨강

③ -듭 : 매듭

④ -껏 : 돌껏

⑤ -아귀 : 깜아귀

(3) 3유형 가지

① ‘-정이’

> (153) ㄱ. 묵정이, 삭정이, 썩정이
> ㄴ. 깍정이
> (154) 껌정이, 검정이, 굽정이
> (155) 뚝정이
> (156) 숲정이, 깍정이

이 가지는 움직씨, 그림씨, 상징어, 이름씨 밑말 등 매우 다양한 씨갈래의 밑말과 결합하여 이름씨를 파생한다.

(153ㄱ, ㄴ, 묵정이, 깍정이)은 움직씨 밑말과 결합한 형태이고 (154, 껌정이)는 그림씨 밑말과 (155, 뚝정이)는 상징어 밑말과, (156, 숲정이)은 이름씨 밑말과 결합한 형태이다.

여기에서 (155)의 ‘뚝정이’와 (156)의 ‘깍정이’를 각기 상징어 밑말과 이름씨 밑말로 보는 것은 (155)‘뚝정이’의 밑말 ‘뚝’의 경우는 이것이 ‘절뚝절뚝’의 밑말 ‘절뚝’에서 ‘절’을 줄여 ‘뚝’으로써 ‘절뚝’을 대신하는 것으로 보았기 때문이며 (156)‘깍정이’의 밑말 ‘깍’은 ‘깍지’에서 ‘-지’를 줄여 ‘깍’으로써 ‘깍지’를 대신하는 것으로 보았기 때문이다.

‘뚝’의 원말 ‘절뚝’은 상징어 밑말이고 ‘깍’의 원말 ‘깍지’는 이름씨 밑말이다. 따라서 ‘뚝’은 상징어 밑말로 ‘깍’은 이름씨 밑말로 본다.

그리고 (153ㄴ)의 ‘깍정이’와 (156)의 ‘깍정이’는 서로 다른 말이다.

(156)의 밑말 ‘깍’은 위에서 말했듯이 ‘깍지’를 대신하는 밑말인데 비하여 (153ㄴ)의 ‘깍’은 움직씨의 ‘깍다’이다.

따라서 (153ㄴ)의 ‘깍정이’는 ‘움직씨 + 「-정이」’의 형태이고 (156)의 ‘깍정이’는 ‘이름씨 + 「-정이」’이다.

이제 '-정이'의 뜻바탕을 살펴본다.

이를 살펴보기 위해서는 먼저 위 파생어의 뜻바탕을 살펴보아야 한다.

(153ㄱ, 묵정이), (154, 껌정이), (156, 숲정이)의 파생어는 모두 사물의 이름을 나타낸다. 그리고 거기에는 'X특성이 있는 사물'의 뜻바탕이 있다. 따라서 이들 파생어에서는 'X특성이 있는 사물'이라는 이 가지의 뜻바탕을 구할 수 있다.

(153ㄴ, 깍정이), (155, 뚝정이)의 파생어는 모두 '사람'을 나타낸다. 그리고 거기에는 'X특성이 있는 사람'의 뜻바탕이 있다. 따라서 이들 파생어에서는 'X특성이 있는 사람'이라는 이 가지의 뜻바탕을 구할 수 있다.

이 중에서 우리는 어떠한 뜻바탕을 이 가지의 중심적인 뜻바탕으로 삼을 것인가?

여기서도 '사물'이나 '사람'은 같은 비중의 추상성을 가지므로 이로써는 이 가지의 중심적인 뜻바탕을 찾기 힘들다.

따라서 그 생산성으로 이 가지의 중심적인 뜻바탕을 찾을 수밖에 없는데 '사람'의 뜻바탕 보다는 '사물'의 뜻바탕이 더 생산적이므로 여기서는 'X특성이 있는 사물'을 이 가지의 중심적인 뜻바탕으로 삼는다.

이렇게 되면 위 파생어에서 (153ㄱ, 묵정이), (154, 껌정이), (156, 숲정이)의 파생어는 이 가지의 중심적인 뜻바탕에 의해 파생된 형태이고 (153ㄴ)의 '깍정이'와 (155)의 '뚝정이'는 <사람>이라는 의미상 특이성이 나타난다 하겠는데 이 특이 정보는 밑말과 가지의 결합 시에 여과장치로서 주어진다.

이 가지는 (153-155)에서와 같이 움직씨 밑말, 그림씨 밑말, 상징어 밑말과 결합하여 이름씨를 파생하는 씨갈래 바꾸는 경우와 (156)에서와 같이 이름씨 밑말과 결합하여 다시 이름씨를 파생하는, 씨갈래 안바꾸는 경우가 있다.

② '-아지'

> (157) ㄱ. 강아지, 망아지, 송아지
>   ㄴ. 박아지
>   ㄷ. 배아지, 모가지, 속아지, 꼴아지
> (158) 미꾸라지

현대국어에서 이 가지와 결합하는 밑말은 이름씨 밑말과 상징어 밑말이 있다.

(157ㄱ, ㄴ, ㄷ, 강아지, 박아지, 배아지)은 이름씨 밑말과 결합한 형태이고 (158, 미꾸라지)은 상징어 밑말과 결합한 형태이다.

이 가지는 이러한 밑말과 결합하면서 이름씨를 파생하는데 여기에서 이 가지의 뜻바탕을 찾아본다.

(155ㄱ, 강아지)은 모두 유정적 사물의 이름을 나타낸다. 그리고 여기에는 공통적으로 'X특성을 가진 작은 사물'의 뜻바탕이 있다. 따라서 이들 파생어에서는 '(X특성)을 가진 작은 사물' 즉 '지소, 사물'이라는 이 가지의 뜻바탕을 구할 수 있다.

(155ㄴ, 박아지)는 무정적 사물의 이름을 나타낸다. 그리고 여기에도 'X특성을 가진 작은 사물'의 뜻바탕이 있다. 따라서 (157ㄴ)의 '박아지'에서도 '지소, 사물'이라는 이 가지의 뜻바탕을 구할 수 있다.

(157ㄷ, 배아지)도 무정적 사물을 나타낸다. 그런데 여기에서는 '지소, 사물'의 뜻바탕을 가지는 것이 아니다. 이들 파생어와 그 밑말은 동일어이다. 그리고 'X의 낮춤'의 뜻바탕을 가진다. 이 뜻바탕은 상황적인 뜻바탕이다.

(158)의 '미꾸라지'는 '미꿀'이라는 상징어 밑말을 가진다. 이는 짓흉내말이다. 그리고 이 밑말에는 '상태적 의미'가 있다. 따라서 '미꾸라지'에

서는 '(X상태)의 특성이 있는 사물'이라는 이 가지의 뜻바탕을 구할 수 있다.

여기에서 이 가지가 가지는 중심적인 뜻바탕은 무엇인가?

이 가지의 중심적인 뜻바탕은 (157ㄱ, 강아지), (157ㄴ, 박아지), (158, 미꾸라지)에서 나타나는 뜻바탕 즉 'X특성을 가진 사물'이 이 가지의 중심적인 뜻바탕이다.

이렇게 되면 이 가지의 중심적인 뜻바탕에 의한 파생어는 (157, 강아지), (157ㄴ, 박아지), (158, 미꾸라지)의 파생어이고 이 뜻바탕에서 벗어나는 (157ㄷ)의 '배아지, 목아지, 속아지, 꼴아지'는 '낮춤'의 특이 뜻바탕이 있는 파생어이다.

이 가지는 중세국어부터 쓰이던 가지이다.

중세국어에서는 이 가지가 유정적 사물만을 파생하다가 근대국어에서는 이와 함께 무정적 사물까지 파생하게 된다.

이 때까지는 이 가지가 1유형 가지였다. 여기에 대해서는 근대국어에서 살핀 바 있다.

그런데 현대국어에 들어서는 이 가지가 자신의 파생 영역을 상징어 밑말에까지 확장함으로써 이 가지는 3유형 가지가 된다.

③ '-아기/어기'

    (159) 싸라기, 검부러기, 오라기
    (160) ㄱ. 간지라기
         ㄴ. 나지라기
         ㄷ. 부스러기, 바스라기, 부푸러기, 보푸라기, 까끄라기

이 가지는 이름씨, 움직씨, 상징어 밑말과 결합하여 이름씨를 파생한다.

(159, 싸라기)는 이름씨 밑말과, (160ㄱ)의 '간지라기'는 움직씨 밑말과, (160ㄴ)의 '나지라기는 그림씨 밑말과, (160ㄷ, 부스러기)은 상징어 밑말과 결합한 형태이다.

이 가지는 이러한 밑말과 결합하면서 이름씨를 파생하는데 여기에서 이 가지의 뜻바탕을 살펴본다.

(159)의 '싸라기, 검부러기, 오라기'는 모두 'X특성을 가진 작은 사물'의 뜻바탕을 가진다. 따라서 이들 파생어에서는 '(X특성)을 가진 작은 사물'이라는 이 가지의 뜻바탕을 구할 수 있다.

(160ㄱ)의 '간지라기'는 '남의 몸이나 마음을 잘 간지리는 사람'을 뜻한다. 따라서 여기서는 '(X행위)의 특성이 있는 사람'이라는 이 가지의 뜻바탕을 구할 수 있다.

(160ㄴ)의 '나지라기'는 '직위나 등급이 낮은 사람이나 물건'을 뜻한다. 따라서 여기서는 '(X상태)의 특성이 있는 사람이나 사물'이라는 이 가지의 뜻바탕을 구할 수 있다.

(160ㄷ, 부스러기)의 파생어는 모두 'X의 특성이 있는 작은 사물'의 뜻바탕을 가진다. 따라서 여기서도 'X의 특성이 있는 작은 사물'이라는 이 가지의 뜻바탕을 구할 수 있다.

그렇다면 여기에서 이 가지가 가지는 중심적인 뜻바탕은 무엇인가?

여기서는 (159, 싸라기), (160ㄴ)의 '나지라기(사물)', (160ㄷ, 부스러기)에서 나타나는 뜻바탕 즉 'X특성이 있는 작은 사물'이 가장 생산적이므로 이 뜻바탕이 이 가지의 중심적인 뜻바탕이 된다.

따라서 (159, 싸라기), (160ㄷ, 부스러기)과 (160ㄴ)의 '사물'의 뜻바탕을 가진 '나지라기'는 이 가지의 중심적인 뜻바탕을 가진 파생어라 하겠고 여기에서 벗어나는 뜻바탕을 가진 '간지라기'와 '사람'의 뜻바탕을 가진 '나지라기'는 <사람>이라는 특이 정보를 가진 파생어라 하겠다.

그런데 (160ㄱ)의 '간지라기'가 가지는 특이 정보와 (160ㄴ)의 '나지라기'가 가지는 <사람>이라는 특이 정보는 구분되어야 한다.

'간지라기'의 특이 정보는 밑말과 가지의 결합 시에 여과 장치로서 얻은 것인데 비하여 '나지라기'의 <사람>은 '뭇뜻'에서 변두리 뜻이다.

이는 앞에서도 설명했듯이 파생법의 대상이 되지 못한다. 따라서 '사람'의 뜻바탕을 가진 '나지라기'는 이 글의 대상에서 제외되어야 한다.

'-아기/어기'는 중세국어부터 3유형 가지로 쓰이던 가지이다.

그런데 중세나 근대국어에서는 밑말이 이름씨나 상징어 밑말에 한정되고 그 뜻바탕도 모두 중심적인 것이었으나 현대국어에서는 위 예에서 보듯이 가지의 파생 영역이 늘어나 이름씨나 상징어 밑말 뿐만 아니라 움직씨나 그림씨 밑말에도 결합된다. 그리고 그 뜻바탕도 다양해진다.

이는 자신의 파생 영역을 확장한 결과이다.

(4) 4유형 가지

① '-게(에)/개(애)'

(161) ㄱ. 뒤지개, 쪼으개, 후비개, 찍개, 지개, 밀개, 씻개, 비추개, 새기개,
　　　　 우스개, 쏘시개, 밟개, 베개, 뿌리개, 가리개, 감개, 깎개, 고르개,
　　　　 재개, 받치개, 홀개, 거르개, 깔개, 드리개, 지우개, 조리개, 다듬
　　　　 개, 때우개, 나르개, 싸개, 따개, 누르개, 날개, 집게, 마개, 바꾸개,
　　　　 긁개, 끌개, 꾸미개, 쓰개, 멈추개, 덮개, 뜯개, 달개, 써레, 빨래
　　　 ㄴ. 접개, 둘레
(162) 식히개, 물리개, 모심개, 여닫개
(163) ㄱ. 창닦개, 밑닦개, 불끄개, 그물걷개, 쇠끌개, 밑닦개, 꿀가르개, 닻
　　　　 감개, 연감개, 속눈섭그리개, 알깨개, 불돋우개, 심돋우개, 종이
　　　　 끼우개, 코풀개, 즙짜개, 숨쉬우개, 머리지지개, 못빼개, 입벌리
　　　　 개, 눈다지개, 물주개

     ㄴ. 똥싸개, 오줌싸개, 코흘리개, 침흘리개

     ㄷ. 외짝열개, 코뚫에

     ㄹ. 펴늘이개, 돋듣개

(164) 디딜개, 젖을개, 노리개, 부침개, 지짐개

(165) 무디개, 쓸개

(166) 버둥개

이 가지는 남움직씨, 그림씨, 상징어 밑말 등과 결합하여 이름씨를 파생한다. 이 가지는 밑말의 씨갈래를 바꾼다.

(161-164, 뒤지개, 식히개, 창닦개, 디딜개)는 움직씨 밑말과 결합한 예이고 (165, 무디개)는 그림씨 밑말과, (166)의 '버둥개'는 상징어 밑말과 결합한 예이다.

그리고 이 가지에 앞서는 움직씨 밑말은 홑낱말(161ㄱ, ㄴ, 뒤지개, 접개), 겹낱말(162, 식히개), 이은말 짜임새 밑말(163ㄱ-ㄹ, 창닦개, 똥싸개, 외짝열개, 펴늘이개) 등이 있다. 그리고 (164, 디딜개, 노리개)처럼 매김꼴 만드는 씨끝이나 이름씨 만드는 가지 등을 매개로 한 간접 결합도 가능하다.

이은말 짜임새 밑말은 밑말의 의미상 구성관계에 따라 다시 나누어진다.

(163ㄱ, ㄴ, 창닦개, 똥싸개)은 부림 짜임새이고 (163ㄷ, 외짝열개)은 상황 짜임새이며 (163ㄹ, 펴늘이개)은 꾸밈 짜임새이다.

이 가지는 이러한 밑말과 결합하여 이름씨를 파생하는데 여기서 이 가지가 가지는 뜻바탕을 살펴보면 다음과 같다.

(161ㄱ, 뒤지개), (162, 식히개), (163ㄱ, ㄷ, ㄹ, 창닦개, 외짝열개, 펴늘개), (164, 디딜개)의 파생어는 모두 사물의 이름을 나타내면서 거기에는 공통적으로 'X행위의 특성이 있는 사물(도구)'이라는 뜻바탕을 가진다.

따라서 이들 파생어에서는 'X행위의 특성이 있는 사물(도구)'라는 이 가지의 뜻바탕을 구할 수 있다.

(161ㄴ)의 '접개, 둘레'는 'X행위의 특성이 있는 현상'을 나타낸다. '접개'는 '다리를 접-은 행위의 특성이 있는 현상'이고 '둘레'는 '두르-는 행위의 특성이 있는 현상'이다. 따라서 이들 파생어에서는 '(X행위)의 특성이 있는 현상'이라는 이 가지의 뜻바탕을 구할 수 있다.

(163ㄴ, 똥싸개)은 모두 사람을 나타낸다. 그리고 여기에는 'X행위의 특성이 있는 사람'이라는 뜻바탕과 '낮춤'의 뜻바탕이 있다. 여기에서 '낮춤'은 상황적인 뜻바탕이다.

따라서 이들 파생어에서는 '(X행위)의 특성이 있는 사람'의 뜻바탕과 '낮춤'이라는 뜻바탕을 구할 수 있다.

이렇게 두고보면 현대국어의 '-개(애)/게(에)' 가지는 매우 다양한 뜻바탕을 가진다 하겠는데 이 중에서 어떠한 뜻바탕을 이 가지의 중심적인 뜻바탕으로 삼을 것인가?

이는 생산성이 높은 뜻바탕이어야 할 것이므로 당연히 '(X행위)의 특성이 있는 사물(도구)'이 이 가지의 중심적인 뜻바탕이 된다.

그렇다면 위 파생어에서 (161ㄴ, 접개)과 (163ㄴ, 똥싸개)의 파생어는 모두 이 가지의 중심적인 뜻바탕에서 벗어나므로 여기에는 의미상 특이성이 있다 하겠는데 (161ㄴ)의 '접개, 둘레'에는 <현상>의 특이성이 있다 하겠고 (163ㄴ)의 '똥싸개, 오줌싸개, 코흘리개, 침흘리개'에는 <사람>의 특이성이 있다 하겠다. 이 특이성은 밑말과 가지의 결합 시에 여과장치로서 주어진다.

이제 그림씨 밑말과 상징어 밑말에 결합된 이 가지에 대해 살펴본다.

이는 무시해도 좋을 만큼 생산성이 낮다.

그러나 이 글에서는 그 나타난 자료를 중시한다는 입장에서 여기에

넣어둔다.

(165)의 '무디개, 쓸개'는 'X의 특성이 있는 사물'의 뜻바탕을 가진다. 이는 중심적인 뜻바탕이다. 여기서도 '쓸개'는 매김꼴 씨끝을 매개로 간접 결합한다.

그런데 '버둥개'는 다르다. 이는 '버둥대는 행위'의 뜻을 가지므로 여기에는 <행위>라는 특이 뜻바탕이 있다. 따라서 이 파생어는 밑말과 가지의 결합시에 여과장치를 통하여 <행위>라는 특이 정보를 받아 파생된 것으로 보아야 한다.

이 가지는 중세국어부터 4유형 사물 가지로 생산성이 매우 높았다.

그리고 이 가지가 가진 중심적인 뜻바탕도 중세, 근대, 현대국어 모두 '(X행위)의 특성이 있는 사물'이다.

따라서 이 가지 자체의 변천은 크게 느껴지지 않는다.

그러나 특이 뜻바탕을 가진 파생어에 있어서는 다른 점이 있다.

중세나 근대국어에서 특이 뜻바탕을 가진 파생어는 <현상>의 뜻바탕을 가진 '둘에(둘레)' 하나뿐이었으나 현대국어에서는 이들이 다양하게 나타난다.

이것은 '접개, 둘레'처럼 <현상>의 특이 뜻바탕 뿐만 아니라 '똥싸개, 오줌싸개, 코흘리개, 침흘리개'처럼 <사람>의 특이 뜻바탕을 가지기도 하고 '버둥개'처럼 <행위>의 특이 뜻바탕을 가지기도 하기 때문이다.

이것은 이 가지가 현대국어에서 자신의 의미 영역을 확장해 가는 한 모습이다.

② '-앙이/엉이'

(167) ㄱ. 가랑이
     ㄴ. 글겅이, 지팡이, 두렁이

(168) ㄱ. 거치렁이, 지렁이, 논지렁이

ㄴ. 불경이, 빨강이, 노랑이, 누렁이, 파랑이, 푸렁이, 퍼렁이

(169) 구부렁이, 꼬부랑이, 고부랑이, 나부랑이, 쭈그렁이, 찌그렁이, 우그
렁이

현대국어에서 이 가지와 결합하는 밑말은 움직씨, 그림씨, 상징어 밑
말 등이 있다.

(167ㄱ, ㄴ, 가랑이, 글경이)은 움직씨 밑말과 결합한 형태이고 (168ㄱ,
ㄴ, 거치렁이, 불경이)은 그림씨 밑말과 결합한 형태이며 (169, 구부렁
이)는 상징어 밑말과 결합한 형태이다.

여기에서 이 가지의 뜻바탕을 찾아본다.

(167ㄱ, ㄴ, 가랑이, 글경이)은 모두 사물의 이름을 나타낸다. (159ㄱ,
가랑이)은 'X행위의 특성이 있는 사물'이고 (167ㄴ, 글경이)은 'X행위의
특성이 있는 도구'이다. 따라서 이들 파생어에서는 '(X행위)의 특성을
가진 사물(도구)'이라는 이 가지의 뜻바탕을 구할 수 있다.

(168ㄱ, ㄴ, 거치렁이, 불경이)의 파생어도 모두 사물의 이름을 나타낸
다. 그리고 이들 파생어는 그 밑말이 상태를 나타내는 그림씨이므로 여
기서는 'X상태의 특성을 가진 사물'의 뜻바탕이 있다. 따라서 여기서는
'(X상태)의 특성을 가진 사물'이라는 이 가지의 뜻바탕을 구할 수 있다.

(169, 구부렁이)의 파생어도 모두 사물의 이름을 나타낸다. 그리고 이
밑말도 상징어 밑말로서 상태를 나타내므로 여기에도 'X상태의 특성을
가진 사물'의 뜻바탕이 있다. 따라서 이 파생어에서도 '(X상태)의 특성
을 가진 사물'이라는 이 가지의 뜻바탕을 구할 수 있다.

이렇게 두고보면 이 가지에는 (167-169)에서 '(X행위, X상태)의 특성
이 있는 사물(도구)'이라는 중심적인 뜻바탕이 있다 하겠다.

그런데 이 가지는 현대국어에서 밑말에 대한 의미상의 제약이 있다.

이것은 특히 그림씨 밑말이나 상징어 밑말에서 두드러지게 나타나는 데 먼저 (168)의 그림씨 밑말에서 본다.

이 가지가 결합되는 그림씨 밑말은 (168ㄱ)과 같이 촉각적이면서 외피감각적인 '거칠-, 질-, 는질-'과 같은 것이거나 (168ㄴ)과 같이 감각적이면서 시각적인 '불겋-, 빨갛-, 노랗-, 누렇-, 파랗-, 푸렇-, 퍼렇-'과 같은 것들이다.

이를 제외한 나머지 그림씨 즉 '미각, 청각, 후각, 평형감각, 유기감각, 시간, 공간' 등을 나타내는 그림씨이거나 외피감각적이지 못한 촉각적인 그림씨에는 이 밑말이 결합되지 못한다.[18]

        (170) ㄱ. 미각 : *다랑이, *쓰앙이
              청각 : *시끄렁이, *노팡이
              후각 : *지렁이, *비렁이
              평형감각 : *어지렁이
              유기감각 : *답당항이
              시간, 공간 : *빠렁이, *더딩이, *머렁이, *노팡이
           ㄴ. 촉각 : *더펑이, *아팡이, *가려벙이

따라서 이 가지는 속겉그림씨 가운데 시각적 촉각적인 것에만 결합 가능하고 촉각적인 것 가운데는 외피 감각적인 것에만 결합 가능한 제약이 있다.

이제 상징어 밑말에서 본다.

이 가지가 결합되는 상징어 밑말은 (169, 구부렁이)에서 보듯이 모두 사물의 겉모양을 나타내는 말이다.

따라서 이 가지는 사물의 겉모양을 나타내는 상징어 밑말에만 결합

---

27) 여기에 대한 자세한 내용은 하치근(1993 : 210-215)참조.

가능한 제약이 있다.

만약 다른 상징어 밑말과 이 가지가 결합하면 아닌 말이 된다.

(171) 일의 겉모양 : *뚝더경이, *뚜버경이, *하느렁이…

이 가지는 현대국어에서 이러한 제약을 받는 가운데 사물 이름씨를 파생한다.

이 가지는 중세나 근대국어에서는 '앙/엉'과 함께 3유형 가지였다.

물론 근대국어에서도 '-앙이/엉이'를 '앙/엉'과 나눌 수는 있었겠으나 근거를 확실히 제시하기가 힘들어 한데 묶어둘 수밖에 없었는데 현대국어에서는 이들이 구분된다.

이들은 먼저 그 뜻바탕에서 구분된다.

현대국어에서 '-앙/엉'의 형태를 가지는 '빨강, 노랑, 파랑' 등은 'X현상'의 뜻을 가지는데 이에 '-앙이/엉이'의 형태는 (168ㄴ)의 '빨강이, 노랑이, 파랑이'에서 보듯이 '사물'의 뜻바탕을 가진다.

따라서 이 둘의 형태는 나누어 보아야 한다.

그리고 중세나 근대국어에 쓰였던 '이름씨 밑말 + 「-앙/엉」'의 형태는 (기둥, 마당, …등) 이들이 대채로 어휘화 된 것으로 보인다.

③ '-아미/어미'

(172) ㄱ. 올가미
      ㄴ. 귀뚜라미, 거스러미, 동그라미

이 가지는 움직씨 밑말, 상징어 밑말과 결합하여 밑말의 씨갈래를 바꾸므로 4유형 가지이다.

(172ㄱ)은 움직씨 밑말과 결합한 형태이고 (172ㄴ)은 상징어 밑말과 결합한 형태이다.

이 가지는 이러한 밑말과 결합하면서 이름씨를 파생하는데 여기에서 이 가지의 뜻바탕을 살펴본다.

(172ㄱ)의 '올가미'에는 'X 행위의 특성이 있는 사물'의 뜻바탕이 있다. 따라서 여기서는 '(X특성)이 있는 사물'이라는 이 가지의 뜻바탕을 구할 수 있다.

(172ㄴ)의 '귀뚜라미'의 밑말 '귀뚤'은 소리흉내말이고 '거스러미, 동그라미'의 밑말 '거슬, 동글'은 짓흉내말이다. 여기에 이 가지가 결합되어 그 소리나 짓의 특성을 가진 사물을 파생한다. 따라서 이들 파생어에서는 'X의 특성을 가진 사물'이라는 이 가지의 뜻바탕을 구할 수 있다.

이렇게 두고보면 (172)의 파생어에서는 'X의 특성이 있는 사물'이라는 이 가지의 중심적인 뜻바탕을 구할 수 있다.

이 가지는 중세나 근대국어에서도 쓰이던 가지이다.

그리고 그 때에도 움직씨 밑말이나 상징어 밑말과 결합하면서 'X의 특성이 있는 사물'의 뜻바탕을 가졌다.

이 가지는 중세부터 현대까지 형태나 의미상 변천된 모습을 찾을 수 없다.

4) 종합

지금까지 사물 뒷가지를 각 시대별로 살펴보았다.

이제 이들을 한데 모아 지금까지 논의를 바탕으로 이들 가지의 변천된 모습을 살펴본다.

(173)

시대	유형	가지	밑말	파생형태와 뜻바탕		기타
				중심	특이성	
중세국어	1유형	-아지/야지	이름씨	강아지, 몽아지/ᄆᆞ야지, 숑아지/쇠야지(X특성을 가진 작은 사물)		
		-지	이름씨	가락지, 폴지(X와 관련된 둥근 특성이 있는 사물)		
		-째	이름씨	오좀깨(X와 관련된 통의 특성이 있는 사물)		
		-복	이름씨	빗복(X한가운데 있는 사물)		
		-살	이름씨	눉살(X에 있는 털)		
		-아리/어리	이름씨	둥어리(낮춤)		
		-박	이름씨	머릿박(낮춤)		
		-악/억(-옥/욱)	이름씨	터럭, 주먹, 가족, 브ᅀᅥᆨ, 가락(지소)		
		-을	이름씨	수플, 거플(지소)		
	2유형	-이	상징어	부휑이, 졉동이, 듬부기, 그려기, 다와기, 개고리, 굇고리, 미야미, 비두리, 묏구리(X의 특성이 있는 사물)		
		-의	그림씨	거믜(X특성이 있는 사물)		
		-아괴	그림씨	가마괴(X특성이 있는 사물)		
		-듸영/의영	그림씨	검듸영/거믜영(X특성이 있는 사물)		
		-우리	움직씨	다리우리(X특성이 있는 사물)		
		-옵	움직씨	믿줍/믿둡(X결과로 나타난 사물)		
	3유형	-앙(이)/엉(이)	움직씨	시렁, 폴구브렁(X특성이 있는 사물)	'쑤종, 어우렁/어우러이'의 가지는 '현상'임	
			상징어	굼벙/굼벙이(X특성이 있는 사물)		
			이름씨	기동, 고랑, 굴형, 바당, 블그트렁이(X특성이 있는 사물)		

시대	유형	가지	밑말	파생형태와 뜻바탕		기타
				중심	특이성	
중세국어	3유형	-아기/어기	이름씨	ᄉ라기 (X특성이 있는 작은 사물)		
			상징어	ᄇᄉ라기, ᄀᄉ라기, 두드러기(X 특성이 있는 작은 사물)		
	4유형	-게/개 -에/애	움직씨	집게, 받개, 벼개, 글게, 마개, 놀개/놀애, 놀애, 두에, 부체/부채, ᄀ쇄, 서흐레 (X행위의 도구로 쓰이는 구체적 사물) 울에, 부레, (믈)굴에, 실에, 누에, ᄲᅵ례, (믈)자쇄, 체 (X행위의 특성이 있는 사물)	둘에 (X행위의 특성이 있 는 추상적 현상)	
			그림씨	쁠게(X의 특성이 있는 사물)		'르'을 매개로 간접 통합
		-암이	움직씨	ᄃ라미(X특성이 있는 사물)		
			상징어	귓돌아미 (X특성이 있는 사물)		
근대국어	1유형	-아지/야지	이름씨	돗아지, 미아지/미야지, 쇠아지/쇠야지, 박아지 (X특성을 가진 작은 사물)	비아지 (낮춤)	
		-지	이름씨	가락지, 폴지(X와 관련된 둥근 특성이 있는 사물)		
		-악/억 (옥/욱)	이름씨	가족, 터럭(지소)		
		-아리/어리	이름씨	죠아리(낮춤)		종아리 (간접 결합)
		-박	이름씨	니마ᄉ박(낮춤)		
		-울	이름씨	수풀, 거풀(지소)		
		-다기	이름씨	볼다기(낮춤)		
	2유형	-이	상징어	버국이, 부헝이, 듬부기, 귓도리, 기러기, 짜옥이, 개고리, 굇고리, 믯그리(X특성이 있는 사물)		
		-의	그림씨	검의(X의 특성이 있는 사물)		

시대	유형	가지	밑말	파생형태와 뜻바탕		기타
				중심	특이성	
근대국어	2유형	-아귀	그림씨	가마귀(X의 특성이 있는 사물)		
		-더영/의영	그림씨	검더영/검의영 (X의 특성이 있는 사물)		
		-오리/우리	움직씨	다리오리/다리우리 (X의 특성이 있는 사물)		
		-읍/읍	움직씨	믿읍/믿줍(X의 결과로 나타난 사물)		
	3유형	-앙(이)/엉(이)	움직씨	집팡이, 곳챵이 (X도구로 쓰이는 사물) 바지랑이, 시렁, 안장 (X의 특성이 있는 사물)		
			그림씨	발강이(X특성이 있는 사물)		
			상징어	쓰르렁이, 굼벙이 (X특성이 있는 사물)		
			이름씨	겨드랑, 골항, 굴엉, 바탕 (X특성이 있는 작은 사물)		
		-아기/어기	이름씨	뿔아기(X특성이 있는 작은 사물)		
			상징어	부스럭이, 가스라기, 두드러기 (X특성이 있는 작은 사물)		
		-깨(개)	이름씨	오좀째, 쫑개, 쑬개 (X와 관련된 특성이 있는 사물)		
			움직씨	안깨(X와 관련된 특성이 있는 사물)		
	4유형	-게/개, -에/애	움직씨	집게, 벼게, 글게, 마개, 눌개, 노래, 둡게, 부체, ㄱ애, 뼈흐레, 불살오개, 니뷖시개, 도도개, 발뾰개, 바눌거레 (X의 도구로 쓰이는 구체적 사물) 도리개, 우레, 부레, (몰)굴레, 누에, ᄌ애(X의 특성이 있는 사물)	두레 (X 행위의 특성이 있는 추상적 현상)	
			그림씨	쓸게, 둥그레(X특성이 있는 사물)		
		-암이	움직씨	ᄃ라미, 올감이 (X특성이 있는 사물)		
			상징어	귓도람이, 실으람이, 도로람이 (X특성이 있는 사물)		

| 시대 | 유형 | 가지 | 밑말 | 파생형태와 뜻바탕 | | 기타 |
				중심	특이성	
현 대 국 어	1 유 형	-갱기	이름씨	낮갱기, 신갱이, 앞갱이, 뒷갱이, 총갱이(X감는 사물)		
		-때기	이름씨	가마니때기, 거적때기, 나무때기, 요때기, 널판때기 (X의 특성이 있는 작은 사물) 볼때기, 팔때기, 상판때기, 귀때기, 귀밑때기, 배때기(낮춤, 사물)	보추때기, 철때기 (낮춤, 현상)	
		-때	이름씨	바리때, 귀때(X특성이 있는 사물)		
		-아불/ 아풀	이름씨	끄나불/끄나풀(좋지 못함)		
		-아리/ 어리	이름씨	터거리, 이파리(지소, 낮춤)		
		-빡	이름씨	머리빡(낮춤)		
		-억	이름씨	터럭(굵음)		
		-지	이름씨	가락지, 팔지		
		-계	이름씨	물계		
		-꼬	이름씨	물꼬		
		-깨	이름씨	오줌깨, 똥깨		
		-초리	이름씨	눈초리, 신초리		
	2 유 형	-이	상징어	소리 흉내말 : 뻐꾸기, 부엉이, 뜸부기, 기러기, 따오기, 개구리, 꾀고리, 꿀꿀이, 야옹이, 멍멍이, 매미(X특성이 있는 유정적 사물) 짝짝이, 찰찰이, 땡땡이, 칭칭이, 딸따리, 딱따기 (X특성이 있는 무정적 사물) 짓 흉내말 : 누더기, 얼룩이, 알록이, 알롱이, 깜빡이, 흔들이, 끈끈이, 번쩍이, 오또기 (X특성이 있는 사물)		
		-앙	그림씨	노랑, 파랑, 빨강		
		-듭	움직씨	매듭		
		-껏	움직씨	돌껏		
		-아귀	그림씨	깜아귀		

시대	유형	가지	밑말	파생형태와 뜻바탕		기타
				중심	특이성	
현대국어	3유형	-정이	이름씨	숲정이, 깍정이 (X특성이 있는 사물)		깍 (깍지)
			움직씨	묵정이, 삭정이, 썩정이 (X특성이 있는 사물)	깍정이 (사람)	
			그림씨	껌정이, 검정이, 굽정이 (X특성이 있는 사물)		
			상징어		뚝정이 (사람)	절뚝 절뚝
		-아지	이름씨	강아지, 망아지, 송아지, 박아지 (X특성을 가진 작은 사물)	배아지, 모가지, 속아지, 꼴아지 (낮춤)	
			상징어	미꾸라지 (X특성을 가진 사물)		
		-아기/어기	이름씨	싸라기, 검부러기, 오라기 (X특성을 가진 작은 사물)	간지라기 (사람)	
			그림씨	나지라기 (X특성을 가진 사물)		나지라기 (사람)는 못뜻
			상징어	부스러기, 바스라기, 부푸러기, 보푸라기, 까끄라기 (X특성을 가진 사물)		
	4유형	-게(에)/개(애)	움직씨	홑낱말 : 뒤지개, 쪼으개, 후비개, 찍개, 지개, 밀개, 씻개, 비추개, 새기개, 우스개, 쏘시개, 밟개, 베개, 뿌리개, 가리개, 감개, 깎개, 고르개, 재개, 받치개, 홀개, 거르개, 깔개, 드리개, 지우개, 조리개, 다듬개, 때우개, 나르개, 싸개, 따개, 누르개, 날개, 집게, 마개, 바꾸개, 긁개, 끌개, 꾸미개, 쓰개, 멈추개, 덮개, 뜯개, 달개, 써레, 빨래(X특성이 있는 사물(도구))	홑낱말 : 접개, 둘레(현상)	

시대	유형	가지	밑말	파생형태와 뜻바탕		기타
				중심	특이성	
현대국어	4유형	-게(에)/개(애)	움직씨	겹낱말 : 식히개, 물리개, 모심개, 여닫개(X특성이 있는 사물(도구)) 부림 : 창닦개, 밑닦개, 불끄개, 그물걷개, 쇠끌개, 꿀가르개, 닻감개, 연감개, 속눈섭그리개, 알까개, 부돋우개, 심돋우개, 종이끼우개, 코풀개, 즙짜개, 숨쉬우개, 머리지지개, 못빼개, 입벌리개, 눈다지개, 물주개(X특성이 있는 사물(도구)) 상황 : 외짝열개, 코뚫에(X특성이 있는 사물(도구)) 꾸밈 : 펴늘이개, 돋든개(X특성이 있는 사물(도구)) 움+씨끝+가지 : 디딜개, 젖을개, 노리개, 부침개, 지짐개(X특성이 있는 사물(도구))	부림 : 똥싸개, 오줌싸개, 코흘리개, 침흘리개 (사람)	움+씨끝+가지는 간접결합
			그림씨	무디개, 쓸개 (X특성이 있는 사물(도구))		'쓸개'는 간접 결합
			상징어		버둥개 (행위)	
		-앙이/엉이	움직씨	가랑이(X특성이 있는 사물) 글겅이, 지팡이, 두렁이(X특성이 있는 도구)		
			그림씨	거치렁이, 지렁이, 는지렁이, 불경이, 빨강이, 노랑이, 누렁이, 파랑이, 푸렁이, 퍼렁이(X특성이 있는 사물)		
			상징어	구부렁이, 꼬부랑이, 고부랑이, 나부랑이, 쭈그렁이, 찌그렁이, 우그렁이(X 특성이 있는 사물)		
		-아미/어미	움직씨	올가미(X특성이 있는 사물)		
			상징어	귀뚜라미, 거스러미, 동그라미 (X특성이 있는 사물)		

(173)에서 보면 사물 뒷가지의 변천은 크게 다음 네 가지 부류로 나누어진다.

① 중세, 근대, 현대국어에 같이 쓰여 그 변천을 볼 수 없는 것 : -지, -아미/어미, -의>-이, -아괴>-아귀, -듸영/의영>-정, -옵>읍, -아리/어리, -박>-빡, -을>-울
② 앞 시대에는 가지로 쓰였으나 다음 시대에는 나타나지 않는 것 : -복, -살 (중세국어), -오리/우리, (중세, 근대국어)
③ 앞 시대에도 쓰였고 다음 시대에도 가지로 쓰이나 가지의 형태, 의미, 기능 등이 변한 것 : -아지/야지, -째(개)>-깨, -게/개(에/애), -이, -앙(이)/엉(이), -아기/어기, -다기>때기, -악/억
④ 앞 시대에는 가지로 나타나지 않으나 다음 시대에 나타나는 것 : -갱기, -때, -계, -꼬, -짝, -초리, -껏, -아불/아풀

여기서는 이들 가지의 변천 모습을 ②, ③, ④의 경우로 살핀다.

(1) 앞 시대에는 가지로 쓰였으나 다음 시대에는 나타나지 않는 것.

① '-복'

'-복'은 중세국어에만 나타나는 가지이다. 그리고 이 가지는 밑말 '빗'에 결합한 형태 '빗복'만이 보인다. 이는 '臍'의 뜻으로 현대국어의 '배꼽'을 말한다.
'빗복'은 근대국어에서 '빗곱'으로 나타난다.

(174) 비꼽 : 臍 비꼽 졔<왜어상 : 17>

따라서 중세국어의 '-복'은 '-곱'으로 변했다 하겠는데 '-곱'은 (175)에

서 보듯이 중세국어에서는 실사이므로 근대국어의 '비쏩'은 합성어였을 것으로 여겨진다.

(175) 곱 : 머리엣 곱과 바랫 떠롤<두초8 : 28>
      靑 곱 고<자희중 : 25>

② '-살'

'-살'도 중세국어에만 나타나는 가지이다. 그리고 이 가지는 밑말 '눈'과 결합한 형태만이 보인다.

이는 근대국어에서 '속눈섭'에 그 세력이 밀려 사라진 것으로 보인다.

(176) 속눈섭 : 眼挾毛 속눈섭<역보 21>

③ '-오리/우리'

'-오리/우리'는 중세와 근대국어에 나타나는 가지이다. 그리고 이 가지는 밑말 '다리-'와 결합한 형태만이 보인다.

이는 현대국어에서 '다리미'에 그 세력이 밀려 사라진 것으로 보인다.

(2) 앞 시대에도 쓰였고 다음 시대에도 가지로 쓰이나 가지의 형태, 의미, 기능의 일부가 변한 것

① '-아지/야지'

이 가지가 나타난 형태를 각 시대별로 빗대어 표로써 그 변천된 모습을 보인다.

(177)

	중세국어	근대국어	현대국어
파생형태	강아지, 몽아지/ㅁ야지, 숑아지, 쇠야지	돗아지, 미아지/미야지, 쇠아지/쇠야지, 박아지, 비아지	강아지, 망아지, 송아지, 배아지, 목아지, 속아지, 꼴아지, 미꾸라지
밑말	이름씨	이름씨	이름씨, 상징어
유형	1	1	3
뜻바탕	중심 : X의 특성이 있는 작은 사물 특이성 : -	중심 : X의 특성이있는 작은 사물 특이성 : 낮춤 (비아지)	중심 : X의 특성이 있는 사물 특이성 : 낮춤 (배아지, 목아지, 속아지, 꼴아지)
밑말의 뜻바탕과 파생어	유정적 사물→유정적 사물	유정적 사물, 무정적 사물→유정적 사물, 무정적 사물	유정적 사물, 무정적 사물, 짓흉내말→유정적 사물, 무정적 사물

② '-째(개) > -개'

이 가지는 중세국어에서는 이름씨 밑말 '오좀'과 결합한 형태만 보이다가 근대국어에서는 이름씨 밑말 '오좀, 똥, 쓀'과 함께 움직씨 밑말 '안-'과도 결합함으로써 이는 '1유형>3유형'으로 변하였다. 그러나 현대국어에서는 '안째'가 '애기집' 혹은 한자말 '자궁'에 세력이 밀려 사라지고 다시 '오좀깨, 똥개'만 남게 됨으로써 3유형 가지는 다시 1유형 가지로 바뀐다.

③ '-게/개(에/애)'

이 가지가 나타난 형태를 각 시대별로 빗대어 표로써 그 변천된 모습을 보인다.

중세나 근대국어의 밑말은 대체로 홑낱말이다. 현대국어에는 홑낱말, 겹낱말, 이은말 짜임새 밑말 등 다양하다. 이는 이 가지가 그 파생영역을 크게 확장한 결과로 보인다.

(178)

	중세국어	근대국어	현대국어
파생 형태	집게, 받개, 벼개, 울에, 부레, 실에, 둘에, 뿔게	집게, 벼개, 글게, 도리개, 우레, 부레, 두레, 쓸게, 둥구레	뒤지개, 쪼으개, 후비개, 접개, 둘레 (홑움) 식히개, 물리개 (겹움) 창닦개, 밑닦개, 불끄개 (부림) 외짝열개, 코뚫에 (상황) 펴늘이개, 돋듣개 (꾸밈) 디딜개, 젖을개 (움+씨끝+가) 무디개, 쓸개 (홑그) 버둥개 (상징)
밑말	움직씨, 그림씨	움직씨, 그림씨	움직씨, 그림씨, 상징어
유형	4	4	4
뜻바탕	중심 : X특성이 있는 사물 (도구) 특이성 : 현상 (둘에)	중심 : X특성이 있는 사물(도구) 특이성 : 현상 (두레)	중심 : X특성이 있는 사물 (도구) 특이성 : 현상(접개, 둘레), 사람 (똥싸개, 오줌싸개, 코흘리개, 침흘리개)

④ '-이'

(179)

	중세국어	근대국어	현대국어
파생 형태	부훵이, 접동이, 듬부기, 그려기, 다와기, 개고리, 굇고리, 미야미, 비두리, 믯구리	버국이, 부헝이, 듬부기, 굇도리, 기러기, 싸옥이, 개고리, 굇고리, 믯구리	뻐꾸기, 부엉이, 뜸부기, 기러기, 따오기, 개구리, 꾀꼬리, 꿀꿀이, 야옹이, 멍멍이, 매미, 짝짝이, 찰찰이, 땡땡이, 칭칭이, 딸따리, 딱따기, 누더기, 얼룩이, 알록이, 알롱이, 깜빡이, 흔들이, 끈끈이, 번쩍이, 오또기
밑말	상징어	상징어	상징어
유형	2	2	2
뜻바탕	X의 특성이 있는 사물(유정적 사물)	X의 특성이 있는 사물(유정적 사물)	X의 특성이 있는 사물(유정적 사물, 무정적 사물)

⑤ '-앙(이)/엉(이)'

(180)

	중세국어	근대국어	현대국어
파생형태	시렁, 풀구브렁, 굼벙/굼벙이, 기동, 고랑, 굴헝, 바당, 블그트렁, 쑤쭁, 어우렁/어우러이	집팡이, 곳챵이, 바지랑이, 시렁, 안장, 발강이, 쓰르렁이, 굼벙이, 겨드랑, 골항, 굴엉	가랑이, 글겅이, 지팡이, 두렁이, 거치렁이, 지렁이, 는지렁이, 불겅이, 빨강이, 노랑이, 누렁이, 파랑이, 푸렁이, 퍼렁이, 구부렁이, 꼬부랑이, 고부랑이, 나부랑이, 쭈그렁이, 찌그렁이, 우그렁이
밑말	움직씨, 상징어, 이름씨	움직씨, 그림씨, 상징어, 이름씨	움직씨, 그림씨, 상징어
유형	3	3	4
뜻바탕	중심 : X특성이 있는 사물 특이성 : 현상(쑤쭁, 어우렁/어우러이)	중심 : X특성이 있는 사물 (도구)	중심 : X특성이 있는 사물 (도구)

① 중세, 근대국어에서는 주로 움직씨 밑말과 결합하는 경향이 있었으나 현대국어에서는 그림씨나 상징어 밑말과 결합하는 경향이 높아진다.

② 근대국어에서는 '-앙/엉, -앙이/엉이'가 구별없이 쓰였으나 현대국어에서는 '-앙이/엉이'의 형태로 나타난다.

⑥ '-아기/어기'

(181)

	중세국어	근대국어	현대국어
파생형태	스르기, ㅂ스라기, ᄀᅀ라기, 두드러기	뿔아기, 부스럭이, 가스라기, 두드럭이	싸라기, 검부러기, 오라기, 간지라기, 나지라기, 부스러기, 바스라기, 부푸러기, 보푸라기, 까끄라기
밑말	이름씨, 상징어	이름씨, 상징어	이름씨, 그림씨, 상징어

	중세국어	근대국어	현대국어
유형	3	3	3
뜻바탕	중심 : X특성이 있는 작은 사물	중심 : X특성이 있는 작은 사물	중심 : X특성을 가진 사물 특이성 : 사람(간지라기) 뭇뜻 : 나지라기(사람)

⑦ '-다기 > -때기'

(182)

	중세국어	근대국어	현대국어
파생형태	–	볼다기	가마니때기, 거적때기, 나무때기, 요때기, 널판때기, 볼때기, 팔때기, 상판때기, 귀때기, 귀밑때기, 배때기, 보추때기, 철때기
밑말	–	이름씨	이름씨
유형	–	1	1
뜻바탕	–	낮춤(상황적 의미)	중심 : 지소, 낮춤, 사물(어휘적 의미) 특이성 : 낮춤, 현상(보추때기, 철때기)

⑧ '-악/억(-옥/욱)'

(183)

	중세국어	근대국어	현대국어
파생형태	터럭, 주먹, 가족, 부섥, 가락	가족, 터럭	터럭
밑말	이름씨	이름씨	이름씨
유형	1	1	1
뜻바탕	지소(상황적 의미)	지소(상황적 의미)	굵음(상황적 의미)

중세나 근대국어에서 파생되었던 '주먹, 가족, 브섥' 등은 현대국어에서는 어휘화된다.

(3) 앞 시대에는 가지로 나타나지 않으나 다음 시대에 나타나는 것

이는 크게 둘로 나누어 볼 수 있다. 하나는 '-갱기'처럼 '밑말 + 가지'의 형태가 재구조화의 과정을 거쳐 문법화한 경우이고 다른 하나는 '-때'처럼 밑말이 실사로서의 어휘성을 잃고 문법화한 경우이다.

'-갱기'와 '-때'에 대해서는 (143), (145)에서 살폈으므로 여기서는 '-계, -꼬, -짝, -초리, -껏'에 대해 살펴본다. 이들 가지는 '-때'와 같은 경우이다.

① '-계'

이 가지는 현대국어에서 '物'로 인식되는 밑말 '물'과 결합하면서 '찹쌀 속에 섞인, 멥쌀 같이 보이는 좋지 않은 쌀'의 뜻을 가진 이름씨를 파생한다.

그런데 여기에는 하나의 문제가 있다. '물'을 '物'로 보았을 때 파생어의 뜻 속에는 고정된 밑말의 뜻이 보여야 할 터인데 그렇지 못하다.

따라서 '물계'에서 가지는 우리의 인식 즉 '物'은 민간 어원적 요소를 가진 밑말이 아닌가 한다. 그리고 여기에 '-계' 가지가 결합한다.

그러나 아무리 민간 어원적 밑말을 바탕으로 하더라도 그것이 언중의 인식속에 자리 잡고 있다면 그리고 그것으로 새로운 낱말이 만들어진다면 이도 그 파생어의 밑말이 될 수 있다.

이것은 파생법이 특정 공시적 입장에서 다루어져야 하고 또 파생법은 언중의 언어 인식이 매우 중요한 자리를 차지하고 있기 때문이다.

그렇다면 '물계'는 통시적으로 어떻게 이루어진 낱말인가?

글쓴이는 *믈우케>*믈우게>믈게(한영자전, p378)>물계였을 것으로 여긴다.

'믈우케'는 '무리진 벼' 정도의 뜻을 가진다.

(184) 믈(무리) : 느는 새 뼈러디며 믌 즁싱이 다 기피 들 씨라<월석2 : 38>
　　　우케(벼) : 우케 爲米春稻<해례용자>
　　　믈게 : A mixture of plain rice in a dish of gluturous rice.<한영자전
　　　　　　p378>

그렇다면 현대국어의 '물계'는 '믈우케'가 합성어로서 '쌀속에 무리진
벼'의 뜻을 가지다가 이것이 현대국어에 이르러서는 '물계'로 그 형태가
바뀌면서 '물'은 '物'로 인식되고 '-계'는 '우케'가 가졌던 본래의 뜻을 상실,
문법화하면서 결국 '물계'는 찹쌀 속에 섞인 멥쌀 같이 보이는 좋지 않은
쌀로 쓰이는 것이 아닌가 한다. '-계'는 실사에서 문법화한 형태이다.

　② '-꼬'

　　(185) 물꼬

'-꼬'는 현대국어에서 밑말 '물'과 결합되면서 '논에 물이 넘어오거나
넘어 나가게 하는 목'의 뜻을 가진 사물 이름씨를 파생한다.
　그런데 이 '-꼬'는 원래 '고(코)'였을 것으로 보인다.
　이는 한영자전(1912 : p318)에 '물꼬'를 '물고(물꼬)'라 쓰고 또 한글학회
큰사전(1957 : p1138)에서는 '물꼬'를 뜻풀이 하면서 '물이 넘어 들어 오거
나 넘어 나가게 한 목장이(물코)'라고 밝힘으로 '물꼬'의 '-꼬'가 '코'임을
말하고 있다.
　이러한 사실을 두고 볼 때 '-꼬'는 '고(코)'에서 문법화한 것으로 보인다.

　③ '-초리'

　　(186) 눈초리, 신초리

'-초리'는 근대국어에서 밑말로 쓰였다.

> (187) 초리 : 玉 고튼 龍의 초리<송강1 : 2>
> 　　　　 馬尾子 몰 초리<역해하 : 30>

따라서 근대국어의 '눈초리'는 합성어이다.

> (188) 눈초리 : 眼角 눈초리<역해상 : 32>

그러던 것이 현대국어에서는 '-초리'가 밑말로서의 어휘성을 잃고 문법화한다.

④ '-껏'

> (189) 돌껏

'-껏'은 현대국어에서 밑말 '돌-'과 결합하면서 '실을 감고 풀고 하는 데 쓰는 기구'의 뜻을 가진 사물 이름씨를 파생한다.
그런데 '돌껏'은 근대국어에 '돌것'으로 이미 쓰이고 있었다.

> (190) 돌것(旋棒)<역해하 : 18>
> 　　　 돌것(紆車)<물보 잠적>
> 　　　 紡車 돌것<물명3 초>

(190)은 근대국어의 문헌인데 여기에 이미 현대국어의 '돌껏'과 같은 뜻으로 '돌것'이 쓰이고 있다.
이 때의 '것'은 가지가 아니다. 이는 '것-'으로 編의 뜻을 가진 뿌리이다.

따라서 근대국어의 '돌곗'은 '[[[돌-(輪)] + 곗-(編)] + ∅]'의 구성인 파생 이름씨이다.

이 이름씨가 현대국어에 들어서는 결국 '돌꼇'으로 나타나면서 '-꼇'이 현대국어의 움직씨 '견-'과 의미의 유연성을 상실하면서 가지가 된다. 이는 실사가 문법화한 형태이다.

3. 사람 뒷가지

사람 뒷가지는 밑말과 결합하여 사람의 구체적인 뜻바탕을 가진 파생어를 형성하는 가지이다. 이 가지도 1, 2, 3, 4유형 가지로 나누어진다. 1유형은 한 씨갈래 안바꾸는 가지이고, 2유형은 한 씨갈래 바꾸는 가지이며, 3유형은 여러 씨갈래 바꾸거나 안바꾸는 가지이고, 4유형은 여러 씨갈래 바꾸는 가지이다. 여기에 대해서는 이 글 (26), (27)에서 설명한 바 있다.

1) 중세국어

중세국어의 사람 뒷가지는 그 예가 매우 적어 '-어리, -뎡이'를 구할 수있을 뿐이다.

① '-어리'

> (191) 버워리(瘂, 버우--) : 根源이 놀카봐 知慧호야 百千萬年예 버워리 아
> 니 두외며<석보19 : 6>

이 가지는 움직씨 밑말 '버우--'와 결합하여 'X의 특성이 있는 사람'이

라는 뜻바탕을 가진 파생어를 형성한다.

따라서 이 가지에서는 'X의 특성이 있는 사람'이라는 뜻바탕을 구할 수 있다.

'버워리'의 밑말 '버우-'는 중세국어에서 단독으로 쓰인 예는 없다. 그러나 '입버우-'가 있어 '버우-'가 움직씨로 쓰였음을 알 수 있다.

(191)' 입버우- : 곧 귀먹고 입버워 諸根이 ᄀᆞᆺ디 못ᄒᆞ리며<법화 2 : 168>

이 가지는 한 씨갈래의 밑말과 결합하면서 밑말의 씨갈래를 바꾸는 2 유형 가지이다.

② '-뎡이'

(192) 먹뎡이(聾, 먹-) : 이러ᄒᆞᄆᆞ로 먹뎡이 ᄀᆞᆮᄒᆞ며 버워리 ᄀᆞᆮᄒᆞ야<월석1 3 : 18>

이 가지는 움직씨 밑말 '먹-'에 결합하여 'X행위의 특성이 있는 사람'이라는 뜻바탕을 가진 파생어를 형성한다.

따라서 이 가지에도 '(X행위)의 특성이 있는 사람'이라는 뜻바탕을 구할 수 있다. 이도 2유형 가지이다.

중세국어에서 이 외에 사람 뒷가지는 찾기 힘들다.

2) 근대국어

근대국어의 사람 뒷가지는 중세국어에 비하여 비교적 많은 수의 예를 찾을 수 있다.

이를 살펴보면 '-바치/아치, -장이/쟝이, -직이, -쑤럭이, -군' 등이 있다.

(1) 1유형 가지(한 씨갈래 안바꾸는 가지)

① '-바치/아치'

(193) ㄱ. 노룻바치(伶, 노룻) : 노룻바치로 놀이 ᄒ거든<노하 : 48>
　　　홍정밧치/홍정아치(買賣人, 홍정) : 買賣人 홍정밧치<역보 : 32>/
　　　買賣人 홍정아치<한청p137c>
　　　풀무아치(爐頭, 풀무) : 爐頭 풀무아치<한청p137a>
　　　풍뉴아치(樂工, 풍뉴) : 樂工 풍뉴아치<역해상 : 30>
　　　셩녕바치(匠人, 셩녕) : 匠人 셩녕바치<역해상 : 30>
　　ㄴ. 독바치(瓮匠, 독) : 어우하 날 죽거든 독바칙 집 東山에 무더<청
　　　p88>
　　　활바치(弓匠, 활) : 활바치 박 남은 셔울 샤롭이라<신속충1 : 77>

이 가지는 이름씨 밑말과 결합하여 다시 이름씨를 파생하므로 1유형
가지이다.

이 가지의 뜻바탕을 살펴본다.

(193ㄱ, 노룻바치)은 'X하는 일을 직업적으로 하는 사람'의 뜻바탕을
가진다. 따라서 여기서는 'X하는 일을 직업적으로 하는 사람'이라는 이
가지의 뜻바탕을 구할 수 있다.

(193ㄴ, 독바치)은 'X만드는 일을 직업적으로 하는 사람'의 뜻바탕을
가진다. 따라서 여기서는 'X만드는 일을 직업적으로 하는 사람'이라는
이 가지의 뜻바탕을 구할 수 있다.

이렇게 두고보면 이 가지의 중심적인 뜻바탕은 'X하는 일이나 X 만
드는 일을 직업적으로 하는 사람'이 되는데 'X하는 일'이나 'X 만드는

일'은 여기에서 'X와 관련된 일'이라 묶을 수 있다. 따라서 이 가지의 중
심적인 뜻바탕을 'X와 관련된 일을 직업적으로 하는 사람'이라 할 수 있
겠다.

이 형태는 중세국어에도 나타난다.[19]

> (194) 공쟝바치 : 工 공쟝바치 공<자회중3>
> 홍졍바지 : 홍졍바지 둘히 길흘 몯녀야<월곡86>

그런데 중세국어에서의 이 형태는 (195)에서 보듯이 하나의 낱말로
나타난다.

> (195) 바지 : 匠ᄋᆫ 바지라<법화서 : 21>

따라서 중세국어의 이 형태는 가지로 보기 보다는 한 낱말로 보아야
하고 이 낱말이 결합된 형태 즉 공쟝바치, 홍졍바지 등은 합성어로 보
아야 한다.

그렇다면 '-바치/바지/아치'는 적어도 중세국어까지는 한 낱말로 쓰이
다가 이것이 근대국어에 이르러 문법화하면서 하나의 가지로 쓰이는
것으로 볼 수 있다.

② '-직이'

> (196) 묘직이(看墳, 묘) : 看墳的 묘직이<역보 : 19>
> 동산직이(園戶, 동산) : 園戶 동산직이<한청137b>

---

19) 이승녕(1975, 85)에서는 '바치, 바지'를 중세국어에서도 하나의 가지로 인정하고 있다.

이 가지는 이름씨 밑말과 결합하여 다시 이름씨를 파생하면서 'X를 지키는 사람'의 뜻바탕을 가진다. (196)의 '묘직이, 동산직이'는 '묘, 동산'을 지키는 사람이다. 따라서 이들 파생어에서는 'X를 지키는 사람'이라는 이 가지의 뜻바탕을 구할 수 있다.

③ '-쑤럭이'

    (197) 빗쑤럭이(債椿, 빗) : 債累 빗쑤럭이<역보 : 38>

이 가지는 이름씨 밑말과 결합하여 다시 이름씨를 파생하면서 'X가 정도에 지나친 사람'의 뜻바탕을 가진다. (197)의 '빗쑤럭이'는 '빗이 정도에 지나친 사람'을 말한다. 따라서 여기서는 'X가 정도에 지나친 사람'이라는 이 가지의 뜻바탕을 구할 수 있다.

④ '-군'

    (198) 격군(溜夫, 격) : 큰 비예 격군도 적고<신어1 : 13>
        반노군(叛奴軍, 반노) : 이제샤 어림쟝이 반노군에 들거고나<가곡
           p110>
        샹도ㅅ군(扛擡軍, 샹도) : 扛擡軍 샹도ㅅ군

사람 뒷가지로 쓰이는 '-군'은 근대국어에서 보인다.

'-군'은 (198)에서는 '軍'으로 적고 있으나 이는 한자를 가져다 적었을 뿐 '軍'과 '-군'뒷가지와는 연관이 없다(양주동, 1975 : 576).

(198)의 '격군(格軍)은 국어의 '곁군'의 소리를 가져다 쓴 말이다.

(198)의 '격군, 반노군, 샹도ㅅ군'은 어떤 일에 전문적 기능을 가진 사람이다. 따라서 '-군' 가지에는 'X와 관련된 일을 전문적으로 하는 사람'이라는 뜻바탕이 있는 것으로 보인다.

(2) 2유형 가지(한 씨갈래 바꾸는 가지)

① '-어리'

> (199) 귀먹어리(聾子, 귀+먹-) : 聾子 귀먹어리<한청p222b>
>   더두어리(結吧, 더둠-) : 結吧 더두어리<동문화 : 8>

이 가지는 움직씨 밑말과 결합하여 이름씨를 파생하므로 2유형 가지이다.

(199, 귀먹어리)는 'X의 내적 상태의 특성이 있는 사람'의 뜻바탕을 가진다. 따라서 (199, 귀먹어리)에서는 'X상태의 특성이 있는 사람'이라는 이 가지의 뜻바탕을 구할 수 있다.

이는 중심적인 뜻바탕이다.

근대국어에서 가지 '-어리'를 가진 형태는 (199)의 파생어 외에 따로 '벙어리'를 구할 수 있다.

이는 중세국어에서도 나타난다.

> (200) 근대 : 啞 벙어리 아<왜어상51>
>   중세 : 벙어리 되여 져제 돈니며<소언4 : 31>

그런데 '벙어리'의 '벙'은 밑말로서의 생산성을 갖지 못한다. 오직 '-어리'와 결합하여 '啞'의 뜻을 가진다. 따라서 이 형태는 중세국어부터 이미 어휘화된 것으로 보아야 하므로 이 글의 대상에서는 제외한다. '벙어리'는 하나의 어휘소이다.

② '-방이'

> (201) 안즌방이(坐, 앉-) : 안즌방이 엇디 갈고<보권부편 : 18>

이 가지는 매김꼴 씨끝을 매개로 간접 결합한다. 이 가지도 움직씨의 밑말과 결합하여 이름씨를 파생하므로 2유형 가지이다.

(201)의 파생어는 'X의 특성이 있는 사람'이다. 그리고 여기에는 '지속성'이 있다. 따라서 이 가지의 중심적인 뜻바탕은 'X행위의 특성이 있는 사람, 지속성'이 된다.

③ '-여기'

(202) 홁븨여기(斜眼, 홁븨-) : 斜眼 눈 홁븨여기<한청p153a>

이 가지도 움직씨 밑말과 결합하면서 이름씨를 파생하므로 2유형 가지이다.

이 가지의 뜻바탕은 (202)의 파생어가 'X행위의 특성이 있는 사람'이라는 뜻바탕을 가지므로 여기서도 'X행위의 특성이 있는 사람'이라는 이 가지의 뜻바탕을 구할 수 있다.

(3) 3유형 가지(여러 씨갈래 바꾸거나 안바꾸는 가지)

① '-이'

(203) ㄱ. 고공이(雇傭人, 고공) : 作活的 고공이<역보 : 59>
　　　　젓독발이(跋, 젓독발) : 조막손이어나 젓독발이어나<무원1 : 25>
　　　ㄴ. 비보로기(←비+보록) : 제 옷 덥고 비보로기 미고<박중상 : 50>

이 가지는 이름씨 밑말이나 상징어 밑말과 결합하여 이름씨를 파생하므로 3유형 가지이다.

(203ㄱ)은 이름씨 밑말과 결합한 형태이고 (203ㄴ)은 상징어 밑말과

결합한 형태이다.

그런데 (203ㄱ, ㄴ)의 파생어는 공통적으로 'X의 특성이 있는 사람'의
뜻바탕을 가진다. 따라서 이들 파생어에서는 'X의 특성이 있는 사람'이
라는 이 가지의 뜻바탕을 구할 수 있다.

② '-쟝이/쟝이'

> (204) ㄱ. 쯰쟝이(帶匠, 쯰) : 帶匠 쯰쟝이<역보 : 19>
> 쇄쟝이(看守, 쇄) : 件作은 쇄쟝이오<무원 : 1 : 3>
> 니쟝이/미쟝이(泥水匠, 니(미)) : 泥水匠 니쟝이<역보 : 19>/泥水
> 匠 미쟝이<동문상 : 13>
> ㄴ. 산쟝이/산쟝이(打牲人, 살- + 'ㄴ') : 獵戶 산쟝이<역해상 : 22>/
> 打牲人 산쟝이<한청p137d>
> ㄷ. 어림쟝이(獸, 어리-+ㅁ) : 獸 어림쟝이<한청p229d>
> 난쟝이(矮子, 눗-+ㄴ) : 矮子 난쟝이<역해상 : 28>

이 가지도 이름씨 밑말, 그림씨 밑말과 결합하여 이름씨를 파생하므
로 3유형 가지이다.

(204ㄱ, ㄴ, 쯰쟝이, 산쟝이)은 이름씨 밑말과 결합한 형태이고 (204ㄷ,
어림쟝이)은 그림씨 밑말과 결합한 형태이다.

이 가지가 그림씨 밑말과 결합할 때에는 이름꼴 씨끝 '-ㅁ'이나 매김
꼴 씨끝 '-ㄴ'을 매개로 간접 결합한다.

(204ㄷ)의 '어림쟝이'는 그림씨 밑말 '어리-'에 이름꼴 씨끝 '-ㅁ'을 매
개로 간접 결합한 형태이고 '난쟝이'는 그림씨 밑말 '눗-'에 매김꼴 씨끝
'-ㄴ'을 매개로 간접 결합한 형태이다.

이렇게 두고보면 이 글에서 (204ㄴ)의 '산쟝이'의 '-ㄴ'과 (204ㄷ)의 '난
쟝이'의 '-ㄴ'은 서로 다른 '-ㄴ'으로 보게 되는데 이것은 '산쟝이'의 '-ㄴ'이

알타이어에서 보이는 이름씨 파생가지로서의 '-ㄴ'이고(강성일, 1975 : 32-33)
'난장이'의 '-ㄴ'은 매김꼴 씨끝으로서의 '-ㄴ'으로 보이기 때문이다.

여기에서 '산장이'의 '산'을 '살- + 「-ㄴ」'의 구성인 이름씨로 보는 것
은 '산장이'의 뜻바탕이 '난장이' 즉 '늦-은 특성이 있는 사람'과는 달리
'산 것을 전문적으로 잡는 사람'이라는 뜻바탕을 가지므로 '산'은 이름씨
'산 것'과 대치되고 또 중세나 근대국어에서는 '얼운'에서 보듯이 '-ㄴ'이
이름씨 파생가지로도 기능하는 일이 있기 때문이다(허웅, 1975 : 237).

(205) 얼운 : 녀나몬 智慧로뷘 사르미 얼우니며 져므니<석보19 : 1>
　　　　 尊長 얼운<역해상 : 26>

(205)에서의 '-ㄴ'은 이름씨 파생가지이다.

따라서 이 글에서는 (204ㄴ)의 '산장이'의 '-ㄴ'과 (204ㄷ)의 '난장이'의
'-ㄴ'을 구분하면서 '산장이'는 '이름씨 밑말 + 「-장이」'로 '난장이'는 '그
림씨 밑말 + 「-장이」'로 본다.

이제 이 가지의 뜻바탕을 살펴본다.

(204ㄱ, ㄴ, 쐬쟝이, 산장이)의 파생어는 공통적으로 'X와 관련된 일을
전문적으로 하는 사람' 이라는 뜻바탕을 가진다. '쐬쟝이, 산장이/산쟝이'
는 '쐬'를 전문적으로 만들거나 '산 것'을 전문적으로 잡는 사람을 가리
키는 것으로 이는 'X와 관련된 일을 전문적으로 하는 사람'이라 할 수
있고 '쇄장이, 니쟝이/미쟝이'는 '쇄, 니'가 한자말 '鎖, 泥'에서 온 것으로
이와 관련된 일을 전문적(직업적)으로 하는 사람을 가리킨다. '미쟝이'는
'니쟝이'와 같은 말이다.

(206) 泥匠 니쟝이 泥或作 미<역해상 : 18>

따라서 이들 파생어에서는 '(X와 관련된 일)을 전문적(직업적)으로 하는 사람'이라는 이 가지의 뜻바탕을 구할 수 있다.

(204ㄷ)의 '어림쟁이', '난쟁이'는 공통적으로 'X의 특성이 있는 사람'이라는 뜻바탕을 가진다. '어림쟁이'는 '어린 인성적 특성이 있는 사람'이고 '난쟁이'는 '(키가) 늦-은 신체적 특성이 있는 사람'이다.

따라서 이들 파생어에서는 'X의 특성이 있는 사람'이라는 이 가지의 뜻바탕을 구할 수 있다.

이렇게 두고보면 '-장이/쟁이'는 두 가지의 구체적인 뜻바탕을 가진다 하겠는데 이 둘은 어느 것 하나를 특이 뜻바탕으로 보아야 할 만큼 이질적인 것은 아니다. 따라서 이 둘을 하나로 묶은 뜻바탕을 찾아야 할 터인데 여기서는 이 가지의 뜻바탕으로 'X의 특성이나 그 일에 전문성을 가진 사람'이라 보아둔다. 이는 중심적인 뜻바탕이다.

3) 현대국어

현대국어의 사람 뒷가지는 매우 많다.[20]

따라서 여기에서 모든 가지를 다루어 밝히기는 힘들고 이 중에서 중세나 근대국어에서 나타났거나 생산성이 높은 가지를 대상으로 살펴본다.

(1) 1유형 가지

① '-꾸러기'

　　(207) 청승꾸러기, 잔병꾸러기, 얌심꾸러기, 용심꾸러기, 익살꾸러기, 이

---

29) 여기에 대해서는 하치근(1993ㄱ : 143-153) 참조

꾸러기, 의심꾸러기, 반덕꾸러기, 방정꾸러기, 악착꾸러기, 욕심꾸러기, 암상꾸러기, 억척꾸러기, 심술꾸러기, 싸움꾸러기, 말썽꾸러기, 늦잠꾸러기, 빚꾸러기, 눈치꾸러기, 걱정꾸러기

이 가지는 근대국어와 마찬가지로 이름씨 밑말과 결합하여 다시 이름씨를 파생한다.

이 가지와 결합하는 밑말은 대개 부정적인 가치의 뜻바탕을 지닌다.

이 가지는 이러한 밑말과 결합하면서 'X가 정도에 지나친 사람'이라는 뜻바탕을 가진 파생어를 형성한다. 따라서 이들 파생어에서는 'X가 정도에 지나친 사람'이라는 이 가지의 뜻바탕을 구할 수 있다.

그리고 이 가지는 부정적인 가치를 지닌 밑말과 결합함으로써 이들 파생어에는 '낮춤'의 뜻바탕이 나타나게 되는데 이는 이 가지가 가지는 상황적인 뜻바탕이다.

따라서 이 가지에는 'X가 정도에 지나친 사람, 낮춤'이라는 중심적인 뜻바탕이 있다.

이 가지는 근대국어에서도 쓰이는데 이는 근대국어의 '쑤럭이'와 형태나, 의미에 있어서 다르지 않다.

② '-아치'

(208) 장사아치, 재주아치, 벼슬아치, 동자아치, 구실아치, 동냥아치.

이 가지도 이름씨 밑말과 결합하여 다시 이름씨를 파생한다.

이 가지의 뜻바탕을 살펴본다.

(208)의 파생어에는 공통적으로 'X하는 일을 직업적으로 하는 사람'이라는 뜻바탕이 있다.

'장사아치, 재주아치, 벼슬아치…' 등은 '장사하는 일을, 재주하는 일을, 벼슬하는 일을 직업적으로 하는 사람'이다.

따라서 이들 파생어에서는 '(X하는 일)을 직업적으로 하는 사람'이라는 이 가지의 뜻바탕을 구할 수 있다.

이렇게 두고보면 '구실아치'는 '구실하는 일을 직업적으로 하는 사람'이 될 터인데 여기에서의 '구실'은 현대국어에서 단독으로 쓰이는 일이 없어 밑말로서 생산성을 가지지 못한다. 따라서 (208)의 '구실아치'는 현대국어에서 어휘화된 것으로 보아야 한다.

'-아치'는 근대국어에서도 쓰이던 가지이다.

근대국어에서는 이 형태가 '-바치'의 변이 형태로 쓰이면서 한편으로는 'X만드는 일을 직업적으로 하는 사람'이라는 뜻바탕을 가진 파생어를 형성하였다.

그런데 이것이 현대국어에 들어서는 '-아치'의 형태로 통합되면서 'X만드는 일을 직업적으로 하는 사람'이라는 뜻바탕을 가진 파생어는 형성하지 못하고 다만 'X하는 일을 직업적으로 하는 사람'이라는 뜻바탕을 가진다.

현대국어에 나타나는 '놀음바치, 갖바치, 노릇바치'는 모두 어휘화한 형태이다.

이것은 '놀음바치, 갖바치, 노릇바치'의 밑말이 현대국어에서 그 본래 가지고 있던 뜻이 사라짐으로써 생산성을 가지지 못하기 때문이다.

③ '-지기'

(209) 전방지기, 사당지기, 나루터지기, 집지기, 건널목지기, 봉화지기, 별장지기, 옥지기, 당지기, 다리지기, 수문지기, 등대지기, 문지기, 묘지기, 산지기

이 가지도 이름씨 밑말과 결합하여 다시 이름씨를 파생한다.

이 가지의 뜻바탕은 (209)의 파생어가 공통적으로 'X를 전문적으로 지키는 사람'의 뜻바탕을 가지므로 여기서는 'X를 전문적으로 지키는 사람'이라는 이 가지의 뜻바탕을 구할 수 있다.

이 가지는 근대국어의 '-직이'와 형태, 의미적인 면에서 다르지 않다.

④ '-꾼'

> (210) 투정꾼, 재담꾼, 장난꾼, 재간꾼, 잔소리꾼, 풀꾼, 쟁기꾼, 장사꾼, 장
> 단꾼, 재주꾼, 마실꾼, 도망꾼, 따리꾼, 드난꾼, 익살꾼, 억지꾼, 아첨
> 꾼, 이야기꾼, 정탐꾼, 파수꾼, 타작꾼, 만담꾼, 방아꾼, 털이꾼, 도굴
> 꾼, 지게꾼, 인력거꾼, 장꾼, 춤꾼, 사기꾼, …

이 가지도 이름씨 밑말과 결합하여 다시 이름씨를 파생한다.

이 가지의 뜻바탕은 (210)의 파생어가 공통적으로 'X를 수단으로 하는 전문적 기능을 가진 사람'의 뜻바탕을 가지므로 여기서는 'X를 수단으로 하는 전문적 기능을 가진 사람'이라는 이 가지의 뜻바탕을 구할 수 있다.

'-꾼' 가지는 '-군'의 형태로 근대국어에서도 쓰이던 가지이다.

현대국어의 '-꾼'은 근대국어의 '-군'과 형태, 의미상 크게 다르지 않다. 그리고 근대국어의 '-장이'와도 비슷한 뜻바탕을 가지는데 현대국어에서도 실제 '-장이'와 같은 뜻을 가진 것처럼 보이는 경우도 있다(하치근, 1993ㄱ : 주1).

> (211) 난봉꾼-난봉장이, 무식꾼-무식장이, 이야기꾼-이야기장이, 짐꾼-짐
> 장이, 주정꾼-주정장이, 관상꾼-관상장이, 살림꾼-살림장이

⑤ '-뜨기'

> (212) ㄱ. 촌뜨기, 시골뜨기, 서울뜨기, 산골뜨기
> ㄴ. 칠뜨기

이 가지는 어떠한 지역적 특성을 나타내는 이름씨나 수를 나타내는 이름씨와 결합하여 다시 이름씨를 파생한다.

(212ㄱ, 촌뜨기)의 파생어는 어떠한 지역적 특성을 나타내는 이름씨 밑말에 '-뜨기'가 결합하여 'X의 특성이 있는 사람'이라는 뜻바탕을 가진다. 따라서 이들 파생어에서는 'X의 특성이 있는 사람'이라는 이 가지의 뜻바탕을 구할 수 있다.

(212ㄴ, 칠뜨기)의 파생어는 수를 나타내는 이름씨 밑말에 '-뜨기'가 결합한다. 그리하여 '팔(아기가 뱃속에서 자라는 기간)'에 모자라는 '칠'의 특성이 있는 사람이라는 뜻바탕을 가진 파생어를 형성한다. 따라서 이 파생어에서도 'X의 특성이 있는 사람'이라는 이 가지의 뜻바탕을 구할 수 있다. 그리고 (212, 촌뜨기, 칠뜨기)의 파생어에는 공통적으로 '낮춤'의 뜻바탕이 있다.

따라서 (212)의 '-뜨기' 가지는 'X의 특성이 있는 사람, 낮춤'의 뜻바탕을 지닌 가지이다.

이는 중심적인 뜻바탕이다.

⑥ '-따니'

> (213) 딸따니

(213)의 파생어는 밑말 '딸'과 동일어로서 '딸'을 귀엽게 이르는 말이다. 따라서 가지 '-따니'는 '귀여움'의 상황적인 뜻바탕을 가진다.

⑦ '-비'

(214) 아재비

(214)의 파생어는 밑말 '아재'와 동일어로서 '아재'를 낮추어 이르는 말이다. 따라서 가지 '-비'는 낮춤의 상황적인 뜻바탕을 가진다.

(2) 2유형 가지

현대국어의 2유형 가지는 많다.21) 그러나 이들은 생산성이 높지 못하므로 여기서는 중세와 근대에서도 사람 뒷가지로 쓰인 '-아리/어리' 가지에 대해서만 살펴본다.

① '-아리/어리'

(215) 더투아리, 귀머거리, 코머거리

이 가지는 'X행위'나 'X의 내적 상태'를 나타내는 움직씨 밑말과 결합하여 'X의 특성이 있는 사람'이라는 뜻바탕을 가진 파생어를 형성한다.

'더투아리'는 '더투-는 행위의 특성이 있는 사람'이고 '귀머거리, 코머거리'는 '귀, 코가 먹-은 상태의 특성이 있는 사람'이다.

따라서 이들 파생어에서는 'X의 특성이 있는 사람'이라는 이 가지의 뜻바탕을 구할 수 있다.

이 가지는 중세, 근대국어에서도 쓰이던 가지인데 그 때나 지금이나 이 가지가 가지는 형태, 의미상 특성에는 별 차이가 없다.

---

30) 여기에 대해서는 하치근(1993ㄱ : 152) 참조.

(3) 3유형 가지

① '-뱅이/방이'

> (216) ㄱ. 안달뱅이, 가난뱅이, 주정뱅이
> ㄴ. 앉은뱅이, 비렁뱅이, 떠돌뱅이, 돌림뱅이
> ㄷ. 느림뱅이, 게으름뱅이, 짜름뱅이
> ㄹ. 얼금뱅이, 알금뱅이, 너털뱅이, 절뚝뱅이, 잘름뱅이

이 가지는 이름씨, 움직씨, 그림씨, 상징어 밑말 등과 결합하여 이름씨를 파생하므로 3유형 가지이다.

(216ㄱ)은 이름씨 밑말과, (216ㄴ)은 움직씨 밑말과, (216ㄷ)은 그림씨 밑말과, (216ㄹ)은 상징어 밑말과 이 가지가 결합된 형태를 보인 것이다.

이 가지는 이름씨 밑말이나 상징어 밑말에는 직접 결합하고 움직씨 밑말이나 그림씨 밑말에는 대부분 간접 결합하나 '떠돌뱅이'처럼 직접 결합하기도 한다.

그리고 이 가지와 결합하는 밑말은 습관, 성질, 모양이 표준을 넘는 부정적인 가치를 가진다.

이 가지는 이러한 밑말과 결합하면서 'X의 특성이 있는 사람'이라는 뜻바탕을 가진 파생어를 형성한다. 따라서 이들 파생어에서는 'X의 특성이 있는 사람'이라는 이 가지의 뜻바탕을 구할 수 있다.

그리고 이 가지는 부정적인 가치를 지닌 밑말과 결합함으로써 이들 파생어에는 '낮춤'의 뜻바탕이 나타나게 되는데 이는 상황적인 뜻바탕이다.

따라서 이 가지에는 'X의 특성이 있는 사람, 낮춤'이라는 중심적인 뜻바탕 있다.

이 가지는 근대국어에서도 나타난다. 그런데 근대국어에서는 '안즌방

이'만이 나타남으로써 2유형 가지로 분류되었는데 이것이 현대국어에 들어서는 '안줌방이'처럼 움직씨 밑말 뿐만 아니라 (216, 안달뱅이, 비렁뱅이, 느림뱅이, 얼금뱅이)에서 보듯이 이름씨, 그림씨, 상징어 밑말 등과도 결합됨으로써 3유형 가지로 분류된다.

② '-이'

> (217) ㄱ. 식충이, 노랑이, 맹문이, 조막손이, 반실이, 무언이, 악착이, 억척이, 허풍선이, 가살이, 도망꾼이, 곰배팔이, 외눈이, 반편이, 애꾸눈이, 까막눈이, 사팔눈이, 자웅눈이, 네눈이, 들창눈이, 육손이, 곱사등이, 절뚝발이
> ㄴ. 절뚝이, 뚝뚝이, 살살이, 똘똘이, 삐뚤이, 쿵쿵이, 까불이, 오뚝이, 배불뚝이, 더퍼리, 껄렁이, 껑충이, 물컹이, 출랑이, 합죽이, 홀쭉이

이 가지는 이름씨 밑말과 상징어 밑말에 결합하여 이름씨를 파생하므로 3유형 가지이다.

(217ㄱ)은 이름씨 밑말과 결합한 형태를 보인 것이고 (217ㄴ)은 상징어 밑말과 결합한 형태를 보인 것이다.

이 가지가 결합하는 밑말도 외모나 성격, 짓에 있어 부정적인 가치를 가진다.

이 가지는 이러한 밑말과 결합하면서 'X의 특성이 있는 사람'이라는 뜻바탕을 가진 파생어를 형성한다.

(217ㄱ)은 외모나 성격에 있어 주로 부정적인 가치를 가진 밑말과 결합하면서 그러한 외모나 성격적 특성을 가진 사람이라는 뜻바탕을 가지고 (217ㄴ)은 짓흉내말과 결합하면서 그러한 짓의 특성을 가진 사람이라는 뜻바탕을 가진다.

따라서 (217)의 파생어에는 'X의 특성이 있는 사람'이라는 이 가지의 뜻바탕을 구할 수 있다. 그리고 여기에 '낮춤'의 뜻바탕이 있다.

이는 상황적인 뜻바탕이다.

사람 뒷가지로서의 '-이' 가지는 근대국어부터 보인다.

물론 중세국어에도 사람의 뜻바탕을 가진 '-이'의 형태가 나타나기는 하나 이는 모두 매김말 씨끝 '-ㄴ, -ㄹ'을 앞세움으로써 이는 매인 이름씨의 '-이'로 보아야 하고 또 이 '-이'와 결합된 형태는 파생어가 아니라 합성어로 보아야 한다.

    (218) 늘근이 : 무을 싸온대 늘근이들히 다 드라들어 숨거늘<소언6 : 80>
             져므니 : 얼우니며 져므니 이 經 듣고<석보19 : 1>
             니스리 : 나라 니스리롤 굿게 ᄒ시ᄂ니<석보6 : 7>
             드르리 : 그 드르리<능엄 : 94>

그리고 (218)의 '-이'는 움직씨나 그림씨밑말과 결합됨으로써 사람 뒷가지의 '-이'와는 그 구성 형태도 다르다. 근대국어의 사람 뒷가지 '-이'는 앞에서 살폈듯이 '이름씨 밑말 + 「-이」'와 '상징어 밑말 + 「-이」'의 형태가 있다. '이름씨 밑말 + 「-이」'의 형태로는 '고공이, 젓독발이'를 구할 수 있고 '상징어 밑말 + 「-이」'의 형태로는 '비보로기'를 구할 수 있다.

근대국어의 '-이'도 현대국어와 마찬가지로 3유형 가지이다. 그리고 그 뜻바탕도 현대국어와 같은 'X의 특성이 있는 사람'의 뜻바탕을 가진다.

따라서 근대국어의 사람 뒷가지 '-이'는 현대국어와 큰 다름이 없다.

③ '-장이/쟁이'

    (219) ㄱ. 벽돌장이, 의자장이, 우산장이, 옹기장이, 양복장이, 간판장이,
            삿갓장이, 도장장이…

ㄴ. 옥장이, 은장이, 금장이, 구리장이, 납장이…

ㄷ. 일수장이, 약국장이, 요술장이, 만담장이, 별점장이, 연극장이,
　　쇠침장이, 땜장이…

ㄹ. 고집장이, 뱐덕장이, 아첨장이, 수다장이, 게으름장이, 역성장이,
　　욕장이, 외입장이, 멋장이…

ㅁ. 애꾸장이, 안경장이…

ㅂ. 배꼽장이, 구석장이, 손목장이, 골목장이

(220) 꼼꼼장이, 또드락장이, 콜록장이

(221) 난장이

이 가지는 현대국어에서 이름씨 밑말과 상징어 밑말, 그림씨 밑말 등과 결합하여 이름씨를 파생한다.

(219ㄱ-ㅂ, 벽돌장이, 옥장이, 일수장이, 고집장이, 애꾸장이, 배꼽장이)은 이름씨 밑말과 결합된 형태이고, (220, 꼼꼼장이)은 상징어 밑말과 (221, 난장이)은 그림씨 밑말과 결합된 형태이다.

(221)의 '난장이'는 매김말 씨끝 '-ㄴ'을 매개로 간접 결합한다.

이제 이 가지의 뜻바탕을 살펴본다.

(219ㄱ, ㄴ, 벽돌장이, 옥장이)의 파생어는 'X를 또는 X로써 만드는 일을 전문적으로 하는 사람'이라는 공통된 뜻바탕을 가진다. '벽돌장이, 의자장이…' 등은 '벽돌, 의자…' 등을 전문적으로 만드는 사람이고 '옥장이, 은장이…' 등은 '옥, 은…'으로서 무엇을 전문적으로 만드는 사람이다. 따라서 이들 파생어에서는 '(X를, X로써) 만드는 일을 전문적으로 하는 사람'이라는 이 가지의 뜻바탕을 구할 수 있다.

(219ㄷ, 일수장이)의 파생어는 'X를 직업적으로 하는 사람'이라는 뜻바탕을 가진다. '일수장이, 약국장이, 요술쟁이…' 등은 '일수, 약국, 요술…'을 직업적으로 하는 사람이다. 따라서 이들 파생어에서는 'X를 직업적으로 하는 사람'이라는 이 가지의 뜻바탕을 구할 수 있다.

(219ㄹ, ㅁ, 고집장이, 애꾸장이), (220, 꼼꼼장이), (221, 난장이)의 파생
어는 모두 'X특성을 가진 사람'의 뜻바탕을 가진다. (219ㄹ, 고집장이)은
이 가지가 사람의 인성, 습관, 행위 등을 나타내는 밑말과 결합하여 그
러한 특성을 가진 사람이라는 뜻바탕을 가진 파생어를 형성하고 (219ㅁ,
애꾸장이)은 이 가지가 사람의 신체적 특성을 나타내는 밑말과 결합하
여 이 역시도 그러한 특성을 가진 사람이라는 뜻바탕을 가진 파생어를
형성한다. (220, 꼼꼼장이)과 (221, 난장이)도 마찬가지다. 이들도 '인성,
행위, 신체적 특성을 가진 사람'이라는 파생어를 형성한다.

따라서 이들 파생어에서는 'X특성을 가진 사람'이라는 이 가지의 뜻
바탕을 구할 수 있다.

그런데 (219ㅂ, 배꼽장이)의 뜻바탕은 지금까지 살펴본 뜻바탕과는 다
른 뜻바탕을 가진다.

앞의 파생어에는 모두 '사람'의 뜻바탕을 가지는데 (219ㅂ, 배꼽장이)
의 파생어는 모두 '사물'의 뜻바탕을 가진다. 그리고 밑말과는 동일어
이다. '배꼽장이, 구석장이, 손목장이, 골목장이'는 각기 '배꼽, 구석, 손
목, 골목'과 동일어이다. 따라서 이들 파생어에서는 '낮춤'이라는 상황적
인 뜻바탕을 구할 수 있다.

이렇게 두고보면 위 파생어는 크게 두 가지의 뜻바탕을 가진다 하겠
는데 하나는 (219ㅂ, 배꼽장이) 이외에서 나타나는, '사람, 낮춤'이라는
뜻바탕이고 다른 하나는 (219ㅂ, 배꼽장이)에서 나타나는 '사물, 낮춤'이
라는 뜻바탕이다.

이 중에서 어떠한 뜻바탕이 '-장이'의 중심적인 뜻바탕인가?

'사람, 낮춤'의 뜻바탕이 '사물, 낮춤'의 뜻바탕 보다는 훨씬 생산적이
므로 이를 '-장이'의 중심적인 뜻바탕으로 삼아야 한다.

그렇다면 (219ㅂ, 배꼽장이)의 파생어는 중심적인 뜻바탕에서 벗어나

는 특이 뜻바탕을 가지는데 이 특이 정보는 밑말과 가지의 결합 시에 여과장치로서 주어진다.

(219ㅂ, 배꼽장이)의 파생어는 <사물, 낮춤>이라는 특이 정보를 가진다.

그런데 위 중심적인 뜻바탕을 가진 파생어도 구체적인 뜻바탕으로 볼 때는 모두 같은 뜻바탕을 가지는 것은 아니다.

위에서 살폈듯이 (219ㄱ, ㄴ, 벽돌장이, 옥장이)은 'X만드는 일을 전문적으로 하는 사람'이고 (219ㄷ, 일수장이)은 'X를 직업적으로 하는 사람'이며 (219ㄹ, ㅁ, 고집장이, 애꾸장이), (220, 꼼꼼장이), (221, 난장이)는 'X특성을 가진 사람'이다.

여기에서 우리는 이들 뜻바탕이 가지는 공통된 뜻바탕으로 이 가지의 중심적인 뜻바탕으로 삼아야 할 터인데 여기에서 '직업적'이라는 것은 '전문적'이라는 것에 포함될 수 있을 것이므로 이 글에서는 '-장이'의 뜻바탕을 'X의 특성이나 그 일에 전문성을 가진 사람'이라는 것으로 보아 둔다.

이 가지는 근대국어부터 쓰이던 가지이다.

이 가지를 근대국어와 빗대어보면 근대국어에서는 이 가지와 결합되는 밑말의 형태가 이름씨, 그림씨 밑말에 한정되는데 비하여 현대국어에서는 이들 밑말과 함께 상징어 밑말과도 결합하고, 근대국어의 이 가지가 중심적인 뜻바탕만을 가지는데 비하여 현대국어의 이 가지는 이 중심적인 뜻바탕과 함께 '사물, 낮춤'이라는 특이 뜻바탕을 나타내기도 한다.

이러한 사실을 두고보면 이 가지는 근대국어에서 현대국어로 이행되는 과정에서 형태나 의미면에서 어느 정도 확장된 모습을 보인다.

또, 근대국어의 '-장이'는 현대국어에서 '-쟁이'로 나타나기도 하는데 이는 현대국어 '-장이'의 'ㅣ 치닮기' 현상이다. 그 예는 낱낱이 보이지 아니한다.

④ '-둥이/둥이'

(222) ㄱ. 해방둥이, 꼬마둥이, 재간둥이, 업둥이, 쉰둥이, 응석둥이, 육삭
둥이, 칠삭둥이, 쌍둥이, 재롱둥이, 막내둥이, 바람둥이
ㄴ. 이쁘둥이, 귀염둥이, 늦둥이, 깜둥이
ㄷ. 덴둥이
ㄹ. 쫄래둥이

이 가지는 현대국어에서 이름씨, 그림씨, 움직씨, 상징어 밑말 등과
결합하여 이름씨를 파생한다.

(222ㄱ, 해방둥이)은 이름씨 밑말과 결합한 형태이고 (222ㄴ, 이쁘둥
이)은 그림씨와, (222ㄷ, 덴둥이)은 움직씨, (222ㄹ, 쫄래둥이)은 상징어
밑말과 결합한 형태이다.

이 가지는 이러한 밑말과 결합하면서 'X특성이 있는 사람'이라는 뜻
바탕을 가진 파생어를 형성한다. 따라서 이 가지에는 'X특성이 있는 사
람'이라는 뜻바탕이 있다.

그리고 위 파생어는 주로 긍정적인 가치의 뜻바탕을 가지나 '육삭둥
이, 칠삭둥이, 바람둥이, 깜둥이, 덴둥이' 등에서는 부정적인 가치의 뜻
바탕도 나타난다. 긍정적인 가치의 뜻바탕을 가질 때는 애칭으로 '귀여
움'의 뜻바탕이 나타나고 부정적인 가치의 뜻바탕을 가질 때는 '낮춤'의
뜻바탕이 나타난다.

이는 이 가지의 상황적인 뜻바탕이다.

이 가지는 밑말과 주로 직접 결합하나 '귀염둥이, 덴둥이'에서는 'ㅁ이
나 ㄴ'의 씨끝을 매개로 간접 결합하기도 한다.

사람 뒷가지로서의 이 가지는 중세나 근대국어에서는 찾아 보기 힘

들다.

근대국어에서 이 가지는 '검동이, 외동이'에서 그 예를 구할 수 있는데 이는 사람 뒷가지가 아니라 사물 뒷가지이다.

> (223) 검동이 : 바독이 검동이<해동 : p115>
> 외동이 : 犬生一子 외동이<물명1>

⑤ '-내기'

> (224) ㄱ. 서울내기, 시골내기, 촌내기, 젖내기, 보통내기
> ㄴ. 뜨내기
> ㄷ. 여간내기

이 가지는 현대국어에서 이름씨, 움직씨, 어찌씨 밑말등과 결합하여 이름씨를 파생한다.

(224ㄱ)은 이름씨 밑말과 결합한 형태이고 (224ㄴ)은 움직씨 밑말과, (224ㄷ)은 어찌씨 밑말과 결합한 형태이다.

이 가지는 이러한 밑말과 결합하면서 'X의 특성이 있는 사람'이라는 파생어를 형성한다. 그리고 위 파생어에는 '낮춤'의 뜻바탕이 있다. 따라서 이 가지에는 'X의 특성이 있는 사람, 낮춤'의 뜻바탕이 있다.

이 가지는 중세나 근대국어에서는 보이지 않는다.

이 가지는 현대국어에서 형성된 것으로 보이는데 이는 (81ㄷ, 시골나기, 서울나기, 산골나기)의 예에서 보인 사람의 뜻바탕을 가진 'X나기'에서 'ㅣ 치닮기' 현상으로 나온 것으로 보인다.

'X나기'에서 먼저 'ㅣ 치닮기 현상'으로 말미암아 'X내기'가 형성되고 이것은 'X#내기→X+내기'로 경계약화 현상이 일어나면서 '-내기'는 결국 문법화 되면서 사람 뒷가지로 나타나게 되었다는 것이다.

이러한 과정에서 'X나기'도 문법화한 것으로 보이는데 '시골나기, 서울나기, 산골나기'의 '-나기'도 사람 뒷가지이다. 만약 이은말 짜임새 밑말 'X나-'와 추상화 뒷가지 '-기'의 결합으로 이루어진 것이라고 한다면 이들의 뜻바탕은 의미상 특이성을 가진다 할 지라도 'X에서 난 사람'의 뜻바탕을 가져야 할 터인데 이들은 모두 'X의 특성을 가진 사람'이라는 뜻바탕을 가짐으로 이은말 짜임새의 'X나-'와는 유연성을 잃고 있다.

따라서 이 글에서는 '-나기'도 'X나- + 「-기」'에서 문법화한 사람 뒷가지로 다룬다.

⑥ '-다리'

　　(225) ㄱ. 키다리
　　　　　ㄴ. 늙다리, 작다리

이 가지는 현대국어에서 이름씨 밑말이나 그림씨 밑말과 결합하여 이름씨를 파생한다.

(225ㄱ)은 이름씨 밑말과 결합한 형태이고 (225ㄴ)은 그림씨 밑말과 결합한 형태이다.

이 가지와 결합하는 밑말은 신체적 특성을 나타낸다. 그리고 부정적인 가치를 가진다.

이 가지는 이러한 밑말과 결합하면서 'X의 신체적 결함이 있는 사람'이라는 뜻바탕을 가진 파생어를 형성한다.

따라서 이들 파생어에서는 'X의 신체적 결함이 있는 사람'이라는 이 가지의 뜻바탕을 구할 수 있다. 그리고 여기에도 '낮춤'의 뜻바탕이 있다.

⑦ '-보'

(226) ㄱ. 말보, 코보, 털보, 옷보, 꾀보, 떡보, 욕심보
ㄴ. 째보, 울보, 얽보
ㄷ. 약보, 느림보, 고림보
ㄹ. 뚱뚱보, 땅딸보

이 가지는 이름씨, 움직씨, 그림씨, 상징어 밑말 등과 결합하여 이름씨를 파생한다.

(226ㄱ, 말보)은 이름씨 밑말과 결합한 형태이고 (226ㄴ, 째보)은 움직씨 밑말과, (226ㄷ, 약보)은 그림씨 밑말과, (226ㄹ, 뚱뚱보)은 상징어 밑말과 결합한 형태이다.

이 가지는 이러한 밑말과 결합하면서 'X의 모양이나 성품이 지나친 사람'이라는 파생어를 형성한다.

따라서 이들 파생어에서는 'X의 모양이나 성품이 지나친 사람'이라는 이 가지의 뜻바탕을 구할 수 있다. 그리고 (226)의 파생어는 모두 '낮춤'의 뜻바탕을 가지므로 이 가지에는 '낮춤'의 상황적인 뜻바탕이 있다.

4) 종합

지금까지 사람 뒷가지를 각 시대별로 살펴보았다.

이제 이들을 한 데 모아, 지금까지 논의를 바탕으로 이들 가지의 변천된 보습을 본다.

(227)

시대	유형	가지	밑말	파생형태와 뜻바탕		기타
				중심	특이성	
중세	2유형	-어리	움직씨	버워리(X특성이 있는 사람)		
		-뎡이	움직씨	먹뎡이(X의 특성이 있는 사람)		
근대국어	1유형	-바치/아치	이름씨	노롯바치, 흥정밧치/흥정아치, 풀무아치, 풍뉴아치, 셩녕바치, 독바치, 활바치(X와관련된 일을 직업적으로 하는 사람)		
		-직이	이름씨	묘직이, 동산직이 (X를 지키는 사람)		
		-쑤럭이	이름씨	빗쑤럭이 (X가 정도에 지나친 사람)		
		-군	이름씨	격군, 반노군, 샹도ㅅ군 (X특성이 있는 사람)		
	2유형	-어리	움직씨	귀먹어리, 더두어리 (X의 특성이 있는 사람)		
		-방이	움직씨	안즌방이 (X특성이 있는 사람, 지속성)		간접 결합
		-여기	움직씨	흙븨여기(X의 특성이 있는 사람)		
	3유형	-이	이름씨	고공이, 젓독발이 (X특성이 있는 사람)		
			상징어	비보로기(X의 특성이 있는 사람)		
		-장이/쟝이	이름씨	씌쟝이, 쇄쟝이, 니쟝이/미쟝이, 산장이/산쟝이(X와 관련된 일을 전문적으로 하는 사람)		
			그림씨	어림쟝이, 난쟝이 (X의 특성이 있는 사람)		간접 결합
현대국어	1유형	-꾸러기	이름씨	청승꾸러기, 잔병꾸러기, 얌심꾸러기, 욕심꾸러기, 이꾸러기, 익살꾸러기, 의심꾸러기, 변덕꾸러기, 방정꾸러기, 악착꾸러기, 욕심꾸러기, 암상꾸러기, 심술꾸러기, 싸움꾸러기, 빚꾸러기, 말썽꾸러기, 늦잠꾸러기, 눈치꾸러기 (X정도에 지나친 사람)		
		-아치	이름씨	장사아치, 재주아치, 벼슬아치, 동자아치, 구실아치, 동냥아치 ((X하는일)을 직업적으로 하는 사람)		'구실아치'는 어휘화됨

시대	유형	가지	밑말	파생형태와 뜻바탕		기타
				중심	특이성	
현 대 국 어	1 유 형	-지기	이름씨	전방지기, 사당지기, 집지기, 나루터지기, 건널목지기, 봉화지기, 별장지기, 옥지기, 다리지기, 수문지기, 등대지기, 문지기, 묘지기, 산지기 (X를 전문적으로 지키는 사람)		
		-꾼	이름씨	투정꾼, 재담꾼, 장난꾼, 재간꾼, 잔소리꾼, 풀꾼, 쟁기꾼, 장사꾼, 장단꾼, 재주꾼, 마실꾼, 도망꾼, 따리꾼, 드난꾼, 익살꾼, 억지꾼, 이야기꾼, 아첨꾼, 장꾼, 지게꾼, 정담꾼, 춤꾼, 파수꾼, 타작꾼, 만담꾼, 방아꾼, 털이꾼, 도굴꾼, 인력거꾼, 사기꾼(X를 수단으로 하는 전문적 기능을 가진 사람)		
		-뜨기	이름씨	촌뜨기, 시골뜨기, 서울뜨기, 산골뜨기, 칠뜨기 (X의 특성이 있는 사람)		
		-따니	이름씨	딸따니(귀여움)		
		-비	이름씨	아재비(낮춤)		
	2유형	-아리/어리	움직씨	더투아리, 귀머거리, 코머거리(X의 특성이 있는 사람)		
	3 유 형	-뱅이/방이	이름씨	안달뱅이, 가난뱅이, 주정뱅이(X의 특성이 있는 사람)		
			움직씨	앉은뱅이, 비렁뱅이, 떠돌뱅이, 돌림뱅이 (X의 특성이 있는 사람)		'떠돌뱅이' 외 간접 결합
		-뱅이/방이	그림씨	느림뱅이, 게으름뱅이, 짜름뱅이(X의 특성이 있는 사람)		간접 결합
			상징어	얼금뱅이, 알금뱅이, 너털뱅이, 절뚝뱅이, 잘름뱅이 (X의 특성이 있는 사람)		
		-이	이름씨	식충이, 노랑이, 맹문이, 반실이, 조막손이, 반실이, 무언이, 악착이, 허풍선이, 가살이, 도망꾼이, 곰배팔이, 외눈이, 반편이, 애꾸눈이, 까막눈이, 사팔눈이, 자웅눈이, 네눈이, 들창눈이, 육손이, 곱사등이(X특성이 있는 사람, 낮춤)		

시대	유형	가지	밑말	파생형태와 뜻바탕		기타
				중심	특이성	
현대국어	3유형	-이	상징어	절뚝이, 뚝뚝이, 살살이, 똘똘이, 삐뚤이, 콩콩이, 깔불이, 오똑이, 배불뚝이, 더퍼리, 껄렁이, 껑충이, 물컹이, 출랑이, 합죽이, 홀쭉이(X특성이 있는 사람, 낮춤)		
		-장이/쟁이	이름씨	벽돌장이, 의자장이, 우산장이, 옹기장이, 양복장이, 간판장이, 삿갓장이, 도장장이(X만드는 일을 전문적으로 하는 사람, 낮춤) 옥장이, 은장이, 금장이, 납장이, 구리장이(X로써 만드는 일을 전문적으로 하는 사람, 낮춤) 일수장이, 약국장이, 요술장이, 만담장이, 별점장이, 연극장이, 쇠침장이, 땜장이(X를 직업적으로 하는 사람, 낮춤) 고집장이, 뱐덕장이, 아첨장이, 수라장이, 게으름장이, 욕장이, 역성장이, 외입장이, 멋장이, 애꾸장이, 안경장이(X특성을 가진 사람, 낮춤)	배꼽장이, 구석장이, 손목장이, 골목장이(사물, 낮춤)	
			상징어	꼼꼼장이, 또드락장이, 콜록장이(X의 툭성을 가진 사람, 낮춤)		
			그림씨	난장이(X의 특성을 가진 사람, 낮춤)		간접결합
		-동이/둥이	이름씨	해방동이, 꼬마동이, 재간동이, 업동이, 쉰동이, 응석동이, 쌍동이, 재롱동이, 막내동이(X의 특성이 있는 사람, 귀여움) 육삭동이, 칠삭동이, 바람둥이(X특성이 있는 사람, 낮춤)		
			그림씨	이쁘동이, 귀염동이, 늦동이(X의 특성이 있는 사람, 귀여움)		
			움직씨	덴둥이(X의 특성이 있는 사람, 낮춤)		간접결합
			상징어	쫄래둥이(X의 특성을 가진 사람, 귀여움)		
		-내기	이름씨	서울내기, 시골내기, 촌내기, 젖내기, 보통내기(X특성이 있는 사람, 낮춤)		

시대	유형	가지	밑말	파생형태와 뜻바탕		기타
				중심	특이성	
현대국어	3유형	-내기	움직씨	뜨내기 (X의 특성이 있는 사람, 낮춤)		
			어찌씨	여간내기 (X의 특성이 있는 사람, 낮춤)		
		-다리	이름씨	키다리(X의 신체적 결함이 있는 사람, 낮춤)		
			그림씨	늙다리, 작다리(X의 신체적 결함이 있는 사람, 낮춤)		
		-보	이름씨	말보, 코보, 털보, 웃보, 꾀보, 떡보, 욕심보(X의 모양이나 성품이 지나친 사람, 낮춤)		
			움직씨	째보, 울보, 얽보(X의 모양이나 성품이 지나친 사람, 낮춤)		
			그림씨	약보, 느림보, 고림보(X의 모양이나 성품이 지나친 사람, 낮춤)		
			상징어	뚱뚱보, 땅딸보(X의 모양이나 성품이 지나친 사람, 낮춤)		

(227)에서 보면 사람 가지의 변천된 모습은 다음 네 가지 부류로 크게 나누어 살필 수 있다.

① 앞 시대와 다음 시대에 같이 쓰여 그 변천을 볼 수 없는 것 : -어리>-어리/아리 (중세, 근대, 현대국어에 같이 쓰임), -직이, -쑤럭이>꾸러기, -이, -군>-꾼(근대, 현대국어에 같이 쓰임)

② 앞 시대에는 가지로 쓰였으나 다음 시대에는 나타나지 않는 것 : -뎡이(중세국어), -여기(근대국어)

③ 앞 시대에도 쓰였고 다음 시대에도 가지로 쓰이나 가지의 형태, 의미, 기능 등이 변한 것 : (이는 근대국어와 현대국어의 사이에서 나타난다)-바치/아치>-아치, -방이>-뱅이/방이, -장이/쟝이>-장이/쟁이

④ 앞 시대에는 가지로 나타나지 않으나 다음 시대에 나타나는 것 : -바치/아치, -직이, -쑤럭이, -방이, -여기, -이, -장이/쟝이 (근대국어에

서나타남) -뜨기, -동이/둥이, -내기, -다리, -보, -따니, -비(현대국어
에서 나타남)

여기서 이들 가지의 변천된 모습을 ②, ③, ④의 경우로 살핀다.

(1) 앞 시대에는 가지로 쓰였으나 다음 시대에는 나타나지 않는 것

① '-뎡이'

'-뎡이'는 중세국어에서는 (192)의 예에서 보듯이 사람 뒷가지로 쓰인
다. 그런데 이 가지는 근대국어에서는 보이지 아니하다가 현대국어에서
는 (153-156)의 예에서 보듯이 그 중심적인 뜻바탕은 '사물'에 있고 사람
의 뜻바탕을 가진 '깍정이, 뚝정이'는 특이 뜻바탕을 가진 파생어로 나
타난다.

> (228) ㄱ. 묵정이, 삭정이, 썩정이, 껌정이, 검정이, 굽정이, 숲정이, 깍정이
> (깍지)
> ㄴ. 깍정이, 뚝정이

(228ㄱ)은 사물의 뜻바탕을 가진 경우이고 (228ㄴ)은 사람의 뜻바탕을
가진 경우이다.

현대국어의 '-정이' 가지는 사물의 뜻바탕을 가진 경우가 사람의 경
우보다는 훨씬 생산적이므로 '사물'은 중심적인 뜻바탕이 되고 '사람'은
특이 뜻바탕이 된다.

따라서 이 '-정이'는 중세국어에서는 사람 뒷가지로서 생산성을 가지
다가 현대국어에서 그 생산성을 사물 뒷가지로 넘겨 주고 사람의 뜻바
탕을 가진 파생어는 밑말과 가지의 결합 시에 여과장치로써 <사람>의

특이 정보를 얻어 파생되는 것으로 보아야 한다.

이렇게 두고보면 중세국어의 사람 뒷가지 '-정이'는 근대국어를 거쳐 현대국어에서는 사물 뒷가지로 변하였다고 할 수 있다.

② '-여기'

사람 뒷가지로서의 이 가지는 근대국어에서 '훍븨-'의 밑말과 결합한 형태만이 보인다.

이 가지는 근대국어의 사물 뒷가지 '-아기/어기'가 자신의 파생력을 확장하는 과정에서 '-어기'가 'ㅣ 치닮기'현상을 일으키면서 <사람>의 특이 뜻바탕을 가진 '훍븨여기'가 나타난 것으로 보인다.

이러한 사실은 사물 뒷가지 '-아기/어기'가 중세나 근대국어에서 (120, ᄉᆞ라기, ᄇᆞᄉᆞ라기), (138, 뽈아기, 부스럭이)의 예에서 보듯이 <사물>의 중심적인 뜻바탕만을 가지다가 현대국어에서는 (160)의 '간지라기, 나지라기'에서 보듯이 <사람>의 특이 뜻바탕을 나타내기도 하는데 이 특이 뜻바탕이 근대국어에도 나타났을 것으로 보이기 때문이다.

그런데도 이 글에서 '-여기'를 따로 근대국어의 사람 뒷가지로 둔 것은 '-아기/어기'가 움직씨 밑말과 결합한 예가 없고 '-여기'의 형태가 근대나 현대국어에서 사물 뒷가지로 쓰인 예를 찾을 수 없기 때문이다.

따라서 이 글에서는 '-여기'가 중세나 근대국어의 '-아기/어기'에서 나왔으나 이것이 '-여기'의 형태를 가짐으로 근대국어에서는 '-여기' 홀로 사람 뒷가지로 쓰이다가 현대국어에서는 이것이 '사팔뜨기'에 그 세력이 밀려 사라진 것으로 보아둔다.

(2) 앞 시대에도 쓰였고 다음 시대에도 가지로 쓰이나 가지의 형태,
    의미 등 일부가 변한 것

사람 뒷가지에서는 근대국어와 현대국어 사이에서만 나타난다.
따라서 이들 가지가 나타나는 근대국어와 현대국어를 빗대어 그 변
천을 표로써 보인다.

① '-바치/아치>-아치'

(229)

	근대국어	현대국어
파생형태	노롯바치, 홍정밧치/홍정아치, 풀무아치, 풍뉴아치, 셩녕바치, 독바치, 활바치	장사아치, 재주아치, 벼슬아치, 동자아치, 동냥아치
밑말	이름씨	이름씨
유형	1	1
뜻바탕	X와 관련된 일을 작업적으로 하는 사람	X하는 일을 직업적으로 하는 사람

① 이 가지는 밑말, 유형, 기능에 있어서는 두 시대에 차이가 없다.
② 이 가지의 형태가 근대국어에서는 '-바치/아치'로 나타나는데 현대국
   어에서는 '-아치'로만 나타난다. 현대국어의 '-바치'의 형태는 '놀음바
   치, 갖바치, 노릇바치' 등이 나타나나 이들의 형태는 밑말이 본래의
   뜻을 상실함으로써 어휘화한다.
③ 근대국어에서는 '-바치/아치'가 'X하는 일을 직업적으로 하는 사람(노
   롯, 홍정, 풀무, 풍뉴, 셩녕-)'과 'X만드는 일을 직업적으로 하는 사람
   (독-, 활-)'의 뜻바탕을 가지면서 파생어를 형성하였으나 현대국어에
   서는 'X하는 일을 직업적으로 하는 사람'의 뜻바탕을 가진 파생어만
   을 형성한다.

② '-방이>-뱅이/방이'

(230)

	근대국어	현대국어
파생형태	안준방이	안달뱅이, 가난뱅이, 주정뱅이, 앉은뱅이, 비렁뱅이, 떠돌뱅이, 돌림뱅이, 느림뱅이, 게으름뱅이, 짜름뱅이, 얼금뱅이, 알금뱅이, 너털뱅이, 절뚝뱅이, 잘름뱅이
밑말	이름씨	이름씨, 움직씨, 그림씨, 상징어
유형	2	3
뜻바탕	X특성이 있는 사람	X특성이 있는 사람

③ '-쟝이/쟝이>-장이/쟁이'

(231)

	근대국어	현대국어
파생형태	씌쟝이, 쇄쟝이, 니쟝이/미쟝이, 산쟝이/산쟝이, 어림쟝이, 난쟝이	벽돌장이, 의자장이, 우산장이, 옹기장이, 양복장이, 간판장이, 삿갓장이, 도장장이, 옥장이, 은장이, 금장이, 구리장이, 납장이, 일수장이, 약국장이, 요술장이, 만담장이, 별점장이, 연극장이, 쇠침장이, 땜장이, 아첨장이, 수다장이, 게으름장이, 역성장이, 외입장이, 멋장이, 애꾸장이, 안경장이, 꼼꼼장이, 또드락장이, 콜록장이, 난장이, 배꼽장이, 구석장이, 손목장이, 골목장이
밑말	이름씨, 그림씨	이름씨, 상징어, 그림씨
유형	3	3
뜻바탕	중심 : X와 관련있는 일을 전문적으로 하는 사람(씌쟝이, 쇄쟝이, 니쟝이, 산쟝이) : X의 특성이 있는 사람 (어림쟝이, 난쟝이)	중심 : X 만드는 일을 전문적으로 하는 사람 (벽돌장이, 의자장이 …) : X로써 만드는 일을 전문적으로 하는 사람 (옥장이, 은장이 …) : X를 직업적으로 하는 사람(일수장이, 약국장이 …) : X의 특성을 가진 사람(고집장이, 꼼꼼장이, 난장이 …) 특이성 : 사물(배꼽장이, 구석장이, 손목장이, 골목장이)

(3) 앞 시대에는 가지로 나타나지 않으나 다음 시대에 나타나는 것

① '-바치/아치'

이 형태는 '바지>바치>와치>아치'의 발달 과정을 가진다.
'-바지'는 12세기 문헌인 계림유사에 그 형태를 보이고 중세국어에도
'-바치, -와치'와 함께 쓰인다.

> (232) ㄱ. 工匠日 把指<계림유사>
>   農日 宰把指<계림유사>
>   훙졍바치 둘히 길홀 몯 녀아<월곡86>
>   ㄴ. 工 공쟝바치 공<자회중 : 3>
>   ㄷ. 냥반과 녀름지스리와 공쟝와치와 훙졍와치라<정속21>

그리고 '-바지'는 중세국어까지는 실사로 쓰인다.

> (232)' 匠은 바지라<법화서 : 21>

그러다 '-바지'는 근대국어에서 그 모습을 보이지 아니한다. 다만 중
세국어에서 '-바지'의 이형태로 쓰였던 '-바치/아치'의 형태가 나타나는
데 근대국어의 '-바치/아치'는 중세국어의 실사 '-바지'와 어느 정도의
유연성을 가지는지 지금으로는 알 수 없다.
그러나 현대국어의 '-아치'는 가지임이 분명하다. 따라서 중세국어의
'-바지/바치/아치'는 어느 시기엔가 문법화 과정을 거쳤을 것인데 글쓴
이는 이 시기를 '바지' 형태가 사라진 근대로 본다.
근대국어의 가지 '-바치/아치'는 중세국어의 실사가 문법화한 형태이다.

② ‘-직이’

이 가지는 중세국어의 문헌에서 쓰인 예를 찾을 수 없다. 이는 근대국어에 처음으로 쓰인 것으로 보인다.

그렇다면 이 가지는 어떻게 이루어진 것일까?

여기에 대해서는 대개 두 가지로 추측해 볼 수 있겠는데 하나는 중세국어의 남움직씨 ‘딕ᄒ-(守)’에서 ‘-ᄒ-’가 준 형태 ‘딕’에 ‘-이’가 결합되어 재구조화하면서 문법화하였다고 보는 것이고(유목상, 1990 : 193) 다른 하나는 한자말 ‘直’에 ‘-이’가 결합 되어 역시 재구조화하면서 문법화하였다고 보는 것이다(김철남, 1992ㄴ : 125).

>   (233) 딕ᄒ- : 빈 房올 딕ᄒ라 ᄒ시니<월곡177>
>   直 : 名其直宿之所曰當直<중종실록 권 14 : 47>

글쓴이는 ‘-직이’가 근대국어뿐만 아니라 현대국어에서도 주로 한자말 밑말과 결합하여 이름씨를 파생하는 사실에 주목하여 이 글에서는 ‘-직이’를 한자말 ‘直’에 ‘-이’의 형태가 결합된 것으로 보아둔다.

③ ‘-꾸럭이’

이 가지도 근대국어의 문헌에 처음 나타나는 것으로 보인다.
이 가지는 중새국어의 ‘굳(坑)’과 연관이 있어 보인다.

>   (234) 굳(坑) : 굳 포고 블 픠우니<월곡60>

이것은 현재 경상도 방언에 ‘잠꾸러기, 빚꾸러기’가 ‘잠꾸디이, 빚꾸디이’로 나타나는데 여기에 나타난 ‘-꾸디이’는 ‘구덩이’와 유연성을 가지고 있기 때문이다.

따라서 이 글에서는 '-쑤러기'를 중세국어의 '굳(坑)'에 먼저 '-억' 가지
가 결합하여 '*구덕>구럭'이 형성되고 여기에 다시 '-이'가 결합되면서
'구러기>쑤러기'가 형성된 것으로 본다.

그리고 '쑤러기'는 근대국어에서 '*구럭'과 의미의 유연성을 잃고 문법
화한 것으로 본다.

④ '-방이'

이 가지도 근대국어의 문헌에 처음 나타나는 것으로 보인다.

이 형태는 삼국유사 등에서 사람의 이름 뒤에 흔히 쓰이는 '방'에 '-이'
가 결합한 형태이다.

(235) 방 : 薯童房<삼국유사, 서동요>

(235)의 '薯童房'을 양주동(1975 : 447-450)에서는 '맛둥방'으로 읽으면서
'방'의 어원을 역시 삼국유사 등에서 사람의 이름 뒤에 흔히 쓰이는 형
태 '바, 보'에서 찾았다.

'-보'의 형태는 현대국어에서 사람 뒷가지로 쓰인다.

그러나 '방'의 어원이 되는 '바, 보'는 중세국어까지는 <命, 長命>의 뜻
을 가진 실사로 쓰인다(강성일, 1975 : 245).

(236) 바 : 耆婆 此云長壽天神<능엄 2 : 9>

따라서 근대국어의 사람 뒷가지로 쓰이는 '-방이'나 현대국어의 '-보'
는 실사가 문법화한 형태라 하겠는데 '-방'의 경우는 근대국어에서 '-이'

의 결합과 함께 문법화한 경우이고 '-보'는 그 자체가 현대국어에서 문법화한다.

⑤ '-이'

이 형태는 중세국어에도 쓰인다.

중세국어에 쓰이는 '-이'의 형태는 크게 네 가지로 구분된다.

하나는 앞에서 살핀 바 있는 추상화 뒷가지로서의 '-이'이고, 둘은 유사가지로서 소리를 고르는 구실을 하는 '-이'이며, 셋은 사람의 뜻을 가진 실사로서의 '-이'이고, 넷은 사물 뒷가지로서의 '-이'이다.

(237) ㄱ. 놀이<내 2상 : 30>, 사리<월석 1 : 44>, 더니<박초상 : 18>…
   ㄴ. 孔雀이<용46>, 目連이<석보 6 : 1>, 羅雲이<석보 6 : 10>, 光目이<월석 21 : 53>
   ㄷ. 늘근이<소언 6 : 80>, 져므니<석보 19 : 1>, 니스리<석보 6 : 7>, 드르리<능엄 9 : 94>
   ㄹ. 부횡이<자회상 : 8>, 졉동이<유합상 : 12>, 듬브기<자회상 : 17>, 그려기<능엄 8 : 121>

(237ㄱ)은 추상화 뒷가지, (227ㄴ)은 유사가지, (237ㄷ)은 매인 이름씨, (237ㄹ)은 사물 뒷가지의 '-이'를 보인 것이다.

근대국어의 사람 뒷가지 '-이'는 중세국어에서 쓰이는 이 네 가지의'-이'의 형태 중 어느 하나가 변천하였을 터인데 이 중에서 (227ㄷ)의 실사가 문법화하였을 가능성이 가장 크다. 이것은 사람 뒷가지가 매인 이름씨 '이'가 가지는 '사람'의 뜻바탕을 가지기 때문이다.

따라서 근대국어의 사람 뒷가지 '-이'는 이 글에서 중세국어의 매인 이름씨 '-이'가 문법화한 것으로 보아둔다.

⑥ '-장이/쟝이'

이 가지도 근대국어의 문헌에 처음 나타나는 것으로 보인다.

이 가지는 기술자의 뜻을 가진 한자말 '匠'에 '-이'가 붙어 형성된 가지이다.

> (238) · 갈 잘 밍글 쟝신(快打刀子的匠人)<박초상 : 15>
> · 鎖匠 쇄쟝이<무원 1 : 17>

⑦ '-뜨기'

이 가지는 현대국어에 처음 나타난다.

(212ㄴ)의 '칠뜨기'에서 보면 수를 나타내는 밑말과 결합하여 'X의 특성이 있는 사람'이라는 뜻바탕을 가지기는 하나 이 가지의 본바탕은 (212ㄱ, 촌뜨기)과 같이 어떠한 지역적 특성을 나타내는 밑말과 결합하여 '그 지역적 특성이 있는 사람'을 나타내는 데 있다.

> (212ㄱ)' 촌뜨기, 시골뜨기, 서울뜨기, 산골뜨기

이들 파생어는 경상도 방언에서 'X떠기'로 나타난다.

> (239) 촌떠기, 시골떠기, 서울떠기, 산골떠기

그리고 경상도 방언의 택호도 그 사람의 출신 지역의 이름을 붙여 'X떠기'로 나타난다.

> (240) 서울떠기, 수원떠기, 원주떠기…

물론 (240)의 택호는 'X지역의 사람'이라는 뜻바탕을 가지고 (239)의 경우는 'X지역적 특성을 가진 사람'이라는 뜻바탕을 가짐으로 이 둘의 뜻바탕에는 어느 정도 차이가 있다.

그러나 가지의 뜻바탕은 추상적이어서 이런 정도의 차이는 얼마든지 있을 수 있어 경상도 방언에서의 '-띠기'는 (239, 촌띠기)과 (240, 수원띠기)를 나누기 힘들다.

경상도 방언의 '-띠기'는 한자말 '宅'에 '-이'가 결합되어 '-대기>-띠기'가 된 것이 분명하다.

그렇다면 (212ㄱ)'의 '촌뜨기, 시골뜨기, 서울뜨기, 산골뜨기'도 한자말 '宅'에 '-이'가 결합되어 형성된 '-대기>-뜨기'로 볼 수 있겠다.

⑧ '-동이/둥이'

사람 뒷가지로서의 '-동이/둥이'는 현대국어에 처음 나타난다.

이 가지는 한자말 '童'에 '-이'가 결합된 것으로 보인다.

'童'은 중세중기의 문헌인 삼국사기나 삼국유사를 비롯하여 중세후기나 근대국어의 문헌에 기록된 사람의 이름 속에 많이 나타나는데 이것이 현대국어에서 '-이'와 결합하면서 문법화하여 '-동이/둥이'로 나타난 것이 아닌가 한다.

(241)　·夏四月王子好童<삼국사기, 권14, 대무신왕 15년>
　　　　·검동, 막동, 올미동, 쟈가동, 힌동<사리영험기 22>
　　　　·毛乙童, 先童, 乙童[22]

---

31) 이 자료는 최범훈(1977 : 187-224) 참조.

⑨ '-내기'

이 가지는 중세나 근대국어의 문헌에서는 보이지 않는다.

이 가지도 현대국어에 처음 나타나는 것으로 보이는데 이는 (81)의 예에서 보인 <사람>의 뜻바탕을 가진 'X나기' 나온 것으로 보인다. 여기에 대해서는 (212)의 예를 통하여 설명한 바 있으므로 재론을 피한다.

⑩ '-다리'

이 가지의 형태는 중세중기의 사람의 이름으로 쓰인 '都利, 道, 度路' 등에서 찾을 수 있다.

(242) 都利 : 突山高墟村 長日蘇我都利<삼국유사 권1 시조 혁거세>
　　　道 : 奈勿麻立干… 金氏, 父仇道葛文王<삼국유사 권1 왕력>
　　　度路 : 智證麻立干 立, 性金氏, 諱智大路, 或云智度路, 又云 智哲老
　　　<삼국사기 권4 : 신라본기 제4>

양주동(1975 : 547-548)에서는 (232)의 '蘇我都利, 仇道, 智度路' 등을 'ㅅ불도리, 굳도리, 디도리'로 읽으면서 사람의 이름에 쓰인 '도리'는 속자 '乭'로 쓰이면서 근대에까지 쓰여진다고 밝힌다. 그리고 그 뜻을 '수명 굳음'의 뜻으로 쓰인 '돌(石)'임을 밝힌다.

그렇다면 중세중기부터 근대까지 사람의 이름에 쓰였던 '도리, 돌'은 그대로 실사 '돌'이었을 것으로 보이는데 이것이 현대국어에서는 '돌 + 「-이」→도리>다리'가 되면서 '-다리'는 본래의 형태 '돌'과 형태, 의미상 유연성을 잃고 문법화한 것으로 보인다.

4. 기타 뒷가지

이 뒷가지는 앞에서 살핀 추상화 뒷가지, 사물 뒷가지, 사람 뒷가지 등을 제외한 나머지 잡다한 뜻바탕을 가진 뒷가지를 한 데 묶어 이르는 말이다. 이들을 기타 뒷가지로 한 데 묶는 것은 먼저 그 뜻바탕을 가지는 가지가 거의 하나나 둘에 불과하고 또 이들에까지 하나의 의미 자질을 주어 이름씨 뒷가지를 분류하기에는 의미 체계상 매우 복잡하기 때문이다.

이 글에 보이는 기타 뒷가지는 중세, 근대, 현대국어에서 대체로 생산성을 가지는 것으로 (1) 행위, (2) 뭇셈, (3) 높임, (4) 장소 등의 뜻바탕을 가지는 뒷가지들이다.

1) 중세국어

(1) 행위 뒷가지

① '-질'

> (243) ㄱ. 불무질(鍛, 불부) : 山陽애셔 불무질ㅎ고<두초8 : 65>
> 달고질(打夯, 달고) : 봄뇌야 달고질ㅎ야<내훈3 : 13>
> 비븨질(鑽, 비븨) : 鑽 비븨질 찬<유합하 : 46>
> 슈질(繡, 슈) : 룡을 슈질ㅎ니는<박초상 : 14>
> ㄴ. 도죽질(賊, 도죽) : 도죽질ㅎ거든 내틸 디니라<소언2 : 55>
> ㄷ. 쁠에질(掃, *쁠에) : 쁠에질ㅎ거늘<삼강효 : 7>
> 글게질(洗刷鉋, 글게) : 미실 싯기며 빗겨 글게질ㅎ야<박초상 : 21>
> 부체질(䰍, 부체) : 부체질 아니ㅎ며<소언2 : 64>
> (244) 딤질(鑄, 딤) : 鑄 딤질홀 주<자회하 : 16>

이 가지는 이름씨 밑말과 결합하여 다시 이름씨를 파생하므로 이는 1 유형 가지이다.

이 가지와 결합하는 밑말은 실체성 이름씨이거나 동작성 이름씨이다. (243, 불무질)은 실체성 이름씨 밑말이고 (244, 딤질)은 동작성 이름씨 밑말이다.

실체성 이름씨 밑말은 다시 나누어진다.

뜻으로 보아 (243ㄱ, ㄷ, 불무, 쁠에)은 사물 이름씨이고 (243ㄴ, 도족) 은 사람 이름씨이다. 그리고 (243ㄷ, 쁠에질), (244, 딤질)의 밑말은 파생 이름씨이다.

이 가지는 이러한 밑말과 결합하면서 'X행위'의 뜻바탕을 가진 파생 어를 형성한다. 이 가지를 행위 뒷가지라 한다.

이제 이 가지의 구체적인 뜻바탕을 살펴본다.

(243)의 '불무질, 달고질, 비븨질, 글게질, 부체질'은 X가 행위의 도구가 됨으로써 여기에는 'X로써 하는 행위'라는 뜻바탕이 있다. 따라서 이들 파생어에서는 'X로써 하는 행위'라는 이 가지의 뜻바탕을 구할 수 있다.

(243), (244)의 '슈질, 도족질, 쁠에질, 딤질'은 'X하는 행위'의 뜻바탕을 가진다. 따라서 이들 파생어에서는 'X하는 행위'라는 이 가지의 뜻바탕 을 구할 수 있다.

이 두 뜻바탕은 동질성이 매우 강하므로 한 데 묶을 수 있다. 이 묶어 진 뜻바탕 즉 'X(로써)하는 행위'를 이 가지의 중심적인 뜻바탕으로 삼 는다.

이 가지는 'X(로써)하는 행위'의 뜻바탕을 가진 행위 뒷가지이다.

(2) 뭇셈 뒷가지

① ‘-네/내’

(245) 즁내(←즁 + ‘-내’) : 즁내 날 爲ᄒᆞ야 뎌를 지ᅀᅩ려<오원>
    각시내(←각시 + ‘-내’) : 옷 니븐 각시내라<월석2 : 43>
    아기네(←아기 + ‘-네’) : 여러 아기네 ᄃᆞ려<소언5 : 26>
(246) ㄱ. 아자바님내(←아자바님 + ‘-내’) : 아바닚긔와 아ᄌᆞ마닚긔와 아
        자바님내끠 다 安否ᄒᆞᅀᆞᆸ고<석보6 : 1>
    ㄴ. 어마님내(←어마님 + ‘-내’) : 네 아ᄃᆞ리 各各 어마님내 뫼ᅀᆞᆸ고
        누의님내 더브러<월석2 : 6>
        누의님내(←누의님 + ‘-내’) : 네 아ᄃᆞ리 各各 어마님내 뫼ᅀᆞᆸ고
        누의님내 더브러<월석2 : 6>
        즁님내(←즁님 + ‘-내’) : 부텨와 즁님내끠<월석7 : 41>
        어비ᄆᆞᆮ내(←어비ᄆᆞᆮ + ‘-내’) : 淨飯王이 … 즉자히 나랏 어비ᄆᆞᆮ
        내ᄅᆞᆯ 모도아<석보6 : 9>
        그듸네(←그듸 + ‘-네’) : 그듸네 큰 일훔 일우믄<두초8 : 55>
(247) 聖人내(←聖人 + ‘-내’) : 녯 聖人냇 ᄇᆞ라ᄆᆞᆯ 보미<몽20>
    夫人내(←夫人 + ‘-내’) : 녀느 夫人냇 아ᄃᆞᆯ<월석2 : 4>
    졔왕네(←졔왕 + ‘-네’) : 졔왕네 쓰실 비단도<박초상 : 14>
    현인네(←현인 + ‘-네’) : 현인네 글왈란<야운48>

이 가지는 사람 이름씨 밑말과 결합하여 다시 이름씨를 파생하므로 1
유형 가지이다.

이 가지와 결합하는 밑말은 홑진 이름씨 밑말이거나 파생 이름씨 밑
말이거나 한자말 밑말이다.

(245, 즁내)는 홑진 이름씨 밑말에, (246, 아자바님네)는 파생 이름씨
밑말에, (247, 聖人내)는 한자말 밑말에 이 가지가 결합된 형태이다. 그
러나 이들 밑말이 사람의 뜻바탕을 가진다는 점에서는 다름이 없다.

이 가지는 이러한 밑말과 결합하여 ‘뭇셈’의 뜻바탕을 가진 파생어를

형성한다.

따라서 이 가지를 뭇셈 뒷가지라 한다.

그런데 위 파생어의 뜻바탕을 좀 더 자세히 살펴보면 그 파생어가 나타나는 문맥적 상황에 따라 그 뜻바탕이 조금 다르다.

(246ㄱ)에서 보면 이 때의 '-내'는 '아바님, 아즈마님, 아자바님'에 대한 '-내'이므로 이는 현대국어의 매인 이름씨 '-따위'와 가깝고 (245, 즁네), (246ㄴ, 어마내), (247, 聖人내)의 '-네/내'는 현대국어의 토씨 '들'과 가깝다.23)

이렇게 두고보면 이 가지는 중세국어에서도 매인 이름씨이거나 토씨일 가능성은 있다.

그런데도 글쓴이가 이를 뒷가지로 다루는 것은 이 가지가 사람의 뜻바탕을 가진 밑말에만 나타남으로써 중세국어에서 '뭇셈'의 문법적인 뜻을 가진 토씨 '딇'과는 구분되는 형태상 특이성이 있기 때문이다.

이제 이 가지의 뜻바탕을 살펴본다.

위 파생어는 모두 뭇뜻을 나타내면서 여기에는 'X와 같은 무리'라는 뜻바탕이 있다.

(232ㄴ)의 '어마님내, 누의님내'도 '어마님의 무리, 누의님의 무리'의 뜻을 가진다. 따라서 이들 파생어에서는 'X와 같은 무리'라는 이 가지의 뜻바탕을 구할 수 있다.

---

32) 현대국어의 '들'은 보는 이에 따라 의견을 달리 한다. 김계곤(1969ㄴ : 122-123)에서는 이를 도움토씨로 보았고 고영근(1974 : 16)에서는 이 형태소가 나타나는 형태에 따라 나누어서 이름씨 뒤에 붙어 겹셈이 되도록 하는 '들'은 파생가지로 보고 어찌말이나 풀이말 토씨 뒤에 붙어 임자말이 겹셈임을 나타내는 '-들'은 도움토씨로 보았다. 그리고 하치근(1987 : 140-141)에서는 굴곡파생가지로 보았다. 글쓴이는 '들'을 김계곤을 따라 토씨로 본다. 그 까닭에 대해서는 조일규(1988 : 119) 참조.

② '-희'

(248) 너희(←너 + '-희') : 舍利弗아 너희 부텻 마룰 고디 드르라<석보13 : 47>
　　저희(←저 + '-희') : 녯 風俗이 저희 서르 즐겨 ᄒᆞ놋다<두초10 : 42>

이 가지는 사람 대이름씨 밑말과 결합하여 다시 대이름씨를 파생하
므로 이는 1유형 가지이다.

이 가지와 결합하는 밑말은 (248)에서 보듯이 낮춤의 뜻바탕을 가진다.

'너'는 '그디'와의 관계에서 낮춤의 뜻바탕을 가지고 '저'는 '나'와의 관
계에서 낮춤의 뜻바탕을 가진다.

이 가지는 1)의 '-네/내'와 이로써 구분되기도 한다. 즉 '-네/내'는 높
임의 대상이 되는 사람이나 높임의 뒷가지 '-님'과의 결합이 가능한데
이 가지에는 그러한 예를 볼 수 없다.

이 가지는 이러한 밑말과 결합하여 'X의 무리'라는 뜻바탕을 가진 '뭇
셈'의 파생어를 형성한다. 따라서 이들 파생어에서는 'X의 무리'라는 이
가지의 뜻바탕을 구할 수 있다.

③ '-븨'

(249) 벋븨(←벋 + '-븨') : 벋븨 ᄉᆞ이예ᄂᆞᆫ 그 서르 디믈 게을이 아 니코쟈
　　　　　<소언5 : 77>

이 가지는 이름씨 밑말과 결합하여 다시 이름씨를 파생하면서 'X의
무리'라는 뜻바탕을 가진 '뭇셈'의 파생어를 형성한다.

따라서 이 파생어에서는 'X의 무리'라는 이 가지의 뜻바탕을 구할 수
있다.

(3) 높임 뒷가지

① '-님'

  (250) ㄱ. 아바님(←아비>아바 + '-님') : 아바님 지ᄒᆞ신 일훔<용가9>
          어마님(←어미>어마 + '-님') : 母는 어마니미라<월석2 : 12>
          아자바님(←아자비>아자바 + '-님') : 아자바닚 棺올 메ᅀᆞᄫᅡ 지
             이다<월석10 : 10>
          아ᄌᆞ마님(←아ᄌᆞ미>아ᄌᆞ마 + '-님') : 아ᄌᆞ마니ᇝ 大愛道ᄅᆞᆯ 니
             ᄅᆞ시니<석보6 : 1>
          스승님(←스승 + '-님') : 스승니믈 尊ᄒᆞᅀᆞ오미오<법화3 : 108>
          아ᄃᆞᆯ님(←아ᄃᆞᆯ + '-님') : 아ᄃᆞᆯ님이 나샤 나히 닐구비어늘<월석
             8 : 84>
          ᄯᆞ님(←ᄯᆞᆯ + '-님') : 호ᇆ ᄯᆞ님 나코<석보11 : 40>
          아ᅀᆞ님(←아ᅀᆞ + '-님') : 淨飯王人 아ᅀᆞ니ᇝ 白飯王과<월석2 : 11>
      ㄴ. 히님(←히 + '-님') : 히님 향ᄒᆞ야 솜ᄭᅵ라<분온8>
          ᄃᆞᆯ님(←ᄃᆞᆯ + '-님') : ᄃᆞᆯ닚긔 구룸 몯ᄃᆞᆺ<월곡83>

이 가지도 이름씨 밑말과 결합하여 다시 이름씨를 파생하므로 1유형
가지이다.

이 가지의 밑말은 높임의 대상이 되는 사람이거나 인격화된 사물이다.

(250ㄱ, 아바님)의 밑말은 높임의 대상이 되는 사람이고 (250ㄴ, 히님)
은 인격화된 사물이다.

이 가지는 이러한 밑말과 결합하여 높임의 뜻바탕을 가진 이름씨를
파생한다.

이 가지에는 'X높임'의 뜻바탕이 있다.

(4) 장소 뒷가지

① '-맡'

>(251) 머리맡(←머리 + '-맡') : 棺올 우희 엱줍고 부텨와 難陀 와는 머리
>마터 셔시고<월석10 : 10>

이 가지는 이름씨 밑말과 결합하여 다시 이름씨를 파생하면서 'X가 있는 방향의 장소'라는 뜻바탕을 가진 파생어를 형성한다. (251)의 '머리맡'은 '머리가 있는 방향의 장소'의 의미를 가진다. 따라서 이 파생어에서는 'X가 있는 방향의 장소'라는 이 가지의 뜻바탕을 구할 수 있다.

2) 근대국어

(1) 행위 뒷가지

① '-질'

>(252) ㄱ. 톱질(鋸, 톱) : 곳 잡아 술위 쓰이고 톱질 시겨<박중하 : 18>
> 달구질(夯打, 달구) : 夯打 달구질ᄒ다<역보14>
> 바ᄂ질(裁縫, 바눌) : 裁縫 바ᄂ질<동문상 : 56>
> 불무질(鍛, 불무) : 일훔 난 어디니도 불무질ᄒ기 수멋도다<박
>   중2 : 20>
> 솔질(刷, 솔) : 刷 솔질ᄒ다<한240c>
> 송곳질(錐, 송곳) : 錐 송곳질ᄒ다<한240b>
> 조앙이질(撈魚, 조앙이) : 撈魚 조앙이질ᄒ다<한303a>
> ㄴ. 도적질(賊. 도적) : 홈ᄭᅵ 도적질ᄒ미 됴티 아니ᄒ랴<박중하 : 26>
> ㄷ. 도리채질(打連楷, 도리채) : 打連楷 도리채질ᄒ다<역해하8>
> 겻눈질(肯旁看, 겻눈) : 肯旁看 겻눈질하다<한437a>
> ㄹ. 쓰레질(掃, *쓰레) : 무덤의 뵈여 쓰레질ᄒ며<신속속효 : 29>

(253) ㄱ. 양지질(漱, 양지) : 내 양지질ᄒᆞ쟈<박중하 : 2>

픽이질(打噎, 픽이) : 打噎 픽이질ᄒᆞ다<역해상27>

쟝ᄉᆞ질(經紀, 쟝ᄉᆞ) : 쟝ᄉᆞ질ᄒᆞ며<경민18>

근두질(跟陡, 근두) : 跟陡 근두질ᄒᆞ다<역해하 : 24>

ㄴ. ᄃᆞ롬질(走, ᄃᆞ롬) : 牢子들희 ᄃᆞ롬질을 네 본다<박중중 : 52>

두드림질(搖搗, 두드림) : 搖搗 두드림질ᄒᆞ다<역해하 : 5>

우김질(執繆, 우김) : 우김질로 통간ᄒᆞ면<경민22>

감침질(縫, 감침) : 신발 슷침 감침질과<가곡P106>

락시질(鉤, 락시) : 고기 잡고 락시질ᄒᆞ야<십구1 : 18>

근대국어의 '-질'도 이름씨 밑말과 결합하여 다시 이름씨를 파생하므로 1유형 가지이다.

여기서도 이 가지와 결합하는 밑말은 실체성 이름씨이거나 동작성 이름씨이다.

(252, 톱질)는 실체성 이름씨 밑말이고 (253, 양지질)은 동작성 이름씨 밑말이다.

이들은 다시 나누어진다.

먼저 실체성 이름씨 밑말에서 본다.

실체성 이름씨는 뜻으로 보아서는 (252ㄱ, ㄷ, ㄹ, 톱, 도리채, 쓰레)의 사물 이름씨와 (252ㄴ, 도적)의 사람 이름씨로 나누어지고 형태로 보아서는 (252ㄱ, ㄴ, 톱, 도적)의 홑진 이름씨와 (252ㄷ, 도리채)의 겹 이름씨와 (252ㄹ, 쓰레)의 파생 이름씨로 나누어진다. 파생 이름씨는 밑말에 사물 뒷가지가 결합되어 형성된 사물 이름씨이다.

이제 동작성 이름씨 밑말에서 본다.

이는 형태로 나누어진다.

(253ㄱ, 양지)은 홑진 이름씨이고 (253ㄴ, ᄃᆞ롬)은 파생 이름씨이다. 'ᄃᆞ롬, 두드림, 우김, 감침'은 밑말에 '-음'이 결합한 형태이고 '락시'는 '-이'

가 결합된 형태이다.

이제 이 가지의 구체적인 뜻바탕을 살펴본다.

(252ㄱ, 톱질), (252ㄷ)의 '도리채질'은 X가 '행위'의 도구가 됨으로써 여기에는 'X로써 하는 행위'라는 뜻바탕이 있다. 따라서 이들 파생어에서는 'X로써 하는 행위'라는 이 가지의 뜻바탕을 구할 수 있다.

(252ㄴ, 도적질), (252ㄷ)의 '곁눈질', (253ㄱ, ㄴ, 양지질, 드람질)은 'X하는 행위'의 뜻바탕을 가진다. 따라서 이들 파생어에서는 'X하는 행위'라는 이 가지의 뜻바탕을 구할 수 있다.

여기서도 이 둘이 묶어진 뜻바탕 즉 'X(로써)하는 행위'를 이 가지의 중심적인 뜻바탕으로 삼는다.

이 가지는 중세국어의 '-질'과 다르지 않다.

(2) 뭇셈 뒷가지

① '-네'

> (254) 나그너네(←나그너 + '-네') : 나그너네 네 블 찟기ᄒ눈다<노해초
> 상 : 18>
> (255) 벗님네(←벗님 + '-네') : 이보오 벗님네야 흔드지나 말넘우ᄂ<가곡
> 55>
> (256) ㄱ. 判事네(←判事 + '-네') : 判事네도 同道ᄒ야<신어1 : 2>
> 부녀네(←부녀 + '-네') : 니 집ᄉ는 부녀네 집 ᄉᄒᄂ니라<가언
> 1 : 25>
> 녀편네(←녀편 + '-네') : 뎡경부인 노시는 … 본딕 녀편네 덕이
> 일더니<신속 열3 : 3>24)

---

24) '녀편네'는 현대국어에서 '아내'를 낮추어 이르는 말이다. 그러나 근대국어에서는
'녀편'의 '뭇셈'으로 쓰이면서 '남편네'에 대응하는 말이다. 여기에는 '낮춤'의 뜻이

ㄴ. 쇼인네(←쇼인 + '-네') : 쇼인네 수이 도라 가오면<신어 : 23>

이 가지는 근대국어에서도 사람 이름씨 밑말과 결합하여 다시 이름
씨를 파생하는 1유형 가지이다.

이 가지와 결합하는 밑말은 근대국어에서도 (254)처럼 홑진 이름씨
밑말 이거나 (255)처럼 파생 이름씨 밑말이거나 (256)처럼 한자말 이름
씨 밑말이나 이들 밑말이 사람의 뜻바탕을 가진다는 점에서는 다름이
없다.

이 가지는 이러한 밑말과 결합하면서 'X와 같은 무리'라는 뜻바탕을
가진 '뭇셈'의 파생어를 형성한다. 따라서 이 파생어에서는 'X와 같은 무
리'라는 이 가지의 뜻바탕을 구할 수 있다.

이 가지는 중세국어의 '-네' 가지와 다르지 아니하다.

② '-희'

(256) 너희(←너 + '-희') : 내 너희뎌예 정흐마<청노5 : 19>
     저희(←저 + '-희') : 저희 지어 있는 밥을 우리 주어 먹이고<노해
        초 상 : 40>

이 가지는 근대국어에서도 사람의 뜻바탕을 가지는 대이름씨와 결합
하여 다시 대이름씨를 파생하므로 1유형 가지이다.

이 가지는 근대국어에서도 낮춤의 뜻바탕을 가지는 밑말 '너, 저'와
결합하면서 'X의 무리'라는 뜻바탕을 가진 '뭇셈'의 파생어를 형성한다.

없다.
'신속 열3 : 3'에서의 '녀편네'가 '뎡경부인'과 걸리는 것으로 보아도 알 수 있다.
현대국어의 '녀편네(여편네)'는 밑말이 생산성을 가지지 못하므로 이는 어휘화한
낱말이다.

따라서 이들 파생어에서는 'X의 무리'라는 이 가지의 뜻바탕을 구할 수
있다.

이 가지는 중세국어의 '-희' 가지와 다르지 않다.

③ '-비'

> (257) 벋비(←벋 + '-비') : 오래 나그내 두외요매 벋비 글워를 해오게 호
> 니<두해 중19 : 20>

이 가지는 근대국어에서도 중세국어와 마찬가지로 이름씨 밑말 '벋'
과 결합하면서 'X의 무리'라는 뜻바탕을 가진 '뭇셈'의 파생어를 형성한
다. 따라서 이 파생어에서도 'X의 무리'라는 이 가지의 뜻바탕을 구할
수 있다.

(3) 높임 뒷가지

① '-님'

> (258) 아바님(← 아비>아바 + '-님') : 아바님 날 나흐시고<송강하 : 51>
> 어마님(← 어미>어마 + '-님') : 어마님 날 기르시니<송강하 : 51>
> 각시님(← 각시 + '-님') : 妳妳 각시님<역해상 : 26>
> 벗님(← 벗 + '-님') : 이보오 벗님네야<가곡 : 55>
> 손님(← 손 + '-님') : 널 손님 지내옵네<해동P13>

근대국어의 이 가지도 중세국어와 마찬가지로 높임의 대상이 되는
밑말과 결합하여 높임의 뜻바탕을 가진 이름씨를 파생한다. 이 가지에
도 'X높임'의 뜻바탕이 있다.

(4) 장소 뒷가지

① '-맡'

(259) 벼맡(← 벼개+-맡) : 둘이 조차 벼마틔 빗최니<송강1 : 12>

(259)의 '벼맡'의 밑말은 '벼개'에서 '-개'가 준 모습이다. 따라서 '벼맡'은 이름씨 밑말에 이 가지가 결합된 형태로 보아야 한다. '벼맡'은 '벼개가 있는 방향의 장소'의 뜻을 갖는다. 이 가지에는 'X가 있는 방향의 장소'라는 뜻바탕이 있다.

3) 현대국어

(1) 행위 뒷가지

(260) ㄱ. 낫질, 절구질, 쟁기질, 주먹질, 물레질, 매질, 방아질, 방망이질, 망치질, 못질, 반두질, 바느질, 걸레질, 비누질, 붓질, 송곳질, 돈질
ㄴ. 서방질, 계집질, 도둑질
ㄷ. 선생질, 무당질
ㄹ. 젓가락질, 부체질, 돌맹이질, 빨래질, 올가미질, 뜨개질
ㅁ. 곁눈질
(261) ㄱ. 장난질
ㄴ. 낚시질, 노름질, 달음질, 땜질, 깎음질, 바꿈질, 박음질, 마름질
ㄷ. 잠수질, 연애질, 욕설질, 아첨질, 욕질

현대국어의 '-질'도 이름씨 밑말과 결합하여 다시 이름씨를 파생하므로 1유형 가지이다.

여기서도 이 가지와 결합하는 밑말은 실체성 이름씨이거나 동작성 이름씨이다.

(260, 낫, 서방, 선생, 젓가락, 눈)은 실체성 이름씨 밑말이고 (261, 장난, 낚시, 잠수)은 동작성 이름씨 밑말이다.

이들은 다시 나누어진다.

먼저 실체성 이름씨에서 본다.

실체성 이름씨는 뜻으로 보아서는(260ㄱ, ㄹ, 낫, 젓가락)의 사물 이름씨와 (260ㄴ, ㄷ, 서방, 선생)의 사람 이름씨로 나누어지고 형태로 보아서는 (260ㄱ, ㄴ, 낫, 서방)의 홑진 이름씨와 (260ㄷ, 선생)의 한자말 이름씨와 (260ㄹ, 젓가락)의 파생 이름씨와 (260ㅁ, 곁눈)의 합성 이름씨로 나누어진다. 파생 이름씨는 밑말에 사물 뒷가지가 결합되어 형성된 사물 이름씨이다.

이제 동작성 이름씨 밑말에서 본다.

이는 형태로 나누어진다.

(261ㄱ, 장난)은 홑진 이름씨이고 (261ㄴ, 낚시)은 밑말에 주로 추상화 가지가 결합되어 이루어진 파생 이름씨이다. 파생 이름씨 밑말에서 '낚시'는 '-시' 가지가 '낚-'에 결합된 형태이고 '노름, 달음…' 등은 '-음'이 밑말에 결합된 형태이다.

현대국어의 '-질'은 이러한 밑말과 결합하면서 'X행위'의 뜻바탕을 가진 파생어를 형성한다.

이제 이 가지의 구체적인 뜻바탕을 살펴본다.

(260ㄱ, 낫), (260ㄴ)의 '서방질, 계집질', (260ㄹ, 젓가락질)은 'X가 행위의 도구'가 됨으로써 여기에는 'X로써 하는 행위'라는 뜻바탕이 있다. 따라서 이들 파생어에서는 'X로써하는 행위'라는 이 가지의 뜻바탕을 구할 수 있다.

(260ㄷ)의 '도둑질', (260ㄷ, 선생질), (260ㅁ, 곁눈질), (260ㄱ, ㄴ, 장난질, 낚시질)의 파생어는 'X하는 행위'의 뜻바탕을 가진다. 따라서 이들

파생어에서는 'X하는 행위'라는 뜻바탕을 구할 수 있다.

여기서도 이 둘이 묶어진 뜻바탕 즉 'X(로써)하는 행위'를 이 가지의 중심적인 뜻바탕으로 삼는다. 그리고 이 가지가 사람의 밑말과 결합할 때에는 <행위 경멸>의 뜻이 부가 된다. 이는 '사람'을 행위의 도구로 보는데서 비롯된 듯하다.

이 가지가 가진 형태, 의미상 특성은 중세, 근대국어와 크게 다르지 않다.

(2) 뭇셈 뒷가지

① '-네'

> (262) ㄱ. 아버님네, 어머님네, 형님네, 아저씨네, 따님네, 아드님네, 선생
>   님네, 반장님네, 통장님네
>   ㄴ. 딸네, 아들네, 동생네
>   ㄷ. 순이네, 갓난이네
> (263) 노인네, 아낙네, 부인네, 남정네, 어르신네
> (264) 우리네, 너희네

이 가지는 현대국어에서도 사람 이름씨 밑말과 결합하여 다시 이름씨를 파생한다.

이 가지는 (262ㄱ, 아버님네)처럼 높임의 대상이 되는 밑말이거나 (262ㄴ, 딸네)처럼 낮춤의 대상이 되는 밑말과도 결합하고 (262ㄷ, 순이네)처럼 사람의 이름 뒤에도 결합한다.

이 가지는 이러한 밑말과 결합하면서 '뭇셈'의 뜻바탕을 가진 파생어를 형성한다.

이제 이 가지의 구체적인 뜻바탕을 살펴본다.

(262, 아버님네, 딸네, 순이네)에서는 이들 파생어가 'X에 속한 무리'라는 뜻바탕을 가진다. 따라서 이들 파생어에서는 'X에 속한 무리'라는 이 가지의 뜻바탕을 구할 수 있다.

(263, 노인네)에서는 이들 파생어가 'X와 같은 무리'라는 뜻바탕을 가진다. 따라서 이들 파생어에서는 'X와 같은 무리'라는 이 가지의 뜻바탕을 구할 수 있다.

(264, 우리네)에서는 이들 파생어가 'X의 무리'라는 뜻바탕을 가진다. 이는 '한 동아리'의 뜻이다. 따라서 이들 파생어에서는 'X의 무리'라는 이 가지의 뜻바탕을 구할 수 있다.

그런데 이들 가지의 뜻바탕은 그렇게 이질적인 것이 아니다. 이들 뜻바탕에는 모두 'X의 무리'라는 공통된 뜻바탕을 가지므로 이 뜻바탕을 '-네'의 중심적인 뜻바탕으로 삼을 수 있다.

이 중심적인 뜻바탕은 중세나 근대국어의 '-네'에서도 나타나는 뜻바탕이다.

그러나 중세나 근대국어에서는 'X에 속한 무리'의 뜻바탕이나 'X동아리'의 뜻바탕을 가진 파생어는 좀채로 찾기 힘들다. 대개 'X와 같은 무리'의 뜻바탕을 가진다.

이렇게 두고보면 '-네' 가지는 현대국어에서 그 구체적인 뜻바탕이 다양해졌다고 할 수 있다.

② '-희'

(265) 너희, 저희

이 가지는 현대국어에서도 사람 대이름씨 밑말 '너, 저'와 결합하여 다시 대이름씨를 파생한다.

이 가지는 현대국어에서도 'X의 무리'라는 뜻바탕을 가진다.

이 가지는 중세, 근대국어의 '-희'와 다르지 않다.

(3) 높임 뒷가지

① '-님'

(266) ㄱ. 아버님, 어머님, 형님, 아드님, 따님, 반장님, 통장님, 선생님, 사
      장님
    ㄴ. 달님, 해님, 별님

이 가지는 현대국어에서도 사람 이름씨나 인격화된 사물 이름씨와
결합하여 다시 이름씨를 파생하므로 이는 1유형 가지이다.

이 가지는 현대국어에서도 'X높임'의 뜻바탕을 가진다.

이 가지는 중세, 근대국어의 '-님' 가지와 다르지 않다.

(4) 장소 뒷가지

① '-맡'

(267) 머리맡, 벼개맡

이 가지는 사물 이름씨 밑말과 결합하여 그 사물이 있는 방향의 장소
를 나타내는 1유형 가지이다. 이 가지에는 'X가 있는 방향의 장소'라는
뜻바탕이 있다.

(267)의 '머리맡'과 '벼개맡'은 대개 같은 뜻으로 쓰인다.

이 가지는 중세나 근대국어의 '-맡'과 다르지 않다.

4) 종합

지금까지 행위 뒷가지, 뭇셈 뒷가지, 높임 뒷가지, 장소 뒷가지에 대하여 각 시대별로 살펴보았다.

이제 이들을 한데 모아 하나의 표로 보이면 (268)와 같다.

(268)

시대	구분	유형	가지	밑말	파생형태와 뜻바탕	기타
중세국어	행위 뒷가지	1유형	-질	이름씨	불무질, 달고질, 비븨질, 글게질, 부체질(X로써 하는 행위) 슈질, 도족질, 쁠에질, 딤질(X하는 행위)	중심
	뭇셈 뒷가지	1유형	-네/내	이름씨	즁내, 각시내, 아기네, 아자바님네, 어마님네, 누이님네, 즁님내, 어비몬내, 聖人내, 夫人내, 제왕네, 현인네(X와 같은 무리)	〃
			-희	대이름씨	너희, 저희(X의 무리)	〃
			-븨	이름씨	벋븨(X의 무리)	〃
	높임 뒷가지	1유형	-님	이름씨	아바님, 어마님, 아자바님, 아즈마님, 스승님, 아돌님, 쓰님, 아슥님, 히님, 둘님 (X높임)	〃
	장소 가지	1유형	-맡	이름씨	머리맡(X가 있는 방향의 장소)	〃
근대국어	행위 뒷가지	1유형	-질	이름씨	톱질, 달구질, 바느질, 불무질, 솔질, 송곳질, 조앙이질, 도리채질(X로써 하는 행위) 도적질, 겻눈질, 쓰레질, 양지질, 픽이질, 쟝스질, 근두질, 드롬질, 두드림질, 우김질, 감침질, 락시질(X하는 일)	〃
	뭇셈 뒷가지	1유형	-네	이름씨	나그너네, 벗님네, 判事네, 부녀네, 녀편네, 쇼인네(X와 같은 무리)	〃
	뭇셈 뒷가지	1유형	-희	대이름씨	너희, 저희(X의 무리)	〃
			-비	이름씨	벋비(X의 무리)	〃
	높임 뒷가지	1유형	-님	이름씨	아바님, 어마님, 각시님, 벗님, 손님 (X높임)	〃
	장소 뒷가지	1유형	-맡	이름씨	벼맡(X가 있는 방향의 장소)	〃

시대	구분	유형	가지	밑말	파생형태와 뜻바탕	기타
현대국어	행위 뒷가지	1유형	-질	이름씨	낫질, 절구질, 쟁기질, 주먹질, 물레질, 매질, 방아질, 방망이질, 망치질, 못질, 반두질, 바느질, 걸레질, 비누질, 붓질, 송곳질, 서방질, 계집질, 젓가락질, 부체질, 돈질, 돌맹이질, 빨래질, 올가미질, 뜨개질, 장난질(X로써 하는 행위)	중심
	행위 뒷가지	1유형	-질	이름씨	도둑질, 선생질, 무당질, 곁눈질, 장난질, 낚시질, 노름질, 달음질, 땜질, 깎음질, 바꿈질, 박음질, 마름질, 잠수질, 연애질, 욕설질, 아첨질, 욕질(X하는 행위)	〃
	뭇셈 뒷가지	1유형	-네/내	이름씨	아버님네, 어머님네, 형님네, 아저씨네, 따님네, 아드님네, 선생님네, 반장님네, 통장님네, 딸네, 아들네, 동생네, 순이네, 갓난이네(X에 속한 무리) 노인네, 아낙네, 부인네, 남정네, 어르신네(X와 같은 무리) 우리네, 너희네(X의 무리)	〃
			-희	대이름씨	너희, 저희(X의 무리)	〃
	높임뒷가지	1유형	-님	이름씨	아버님, 어머님, 형님, 아드님, 따님, 반장님, 통장님, 선생님, 사장님, 달님, 해님, 별님(X 높임)	〃
	장소뒷가지	1유형	-맡	이름씨	머리맡, 벼개맡(X가 있는 방향의 장소)	〃

① 이들 가지는 모두 1유형 가지로서 한 씨갈래(이름씨)의 밑말과 결합하여 그 밑말과 같은 씨갈래(이름씨)를 파생하는 뒷가지다.

② '-질', '-희', '-님', '-맡' 등의 가지는 형태, 의미, 기능에 있어 그 변천된 모습을 발견하기 힘들다.

③ '뭇셈' 뒷가지 '-븨'는 중세나 근대국어에서는 'X의 무리'의 뜻바탕을 가지면서 가지로 나타나나 현대국어에서는 '-들'에 세력이 밀려 사라진 것으로 보인다.

④ '뭇셈' 뒷가지 '-네/내'는 중세나 근대국어에서는 주로 'X와 같은 무리'라는 뜻바탕을 가진다.

이것이 현대국어에서는 'X에 속한 무리', 'X와 같은 무리', 'X의 무리' 등의 구체적인 뜻바탕을 가진다.

풀이씨 만드는 뒷가지는 ①밑말의 본질적인 뜻을 바꾸는가 바꾸지 않는가에 따라 본질적인 뜻을 바꾸는 뒷가지와 본질적인 뜻을 안바꾸는 뒷가지로 나누어지고 ②가지가 밑말의 씨갈래를 바꾸는가 바꾸지 않는가에 따라 씨갈래 바꾸는 뒷가지와 씨갈래 안바꾸는 뒷가지로 나누어지며 ③가지가 결합될 수 있는 밑말의 정도에 따라 한 씨갈래 뒷가지와 여러 씨갈래 뒷가지로 나누어진다.

따라서 풀이씨 뒷가지는 Ⅲ. 이름씨 뒷가지의 변천에서 살폈듯이 다음 세 가지의 분류 기준을 세울 수 있다.

① 밑말의 본질적인 뜻을 바꾸는가 여부
② 밑말의 씨갈래를 바꾸는가 여부
③ 가지가 결합될 수 있는 밑말의 씨갈래 정도

이 기준에 따른 뒷가지의 유형을 좀 더 자세히 살펴본다.

먼저 ①을 살펴본다.

풀이씨 뒷가지는 밑말의 본질적인 뜻을 바꾸는가 여부에 따라 먼저 밑말의 본질적인 뜻을 바꾸지 않는 가지와 본질적인 뜻을 바꾸는 가지로 나누어진다.

> (269) 깨뜨리(다), 감치(다), 돌이키(다), 동그랗(다)/둥그렇(다), 크다랗(다), 세차(다)
> (270) 놀랍(다), 차갑(다), 미덥(다), 어른답(다), 보배롭(다), 어른스럽(다)
> (271) 녹이(다), 앉히(다), 굴리(다), 굶기(다), 돋우(다), 돋구(다), 늦추(다)
> (272) 꺾이(다), 잡히(다), 쫓기(다), 열리(다)

(269)는 밑말의 본질적인 뜻이 바뀌지 않는다. '깨(다) : 깨뜨리(다), 감(다) : 감치(다), 돌이(다) : 돌이키(다), 동글(다)/둥글(다) : 동그랗(다)/둥그렇(다), 크(다) : 크다랗(다), 세(다) : 세차(다)'에서 보면 밑말의 움직임이나 상태가 가지는 본질적인 뜻이 파생어에서 바뀌지 않는다. 가지는 밑말의 움직임이나 상태에 단지 '힘줌'의 뜻바탕을 더한다. 이러한 뒷가지를 '힘줌 풀이씨 뒷가지', 줄여서 '힘줌 뒷가지'라 한다(조일규, 1996 : 79). 힘줌 뒷가지는 밑말의 본질적인 뜻을 바꾸지 않는 가지이다.

이에 비하여 (270-272)의 경우는 다르다. 이들 파생어를 밑말과 빗대어 보면 모두 그 본질적인 뜻이 바뀌었다. (270) '놀라(다) : 놀랍(다), 차(다) : 차갑(다), 믿(다) : 미덥(다), 어른 : 어른답(다), 보배 : 보배롭(다), 어른 : 어른스럽(다)'에서 보면 이들 파생어의 밑말은 '움직임이나 상태의 구체적인 X사실'의 뜻을 나타내는데 비하여 파생어는 'X사실에 대한 주관, 정의적 표현'의 뜻이 나타난다. 이러한 뒷가지를 '정의 표현 풀이씨 뒷가지', 줄여서 '정의 표현 뒷가지'라 한다(조일규, 1999 : 172). 밑말의

본질적인 뜻이 바뀐 것은 (271-272)도 마찬가지이다. (271) '녹(다) : 녹이
(다), 앉(다) : 앉히(다), 구르(다) : 굴리(다), 굶(다) : 굶기(다), 돋(다) : 돋
우(다), 돋(다) : 돋구(다), 늦(다) : 늦추(다)' (272) '꺾(다) : 꺾이(다), 잡
(다) : 잡히(다), 쫓(다) : 쫓기(다), 열(다) : 열리(다)'에서 보면 이들 파생
어의 밑말은 'X움직임'의 뜻을 나타내는데 비하여 (271)은 'X움직임의
하임'의 뜻이 나타나고 (272)는 'X움직임의 입음'의 뜻이 나타난다. (271)
의 뒷가지를 '하임 풀이씨 뒷가지' 줄여서 '하임 뒷가지'라 하고, (272)의
뒷가지를 '입음 풀이씨 뒷가지' 줄여서 '입음 뒷가지'라 한다.

(270)과 (271, 272)는 다시 나누어진다. (270)의 파생어는 모두 상태성
을 가지는데 비하여 (271, 272)는 움직성을 가진다. 따라서 (270)의 뒷가
지는 '밑말의 본질적인 뜻을 바꾸는 상태성 뒷가지'이고 (271, 272)는 '밑
말의 본질적인 뜻을 바꾸는 움직성 뒷가지'이다.

(271)과 (272)는 다시 나누어진다. (271)에서는 '하임'의 뜻이 나타나고,
(272)에서는 '입음'의 뜻이 나타난다.

이러한 사실을 두고보면 풀이씨 뒷가지는 ①의 기준에 따라 (273)과
같이 나누어진다.

(273)

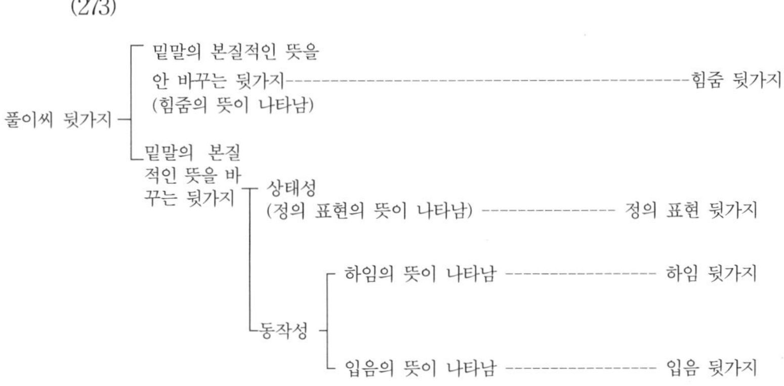

이제 ②에 따라 나누어 본다.[1]

풀이씨 뒷가지도 밑말의 씨갈래를 바꾸는 것도 있고 바꾸지 않는 것
도 있다.

(274) 굵다랗(다), 곱다랗(다), 높다랗(다)
(275) 놀랍(다), 남자답(다)

(274)의 '-다랗-' 가지는 그림씨 밑말과 결합하여 다시 그림씨를 파생
한다. 이 가지는 밑말의 씨갈래를 바꾸지 아니한다. '씨갈래 안바꾸는
뒷가지'이다.

이에 비하여 (275)의 '-ㅂ-, -답-' 가지는 밑말의 씨갈래를 바꾼다. '놀
랍(다)'는 움직씨 밑말 '놀라(다)'에 가지 '-ㅂ-'이 결합되어 그림씨를 파
생하였고, '남자답(다)'는 이름씨 밑말 '남자'에 가지 '-답-' 이 결합되어
그림씨를 파생하였다. '씨갈래 바꾸는 뒷가지'이다.

풀이씨 뒷가지도 이렇게 밑말의 씨갈래 바꿈의 여부에 따라 '씨갈래
바꾸는 뒷가지'와 씨갈래 안바꾸는 뒷가지로 나누어진다.

이제 ③에 따라 나누어본다.

풀이씨 뒷가지도 가지에 따라 한 씨갈래 밑말에만 결합되는 것이 있
고 둘 이상의 씨갈래 밑말과 결합되는 것이 있다.

(276) 귀공자답(다), 남자답(다), 사나이답(다), 사람답(다)
(277) ㄱ. 미덥(다), 반갑(다), 아깝(다), 즐겁(다)
     ㄴ. 구덥(다), 서럽(다)
     ㄷ. 간지럽(다), 누그럽(다), 매끄럽(다), 보드랍(다)

1) ②, ③의 기준에 따른 분류에 대해서는 이 글 Ⅲ. 이름씨 뒷가지의 변천(26-27) 참조.

(276)의 '-답-' 가지는 항상 이름씨 밑말에만 결합된다. 이는 한 씨갈래 밑말에만 결합되는 뒷가지이다. '한 씨갈래 뒷가지'이다.

이에 비하여 (277ㄱ-ㄷ)의 '-압/업-' 가지는 움직씨(277ㄱ), 그림씨(277ㄴ), 상징 어찌씨(277ㄷ) 밑말과 결합한다. 이는 여러 씨갈래 밑말과 결합되는 뒷가지이다. '여러 씨갈래 뒷가지'이다.

이와 같이 풀이씨 뒷가지도 가지가 결합될 수 있는 씨갈래의 정도에 따라 '한 씨갈래 뒷가지'와 '여러 씨갈래 뒷가지'로 나누어진다.

이상으로 풀이씨 뒷가지의 분류 기준과 그 기준에 따른 풀이씨 뒷가지의 유형을 정리하면 (278)과 같다.

(278)
① 밑말의 본질적인 뜻을 바꾸는가의 여부에 따라

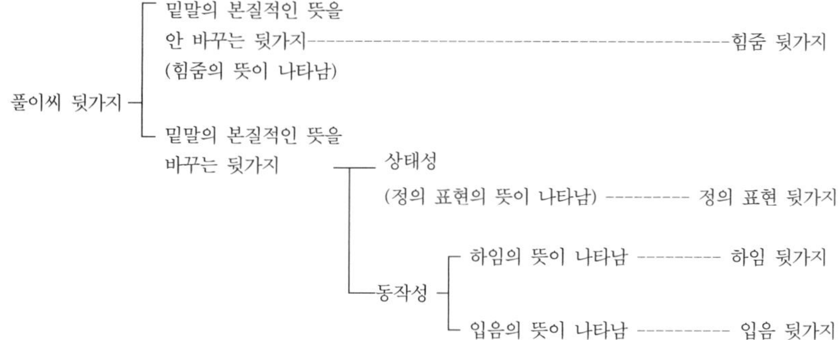

② 밑말의 씨갈래를 바꾸는가의 여부에 따라

③ 가지가 결합될 수 있는 밑말의 씨갈래 정도에 따라

<table>
<tr><td rowspan="2">풀이씨 뒷가지</td><td>한 씨갈래의 밑말에 붙음 ──────── 한 씨갈래 뒷가지</td></tr>
<tr><td>여러 씨갈래의 밑말에 붙음 ───── 여러 씨갈래 뒷가지</td></tr>
</table>

여기서도 ②, ③의 분류 기준은 한데 묶어 (279)과 같이 그 유형을 설정 한다.

(279)

유형	결합되는 씨갈래 정도	밑말의 씨갈래 바꿈 여부	가지 이름
1유형	한 씨갈래 밑말	안 바꿈	한 씨갈래 밑말 안 바꾸는 가지
2유형	한 씨갈래 밑말	바꿈	한 씨갈래 밑말 바꾸는 가지
3유형	여러 씨갈래 밑말	바꾸거나 안 바꿈	여러 씨갈래 밑말 바꾸거나 안바꾸는 가지
4유형	여러 씨갈래 밑말	바꿈	여러 씨갈래 밑말 바꾸는 가지

여기서도 ①에 바탕을 둔 유형을 으뜸으로 하고 ②, ③에 바탕을 둔 유형은 으뜸에 대한 딸림으로 한다.

따라서 풀이씨 뒷가지의 으뜸 유형을 ① 힘줌 뒷가지, ② 정의 표현 뒷가지, ③ 하임 뒷가지, ④ 입음 뒷가지로 하고, 딸림 유형은 (279)의 1, 2, 3, 4 유형으로 한다.

1. 힘줌 뒷가지

‘힘줌 뒷가지’는 가지가 밑말과 결합하여 새로운 낱말을 만들되 힘줌
의 뜻바탕을 가진 풀이씨를 파생하는 뒷가지이다.

힘줌 뒷가지는 중세국어에서는 ‘-티-, -혀/혀-, -받/완-, -잊-, -ᄧ/ᄲ-,
-츠/츠/치/스-’ 가지가 있고, 근대국어에서는 ‘-티/치-, -혀/켜/키-, -완-.
-잊-, -ᄲ-, -츠/츠/스-’ 가지가 있으며 현대국어에서는 ‘-뜨리-, -치-,
-(이/으)키-, -앟/엏-, -다랗-, -차-’ 가지가 있다.

1) 중세국어

① ‘-티-’ 가지

이 가지는 중세국어에서 움직씨 밑말과 결합하여 다시 움직씨를 파
생한다. 이는 한 씨갈래 밑말 안바꾸는 1유형 가지이다.

> (280) ㄱ. (홑낱말 + ‘-티-’)
> 것티다(折, 젓-) : 그 ᄢᅴ 降히요리라 ᄒᆞ야 다리ᄅᆞᆯ 것티고<삼강중 : 26>
> 걸티다(搭, 걸-) : 쇠 둥의 서르 다혀 걸티고<구간1 : 71>
> ᄀᆞ리티다(搏, ᄀᆞ리-) : 하ᄂᆞᆯ홀 ᄀᆞ리텨 ᄂᆞᆺᄂᆞ니라<남명하 : 16>
> ᄣᅢ티다(破, ᄣᅢ-) : 머리ᄅᆞᆯ ᄣᅢ텨 닐굽 조가기 ᄆᆡᇰᄀᆞ라<법화7 : 119>
> 드위티다(飜, 드위-) : 모ᄆᆞᆯ ᄉᆞ라 셜버 드위텨 디게 ᄒᆞ고<월석1 : 29>
> 들티다(擧, 들-) : 기리혀 나ᄌᆞᆼ 들티ᄂᆞᆫ 소리 옛 字ᄂᆞᆫ 上聲이니<자회범례>
> 덜티다(除, 덜-) : 몬져 이런 것들홀 덜텨 ᄇᆞ리고<소언5 : 98>
> 떨티다(拂, 떨-) : 므를 떨텨 ᄉᆞ매 두위잇고<두초15 : 2>
> 믜티다(裂, 믜-) : 한 도ᄌᆞ기 오ᄉᆞᆯ 믜티고<삼강열 : 13>
> ᄇᆞ스티다(碎, ᄇᆞ스-) : 그 머리ᄅᆞᆯ ᄇᆞ스툐터<능엄7 : 65>
> 베티다(斫, 베-) : 도ᄌᆞ기 環刀 빼혀 손바ᄅᆞᆯ 베티고<월석10 : 25>

브드티다(搭, 븓-) : 길헤 브드톗는 버듨고존<두초10 : 8>

쌔티다(拔, 쌘-) : 拔 쌔틸 발<유합하 : 11>

쓰리티다(撯, 쓸-) : 時로 불토ᄀ로 쓰리툐몰 니부라<두초15 : 43>

업티다(僵, 엎-) : 므를 업텨 님금 爲ᄒᅀᅡ와<두초6 : 50>

열티다(開, 열-) : ᄀ숲 窓올 열티노라<두초15 : 53>

쁴티다(裂, 쁴-) : 입모스눌 귀예 다ᄃ게 쁴티니<삼강중 : 26>

ㄴ. 데티다(煤, 데-) : 글븐 가마애 오로 녀허 데티니<월석23 : 75>

다티다(觸, 닿-) : 블근 스매 거믄고애 다티더니라<두초10 : 4>[2]

헤티다(披, 헤-) : 시혹 깃구디 혹 헤티돗 ᄒ며<월석18 : 32>

ㄷ. 츼티다(偏, 츼-) : 이에 니르런 츼텨 禪에 決斷 ᄒ시니라<귀감

상 : 13>

(281) (곁낱말 + '-티-')

거두티다(捲, 거두-) : 바르미 니 거두티돗 ᄒ고<귀감상 : 24>

그치티다(斷, 그치-) : 千差롤 그치텨 안ᄌ샤<금삼2 : 3>

내티다(出, 내-) : 허믈 업스니 어드리 내티료<월석2 : 6>

니르티다(起, 니르-) : 혀근 스르몰 니르텨 내샤<법화1 : 156>

두르티다(揮, 두르-) : 서리 ᄀᄐ 갈홀 두르티니<두초16 : 62>

드리티다(投, 드리-) : 글는 가마애 드리티ᄂ니라<월석1 : 29>

힘줌 뒷가지 '-티-'는 매우 생산적이다.

'-티-'는 본래 실사로 쓰이던 '티다(打)'에서 온 것으로 보인다(강성일, 1975 : 78). 그리고 실사 '티다(打)'는 중세국어에 여전히 쓰인다.

중세국어에서 실사로 쓰이는 '티다'는 홀로 쓰이면서 다른 낱말과 통어론적 구성을 가지거나 이름씨 밑말 뒤에서 형태론적 구성을 가지는 데 비하여 가지 '-티-'는 움직씨 밑말과 결합하면서 '힘줌'의 뜻바탕을

---

2) '다티다'의 밑말 '다 -'는 따로 나타나지 않으나(허웅, 1975 : 193) 이는 '다티다, 다좇다, 다잊다, 다왇다, 다듣다'의 '다 -'가 가지는 '접근'의 뜻이 제움직씨 '닿다'와 크게 다르지 않고 한글학회(1992 : 4972, 4977)에서는 '다티다'의 '다 -'를 '닿다'에 연관시키고 있다. 따라서 이 글에서는 '다티다' 등의 '다-'를 '닿다'의 다른 꼴로 보아둔다.

밑말에 더한다.

> (282) ㄱ. 사ᄅ미 구지즈며 티거든 다 ᄎ마<석보13 : 22>
>   ㄴ. 여러 가짓 풍류ᄒ며 슔벽티며 놀애 블러<월석10 : 45>
>   ㄷ. 그 ᄢ 降히요리라 ᄒ야 다리ᄅ 것티고<삼강중 : 26>

(282ㄱ, ㄴ)의 '티다'는 '打'의 뜻을 가진 실사이다. (282ㄱ)은 홀로 쓰이면서 다른 낱말과 통어론적 구성을 이루고 (282ㄴ)은 이름씨 밑말 뒤에서 형태론적 구성을 이룬다. 그런데 (282ㄷ)의 '것티고'의 '-티-'에는 '打'의 뜻이 나타나지 않는다. 여기서는 풀이씨 '겺다(折)'에 '힘줌'의 뜻을 더한다.

이렇게 두고보면 중세국어의 가지 '-티-'는 중세 이전에 이미 풀이씨 밑말 뒤에서 'X##티다→X#티다 → X+티다'처럼 경계 약화 현상을 일으켜 '打'의 뜻을 잃고 허사화한 것으로 보인다.

(280, 281)의 예는 모두 풀이씨 밑말과 결합한 '-티-'의 형태를 보인 것으로 이들 뒷가지에서는 '힘줌'의 뜻바탕을 구할 수 있다.

이제 '-티-'가 나타나는 형태를 좀 더 구체적으로 살펴본다.

(280, 281)에서 보면 '-티-'가 나타나는 밑말의 형태는 홑낱말이거나 겹낱말의 움직씨이다.

홑낱말의 경우는 (280ㄱ, 것티다)처럼 남움직씨 밑말이거나 (280ㄴ, ㄷ, 데티다, 츼티다))처럼 제움직씨 밑말에 두루 나타나고 겹낱말의 경우는 (281, 거두티다)처럼 '하임'의 가지가 결합된 파생어 밑말에 나타난다.

하임 파생어 밑말은 모두 남움직씨이다.

'-티-'는 이러한 밑말과 결합하면서 밑말에 '힘줌'의 뜻바탕을 더하게

되는데 (280ㄱ, 것티다)이나 (281, 거두티다)처럼 남움직씨 밑말의 경우
는 다시 남움직씨를 파생함으로써 밑말의 씨갈래 하위범주를 바꾸지
아니하나 (280ㄴ, 데티다)나 (280ㄷ, 측티다)처럼 '-티-'가 제움직씨 밑말
과 결합할 때에는 밑말의 하위범주를 바꾸어 남움직씨를 파생하기도
하고(280ㄴ, 데치다), 또 밑말 그대로 제움직씨를 파생하기도 한다(280
ㄷ, 측티다). 따라서, 이 가지는 밑말에 단순히 '힘줌'의 뜻바탕을 더하는
것으로 보아야 한다. 이 가지는 겹낱말 보다는 홑낱말이 밑말일 때 더
생산적이다.

② '-혀->-혀-' 가지

이 가지는 움직씨 밑말과 결합하여 다시 움직씨를 파생한다. 이는 한
씨갈래 밑말 안바꾸는 1유형 가지이다.

   (283) ㄱ. (홑낱말+ -혀/혀-)
           빼혀/혀다(剖, 빼-) : 이를 빼혀 둘헤 밍ᄀ라<법화4 : 46>/荔枝
             롤 빼혀노라<두초15 : 52>
           그리혀다(畫, 그리-) : 혼 번 디나면 크게 그리현 허므리<두초
             16 : 69>
           글희혀다(開, 글희-) : 이블 글희혀 븟고<구방상 : 79>
           드위혀/혀다(飜, 드위-) : 숤바당 드위혀매셔 ᄲᆞᄅ니<능엄1 :
             16>/이제는 이에 드위혈시<금삼2 : 46>
           들혀다(揭, 들-) : 揭 들혈 게<유합하39>
           쌔혀/혀다(拔, ᄲᆡ-) : 그 나못 불휘롤 쌔혀<석보6 : 30>/족접개
             로 쌔혀라<구간6 : 26>
           지혀/혀다(倚, 지-) : ᄀᆞ셰 지혀 미오<월석8 : 99>/門을 지혀셔
             ᄇ라고<소언4 : 33>
           ᄣᅧ혀다(裂, ᄣᅧ-) : 어르믈 블와 ᄣᅧ혀 ᄇ리니오<두초17 : 30>
          ㄴ. 헤혀/혀다(披, 헤-) : 마술 헤혀 기피 나ᅀᅡ가<법화서 : 22>/萬象

애 혜혀 빼야<능엄2 : 48>

(284) (겹낱말 + '-혀-/혀-')

가도혀다(戢, 가도-) : 또 가도혈몰 스랑ᄒ야<두초22 : 51>

그우리혀다(轉, 그우리-) : 티츠며 그우리혀고<월곡39>

걸위혀다(鉤, 걸위-) : 그르메논 프른 믈릐 ᄀ마니 걸위혈몰 맛낫ᄂ

니<두초18 : 3>

기우리혀다(傾, 기우리-) : 기우리혀 앗논그돌 알와라<두초16 : 68>

내혀다(斥, 내-) : 됴ᄒ 무숨올 내혀ᅀᄫ니<월곡72>

느리혀다(延, 느리-) : 네 엇데 ᄆ믈 느리혀 힃 ᄀᅟᆋ새 ᄀᄌ기 흟다<능

엄2 : 43>

니ᄅ혀다(起, 니ᄅ-) : 妄本올 무러 니ᄅ혀시니라<능엄1 : 45>

도ᄅ혀/혀다(廻, 도ᄅ-) : 廻向온 도ᄅ혀 向홀씨니<월석2 : 60>/고홀

자바 긋어 도ᄅ혀 노이다 ᄒ니<남명상 : 58>

드리혀/혀다(吸, 드리-) : 안햇 드트를 드리혀 가져<능엄3 : 15>/根

을 因ᄒ야 塵을 드리혈씨<능엄3 : 2>

버리혀다(開, 버리-) : 입 버리혀고 브스면<구방상 : 4>

움치혀다(縮, 움치-) : 쇼와 몰왜 터리 치워 움치혀 고솜돋 ᄀᄃ더니

라<두초10 : 40>

조리혀다(約, 조리-) : 무숨 조리혀 내 모몰 느즈기 ᄒ며<번소8 : 28>

횟도로혀/혀다(廻, 횟도로-) : 모딘 벼릐 變ㅣ在롤 能히 ᄲᆞ리 횟도로

혀라<월석10 : 102>/天地롤 횟도로혀는 돗 ᄒ도다<두초23 : 30>

'-혀/혀-'는 중세국어에서 매우 생산적인 가지이다.

'-혀/혀-'는 본래 실사로 쓰이던 '혀/혀다(引)'에서 온 것으로 보이는데 '-혀-'가 시기적으로 '-혀-'에 앞선다(허웅, 1975 : 194-195). 그리고 '혀/혀다'는 중세국어에서 여전히 실사로 쓰인다.

중세국어에서 실사로 쓰이는 '혀/혀다(引)'는 통어론적 구성을 이루면서 홀로 쓰이거나 어찌씨 밑말 뒤에서 형태론적 구성을 이루는데 비하여 가지 '-혀/혀다-'는 움직씨 밑말과 결합하면서 '힘줌'의 뜻바탕을 가

진다.

(285) ㄱ. 引온 혈 씨니 經 뜨들 혀 낼 씨라<능엄1 : 5>
ㄴ. 놀애는 마롤 기리혀는 거시오 소릭는 기리혀믈 의지ᄒᆞ는 거시
오<소언1 : 10>
ㄷ. 이롤 ᄲᅢ혀 둘헤 밍ᄀᆞ라<법화4 : 46>

(285ㄱ, ㄴ)의 '혀/혀다'는 통어론적 구성을 가지거나(285ㄱ), 형태론적 구성을 가진(285ㄴ) 실사로써 여기서는 모두 '引'의 뜻을 나타낸다. 그러나 (285ㄷ)의 'ᄲᅢ혀-'에서는 '引'의 뜻이 나타나지 않는다. 여기서는 풀이씨 'ᄲᅢ-'에 '힘줌'의 뜻을 더한다.

이렇게 두고보면 중세국어의 가지 '-혀/혀-'도 중세 이전에 이미 풀이씨 밑말 뒤에서 'X##혀/혀다→X#혀/혀다→X+혀/혀다'처럼 경계 약화되면서 '引'의 뜻을 잃고 허사화한 것으로 보인다.

(283, 284)의 예는 모두 움직씨 밑말과 결합한 '-혀/혀-'의 형태를 보인 것인데 이들 가지에서도 '힘줌'의 뜻바탕을 구할 수 있다.

(283, 284)에서 보면 '-혀/혀-'가 나타나는 밑말의 형태는 홑낱말이거나 겹낱말의 움직씨이다. 홑낱말의 경우는 (283ㄱ, ᄲᅢ혀/혀다)처럼 남움직씨 밑말이거나 (283ㄴ, 헤혀/혀다)처럼 제움직씨 밑말에 두루 나타나고 겹낱말의 경우는 (284, 가도혀다)처럼 '하임'의 가지가 결합된 파생어 밑말에 결합되어 나타난다. 하임 파생어 밑말은 모두 남움직씨이다.

'-혀/혀-'는 이러한 밑말과 결합하면서 밑말에 '힘줌'의 뜻바탕을 더하게 되는데 '-혀/혀-'가 남움직씨 밑말과 결합하여서는 (283ㄱ, ᄲᅢ혀/혀다)이나 (284, 가도혀다)처럼 다시 남움직씨를 파생함으로써 밑말의 씨갈래 하위범주를 바꾸지 아니하나 (283ㄴ, 헤혀/혀다)처럼 '-혀/혀-'가 제움직씨 밑말과 결합할 때에는 밑말의 하위범주를 바꾸어 남움직씨를

파생한다.

이러한 사실을 두고보면 중세국어의 '-혀/혀-'는 단순히 '힘줌'의 뜻바탕만 가지는 것이 아니라 남움직씨되게 하는 자질도 함께 가지고 있다 하겠다. 따라서 이 가지에는 '힘줌, 남움직성'의 의미 자질이 있는 것으로 보아야 한다.

이 가지의 생산성은 '-티-' 가지와는 달리 홑낱말이 밑말일 때 보다는 하임의 가지가 결합된 겹낱말이 밑말일 때 더 생산적이다.

③ '-밭->-왇/윋-' 가지

이 가지는 그 나타난 형태로 보면 움직씨나 그림씨 밑말과 결합하여 다시 움직씨나 그림씨를 파생한다. 여기서는 이 가지를 그 나타난 형태로 보아 여러 씨갈래 밑말 바꾸거나 안 바꾸는 3유형 가지로 보아둔다.

(286) ㄱ. (홑낱말+-밭/왇-)
　　　　베왇다(排, 베-) : 排버릴 빅 又 베와들 빅<자회하 : 24>
　　　　밀왇다(擠, 밀-) : 擠 밀와들 졔<자회하 : 10>
　　　ㄴ. 느리왇다(下, 느리-) : 城郭올 느리와다 보고<두초15 : 43>
　　　　다왇다(衝, 닿-) : 어려본 이리 다와다 ᄀ장 싀틋ᄒ야<석보보9 : 7>
　　　　헤왇다(解, 헤-) : 답답혼 ᄆᅀᅳᆷ믈 헤와도디 엇더ᄒ뇨<박초상 : 1>
　　　ㄷ. 세왇/윋다(强, 세-) : 桓 세와들 환<석천23>/蛟龍이 서리여 고기
　　　　　　세워든 돗 ᄒ도다<두초16 : 16>
(287) (겹낱말+-밭/왇-)
　　　　그치왇다(摧, 그치-) : 아ᅀᆞ미 어딘니 잇그든 그치와다 믜여ᄒ며
　　　　　　<정속10>
　　　　그우리왇다(倒, 그우리-) : 혼 주머귀로 化城關올 텨 그우리 왇고
　　　　　　<금삼3 : 46>
　　　　니르밭/왇다(起, 니르-) : 罪業을 니르바둘 씨라<월석1 : 16>/平等
　　　　　　혼 ᄆᅀᅳ몰 니르와다 풍류와 놀애로<석보9 : 23>

드리왇다(入, 드리-) : 能히 손 드리와도미 어렵도다<금삼2 : 44>
내왇다(出, 내-) : 머릿 뎡바기예 술히 내와다 머릿 조조리<월석
    2 : 40>
믈리받/왇다(退, 믈리-) : 올흔소노로 버믈 믈리바ᄃ며<속삼열 :
    19>/이우젯 호아비 ᄅᆞᆯ 믈리와ᄃ리오<두초15 : 43>
벙으리왇다(開, 벙으리-) : 섈리 입을 벙으리왇고 더운 오좀을 브
    스라<구간1 : 78>
벗기왇다(脫, 벗기-) : ᄀᆞ룺 두들게 벗기와댓도다< 두초7 : 21>
거스리왇다(捍, 거스리-) : 捍은 거스리와둘 씨라<법화5 : 13>
갓ᄀᆞ로왇다(倒, 갓ᄀᆞᆯ오-) : 믄득 須彌山올 딜어 갓ᄀᆞ로와다ᅀᅡ<남
    명하 : 15>
도로왇다(廻, 도로-) : 주머귀로 눔올 티니 눔도 도로와다 텨<정속26>

‘-받-’은 중세국어에서 여전히 실사로 쓰이는 ‘받다(受, 獻)’에서 온 것
으로 보이는 데3) 이는 (287)의 ‘니르받다(起)’, ‘믈리받다(退)’에서 보듯이
이미 ‘받다(受, 獻)’와 의미의 유연성을 잃고, 다만 밑말에 힘줌의 뜻을 더
하고 있다.

따라서 ‘-받-’은 중세 이전에 풀이씨 밑말 뒤에서 실사가 허사화한
것으로 보아야 한다. ‘-ᄫᅡᆮ-’은 ‘-받-’의 /ㅂ/이 /ㅸ/으로 변동한 변이형태
이다.

‘-ᄫᅡᆮ-’은 (286, 287)에서 보듯이 다시 ‘-왇/웓-’으로 변하게 되는데 이
뒤에는 ‘받-(受, 獻)’과의 유연성이 의미뿐만 아니라 형태상으로도 멀어지
게 됨으로써 온전히 가지로 나타나게 된다.

(286, 287)의 예는 가지 ‘-ᄫᅡᆮ/왇-’에 의해 형성된 파생어를 보인 것인데
여기에서 보면 ‘-ᄫᅡᆮ/왇-’이 나타나는 밑말의 형태는 홑낱말이거나 겹낱
말의 풀이씨이다.

---

3) 한글학회(1992 : 5095) ‘받다’ 참조.

홑낱말의 경우는 (286ㄱ, 베완다)처럼 남움직씨 밑말이거나 (286ㄴ, 나리완다)처럼 제움직씨 밑말, 그리고 (286ㄷ, 세완/웜다)처럼 그림씨 밑말에 두루 나타나고 겹낱말의 경우는 (287, 그치완다)처럼 '하임'의 가지가 결합된 파생어 밑말에 결합되어 나타난다. 하임 파생어 밑말은 모두 남움직씨이다.

'-받/완-'은 이러한 밑말과 결합하면서 밑말에 '힘줌'의 뜻바탕을 더하게 되는데 제움직씨와 남움직씨 밑말과 결합될 경우에는 모두 남움직씨를 파생하고 그림씨 밑말과 결합될 경우에는 다시 그림씨를 파생한다.

> (288) ㄱ. 남움 밑말+-받/완- → 남움 : 베완다, 밀완다, 그치완다, 그우리
> 완다…
> ㄴ. 제움 밑말+-받/완- → 남움 : 느리완다, 다완다, 헤완다
> ㄷ. 그 밑말+-받/완- → 그 : 세완/웜다

이렇게 두고보면 '-받/완-'은 두 씨갈래 밑말과 결합하여 다시 두 씨갈래의 파생어를 형성한다 하겠는데 이는 '한 파생가지는 한 씨갈래만을 파생한다'는 파생법의 일반규칙에 어긋나는 한 특이 현상이라 할 수 있다.[4]

이러한 현상은 중세국어에서 움직씨와 그림씨를 온전히 구별할 수 없는데서(허웅, 1975 : 150) 오는 것으로 보이는데 이 글에서는 (288ㄷ)을 일

---

4) 스카리스(Scalise, 170-173)에서는 어느 한 가지가 여러 씨갈래의 밑말과 결합하여 그 밑말의 씨갈래를 바꾸지 못하고 밑말과 같은 여러 씨갈래의 파생어를 형성할 때 이 가지를 평가뒷가지(evaluative suffix)라 한다. 그러나 여기에서는 '-받/완-'이 비록 여러 씨갈래 밑말과 결합하여 다시 밑말과 같은 여러 씨갈래의 파생어를 형성한다 할지라도 이를 평가뒷가지로는 볼 수 없다. 평가뒷가지는 스카리스(Scalise, 앞의 책)에서 지적한대로 밑말의 어떤 자질도 바꿀 수 없는데 (288ㄴ)에서의 '-받/완-'은 밑말의 씨갈래 하위범주 자질을 제움직씨에서 남움직씨로 바꾸기 때문이다.

단 예외적인 한 현상으로 돌려둔다.

이렇게 되면 '-밭/왇-' 가지에도 '힘줌, 남움직성'의 의미 자질이 있다 하겠다.

이 가지도 홑낱말이 밑말일 때 보다는 하임의 가지가 결합된 겹낱말이 밑말일 때 더 생산적이다.

④ '-잊-' 가지

이 가지는 움직씨 밑말과 결합하여 다시 움직씨를 파생한다. 이는 한 씨갈래 밑말 안 바꾸는 1유형 가지이다.

> (289) ㄱ. (홑낱말+-잊-)
> 　　　드위잊다(翻, 드위-) : 오직 거믄 ㅂ ᄅ 믹 큰 믌결 드위이주몰 볼
> 　　　　　쑤니언뎡<금삼5 : 34>
> 　　　떨잊다(拂, 떨-) : 모로매 구루믈 떨이저 기로몰 볼 디로다<두
> 　　　　　초18 : 11>
> 　　ㄴ. 다잊다(擊, 닿-) : 擊은 다이즐 씨라<월석2 : 13>
> 　　　헤잊다(排, 헤-) : ㅂ ᄅ 몰 헤이즐 毛質이 잇ᄂ니<두초8 : 31>
> (290) (겹낱말+-잊-)
> 　　　두르잊다(揮, 두르-) : 부들 두르이즈니 綺糸蕭 폇는 둣고<두초 2
> 　　　　　4 : 25>
> 　　　횟두루잊다(揮, 횟두루-) : 올흔 소노로 나둘 횟두루며 저믈 저리고
> 　　　　　<속삼효 : 9>

'-잊-'은 중세국어에서 여전히 실사로 쓰이는 '잊다(虧)'에서 것으로 보이는데[5] 풀이씨 밑말에 붙어 쓰이는 '-잊-'은 이미 '잊다(虧)'와 의미의

---

5) 한글학회(1992 : 5315) '잊다' 참조.

유연성을 잃고 허사화하면서 밑말에 힘줌의 뜻을 더한다.

(289-290)의 예는 이러한 '-잊-'에 의해 파생된 형태를 보인 것인데 이를 살펴보면 '-잊-'은 홑낱말이나 겹낱말의 움직씨 밑말에 붙어 나타난다.

홑낱말의 경우는 (289ㄱ, 드위잊다)처럼 남움직씨 밑말이거나 (289ㄴ, 다잊다)처럼 제움직씨 밑말에 두루 나타나고 겹낱말의 경우는 (290, 두르잊다)처럼 하임의 가지가 결합된 파생어 밑말에 결합되어 나타난다. 여기서도 하임 파생어 밑말은 모두 남움직씨이다.

'-잊-'은 이러한 밑말과 결합하면서 밑말에 '힘줌'의 뜻바탕을 더하게 되는데 (289ㄱ, 드위잊다)과 (290, 두르잊다)는 '남움직씨+ -잊- → 남움직씨'를 파생하므로 밑말의 씨갈래 하위범주를 바꾸지 아니하나 (289ㄴ, 다잊다)은 밑말의 씨갈래 하위범주를 바꾸어 '제움직씨+ -잊- → 남움직씨'를 파생한다.

따라서 '-잊-' 가지에도 '힘줌'의 뜻바탕과 함께 '남움직성'의 뜻바탕도 가지고 있다 하겠다. 이로 말미암아 제움직씨 밑말의 경우는 남움직씨를 파생한다.

⑤ '-ᄡᅥ/ᄡᅳ-' 가지

이 가지는 움직씨 밑말과 결합하여 다시 움직씨를 파생한다. 이는 한 씨갈래 밑말 안바꾸는 1유형 가지이다.

(291) (홑낱말+-ᄡᅥ/ᄡᅳ-)

ㄱ. 견조ᄡᅳ다(比, 견조-) : 이베 견조ᄡᅳ며 ᄆᆞᅀᆞ매 혜아리면<귀감상 : 4>
너기ᄡᅳ다(惟, 너기-) : ᄒᆞ다가 져그나 너기ᄡᅳ면 믄득 어긔리라 <귀감상 : 3>

ㄴ. 거슬ᄡᅳ다(逆, 거슬-) : 제 性에 거슬ᄡᅳ디 아니케 ᄒᆞ실씨<월석13 : 55>

(292) (겹낱말+-ᄡᅥ/ᄡᅳ-)

마초ᄡᅳ다(證, 마초-) : 글 닐거 열 히롤 墳典을 마초ᄡᅳ니라<두초24 : 32>
자히ᄢᅳ다(測, 자히-) : 녀트며 기푸믈 자히ᄢᅳᄂ다<남명하 : 20>
ᄀᆞᆯ히ᄡᅳ다(別, ᄀᆞᆯ히-) : ᄉᆞ나ᄒᆡ와 겨집의 례예 ᄀᆞᆯ히ᄡᅳ다 ᄒᆞ시니라
   <소언4 : 35>
버리ᄡᅳ다(排, 버리-) : ᄯᅩ 尋常애 혜아려 버리ᄡᅳᄂ 거시 이 識情ㅣ
   며<귀감상 : 16>

'-ᄢᅳ/ᄡᅳ-'는 중세국어에서 여전히 실사로 쓰이는 'ᄢᅳ다(織, 作, 壓)'에서 온 것으로 보이는데(강성일, 1975 : 78) 풀이씨 밑말에 붙어 쓰이는 '-ᄢᅳ/ᄡᅳ-'는 이미 'ᄢᅳ다(織, 作, 壓)'와 의미의 유연성을 잃고 허사화하였다. 밑말에 힘줌의 뜻을 더한다.

(291-292)의 예는 이러한 '-ᄢᅳ/ᄡᅳ-'에 의해 파생된 형태를 보인 것인데 이를 살펴보면 '-ᄢᅳ/ᄡᅳ-'는 홑낱말이나 겹낱말의 남움직씨 밑말에 붙어 나타난다. 겹낱말의 경우는 여기서도 하임의 가지가 결합된 파생어이다.

'-ᄢᅳ/ᄡᅳ-'는 이러한 밑말과 결합하면서 밑말에 '힘줌'의 뜻바탕을 더하게 되는데 (291ㄱ, 292, 견조ᄡᅳ다, 마초ᄡᅳ다)의 경우는 '남움직씨+-ᄢᅳ/ᄡᅳ-→남움직씨'를 파생함으로써 밑말의 씨갈래 하위범주를 바꾸지 아니하나, (12ㄴ, 거슬ᄡᅳ다)의 경우는 씨갈래 하위범주를 바꾸어 제움직씨를 파생한다.

⑥ '-ᄎ/ᄌ/치/ᄉ-' 가지

이 가지는 움직씨나 그림씨 밑말과 결합하여 다시 움직씨나 그림씨를 파생한다. 이는 밑말에 상황적인 뜻바탕을 더하는 평가뒷가지이다.[6]

---

6) 평가 뒷가지에 대해서는 이 글 주4, 스카리스(Scalise, 170~173) 참조.

(293) ㄱ. (홑낱말+-츠/츠/치/스-)
　　　거리치다(濟, 거리-) : 주으린 사ᄅ몰 거리치며<월석2 : 31>
　　　거느리치다(濟, 거느리-) : 어려운 제 時節 거느리칠 지조롤<두초
　　　　23 : 31>
　　　ㅂᅀ츠/스다(碎, ㅂᅀ-) : 規規ᄂᆞᆫ 브즐우즐ᄒᆞᆫ 양이니 ㅂᅀ츠며
　　　　브즐우즐ᄒᆞ야<남명상 : 19>/가지 니픈 ㅂᅀ손 그텟 衆을
　　　　가줄비시고<법화1 : 173>
　　ㄴ. 머믈츠다(止, 머믈-) : 彷徨ᄋᆞ 머믈츨 시라<내상 : 46>
　　ㄷ. 그르츠다(違, 그르-) : 軍令을 그르처<내훈2하 : 37>
　　ㄹ. 세츠다(强, 세-) : 세츠고 질긔우ᄃ며 졍답고 고ᄃ며<소언5 : 10>

'-츠/츠/치/스-'는 같은 밑말에 두루 쓰인 것으로 보인다(허웅, 1975 : 196). 이 가지는 홑낱말의 움직씨에만 붙어 나타난다. 그러나 이 가지가 붙는 밑말의 씨갈래는 다양하다. (293ㄱ, 거리치다)처럼 남움직씨 밑말에도 나타나고 (293ㄴ, 머믈츠다)처럼 제움직씨 밑말에도 나타나며 (293ㄷ, 그르츠다)처럼 그림씨 밑말에도 나타난다.

이 가지는 이러한 밑말과 결합하면서 밑말에 힘줌의 뜻바탕을 더하게 되는데 이 가지에 의해 파생된 파생어의 씨갈래도 다양하다.

(293ㄱ)의 '거리치다, 거느리치다'와 (293ㄴ)의 '므믈치다'는 각각 남움직씨(293ㄱ)와 제움직씨(293ㄴ) 밑말과 결합하여 다시 남움직씨와 제움직씨를 파생함으로써 씨갈래 하위범주를 바꾸지 아니하나 (293ㄱ)의 'ㅂᅀ츠/스다'는 남움직씨 밑말과 결합하여 그림씨를 파생함으로써 가지가 밑말의 씨갈래를 바꾼다. 그리고 (293ㄷ)의 '세츠다'는 그림씨 밑말과 결합하여 다시 그림씨를 파생함으로써 밑말의 씨갈래를 바꾸지 아니하나 '그르츠다'는 남움직씨를 파생함으로써 가지가 밑말의 씨갈래를 바꾼다.

(294) 남움직씨+가지→남움직씨 : 거리치다, 느리치다

제움직씨+가지→제움직씨 : 므믈치다
남움직씨+가지→그림씨 : ㅂᅀ츳/스다
그림씨+가지→그림씨 : 세츠다
그림씨+가지→남움직씨 : 그르츠다

따라서 이 가지는 여러 씨갈래 밑말과 결합하여 다시 여러 씨갈래의 파생어를 형성한다 하겠는데 스카리스(Scalise, 170-173)에서는 이러한 뒷 가지를 평가뒷가지라 한다.

평가뒷가지는 어느 한 가지가 여러 씨갈래 밑말과 결합하면서 밑말의 씨갈래를 바꾸지 아니하고 밑말과 같은 여러 씨갈래의 파생어를 형성하는 가지를 말하는데 (294)에서 보듯이 '-츳/츠/치/스-' 가지는 남움직씨 밑말에서는 남움직씨, 제움직씨 밑말에서는 제움직씨, 그림씨 밑말에서는 다시 그림씨를 파생하므로 이 가지는 평가뒷가지이다. 평가뒷가지는 밑말에 대개 상황적인 뜻바탕을 더한다.[7]

'-츳/츠/치/스-' 에 나타난 '힘줌'의 뜻바탕은 상황적인 뜻바탕이다.

2) 근대국어

근대국어에 나타나는 힘줌 뒷가지에는 '-티/치-, -혀/켜/키-, -왇-. -잊-, -쁘-, -츳/츠/스-' 가지가 있다.

① '-티/치-' 가지

이 가지는 근대국어에서 움직씨 밑말과 결합하여 다시 움직씨를 파생한다. 이는 한 씨갈래 밑말 안바꾸는 1유형 가지이다.

---

7) 상황적인 뜻을 더하는 뒷가지를 상황뒷가지 라고도 한다.

(295) ㄱ. (홑낱말 + '-티/치-')

　　　　구르티/치다(頓, 구르-) : 아히롤 구르티디 말라<박중중 : 48>/
　　　　　　더룔 구르치지 말라<박신2 : 53>

　　　　긁티/치다(搔, 긁-) : 혼 디위 조으다가 긁텨 희여 브려논<박중
　　　　　　하 : 7>/擦破 긁쳐 쩌러 지다<한청8 : 14>

　　　　쌔티/치다(劀, 쌔-) : 打破쌔티다<한청12 : 16>/어룸을 쌔쳐<오
　　　　　　류1 : 25>

　　　　곱치다(緝, 감-) : 緝 通稱 곱치다<한청11 : 26>

　　　　더위티/치다(攫, 더위-) : 모딘 범을 만나 더위텨 가거눌<신속
　　　　　　열7 : 18>/攫 더위칠 확<왜어 하 : 22>

　　　　덥티다(蓋, 덮-) : 귀감룔 덥티고 머리 느초느니<마언하 : 95>

　　　　돌치다(廻, 돌-) : 廻頭看 돌쳐보다<동문상 : 28>

　　　　두르티다(揮 : 두르-) : 저컨대 두르티면 쏘 일흘까<박중중 : 60>

　　　　뒷티/치다(飜, 뒤-) : 네 뒷티기 아디 못ᄒ거든<노상 : 29>/
　　　　　　黃蓋 뒷쳐 평상에 느려 절 ᄒ고 샤례ᄒ다<삼역6 : 3>

　　　　들티다(擧, 들-) : 낭션슈눈 ᄆ룰 벙어리와드며<지남25>

　　　　쩔티다(抖擻, 쩔-) : 이예 모물 쩔텨 느려디니<신속열1 : 11>

　　　　믄희치다(破, 믄희-) : 破壞事體 일 믄희치다<한청8 : 44>

　　　　믜티다(裂, 믜-) : 죵히를 다가 다 믜티고<박중 중 : 58>

　　　　밀티다 (推, 밀-) : 올흔편을 혼 번 밀티고<무예28>

　　　　베티다(排, 베-<버히-) : 도저기 어ᄌ러이 베텨 주기다<신속열
　　　　　　3 : 8>

　　　　쌔티/치다(拔, 쌔-) : 칼을 쌔텨 스스로 먹 디ᄅ니<신속열4 :
　　　　　　8>/열 두 ᄆ디를 불횟재 쌔쳐 집고<청언P.121>

　　　　쓰리티다(掃, 쓸-) : 뻐곰 ᅳ절히 쓰리텨 브렴 즉ᄒ도다<가언1 : 43>

　　　　브드티/치다(搭, 븥-) : 몸이 구리고 즌믈어 젼병 브드틴 듯 ᄒ야
　　　　　　<두요상 : 36>/남긔 븥드치니남기 ᄆ르더라<오류1 : 21>

　　　　비븨치다(攢, 비븨-) : 攢비븨칠 찬<칠유28>

　　　　업티다(僵, 업-) : 관이 쟝춧 업티게 되니<신속열4 : 10>

　　　　플티다(解, 플-) : 실 ᄀ티 플텨 이셔<송강1 : 15>

　　ㄴ. 끼티/치다(潑, 세-) : 潑水 믈 끼티다<역해상 : 48>/撒水 믈 끼치
　　　　　다<역보6>

찌티/치다(醒, 찌-) : 弓王이 찌텨 下次人의 오슬 닙고<박중상 :
　　61>/魯肅이 又 찌치다<삼역 5 : 20>
느리티다(下, 느리-) : 그 옷과 치마눌 벗겨 뜰 아래 느리텨 시
　　러곰 살오니라<신속효4 : 87>　·
데티다(煤, 데-) : 煤菜 ᄂᆞ믈 데티다<역해하 : 12>
다티다(觸, 닿-) : 가지애 몬다희 머리 다텨 브ᄋᆞ며<마언하 : 31>
헤티다(披, 헤-) : 비룰 헤틱고가니라<신속열5 : 54>
ㄷ. 측티다(偏, 측-) : 나는 측텨시니 너는 맛당히 아직 피ᄒᆞ라<신
　　속효8 : 19>
벗치다(挺, 벋-) : 挺長 벗쳐기다<한청11 : 59>
(296) (겹낱말 + '-티/치-')
거스리티다(逆, 거스리-) : 힌 믌결로 거스리티고<두해 중1 : 47>
거두치다(捲, 거두-) : 倒捲風 거두치는 ᄇᆞ람<한청1 : 16>
것구리티다(倒, 것굴-) : 엇디 ᄒᆞ여 것구리티리오<노해초 상 : 32>
그치티다(斷, 그치-) : 그치텨 의약 말고<태요12>
나와티다(進, 나오-) : 긔운이 밧긔 샤긔과 서르 나와텨<두요상 : 61>
내티/치다(出, 내-) : 出去 쓰어 내티다<역해상 : 67>/내텨 갓거눌
　　<신속충1 : 23>
느리티다(延, 느리-) : 졍신이 단만ᄒᆞ며 귀 느리티며<마언하 : 71>
니ᄅᆞ티다(起, 니ᄅᆞ-) : 도적이 매질ᄒᆞ야 니ᄅᆞ티니<신속열5 : 27>
도로티다(迴, 도로-) : 도로텨 급히 녜기롤<마언하 : 83>
드리티다<入, 드리-) : 믈 ᄒᆞᆫ 사발의 드리티고<두요상 : 21>
디내티다(過, 디내-) : 긔워 앏ᄑᆞ로 디내텨<가언6 : 3>
믈리티다(退, 믈리-) : 이리 쏘차 믈리티고<박중하 : 49>
에우치다(扶, 에우-) : 勾斷 에우치다<한청4 : 10>

　　위의 예에서 보듯이 힘줌 뒷가지 '-티/치-'는 근대국어에서 매우 생산
적이다.

　　근대국어에서 '-티-'와 함께 쓰이는 변이형태 '-치-'는 중세국어에서
의 변천 과정이 '-티-'와는 조금 다르다. '-티-'가 중세국어에서 'X##티

다 →X#티다 → X+티다'의 변천을 입어 나타나서 근대국어까지 그대로 이어진 것이라고 한다면 '-치-'는 중세국어에서 쓰인 두 개의 서로 다른 가지가 하나로 통합된 것이다.

하나는 중세국어의 '-티-'가 근대국어에서 입천장소리되기의 현상을 입어 '-치-'로 나타난 것이고 다른 하나는 중세국어의 '-츠/츠/치/스-' 가지에서의 '-치-'가 '-티->-치-'의 '-치-'와 형태, 의미상 구분되지 못하고 통합된 것이다.[8]

(295-296)에서 '-티->-치-'의 경우는 '구르치다, 긁치다, 깨치다, 더위치다, 돌치다, 뒷치다, 쌔치다, 브드치다, 끼치다, 끽치다, 벗치다, 거두치다, 내치다' 등의 '-치-' 이고 '-츠/츠/스-'의 변이 형태로 쓰였던 '-치-'는 '비븨치다'의 '-치-'이나[9] 근대국어에서는 이의 구분이 어려워 하나로 통합되고 '-츠/츠/스-'는 '-치-'와 구분되어 다른 가지로 쓰인다. 근대국어의 '-치-'는 '-티-'의 변이형태이다.

(295-296)의 예는 모두 근대국어에서 풀이씨 밑말과 결합한 '-티/치-'의 형태를 보인 것으로 이들 뒷가지에서는 모두 '힘줌'의 뜻바탕을 구할 수 있다.

이제 '-티/치-'가 나타나는 형태를 좀 더 구체적으로 살펴본다.

(295-296)에서 보면 '-티-'가 나타나는 밑말의 형태는 홑낱말이거나 겹낱말의 움직씨이다.

---

8) 중세국어에서는 '-티-' 가지와 '-츠/츠/치/스-'의 '-치-'는 형태상 뚜렷이 구분되었다. 따라서 허웅(1975 : 189-196), 조일규(1996), 이현희(1997 : 716-719)에서는 중세국어를 다루면서 이 둘을 구분하여 서로 다른 가지로 다루고 있다. 그런데 근대국어에서는 '-티-'에서 입천장소리되기의 현상을 입어 나타난 '-치-'와 '-츠/츠/치/스-'에서의 '-치-'가 형태상 구분이 되지 않는다. 따라서 근대국어의 '-치-'는 동형성의 원리에 따라 같은 가지로 보는 것이 타당할 것으로 여겨진다.

9) 이현희(1997 : 719)에서는 중세국어의 힘줌 가지를 다루면서 '비븨치다'의 '-치-'를 '-츠-' 부류가 통합한 파생 움직씨 목록 속에 넣고 있다.

홑낱말의 경우는 (295ㄱ, 구르티/치다)처럼 남움직씨 밑말이거나 (295
ㄴ, ㄷ, 씨티/치다, 츽티다)처럼 제움직씨 밑말에 두루 나타나고 겹낱말
의 경우는 (296, 거스리티다)처럼 하임의 가지가 결합된 파생 남움직씨
밑말에 나타난다.

'-티/치-'는 근대국어에서 이러한 밑말과 결합하면서 밑말에 '힘줌'의
뜻바탕을 더하게 되는데 (295ㄱ 구르티/치다)이나 (296, 거스리티다)에서
는 이들 가지가 남움직씨 밑말에 결합되어 다시 남움직씨를 파생함으
로써 밑말의 씨갈래 하위범주를 바꾸지 아니하나 (295ㄴ, ㄷ, 세티/치다,
츽티다)과 같이 제움직씨 밑말에 결합될 경우에는 (295ㄴ, 씨티/치다)처
럼 밑말의 씨갈래 하위범주를 바꾸어 남움직씨를 파생하기도 하고 (295
ㄷ, 츽티다)처럼 다시 제움직씨를 파생하기도 한다.

'-티/치-' 가지는 밑말에 단순히 '힘줌'의 뜻바탕을 더하는 가지이다.

② '-혀/켜/키-' 가지

이 가지도 움직씨 밑말과 결합하여 다시 움직씨를 파생한다. 이는 한
씨갈래 밑말 안바꾸는 1유형 가지이다.

(297) ㄱ. (홑낱말+ -혀/켜/키-)
    째혀다(劃, 째-) : 다만 째혀 슴ᄒ며<가언7 : 34>
    뒤혀다(飜, 뒤-) : 챵곳 머리 뒤혀 나<마언하 : 9>
    믜혀다(裂, 믜-) : 두터운 짜홀 믜혓도다<두해 중1 : 27>
    베혀다(排, 베-<버히-) : 비록 멀리롤 베혀도<신속열8 : 78>
    쌔혀다(拔, 쌔-) : 그 듕에 ᄒ나흘 쌔혀<노해초 상4>
    추혀다(揚, 추-) : 네 발을 공듕으로 추혀며 니러<마언하 : 98>
    지혀다(倚, 지-) : 노폰 다미 지혓는 듯 ᄒ도소니<두해 중1 : 35>
  ㄴ. 헤혀/켜다(披, 헤-) : 무덤의 프롤 헤혀고 닐오디<신속열5 :
      79>/머리터럭을 헤켜고 빗기되<박중상 : 40>

ㄷ. 츽키다(偏, 츽-) : 흔 실만 츽켜면<마언상 : 55>

ㄹ. 우기혀다(壅, 우기-) : 더데 우기혀 쩌디는 증<두요하 : 21>

(298) (겹낱말 + -혀/켜/키-)

거두혀/켜다 (捲, 거두-) : ᄀ못타 샹ᄒᆞ야 허리롤 거두혀고<마언
하 : 40>/입시울을 거두켜 웃는 형 상 ᄀᆞᆺ트며<마언상 : 71>

나오혀다 (進, 나오-) : 져기 나오혀 여러 行녈 ᄒᆞ야<가언1 : 25>

내혀다(出, 내-) : 盜賊의 ᄆᆞ옴을 내혀게 말라<가언5 : 34>

느리혀다(延, 느리-) : 고개롤 느리혀 칼롤 바ᄃᆞ니<신속열6 : 82>

니르혀/키다(起, 니르-) : 니르혐 즉 ᄒᆞ거든 니르혀 쩌여 ᄇᆞ리라
<두요하 : 36>/블을 부르니르켜 안히 비븨여<박중중 : 35>

도로혀/키다(廻, 도로-) : 袂의 長短을 도로혀 구피면 肘에 밋는다
<가언1 : 39>/머리롤 도로켜 비롤 보며<마언상 : 87>

두로혀다(轉, 두로-) : 臥轉身 누어 몸 두로혀다<동문상 : 27>

드리혀다(入, 드리-) : 독긔 드리혀 답답ᄒᆞ고<두요하 : 24>

버리혀/켜다(開, 버리-) : 입 다므니어든 버리혀고<태요50> /왼손
으로 물 눈 버리켜고<마언상 : 91>

움치켜다(縮, 움치-) : 급히 움치켜다<역해하 : 50>

주쑤리혀/켜다(蹲, 줏구리-) : 허리눌 주쑤리혀고<마언상 : 73>/허
리눌 주쑤리켜고<마언상 : 76>

주리혀/켜다(短, 주리-) : 칩고 곤ᄒᆞ고 도돈 거시 주리 혀고<두요
상 : 48>/시내 길히 주리켜 오근골이 샹ᄒᆞ고<마언상 : 78>

이 가지도 근대국어에서는 매우 생산적이다.

근대국어에서 '-혀-'와 함께 쓰이는 변이형태 '-켜-'는 '-혀-'에서 입천
장소리되기의 현상을 입어 '-혀->-켜-'로 나타난 것이고 '-키-'는 다시
'-켜-'에서 홑홀소리되기 현상을 입어 '-켜->-키-'로 나타난 형태이다.

(297-298))의 예는 모두 근대국어에서 풀이씨 밑말과 결합한 가지 '-혀
/켜/키-'의 형태를 보인 것인데 이들 가지에서도 '힘줌'의 뜻바탕을 구할
수 있다.

이제 '-혀/켜/키-'가 나타나는 형태를 좀 더 구체적으로 살펴본다.

(297-298)에서 보면 '-혀/켜/키-'가 나타나는 밑말의 형태는 홑낱말이거나 겹낱말의 움직씨이다. 홑낱말의 경우는 (297ㄱ, ㄹ, 째혀다, 우기혀다)처럼 남움직씨 밑말이거나 (297ㄴ, ㄷ, 헤혀/켜다, 칙키다)처럼 제움직씨 밑말에 두루 나타나고 겹낱말의 경우는 (298, 거두혀/켜다)처럼 하임의 가지가 결합된 파생 남움직씨 밑말에 나타난다.

'-혀/켜/키-'는 이러한 밑말과 결합하면서 밑말에 '힘줌'의 뜻바탕을 더하게 되는데 이 가지가 파생하는 풀이씨의 하위범주를 살펴보면 (299)와 같다.

(299) 남움 홑낱말 + -혀- → 남움 : (297ㄱ) 째혀다, 뒤혀다…
  제움 홑낱말 + -혀- → 남움 : (297ㄴ) 헤혀/켜다
  제움 홑낱말 + -혀- → 제움 : (297ㄷ) 칙키다
  남움 홑낱말 + -혀- → 제움 : (297ㄹ) 우기혀다
  남움 겹낱말 + -혀- → 남움 : (298) 거두혀/켜다, 나오혀다…

(299)를 통해서 보면 가지 '-혀/켜/키-'는 풀이씨의 일정한 하위범주를 파생하지 못하고 밑말에 단순히 '힘줌'의 뜻바탕 만을 더한다.

이 가지는 홑낱말을 밑말로 하여 새로운 낱말을 파생할 때도 높은 생산성을 가지나 하임의 가지가 결합된 겹낱말을 밑말로 할 때에도 매우 높은 생산성을 가진다.

③ '-완-' 가지

근대국어의 이 가지도 중세국어와 마찬가지로 그 나타난 형태로 보면 움직씨나 그림씨 밑말과 결합하여 다시 움직씨나 그림씨를 파생한다. 여기서도 이 가지를 그 나타난 형태로 보아 여러 씨갈래 밑말 바꾸

거나 안 바꾸는 3유형 가지로 보아둔다.

    (300) ㄱ. (홑낱말 + -왇-)

          다왇다(衝, 닿-) : 경원이 갈놀희 다와다 드러<신속효7 : 24>

          ᄂᆞ리왇다(下, ᄂᆞ리-) : 가ᄂᆞᆫ 므를 ᄂᆞ리와다 붇 그리노라<두해

             중6 : 44>

          헤왇다(披, 헤-) : 엇디 내 이 一場愁룰 헤와드료<박중 : 17>

      ㄴ. 브르왇다(腫, 븓-) : 써곰 항문머리 브르와다<마언하 : 9>

      ㄷ. 세왇다(强, 세-) : 桓 세와둘 환<칠천18>

    (301) (겹낱말 + -왇-)

          내왇다(出, 내-) : 눈이 브어 내와다 복숑와 ᄀᆞᆮ거든<두요하 : 53>

          믈리왇다(:退, 믈리-) : 올혼소노로 버믈 믈리와ᄃᆞ며<신속열 : 11>

          벙으리왇다(開, 벙으리-) : 낭션슈는 ᄆᆞ롤 벙으리와ᄃᆞ며<지남25>

          니르왇다(起, 니르-) : 게으른 ᄆᆞᅀᆞᆷ올 니르왇거니오<두해 중2 : 52>

근대국어의 '-왇-' 가지는 중세국어의 가지 '-받-'에서 'ᄫ>ㅗ/ㅜ'로 음운 변천하여 나타난 형태이다.

근대국어의 '-왇-'은 중세국어의 '-왇/웓-' 가지가 그대로 쓰인 것이다. 이제 '-왇-'이 나타나는 형태를 구체적으로 살펴본다.

(300-301)의 예에서 보면 '-왇-'은 홑낱말이나 겹낱말을 밑말로 하여 나타난다.

홑낱말의 경우는 (300ㄱ, ㄴ, 다왇다, 브르왇다)처럼 제움직씨 밑말이거나 (300ㄷ, 세왇다)처럼 그림씨 밑말에 나타나고 겹낱말의 경우는 (301, 내왇다)처럼 하임의 가지가 결합된 남움직씨 밑말에 결합되어 나타난다.

이 가지는 이러한 밑말과 결합하면서 '힘줌'의 뜻을 가진 파생어를 형성하는데 이 가지가 결합된 파생어의 씨갈래나 그 하위 범주는 매우 다

양하다.

(300ㄱ)의 제움직씨 밑말 '다-(←닿-), 느리-, 헤-'와 결합하여서는 남움직씨를 파생하고 (300ㄴ)의 제움직씨 밑말 '븓-'과 결합하여서는 제움직씨를 파생한다. 그리고 (300ㄷ)의 밑말인 그림씨 '세-'와 결합하여서는 다시 그림씨를 파생하고 (301)의 남움직씨 밑말과 결합하여서는 남움직씨를 파생한다.

> (302) 제움 홑낱말 + -완- → 남움 : 다완다, 느리완다, 헤완다
> 　　　제움 홑낱말 + -완- → 제움 : 브르완다
> 　　　그홑낱말 + -완- → 그 : 세완다
> 　　　남움 겹낱말 + -완- → 남움 : 내완다, 믈리완다…

이렇게 두고보면 근대국어 '-완-'은 중세국어와 마찬가지로 두 씨갈래 밑말과 결합하여 다시 두 씨갈래의 파생어를 형성한다 하겠는데 이도 '한 파생가지는 한 씨갈래만을 파생한다'는 파생법의 일반 규칙에 어긋나는 한 특이 현상이라 할 수 있다. 이러한 현상은 근대국어에서도 중세국어와 마찬가지로 움직씨와 그림씨를 온전히 구별할 수 없는데서 (허웅, 1975 : 150) 오는 것으로 보이는데 여기서도 (300ㄷ)의 '세완다 ([[X] 그 + -완-]그)'를 일단 예외적인 한 현상으로 돌려둔다.

이 가지도 밑말에 '힘줌'의 뜻바탕 만을 더한다.

④ '-잊-' 가지

이 가지는 움직씨 밑말과 결합하여 다시 움직씨를 파생한다. 이는 한 씨갈래 밑말 안바꾸는 1유형 가지이다.

(303) ㄱ. (홑낱말 + -잊-)

　　　뒤잊다(飜, 뒤-) : 기름이 넉거든 고기 녀허 뒤이즈며<노해초 19>

　　　미리잊다(推, 밀-) : 闞澤을 죽이라 미리이저 드려 갈 제<삼역
　　　　　6 : 11>

　　ㄴ. 찌잊다(潑, 찌-) : 졍화슈로 뎡박기 우희 찌이즈라<마언상 : 83>

　　　다잊다(衝, 닿-) : 굴오디 음믹이 디이저 양믹과 다른면<태요8>

　　ㄷ. 브드잊다(附, 븥-) : 머리로뼈 돌히 브드잊고<신속열8 : 60>

(304) (겹낱말 + -잊-)

　　대잊다(着, 다히- > 대-) : 닝과 열이 서르 대이저 그 알흠을 일옴
　　　이라<마언상 : 116>

(303-304)은 '-잊-' 가지가 결합된 근대국어의 파생어를 보인 것이다.
근대국어의 '-잊-'은 중세국어의 '-잊-' 가지가 그대로 쓰인 것이다.

(303-304)의 예는 근대국어에서 '-잊-'에 의해 파생된 형태를 보인 것
인데 이를 살펴보면 '-잊-'은 홑낱말이나 겹낱말의 움직씨 밑말에 붙어
나타난다.

홑낱말의 경우는 (303ㄱ, 뒤잊다)처럼 남움직씨 밑말이나 (303ㄴ, ㄷ,
찌잊다, 브드잊다)처럼 제움직씨 밑말에 나타나고 겹낱말의 경우는
(304, 대잊다)처럼 하임 가지가 결합된 파생 남움직씨 밑말에 결합되어
나타난다.

'-잊-'은 이러한 밑말과 결합하면서 밑말에 '힘줌'의 뜻바탕을 더하게
되는데 이들 파생어의 씨갈래 하위범주를 살펴보면 (305)와 같다.

(305) 남움 홑낱말 + -잊- → 남움 : 뒤잊다, 미리잊다
　　　제움 홑낱말 + -잊- → 남움 : 찌잊다, 다잊다
　　　제움 홑낱말 + -잊- → 제움 : 브드잊다
　　　남움 겹낱말 + -잊- → 남움 : 대잊다

이러한 사실을 두고보면 '-잊-' 가지는 남움직씨 밑말과 결합하여서는 다시 남움직씨를 파생하나 제움직씨 밑말과 결합하여서는 밑말의 씨갈래 하위범주를 바꾸어 남움직씨를 파생하기도 하고(303ㄴ, 찌잊다, 다잊다), 밑말 그대로 제움직씨를 파생하기도 한다(303ㄷ, 브드잊다).

따라서 이 가지는 밑말에 단순히 '힘줌'의 뜻바탕만을 더하는 가지이다.

　⑤ '-쁘-' 가지

이 가지는 움직씨 밑말과 결합하여 다시 움직씨를 파생한다. 이는 한 씨갈래 밑말 안바꾸는 1유형 가지이다.

　　(306) (홑낱말 + -쁘-)
　　　　거슬쁘다(逆, 거슬-) : 쁘데 거슬쁜 일 업더니<신속효3 : 2>
　　(307) (겹낱말 + -쁘-)
　　　　버립즈다(開, 버리-) : 사룸이 힘드려 구틔여 버립즈다<어록9>

(306-307)은 '-쁘-' 가지가 결합된 근대국어의 파생어를 보인 것이다. '-쁘-'는 중세국어에서도 힘줌 뒷가지로 쓰이던 가지이다.

근대국어의 '-쁘-'는 중세국어의 '-쁘-' 가지가 그대로 쓰인 것이다.

(306-307)의 예는 근대국어에서 '-쁘-'에 의해 파생된 형태를 보인 것인데 이는 생산성이 매우 낮아 일반적인 규칙을 세우기 힘드나 나타난 용례를 대상으로 살펴보면 '-쁘-'는 홑낱말이나 겹낱말의 움직씨 밑말에 붙어 나타난다.

홑낱말의 경우는 (306, 거슬쁘다)처럼 남움직씨 밑말과 결합하고 겹낱말의 경우는 (307, 버립즈다)처럼 하임 가지가 결합된 파생 남움직씨 밑말에 결합되어 나타난다.

'-쁘-'는 이러한 밑말과 결합하면서 밑말에 '힘줌'의 뜻바탕을 더하게
되는데 이들 파생어의 씨갈래 하위범주를 살펴보면 (308)과 같다.

(308) 남움 홑낱말 + -쁘- → 제움 : 거슬쁘다
　　　남움 겹낱말 + -쁘- → 남움 : 버립즈다

(308)에서 보면 이 가지는 서로 다른 씨갈래 하위 범주를 가진 파생어
를 형성한다.

따라서 근대국어의 이 가지는 밑말에 단순히 '힘줌'의 뜻바탕만을 더
하는 가지이다.

⑥ '-츠/츠/스-' 가지

이 가지는 움직씨나 그림씨 밑말과 결합하여 다시 움직씨나 그림씨
를 파생한다. 이는 밑말에 상황적인 뜻바탕을 더하는 평가뒷가지이
다.10)

(309) ㄱ. (홑낱말 + -츠/츠/스-)
　　　　씃츠다(斷, 긿-) : 그저 훈 쏨 기리롤 견초와 씃처<박통상 : 35>
　　　　뉘읃츠다(悔, 뉘읓-) : 悔 뉘읃츨 회<왜어상 : 21>
　　　　되츠다(飜, 되- ← 뒤-) : 萬事 ㅁ옴대로 못ㅎ여 되츠디 못ㅎ눈
　　　　　　바눈<신어4 : 29>
　　　ㄴ. 붓츠다(腫, 붓-) : 고기 뻘고 몸을 붓츠며<마언하 : 119>
　　　ㄷ. 올ᅀ다(上, 올-) : 됴셕애 무덤에 올ᅀ고<신속효7 : 6>
　　　ㄹ. 그륵츠다/그릊츠다(乖, 그르-) : 노프며 눗기눌 거륵츠면<지남
　　　　　18>/그릊츠미 업더니<신속효5 : 70>

---

10) 평가 뒷가지에 대해서는 이 글 주4) 참조.

ㅁ. 길츠다(長, 길-) : 굳을 길츠고 조훈 따히 파 두라<가언5 : 9>
　　세츠다(强, 세-) : ᄀ장 세촌 사룸<신어5 : 8>
　　어위츠다(寬, 어위-) : 어위츠며 너브매 두믄 끠며<여훈하 : 23>

(309)은 '-츠/츠/ᅀ-' 가지가 결합된 근대국어의 파생어를 보인 것이다. '-츠/츠/ᅀ-'는 중세국어에서도 힘줌 뒷가지로 쓰이던 가지이다. 중세국어에 쓰였던 이 가지는 '-츠/츠/치/ᅀ-'인데 중세국어에서 이 가지의 변이형태로 쓰였던 '-치-'는 근대국어에서 '-티->-치-'의 '-치-'와 같이 인식됨으로써 '-티->-치-'의 '-치-' 가지로 통합됨으로써11) '-츠/츠/ᅀ-' 가지가 쓰이게 되었다.

이 가지는 홑낱말의 움직씨에만 붙어 나타난다. 그러나 이 가지가 붙는 밑말의 씨갈래는 다양하다.

(309ㄱ, 쓴츠다)처럼 남움직씨 밑말에도 나타나고 (309ㄴ, ㄷ, 붓츠다, 올ᅀ다)처럼 제움직씨 밑말에도 나타나며 (309ㄹ, ㅁ, 그ᄅ츠다/그른츠다, 길츠다)처럼 그림씨 밑말에도 나타난다.

이 가지는 이러한 밑말과 결합하면서 밑말에 '힘줌'의 뜻바탕을 더한다. 그리고 여러 씨갈래를 파생하게 되는데 이를 살펴보면 (310)과 같다.

(310) 남움 홑낱말 + -츠/츠/ᅀ- → 남움 : 쓴츠다, 뉘운츠다, 되츠다
　　　제움 홑낱말 + -츠/츠/ᅀ- → 남움 : 붓츠다
　　　제움 홑낱말 + -츠/츠/ᅀ- → 제움 : 올ᅀ다
　　　그 홑낱말 + -츠/츠/ᅀ- → 남움 : 그ᄅ츠다/그른츠다
　　　그 홑낱말 + -츠/츠/ᅀ- → 그 : 길츠다, 세츠다, 어위츠다

(310)에서 보면 이 가지는 여러 씨갈래 밑말과 결합하여 다시 여러 씨

---

11) 이 글 1) '-티/치-' 가지 참조.

갈래의 파생어를 형성한다. 스카리스(Scalise, 170-173)에서는 이러한 뒷가지를 평가 뒷가지라 한다.[12]

평가 뒷가지는 어느 한 가지가 여러 씨갈래 밑말과 결합하면서 밑말의 씨갈래를 바꾸지 아니하고 밑말과 같은 여러 씨갈래의 파생어를 형성하는 가지를 말하는데 (310)에서 보듯이 '-츠/츠/스-' 가지는 남움직씨 밑말에서는 남움직씨, 제움직씨 밑말에서는 제움직씨, 그림씨 밑말에서는 다시 그림씨를 파생하므로 이 가지는 평가 뒷가지이다.

평가 뒷가지는 밑말에 대개 상황적인 뜻을 더한다.

'-츠/츠/스-' 에 나타난 '힘줌'의 뜻바탕은 상황적인 뜻바탕이다.

3) 현대국어

현대국어에 나타나는 힘줌 풀이씨 뒷가지는 '-뜨리-, -치-, -(이/으)키-, -앟/엏-, -다랗-, -차-' 등이 있다.

① '-뜨리-' 가지

이 가지는 남움직씨, 제움직씨, 그림씨, 이름씨, 상징 어찌씨 밑말과 결합하여 남움직씨 밑말의 경우는 씨갈래 하위범주를 바꾸지 아니하고 다시 남움직씨를 파생하나 제움직씨, 그림씨, 이름씨, 상징 어찌씨 밑말과 결합하여서는 밑말의 씨갈래나 그 하위범주를 바꾸어 모두 남움직씨를 파생한다. 이 가지는 여러 씨갈래 밑말 바꾸거나 안바꾸는 3유형 가지이다.

---

12) 여기에 대해서는 이 글 중세국어 6) '-츠/츠/치/스-' 가지 참조.

(311) ㄱ-1. (홑낱말 + -뜨리-) : 깨뜨리다, 꿰뜨리다, 내뜨리다, 다그뜨리
　　　다, 놓뜨리다, 떨뜨리다, 바수뜨리다, 브딪뜨리다, 쏟뜨리다,
　　　열뜨리다, 지내뜨리다, 찢뜨리다, 잦뜨리다, 채뜨리다. 펼(←
　　　펴)뜨리다, 패뜨리다, 퍼(←펴)뜨리다.
　-2. 꺼뜨리다, 꿰어뜨리다, 끊어뜨리다, 내려뜨리다, 넘어뜨리다,
　　　놓아뜨리다, 뚫어뜨리다, 떨어뜨리다, 미어뜨리다, 무너뜨리
　　　다, 무지러뜨리다, 쓰러(←쓸어)뜨리다, 사그라뜨리다, 사라뜨
　　　리다, 엉클어뜨리다, 엎어뜨리다, 터뜨리다, 허물어뜨리다, 헝
　　　클어뜨리다.
　ㄴ-1. 설뜨리다
　-2. 늘어뜨리다, 시들어뜨리다
　ㄷ-1. 그르뜨리다
　-2. 기울어뜨리다
　ㄹ. 합뜨리다
　ㅁ. 미끄러뜨리다, 어지러뜨리다
(312) ㄱ. 구부러뜨리다, 고부라뜨리다, 널브러뜨리다, 오그라뜨리다, 움
　　　츠러뜨리다, 오므라뜨리다, 짜그라뜨리다, 까무러뜨리다, 흐트
　　　러뜨리다[13)
(313) 거꾸러뜨리다, 가무뜨리다, 가든그뜨리다, 끼뜨리다, 망그러뜨리다,
　　　떠둥그뜨리다, 뭉그러뜨리다, 바르러뜨리다, 부러뜨리다, 빠뜨리다,
　　　빠그라뜨리다, 실그러뜨리다, 소그라뜨리다, 으스러뜨리다, 으그러
　　　뜨리다, 으스러뜨리다, 일그러뜨리다, 이지러뜨리다, 자빠뜨리다,
　　　자지러뜨리다, 처뜨리다, 해뜨리다, 해어뜨리다, 허너뜨리다

'-뜨리-'는 생산성이 매우 높은 가지이다.

이 가지는 홑낱말이나 겹낱말이 밑말에 직접 연결되거나 연결형 씨
끝 '-아/어-'를 매개로 간접 연결되기도 한다. (311ㄱ-1, 내뜨리다), (311
ㄴ-1, 설뜨리다), (311ㄷ-1, 그르뜨리다), (311ㄹ, 합뜨리다) 등은 밑말에

---

13) 이들 밑말이 겹낱말이라는 사실은 김계곤(1996 : 271-272)참조.

'-뜨리-'가 직접 연결된 것이고, (311ㄱ-2, 꺼뜨리다), (311ㄴ-2, 늘어뜨리다), (311ㄷ-2, 기울어뜨리다), (311ㅁ, 미끄러뜨리다), (312, 구부러뜨리다) 등은 연결형 씨끝 '-아/어-'를 매개로 간접 연결된 것이다.

그리고 이 가지는 매우 다양한 씨갈래의 밑말과 결합한다.

(311ㄱ, 312ㄱ, 깨뜨리다, 꺼뜨리다, 구부러뜨리다)처럼 남움직씨 밑말이나 (311ㄴ, 312ㄴ, 설뜨리다, 늘어뜨리다, 엎드러뜨리다)처럼 제움직씨 밑말과 결합되기도 하고 (311ㄷ, 그르뜨리다, 기울어뜨리다)처럼 그림씨 밑말과 결합되기도 하며 (311ㄹ, 합뜨리다)처럼 이름씨 밑말과 결합되기도 한다. 그리고 (311ㅂ, 미끄러뜨리다)처럼 상징어 밑말과도 결합한다. (313, 거꾸러뜨리다)는 불구밑말과 결합된 형태를 보인 것이다. 불구밑말은 공시적으로 존재하지 않는 화석화된 형태이다(김철남, 1997 : 137).

'-뜨리-'는 이러한 밑말과 결합하면서 남움직씨를 파생한다.

> (314) 남움 밑말 + -뜨리- → 남움 : 깨뜨리다, 내뜨리다, 꺼뜨리다, 꿰어
> 뜨리다, 구부러뜨리다…
> 제움 밑말 + -뜨리- → 남움 : 설뜨리다, 늘어뜨리다, 엎드러뜨리다
> 그 밑말 + -뜨리- → 남움 : 그르뜨리다, 기울어뜨리다
> 이 밑말 + -뜨리- → 남움 : 합뜨리다
> 상 밑말 + -뜨리- → 남움 : 미끄러뜨리다, 어지러뜨리다

(314)에서 보면 이 가지는 남움직씨 밑말에 결합되어서는 밑말의 씨갈래 하위범주를 바꾸지 아니하고 다시 남움직씨를 파생하나 제움직씨, 그림씨, 이름씨, 상징어 밑말에 결합되어서는 밑말의 씨갈래나 그 하위범주를 바꾸어 모두 남움직씨를 파생한다.

따라서 이 가지는 '힘줌' 과 함께 '남움직성'의 의미 자질을 가진다.

(311ㄹ)의 '합뜨리다'의 경우는 밑말 '합'이 동작성 이름씨로(서정수,

1975 : 42~45) 이 동작성에 '힘줌, 남움직성'의 뜻을 더한다.

이 가지는 남움직씨 밑말과 결합할 때 높은 생산성을 가지며 밑말에 직접연결되거나 '-아/어-'를매개로 간접 결합되거나 다 같이 생산적이다.

② '-치-' 가지

이 가지는 남움직씨, 제움직씨, 그림씨, 이름씨 밑말과 결합하여 남움직씨나 제움직씨를 파생한다. 이 가지는 여러 씨갈래 밑말 바꾸거나 안 바꾸는 3유형 가지이다.

(315) ㄱ-1. (홑낱말 + -치-)

감치다, 걸치다, 깨치다, 내치다, 넘치다, 놓치다, 다그치다, 닫치다, 덮치다, 두르치다, 뚱기치다, 떨치다, 밀치다, 받치다, 반치다, 부딪치다, 부수치다, 빼치다, 뿌리치다, 엎치다, 에우치다, 열치다, 접치다, 잡치다, 채치다, 풀치다, 펼치다, 흩치다

-2. 꺼치다, 끊어치다, 넘어치다, 떨어치다, 무너치다, 쓰러치다

ㄴ-1. 늘치다, 데치다, 설치다

-2. 늘어치다, 볶아치다

ㄷ-1. 달치다, 닿치다, 돋치다, 뻗치다, 어리치다, 지나치다, 볶대기치다

-2. 돌아치다

ㄹ-1. 그르치다

-2. 기우러치다

ㅁ. 겹치다, 곱치다, 합치다, 해치다

(316) ㄱ. (겹낱말 + -치-) : 구부러치다

ㄴ. 까무러치다

(317) 거꾸러치다, 꺼덕치다, 뉘우치다, 눙치다, 능갈치다, 떠둥그치다, 뒤치다, 미치다, 부치다, 소스라치다, 사무치다, 외치다, 제치다, 족치다, 훔치다, 헤치다, 홀치다

‘-치-’도 생산성이 매우 높은 가지이다. 이 가지도 밑말에 ‘힘줌’의 뜻 바탕을 더하는 것으로 홑낱말이나 겹낱말의 밑말에 직접 연결되거나 열결형 씨끝‘-아/어-’를 매개로 간접 연결된다.

(315ㄱ-1, 감치다), (315ㄴ-1, 늘치다), (315ㄷ-1, 달치다), (315ㄹ-1, 그르치다), (315ㅁ, 겹치다) 등은 밑말에 ‘-치-’가 직접 연결된 것을 보인 것이고, (315ㄱ-2, 꺼치다), (315ㄴ-2, 늘어치다), (315ㄷ-2, 돌아치다) (315ㄹ-2, 기우러치다), (316, 까무러치다) 등은 연결형 씨끝 ‘-아/어-’를 매개로 간접 연결된 것을 보인 것이다. 이 가지의 간접 연결될 때 보다는 직접 연결될 때 생산성이 훨씬 높다.

이 가지도 매우 다양한 씨갈래의 밑말과 결합한다.

(315ㄱ, 316ㄱ, 감치다, 꺼치다, 구부러치다)처럼 남움직씨 밑말이나 (315ㄴ, 315ㄷ, 316ㄴ, 늘치다, 늘어치다, 달치다, 돌아치다, 까므러치다)처럼 제움직씨 밑말에 결합되기도 하고 (315ㄹ, 그르치다)처럼 그림씨 밑말에 결합되기도 하며 (315ㅁ, 겹치다)처럼 이름씨 밑말에 결합되기도 한다.

(317, 거꾸러치다)는 불구밑말에 결합된 형태를 보인 것이다.

‘-치-’는 이러한 밑말 결합하여 파생어를 형성하는데 ‘-뜨리-’와는 달리 파생어의 씨갈래 하위범주가 남움직씨와 제움직씨로 나타난다.

이를 살펴보면 (21)과 같다.

(318) 남움 밑말 + -치- → 남움 : (315ㄱ, 감치다, 꺼치다), (316ㄱ, 구부러치다)

제움 밑말 + -치- → 남움 : (315ㄴ, 늘치다, 늘어치다), (316ㄴ, 까무러치다)

제움 밑말 + -치- → 제움 : (315ㄷ, 달치다, 돌아치다)

그 밑말 + -치- → 남움 : (315ㄹ, 그르치다, 기우러치다)

이 밑말 + -치- → 남움 : (315ㅁ) 의 '곱치다, 합치다, 해치다
이 밑말 + -치- → 제움 : (315ㅁ) 의 '겹치다'

(318)에서 보면 '-치-'는 남움직씨와 제움직씨를 파생한다.

따라서 '-뜨리-'는 '힘줌, 남움직성'의 뜻바탕을 가지는데 비하여 '-치-'
가지는 '힘줌'의 뜻바탕만을 가진다.

여기에서 '-뜨리-' 와 '-치-'의 뜻바탕을 좀 더 깊이 살펴본다. 같은
밑말에 나타나는 '-뜨리-와 -치-'로써 이들의 의미 성분을 분석하면 '-뜨
리-'에는 행위자의 비의도성이 나타나고 '-치-'에는 의도성이 나타난다
(하치근, 241~246).

(319) 늘어뜨리다 : 늘어치다, 깨뜨리다 : 깨치다
넘어뜨리다 : 넘어치다, 무너뜨리다 : 무너치다

(319)에서 '늘어뜨리다, 깨뜨리다, 넘어뜨리다, 무너뜨리다'는 '늘어지
게 하다, 깨지게 하다, 넘어지게 하다, 무너지게 하다'의 뜻을 가지므로
여기에는 '행위자의 의도성'이 있다. 그런데 비하여 'X치다'에는 이러한
뜻이 없다.

이러한 사실은 월 속에서 (319)의 낱말들이 '의도적으로' 라는 말과 어
떻게 호응하는가를 살펴보면 좀 더 분명해 진다.

(320) 나는 의도적으로 줄을 늘어뜨렸다.
*나는 의도적으로 줄을 늘어쳤다.

나는 의도적으로 유리를 깨뜨렸다.
*나는 의도적으로 유리를 깨쳤다.

나는 의도적으로 그를 넘어뜨렸다.
*나는 의도적으로 그를 넘어쳤다.

나는 의도적으로 집을 무너뜨렸다.
*나는 의도적으로 집을 무너쳤다.

(320)에서 보면 '의도적으로' 라는 말은 'X뜨리다'와는 잘 호응하나 'X치다'와는 호응하지 못한다.

이것은 'X뜨리다'는 '+의도성'을 가진 풀이말이기에 잘 호응되고 'X치다'는 '-의도성'을 가진 풀이말이기에 '의도적으로' 라는 말이 들어가면 안바른 월이 된 것이다.

이러한 사실을 두고보면 '-뜨리-'에는 '+힘줌, +남움직성'의 뜻바탕과 함께 '+의도성'을 가져 '+힘줌, +남움직성, +의도성'의 뜻바탕이 있다 하겠고 이에 비하여 '-치-'에는 '+힘줌, ±남움직성'과 함께 '-의도성'을 가져 '+힘줌, ±남움직성, -의도성'의 뜻바탕이 있다 하겠다. 이 둘은 이로써 구분된다.

③ '-(이/으)키-' 가지

이 가지는 남움직씨와 제움직씨 밑말과 결합하여 남움직씨를 파생한다. 이 가지는 한 씨갈래 밑말 안바꾸는 1유형 가지이다.

(321) ㄱ. (홑낱말 + -(이/으) 키-)
　　　내리키다
　　ㄴ. 돌이키다, 일으키다
(322) 들이키다

‘-(이/으)키-’는 현대국어에서 생산성을 크게 발휘하지 못한다.

이 가지는 홑낱말의 제움직씨나 남움직씨, 겹낱말의 남움직씨 밑말에 직접 연결된다.

(321ㄱ)의 ‘내리키다’는 홑낱말 남움직씨 밑말에 직접 연결되어 다시 ‘힘줌’의 뜻바탕을 가진 남움직씨를 파생하고 (321ㄴ)의 ‘돌이키다, 일으키다’는 홑낱말 제움직씨 밑말에 연결되어 역시 ‘힘줌’의 뜻바탕을 가진 남움직씨를 파생한다. 그리고 (322)의 ‘들이키다’는 겹낱말 남움직씨 밑말에 ‘-키-’가 직접 연결되어 역시 ‘힘줌’의 뜻바탕을 가진 남움직씨를 파생한다. 밑말 ‘들이-’는 ‘들-’의 하임말이다.

이렇게 두고보면 이 가지는 밑말에 ‘힘줌’의 뜻바탕을 더하면서 모두 남움직씨를 파생하므로 이 가지에는 ‘힘줌, 남움직성’의 뜻바탕이 있는 것으로 보아야 한다.

‘-(이/으)키-’에 의해 파생된 것으로 보이는 형태는 (321, 322)의 예 외에도 ‘뭉키다, 삼키다, 움키다’ 등이 있다. 그러나 이들의 밑말 ‘뭉-, 삼-, 움-’ 등은 공시적으로 존재하지 않는 불구밑말이다. 이는 더 이상 생산성을 발휘하지 못하는 어휘화된 낱말이므로 함께 다루지 않는다.

④ ‘-앟/엏-’ 가지

이 가지는 그림씨나 상징 어찌씨 밑말과 결합하여 그림씨를 파생한다. 이 가지는 여러 씨갈래 밑말 바꾸거나 안바꾸는 3유형 가지이다.

(322) ㄱ. 가맣다/거멓다, 까맣다/꺼멓다, 가느랗다, 노랗다/누렇다, 말갛다/멀겋다, 발갛다/벌겋다, 빨갛다/뻘겋다, 보얗다/부옇다, 뽀얗다/뿌옇다, 파랗다/퍼렇다, 하얗다/허옇다
ㄴ. 동그랗다/둥그렇다, 똥그랗다/뚱그렇다

'-앟/엏-'은 그림씨나 상징어 밑말과 결합하여 그림씨를 파생한다.

(322ㄱ, 가맣다/거멓다)는 그림씨 밑말과 결합된 것이고 (322ㄴ, 동그랗다/둥그렇다)는 상징어 밑말과 결합된 것이다. 이 가지는 이러한 상태성 밑말과 결합하면서 밑말에 상태성의 정도를 더한다. 따라서 '-앟/엏-'에는 '힘줌, 상태성'의 뜻바탕이 있다 하겠다.

이 가지는 주로 색채어 밑말과 결합할 때 높은 생산성을 가진다. (322ㄱ)의 '가느랗다'와 (322ㄴ, 동그랗다)를 제외하면 모두 색채어로 분류되는 그림씨 밑말이다.

이 가지는 '-앟-/-엏-, -얗 -/-옇-'의 변이 형태를 가지는데 '-앟-, -엏-'은 닿소리 뒤에 쓰이고 '-얗 -/-옇-'은 홀소리 뒤에 쓰인다. '-앟-, -얗-'은 밝은 홀소리와 같이 쓰이고 '-엏-, -옇-'은 어두운 홀소리와 같이 쓰인다.

⑤ '-다랗-' 가지

이 가지는 그림씨 밑말과 결합하여 다시 그림씨를 파생한다. 이 가지는 한 씨갈래 밑말 안바꾸는 1유형 가지이다.

> (323) 가느(←가늘)다랗다, 굵다랗다, 곱다랗다, 기(←길)다랗다, 짤(←짧)따랗다, 깊다랗다, 높다랗다, 널(←넓)따랗다, 좁다랗다, 되다랗다, 두껍다랗다, 얄(←얇)따랗다, 머(←멀)다랗다, 잔(←잘)다랗다, 크다랗다

(323)의 밑말은 모두 그림씨이다. 그리고 그 파생어도 모두 그림씨다. '-다랗-'은 이와 같이그림씨 밑말과 결합하여 다시 그림씨를 파생하면서 밑말에 상태성의 정도를 더한다. 따라서 '-다랗-'에는 '힘줌'의 뜻바탕이 있다.

이 가지는 차원낱말을 밑말로 할 때 높은 생산성을 가진다. (323)에서

'되다랗다'를 제외하면 모두 차원낱말로 분류되는 그림씨 밑말이다.

　그리고 이 가지가 결합된 파생어는 구체적인 상태를 서술하는 경우의 월에서는 자연스럽게 쓰일 수 있으나 추상적인 상태를 서술하는 경우의 월에서는 '-다랗-'이 밑말의 의미 영역을 제한하므로 쓰일 수 없다(송철의, 1992 : 222~223).

　　　　　(324) ㄱ. 연필이 길다/연필이 기다랗다.
　　　　　　　　 ㄴ. 시간이 길다/*시간이 기다랗다.

　(324ㄱ)의 '길다'는 연필의 구체적인 상태를 서술한다. 여기에 쓰인 '기다랗다'는 자연스럽게 쓰이나 (324ㄴ)의 '길다'는 추상적인 상태를 서술한다. 여기에는 '기다랗다'가 쓰이지 못한다. 아닌 월이 된다.

　　⑥ '-차-' 가지

　이 가지는 그림씨, 이름씨, 상징 어찌씨 밑말과 결합하여 그림씨를 파생한다. 이 가지는 여러 씨갈래 밑말 바꾸는 4유형 가지이다.

　　　　　(325) ㄱ. 걸치다, 세차다, 길차다
　　　　　　　　 ㄴ. 기장차다, 게걸차다, 기운차다, 보람차다, 아름차다, 우람차다,
　　　　　　　　　　 앞차다, 위엄차다, 자랑차다
　　　　　　　　 ㄷ. 능글차다

　'-차-'는 그림씨, 이름씨, 상징어 밑말과 결합하여 그림씨를 파생한다.
　(325ㄱ, 걸차다)는 그림씨 밑말과 결합된 것이고 (325ㄴ, 기장차다)는 이름씨 밑말과 결합된 것이며 (325ㄷ, 능글차다)는 상징어 밑말과 결합된 것이다.

이들 밑말은 모두 상태성을 가진다.[14]

이 가지는 이러한 밑말과 결합하면서 밑말에 상태성의 정도를 더하면서 모두 그림씨를 파생한다. 따라서 '-차 -'에는 '힘줌, 상태성'의 뜻바탕이 있다.

4) 종합

지금까지 '힘줌 뒷가지'를 각 시대별로 살폈다. 여기서는 지금까지 살펴본 사실을 중심으로 이들 가지의 변천된 모습을 살핀다.

'힘줌 뒷가지'의 변천된 모습은 크게 둘로 나누어 볼 수 있다.

하나는 중세국어에 나타나 근대나 현대국어까지 쓰이는 것이고 다른 하나는 중세나 근대국어에는 쓰이지 아니하다가 현대국어에서 새롭게 쓰이는 것이다.

앞의 것은 '-티->-티/치->-치-, -혀/혀->-혀/켜/키->-키-, -받/왇(왇)->-왇-, -잇->-잇-, -ᄧ/ᄩ->-ᄩ-, -ᄎ/츠/치/ᄉ->-ᄎ/츠/ᄉ->-차-' 가지이고 뒤의 것은 '-뜨리-, -앟/엏-, -다랗-' 가지이다.

이 둘로 나누어 살핀다.

(1) 중세국어부터 쓰인 것

① '-티- > -티/치- > -치-' 가지

이 가지의 파생 양상을 각 시대별로 정리하여 표로 보이면 (325)와 같다.

---

14) 서정수(1976 : 11-13)에서는 이름씨를 실체성 이름씨와 비실체성 이름씨로 나누고 비실체성 이름씨를 다시 상태성 이름씨와 비상태성 이름씨로 나누었다. (325ㄴ)에 나타난 이름씨는 모두 상태성 이름씨다. 여기에 대해서는 서정수(앞의 책)참조.

(325)

가지형태	중세국어	근대국어	현대국어
	-티-	-티/치-	-치-

파생양상	홑·남움 →남움 :
	것티다, 걸티다
	ᄀ리티다, 빼티다
	
	드위티다, 들티다
	덜티다, 떨티다
	믜티다, ᄇᅀ티다
	베티다, 브드티다
	쌔티다, 쓰리티다
	업티다, 열티다
	뻐티다
	홑·제움 →남움 :
	데티다, 다티다
	헤티다
	홑·제움→제움 :
	  츽티다
	겹(하임)남움→남움 :
	  거두티다, 거치티다
	  내티다, 니르티다
	  두르티다, 드르티다
		홑·남움 →남움 :
		구르티/치다, 닭티/치다
		쌔티/치다, 더위티/치다
		
		덥티다, 구르티다
		뒷티/치다, 들티다
		떨티다, 믄희티다, 믜티다
		밀티다, 베티다
		쌔티다, 쓰리티다
		브드티/치다, 비븨치다
		업티다, 플티다
		홑·제움 →남움 :
		찌티/치다, 찌티/치다
		느리티다, 다티다, 헤티다
		홑·제움→제움 :
		  츽티다, 벗치다
		겹(하임)남움→남움 :
		  거스리티다, 거두치다
		  것구리티다, 그치티다
		  나와티다/나오치다
		  내티/치다, 느리티다
		  니ᄅ티다, 도로티다
		  드리티다, 디내티다
		  믈리티다, 에우치다
			홑·남움→남움 :
			(직접연결)감치다, 걸치다,
			깨치다, 내치다, 넘치다,
			놓치다, 다그치다, 닫치다,
			덮치다, 두르치다, 뚱기치다
			떨치다, 밀치다, 밭치다,
			받치다, 부딪치다, 부수치다
			빼치다, 뿌리치다, 엎치다,
			에우치다, 열치다, 접치다,
			잡치다, 재치다, 풀치다,
			펼치다, 흩치다
			(간접연결)꺼치다, 끊어치다,
			넘어치다, 떨어치다, 무너치다
			쓰러치다
			홑·제움→남움 :
			(직접연결)늘치다, 데치다,
			설치다
			(간접연결)늘어치다, 볶아치다
			홑·제움→제움 :
			(직접연결)달치다, 닳치다,
			돋치다, 뻗치다, 어리치다,
			지나치다, 볶대기치다
			(간접연결)돌아치다
			겹·남움→제움 :
			(간접연결)구부러치다
			겹·제움→남움 :
			(간접연결)까므러치다
			그→남움 :
			(직접연결)그르치다
			(간접연결)기우러치다
			이→남움 :
			곱치다, 합치다, 해치다
			이→제움 : 겹치다

뜻바탕	힘줌	힘줌	힘줌
비고	• 홑낱말일 때 더 생산적임. • 겹낱말일 때는 하임남움직씨 밑말임 • 한 씨갈래 밑말 안바꾸는 가지임 • 밑말에 직접 연결됨	• 홑낱말일 때 더 생산적임 • 겹낱말일 때는 하임 남움직씨 밑말임 • 한씨갈래 밑말 안바꾸는 가지임 • 밑말에 직접 연결됨	• 밑말에 직접 또는 '아/어'를 매개로 간접연결 됨 • 여러씨갈래 밑말 바꾸거나 안바꾸는 가지임

(325)의 표를 통하여 이 가지의 변천된 모습을 살펴본다.

먼저 가지의 형태를 보면 중세국어에서는 '-티-'가 쓰이다가 근대국어에서는 '-티-'와 함께 '-치-'가 새롭게 나타나는데 이는 '-티-'에서 입천장소리 되기의 현상을 입은 것이다. 그리고 현대국어에서는 '-치-'로 통합되어 쓰인다.

이 가지의 파생 양상은 중세국어나 근대국어는 대채로 같은 모습이나 현대국어에서는 매우 복잡하다.

밑말의 형태를 보면 중세, 근대국어에서는 이 가지가 움직씨에만 결합됨으로써 한 씨갈래 밑말을 가지나 현대국어에서는 움직씨, 그림씨, 이름씨 등과 같은 여러 씨갈래 밑말과 결합함으로써 그 생산성의 범위가 크게 확대된다. 따라서 중세나 근대국어에서는 이 가지가 한 씨갈래 밑말과 결합하여 그 씨갈래를 안바꾸는 파생가지인데 비하여 현대국어에서는 여러 씨갈래 밑말과 결합하여 움직씨는 씨갈래를 안바꾸고 그림씨와 이름씨는 움직씨로 바꾸는 파생가지이다. 즉 이 가지가 중세나 근대국어에서는 한 씨갈래 밑말 안바꾸는 가지이다가 근대에서 현대국어로 이르는 사이 여러 씨갈래 밑말 바꾸거나 안바꾸는 가지로 변천한다.

또한 겹낱말의 경우, 이 가지는 중세나 근대국어에서는 하임 파생어 밑말에 결합되어 나타나는데 현대국어에서는 하임 파생어 밑말과는 결합하지 못한다. 이것은 '-치-'가 현대국어에서는 '밑말+하임가지'의 형태에서 저지당하기 때문일 것이다.

이 가지가 밑말과 연결되는 양상은 중세나 근대국어와 현대국어에서 차이를 보인다.

중세나 근대국어에서는 이 가지가 밑말에 직접 연결되면서 밑말에 힘줌의 뜻바탕을 더하는데 현대국어에서는 밑말에 직접 연결되기도 하지만 연결형 씨끝 '-아/어-'를 매개로 간접 연결되기도 한다.

② '-ᅘᅧ/혀- > -혀/켜/키- > -키-' 가지

(326)

	중세국어	근대국어	현대국어
가지형태	-ᅘᅧ/혀-	-혀/켜/키-	-(이/으)키-
파생양상	홑·남움→남움: 빼ᅘᅧ/혀다, 그리혀다 글희혀다, 드위ᅘᅧ/혀다 들혀다, 빼ᅘᅧ/혀다 지ᅘᅧ/혀다, 삐혀다 홑·제움→남움: 헤ᅘᅧ/혀다 겹·남움→남움: 가도혀다, 그우리ᅘᅧ다 걸위혀다, 기우리혀다 내혀다, 느리혀다 니ᄅᅘᅧ다, 도ᄅᅘᅧ/혀다 드리ᅘᅧ/혀다, 버리혀다 움치혀다, 조리혀다 횟도로ᅘᅧ/혀다	홑·남움→남움: 쌔혀다, 뒤혀다 믜혀다, 베혀다 빼혀다, 추혀다 지혀다 홑·제움→남움: 헤혀/켜다 홑·제움→제움: 츼키다 홑·남움→제움: 우기ᅘᅧ다 겹·남움→남움: 거두혀/켜다, 나오ᅘᅧ다 내혀다, 느리혀다 니르혀/키다, 도로혀/키다 드리혀다, 두로혀다 버리혀/켜다 움치켜다, 주쑤리혀/켜다 주리혀/켜다	홑·남움→남움: 내리키다 홑·제움→남움: 돌이키다, 일으키다
뜻바탕	힘줌, 남움직성	힘줌	힘줌, 남움직성
비고	• 생산성 높음 • 겹낱말일 때 더 생산적임 • 한 씨갈래 밑말 안바꾸는 가지임	• 생산성 높음 • 겹낱말일 때 더 생산적임 • 한씨갈래 밑말 안바꾸는 가지임	• 생산성 낮음 • 한씨갈래 밑말 안바꾸는 가지임

(326)의 표를 통하여 이 가지의 변천된 모습을 살펴본다.

먼저 가지의 형태를 보면 중세국어에서는 '-혀-', '-혀-'가 쓰이다가 근대국어에서는 '-혀-'가 사라지고 대신 '-혀-'와 '-혀-'에서 입천장소리되기의 현상을 입은 '-켜-'와 '-켜-'에서 홑홀소리 되기 현상을 입은 '-키-'가 쓰인다. 현대국어에서는 '-(이/으)키-'로 통합된다.

파생 양상을 살펴본다. 먼저 생산성에서 중세, 근대국어와 현대국어는 큰 차이를 보인다. 중세와 근대국어에서 보였던 높은 생산성은 현대국어에 이르러 크게 준다.

파생 양상은 중세국어와 근대국어에서 약간의 차이를 보인다.

중세국어에서는 쓰이지 않던 '칙-, 우기-'가 근대국어에서는 이 가지의 밑말로 쓰여 제움직씨를 파생함으로써 중세국어까지는 남움직씨만을 파생하던 이 가지가 근대국어에서는 남움직씨와 함께 제움직씨도 파생하게 된다. 이 까닭으로 뜻바탕도 바뀌게 되는데 중세국어에서 가졌던 이 가지의 뜻바탕 즉 '힘줌, 남움직성'이 근대국어에서는 '힘줌'의 뜻바탕만을 가진다.

그러다가 현대국어에서는 이 가지의 생산성이 크게 줄면서 제움직씨는 파생하지 못하고 다시 남움직씨만을 파생하게 됨으로써 이 가지는 '힘줌, 남움직성'의 뜻바탕을 가진다.

이렇게 두고보면 이 가지는 '중세 : 힘줌, 남움직씨→근대 : 힘줌→현대 : 힘줌, 남움직씨'로 뜻바탕이 변했다 하겠다.

그러나 이 가지가 한 씨갈래 밑말 안바꾸는 가지인 것은 중세, 근대, 현대국어 모두 한가지이다.

③ '-밭/왇(윋)- > -왇-' 가지

(327)

	중세국어	근대국어	현 대 국 어
가지형태	-밭/왇(윋)-	-왇-	-
파생양상	홑·남움→남움 : 베왇다, 밀왇다 홑·제움→남움 : ㄴ리왇다, 다왇다 헤왇다 홑·그→그 : 세왇/윋다 겹·남움→남움 : 그치왇다, 그우리왇다 니르밭/왇다, 드리왇다 내왇다, 믈리밭/왇다 벙으리왇다, 벗기왇다 거스리왇다, 갓ㄱ로왇다 도로왇다	홑·제움→남움 : 다왇다, ㄴ리왇다 헤왇다 홑·제움→제움 브르왇다 홑·그→그 세왇다 겹·남움→남움 : 내왇다, 믈리왇다 벙우리왇다, 니르왓다	생산성 없음
뜻바탕	힘줌, 남움직성	힘줌	
비 고	• '그→그'의 '세왇/윋다' 는 예외 • 한씨갈래 밑말 안바꾸 는 가지임	• '그→그'의 '세왇다'는 예외 • 한씨갈래 밑말 안바꾸 는 가지임	

(327)에서 보면 이 가지는 중세, 근대국어까지는 쓰이다가 현대국어
에 이르러서는 생산성을 잃고 그 기능을 '그→그'의 경우는 '-차-'에 그
나머지는 '-치-'에 물려준다.

따라서 이 가지의 변천은 중세에서 근대국어 사이에서 일어나는 것
들을 모아 살필 수밖에 없다.

먼저 가지의 형태를 살펴본다.

중세국어에 쓰였던 '-밭-'이 근대국어에서는 '-왇-'으로 통합된다. 이

것은 '-밭-'에 쓰였던 '-ᄫ-'이 '-오/우-'로 음운 변천했기 때문이다.

이제 파생 양상을 살펴본다.

중세국어에서는 '그림씨+-왇/웟→그림씨'의 형태인 '세왇/웟다'를 예외 처리하고 보면(이 글 1. 1). (3) 참조) 이 가지는 남움직씨만을 파생하는 데 비하여 근대국어에서는 '제움+-왇/웟-'의 형태인 '브르왇다'가 파생됨으로써 제움직씨도 파생한다. 따라서 이 가지의 뜻바탕이 바뀌게 되는데 중세국어에서는 '힘줌, 남움직씨'의 뜻바탕을 가지나 근대국어에서는 '힘줌'의 뜻바탕만을 가진다.

이 가지가 한 씨갈래 밑말 안바꾸는 가지인 것은 중세나 근대국어 모두 같다.

④ -잊-

(328)

	중세국어	근대국어	현대국어
가지형태	-잊-	-잊-	
파생양상	홑·남움→남움 : 드위잊다, 뗄잊다 홑·제움→남움 : 다잊다, 헤잊다 겹·남움→남움 : 두르잊다, 횟두루잊다	홑·남움→남움 : 뒤잊다, 미리잊다 홑·제움→남움 : 세잊다, 다잊다 홑·제움→제움 : 브드잊다 겹·남움→남움 : 대잊다	생산성 없음
뜻바탕	힘줌, 남움직성	힘줌	
비고	한 씨갈래 안바꾸는 가지임	한 씨갈래 안바꾸는 가지임	

(328)에서 보면 이 가지도 중세, 근대국어까지는 생산성 있게 쓰이다가 현대국어에서는 생산성을 잃고 그 기능을 현대국어의 '-치-'에 넘겨

준다.

따라서 이 가지의 변천도 중세국어와 근대국어 사이에서 일어나는 것들을 모아 살필 수밖에 없다. 중세국어에서는 이 가지가 모두 남움직 씨만을 파생함으로써 '힘줌, 남움직성'의 뜻바탕을 가지는데 근대국어에 서는 '제움+-잇→제움'의 '브드잇다'가 파생됨으로써 제움직씨도 파생 한다. 따라서 근대국어에서는 '남움직성'을 가지지 못하고 '힘줌'의 뜻바 탕만을 가진다.

이 가지가 한 씨갈래 밑말 안바꾸는 가지인 것은 중세나 근대국어 모 두 같다.

⑤ -뜨/쯔- > -쯔-

(329)

	중세국어	근대국어	현대국어
가지형태	-뜨/쯔-	-쯔-	
파생양상	홀·남움→남움 : 견조뜨다, 너기뜨다 홀·남움→제움 : 거슬뜨다 겹·남움→남움 : 마초뜨다, 자히뜨다 굴ᄒ뜨다, 버리뜨다	홀·남움→제움 : 거슬 뜨다 겹·남움→남움 : 버립뜨다	생산성 없음
뜻바탕	힘줌	힘줌	
비고	•한 씨갈래 밑말 안바 꾼는 가지임	•생산성이 낮다. •한 씨갈래 밑말 안바 꾸는 가지임	

(329)에서 보면 이 가지가 중세국어에는 어느 정도 생산성을 가지다 가 근대국어에서는 그 생산성이 크게 낮아진다. 그리고 현대국어에서는

생산성을 완전히 잃고 사라진다.

가지의 형태는 중세국어에서 쓰이던 '-ᄧ-'가 근대국어에서는 -'ᄶ-'에 통합된다.

⑥ '-ᄎ/ᄌ/치/ᄉ- > -ᄎ/ᄌ/ᄉ- > -차-' 가지

(330)

	중세국어	근대국어	현대국어
가지형태	-ᄎ/ᄌ/치/ᄉ-	-ᄎ/ᄌ/ᄉ-	-차-
파생양상	홀·남움→남움 : 거리치다, 거느리치다 홀·제움→제움 : 므믈치다 홀·남움→그 : ᄇᆞ치/ᄉ다 홀·그→그 : 세츠다 홀·그→남움 : 그르츠다	홀·남움→남움 : 쓴츠다, 뉘읕츠다, 되츠다 홀·제움→남움 : 붓츠다 홀·제움→제움 : 올ᄉ다 홀·그→그 : 세츠다, 어위츠다 홀·그→남움 : 그릇츠다/그릍츠다	그→그 : 걸차다, 세차다, 길차다 이→그 : 기장차다, 게걸차다 기운차다, 보람차다 아름차다, 우람차다 앞차다, 위엄차다 자랑차다 상→그 : 능글차다
뜻바탕	힘줌	힘줌	힘줌, 상태성
비고	• 평가뒷가지로 상황적인 뜻을 가진다.	• 평가뒷가지로 상황적인 뜻을 가진다.	• 어휘적인 뒷가지로 실질적인 뜻바탕을 가진다. • 여러 씨갈래 밑말 바꾸는 가지임

(330)에서 가지의 형태를 보면 이 가지가 중세국어에서는 '-ᄎ/ᄌ/치/ᄉ-'로 쓰이다가 근대국어에서는 '-ᄎ/ᄌ/ᄉ-'로 나타난다. 이것은 중세국어의 '-치-'가 근대국어에서는 1)의 '-티/치-'의 '-치-'와 형태, 의미상 변별적 기능을 발휘하지 못하고 '-티/치-' 가지에 통합되었기 때문이다. 그러다가 현대국어에서는 '-차-' 가지로 형태가 변한다. '-차-'는 근대국어의 '-ᄎ-'에서 /·/가 사라지면서 /·/ > /ㅏ/로의 음운 변천을 입어 나

타난 것이다.

그러면서 이 가지의 파생 양상도 크게 바뀐다.

중세나 근대국어의 이 가지는 움직씨와 그림씨 밑말과 결합하면서 다시 움직씨나 그림씨를 파생하는데 비하여 현대국어의 이 가지는 그림씨, 이름씨, 상징어 밑말과 결합하면서 모두 그림씨를 파생한다.

따라서 이 가지는 중세, 근대국어까지는 평가뒷가지로써 밑말에 '힘줌'의 상황적인 뜻만 더하다가 현대국어에서는 '힘줌, 상태성'을 가진 어휘적인 뒷가지로 변했다 하겠다.

그러나 근대국어에 쓰였던 이 가지가 그대로 '-차-' 가지로 통합된 것은 아니다. 이 가지가 결합되어 움직씨를 파생하는 대부분의 경우는 현대국어의 '-치-'에 통합되고 그림씨 밑말과 결합하여 다시 그림씨를 파생하던 극히 일부분만 '-차-'에 통합된다.

이것은 현대국어의 '-차-' 가지가 근대국어와 마찬가지로 더 이상 움직씨를 파생하지 못 하고 그림씨만을 파생하는 '상태성 힘줌 뒷가지'로 변하기 때문이다.

이러한 관계로 현대국어의 '-치-' 가지는 근대국어보다는 현대국어에서 더욱 높은 생산력을 발휘하게 되고 '-차-' 가지는 그림씨와 상태성을 가지는 이름씨나 상징어 밑말과 결합하여 그림씨를 파생하게 된다.

(2) 현대국어에서 새롭게 쓰이는 것

지금까지 중세국어부터 근대나 현대국어까지 쓰인 가지의 변천에 대해 살펴보았다. 여기서는 중세나 근대국에서는 쓰이지 않다가 현대국어에서 '힘줌 뒷가지'로 새롭게 쓰이는 '-뜨리-, -앟/엏-, -다랗-' 가지에 대해 살펴본다.

① '-뜨리-' 가지

'-뜨리-'는 중세나 근대국어에서는 나타나지 아니하다가 현대국어에 이르러 남움직씨, 제움직씨, 그림씨, 이름씨, 상징어 밑말에 직접 혹은 '-아/어'를 매개로 간접 결합되면서 나타난다. 그렇다면 이 가지는 어떻게 현대국어에서 생산성 있는 가지로 쓰이게 되었을까? 이승재(1992 : 67∼72)에서는 '-뜨리-'를 중세국어의 '쁠-'에 입음의 가지 '-으/으-'가 통합된 형태 즉 '*쁠으-'가 '*쁠으->*퍼르->*떠르->*뜨르->뜨리-'의 과정을 겪어 '-뜨리-'로 변천한 것으로 추정하였고, 고영진(1997 : 99, 주90)에서는 '-뜨리-'를 '뜰+이'로 분석하면서 '뜰'에 대해서는 확답을 내릴 수 없다 하였다.

이렇듯 이 가지의 변천은 앞에서 살핀 '-티->-티/치->-치-' 등의 가지와는 달리 다른 형태소와의 관계 속에서 찾을 수밖에 없다.

현대국어에서 형태나 뜻에 있어 '-뜨리-'와 관련지어 볼 수 있는 것은 가지 '-지-' 인 데 '-뜨리-'는 분명 '-지다'와 관련되어 변천된 것으로 보인다.

먼저 현대국어에 나타난 '-뜨리-'에 대한 '-지-'를 이 글 3). (1)의 예 (311)∼(313)과 빗대어 살펴보면 (331-332)와 같다.

   (331) ㄱ-1. (홀남움직씨 밑말에 직접 연결)
        깨뜨리다 : 깨지다, 꿰뜨리다 : 꿰지다, 내뜨리다 : ―
        다그뜨리다 : ―,   놓뜨리다 : ―,   떨뜨리다 : ―,
        바수뜨리다 : ―,   부딪뜨리다 : ―,   쏟뜨리다 : ―
        열뜨리다 : ―,   지내뜨리다 : ―,   찢뜨리다 : ―
        잦뜨리다 : ―,   채뜨리다 : ―,   펼(←펴)뜨리다 : 퍼지다
        패뜨리다 : ―,   퍼(←폐)뜨리다 : 퍼지다
      -2. (홀남움직씨 밑말 + '-아/어'에 연결), 깨뜨리다 : 꺼지다,

꿰어뜨리다 : 꿰어지다,　　　　　끊어뜨리다 : 끊어지다,
내려뜨리다 : 내려지다,　　　　　넘어뜨리다 : 넘어지다,
놓아뜨리다 : 놓아지다,15)　　　　뚫어뜨리다 : 뚫어지다,
떨어뜨리다 : 떨어지다,　　　　　미어뜨리다 : 미어지다,
무너뜨리다 : 무너지다,　　　　　무지러뜨리다 : 무지러지다,
쓰러(←쓸어)뜨리다 : 쓰러지다,　사그라뜨리다 : 사그라지다,
사라뜨리다 : 사라지다,　　　　　엉클어뜨리다 : 엉클어지다,
엎어뜨리다 : 엎어지다,　　　　　터뜨리다 : 터지다,
허물어뜨리다 : 허물어지다,　　　헝클어뜨리다 : 헝클어지다

ㄴ-1. (홑제움직씨 밑말에 직접 연결)

설뜨리다 : ―

　-2. (홑제움직씨 밑말 + '-아/어-'에 연결)

늘어뜨리다 : 늘어지다, 시들어뜨리다 : 시들어지다

ㄷ-1. (홑그림씨 밑말에 직접 연결)

그르뜨리다 : ―

　-2. (홑그림씨 밑말 + '-아/어-'에 연결)

기울어뜨리다 : 기울어지다

ㄹ-1. (홑이름씨 밑말에 직접 연결)

합뜨리다 : ―

ㅁ. (상징어 밑말 + '-아/어'에 연결)

미끄러뜨리다 : 미끄러지다, 어지러뜨리다 : ―

(332) ㄱ. (겹낱움직씨 밑말 + '-아/어'에 연결)

구부러뜨리다 : 구부러지다,　　　고부라뜨리다 : 고부라지다,
널브러뜨리다 : 널브러지다,　　　오그라뜨리다 : 오그라지다,
움츠러뜨리다 : 움츠러지다,　　　오므라뜨리다 : 오므라지다,
짜그라뜨리다 : 짜그라지다,　　　까무러뜨리다 : 까무러지다,
흐트러뜨리다 : 흐트러지다

ㄴ. (겹제움직씨 밑말 + '-아/어-'에 연결)

엎드러끄리다 : 엎드러지다

---

15) '놓아지다'는 실재하는 낱말이 아니다. 그러나 쓰일 수 있는 가능한 낱말이다.

(331-332)에서 보면 ‘-지다’가 ‘-뜨리다’와 밑말을 같이 하는 경우가 매우 많다. (331, ㅁ)의 ‘어지러뜨리다’를 제외하고는16) ‘-아/어-’를 매개로 간접 결합하는 모든 밑말에 ‘-뜨리다’와 함께 ‘-지다’가 나타나고 밑말과 직접 결합되는 경우에도 (331, ㄱ-1)의 ‘깨-, 꿰-, 펼(←펴), 퍼-’에는 함께 나타난다.

이렇듯 ‘-지다’는 ‘-뜨리다’와 관련을 맺는다.

뿐만 아니라 이 둘은 뜻에 있어서도 관련을 맺고 있다.

같은 밑말에 나타나는 ‘X뜨리다’의 뜻을 살펴보면 이들은 모두 ‘X지-게 하다’라는 뜻을 가지고 있어 ‘X지다’에 대한 ‘하임’의 뜻을 가지고 있다.

그렇다면 ‘-뜨리다’는 ‘-지다’의 고형인 ‘디다(落)’에 ‘하임’의 가지 ‘-이-’가 결합된 것으로 추론해 볼 수 있겠다.

이미 아다시피 ‘디다(落)’는 중세국어에서 ‘디-(평성)’는 제움직씨로 : ‘디-(상성)’는 하임 남움직씨로 쓰인다.

그런데 이 둘은 성조에서 뿐만 아니라 굴곡 가지 ‘-고’가 결합할 때는 앞엣것은 ‘디고’가 되고 뒤엣것은 ‘디오’가 되어 서로 다른 데 이것은 하임 남움직씨 ‘디-’가 한 형태소로 이루어진 ‘ti’가 아니라 여기에는 하임의 가지 ‘-이-’가 결합되어 있는 ‘tij’ 즉 ‘-디이-’였기 때문으로 생각된다 (송철의, 1997 : 849-850).

그렇다면 현대국어의 힘줌 뒷가지 ‘-뜨리-’는 중세국어의 하임 남움직씨 ‘디이-’에서 그 유래를 찾을 수 있겠다.

‘디이-’는 근대국어가지는 그대로 쓰이다가 근대에서 현대로 이르는 사이 이 형태는 ‘디이->*디리->-띠리->-뜨리-’의 변천을 거친 것으로

---

16) ‘어지러뜨리다’에 대한 *‘어지러지다’는 실재하지 않는다. 이것은 ‘어지르다’와 결합되는 형태 ‘어지러지다(정돈되어 있지 않다)’에 저지당함으로써 나타나지 못한 예외적인 현상이다.

보인다.

이 과정에서 '*디리-'가 쓰인 예는 찾을 수 없으나 '*디리-'에서 된소리 되기를 입어 나타났을 것으로 추측되는 '-띠리-'는 경상도 지역어에서 그 쓰인 예를 찾을 수 있다.

'깨띠리다, 꿰띠리다, 꺼띠리다, 늘어띠리다…' 와 같이 (331-332)의 '-뜨리다'는 경상도 지역어에서 모두 '-띠리다'로 나타난다.

경상도 지역어의 '-띠리다'도 '-뜨리다'와 마찬가지로 '힘줌'의 뜻을 가진 파생 뒷가지이다.

>   (333) ㄱ. 나는 어제 도가지를 깼다.
>   ㄴ. 나는 어제 도가지를 깨띠렀다.

(333)은 경상도 지역어인데 여기에 나타난 '-띠리-'는 밑말 '깨-'에 '힘줌'의 뜻을 더하는 파생 뒷가지이다.

그리고 '-띠리-' 와 '-뜨리-'는 형태만 다를 뿐 뜻바탕이나 기능은 같다.

'-띠리-'는 다시 'ㅣ>ㅡ'의 음운 교체로 말미암아 '-뜨리-'로 나타나게 된다.

그러면 '-뜨리-'에 보이는 문법화나 힘줌의 뜻바탕은 언제, 어떻게 생기게 되었는가?

그 시기를 확실히 알 수는 없으나, '*디리-'에서 '-띠리-'로 변천하는 과정에서 얻어진 것으로 보인다.

이것은 '*디리-'의 '디-'는 실사 '디다'와 유연성을 가질 것이나 '-띠리-'의 '-띠-'는 '디다>지다'의 '지-'와 형태, 의미, 기능상 유연성을 잃은 것으로 보이기 때문이다.

그리고 '*디리->-띠리-'의 과정에서 '-띠리-'가 된소리 되기에 힘입어

'힘줌'의 뜻바탕을 가지게 된 것으로 보인다.

② '-앟/엏-' 가지

힘줌 뒷가지로써의 '-앟/엏-'은 중세나 근대국어에서는 쓰이지 아니
하다가 현대국어에서 주로 색채어 밑말과 결합하여 생산성을 가진다.
여기서는 이 가지의 유래를 중세나 근대국어에서 찾아 그 변천과정
을 살펴본다.
'-앟/엏-'은 그 형태만으로 보면 중세나 근대국어에도 나타난다.

(334) 파랗다 : 눈 소밴 瞳人이 파라코<금삼3 : 48>
　　　 하얗다 : 모로매 하야켄 아니흘 디로다<두초25 : 50>
　　　 거멓다 : 이 두 거슬 봇가 거머케 ᄒ고<구간1 : 95>

그러나 (334)의 '-앟/엏-'은 힘줌 뒷가지가 아니라 (335)의 예로 보인
'X아/어ᄒ-'의 축약형이다.

(335) 파라ᄒ다 : 곬 우미 파라ᄒ도다<두초 6 : 51>
　　　 하야ᄒ다 : 西ㅅ녁, 수늘기 하야ᄒ고<남명하 : 19>
　　　 거머ᄒ다 : 더됴니 거머ᄒ야 아디 몯홀시<남명하 : 70>

따라서 (334)의 '파랗다, 하얗다, 거멓다'의 형태소 분석은 'X+-앟/엏-'
이 아니라 'X+아/어#ᄒ-'로 보아야 한다.
이들은 같은 시기에 쓰인 '그러ᄒ다→그렇다, 그리ᄒ다→그맇다, 뎌러
ᄒ다→뎌렇다, 아니ᄒ다→아닣다, 이러ᄒ다→이렇다' 와 마찬가지다.

(336) 그러ᄒ다 : 비록 그러ᄒ나<몽산 61>

그렇다 : 定力이 짮간 그러커늘<능엄 9 : 76>

그리ᄒ다 : 王 ᄀᆞᄅᆞ쵸몰 得ᄒ면 그리혼 後에ᅀᅡ<법화3 : 65>
그릏다 : 世間 여흰 樂 올 念ᄒ고 그리타이다<월석7 : 5>

뎌러ᄒ다 : 帝業憂勤이 뎌러ᄒ시니<용가 1 : 10>
뎌렇다 : 이싱애 뎌러터시 편안이 됴히 잇ᄂ니<박번상 : 31>

아니ᄒ다 : 문젼을 넓디 아니ᄒ더시다<소해2 : 39>
아닣다 : 光明이 긋디 아니크 ᄒ고<석보9 : 32>

이러ᄒ다 : 功德도 이러ᄒ곤<월석17 : 54>
이렇다 : 사로미 이러커늘ᅀᅡ<월곡143>

그러나 현대국어의 (334) '파랗다, 하얗다, 감앟다'는 '파르+앟-, 하+얗-,
17) 감+앟-'으로 여기에 나타난 '-앟/엏-'은 힘줌 파생 뒷가지이다.

    (337) 파랗다 : 산뜻하게 푸르다.
        하얗다 : 짙게 희다.
        가맣다 : 짙게 감다18)

(337)의 '앟/엏-'은 '산뜻하게, 짙게'라는 뜻을 가지는데 이들의 공통
뜻바탕은 '힘줌'이다.

그런데 문제는 (337)의 '-앟/엏-'이 아니라 중세나 근대국어와 마찬가

---

17) '파랗다, 하얗다'의 밑말 '파르-, 하-'는 공시적인 그림씨로 쓰이지 않는다. 그러나
    이들은 색채의 미차를 나타내기 위하여 홀소리를 변이시켜 나타낸 것으로(김계곤,
    1996 : 185) 밑말의 자격을 갖는 것으로 본다. '하얗다'의 '-얗-'은 '-앟-'의 변이형태
    로 홀소리 뒤에 나타난다.
18) 여기에 쓰인 뜻은 한글학회 (1991)에서 따온 것이다.

지로 'X+아/어-#하-'의 공시적 축약형이 아닌가 하는 점이다.19)

이 글에서는 다음 두가지 점에서 (337)을 파생뒷가지 '-앟/엏-'에 의한 파생어로 다룬다.

첫째, (337)의 '파랗다, 하얗다, 가맣다'가 축약형이라면 본디말 '파라하다, 하야하다, 가마하다' 가 실재어여야 할 터인데, 아니다.

현대국어에서도 축약형으로 나타나는 '그렇다, 저렇다, 이렇다'의 본디말 '그러하다, 저러하다, 이러하다'는 실재어이다.

둘째, (337)의 '파랗다' 등이 축약형이라면 여기에는 '힘줌'의 뜻이 나타나지 않아야 할 터인데 (337)의 오른쪽 뜻을 보면 여기에는 '힘줌'의 뜻바탕이 있다.

이러한 까닭으로 이 글에서는 (337)의 '파랗다, 하얗다, 가맣다'를 파생 뒷가지 '-앟/엏-'에 의한 파생어로 다루는데 그렇다면 '-앟/엏-'은 앞 시기의 어떤 형태가 변천한 것일까?

이는 중세나 근대국어에 쓰였던 (335)의 'X+-아/어-#ᄒ-'의 축약형 '-앟/엏-'에서 형태소 경계의 약화현상(#→+)과 '힘줌'의 뜻바탕을 입어 현대국어에서는 '-아/어-'와 '하-'로 분리되지 못하고 그대로 파생 뒷가지로 굳어진 것으로 보인다.

③ '-다랗-' 가지

'-다랗-'은 중세나 근대국어에서는 나타나지 아니하다가 현대국어에 이르러 (323)에서 보듯이 주로 그림씨 차원낱말과 결합하여 다시 그림씨를 파생한다.

---

19) 심재기(1987 : 401, 주38)에서는 '파랗다, 하얗다, 가맣다' 등과 같은 형태 즉 '까맣다, 말갛다, 동그랗다, 노랗다, 파랗다' 등을 '-앟/엏-'에 의한 파생어로 보지 않고 '까마하다, 맑아하다, 동그라하다, 노라하다, 파라하다'의 축약으로 보았다.

여기서도 이 가지의 유래를 근대국어에서 찾아 그 변천과정을 살펴
본다.

이 가지는 근대국어의 '넙닿다, 기닿다'에서 그 유래를 찾아볼 수 있다.

> (338) 넙닿다 : 四海 넙다흔 바다<양금22>
>   기닿다 : 달이 기다흔 목의<교시조2437-3>[20]

(338)의 '넙닿다, 기닿다'는 (335-336)의 예에서와 같이 이는 '넙다흐다,
기다흐다'의 축약형으로 보인다.

그런데 여기에서의 '-다-'는 그림씨 밑말과 결합하여 다시 그림씨를
파생하는 불완전 파생 뒷가지[21]로써의 '-다-'인데 그 형태만으로 보면
이는 단순한 '-다-'가 아니라 '-다-'에 어찌꼴 씨끝 '-아-'가 결합된 즉
'-다아-' 아닌가 생각된다.

이것은 '-흐다'가 이름씨, 어찌씨, 어찌꼴 씨끝 '-아/어-'에 결합되어
나타나기 때문이다.

이 '*넙다아흐다, *기다아흐다'는 근대에서 현대로 이르는 사이 'ㅏ,
ㅏ'의 형태는 홀소리의 충돌을 피하고 '-아-'의 형태소를 확실히 하기
위하여 앞에서 다룬 '디이->*디리->' 처럼 'ㄹ'를 첨가하여 *넙다라하
다, *기다라하다'를 형성하고 이것이 다시 축약되어 '넙다랗다, 기다랗

---

20) '기닿다'는 한글학회(1992 : 4904)에서 따온 것이다. '기닿다'는 근대국어에 쓰인 것
    으로 보여 같이 다룬다.
21) 불완전 파생 뒷가지는 완전 파생 뒷가지처럼 밑말과 결합하여 한 낱말이나 풀이씨
    의 줄기를 만들면서 씨끝이나 토씨와의 통합이 자유롭지 못하고 밑말에 결합되어
    다시 비정상적인 밑말 단위를 만들어 항상 '-스럽-'이나 '하-'와 같은 극히 제한된
    형태소와만 결합이 가능하도록 하는 파생 뒷가지를 말한다. 현대국어의 '-큼-(달큼
    하다), -쑥-(말쑥하다), -악-(모지락스럽다), -광(우습광스럽다)' 따위가 그것이다.
    여기에 대해 자세한 내용은 하치근(1993 : 62-63)참조.

다'가 된 것이 아닌가 한다.

이렇게 두고보면 현대국어의 '-다랗-' 가지는 근대국어의 '*-다아ㅎ-'에서 '*-다아ㅎ->*-다라하->-다랗-'으로 변천되었다 하겠다.

그런데 여기에서 문제가 되는 것은 그렇다면 왜 이 형태는 앞에서 다룬 '-앟/엏-'처럼 '-다ㅎ-'의 축약형 '-닿-'이 그대로 쓰이지 않았는가 하는 점이다.

이것은 근대국어에 쓰인 불완전 파생뒷가지 '-다-'를 분명히 하기 위한 것이 아니었던가 한다.

2. 정의 표현 뒷가지

'정의 표현 풀이씨 뒷가지'[22])는 가지가 밑말과 결합하여 새로운 낱말을 만들되 감각적이거나 정의적인 뜻바탕을 가진 풀이씨[23)]를 파생하는 뒷가지를 말한다.

> (339) ㄱ. 곯다 : 사슴도 삿기 비골하 ㅎ거든<석보 중11 : 41>
> ㄴ. 골프다 : 이 偈를 외오시면 골폰 빈도 브르며<월석 8 : 100>

(339ㄱ)의 '곯다'는 '곯-은 상태의 감각적 사실'을 객관적으로 나타낸다. 그런데 (339ㄴ)의 '골프다'는 '곯-은 상태의 감각적 사실에 대해 그러한 느낌이 있음(구본관, 1998 : 206)'을 주관적으로 나타내는 말이다. 즉 '곯-은 상태의 감각적 사실에 대한 주관, 정의적 표현'이다. 따라서 (339ㄴ)

---

22) 앞으로는 '정의 표현 풀이씨 뒷가지'를 줄여 '정의 표현 뒷가지' 또는 그냥 '뒷가지'라고 한다.

23) 그림씨 뜻바탕에 대해서는 최현배(1975 : 482-490) 참조.

'골프-'의 '-ㅂ-'에는 (2)에서 보듯이 'X에 대한 주관, 정의적 표현'이란 뜻바탕이 있다.24)

> (340) 골프다 : 곯-은 상태의 감각적 사실에 대한 주관, 정의적 표현
>   -) 곯　다 : 곯-은 상태의 감각적 사실
> ____
> ㅂ　　：　　　　　　　　　　　　　X에 대한 주관, 정의적 표현

이러한 뒷가지를 정의 표현 뒷가지라 한다.

생산성을 가진 '정의 표현 풀이씨 뒷가지'는 중세국어에서는 '-ㅂ/브-, -ᄫ/ᄫᆞ-, -ㅂ-, -갑/겁-, -압/업-, -얍/엽-, -둡/답-, -드뵈-(>-드/도외-), -룹/롭-, -ᄅᆞ뵈-(>-ᄅᆞ/로외-, -로이/의-)' 가지가 있고, 근대국어에서는 '-ㅂ/브/부-, -ㅂ-, -갑/겁-, -압/업-, -얍/엽-, -답-, -드/도외-, -스럽-' 가지가 있으며 현대국어에서는 '-(으)ㅂ-, -갑/겁-, -압/업-, -얍/엽-, -답-, -롭-, -스럽-' 가지가 있다.

1) 중세국어

(1) '-ㅂ/브-, -ᄫ/ᄫᆞ-, -ㅂ-' 가지

이 가지는 중세국어에서 움직씨 밑말과 결합하여 정의 표현의 뜻바탕을 가진 그림씨를 파생한다. 따라서 이 가지는 한 씨갈래 밑말 바꾸는 가지이므로 2유형 가지이다.

____

24) 김완진(1973 : 42)에서는 '-ㅂ/브-' 가지를 단순히 움직씨로부터 그림씨를 전성해 내는 것이 아니라, 주정적 판단이라는 의미 자질을 부대시키는 것이라 한다. 하치근(1993 : 177-178)에서도 이러한 뒷가지를 '정의 표현뒷가지'라 한다.

(341) ㄱ. 깃브다(喜, 깃-) : 難陀는 깃브다 ᄒᆞ논 마리오<석보 13 : 7>

　　　낛ᄇ/브다(歎, *낛-) : 옷밥이 낛브디 아니ᄒᆞ고<노번 하 : 71>/
　　　　　좀 낟브디 아닐 거시라<박번상 : 21>

　　　뉘읏브다(悔, 뉘읏-) : 뉘읏븐 ᄆᆞᅀᆞᆷ 아니호리라 ᄒᆞ더니<석보
　　　　　6 : 8-9>

　　　믿브다(亮, 믿-) : 님금이 지극흔 믿븐 덕이 이시면<시물 : 3>

　　　밧ᄇ/브다(忙, 밫-) : 世間앳 밧ᄇ디 아니흔 이롤<월석 10 : 20>/
　　　　　오ᄂᆞ리 밧브니 리실 다시 서르 보와<노번 하 : 6>

　　　술읏브다(燒而絶, *술읏) : 山 졉동새 난 이슷ᄒᆞ요이다…술읏븐
　　　　　뎌 아으<악학 초5 : 14>

　　　슬프다(悲, 슳-) : ᄑᆞᆷ도 셜ᄫᆞ시며 뎌 말도 슬프실ᄊᆡ<월석 8 : 81>

　　　아쳗브다(厭, 아쳗-) : 軟흔 ᄇᆞ리 이 어루 아쳗브디 아니ᄒᆞ도다
　　　　　<금삼 4 : 18>

　　　애ᄫᆞᆮ브다(憤, *애ᄫᆞᆮ-) : 셟고 애ᄫᆞᆮ븐 ᄠᅳ디여 누를 가줄빛가<월
　　　　　곡 : 143>

　　　어엿브다(恤, *어엿-) : 광명을 보ᅀᅮᆸ고 몰라 주구려 ᄒᆞ니 긔 아
　　　　　니 어엿브니잇가<월곡 : 103>

　　　저프다(恐, 젛-) : 시름이 업거니 저픈 ᄠᅳ디 어느 이시리잇고
　　　　　<월곡 : 123>

　　　ㄴ. 골ᄑ/프다(飢, 곯-) : 이 偈룰 외오시면 골폰 ᄇᆡ도 브르며<월석
　　　　　8 : 100>/골픈 제 흔 입 어더 머구미<노번 상 : 43>

　　　ᄀᆞᆺᄇ/브다(疲, ᄀᆞᆽ-) : ᄆᆞᅀᆞ미 ᄒᆞ다가 잇버 ᄀᆞᆺᄇ거든<원각각 하
　　　　　1-1 : 62>/ᄯᅩ 해 ᄀᆞᆺ브게 말오<구간1 : 60>

　　　뵈왓ᄇ/브다(迫, *뵈왓-) : 形勢ㅣ 도로혀 뵈왓ᄇ도다<두해초
　　　　　8 : 68>/셜운 ᄆᆞᅀᆞ미 뵈왓브더라<두 해초 24 : 41>

　　　알ᄑ/프다(痛, 앓-) : 발올 바사 매 아니 알프시리<원곡 : 119>/
　　　　　촌 긔운 ᄉᆞ외 드러 ᄇᆡ 알프거든<구간1 : 32>

　　　잇브다(勞, 잋-) : 혀로 입시우를 할하 잇브게 ᄒᆞ면<능엄3 : 9>

(342) 둣오다(愛, 둣-) : 境界룰 브터 ᄆᆞᅀᆞ매 둣오며 아니 둣옴 ᄀᆞᆯ희요ᄆᆞᆯ
　　　　　니ᄅᆞ와ᄃᆞᆯ 씨라<능엄4 : 16>[25]

---

25) '둣오-'는 허웅(1975 : 183-184)에서 지적한 대로 움직씨 밑말 '닷-'에 '-ㅂ-'가 결합

웃보다(笑, 웃-) : 뺭떼(跋提)말이 긔 아니 웃보니<월곡 : 176>
(343) ㄱ. 그립다(戀, 그리-) : 舍利를 너비 供養ᄒ야 다 그리우믈 머거<법
화 5 : 161>
놀랍다(驚, 놀라-) : 놀라와 저픈 전ᄎ로 霹靂에 가줄비시니라
<능엄 8 : 93>
너깁다(念, 너기-) : 업던 이를 得ᄒ야 아니 너기온 오늘 믄득
希有ᄒ 법을 듣줍고<월석13 : 6>
두립다(畏, 두리-) : 막다히를 두르고 이셔도 두립더니<월석
7 : 5>
믭다(憎, 믜-) : 네 이제도 ᄂ외야 믜본 ᄠᅳ들 돌ᄯᅵ<월석 2 : 64>
븱다(美, 블-) : 美 블울 션<신합 하 : 26>
애둛다(憾, 애둘-) : 잢간도 瞋心ᄒ며 애둘온 ᄆᅀᅳᆷ 업스실식<금
삼 3 : 55>
ᄉ랑홉다(戀, ᄉ랑ᄒ-) : 一切法이 다 足히 ᄉ랑홉디 아니커늘
<법화 2 : 111>
感動홉다(感, 感動ᄒ-) : 그 소리 感動홉고 깃브니<법화 3 :
115>
恭敬홉다(敬, 恭敬ᄒ-) : 衆生이 恭敬ᄒᄫᆞᆯ ᄆᅀᅳᆷ 아니 내리도 잇
ᄂ니<석보 11 : 6>
怒홉다(忿, 怒ᄒ-) : 怒ᄒᄫᆞᆯ 일 맛나샨 怒티 아니ᄒ샤<월석 17 : 74>
愛樂홉다(愛樂, 愛樂ᄒ-) : 그 소리 愛樂ᄒ온 전ᄎ로<능엄 9 : 14>
ㄴ. 밉다(猛, 미-) : ᄠᅳᆮ과 힘괘 게엽고 밉다<법화7 : 19>

움직씨 밑말에 '-ᄇ/브-, -ᄫ/ᄫᆞ-, -ㅂ-'이 결합되어 그림씨를 파생하
는 것은 중세국어에서 매우 생산적이다.

'-ᄇ/브-'와 '-ᄫ/ᄫᆞ-', '-ㅂ-'은 밑말의 끝소리에 의해 규정되는데 밑
말의 끝소리가 ㄹ을 제외한닿소리이면 '-ᄇ/브-', '-ᄫ/ᄫᆞ-'가 쓰이고 ㄹ

되면서 음운 변동을 일으킨 형태 '*듫ᄫ-'의 변화형으로 보아 '-ᄇ-/-ᄫ-' 뒷가지에
의한 파생어와 함께 다루었다.

이나 홀소리이면 '-ㅂ-'이 쓰인다. '-ㅂ/브-'와 '-ㅸ/뵤-'는 (342)의 '됳오다(〈*됳ㅸ-)'26)나 '읏ㅸ다'의 경우처럼 밑말의 끝소리가 'ㅿ'이면 '-ㅸ/뵤-'가 쓰이고 'ㅿ, ㄹ'을 제외한 닿소리이면 '-ㅂ/브-'가 쓰인다. 그리고 '-ㅂ/ㅸ-'와 '-뵤/브-'는 홀소리 고룸의 규정을 받는다(허웅, 1975 : 186). 이러한 사실을 두고보면 '-ㅂ/브-, -ㅸ/뵤-, -ㅂ-'은 음성적으로 조건된 이형태이다.

(341ㄱ, ㄴ, 깃브-, 골ㅍ/프-)은 '-ㅂ/브-'가 'ㄹ, ㅿ'을 제외한 움직씨 밑말에 결합된 형태를 보인 것이고, (342, 됳오-)는 '-ㅸ/뵤-'가 닿소리 'ㅿ'으로 끝난 움직씨 밑말에 결합된 형태를 보인 것이며, (343ㄱ, ㄴ, 그립-, 밉-)은 'ㄹ'이나 홀소리로 끝난 움직씨 밑말에 '-ㅂ-'이 결합된 형태를 보인 것이다. '-ㅂ-'은 '-ㅂ-'뒤에 이어지는 소리에 따라, 닿소리가 이어지면 '-ㅂ-' 그대로 쓰이고 홀소리가 이어지면 '-ㅂ-'은 '-ㅸ-'으로 변동하기도 한다.

이제 이 가지가 결합된 밑말과 가지의 뜻바탕에 대해 살펴본다.

'-ㅂ/브-, -ㅸ/뵤-, -ㅂ-'에 앞서는 움직씨 밑말은 (341ㄱ, 342, 343ㄱ, 짆-, 둧-, 그리-)처럼 정의적인 뜻바탕을 가진 경우도 있고 (341ㄴ, 343ㄴ, 곯-, 밉-)처럼 감각적인 뜻바탕을 가진 경우도 있다. 정의적인 뜻바탕을 가지는 경우는 주로 심리적인 것들이고(341ㄱ의 짆-, 뉘웇-, 믿-, 슳-, 아쳗-, *애밭-, *어엿-27), 젛-, 342, 343ㄱ의 예 모두) 또 '낟ㅂ다'의 '*낟-28)'처럼

---

26) 허웅(1975 : 183)에서는 '읏ㅸ-'가 악학궤범에는 '읏우-'로 표기되었음을 근거로 '됳오-'도 '*됳ㅸ-'의 변화형이 분명할 것이라 하였다.

27) '애밭브다'의 밑말 '애밭-'이나 '어엿브다'의 밑말 '어엿-'은 따로 나타나지 않는다. 그러나 그 말꼴로 보면 '-브-' 파생어 밑말이 분명하고(허웅, 1975 : 186-187) '애밭-(〉 애왇-)'은 '애와치-, 아와티-'가 나타나므로 '*애왇-'이 움직씨로 쓰였을 가능성은 충분하다.
이들이 가진 뜻바탕도 파생어의 뜻으로 볼 때 심리적인 것이 분명하다.

평가적이거나 '술읏브다, 밧브다'의 밑말 '*술읏-, 29) 밫-'처럼 행동적인
것들도 있다. 그리고 감각적인 뜻바탕을 가지는 경우는 주로 유기 감각
적인 것들인데(341ㄱ의 곯-, 쪼-, 잋-), 시간 감각적이거나(341ㄴ의 *뵈왓-) 통
각적인 것(341ㄴ의 앓-), 미각적인 것(343ㄴ, 밉-)들도 있다.

'-ㅸ/브-, -ㅸ/브-, -ㅂ-'은 이러한 움직씨 밑말과 결합하는데 움직씨
의 뜻바탕에 따라 파생 그림씨의 뜻바탕도 달라진다. 정의적인 뜻바탕
에서 심리, 평가, 행동적인 움직씨와 결합될 경우에는 역시 정의 심리,
평가, 행동적인 그림씨를 파생하고 감각적인 뜻바탕에서 유기 감각, 시
간 감각, 통각, 미각적인 움직씨와 결합될 경우에는 각각 유기 감각, 시
간 감각, 통각, 미각적인 그림씨를 파생한다. 그러면서 밑말에 주관적
판단 즉 'X상태의 느낌이 있다'라는 정의 표현의 뜻바탕을 더한다. 따
라서 이 가지에는 'X상태의 느낌이 있다'라는 정의 표현의 뜻바탕이 있
다 하겠다.

---

28) '낟브다'의 밑말 '낟-'이 움직씨로 쓰인 예는 찾기 어렵다. 다만 그림씨 '낮-(卑)'과
　　관련시켜 볼 수 있는데(강은국, 1993 : 171) 이는 '낟브다'의 뜻 '歎'과 비교할 때의
　　미의 유동이 매우 심하다.
　　따라서 이 글에서는 '낟브다'의 밑말 '*낟-'을 문헌에 따로 나타나지 아니한 움직씨
　　로 보면서 이의 뜻바탕을 파생 그림씨 '낟브다'와 관련하여 평가적인 것이라 보아
　　둔다.
29) '술읏브다'의 밑말 '술읏-'은 중세국어에서 움직씨로서의 쓰임은 따로 보이지 않고
　　어찌씨로서의 쓰임이 보인다.
　　・고ᄫᅵ니 몯 보아 술읏 우니다니<월석 8 : 102>
　　그런데도 이 글에서 (341ㄱ) '술읏브다'의 '*술읏-'을 어찌씨로 보지 않고 움직씨로
　　보는 것은 1. '*술읏-'은 '술-(燒)과 '긏-(絶)'의 합성어(한글학회, 1992 : 5213)인데 오
　　른쪽 '긏-'의 씨갈래가 움직씨이므로 '술읏-'도 움직씨로 쓰였을 것이고 2. 근대국
　　어에 '애긋브다(腸斷)'가 나타나는데 이것의 밑말 '애긋-'은 따로 움직씨로 쓰이며
　　3. 이 외 다른 '-브-' 파생어 밑말은 모두 움직씨이기 때문이다.

(2) '-갑/겁-, -압/업-, -얍/엽-' 가지

이 가지는 움직씨, 그림씨, 이름씨, 상징 어찌씨 밑말과 결합하여 정의 표현의 뜻바탕을 가진 그림씨를 파생한다. 따라서 이 가지는 여러 씨갈래 밑말 바꾸거나 안 바꾸는 가지이므로 3유형 가지이다.

① 움직씨 + '-갑/겁-, -압/업-, -얍/엽-' 가지

(344) ㄱ. 누흐럽다(嫩, 누흙-) : 비 바랏 뫼해 개니 도라오는 구루미 누흐
럽고<백전 동경11>
더럽다(醜, 덊-) : 淫慾온 더럽고 佛道는 조커시니<월석 9 : 24>
맛갑다(適, 맛-) : 이 東山이 甚히 맛갑다<석보 6 : 23>
므싀엽다(畏, 므싀-) : 모딘 즁싱이 므싀엽도소니 므스므라 바
미 나오나뇨 ᄒ야<석보 6 : 19>
붓그럽다(慊, 붓그리-) : 내 ᄆᆞᅀᆞ미 붓그럽거니<번소 8 : 15>
앗갑다(惜, 앗기-) : 닐오디 내 주구믄 벌에 즘승 곧ᄒ야 앗갑디
아니커니와<속삼 충 : 5>
즐겁다(樂, 즐기-) : 횸는 깃블씨니 衆生올 즐겁긔 홀 씨라<석
보 9 : 6>
ㄴ. 답쌉다(悶, 답ᄭᅵ-) : 숤히 덥고 안히 답쌉거늘<월석 2 : 51>
시드럽다(疲, 시들-) : 물기 시드러운 모미<두해초 20 : 13>
어즈럽다(擾, 어즈리-) : 그 ᄆᆞᄂᆞ물 어지럽게 말라 ᄒ시니<원각
하2-2 : 45>
늣갑다 (低, 늦-) : 上聲은 처ᅀᅥ미 늣갑고<세훈민 13>

움직씨 밑말에 '-갑/겁-, -압/업-, -얍/엽-'이 결합되어 그림씨를 파생하는 것은 중세국어에서 매우 생산적이다.

(1)의 '-ㅂ/브-, -ᄫ/보-, -ㅂ-'은 움직씨 밑말과 결합하여 그림씨를 파생하는 가지인데 비하여 '-갑/겁-, -압/업-, -얍/엽-'은 움직씨뿐만 아니라 그림씨, 이름씨, 상징 어찌씨와도 결합하여 그림씨를 파생한다. 따라

서 이 가지는 1)의 '-ㅸ/브-, -ㅸ/보-, -ㅂ-'과는 다른 가지로 구분된다.

이러한 사실은 음성적인 조건에서도 나타난다.

1)에서도 밝혔듯이 '-ㅸ/브-, -ㅸ/보-'는 'ㄹ'을 제외한 닿소리 뒤에 쓰이고 '-ㅂ-'은 'ㄹ'이나 홀소리 뒤에 쓰이면서 /i/와 /j/뒤에 쓰이는데 이 가지도 닿소리나 홀소리 뒤에 쓰이면서 /i/와 /j/뒤에 나타난다. 대개 닿소리 뒤에서는 '-갑/겁-'이 쓰이고 'ㄹ'이나 /i/홀소리 뒤에서는 '-갑/겁-'에서 'ㄱ'이 탈락한 '-압/업-'이 쓰이며 /j/반홀소리 뒤에서는 '-얍/엽-'이 쓰인다. 즉 /i/, /j/뒤에는 '-ㅂ-'도 나타나고 '-압/업-, -얍/엽-'도 나타나므로 '-ㅸ/브-, -ㅸ/보-, -ㅂ-'과 '-갑/겁-, -압/업-, -얍/엽-'은 음성적 조건으로 규정되지 않는다.

이러한 관계로 하여 허웅(1975 : 186)에서는 '-압/업-', '-갑/겁-'을 '-ㅂ-'에 가상적인 형태소 '-아/어-', '-가/거-'가 결합된 것으로 설명하였고 하치근(1998 : 135)에서는 '-아/어-', '-가/거-'를 공형태소(empty morpheme)라 하면서 이들은 말본 형태가 소멸하는 과정에서 그 형태소가 말본의 뜻을 잃고 형태만 존재하는 과도기적 상태에 있는 형태라 하면서 '-압/업-', '-갑/겁-'은 두 형태소가 완전히 녹아 붙은 형태라 하였다.30)

이러한 사실로써 보면 '-갑/겁-, -압/업-'은 중세국어에서 '-ㅸ/브-, -ㅸ/보-, -ㅂ-'과는 구분되는 파생가지로 보는 것이 타당하다.

따라서 이 글에서는 '-갑/겁-, -압/업-'을 기원적으로는 '-ㅂ-'에 '-가/거-, -아/어-'가 결합된 것이나 중세국어에 들어서는 그 파생 영역을 확장하는 가운데 완전히 녹아 붙어 '-ㅂ-'과는 다른 가지로 기능하는 것으로 보아둔다.

그리고 '-압/업-'은 '-갑/겁-'에서 ㄱ이 탈락한 이형태로 보아 같이 다

---

30) 이에 대한 자세한 내용은 하치근(1998) 참조.

루고자 한다.

이것은 다음과 같은 까닭에서이다.

첫째, '-압/업-'과 '-갑/겁-'은 결합되는 밑말의 씨갈래가 다르지 않다.

> (344)' 움직씨+-압/업- : 누흐럽다, 더럽다, 붓그럽다, 앗갑다, 즐겁다, 담
> 쌉다, 시드럽다, 어즈럽다
> 움직씨+-갑/겁- : 맛갑다, 늣갑다
> (346)' 그림씨+-압/업- : 여탑다, 두텁다, 므겁다, 술갑/슬겁다
> 그림씨+-갑/겁- : 녇갑/겁다, 둗겁/돋갑다
> (349)' 이름씨+-압/업- : 가비얍다
> 이름씨+-갑/겁- : 눌캅다
> (350)' 상징 어찌씨+-압/업- : 누그럽다, 믯그럽다, 부드럽다, 서느럽다
> 상징 어찌씨+-갑/겁- : 섭겁다, 습겁다

둘째, '-압/업-'의 밑말로 쓰인 낱말이 '-갑/겁-'의 밑말로도 쓰인다.

> (346)' 두텁다 : 둗겁/돋갑다, 여탑다 : 녇갑/겁다

셋째, '-압/업-'은 'ㄹ'이나 /i/홀소리 뒤에 나타나는데 이는 '-갑/겁-'이 변동규칙을 입어 나타난 것으로 설명된다.

(344)'-(348)'에서 보면 '-압/업-'이 결합된 형태는 'ㄹ'이나 /i/홀소리 뒤에서이다. 'ㄱ'이 'ㄹ' 뒤에서 탈락하는 것은 일반적인 현상이므로 문제될 것이 없으나 /i/홀소리 뒤에서 'ㄱ'이 탈락하는 것이 문제다.

이것은 '-갑/겁-' 가지가 밑말과 결합하면서 /i/홀소리를 없어지게 함으로서 나타나는 현상이다.

먼저 위 예에 나타난 /i/+ '-압/업-'의 파생어를 모아보면 (344)'에서 다음과 같은 것들이 있다.

(344)' 붓그럽다, 앗갑다, 즐겁다, 답쌉다, 어즈럽다

이들의 밑말은 '붓그리-, 앗기-, 즐기-, 답씨-, 어즈리-'이다. 이 밑말에 파생 가지 '-갑/겁-'이 결합되면 여기에는 '이' 절단규칙이 적용된다.[31]

      (344)" R1 ('이' 절단)
        '-이-' → Ø/-{-갑-}/-{-겁-}-

곧 파생가지 '-갑/겁-' 앞에서는 밑말의 끝소리 '-이-'가 없어진다. 그러고 나면 (344)'는 ㄱ. '붓글겁-, 어즐겁-' ㄴ. '앗ㄱ갑-, 즐ㄱ겁-, 답씨갑-'이 되는데 여기에서 다시 변동규칙을 입어 ㄱ.의 경우는 'ㄹ' 뒤에서 'ㄱ'이 탈락되어 '붓그럽-, 어즈럽-'이 되고 ㄴ.의 경우는 'ㄱ'이 겹치게 되므로 그 중 하나가 줄어 '앗갑-, 즐겁-, 답쌉-'이 된다.

넷째, 허웅(1975 : 188)에서는 중세국어에 나타나는 'ᄌᆞ올압다, 눌압다'의 '-압-'을 밑말이 따로 쓰인 예는 보이지 않으나, '-갑-'에서 'ㄱ'이 탈락한 형임이 거의 분명하다 한다.

      (345) ᄌᆞ올압다(親) : 親온 ᄌᆞ올아ᄫᆞᆯ씨오<석보13 : 15>
          눌압다(賤) : 네 福力을 니버 受生ᄒᆞ야 눌아ᄫᆞᆫ 사ᄅᆞ미 ᄃᆞ외오<월석
            21 : 55>

---

31) 하치근(1993 : 34)에서는 현대국어의 '즐겁-, 반갑-'을 설명하면서 밑말 '즐기-, 반기-'에 굴곡가지 '-아/어-'가 결합되면 '즐겨, 반겨'가 되어 '-이-'는 과도음화 하는데 파생가지 '-압/업-'이 결합되면 '즐겁-, 반갑-'이 되므로 여기에는 '이' 절단규칙의 설정이 필요하다고 한다.

그렇다면 이와 같은 형태 '누흐럽다, 더럽다, 시드럽다'의 '-업-'도 '-겁-'에서 'ㄱ'이 탈락한 것으로 볼 수 있다.

이러한 까닭으로 이 글에서는 '-압/업-'을 '-갑/겁-'의 이형태로 보아 같이 다룬다.

이제 이 가지가 결합된 움직씨 밑말과 가지의 뜻바탕에 대해 살펴본다.

먼저 움직씨 밑말에 대해 살펴본다.

'-갑/겁-, -압/업-, -얍/엽-'에 앞서는 움직씨 밑말은 (344ㄱ, 누흙-)처럼 정의적인 뜻바탕을 가진 경우도 있고 (344ㄴ, 답찌-)처럼 감각적인 뜻바탕을 가진 경우도 있다. 정의적인 뜻바탕을 가지는 경우는 주로 심리적인 것들이나(344ㄱ의 므싀-, 붓그리-, 앗기-, 즐기-) (344ㄱ)의 '누흐럽다'의 밑말 '누흙-'이나 '맛갑다'의 밑말 '맛-'처럼 평가적이거나 '더럽다'의 밑말 '덟-'처럼 생리·물리적 변화를 나타내는 것들도 있다. 그리고 감각적인 뜻바탕을 가지는 경우는 (344ㄴ)에서와 같이 그 뜻바탕이 다양한데 '답쌉다'의 밑말 '답찌-'나 '시드럽다'의 밑말 '시들-'은 유기 감각의 뜻바탕을, '어즈럽다'의 밑말 '어즈리-'는 평형 감각의 뜻바탕을 나타낸다.

'-갑/겁-, -압/업-, -얍/엽-'은 이러한 움직씨 밑말과 결합하여 그림씨를 파생하는데 움직씨 밑말의 뜻바탕에 따라 파생 그림씨의 뜻바탕도 달라진다. 정의적인 뜻바탕에서 심리, 평가, 생리·물리적 변화의 뜻바탕을 가진 움직씨 밑말 결합될 경우에는 역시 정의 심리, 평가, 생리·물리적 변화의 뜻바탕을 가진 그림씨를 파생하고 감각적인 뜻바탕에서 유기 감각, 평형 감각의 뜻바탕을 가진 움직씨 밑말과 결합될 경우에는 각각 유기 감각, 평형 감각의 뜻바탕을 가진 그림씨를 파생한다. 그러면서 밑말에 주관적 판단 즉 'X상태의 느낌이 있다'라는 정의 표현의 뜻바탕을 더한다.

② 그림씨 + '-갑/겁-, -압/업-, -얍/엽-' 가지

(346) ㄱ. 술갑/슬겁다(智, *슭/슯-) : 엇뎨 이 곧혼 미친 사ᄅᆞ몰 다시 일훔
　　　　지호ᄃᆡ 어리다 술갑다 ᄒᆞ리잇고<능엄4 : 37>/도국과 슬거
　　　　오미 몬졔오<번소 10 : 11>
　　ㄴ. 녇갑/겁다(淺, 녇-) : 이 녇갑고 열본 사ᄅᆞ미<월석18 : 43>/세흔
　　　　녇거오니 기픈 ᄃᆡ 나ᅀᅡ감 어려 우믈<원각 상2-3 : 14>
　　여탑다(淺, 옅-<녙-) : 요ᄉᆞ이예 풍쇽이 여타오며<번소 7 : 45>
　　두텁다(厚, *둩-) : 귀 두텁고 넙고 기르시고<월석 2 : 55-56>
　　둗겁/돋갑다(厚, *둗-) : 므ᄉᆞᆫ 여슷차힌 빗보기 깁고 둗겁고 ᄇ
　　　　얌 서린 듯 ᄒᆞ야<월석 2 : 57>/풍 쇽 ᄀᆞᄅᆞ치ᄂᆞᆫ 일을 돋갑게
　　　　ᄒᆞ며<소해 6 : 15>
　　므겁다(重, *믁-) : 嘉州ᄂᆞᆫ 수으리 므겁고 고지 樓의 ᄀᆞ둑ᄒᆞ얫도
　　　　다<두해초 8 : 27>

(346)은 그림씨 밑말에 '-갑/겁-, -압/업-'이 결합되어 다시 그림씨를
파생한 형태를 보인 것이다. 그런데 이들 파생어 밑말을 살펴보면 '여탑
다, 녇갑/겁다'의 밑말 '옅-(<녙-), 녇-'을 제외하고는 문헌에 따로 나타
나지 않는 것들이다.

먼저 이들의 밑말을 살펴본다.

이 글에서는 (346ㄴ)의 '두텁다, 둗겁/돋갑다'의 밑말은 그림씨 '*둩-'
과, '*둩-'을 달리 적은 꼴 '*둗-'으로 보고 (346ㄴ) '므겁다'와 (346ㄱ) '술
갑/슬겁다'의 밑말은 역시 그림씨 '*믁-'과 '*슭/슯-'으로 본다.

'두텁다, 둗겁/돋갑다'의 밑말을 '*둩-, *둗-'으로 보는 것은 이 파생어
와 같은 파생 형태를 보이는 '여탑다, 녇갑/겁다'의 밑말 '옅-(<녙-)'과,
'녇-'을 달리 적은 꼴 '녇-'이 중세국어에 따로 쓰이고 있기 때문이다.

(347) 녙다 : 性을 여희여 녀트니 기품과 녀토미 서르 멀썬<능엄 4 : 100>

열다 : 天下엣 學이 여트며 좁으며 고집ᄒ며<소해 5 : 120>
녇다 : 庾公의 興心이 녇디 아니ᄒ며<두해초 24 : 42>

(347)을 통해서 보면 '여탑다'는 밑말 '옅-(<녇-)'에 '-압-'을 결합한 것이고 '녇갑/겁다'는, '녇-'을 달리 적은 꼴 '녇-'에 '-갑/겁-'을 결합한 것이 분명하다. 그렇다면 이와 같은 파생 형태를 보이는 '두텁다'와 '둗겁/돋갑다'도 밑말을 '*둗-'으로 보아 밑말 '둗-'에 '-업-'이 결합하여 '두텁다'를 파생하고, '*둗-'을 달리 적은 꼴 '*둗-'에는 '-갑/겁-'이 결합하여 '둗겁/돋갑-'이 쓰였을 것으로 보는 것이 타당하다.

이렇게 두고보면 (346ㄴ)의 '여탑다, 두텁다'는 그림씨 밑말 '옅-, *둗-'에 가지 '-압-'이 결합되어 다시 그림씨를 파생한 형태이고 '녇갑/겁-, 둗겁/갑-'은 '녇-, *둗-'을 달리 적은 꼴 '녇-, *둗-'에 '-갑/겁-'이 결합되어 다시 그림씨를 파생한 형태라 할 수 있다.

그런데 여기에서 문제는 '-압/업-'이 닿소리 'ㅌ' 뒤에 나타나고 있다는 것이다. 앞에서도 살폈듯이 '-갑/겁-'은 닿소리 뒤에 쓰이고 '-압/업-'은 'ㄹ'이나 /i/홀소리 뒤에 쓰여 이 두 형태는 상보적 분포를 가지는 것으로 보았는데 (346ㄴ)의 '여탑다, 두텁다'에서는 '-압/업-'이 'ㅌ'닿소리 뒤에도 나타나니 문제이다.

그렇다면 '-갑/겁-'의 'ㄱ'이 'ㅌ' 뒤에서도 탈락하는 것으로 보아야 할 터인데 그러기는 어려운 일이고 보면 이는 '-압/업-'이 중세국어에서 가지로서의 독자적인 음성적 환경을 확보해 가는 한 과정에서 나타난 변이 현상이 아닌가 한다.

이러한 사실 즉 '-압/업-'이 중세국어에서 가지의 독자성을 확보하는 과정에 있다는 것은 파생 이름씨 '두틔'와 '둗긔'를 통해서 어느 정도 이해된다.

'두틔'와 '둗긔'의 '-의'는 다음 (348)에서 보듯이 그림씨 밑말과 결합하여 이름씨를 파생하는 가지이다(조일규, 1997 : 50-52). 따라서 '두틔'에서는 밑말 '*둘-'을 구할 수 있고 '둗긔'에서는 '*둗ㄱ'을 구할 수 있다. 그런데, 밑말 '*둘-'은 '두텁다'에서도 그 밑말 구할 수 있어 '두틔'는 밑말 '*둘-'에 '-의'가 결합되어 이름씨를 파생하였다고 할 수 있으나 '둗긔'의 경우는 밑말 '둗ㄱ'을 '둗겁다'에서 찾을 수밖에 없는데 이는 '둗겁다'를 '*둗-+-겁-'으로 분석하지 아니하고 '둗ㄱ+-업-'으로 분석하면서 이 '둗ㄱ'에 이름씨 파생가지 '-의'를 결합한 것으로 보인다. 그렇다면 여기에서 문제는 '*둗겁다'를 왜 '*둗-+-겁-'으로 분석하지 아니하고 '둗ㄱ+-업-'으로 분석하였겠는가 하는 점인데 이는 '-압/업-'이 중세국어에서 가지의 독자성을 확보하는 과정 속에 있었기 때문으로 여겨진다.

이제 '므겁다, 슬갑/슬겁다'의 밑말 '*믁-'과 '*슓/슓-'에 대해 살펴본다.

이현희(1987 : 145)에서는 '므겁다, 슬갑/슬겁다'의 밑말을 파생 이름씨 '둗긔, 두틔, 기픠, 므긔, 슬긔/슬긔'와 빗대어 살피면서 '므겁다'는 밑말을 움직씨 '*므기-'로 보았고 '슬갑/슬겁다'는 움직씨 '*슬기-/슬기-'로 보았다. 즉 '므겁다', '므긔'는 움직씨 '*므기-'에 '-압/업-', '-의'가 결합되어 그림씨, 이름씨가 파생되었고, '슬갑/슬겁다', '슬긔/슬긔'는 움직씨 '*슬기-/슬기-'에 '-압/업-', '-의'가 결합되어 역시 그림씨, 이름씨가 파생되었다는 것이다.

그러나 중세국어의 이름씨 파생가지 '-익/의'는 움직씨 밑말과 결합한 예는 찾기 어렵고 모두 그림씨 밑말과 결합하여 이름씨를 파생하는 가지이다.

    (348) 기러/기릐(長, 길-) : 호 줌 기러예 견주워<박초상 : 38>/훤히 기릐
       와 너븨왜<금삼 2 : 20>

기픠/기픠(深, 깊-) : 太古로 브터 오매 혼 잣 기푓 눈도 업더니라
　　　　<두초10 : 41>/톳기와 물와 눈 기픠롤 모롤쎤<월석2 : 19>
너븨(幅, 넙-) : 닙마다 너븨와 길왜 다 스믈 다숫 由旬이오<월석
　　　　8 : 11>
노픠(高, 높-) : 노픠논 혼 자히오<월석10 : 117>
여틔(淺, 옅-) : 玉泉으로셔 흘러 오ᄂᆞ니 기픠 여틔 기니 댜르니 되
　　　　디 몯ᄒᆞ리라<박초상 : 67>
킈(大, 크-) : 大地 다 지버 와 조뿔낫 킈 갇ᄒᆞ닐<남명하 : 70>
고븨/구븨(曲, 곱-/굽-) : 몰곤 ᄀᆞ롮 혼 고븨 므술홀 아나 흐르ᄂᆞ니
　　　　<두초7 : 3>/ᄯᅩ 어딘 버들 思變ᄒᆞ야 소는 자바셔 긼 구븨예 건
　　　　니노라<두초22 : 38>

　따라서 '므긔, 술긔/슬긔'의 밑말은 움직씨 '*므기-, *술기-/슬기-'로
보기 보다는 그림씨 '*믁-, *슑/슭-'으로 보아야 하겠다. 이에 따라 '므겁
다, 술갑/슬겁다'의 밑말도 이 글에서는 그림씨 '*믁-, *슑/슭-'으로 보아
둔다.

　이제 이 가지가 결합된 밑말과 가지의 뜻바탕에 대해 살펴본다.

　먼저 밑말에 대해 살펴본다.

　'-갑/겁-, -압/업-, -얍/엽-'에 앞서는 그림씨 밑말은 (346ㄱ, *슑/슭-)
처럼 정의적인 뜻바탕을 가진 경우도 있고 (346ㄴ, 녈갑/겁-)처럼 감각
적인 뜻바탕을 가진 경우도 있다. 정의적인 뜻바탕을 가진 '*슑/슭-'의
경우는 '술긔/슬긔, 술갑/슬겁-'을 통해서 볼 때 이는 구체적으로 이지적
인 뜻바탕을을 가진다 하겠고, 감각적인 뜻바탕을 가지는 경우는 (346
ㄴ)에서의 밑말 '*듙다, 녈다'처럼 공간 감각적인 것도 있고 '*믁다'처럼
촉각적인 것도 있다.

　'-갑/겁-, -압/업-, -얍/엽-'은 이러한 그림씨 밑말과 결합하여 다시
그림씨를 파생하는데 밑말의 뜻바탕에 따라 파생 그림씨의 뜻바탕도

달라진다. 정의적인 뜻바탕에서 이지적인 뜻바탕을 가진 밑말과 결합한 경우에는 '슬갑/슬겁다'와 같이 이지적인 뜻바탕을 가진 그림씨를 파생하고 감각적인 뜻바탕에서 공간 감각적이거나 촉각적인 뜻바탕을 가진 밑말과 결합할 경우는 이도 역시공간 감각적이거나 촉각적인 뜻바탕을 가진 그림씨를 파생한다. 그러면서 밑말에 주관적 판단 즉 'X상태의 느낌이 있다'라는 정의 표현의 뜻바탕을 더한다.

③ 이름씨 + '-갑/겁-, -압/업-, -얍/엽-' 가지

(349) ㄱ. 가비얍다(輕, *가비) : 그 病이 가비얍고도 醫와 藥과 病 간슈ᄒ리 업거나<석보 9 : 35-36>
　　　ㄴ. 눌캅다(銳, 날ᄒ) : 두 ᄢᆞᆯ이 갈 ᄀᆞᆮ 눌캅고<월곡 162>

이름씨 밑말에 '-갑/겁-, -압/업-, -얍/엽-' 가지를 결합하여 그림씨를 파생하는 것은 그리 생산적이지 못하다.

(349)은 이름씨 밑말에 이 가지가 결합된 파생 그림씨를 보인 것이다. (349ㄱ)의 '가비얍다'는 이름씨 '*가비'에 가지 '-얍-'이 결합된 형태이고 (349ㄴ)의 '눌캅다'는 이름씨 '날ᄒ'에 가지 '-갑-'이 결합된 형태이다.

여기에서 '눌캅다'의 밑말 '날ᄒ'은 중세국어에 이름씨로 따로 쓰이고 있어 '날ᄒ+-갑-'으로 분석하는데 문제될 것이 없으나 '가비얍다'의 경우는 밑말 '*가비'가 이름씨로 따로 쓰인 예를 찾을 수 없어 문제이다. 그런데도 이를 이름씨로 보는 것은 '*가비'는 다시 '*갑-+-이'로 분석될 수 있는데(유창돈, 1974 : 23) 여기 쓰인 '-이'가 (348)에서도 밝혔듯이 그림씨 밑말과 결합하여 이름씨를 파생하는 가지이기 때문이다. 따라서 이 글에서는 '가비얍다'를 '[[[갑-]ㄱ+-이-]이+-얍-]ㄱ'으로 분석하면서 '*가비'를 이름씨로 보아둔다. '*가비'에 '얍-'이 결합된 것은 밑말의 끝소리

가 /j/반홀소리이기 때문이다.

이제 이 가지가 결합된 밑말과 가지의 뜻바탕에 대해 살펴본다.

먼저 (349ㄱ)의 밑말 '*가비'에 대해 살펴본다.

'*가비'는 위에서도 살폈듯이 이는 '*갑-+-이'로 분석된다. '*갑-'은 촉각의 뜻바탕을 나타내는 그림씨이고 가지 '-이'는 'X정도'의 뜻바탕을 가지므로(조일규, 1997 : 51) '*가비'는 '*갑-의 정도'라는 촉각적인 상태의 뜻바탕을 가진다. 따라서 '*가비'는 상태성 이름씨라 할 수 있다. 가지 '-압-'은 이러한 이름씨와 결합하면서 밑말에 주관적 판단을 더하게 되는데 여기서는 'X특성의 느낌이 있다'라는 정의 표현의 뜻바탕을 더한다.

이제 (349ㄴ)의 밑말 '눌ㅎ'에 대해 살펴본다.

'눌ㅎ'은 실체성 이름씨이다. 가지 '-갑-'은 이 밑말과 결합하여 그림씨를 파생하는데 여기서도 주관적 판단 즉 'X특성의 느낌이 있다'라는 정의 표현의 뜻바탕을 더한다.

④ 상징 어찌씨 + '-갑/겁-, -압/업-, -얍/엽-' 가지

    (350) 누그럽다(寬, *누글) : 반드시 그 어위크고 누그러오며<소해 1 : 3>
        믯그럽다(滑, *믯글) : 솔니피 믯그럽고<백련 : 20>
        부드럽다(柔, *부들) : 봀 氣運이 漸漸 溫和코 부드럽도다<두해초
            22 : 1>
        서느럽다(凉, *서늘) : 쇠이 긔운은 ᄀᆞᆺ 서느러우미 ᄃᆞ외논 디라
            <금삼 2 : 29>
        섭겁다(虛, *섭섭) : 몰애 섭거우니 두들기 오직 믈어디놋다<두해초
            15 : 17>
        슴겁다(淡, *슴슴) : 이 탕이 슴겁다<노번상 : 61>

상징 어찌씨 밑말에 '-갑/겁-, -압/업-, -얍/엽-'이 결합되어 그림씨를

파생하는 것은 (350)에서 보듯이 상당히 생산적이다.

(350)은 상징 어찌씨 밑말에 이 가지가 결합되어 그림씨를 파생한 형태를 보인 것인데 밑말의 형태는 상징 어찌씨의 단위 형태이다(유창돈, 1974 : 363).

> (351) 서느서늘ᄒ다 : 冷호미 서느서늘ᄒ야<금삼 4 : 42>
> 　　　 섭섭ᄒ다 : 무ᅀᆞᆷ 섭섭ᄒ야 眞實티 몯거니와<월석 9 : 23>
> 　　　 슴슴ᄒ다 : 슴슴ᄒᆫ 전국 스믈 ᄒᆞᆫ 낫과<구간 3 : 64>[32]

(351)은 상징 어찌씨에 'ᄒ다'가 결합된 형태를 보인 것인데 (350)의 파생어 '서느럽다, 섭겁다, 슴겁다'의 밑말 '＊서늘, ＊섭, ＊슴'은 (351)에 쓰인 상징 어찌씨 '서늘서늘, 섭섭, 슴슴'의 단위 형태이다.

이러한 사실로 보아 (350) '누그럽다'의 밑말 '＊누글'이나 '믯그럽다, 부드럽다'의 밑말 '＊믯글, ＊부들'도 상징 어찌씨의 단위 형태라 할 수 있는데 유창돈(1974 : 443, 363)에서는 이들 형태 즉 '누그럽다'의 '＊누글'이나 '부드럽다'의 '＊부들'을 상징 어찌씨의 단위 형태로 보고 있다.

이상의 사실로 보면 (350)의 파생어는 모두 상징 어찌씨 밑말에 '-갑/갑-, -압/업-'이 결합한 형태라 할 수 있다.

이제 이 가지가 결합된 밑말과 가지의 뜻바탕에 대해 살펴본다.

먼저 밑말에 대해 살펴본다.

위에서도 밝혔듯이 (350)에서 '-갑/갑-, -압/업-'에 앞서는 밑말은 상징 어찌씨이다. 상징 어찌씨는 흔히 소리흉내말이나 짓흉내말 등을 일러 말하는 것인데 이들을 더 잘게 나누어 보면 시각적, 청각적, 미각적,

---

32) 조일규(1989 : 178)에서는 'ᄒ다'가 이름씨, 어찌씨, 풀이씨 줄기 등과 결합한다고 밝히고 있다.

후각적, 촉각적, 유기감각적인 것들이 있다.33) 모두 감각적인 뜻바탕을
가진다.

(350)의 밑말도 모두 상징 어찌씨이기에 감각적인 뜻바탕을 가지는데
'누그럽다, 믓그럽다, 부드럽다, 서느럽다'의 밑말은 촉각적인 뜻바탕을
가지고 '섭겁다'의 밑말 '*섭'은 유기감각적이며, '슴겁다'의 밑말 '*슴'은
미각적이다.

'-갑/겁-, -압/업-'은 이러한 밑말과 결합하면서 그림씨를 파생하는데
촉각적인 뜻바탕을 가진밑말과 결합하여서는 '누그럽다, 믓그럽다, 부드
럽다, 서느럽다'처럼 역시 촉각적인 뜻바탕을 가진 그림씨를 파생하고
유기감각적이거나 미각적인 뜻바탕을 가진 밑말과 결합하여서는 이도
역시 '섭겁다, 슴겁다'처럼 유기감각적이거나 미각적인 뜻바탕을 가진
그림씨를 파생한다. 그러면서 밑말에 가지가 가진 주관적 판단 즉 'X상
태의 느낌이 있다'라는 정의 표현의 뜻바탕을 더한다.

(3) '-듭/답-, -드뵈-()-드/도외-), -릅/롭-, -릭/로뵈-()-릭/로외-,
    -로익/의-)' 가지

이 가지는 이름씨 밑말과 결합하여 정의 표현의 뜻바탕을 가진 그림
씨를 파생한다. 따라서 이 가지는 한 씨갈래 밑말 바꾸는 가지이므로 2
유형 가지이다.34)

---

(352) 곳답다(香, 곳) : 가비야온 龍애 나근 머지 곳답도다<두해 초 15 : 23>

녜답다(禮, 녜) : 허믈와 그르 혼 이를 서르 경계ᄒ며 녜다온 풍속앳
   일로<번소9 : 18>

노릇ᄃ외다(戲, 노릇) 노릇ᄃ왼 顔色 말며<내훈초 1 : 9>

뎡샹ᄃ외다(祥, 뎡샹) : 오직 하ᄂᆞᆯ히 아라 뎡샹ᄃ왼 일 내요물<번소
   9 : 100>

妄量다ᄇᆡ다(妄量, 妄量) : 擧動이 妄量ᄃᆞᄇᆡ오<월석2 : 11>

법답다(規, 법) : 법답디 아니혼 마롤 니르디 마라<번소 8 : 11>

病둡다(病, 病) : 부텨도 病ᄃᆞᄇᆡ 너기시니라<월석13 : 27>

샹ᄃᆞᄇᆡ다(俚, 샹) : 여러 가짓 샹ᄃᆞᄇᆡᆫ 이리 나니라<월석1 : 43>

시름답/ᄃ외/도외다(憂, 시름) : 搖搖ᄂᆞᆫ ᄆᆞᅀᆞ미 시름다와<영가하 :
   108 >/늘근 ᄂᆞ치 시름ᄃ왼 ᄠᅳ디더레라<두해초 6 : 23>/뉘 能히
   시름도왼 ᄠᅳ들 亂히오ᄂᆞ니오<두해초6 : 23>

實답/다ᄇᆡ다(實, 實) : 實다이 아라<법화 3 : 16>/行이며 相이며 實
   다ᄇᆡ 알씨라<월석9 : 20>

아롬답/ᄃ외다(美, 아롬) : 속절업시 저히며 아롬답도다<남명하 :
   14>/萬物은 제여곰 아롬ᄃ외도다<두해초 14 : 38>

아릿답다(嬌, 아롬>아릿) : 고지 아릿다온 雜 남기<두해초 6 : 12>

언극ᄃᆞᄇᆡ다(窮, *언극) : 六道衆生을 본딘 艱難코 언극다ᄇᆡ야 福과
   智慧왜 업서<석보13 : 56>

辱ᄃᆞᄇᆡ/ᄃ외다(辱, 辱) : 忍辱은 辱ᄃᆞᄇᆡᆫ 일 ᄎᆞᆷ물씨오<월석2 : 25>/辱
   ᄃ왼 境이 ᄠᅳ데 當ᄒ오몰<금강상 : 79>

疑心둡/ᄃᆞᄇᆡ/ᄃ외다(疑, 疑心) : 샹녜 겨샤미 아니신가 疑心둡거신마

수 있다(허웅, 1975 : 99, 207). 이렇게 되면 가지 '-롭/롭-'은 이름씨와 매김씨 밑말
과 결합하여 그림씨를 파생하므로 여러 씨갈래 밑말 바꾸는 가지가 되어4유형 가
지가 될 것이다. 그러나 이 글에서 '-롭/롭-'을 2유형 가지로 보는 것은 '외'가 '외롭
다, 외롭다'를 빼고는 밑말로 쓰이지 아니하고 또 따로 쓰이지도 아니하므로 이는
중세 이전에 쓰인 '이름씨'의 잔영이 아닌가 하기 때문이다. 유창돈(1994 : 373)에서
는 매김씨가 중세 이전에는 임자씨나 풀이씨였던 것이 오랜 세월 한정어 구실을
하는 동안 그대로 고정되면서 생긴 것이라 하는데 이 '외'도 이러한 형태로 보인
다. 따라서 이 글에서는 '외롭다, 외롭다'를 중세 이전에는 '이름씨+-롭/롭-'의 형태
였을 것으로 보면서 중세국어에서는 이들 형태가 어휘화된 것으로 보아 둔다.

룬<법화5 : 135>/사ᄅᆞ민가 아닌가 ᄒᆞ야 疑心ᄃᆞᄫᆡ니<월석1 : 15>/疑心ᄃᆞ외도다<능엄2 : 98>

利益ᄃᆞᄫᆡ다(利益, 利益) : 利益ᄃᆞᄫᆡᆫ 일 ᄎᆞᄌᆞᆯ씨오<석보9 : 40>

쥬변ᄃᆞᆸ/ᄃᆞ외다(自由, 쥬변) : 쥬변ᄃᆞᆸ고 ᄯᅩ 쥬변ᄃᆞ외니 겨르ᄅᆞ외며 밧보미 다 ᄒᆞᆫ ᄢᅵ로다<금삼5 : 34>/神ᄒᆞᆫ 用이 쥬변ᄃᆞ외며 微妙ᄒᆞᆫ 體 보미 어렵도소니<금삼2 : 7>

졈답다(莊, 졈) : 莊 졈다올 장<신합 하 : 3>

(353) 겨르ᄅᆞᆸ/ᄅᆞᆸ/ᄅᆞᄫᆡ/ᄅᆞ외다(閑, 겨를) : 日月이 겨르ᄅᆞᆸ도다<금삼 5 : 49>/곧 겨르로이 ᄌᆞ올오<남명상 : 59>/쥬의 坊이어나ᄇᆡᆫ 겨르ᄅᆞᄫᆡᆫ ᄧᅡ히어나 자시어나<석보 19 : 1>/겨르ᄅᆞ외며 밧보미 다 ᄒᆞᆫ ᄢᅵ로다<금삼5 : 34>

고ᄅᆞᆸ/ᄅᆞ외다(苦, 고) : 여러 가짓 고ᄅᆞᆸ고 셜움을 받ᄂᆞ니라<소해 5 : 55>/기픈 ᄠᅳ디 苦ᄅᆞ왼ᄃᆞᆯ 一定히 아노니<두해초20 : 18>

녜ᄅᆞ외/로외다(古, 녜) : 格調ㅣ 녜ᄅᆞ외며 神이 뭘가<남명 상 : 29>/ᄀᆞ올 안히 甚히 淳朴ᄒᆞ며 녜로 외니<두해초 9 : 31>

바지ᄅᆞᆸ다(巧, *바지) : ᄀᆞᄂᆞᆫ 字ᄅᆞᆯ 바지로이 ᄒᆞ더니라<두해초16 : 17>

보ᄇᆡᄅᆞ외다(寶, 보ᄇᆡ) : 즘이 보ᄇᆡᄅᆞ외니 사ᄅᆞᆷ마다 바ᄅᆞ랫 구슬 ᄀᆞᆮ도다<두해초 9 : 30>

새ᄅᆞᆸ/ᄅᆞᆸ/ᄅᆞ외/로외다(新, 새) : 가온ᄃᆡ 잇ᄂᆞᆫ 雷霆氣宇ㅣ 새ᄅᆞᆸ도다<금삼 3 : 48>/ᄒᆞᆫ 디위 자바 니ᄅᆞ와 ᄃᆞ니 ᄒᆞᆫ 디위 새ᄅᆞᆸ도다<남명상 : 32>/소아 자본 사ᄉᆞ미 새ᄅᆞ외도다<두해초 7 : 18>/올마 사로미 새로외니<두해초 7 : 13>

常例ᄅᆞᆸ/ᄅᆞ외다(常, 샹녜) : 妖怪ᄂᆞᆫ 常例ᄅᆞᆸ디 아니ᄒᆞᆫ 荒唐ᄒᆞᆫ 일이라<석보 9 : 24>/보며 드로미 샹녜 ᄅᆞ외면 ᄒᆞᆫ 塵도 對 ᄃᆞ외요미 긋거니<목우 30>

受苦ᄅᆞᆸ/ᄅᆞᄫᆡ/로의다(苦, 슈고) : 受苦ᄅᆞᆸ고 즐겁고 이니호ᄆᆞᆯ<월석1 : 35>/미혹ᄒᆞ고 種種受苦ᄅᆞᄫᆡᆫ病ᄒᆞ앳다가<석보9 : 7>/슈고로왼 일 잇거든 ᄒᆞᆫ가지로 맛다 ᄒᆞ고<박번 상 : 72>

神奇ᄅᆞᄫᆡ다(奇, 神奇) : 神奇ᄅᆞᄫᆡᆫ 變化<석보보13 : 14>

ᄉᆞᄉᆞᄅᆞᆸ다(私, ᄉᆞᄉᆞ) : 비록 ᄉᆞᄉᆞ로온 ᄃᆡ나 반ᄃᆞ시 ᄲᅧ 녜모 ᄒᆞ시며<소해 3 : 15>

아ᅀᆞᄅᆞ외/로의다(悌, ᄋᆞᅀᆞ) : 나히 ᄒᆞ마 늘그면 비록 ᄋᆞᅀᆞᄅᆞ외오져

흔들<내훈초 3 : 42>/悌 아♀로 일 뎨<자회초하 : 11>

영화롭다(榮, 영화) : 길ᄒ며 흉ᄒ며 영화로온 이리며<번소8 : 10>

妖怪롭/ᄅ빙/로외다(沴, 요괴) : 요괴로오며 망녕된 말ᄉᆞᆷ이<소해5 :
120>/妖怪ᄅ빈 스스을<석보9 : 36>/네 ᄌᆞᄂᆞᆫ 요괴로왼 빌믜 븓
들인 병<분온17>

조ᅀᆞ롭/ᄅ빙/ᄅ외/로외다(要, 조술) : 節은 조ᅀᆞ롭디 아니ᄒᆞᆫ 말란 더
러 쓸 씨라<석보 서 : 4>/詳온 조ᅀᆞᄅ빈 말란 子細히 다 쓸 씨라
<석보 서 : 4>/慈尊 가ᄌᆞᆯ비샤미 工巧ᄒ며 깁고 조ᅀᆞᄅ외샷다<금
삼5 : 21>/조ᅀᆞ로왼 길히ᄯᅩ 높고 깁도다<두해초14 : 20>

知慧ᄅ빙다(慧, 知慧) : 知慧ᄅ빈 사ᄅᆞ미 ᄯᅩ ᄀᆞᄅᆞ쳐<월석8 : 70>

慈悲ᄅ외/로의다(慈, ᄌᆞ비) : 慈悲ᄅ왼 이리나<칠대 만법 : 20>/慈
ᄌᆞ비로일 ᄌᆞ<자회초 하 : 11>

지조롭다(材, 지조) : 건 ᄯᅡ해 빅셩이 지조롭디 몬홈 음탕홈이오<소
해4 : 45>

해롭다(害, 해) : ᄆᆞᅀᆞᆷ 머그며몸 닷고매 크게 해로오미 이실시<번소
8 : 23>

향긔롭다(香, *향긔) : 다 향긔로온 플이라<소해2 : 13>

호긔롭/롭다(豪氣, 호긔) : 경박ᄒ고 호긔ᄅ오냥 ᄒᄂᆞᆫ 사ᄅᆞᆷ올 사괴
더니<번소6 : 12>/杜 季良이란 사라믄 호긔롭고 늡 쁴 어딘 듯
ᄒᆞᆫ 이롤즐겨<번소6 : 14>

효도롭다(孝, 효도) : 셩이 지그기 효도로아 벼슬 말오<속삼 효 : 14>

이름씨 밑말에 '-둡/답-, -ᄃ빙-(>-ᄃᆞ/도외-), -롭/롭-, -ᄅ/로빙-(>-ᄅ
/로외-, -로익/의-)'가 결합되어 그림씨를 파생하는 것은 중세국어에서
매우 생산적이다.

(352)는 이름씨 밑말에 '-둡/답-, -ᄃ빙-(>-ᄃᆞ/도외-)'를 결합하여 그
림씨를 파생한 형태를 보인 것이고 (353)은 이름씨 밑말에 '-롭/롭-, -ᄅ
/로빙-(>-ᄅ/로외-, -로익/의-)'를 결합하여 그림씨를 파생한 형태를 보
인 것이다.

‘-딥/답-, -드빙-(>-드/도외-)’와 ‘-릅/롭-, -르/로빙-(>-르/로외-, -로
익/의-)’는 음성적 조건으로 변이된다. 앞엣것은 밑말의 끝소리가 ‘ㄹ’을
제외한 닿소리 뒤에 쓰이고 뒤엣것은 ‘ㄹ’이나 홀소리 뒤에 쓰인다. 그
리고 ‘-딥/답-’과 ‘-릅/롭-’은 가지 뒤에 이어나는 첫소리가 닿소리인 경
우에 주로 쓰이고 ‘-드빙(>-드/도외-)’와 ‘-르/로빙-(>-르/로외-, -로익/
의-)’는 가지 뒤에 이어나는 첫소리가 홀소리이거나 고룸 홀소리가 쓰
이는 굴곡가지 앞에 주로 쓰인다(안병희, 1987 : 70). 어찌씨 파생가지 ‘-이-’
가 이 가지 뒤에 이어질 경우에는 ‘-이-’가 홀소리인데도 주로 ‘-딥/답-,
-릅/롭-’이 쓰이는데(구본관, 1998 : 187-188) 이는 ‘-이-’ 파생가지를 분명히
하기 위한 것으로 보인다. 이 때 ‘-딥/답-, -릅/롭-’의 ‘ㅂ’은 ‘ㅸ’으로 변
동한다.

밑말의 끝소리가 ‘ㄹ’인 경우에 ‘-릅/롭-, -르/로빙-(>-르/로외-, -로
익/의-)’가 결합되면 (353)의 ‘겨를+-릅→겨르릅다’, ‘조술+-릅→조ᅀᅳ릅
다’에서 보듯이 밑말 끝소리 ‘ㄹ’과 가지의 첫소리 ‘ㄹ’이 겹치게 되므로
밑말의 끝소리 ‘ㄹ’은 줄어든다.

이렇게 두고보면 ‘-딥/답-, -드빙-(>-드/도외-)’와 ‘-릅/롭-, -르/로빙-
(>-르/로외-, -로익/의-)’는 음성적으로 조건되어 상보적 분포를 가지는
이형태 관계에 있다 하겠다. 그리고 이들 형태는 ‘-딥- : -릅-’, ‘-드빙- :
-르빙-(>-다외- : -르외-, -도외- : -로외-)’의 대립쌍을 이루는데 이러
한 점에서 보면 뒤의 가지 즉 ‘-릅-, -르빙-, -르외-, -로외-’의 ‘ㄹ’은
‘ㄷ’에서 바뀐 것으로 보인다(허웅, 1975 : 203). ‘ㄷ’이 유성음 사이에서 ‘ㄹ’
로 바뀌는 현상은 중세국어의 일반적인 음운현상이다(이현규, 1975 : 277).

그런데 이러한 규칙 즉 ‘-딥/답-, -릅/롭-’은 가지 뒤에 이어나는 첫소
리가 닿소리이고 ‘-드빙(>-드/도외-), -르/로빙-(>-르/로외-, -로익/의-)’
는 가지 뒤에 이어나는 첫소리가 홀소리이거나 고룸 홀소리라는 것이

언제나 지켜지는 것은 아니다. 예외인 것들도 있다. (352)의 '妄量ᄃᆞ뷔오(←妄量ᄃᆞᆸ고), 아룸ᄃᆞ외도다(←아룸ᄃᆞᆸ도다), 의심ᄃᆞ외도다(←의심ᄃᆞᆸ도다)'와 (353)의 '새ᄅᆞ외도다(←새롭도다)' 등이 그것인데[35] 이는 가지 '-ᄃᆞ뷔-(>-다외-)'가 중세국어에서 움직씨로 쓰이는 실사 'ᄃᆞ뷔다(>ᄃᆞ외다)'와 그 형태가 같음으로 나타난 민간어원적인 현상으로 보인다.[36]

움직씨 'ᄃᆞ뷔다(>ᄃᆞ외다)'와 가지 '-ᄃᆞ뷔다(>-ᄃᆞ외다)'는 같은 형태이면서 중세국어에서는 각기 다르게 쓰이는데 이는 가지 '-ᄃᆞ뷔다(>-ᄃᆞ외다)'가 본래 움직씨로 쓰이던 실사 'ᄃᆞ뷔다(>ᄃᆞ외다)'에서 나왔으나 중세 이전에 이미 문법화하였기 때문으로 보인다.

> (354) 山이 草木이 軍馬ㅣ ᄃᆞ뷔니이다<용가10 : 1>
> 시혹 사ᄅᆞ미 ᄃᆞ외오도<석보9 : 15>
> ᄒᆞ나히 몯 ᄃᆞ외게 ᄒᆞ며<능엄10 : 3>
> 世尊ㅅ神力으로 ᄃᆞ외의 ᄒᆞ샨 사ᄅᆞ미라<석보6 : 7>

(354)은 중세국어에 쓰인 실사 'ᄃᆞ뷔다, ᄃᆞ외다'를 보인 것인데 이는 중세 이전에도 쓰였을 것으로 여겨진다. 가지 '-ᄃᆞ뷔다(>-ᄃᆞ외다)'와 이의 이형태 가지 '-ᄃᆞᆸ다'는 중세 이전에 쓰인 이 실사에서 문법화한 것이다.

그리고 '-ᄃᆞᆸ다'와 '-답다'는 'ㆍ'가 소멸해 가는 과정에서 나타난[37]

---

35) 여기에 대해서는 안병희(1987, 주38), 구본관(1998 : 189-190) 참조.
36) 석보상절이나 월인석보에서는 (352)의 '妄量다뷔다, 언극ᄃᆞ뷔다, 辱ᄃᆞ뷔다, 疑心ᄃᆞ뷔다, 利益ᄃᆞ뷔다'에서 보듯
이 가지인 경우에는 '-ᄃᆞ뷔-'를 쓰고 움직씨 줄기인 경우에는 다음 예에서 보듯이 'ᄃᆞ외-'를 쓰면서 줄기와 가지를 분명히 하기도 하였다.
·王ᄃᆞ외야 겨샤<월석1 : 5>
·남지니 ᄃᆞ외야<석보9 : 7>
여기에 대해서는 허웅(1975 : 204) 참조.
37) 이기문(1967 : 116)에서는 'ㆍ'홀소리는 양 단계를 거쳐 소멸하였다고 밝히고 있다.

‘·>ㅏ’의 교체된 형태인데 가지 ‘-돕다’와 ‘-답다’는 이 교체에 의해 나타난 이형태이다.

‘-답다’를 ‘-돕다’의 이형태로 보는 것은 가지가 가진 의미가 같거나 비슷하고 특히 같은 밑말에 ‘-답다’와 ‘-돕다’가 각기 결합되어 그림씨를 파생하기 때문이다.

> (355) ㄱ. 시름답다 : 搖搖ᄂᆞᆫ ᄆᆞᅀᆞ미 시름다와<영가하 : 108 >
>   시름ᄃᆞ외다 : 늘근 ᄂᆞ치 시름ᄃᆞ윈 ᄠᅳ디 더레라<두해초 6 : 23>
>   ㄴ. 아룸답다 : 쇽졀업시 저히며 아룸답도다<남명하 : 14>
>   아룸ᄃᆞ외다 : 萬物은 제여곰 아룸ᄃᆞ외도다<두해초14 : 38>

(355)는 가지 ‘-돕다, -답다’가 같은 밑말에 결합된 형태를 보인 것인데 이들이 결합된 파생어 ‘시름답다’와 ‘시름ᄃᆞ외다’, ‘아룸답다’와 ‘아룸다외다’는 서로 다른 뜻을 가진다고 보기 어렵다. 따라서 이 글에서는 ‘-돕다’와 ‘-답다’를 ‘·>ㅏ’ 교체 시기에 나타난 수이 변이형태로 보아둔다.

이제 이 가지가 결합된 밑말과 가지의 뜻바탕에 대해 살펴본다.

먼저 밑말에 대해 살펴보면 이 가지에 앞선 밑말은 모두 추상성을 가진 이름씨이다.

이 가지는 이러한 추상성을 가진 이름씨와 결합하면서 밑말이 가진 속성이나 속성의 일부를 주관적으로 형상화 시키면서 그림씨를 파생한다.

따라서 이 가지는 밑말에 ‘X의 속성과 같은 상태나 모양의 느낌이 있다’라는 정의 표현의 뜻바탕을 더한다.

제 1단계에 있어서는 비 제1음절의 ‘·’가 소멸되는데 이는 16세기에 완성되었고 제 2단계에 있어서는 제 1음절의 ‘·’가 소멸되는데 이는 근대국어에 내려와 18세기에 완성되었다 한다.

2) 근대국어

근대국어에서 생산성을 가진 정의 표현 뒷가지는 '-ㅸ/브/부-, -ㅂ-, -갑/겁-, -압/업-, -압/엽-, -답-, -ᄃ/도외-, -스럽-' 가지가 있다.

(1) '-ㅸ/브/부-, -ㅂ-' 가지

이 가지는 움직씨 밑말과 결합하여 정의 표현의 뜻바탕을 가진 그림씨를 파생한다. 따라서 이 가지는 한 씨갈래 밑말 바꾸는 가지이므로 2 유형 가지이다.

> (356) ㄱ. 깃브/부다(喜, 깄-) : 우리 듯기도 더옥 깃브옵데<신어 3 : 27>/
> 諸葛 亮도 道督의게 깃분 녜로뵈지 못 ᄒ엿노라<삼역 4 : 2>
> 낫브다(歉, *낫-) : 그리면 좀이 낫브디 아니ᄒ리라<박중상 : 21>
> 뉘웃브다(悔, 뉘웃-) : ᄆᄎ매 그지업시 뉘웃브믈 닐위ᄂ니라
> <경민 10>
> 밋브/부다(亮, 밋-) : 孔明의 앏히 밋브게 ᄒᄂ는 글 쓰이고<삼역
> 4 : 8>/沒信行 밋분 힝실 업다<역 보 : 57>
> 밧ᄲ/브/부다(忙, *밫-38)) : 밧ᄲᆫ 제 이 약 업거든<두요하 : 32>/
> 내 밧바 결을 어더 가디 못 ᄒ리로다<노해초 상61ㄱ>/밧
> 부고 급ᄒ 연괴 잇거든<삼역 8 : 6>
> 서그프다(瞋, 서긇-) : ᄆᄋᆷ이 서그프면 千年을 감손ᄒ기 쉬오
> 니<경민 34>
> 슬프다(哀, 슳-) : 김씨 닐오디 슬퍼 아니 먹논 디 아니라<신속
> 3열 : 6>
> 애긋브다(腸斷, 애긋-) : 애긋븐 소리를 므더니 너기고져 ᄒ간
> 마ᄂ<두해 중 5 : 26>

---

38) 중세국어에서는 밑말로 쓰였으나 근대국어에서는 보이지 않는다.

어엿브/부다(恤, *어엿-) : 憐 어엳불 련<왜어 상 : 21>/에엿분
 우리 님이<청언 : 27>
저프/접프다(恐, 젛-) : 사롬이 알짜 저프고<박중 : 18>/어두온
 안개예 접퍼 나지 아니리라<박중 : 18>
ㄴ. 골프다(飢, 곯-) : 빈 ᄀ장 골프다<노해초상 : 35>
굿부다(餒, 굶-) : 熬淡了 주려 입 굿부다<한 6 : 65>
ᄌ브/부다(疲, ᄌ-) : 비브론 제 과그리 둘려 ᄌ바 샹홈이라<마
 언 상 : 31>/覺疲乏 절로 ᄌ부다<한 7 : 38>
알프/프다(痛, 앓-) : 가슴이 알프며 가슴 넙덕쎼 알프고<마언
 상 : 23>/긁빗기기롤 만히 ᄒ면 머리 알프ᄂ니라<박중 상 :
 40>
잇브/부다(勞, 잊다(제), ⇒잇브다) : 잇블 곤(困)<칠천 : 19>/勞
 苦 잇부다<동문 하 : 57>
(357) ㄱ. 놀랍다(驚, 놀라-) : 놀랍다 (驚恐)<역상38>
뮙다 (憎, 믜-) : 너블 ᄲᆞᆫ 보흘 다 텨시니 뮙기 내 올흔 곳이 업
 셰라<박중 : 56>
븗다(羨, 블-) : 목젼 유복은 눔 븗디 아니하디<한 : 372>
애둛/이돏다(恨, 애둘/이돌-) : 어후아 楚覇王이야 애둛고도 애
 들애라<청언 : 54>/가마귀 너를 보니 이돏고 이돌왜라<청
 언 : 68>
노홉다 (怒, 노호-) : ᄀ장 미야ᄒ여 노홉스와 ᄒᆞᆸ닉<신어2 : 12>
흔홉다(恨, 흔ᄒ-) : 봉양 몯 혼 일이 흔홉다 ᄒ고<신속 열2 : 26>
ㄴ. 믭다 (猛, *미-) : 술 믭다<사해중 하 : 81>

 움직씨 밑말에 '-ㅸ/브/부-, -ㅂ-'이 결합되어 그림씨를 파생하는 것
은 근대국어에서 매우 생산적이다.
 '-ㅸ/브/부-'와 '-ㅂ-'은 밑말의 끝소리에 의해 규정되는데 밑말의 끝
소리가 ㄹ을 제외한 닿소리이면 '-ㅸ/브/부-'가 쓰이고 ㄹ이나 홀소리이
면 '-ㅂ-'이 쓰인다. 이러한 사실을 두고보면 '-ㅸ/브/부-, -ㅂ-'은 음성
적으로 조건된 이형태이다.

(356ㄱ, ㄴ, 깃브/부다, 골프다)은 '-ㅂ/브/부-'가 ㄹ을 제외한 닿소리로 끝난 움직씨 밑말에 결합된 형태를 보인 것이고 (357ㄱ, ㄴ, 놀랍다, 밉다)은 ㄹ이나 홀소리로 끝난 움직씨 밑말에 '-ㅂ-'이 결합된 형태를 보인 것이다.

'-ㅂ/브/부-'와 '-ㅂ-'은 이러한 밑말과 결합하여 그림씨를 파생한다. 다시 말하면'-ㅂ/브/부-, 는 ㄹ을 제외한 닿소리로 끝난 움직씨 밑말과 결합하여 그림씨를 파생하고 '-ㅂ-'은 ㄹ이나 홀소리로 끝난 움직씨 밑말과 결합하여 그림씨를 파생한다.

이러한 형태는 중세국어에서도 나타난다.[39]

> (358) ㄱ. 깃브다(喜, 짗-) : 難陀ᄂᆞᆫ 깃브다 ᄒᆞ논 마리오<석보 13 : 7>
> 밧ㅂ/브다(忙, 밫-) : 世間앳 밧ㅂ디 아니혼 이롤<월석 10 : 20>/
> 오ᄂᆞ리 밧브니 러실 다시 서르 보와<노번 하 : 6>
> ㄴ. 둏오다(愛, 둣-) : 境界롤 브터 ᄆᆞᅀᆞ매 둏오며<능엄4 : 16>
> 웃보다(笑, 웃-) : 跋陀(跋提)말이 긔 아니 웃보니<월곡 : 176>
> ㄷ. 그립다(戀, 그리-) : 舍利롤 너비 供養ᄒᆞ야 다 그리우믈 머거
> <법화 5 : 161>
> 븱다(美, 블-) : 美 블울 션<신합 하 : 26>

중세국어에 나타난 뒷가지는 (358)에서 보듯이 '-ㅂ/브-, -ᄫ/ᄫᅩ-, -ㅂ-'인데 이 중에서 '-ᄫ/ᄫᅩ-'는 근대국어까지 쓰이지 못하고 사라진다. 그리고 '-부-'가 '-ㅂ/브-'의 이형태로 나타나는데 이는 '-브-'에서 둥근 입술 되기의 현상을 입어 나타난 것이다. 중세국어의 '-ㅂ/브-'와 '-ㅂ-'도 근대국어와 마찬가지로 음성적으로 조건된 이형태이다. 이도 ㄹ을 제외한 닿소리로 끝난 움직씨 밑말과 결합할 때에는 '-ㅂ/브-'가 쓰이고 ㄹ

이나 홀소리로 끝난 움직씨 밑말과 결합할 때에는 '-ㅸ-'이 쓰였다. '-봉
/볼-'는 'ㅿ'으로 끝난 움직씨 밑말과 결합할 때 쓰였다.

이러한 사실을 두고보면 근대국어의 '-ㅂ/브-'와 '-ㅂ-'은 중세국어에
서의 쓰임이 그대로 이어진 것이라 할 수 있다.

이제 이 가지가 결합된 밑말과 가지의 뜻바탕에 대해 살펴본다.

'-ㅂ/브/부-, -ㅂ-'에 앞서는 움직씨 밑말은 (356ㄱ, 357ㄱ, 젓-, 놀라-)
처럼 정의적인 뜻바탕을 가진 경우도 있고 (356ㄴ, 357ㄴ, 곯-, 밉-)처럼
감각적인 뜻바탕을 가진 경우도 있다. 정의적인 뜻바탕을 가지는 경우
는 주로 심리적인 것들이나(356ㄱ의 젓-, 뉘웃-, 밋-, 서긇-, 슳-, 애긋-, *어엿-,[40])
젛-, 357ㄱ의 예 모두) '낫브다'의 '*낫-[41]'처럼 평가적이거나 '밧ㅂ다'의 밑
말, '밫-'처럼 행동적인 것들도 있다. 그리고 감각적인 뜻바탕을 가지는
경우는 주로 유기 감각적인 것들인데(356ㄱ의 곯-, 곪-, 졸-, 잋-), 통각적이거
나(356ㄴ의 앓-), 미각적인 것(357ㄴ, 밉-)들도 있다.

'-ㅂ/브/부-, -ㅂ-'은 이러한 움직씨 밑말과 결합하는데 움직씨의 뜻
바탕에 따라 파생 그림씨의 뜻바탕도 달라진다. 정의적인 뜻바탕에서
심리, 평가, 행동적인 움직씨와 결합될 경우에는 역시 정의 심리, 평가,
행동적인 그림씨를 파생하면서 주관적인 판단 즉 'X상태의 느낌이 있
다'라는 정의 표현의 뜻바탕을 더하고 감각적인 뜻바탕에서 유기 감각,
통각, 미각적인 움직씨와 결합될 경우에는 각각 유기 감각, 통각, 미각

---

40) '어엿브다'의 밑말 '어엿-'은 따로 나타나지 않는다. 그러나 그 말꼴로 보면 '-브-'
   파생어 밑말이 분명하다. 뜻바탕도 파생어의 뜻으로 볼 때 심리적인 것으로 볼 수
   있다.
41) '낫브다'의 밑말 '낫-'이 움직씨로 쓰인 예는 찾기 어렵다. 다만 그림씨 '낮-(卑)'과
   관련시켜 볼 수 있는데(강은국, 1993 : 171) 이는 '낫브다'의 뜻 '歉'과 비교할 때의미
   의 유동이 매우 심하다. 따라서 이 글에서는 '낫브다'의 밑말 '*낫-'을 '낮-(卑)'으로
   보지 않고 문헌에 따로 나타나지 아니한 움직씨로 보면서 이의 뜻바탕을 파생 그
   림씨 '낫브다'와 관련하여 평가적인 것이라 보아 둔다.

적인 그림씨를 파생하면서 여기에서도 밑말에 주관적 판단 즉 'X상태
의 느낌이 있다'라는 정의 표현의 뜻바탕을 더한다. 따라서 이 가지에는
'X상태의 느낌이 있다'라는 정의 표현의 뜻바탕이 있다 하겠다.

(2) '-갑/겹-, -압/업-, -얍/엽-' 가지

이 가지는 움직씨, 그림씨, 이름씨, 상징 어찌씨 밑말과 결합하여 정
의 표현의 뜻바탕을 가진 그림씨를 파생한다. 따라서 이 가지는 여러
씨갈래 밑말 바꾸거나 안 바꾸는 가지이므로 3유형 가지이다.

① 움직씨 + '-갑/겹-, -압/업-, -얍/엽-' 가지

(359) ㄱ. 늣겁다(感, 늣기-) : 인생을 헤아리니 아마도 늣거웨라<청언 : 33>
    두렵다(畏, 두리-) : 힝노의 핍박호미 쏘 심히 두려오니<신구 : 8>
    므의엽다 (畏, 므의-) : 귓거시 森然히 므의엽도다<두해 중7 : 24>
    부럽다(羨, 불-) : 欽羨 부럽다<동문 상33>
    붓그럽다 (慚, 붓그리다-) : 愧見 보기 붓그럽다<한 8 : 32>
    어렵다 (難, *어리-) : 반드시 곪기며 더데 짓기 어렵느니<두
      요 하 : 8>
    즐겁다(樂, 즐기-) : 무올헤 즐거오믈 듯거이 호여<경민 : 25>
  ㄴ. ᄀ랍/럅/렵다(痒, 긁-) : 아프기는 실로 되고 ᄀ랍기는 허로 되
      느니<두요 하 : 9>/소곰을 머거 ᄀ럅거든<두요하 : 9-10>/
      癢癢 ᄀ렵다<동문 하 : 7>
    놋갑다(賤, 놋-) : 놋가온 사롬<역해 상 : 27ㄱ>
    더럽다(醜, 덟-) : 녀름에 서느러온 가게예 미며 더러온 고디 미
      디 말라<마언 하 : 99>
    시드럽다 (疲, 시들-) : 山林에 시드러운 모몰 브툐니<두해 중
      2 : 11>
    어즈럽다(亂, 어즈리-) : 이 닐온 어즈럽논 근본이라 호니라<삼
      략 상 : 32>

움직씨 밑말에 '-갑/겁-, -압/업-, -얍/엽-'이 결합되어 그림씨를 파생하는 것은 근대국어에서 매우 생산적이다.

1)의 '-ㅸ/브/부-, -ㅂ-'은 움직씨 밑말과 결합하여 그림씨를 파생하는 가지인데 비하여 '-갑/겁-, -압/업-, -얍/엽-'은 움직씨뿐만 아니라 그림씨, 이름씨, 상징 어찌씨와도 결합하여 그림씨를 파생한다. 따라서 이 가지는 1)의 '-ㅸ/브-, -ㅂ-'과는 다른 가지로 구분된다.

이러한 사실은 음성적인 조건에서도 나타난다.

1)에서도 밝혔듯이 '-ㅸ/브/부-'는 'ㄹ'을 제외한 닿소리 뒤에 쓰이고 '-ㅂ-'은 'ㄹ'이나 홀소리 뒤에 쓰이면서 /i/와 /j/뒤에 쓰이는데 '-갑/겁-, -압/업-, -얍/엽-' 가지도 닿소리나 홀소리 뒤에 쓰이면서 /i/와 /j/뒤에 나타난다. 대개 닿소리 뒤에서는 '-갑/겁-'이 쓰이고 'ㄹ'이나 홀소리 뒤에서는 '-갑/겁-'에서 'ㄱ'이 탈락한 '-압/업-'이 쓰이며 /j/반홀소리 뒤에서는 '-얍/엽-'이 쓰인다. 즉 /i/, /j/뒤에는 '-ㅂ-'도 나타나고 '-압/업-, -얍/엽-'도 나타나므로 '-ㅸ/브/부-, -ㅂ-'과 '-갑/겁-, -압/업-, -얍/엽-'은 음성적 조건으로 규정되지 않는다. 따라서 '-갑/겁-, -압/업-, -얍/엽-'은 근대국어에서 '-ㅸ/브/부-, -ㅂ-'과는 구분되는 파생가지로 보는 것이 타당하다.[42]

이제 이 가지가 결합된 움직씨 밑말과 가지의 뜻바탕에 대해 살펴본다.

먼저 밑말에 대해 살펴본다.

'-갑/겁-, -압/업-, -얍/엽-'에 앞서는 움직씨 밑말은 (359ㄱ, 늣겁-)처럼 정의적인 뜻바탕을 가진 경우도 있고 (359ㄴ, 놋갑-)처럼 감각적인 뜻바탕을 가진 경우도 있다. 정의적인 뜻바탕을 가지는 경우는 주로 심리적인 것들이나(359ㄱ의 늣기-, 두리-, 므의-, 불-, 붓그리-, 즐기-) (359ㄱ)의

‘어렵다’의 밑말 ‘*어리-’처럼 평가적인 것도 있다. 그리고 감각적인 뜻
바탕을 가지는 경우는 (359ㄴ)에서와 같이 그 뜻바탕이 다양한데 ‘ㄱ랍/
랍/럽다’의 밑말 ‘굵-’은 촉각의 뜻바탕을 가지고 ‘늣갑다’의 밑말 ‘늣-’은
시간, 공간 감각의 뜻바탕을 가지고 있으며 ‘더럽다’의 밑말 ‘덟-’은 생리,
물리적 변화의 뜻바탕을, ‘시드럽다’의 밑말 ‘시들-’은 유기 감각의 뜻바탕
을, ‘어즈럽다’의 밑말 ‘어즈리-’는 평형 감각의 뜻바탕을 나타낸다.

  ‘-갑/겁-, -압/업-, -얍/엽-’은 이러한 움직씨 밑말과 결합하여 그림씨
를 파생하는데 움직씨 밑말의 뜻바탕에 따라 파생 그림씨의 뜻바탕도
달라진다. 정의적인 뜻바탕에서 심리, 평가의 뜻바탕을 가진 움직씨 밑
말 결합될 경우에는 역시 정의 심리, 평가의 뜻바탕을 가진 그림씨를
파생하고 감각적인 뜻바탕에서 촉각, 시간, 공간 감각, 생리, 물리, 물리
적 변화, 유기 감각, 평형 감각의 뜻바탕을 가진 움직씨 밑말과 결합될
경우에는 각각 촉각, 시간, 공간 감각, 생리, 물리, 물리적 변화, 유기 감
각, 평형 감각의 뜻바탕을 가진 그림씨를 파생한다. 그러면서 밑말에 주
관적 판단 즉 ‘X상태의 느낌이 있다’라는 정의 표현의 뜻바탕을 더한다.

  ② 그림씨 + ‘-갑/겁-, -압/업-, -얍/엽-’ 가지

(360) ㄱ. 머흐럽다(險, 머흘-) : 엄의 빗복 줄기 우희 머흐러운 거슬 아긔
        입에 머구먼는 거시니<태요 : 47>
      술갑/슬겁다(智, *슯/*슳-) : 伶俐 술갑다<어록중 : 7>/東吳 나
        라희 큰 이 격으니 슬거온 이 미혹혼 이 당치 못홈을 다ᄋ
        나니<삼역 6 : 9>
    ㄴ. 도탑/두텁다(篤, *돕/*둡-) : 篤 도타올 독<칠천 : 10>/北方은 ᄯ
        홁이 깁허 두터오니<가언7 : 22>
      돗갑/둣겁다(篤, *돗/*둣-) : 양지 돗갑고 뜨디 멀오<두해 중1
        1 : 17>/승샹의 둣거온 덕을 바다<삼역 9 : 10>
      므겁다(重, *믁-) : 아비 왜적의 자븐 배 되여 므거온 짐으로ᄡᅥ

지이거눌<신속 효7 : 84ㄴ>

　조비옵/뵈압다(窄, 좁-) : 窄迫 조빗옵다<한 8 : 33>/量窄 조뵈

　압다<동문 상 : 23>

　(360)은 그림씨 밑말에 '-갑/겹-, -압/업-'이 결합되어 다시 그림씨를
파생한 형태를 보인 것이다.

　그런데 이들 파생어 중에서 (360ㄱ)의 '술갑/슬겁다' 밑말 '*숢/*슭-'과
(360ㄴ)의 '도탑/두텁다, 돗갑/둣겁다'의 밑말 '*돕/*둫-', '므겁다'의 밑말
'*믁-'은 근대국어에서 그 쓰임을 찾을 수 없다, 그런데도 이들 밑말을
각각 움직씨 '*술기-, *돗기-, *므기-'[43]로 보지 않고 그림씨 '*숢/*슭-,
*돕/*둫-, *믁-'으로 보는 것은 이들 밑말에 의한 파생어 즉 '술갑/슬겁
다, 도탑/두텁다, 돗갑/둣겁다, 므겁다'가 중세국어에서는 '녇갑/겁다, 여
탑다'와 함께 '술갑/슬겁다, 두텁다, 둗겁/돋갑다, 므겁다'로 나타나는데
이들 파생어 밑말은 각기 '*숢/*슭-, *둫-, *믁-'으로 볼 수 있기 때문이
다.[44]

　　(361) 술갑/슬겁다(智, *숢/슭-) : 엇뎨 이 굳흔 미친 사ᄅᆞᆷ을 다시 일훔지
　　　　　호디 어리다 술갑다 ᄒᆞ리잇고<능엄4 : 37>/도국과 슬거오미
　　　　　몬졔오<번소 10 : 11>
　　　　녇갑/겁다(淺, 녇-) : 이 녇갑고 열본 사ᄅᆞ미<월석18 : 43>/세흔 녇
　　　　　거오니 기픈 ᄃᆡ 나ᅀᅡ감 어려우믈<원각 상2-3 : 14>

43) 이현희(1987 : 145)에서는 중세국어의 '므겁다, 술갑/슬겁다'의 밑말을 파생 이름씨
　'둗긔, 두틔, 기픠, 므긔, 술긔/슬긔'와 빗대어 살펴면서 '므겁다'는 밑말을 움직씨 '*므
　기-'로 보았고 '술갑/슬겁다'는 움직씨 '*술기-/슬기-'로 보았다. 즉 '므겁다', '므긔'
　는 움직씨 '*므기-'에 '-압/업-', '-의'가 결합되어 그림씨, 이름씨가 파생되었고, '술
　갑/슬겁다', '술긔/슬긔'는 움직씨 '*술기-/슬기-'에 '-압/업-', '-의'가 결합되어 역시
　그림씨, 이름씨가 파생되었다는 것이다.
44) 여기에 대한 자세한 내용은 조일규(1998 : 170-172) 참조.

여탑다(淺, 옅-<녙-) : 요亽이예 풍쇽이 여타오며<번소 7 : 45>
두텁다(厚, *둩-) : 귀 두텁고 넙고 기르시고<월석 2 : 55-56>
둗겁/돋갑다(厚, *둗-) : 므슨 여슷차힌 빛보기 깁고 둗겁고 ㅂ얌 서
　　린 둣 ㅎ야<월석 2 : 57>/풍쇽 ㄱㄹ치는 일을 돋갑게 ㅎ며<소
　　해 6 : 15>
므겁다(重, *믁-) : 嘉州는 수으리 므겁고 고지 樓의 ㄱ득ㅎ얫도다
　　<두해초 8 : 27>

　　(361)은 중세국어에 나타난 예인데 여기에서 '두텁다, 둗겁/돋갑다'의
밑말을 '*둩-, *둗-'으로 보는 것은 이 파생어와 같은 파생 형태를 보이
는 '여탑다, 녇갑/겁다'의 밑말 '옅-(<녙-)'과, '녙-'을 달리 적은 꼴 '녇-'
이 중세국어에 따로 쓰이고 있기 때문이다.

　　(362) 녙다 : 性을 여희여 녀트니 기품과 녀토미 서르 멀씬<능엄 4 : 100>
　　　　옅다 : 天下엣 學이 여트며 좁으며 고집ㅎ며<소해 5 : 120>
　　　　녇다 : 庾公의 興心이 녇디 아니ㅎ며<두해초 24 : 42>

　　(361)을 통해서 보면 '여탑다'는 밑말 '옅-(<녙-)'에 '-압-'을 결합한 것
이고 '녇갑/겁다'는, '녙-'을 달리 적은 꼴 '녇-'에 '-갑/겁-'을 결합한 것
이 분명하다. 그렇다면 이와 같은 파생 형태를 보이는 '두텁다'와 '둗겁/
돋갑다'도 밑말을 '*둩-'으로 보아 밑말 '둩-'에 '-업-'이 결합하여 '두텁
다'를 파생하고, '*둩-'을 달리 적은 꼴 '*둗-'에는 '-갑/겁-'이 결합하여
'둗겁/돋갑-'이 쓰였을 것으로 보는 것이 타당하다.
　　또 밑말 '둩-'은 여기에 가지 '-의'를 결합하여 중세국어 이름씨 '두틔'
와 '둗긔'를 파생하는데 '-의'는 다음 (363)에서 보듯이 그림씨 밑말과 결
합하여 이름씨를 파생하는 가지이므로(조일규, 1997 : 50-52) '두틔'에서의
밑말 '*둩-'과 '둗긔'에서의 밑말 '*둗ㄱ'은 그림씨로 보아야 한다.

이러한 사실은 '술갑/슬겁다, 므겁다'의 경우도 미찬가지다.

(363) 기러/기릐(長, 길-) : 호 줌 기러예 견주워<박초상 : 38>/훤히 기릐
와 너븨왜<금삼 2 : 20>
기픠/기픠(深, 깊-) : 太古로 브터 오매 호 잣 기픳 눈도 업더니라
<두초10 : 41>/톳기와 물와는 기 픠롤 모롤써<월석2 : 19>
너븨(幅, 넙-) : 넙마다 너븨와 길왜 다 스믈 다숫 由旬이오<월석
8 : 11>
노픠(高, 높-) : 노픠는 호 자히오<월석10 : 117>
여틔(淺, 열-) : 玉泉으로셔 흘러 오느니 기픠 여틔 기니 댜른니 되
디 몯호리라<박초상 : 67>
킈(大, 크-) : 大地 다 지버 와 조뿔낫 킈 간호닐<남명하 : 70>
고븨/구븨(曲, 곱-/굽-) : 물군 フ롮 호 고비 무술홀 아나 흐르느니
<두초7 : 3>/쏘 어딘 버들 思戀 자바셔 깊 구븨예 건니노라<두
초22 : 38>

이렇듯 중세국어에 쓰인 파생어 '술갑/슬겁다, 두텁다, 둗겁/돋갑다,
므겁다'의 밑말은 각기 '*슭/*슭-, *둗-, *믁-'으로 볼 수 있는데 근대국
어는 중세국어의 이 파생어가 그대로 쓰인 것으로 여겨지고 또 (364)에
서 보듯이 근대국어에서도 '-이/의-'가 그림씨 밑말과 결합하여 이름씨
를 파생하는 가지로 쓰이고 있으므로 근대국어에 나타난 파생어 '술갑/슬
겁다, 도탑/두텁다, 돗갑/둣겁다, 므겁다'의 밑말을 중세국어와 같이 '*슭
/*슭-, *둗/*둗-, *믁-'으로 보아 둔다.
'조비욥/뵈압다'는 밑말 '좁-'에 가지 '-욥/압-'이 결합된 것인데 '-이/
외-'는 고룸 소리이다(기주연 : 1994, 228).

(364) 기러/기릐(長, 길-) : 이 楊州人 綾이 닐곱 발 기러 츠고<박중중 :
3>/長放 기릐로 놋타<역하 : 45>

기픠(深, 깊-) : 기픠를 모ᄅ거니<송강1 : 10>
노픠/노픠(高, 높-) : 三丈 노픠 큰 긔예<박중하 : 47>/노픠 가히 일
천 자히라<신속1 : 11>
므긔(重, *믁-) : 네 이 심이 몃 근 므긔오<노하 : 57>
굴긔(大, 굵-) : 손까락 굴긔<박중상 : 27>
구비/구븨(曲, 굽-) : 圖經 열 두 구비<송강1 : 15>/아ᄋᆞᆷ돌히 갏 구
븨예 ᄯᅵ렛도다<두해 중5 : 30>

이제 이 가지가 결합된 밑말과 가지의 뜻바탕에 대해 살펴본다.

먼저 밑말에 대해 살펴본다.

'-갑/겁-, -압/업-, -얍/엽-'에 앞서는 그림씨 밑말은 (360ㄱ, 머흘-)처럼 정의적인 뜻바탕을 가진 경우도 있고 (360ㄴ, *돝/*둗-)처럼 감각적인 뜻바탕을 가진 경우도 있다. 정의적인 뜻바탕을 가진 경우는 '머흘다'처럼 평가적인 경우도 있고 '*슗/*슗-'의 경우처럼 이지적인 뜻바탕을 가지는 경우도 있다. 감각적인 뜻바탕을 가지는 경우는 (360ㄴ)에서의 밑말 '*돝/*둗-, 좁-'처럼 공간 감각적인 것도 있고 '*믁다'처럼 촉각적인 것도 있다.

'-갑/겁-, -압/업-, -얍/엽-'은 이러한 그림씨 밑말과 결합하여 다시 그림씨를 파생하는데 밑말의 뜻바탕에 따라 파생 그림씨의 뜻바탕도 달라진다. 정의적인 뜻바탕에서 평가적이거나 이지적인 뜻바탕을 가진 밑말과 결합한 경우에는 '머흐럽다, 슗갑/슗겁다'와 같이 평가적이거나 이지적인 뜻바탕을 가진 그림씨를 파생하고 감각적인 뜻바탕에서 공간 감각적이거나 촉각적인 뜻바탕을 가진 밑말과 결합할 경우는 이도 역시 공간 감각적이거나 촉각적인 뜻바탕을 가진 그림씨를 파생한다. 그러면서 밑말에 주관적 판단 즉 'X상태의 느낌이 있다'라는 정의 표현의 뜻바탕을 더한다.

③ 이름씨 + '-갑/겁-, -압/업-, -얍/엽-' 가지

(365) 가비압/읍/얍다 (輕, *가비-) : 비 가비압고 믈이 급ᄒ여서<삼역
　　　4 : 19>/輕 가비읍다<한10 : 20>/
　　　가비야올 경(經)<칠천 : 17>

이름씨 밑말에 '-갑/겁-, -압/업-, -얍/엽-' 가지를 결합하여 그림씨를
파생하는 것은 근대국어에서는 '가비압/읍/얍다'뿐인 듯하다. 그나마 '가
비압/읍/얍다'의 밑말 '*가비'가 이름씨로 따로 쓰인 예를 찾을 수 없다.
그런데도 이를 이름씨로 보는 것은 '*가비'는 다시 '*갑-+-이'로 분석될
수 있는데(유창돈, 1974 : 23) 여기 쓰인 '-이'가 (363)에서도 밝혔듯이 그림
씨 밑말과 결합하여 이름씨를 파생하는 가지이기 때문이다. 따라서 이
글에서는 '가비압/읍/얍다'를 '[[[갑-]그+-이-]이+-압/읍/얍-]그'로 분석
하면서 '*가비'를 이름씨로 보아둔다.

이제 이 가지가 결합된 밑말과 가지의 뜻바탕에 대해 살펴본다.

'*가비'는 위에서도 살폈듯이 이는 '*갑-+-이'로 분석된다. '*갑-'은 촉
각의 뜻바탕을 나타내는 그림씨이고 가지 '-의'는 'X정도'의 뜻바탕을
가지므로(조일규, 1997 : 51) '*가비'는 '*갑-의 정도'라는 촉각적인 상태의 뜻
바탕을 가진다. 따라서 '*가비'는 상태성 이름씨라 할 수 있다. 가지 '-압/
읍/얍-'은 이러한 이름씨와 결합하면서 밑말에 주관적 판단을 더하게
되는데 여기서는 'X특성의 느낌이 있다'라는 정의 표현의 뜻바탕을 더
한다.

④ 상징 어찌씨 + '-갑/겁-, -압/업-, -얍/엽-' 가지

(366) 믯글업다 (滑, **믯글) : 路滑 길 믯글업다<역보 : 5>
　　　보ᄃ랍/부드럽다(柔, *보돌/*부들) : 꼬리 보ᄃ라오며 ᄀ눌고<마언

상4>/사룸의 므음만 부드러오니업스나<여훈하 : 12>
뚧갑다(悶, 답답) : 뚧가온 무움물 미러 브리노라<두해 중14 : 38>
서느/느럽다 (凉, *서늘) : 細雨 淸江이 서느럽다 밤 긔운이야<송
　　강 : 15> /녀름에 서느러온 가게예 미며<마언 하 : 99>
섭겁다 (虛, *섭섭) : 섭거온 사룸<내중1 : 29>
습겁다 (淡, *습습) : 鹹 받다 淡 습겁다<역상 : : 53>

상징 어찌씨 밑말에 '-갑/겁-, -압/업-, -얍/엽-'이 결합되어 그림씨를
파생하는 것은 (366)에서 보듯이 상당히 생산적이다.

(366)은 상징 어찌씨 밑말에 이 가지가 결합되어 그림씨를 파생한 형
태를 보인 것인데 밑말의 형태는 상징 어찌씨의 단위 형태이다(유창돈,
1974 : 363).

(366)' 서느서늘ᄒ다 : 冷ᄒ미 서느서늘ᄒ야<금삼 4 : 42>45)
　　　답답ᄒ다 : 더욱 답답ᄒ고<두해 중1 : 58>
　　　섭섭ᄒ다 : 고디식 ᄒ니는 샹샹에 잇고 섭섭ᄒ니는 샹샹에 패ᄒ다
　　　　　　<노해초 하 : 39>
　　　습습ᄒ다 : 습습훈 쳥쥐나<두요하 : 28>

(366)'은 상징 어찌씨에 'ᄒ다'가 결합된 형태를 보인 것인데46) (366)의
파생어 '서느럽다, 뚧갑다, 섭겁다, 습겁다'의 밑말 '*서늘, *답, *섭, *습'
은 (366)'에 쓰인 상징 어찌씨 '서늘서늘, 답답, 섭섭, 습습'의 단위 형태

---

45) '서늘서늘'이 중세국어에서는 예와 같이 쓰였으나 근대국어에서 쓰인 예는 찾기 힘
　　들다. 그러나 현대국어에서도 쓰이는 것을 보면 근대국어에서도 쓰였을 것으로 추
　　측되어 여기서는 중세국어에 쓰인 예로써 '서늘'이 상징 어찌씨의 단위 형태라는
　　근거로 삼는다.
46) 조일규(1989 : 178)에서는 'ᄒ다'가 이름씨, 어찌씨, 풀이씨 줄기 등과 결합한다고 밝
　　히고 있다.

이다.

이러한 사실로 보아 (366) ‘믯글업다’의 밑말 ‘*믯글’이나 ‘보드랍/부드럽다’의 밑말 ‘*보둘/*부들’도 상징 어찌씨의 단위 형태라 할 수 있는데 유창돈(1974 : 363)에서는 이들 형태 즉 ‘보드랍/부드럽다’의 밑말 ‘*보둘/*부들’, ‘서느/서느럽다’의 밑말 ‘*서눌/*서늘’을 상징 어찌씨의 단위 형태로 보고 있다.

이상의 사실로 보면 (366)의 파생어는 모두 상징 어찌씨 밑말에 ‘-갑/겁-, -압/업-’이 결합된 형태라 하겠는데 여기서도 ‘ㄹ’을 제외한 닿소리 뒤에서는 ‘-갑/겁-’이 쓰이고 ‘ㄹ’이나 홀소리 뒤에서는 ‘-압/업-’이 쓰인다.

이제 이 가지가 결합된 밑말과 가지의 뜻바탕에 대해 살펴본다.

먼저 밑말에 대해 살펴본다.

위에서도 밝혔듯이 (366)에서 ‘-갑/겁-, -압/업-’에 앞서는 밑말은 상징 어찌씨이다. 상징 어찌씨는 흔히 소리흉내말이나 짓흉내말 등을 일러 말하는 것인데 이들을 더 잘게 나누어 보면 시각적, 청각적, 미각적, 후각적, 촉각적, 유기감각적인 것들이 있다.[47] 모두 감각적인 뜻바탕을 가진다.

(366)의 밑말도 모두 상징 어찌씨이기에 감각적인 뜻바탕을 가지는데 ‘믯그럽다, 보드랍/부드럽다, 서느/느럽다’의 밑말은 촉각적인 뜻바탕을 가지고 ‘섭겁다’의 밑말 ‘*섭’은 유기감각적이며, ‘슴겁다’의 밑말 ‘*슴’은 미각적이다.

‘-갑/겁-, -압/업-’은 이러한 밑말과 결합하면서 그림씨를 파생하는데 촉각적인 뜻바탕을 가진밑말과 결합하여서는 ‘누그럽다, 믯그럽다, 부드

---

47) 유창돈(1974 : 433)에서는 상징 어찌씨를 소리흉내말, 짓흉내말로 형성된 어찌씨를 가리키는 것이라 하면서이를 다시 ‘시각적, 청각적, 미각적, 후각적, 촉각적, 유기감각적인 것들로 나누었다.

럽다, 서느럽다'처럼 역시 촉각적인 뜻바탕을 가진 그림씨를 파생하고 유기감각적이거나 미각적인 뜻바탕을 가진 밑말과 결합하여서는 이도 역시 '섭겁다, 습겁다'처럼 유기감각적이거나 미각적인 뜻바탕을 가진 그림씨를 파생한다. 그러면서 밑말에 가지가 가진 주관적 판단 즉 'X상태의 느낌이 있다'라는 정의 표현의 뜻바탕을 더한다.

(3) '-답-, -드/도외-' 가지

이 가지는 이름씨 밑말과 결합하여 정의 표현의 뜻바탕을 가진 그림씨를 파생한다. 따라서 이 가지는 한 씨갈래 밑말 바꾸는 가지이므로 2유형 가지이다.

> (367) ㄱ. 곳답다(馨, 곳) : 곳다올 馨<칠천 : 16>
> 　　　시름도외다(憂, 시름) : 긴 졋소리는 뉘 能히 시름도윈 뜨들 亂
> 　　　　히오느니<두해 중11 : 7>
> 　　　아룸드외/답다(美, 아룸) : 제여곰 아룸드외도다<두해중14 :
> 　　　　38>/아룸답스외 여긔 오르옵소<신어1 : 2>
> 　　　아룻/아릿답다(嬌, 아룸＞아룻/아릿[48]) : 고지 아룻다온 雜 남기
> 　　　　<두해 중 6 : 12>/아릿다온 얼굴 을<내훈중1 : 24>
> 　　　얼운답다(尊長, 얼운) : 우는 아히 꼴와 이 누고 더 누고 ㅎ면
> 　　　　얼운답디 아녜라<송강 : 14>
> 　　　正답다(正, 正) : 古룰 좃기 正다올만 곧디 몯ㅎ니라<가언 4 : 12>

이름씨 밑말에 '-답-, -드/도외-'가 결합되어 그림씨를 파생하는 것은 (367)에서 보듯이 상당히 생산적이다.

---

48) 허웅(1975 : 203)에서는 중세국어를 다루면서 '아룻답다'의 밑말 '아룻'은 '아룸답다'의 밑말 '아룸'에서 바뀐 것이라 밝히고 있다.

(367)은 이름씨 밑말에 이 가지가 결합되어 그림씨를 파생한 형태를
보인 것인데 이는 끝소리가 'ㄹ'을 제외한, 닿소리인 밑말과 결합하여
나타난다.

이 가지는 중세국어에서도 쓰였다.

(368) 곳답다(香, 곳) : 가비야온 龍애 나근 머지 곳답도다<두해 초 15 : 23>
　　　노릇ᄃ외다(戱, 노릇) : 노릇ᄃ왼 顔色 말며<내훈초 1 : 9>
　　　妄量ᄃᆞ빙다(妄量, 妄量) : 擧動이 妄量ᄃᆞ빙오<월석2 : 11>
　　　病둡다(病, 病) : 부텨도 病ᄃᆞ빙 너기시니라<월석13 : 27>
　　　시름답/ᄃ외/도외다(憂, 시름) : 搖搖ᄂᆞᆫ ᄆᆞᅀᆞ미 시름다와<영가하 :
　　　　　108 >/늘근 ᄂᆞ치 시름ᄃ왼 ᄠᅳ디 더레라<두해초 6 : 23>/뉘 能
　　　　　히 시름도왼 ᄠᅳ들 亂히오ᄂᆞ니오<두해초6 : 23>
　　　疑心둡/ᄃᆞ빙/ᄃ외다(疑, 疑心) : 샹녜 겨샤미 아니신가 疑心둡거신마
　　　　　론<법화5 : 135>/사ᄅᆞ민가 아닌 가 ᄒᆞ야 疑心ᄃᆞ빙니<월석1 :
　　　　　15>/疑心ᄃ외도다<능엄2 : 98>

(368)은 중세국어에 나타난 '-둡/답-, -ᄃᆞ빙-, -ᄃ/도외-'에 의한 파생
그림씨를 보인 것이다. 여기에서 보면 중세국어에서는 '-둡/답-, -ᄃᆞ빙-,
-ᄃ/도외-'의 형태가 쓰였는데 근대국어에서는 '-ᄃᆞ빙-'와 '-둡-'이 사라
지고 '-답-, -ᄃ/도외-'가 남아 그림씨를 파생한다. 중세국어에 쓰였던
'-ᄃᆞ빙-'는 근대국어서 'ㅸ'이 쓰이지 않게 됨으로써49) '-ᄃ/도외-'에 통
합되면서 사라지고 '-둡-'은 16세기경에 비 제 1음절의 'ㆍ'가 소멸됨으
로써(이기문, 1967 : 116) '-답-'에 통합된 것으로 보인다.

---

49) 'ㅸ'은 중세국어의 초기 문헌인 용비어천가, 석보상절, 훈민정음 주해, 월인 석보,
　　목우자 수심결, 몽산 화상 법어 약록 등에서 보이던 것인데 이는 특정 음성적 환경
　　에서 보이는 'ㅂ'의 유성음화 현상을 반영한 유성음 표기이다. 중세국어 초기 문헌
　　에 보이다가 15세기 후반의 문헌에는 보이지 않는다.

이제 이 가지가 결합된 밑말과 가지의 뜻바탕에 대해 살펴본다.

먼저 밑말에 대해 살펴보면 이 가지에 앞선 밑말은 모두 추상성을 가진 이름씨이다.

이 가지는 이러한 추상성을 가진 이름씨와 결합하면서 밑말이 가진 속성이나 속성의 일부를 주관적으로 형상화 시키면서 그림씨를 파생한다.

따라서 이 가지는 밑말에 'X의 속성과 같은 상태나 모양의 느낌이 있다'라는 정의 표현의 뜻바탕을 더한다.

(4) '-룹/랍/롭-, -ㄹ/로외-' 가지

이 가지는 이름씨, 움직씨, 그림씨 밑말과 결합하여 정의 표현의 뜻바탕을 가진 그림씨를 파생한다. 따라서 이 가지는 여러 씨갈래 밑말 바꾸거나 안 바꾸는 가지이므로 3유형 가지이다.

① 이름씨 + '-룹/랍/롭-, -ㄹ/로외-' 가지

(369) 可笑롭다(可笑, 可笑) : 그르고 可笑로온디라<가언 4 : 21>
　　　간새롭다 (奸詐, 간샤>*간새) : 병셔룰 닉이 넑어서 간새롭게 두루
　　　　　는 법을 다 아ᄂ니<삼역 6 : 12>
　　　겨르ㄹ외다(閑, 겨르) : 朝와 野왜 겨르ㄹ욀 나리 적도다<두해 중
　　　　　1 : 1>
　　　고/괴롭다(苦, 고) : 비록 ᄀᆞᆺ바 고로온 ᄃᆞᆺ ᄒᆞ나<경민 : 11>/만일 음우
　　　　　괴온 댱마흘 맛거나<마언 상 : 42>
　　　공교롭다(工巧, 공교) : 정셩 업고 공교로온 놈<역해상 : 28>
　　　공도롭다(公道, 공도) : 魯 肅이 니로되 공도롭다 ᄒᆞᄂ 거시 엇지오
　　　　　<삼역4 : 5>
　　　귀롭다(公, 귀<그위) : 바ᄂ질호디 귀로운 거슬 몬져ᄒᆞ고<가언 2 : 28>
　　　네랍/로외다(古, 네) : 긔혈이 다시 네라오면 절로 붉ᄂ니라<두요

하 : 53>/甚히 淳朴ᄒ며 네로외니<두해 중9 : 31>

니롭다(利, 니) : 어더 보모로 니로온 곳을 ᄀᆞᄅ침을 원ᄒ노라<삼역
    3 : 4>

妨해롭다(妨害, 妨해) : 기피 葬홈이 妨해롭디 아니하니<가언 7 : 22>

寶비롭다(寶, 寶비) : 可히 寶비롭다<여훈 하 : 46>

새롭/롭다(新, 새) : 몃 디위롤 새롭거뇨<두해 중 11 : 2>/나는 이 새
    로온 향암이라<박중 상 : 47>

슈고롭다 (苦, 슈고) : 비록 甚히 슈고롭고 ᄀᆞᆺ브나<어내훈 1 : 39>

신긔롭다(神奇, 신긔) : 일쳔 횟 신긔로온 도읍이 한강을 격ᄒ여시
    니<신속 충1 : 29>

ᄉᆞᄉ롭다(私私, ᄉᆞᄉ) : 며느리 ᄉᆞᄉ로온 지혜업스며<여훈 하 : 4>

꾀롭다(猷, 꾀) : 孔明이 웃고 니로디 내 혜아리니 曹操ㅣ 비록 꾀
    로온 쟝군이라도<삼역4 : 15>

위태롭다(危, 위태) : 可危 위태롭다<동문 하 : 57>

要害롭다(要害, 요해롭다) : 要害로온 곳에 무더<화포 : 12>

조ᄋᆞᄅ외/오로외다(要, 조ᄉᆞᆯ>*조올/*조올) : 眞實로 조ᄋᆞᄅ왼 눌읫
    사롬이로다<두해중 11 : 18>/조오 로왼 길히 ᄯᅩ 놉고 깁도다
    <두해 중 14 : 20>

종요롭다(宗要, 종요) : 종요로온 디롤 헷티다<어록중 : 25>

지조롭다(才, 지조) : 다만 제 몸을 지조로온 체 ᄒ여셔<삼역6 : 21>

    폐롭다(弊, 폐) : 朝鮮 家風이 폐롭디 아닌 일을 폐로올 양으로
    너기니<신어 5 : 22>

해롭다(害, 해) : 淡茶롤 먹고 가미 해롭디 아니ᄒ니<박중 하 : 61>

혐의롭다(嫌, 혐의) : 슈고홈 혐의로이 너기디 말라<박중 : 34>

호ᄉ롭다(好事, 호ᄉ) : 天公이 호ᄉ로와 玉으로 고졸 지어<송강 15,
    성산별곡>

효도롭다(孝道, 효도) : 셩이 지극이 효도로아 싀어미 셤기믈 셩경
    으로 ᄒ더니<신속 열4 : 3>

　이름씨 밑말에 '-롭/랍/롭-, -ᄅ/로외-'가 결합되어 그림씨를 파생하
는 것은 (369)에서 보듯이 매우 생산적이다.

(369)는 이름씨 밑말에 이 가지가 결합되어 그림씨를 파생한 형태를
보인 것인데 이는 끝소리가 'ㄹ'이나 홀소리인 밑말과 결합하여 나타난
다. 이렇게 두고보면 3)의 '-답-, -드/도외-' 가지와는 이름씨 밑말과 결
합할 경우 음성적으로 상보적 관계를 이루어 '-릅/랍/롭-, -르/로외-'를
'-답-, -드/도외-'의 이형태라 할 수 있다. 중세국어에서는 이들 가지가
또 그러한 관계를 가지고 있었다. 중세국어에 쓰인 '-릅/롭-, -르/로뷔-,
-르/로외-, -로익/의-'가 (370)에서 보듯이 이름씨 밑말에만 결합되어 그
림씨를 파생하였기에 (368)에서 보인 중세국어의 가지 '-됩/답-, -드뷔-,
-드/도외-'와는 'ㄷ'이 유성음 사이에서 'ㄹ'로 바뀐(허웅, 1975 : 203) 변이형
태였다.50)

(370) 바지롭다(巧, *바지) : ㄱ논 字롤 바지로이 ㅎ더니라<두해초16 : 17>
　　　보비르외다(寶, 보비) : 줂이 보비르외니 사롬마다 바르랫 구슬 곧
　　　　　　도다<두해초 9 : 30>
　　　常例릅/르외다(常, 샹녜) : 妖怪논 常例릅디 아니혼 荒唐혼 일이라
　　　　　　<석보 9 : 24>/보며 드로미 샹 녜르외면 혼 塵도 對 드외요미
　　　　　　긋거니<목우 30>
　　　神奇르뷔다(奇, 神奇) : 神奇르뷘 變化<석보13 : 14>
　　　아ᅀ르외/로의다(悌, ᄋᆞᅀᆞ) : 나히 ᄒᆞ마 늘그면 비록 ᄋᆞᅀᆞ르외오져
　　　　　　혼둘<내훈초 3 : 42>/悌 아ᅀᆞ로일 뎨<자회초하 : 11>
　　　妖怪롭/르뷔/로외다(沴, 요괴) : 요괴로오며 망녕된 말숨이<소해5 :
　　　　　　120>/妖怪르뷘 스스을<석보9 : 36>/네 즛논 요괴로왼 빌믜 븓
　　　　　　들인 병<분온17>
　　　知慧르뷔다(慧, 知慧) : 知慧르뷘 사르미 쏘 ㄱ르쳐<월석8 : 70>

(370)은 중세국어에 나타난 '-릅/롭-, -르/로뷔-, -르/로외-, -로익/의-'

---

50) 여기에 대한 자세한 내용은 조일규(1998 : 176-178) 참조.

가지에 의한 파생 그림씨를 보인 것이다. 이 파생어의 밑말은 모두 이름씨이다. 그런데 근대국어에서는 다르다. 근대국어에 쓰인 '-롭/랍/롭-, -르/로외-' 가지는 다음 (371)과 (373)에서 보듯이 이름씨 밑말뿐만 아니라 움직씨 밑말과도 결합하고 그림씨 밑말과도 결합함으로써 '-답-, -드/도외-' 가지와는 다른 가지로 나타난다. 따라서 가지 '-롭/랍/롭-, -르/로외-'는 중세국어에서는 가지 '-답-, -드/도외-'와 이형태의 관계를 가졌다 할 것이나 근대국어에서는 이들 두 가지가 각각의 가지로 발전함으로써 이형태의 관계가 끊어졌다고 보아야 할 것이다. 앞에서 보았듯이 '-답-, -드/도외-' 가지는 2유형 가지이고 '-롭/랍/롭-, -르/로외-' 가지는 3유형 가지이다.

그리고 중세국어에 쓰인 가지와는 그 형태도 바뀌었다. 중세국어에서는 (370)에서 보듯이 '-롭/롭-, -르/로뵈-, -르/로외-, -로익/의-' 가지가 쓰였으나 근대국어에서는 '-르/로뵈-'가 'ㅸ'이 사라짐으로써 '-르/로외'에 통합되어 사라지고 또 비 제1음절의 'ㆍ'도 소멸함으로써 대개 '-롭-'으로 통합된다. 근대국어에 나타나는 '-롭-, -르외-'는 중세국어의 잔영으로 보인다.

이제 이 가지가 결합된 밑말과 가지의 뜻바탕에 대해 살펴본다.

먼저 밑말에 대해 살펴보면 이 가지에 앞선 밑말도 모두 추상성을 가진 이름씨이다.

이 가지는 이러한 추상성을 가진 이름씨와 결합하면서 밑말이 가진 속성이나 속성의 일부를 주관적으로 형상화 시키면서 그림씨를 파생한다.

따라서 이 가지는 밑말에 'X의 속성과 같은 상태나 모양의 느낌이 있다'라는 정의 표현의 뜻바탕을 더한다.

② 움직씨 + '-롭/랍/롭-, -릭/로외-' 가지

> (371) 아쳐롭다(惡, 아쳘-) : 사롬이 주그면 이에 아쳐로온디라<가언 5 : 17>
> 어긔롭다(偉, 어긔-) : 魁偉 어긔롭다<동문상 18>

　(371)은 움직씨 밑말에 '-롭/랍/롭-, -릭/로외-' 가지가 결합되어 그림씨를 파생한 형태를 보인 것이다. '-롭/랍/롭-, -릭/로외-' 가지가 움직씨 밑말과 결합하여 그림씨를 파생한 예는 중세국어에서는 찾기 힘들다. 중세국어에서 움직씨 밑말을 그림씨 만드는 가지는 (341, 344, 깃브다, 누흐럽다)에서 보듯이 '-브/브-, -봉/봉-, -ㅂ-' 가지와 '-갑/겁-, -압/업-, -얍/엽-' 가지였다. (371)의 '아쳐롭다'도 중세국어에서는 움직씨 '아쳘-'에 '-브-' 가지가 결합되어 '아쳘브다'로 파생되던 것이었다.

> (372) 아쳘브다(厭, 아쳘-) : 軟혼 브리 이 어루 아쳘브디 아니ᄒ도다<금
> 　　삼 4 : 18>

　그러던 것이 근대국어에서는 '-롭/랍/롭-, -릭/로외-' 가지도 (371)에서와 같이 움직씨와 결합하여 그림씨를 파생하고 있으니 이는 이 가지의 생산성이 근대국어에서 확장된 것이라 할 수 있다.

　이 가지는 움직씨와의 결합에서도 밑말의 끝소리가 홀소리인 경우에 결합한다.

　이제 이 가지가 결합된 밑말과 가지의 뜻바탕에 대해 살펴본다.

　이 가지와 결합한 밑말은 (371)에서 보면 모두 정의 평가적인 뜻바탕을 가진다. 이 가지는 이러한 움직씨 밑말과 결합하여 밑말에 주관적 판단 즉 'X상태의 느낌이 있다'라는 정의 표현의 뜻바탕을 더한다.

③ 그림씨 + '-릅/랍/롭-, -르/로외-' 가지

(373) 사오랍다(劣, 사오-) : 사오라온 바보로<두해 중11 : 14>
　　　어리롭다(嬌, 어리-) : 또는 어리로온 아희돌의 씌노논 양과<신어
　　　　　6 : 8>

(373)은 그림씨 밑말에 '-릅/랍/롭-, -르/로외-' 가지가 결합되어 그림씨를 파생한 형태를 보인 것이다. '-릅/랍/롭-, -르/로외-' 가지가 그림씨 밑말과 결합하여 다시 그림씨를 파생하는 것은 그리 생산적이지 못하다. 그림씨 밑말에 이 가지가 결합되어 다시 그림씨를 파생하는 예도 중세국어에서는 찾기 힘들다. 근대국어에 처음 보인다. 중세국어에서는 그림씨 밑말에 결합하여 다시 그림씨를 만드는 가지는 (344, 누흐럽다)에서 보듯이 '-갑/겁-, -압/업-, -얍/엽-' 가지였다.

그러던 것이 근대국어에서는 '-릅/랍/롭-, -르/로외-' 가지도 (373)에서와 같이 그림씨와 결합하여 다시 그림씨를 파생하고 있으니 이도 이 가지의 생산성이 근대국어에서 확장된 때문이라 할 수 있다.

이 가지는 그림씨와의 결합에서도 밑말의 끝소리가 홀소리인 경우에 결합한다.

이제 이 가지가 결합된 밑말과 가지의 뜻바탕에 대해 살펴본다.

이 가지와 결합한 밑말도 모두 정의 평가적인 뜻바탕을 가진다. 여기서도 이 가지는 이러한 그림씨 밑말과 결합하면서 밑말에 주관적 판단 즉 'X상태의 느낌이 있다'라는 정의 표현의 뜻바탕을 더한다.

(5) '-스럽-' 가지

이 가지는 이름씨 밑말과 결합하여 정의 표현의 뜻바탕을 가진 그림

씨를 파생한다. 따라서 이 가지는 한 씨갈래 밑말 바꾸는 가지이므로 2 유형 가지이다.

> (374) 어룬스럽다(長, 어룬) : 粗體面 어룬스러온 체<역보 : 56>
> 원슈스럽다(怨, 원슈) : 業障 원슈스러은 놈<역보 : 21>
> 싀스럽다(面靦 *싁) : 婦女面靦 계집 싁스러워ᄒᆞ다<한 8 : 32>

이 가지는 근대국어에 처음 나타나는 가지로써 (374)에서 보듯이 이름씨와 결합하여 그림씨를 파생하나 생산성은 높지 못하다. 이 가지는 밑말의 끝소리가 닿소리이거나 홀소리이거나 관계하지 아니하고 두루 나타난다.

이 가지는 쓰인 예가 얼마 되지 않아 단정하기는 어려우나 그 나타난 예로 보면 인성과 관련된 뜻바탕을 가진 밑말과 결합하여 밑말에 'X의 속성과 같은 상태의 느낌이 있다'라는 정의 표현의 뜻바탕을 더한다.

3) 현대국어

현대국어에서 생산성을 가진 정의 표현 뒷가지는 '-(으)ㅂ-, -갑/겁-, -압/업-, -얍/엽-, -답-, -롭-, -스럽-' 가지가 있다.

(1) '-(으)ㅂ-' 가지

이 가지는 움직씨 밑말과 결합하여 정의 표현의 뜻바탕을 가진 그림씨를 파생한다. 따라서 이 가지는 한 씨갈래 밑말 바꾸는 가지이므로 2 유형 가지이다.

(375) 그립다(그리-), 놀랍다(놀라-), 우습다(웃-), 애닯다(애달-), 냅다(내-)

(375, 그립-)은 움직씨 밑말에 '-(으)ㅂ-' 가지가 결합되어 정의 표현의 뜻바탕을 가진 그림씨를 파생한 예를 보인 것이다.

이러한 형태는 근대국어에서도 나타난다. 그러나 '-(으)ㅂ-' 가지는 현대국어에서와는 달리 근대국어에서는 '-ㅸ/ㅸ/부-' 가지와 음성적으로 조건된 이형태 관계에 있었다. '-ㅸ/ㅸ/부-' 가지도 근대국어에서는 생산성 있는 가지로 쓰였다.[51]

(376) ㄱ. 놀랍다(驚, 놀라-, 역해상38), 믭다(憎, 믜-, 박중 : 56), 붋다(羨, 블-, 한청372), 애돏/이돏다(恨, 애돌/이돌-, 청언 : 54/청언 : 68), 노홉다(怒, 노호-, 신어2 : 12), 혼홉다(恨, 혼호-, 신속 열2 : 26), 밉다(猛, *믜-, 사해중 하 : 81)

ㄴ. 깃브/부다(喜, 짓-, 신어 3 : 27/삼역 4 : 2), 낫브다(歎, *낫-, 박중상 : 21), 뉘읏브다(悔, 뉘읏-, 경민 10), 믿브/부다(亮, 믿-, 삼역4 : 8/역보 : 57), 밧쌘/브/부다(忙, *밫-, 두요하 : 32/노해초 상 61ㄱ/삼역 8 : 6), 서그프다(瞋, 서긇-, 경민 34), 슬프다(哀, 슳-, 신속 3열 : 6), 애긋브다(腸斷, 애긋-, 두해 중 5 : 26), 어엿브/부다(恤, *어엿-, 왜어 상 : 21/청언 : 27), 저프/접프다(恐, 젛-, 박중 : 18/박중 : 18), 골프다(飢, 곯-, 노해초상 : 35), 굿부다(餒, 굶-, 한청 6 : 65), 굿브/부다(疲, 굇-, 마언 상 : 31/한청 7 : 38), 알프/프다(痛, 앓-, 마언상 : 23/박중상 : 40), 잇브/부다(勞, 잋-, 칠천 : 19/동문 하 : 57)

근대국어에서 움직씨 밑말과 결합하여 정의 표현의 뜻바탕을 가진 그림씨를 파생하는 가지는 (376ㄱ, ㄴ)에서 보듯이 '-ㅂ-'과 함께 '-ㅸ/브

---

51) 이 글 2). (1), '-ㅸ/ㅸ/부-', '-ㅂ-' 가지 예문 356, 357 참조.

/부-'가 쓰였다. ㄹ을 제외한 닿소리로 끝난 움직씨 밑말과 결합할 때에는 '-ㅸ/브/부-'가 쓰였고 ㄹ이나 홀소리로 끝난 움직씨 밑말과 결합할 때에는 '-ㅂ-'이 쓰였다. 이 두 가지는 음성적으로 조건된 이형태 관계에 있었다.

그러던 것이 현대국어에 이르러서는 '-ㅂ-' 가지에 의해 파생되었던 일부 파생어와 '-ㅸ/브/부-' 가지에 의해 파생되었던 파생어 모두가 어휘화함으로써 현대국어에서는 (375)와 같이 '-ㅂ-' 가지만 남아 그 생산성을 어느 정도 유지하고 있다. 근대국어에서 쓰이던 파생어가 현대국어에서 어휘화한 것들을 살펴보면 (377)과 같다.

어휘화는 문법적인 구성이 언어 변화로 말미암아 규칙성을 잃고 하나의 어휘로 굳어지는 현상을 말하는데(김철남, 1997 : 33) 송철의(1992 : 31-49)에서는 어휘화의 유형을 1) 형태론적 어휘화, 2) 형태론적 어휘화, 3) 어미론적 어휘화로 나눈다.[52]

> (377) ㄱ. 현대국어에서 형태론적으로 어휘화 된 것
>   기쁘다(<깃브/부다, 근·밑 : 깄-), 뉘우쁘다(<뉘읓브다, 근·밑 : 뉘읓-), 바쁘다(<밧샌/브/부다, 근·밑 : *밫-), 서글프다(<서그프다, 근·밑 : 서긇-), 슬프다(<슬프다, 근·밑 : 슳-), 어여쁘다(<어엿브/부다, 근·밑 : *어엿-), 가쁘다(<굿브/부다, 근·밑 : 굈-), 밉다(<뮙다, 근·밑 : 믜-), 붉다(<붉다, 근·밑 : 블-), 맵다(<뮙다, 근·밑 : *믜-)
>   ㄴ. 현대국어에서 음운론적으로 어휘화 된 것
>   고프다(<골프다, 근·밑 : 곯-), 아프다(<알프/프다, 근·밑 : 앓-)
>   ㄷ. 근대국어에서는 쓰였으나 현대국어에서는 낱말 자체가 쓰이지 않는 것
>   애긋브다(腸斷, 애긋-), 저프/접프다(恐, 젏-), 굿브/부다(疲, 굈-),

---

52) (377)의 예들이 현대국어에서 어휘화 되었다는 사실은 송철의(1992 : 31-49) 참조.

잇브/부다(勞, 잋-), 노홉다(怒, 노호-), 혼홉다(恨, 혼호-)

이러한 사실을 두고보면 현대국어에 쓰이는 '-(으)ㅂ-' 가지는 근대국어에서 이 가지에 의한 파생어가 일부 어휘화 되어 가지의 생산성은 크게 떨어졌으나 아직도 (375, 그립다)와 같은 낱말이 남아 있어 파생 가지로서 생산성을 유지하고 있다 하겠다.

이제 이 가지가 결합된 밑말과 가지의 뜻바탕에 대해 살펴본다.

'-(으)ㅂ-'에 앞서는 움직씨 밑말은 '그리다, 놀라다, 웃다, 애달다'처럼 정의적인 뜻바탕을 가진 경우도 있고 '내다'처럼 감각적인 뜻바탕을 가진 경우도 있다. 정의적인 뜻바탕을 가지는 경우는 모두 심리적인 것들이고 감각적인 뜻바탕을 가지는 경우는 후각적인 것이다.

'-(으)ㅂ-'은 이러한 움직씨 밑말과 결합하는데 움직씨의 뜻바탕에 따라 파생 그림씨의 뜻바탕도 달라진다. 정의 심리적인 움직씨와 결합될 경우에는 역시 정의 심리적인 그림씨를 파생하면서 주관적인 판단 즉 'X상태의 느낌이 있다'라는 정의 표현의 뜻바탕을 더하고 후각적인 움직씨와 결합될 경우에는 역시 후각적인 그림씨를 파생하면서 여기에서도 밑말에 주관적 판단 즉 'X상태의 느낌이 있다'라는 정의 표현의 뜻바탕을 더한다. 따라서 이 가지에는 'X상태의 느낌이 있다'라는 정의 표현의 뜻바탕이 있다 하겠다.

(2) '-갑/겁-' 가지

이 가지는 그림씨 밑말에만 결합하여 다시 정의 표현의 뜻바탕을 가진 그림씨를 파생한다. 따라서 이 가지는 한 씨갈래 밑말 안 바꾸는 가지이므로 1유형 가지이다.

(378) 달갑다(달-), 차갑다(차-)

　(378, 달갑-)은 그림씨 밑말에 '-갑-' 가지가 결합되어 다시 정의 표현
의 뜻바탕을 가진 그림씨를 파생한 예를 보인 것인데 그 생산성은 매우
낮다.
　이러한 형태는 근대국어에서도 나타난다. 이 가지도 현대국어에서와
는 달리 근대국어에서는 '-압/업-, -압/엽-' 가지와 음성적으로 조건된
이형태 관계에 있었다.

(379) 움직씨 + '-갑/겁-, -압/업-, -압/엽-' 가지
　　ㄱ. -갑/겁- : 놋갑다(놋-, 역해 상 : 27ㄱ)
　　ㄴ. -압/업-, -압/엽- : 늣겁다(늣기-, 청언 : 33), 두렵다(두리-, 신
　　　　　　구 : 8), 므의엽다(므의-, 두해 중7 : 24), 부럽다(불-, 동문 상
　　　　　　33), 붓그럽다(붓그리다-, 한청8 : 32), 즐겁다(즐기-, 경민 :
　　　　　　25), ᄀ랍/랍/렵다(ᄀᆰ-, 두요하 : 9/두요하 : 9-10/동문하 : 7),
　　　　　　더럽다(덟-, 마언 하 : 99), 시드럽다(시들-, 두해 중 2 : 11),
　　　　　　어즈럽다(어즈리-, 삼략 상 : 32)
(380) 그림씨 + '-갑/겁-, -압/업-, -압/엽-' 가지
　　ㄱ. -갑/겁- : 돗갑/둣겁다(*돗/*둣-, 두해 중11 : 17/삼역 9 : 10)
　　ㄴ. -압/업-, -압/엽- : 머흐럽다(머흘-, 태요 : 47), 술갑/슬겁다(*숣
　　　　　　/*슳-, 어록중 : 7/삼역 6 : 9), 도탑/두텁다(*돝/*둩-, 칠천 :
　　　　　　10/가언7 : 22), 므겁다(*믁-, 신속효7 : 84ㄴ), 조비옵/뵈압다
　　　　　　(좁-, 한청 8 : 33/동문 상 : 23)
(381) 이름씨 + '-갑/겁-, -압/업-, -압/엽-' 가지
　　-압/업-, -압/엽- : 가비압/옵/압다 (*가비-, 삼역 4 : 19/한청10 : 20/
　　　　　　칠천 : 17)
(382) 상징 어찌씨 + '-갑/겁-, -압/업-, -압/엽-' 가지
　　ㄱ. -갑/겁- : ᄠᅡᆸ갑다(답답, 두해 중14 : 38), 섭겁다(*섭섭, 내중1 :
　　　　　　29), 습겁다(*습습, 역해상 : 53)

ㄴ. -압/업-, -얍/엽- : 믯글업다(*믯글, 역보 : 5), 보드랍/부드럽다(*보
둘/*부들, 마언상4/여훈하 : 12), 서느/느럽다(*서늘, 송강 :
15/마언하 : 99)

(379-382)은 근대국어에 나타난, ‘-갑/겁-, -압/업-, -얍/엽-’ 가지에
의한 파생어의 예를 다시 보인 것이다. 여기에서 보면 주로 닿소리 뒤
에서는 ‘-갑/겁-’이 쓰이고 ‘ㄹ’이나 홀소리 뒤에서는 ‘-압/업-’이 쓰이며
/j/반홀소리 뒤에서는 ‘-얍/엽-’이 쓰인다. 그리고 ‘-갑/겁-’ 가지는 ‘-압/
업-, -얍/엽-’ 가지와 마찬가지로 움직씨, 그림씨, 상징 어찌씨 밑말에
고루 나타나면서 ‘돗갑/돗겁다(*돗/*듯-+-갑/겁-) : 도탑/두텁다(*돝/*둩
-+-압/업-)’에서 보듯이 같은 밑말에 의미 변화 없이 ‘-갑/겁-’, ‘-압/업-’
이 쓰인다. 음운론적으로도 중세와 근대국어에서의 ‘-압/업-’은 ‘-갑/겁-’
에서 ‘ㄱ’이 탈락한 것으로 설명된다.53) 이러한 사실을 두고보면 ‘-갑/겁-’
은 근대국어에서는 ‘-압/업-, -얍/엽-’과 음성적으로 조건된 이형태 관
계에 있었다.

그러나 현대국어에서는 다르다. 근대국어에서 ‘-갑/겁-’과 ‘-압/업-, -얍
/엽-’이 가졌던 이형태로서의 음성적 조건이 현대국어에서는 사라짐으
로써 이 두 가지는 서로 다른 가지로 보지 않을 수 없다.

첫째, ‘-갑/겁-’과 ‘-압/업-, -얍/엽-’은 현대국어에서 결합되는 밑말의
분포 환경이 다르다.

(378)에서 보듯이 ‘-갑/겁-’은 그림씨 밑말과만 결합하여 다시 그림씨
를 파생하는 1유형 가지인데 비하여 ‘-압/업-, -얍/엽-’은 다음 (383)에
서 보듯이 결합되는 밑말의 씨갈래가 움직씨, 그림씨, 어찌씨 등이어서
이는 3유형 가지이다.

---

53) 여기에 대한 자세한 내용은 조일규(1998 : 179-183) 참조.

둘째, '-갑/겁-'과 '-압/업-, -얍/엽-'의 음성적 조건이 현대국어에서는 한 형태소의 이형태 관계를 성립시키지 못한다. 한 형태소의 이형태 관계가 성립되기 위해서는 두 형태의 음성적 환경이 상보적 분포를 이루어야 하는데 (378)에서 보면 '-갑/겁-' 가지도 '달갑다(달-), 차갑다(차-)'처럼 'ㄹ'이나 홀소리 뒤에 나타나고 '-압/업-, -얍/엽-' 가지도 (383)의 '무럽다(물-), 느껍다(느끼-)'처럼 'ㄹ'이나 홀소리 뒤에 나타난다.

셋째, '-갑/겁-'이 현대국어에서는 (380)에서 보듯이 'ㄹ'이나 홀소리 뒤에 나타나나 근대국어에서는 위에서 살폈듯이 주로 'ㄹ'을 제외한 닿소리 뒤에 나타난다. 이 가지가 나타나는 음성 환경이 근대와 현대국어가 다르다.

이러한 관계로 이 글에는 '-갑/겁-'과 '-압/업-, -얍/엽-'을 서로 다른 가지로 보아둔다.

이제 이 가지가 결합된 밑말과 가지의 뜻바탕에 대해 살펴본다.

(378)에서 보듯이 '-갑/겁-'에 앞서는 밑말은 모두 감각적인 뜻바탕을 가진 그림씨이다. '달갑다'의 밑말 '달다'는 미각적이고 '차갑다'의 밑말 '차다'는 촉각적이다.

'-갑/겁-'은 이러한 그림씨 밑말과 결합하면서 밑말의 '감각성'에 주관적인 판단 즉 'X상태와 같은 느낌이 있다'라는 정의 표현의 뜻바탕을 더한다. 따라서 이 가지에는 'X상태와 같은 느낌이 있다'라는 정의 표현의 뜻바탕이 있다 하겠다.

(3) '-압/업-, -얍/엽-' 가지

이 가지는 움직씨, 그림씨, 상징 어찌씨 밑말과 결합하여 정의 표현의 뜻바탕을 가진 그림씨를 파생한다. 따라서 이 가지는 여러 씨갈래 밑말 바꾸거나 안 바꾸는 가지이므로 3유형 가지이다.

(383) ㄱ. (움+-압/업-, -얍/엽-) : 가렵다(갊-), 느껍다(느끼-), 무럽다(물-)
　　　　　미덥다(믿-), 반갑다(반기-), 부끄럽다(부끄리-), 아깝다(아
　　　　　끼-), 즐겁다(즐기-)
　　ㄴ. (그+-압/업-, -얍/엽-) : 구덥다(굳-), 서럽다(섧-)
　　ㄷ. (상, 어+-압/업-, -얍/엽-) : 간지럽다(간질간질), 근지럽다(근질
　　　　　근질), 누그럽다(누글누글), 매끄럽다(매끌매끌), 미끄럽다
　　　　　(미끄럽다), 반드럽다(반드르르), 반지럽다(반지르르), 번지
　　　　　럽다(번지르르), 보드랍다(보들보들), 부드럽다(부들부들),
　　　　　빤드럽다(빤드르르), 산드럽다(산들산들), 서그럽다(서글서
　　　　　글), 시끄럽다(시끌시끌), 어지럽다(어질어질), 쟁그랍다(쟁
　　　　　글쟁글), 징그럽다(징글징글)

(383ㄱ-ㄷ, 가렵-, 구덥-, 간지럽-)은 움직씨, 그림씨, 상징 어찌씨 밑
말에 '-압/업-, -얍/엽-' 가지가 결합되어 다시 정의 표현의 뜻바탕을 가
진 그림씨를 파생한 예를 보인 것인데 그 생산성은 상징 어찌씨와 결합
될 때 가장 높다.

이 가지도 위 (378-382)에서 살폈듯이 근대국어에서 생산성 있게 쓰
이던 가지이다.

(379ㄴ)' 늣겁다(늣기-, 청언 : 33), 두렵다(두리-, 신구 : 8), 므의엽다(므의-,
　　　　두해 중7 : 24), 부럽다(불-, 동문 상33), 붓그럽다(붓그리다-, 한
　　　　청8 : 32), 즐겁다(즐기-, 경민 : 25), ᄀ랍/랍/렵다(긁-, 두요하 : 9/
　　　　두요하 : 9-10/동문하 : 7), 더럽다(덟-, 마언 하 : 99), 시드럽다(시
　　　　들-, 두해 중 2 : 11), 어즈럽다(어즈리-, 삼략 상 : 32)
(380ㄴ)' 머흐럽다(머흘-, 태요 : 47), 술갑/슬겁다(*슳/*슳-, 어록중 : 7/삼역
　　　　6 : 9), 도탑/두텁다(*돏/*둏-, 칠천 : 10/가언7 : 22), 므겁다(*믁-,
　　　　신속효7 : 84ㄴ), 조비옵/뵈압다(좁-, 한청 8 : 33/동문 상 : 23)

(381)' 가비압/웁/얍다 (*가비-, 삼역 4 : 19/한청10 : 20/칠천 : 17)
(382ㄴ)' 보드랍/부드럽다(*보돌/*부들, 마언상4/여훈하 : 12), 서느/느럽다
(*서늘, 송강 : 15/마언하 : 99)

그런데 근대국어에서의 '-압/업-' 가지의 생산성은 (379ㄴ)'-(382ㄴ)'에서 보듯이 움직씨와 결합할 때 가장 높다.

이렇게 두고보면 이 가지의 생산성은 근대에서 현대에 이르면서 변천되었다 하겠다. 이것은 근대국어에서 생산성을 가지던 '움직씨+-압/업-' 형태의 파생어나 '그립씨+-압/업-' 형태의 파생어는 다음 (384)에서 보듯이 현대국어에서 많이 어휘화함으로써 그 생산성은 크게 줄어들고 '상징 어찌씨+-압/업-'의 형태의 파생어는 다른 형태와의 비율로 보아 현대국어에서 더욱 늘어남으로써 그 생산성이 늘어났다고 할 수 있다.

(384) ㄱ. 현대국어에서 형태론적으로 어휘화 된 것
　　　　'움+-압/업-' : 두렵다(<두렵-, 근·밑 : 두리-), 무섭다(<므의엽-,
　　　　　근·밑 : 므의-), 부럽다(<부럽-, 근·밑 : 불-), 더럽다(<더
　　　　　럽-, 근·밑 : 덞-), 어지럽다(<어즈럽-, 근·밑 : 어즈리-)
　　　　'그+-압/업-' : 슬겁다(<술갑/슬겁-, 근·밑 : *숧/*슳-), 두텁다
　　　　　(<도탑/두텁-, 근·밑 : *돓/*둏-), 무겁다(<므겁-, 근·밑 : *
　　　　　믉-)
　　　　'이+-압/업-' : 가볍다(<가비압/웁/얍-, 근·밑 : *가비-)
　　　ㄴ. 근대국어에서는 쓰였으나 현대국어에서는 낱말 자체가 쓰이지
　　　　않는 것
　　　　'움+-압/업-' : 시드럽다(疲, 시들-), 조비웁/뵈압다(窄, 좁-)

이제 이 가지가 결합된 밑말과 가지의 뜻바탕에 대해 살펴본다.

먼저 밑말에 대해 살펴본다.

움직씨 밑말에 결합된 경우를 살펴본다.

(383)에서 보면 '-압/업-, -얍/엽-'에 앞서는 움직씨 밑말은 '느끼-, 믿-, 반기-, 부끄리-, 아끼다, 즐기-'처럼 정의 심리적인 뜻바탕을 가진 경우도 있고 '갉-, 물-'처럼 촉각적인 뜻바탕을 가진 경우도 있다. 이러한 움직씨 밑말에 '-압/업-, -얍/엽-' 가지가 결합됨으로써 이 가지는 밑말의 객관적 동작성을 'X상태의 느낌이 있다' 라는 주관적 지각성을 가진 그림씨를 파생하면서(하치근, 1993 : 228) 정의 심리적인 뜻바탕을 가진 경우는 다시 정의 심리적인 그림씨를 파생하고 촉각적인 뜻바탕을 가진 경우는 다시 촉각적인 뜻바탕을 가진 그림씨를 파생한다.

이제 그림씨 밑말에 결합된 경우를 살펴본다.

그림씨 밑말도 움직씨 밑말의 경우처럼 정의 심리적인 뜻바탕을 가진 경우와 감각적인 뜻바탕을 가진 경우가 있다. '섧-'에는 정의 심리적인 뜻바탕이 있고 '굳-'에는 감각(촉각)적인 뜻바탕이 있다. 그리고 이들 그림씨에는 객관적 상태성이 있다. 여기에 '-압/업-, -얍/엽-' 가지가 결합됨으로써 이 가지는 밑말의 객관적 상태성을 'X상태의 느낌이 있다' 라는 주관적 지각성을 가진 그림씨를 파생하면서(하치근, 1993 : 228) 정의 심리적인 뜻바탕을 가진 경우는 다시 정의 심리적인 그림씨를 파생하고 촉각적인 뜻바탕을 가진 경우는 다시 촉각적인 뜻바탕을 가진 그림씨를 파생한다.

이제 상징 어찌씨 밑말에 결합된 경우를 살펴본다.

상징 어찌씨 밑말의 형태는 상징 어찌씨의 단위 형태이다. 상징 어찌씨에는 시각적, 청각적, 미각적, 후각적, 촉각적, 유기감각적인 것들이 있다. 모두 감각적인 뜻바탕을 가진다.

(383ㄷ)의 밑말도 모두 상징 어찌씨이기에 감각적인 뜻바탕을 가지는데 '간지럽다, 근지럽다, 누그럽다, 매끄럽다, 미끄럽다, 반드럽다, 반지럽다, 번지럽다, 보드랍다, 부드럽다, 산드럽다'의 밑말은 촉각적인 뜻바

탕을 가지고 '서그럽다, 어지럽다'의 밑말은 유기감각적이며, '쟁그랍다,
징그럽다'의 밑말 은 시각적이고 '시끄럽다'의 밑말은 청각적이다.

'-압/업-'은 이러한 밑말과 결합하면서 그림씨를 파생하는데 촉각적
인 뜻바탕을 가진밑말과 결합하여서는 역시 촉각적인 뜻바탕을 가진
그림씨를 파생하고 유기감각적이거나 시각, 청각적인 뜻바탕을 가진 밑
말과 결합하여서는 이도 역시 유기감각적이거나 시각, 청각적인 뜻바탕
을 가진 그림씨를 파생한다. 그러면서 밑말에 가지가 가진 주관적 판단
즉 'X와 같은 느낌이 있다'라는 정의 표현의 뜻바탕을 밑말에 더한다.

(4) '-답-' 가지

이 가지는 이름씨 밑말과 결합하여 정의 표현의 뜻바탕을 가진 그림
씨를 파생한다. 따라서 이 가지는 한 씨갈래 밑말 바꾸는 가지이므로 2
유형 가지이다.

> (385) ㄱ. 귀동자답다(귀동자), 남자답다(남자), 사나이답다(사나이), 사람
> 답다(사람), 아들답다(아들), 어른답다(어른), 인간답다(인간)
> ㄴ. 기물답다(기물), 꽃답다(꽃)
> ㄷ. 시답다(실), 예모답다(예모), 인정답다(인정), 정답다(정),
> ㄹ. 참답다(참)

(385ㄱ-ㄹ, 귀공자답-, 기물답-, 시답-, 참답-)은 이름씨 밑말에 '-답-'
가지가 결합되어 정의 표현의 뜻바탕을 가진 그림씨를 파생한 예를 보
인 것이다.

이러한 형태는 근대국어에서도 나타난다. 근대국어에서도 '-답-' 가
지와 이의 이형태 '-득/도외-' 가지는 현대국어와 마찬가지로 이름씨 밑

말에만 나타난다.

> (386) 곳답다(곳, 칠천 : 16), 시름도외다(시름, 두해 중11 : 7), 아롬드외/답
> 다(아롬, 두해 중14 : 38/신어1 : 2), 아룻/아릿답다(아롬>아룻/아릿,
> 두해 중 6 : 12/내중1 : 24), 얼운답다(얼운, 송강 : 14), 正답다(正, 가
> 언 4 : 12)

이렇게 두고보면 현대국어에 나타나는 이 가지에 의한 파생어는 근대국어와 크게 다를 바가 없다. 다만 근대국어에서 쓰이던 '-드/도외-'의 형태가 사라지고 '-답-'으로만 쓰이며 근대국어에서는 이 가지가 'ㄹ'을 제외한, 닿소리인 밑말과 결합하여 나타나는데 현대국어에서는 'ㄹ'이나 홀소리 뒤에서도 나타나 그 파생 영역이 좀 더 넓어졌다 하겠다.

이제 이 가지가 결합된 밑말과 가지의 뜻바탕에 대해 살펴본다.

먼저 맡말에 대해 살펴본다.

앞에서도 살폈듯이 이 가지에 앞선 맡말은 이름씨이다. 이름씨를 그 이름씨가 가진 뜻바탕에 따라 나누어 보면 크게 둘로 나누어진다. 하나는 실체성의 뜻바탕을 가진 실체 이름씨이고 다른 하나는 실체물의 존재 양식의 뜻바탕을 가지는 양식 이름씨이다(최경봉, 1998 : 40). 최경봉(1998 : 61-82)에서는 이들을 더 잘게 나눈다. 실체 이름씨는 다시 <인성>의 있고 없음에 따라 사람 이름씨와 사물 이름씨로 나누고 사물 이름씨는 다시 <공간성>의 있고 없음에 따라 공간 이름씨와 개체 이름씨로 나눈다. 개체 이름씨는 다시 <감성>의 있고 없음에 따라 유정 이름씨와 무정 이름씨로 나눈다. 그리고 양식 이름씨도 잘게 나누는데 먼저 실체물의 존재를 속성과 운동으로 나타내는 사태 이름씨와 실체물의 존재를 다른 실체와의 관계를 통해 나타내는 관계 이름씨로 나눈다. 사태 이름씨는 다시 동작이나 과정의 뜻바탕을 가진 사건 이름씨와 정적이고 고

정적인 뜻바탕을 가진 상태 이름씨로 나누고 상태 이름씨는 다시 자연 현상이나 동작 외적인 현상과 속성을 가진 현상 이름씨와 추상적 개념 이나 명제적 표현의 뜻바탕을 가지는 추상 이름씨로 나눈다. 그리고 관계 이름씨는 차원의 뜻바탕을 가지는 차원 이름씨와 단위의 뜻바탕을 가지는 단위 이름씨로 나누면서 차원 이름씨는 다시 공간의 뜻바탕을 가지는 공간 이름씨와 시간의 뜻바탕을 가지는 시간 이름씨로 나눈다.

(387)

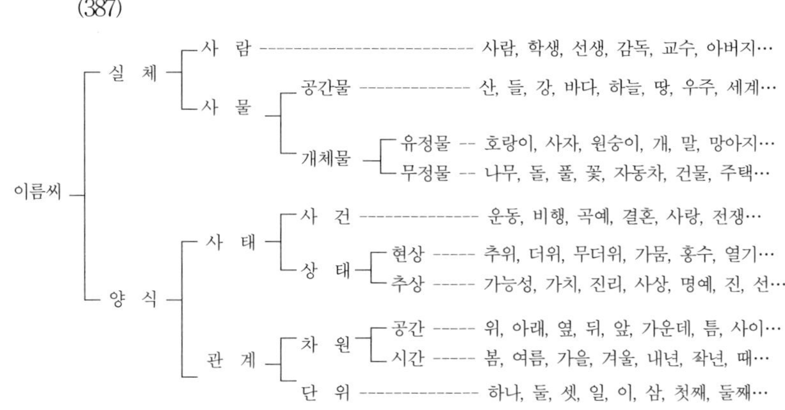

이러한 뜻바탕에 따른 이름씨 분류에 따라 '-답-' 가지에 앞선 밑말을 살펴보면 밑말은 모두 (385ㄱ) '귀동자, 남자, 사나이, 사람, 아들, 어른, 인간'처럼 <실체, 유정, 사람>의 뜻바탕을 가진 이름씨이거나 (385ㄴ) '기물, 꽃'처럼 <실체, 무정, 사물>의 뜻바탕을 가진 이름씨이거나 (385 ㄷ) '시(실), 예모, 인정, 정'처럼 <양식, 사태, 상태, 추상>의 뜻바탕을 가진 이름씨이거나 (385ㄹ) '참'처럼 <양식, 사태, 상태, 현상>의 뜻바탕을 가진 이름씨이다.

'-답-' 가지는 이러한 이름씨와 결합하면서 그림씨를 파생하는데 (385 ㄱ)이나 (385ㄴ)처럼 <실체>의 뜻바탕을 가진 밑말과 결합할 경우에는

밑말에 'X의 속성이 전부 또는 일부가 있는 것 같은 느낌이 있다(385
ㄴ)'라는 자기 판단적 정의 표현(하치근, 1993 : 290)의 뜻바탕을 더하고,
(385ㄷ)이나 (385ㄹ)처럼 <양식>의 뜻바탕을 가진 밑말과 결합할 경우
에는 밑말에 'X가 있는 것 같은 느낌이 있다'라는 역시 자기 판단적 정
의 표현의 뜻바탕을 더한다.

(5) '-롭-' 가지

이 가지는 이름씨, 그림씨, 어찌씨 밑말과 결합하여 정의 표현의 뜻바
탕을 가진 그림씨를 파생한다. 따라서 이 가지는 여러 씨갈래 밑말 바
꾸거나 안 바꾸는 가지이므로 3유형 가지이다.

(388) (이 + '-롭-')
　　ㄱ. 보배롭다(보배), 요괴롭다(妖怪)
　　ㄴ. 방해롭다(妨害), 수고롭다(수고), 시기롭다(猜忌), 애고롭다(哀苦),
　　　　저주롭다(咀呪)
　　ㄷ. 감미롭다(甘味), 경사롭다(慶事), 고요롭다(고요), 권태롭다(倦
　　　　怠), 까다롭다(까닭), 낭패롭다(狼狽), 대수롭다(대수), 생기롭
　　　　다(生氣), 순리롭다(順理), 슬기롭다(슬기), 신비롭다(神秘), 양
　　　　기롭다(陽氣), 영화롭다(榮華), 예사롭다(例事), 예의롭다(銳意),
　　　　은혜롭다(恩惠), 의롭다(義), 의외롭다(意外), 의초롭다(誼초),
　　　　이채롭다(異彩), 임의롭다(任意), 자비롭다(慈悲), 자애롭다(慈
　　　　愛), 자유롭다(自由), 재미롭다(재미) 정예롭다(精銳), 지혜롭다
　　　　(知慧), 초조롭다(焦燥), 평화롭다(平和), 폐롭다(弊), 풍요롭다
　　　　(豊饒), 해롭다(害), 향기롭다(香氣), 호기롭다(豪氣), 호사롭다
　　　　(豪奢)
　(389) (그 + '-롭-') : 고르롭다(고르-)
　(390) (어 + '-롭-') : 번드롭다(번드르르), 외따롭다(외따로)

(388-390, 보배롭-, 고르롭-, 번드롭-)는 각각 이름씨, 그림씨, 어찌씨
밑말에 '-롭-' 가지가 결합되어 다시 정의 표현의 뜻바탕을 가진 그림씨
를 파생한 예를 보인 것인데 그 생산성은 이름씨와 결합될 때 가장 높
다. 이름씨와 결합될 경우에는 한자말 이름씨와 결합하는 경우가 순우
리말 이름씨와 결합하는 경우 보다 그 생산성이 훨씬 높다.

이 가지는 밑말의 끝소리가 'ㄹ'이나 홀소리일 경우에만 결합하는데
'ㄹ'일 경우에는 'ㄹㄹ'이 겹치므로 밑말의 끝소리 'ㄹ'이 줄어든다.

이러한 형태는 근대국어에서도 나타난다. 근대국어에서는 '-롭-' 가
지와 이의 이형태 '-룹/랍-, -르/로외-' 가지가 나타나는데 근대국어의
이 가지도 현대국어와는 마찬가지로 3유형 가지였다. 그런데 근대국어
에서는 이 가지가 이름씨, 움직씨, 그림씨 밑말과 결합하여 정의 표현의
뜻바탕을 가진 그림씨를 파생하는데 비하여 현대국어에서는 이 가지가
(388-390)에서 보듯이 움직씨 밑말과 결합하는 경우는 찾기 여렵고 대
신 어찌씨 밑말과 결합하는 경우가 나타난다.

(391) ㄱ. (이 + '-룹/랍/롭-, -르/로외-') : 可笑롭다(可笑, 가언 4 : 21), 간
　　　새롭다(간샤>*간새, 삼역6 : 12), 겨르르외다(겨르, 두해 중
　　　1 : 1), 고/괴롭다(고, 경민 : 11/마언상 : 42), 공교롭다(공교,
　　　역해상 : 28), 공도롭다(공도, 삼역4 : 5), 귀롭다(귀<그위,
　　　가언2 : 28), 녜랍/로외다(녜, 두요하 : 53/두해 중9 : 31), 니
　　　롭다(니, 삼역3 : 40), 妨해롭다(妨해, 가언7 : 22), 寶비롭다
　　　(寶비, 여훈하 : 46), 새룹/롭다(새, 두해중11 : 2/박중상 :
　　　47), 슈고롭다(슈고, 어내훈1 : 39), 신긔롭다(신긔, 신속충
　　　1 : 29), 스스롭다(스스, 여훈하 : 4), 쐬롭다(쐬, 삼역4 : 15),
　　　위태롭다(위태, 동문하 : 57), 要害롭다(要害, 화포 : 12), 조
　　　ᄋᆞ르외/오로외다(조술>*조올/*조올, 두해 중11 : 18/두해

중14 : 20), 종요롭다(종요, 어록중 : 25), 지조롭다(지조, 삼
역6 : 21), 폐롭다(폐, 신어5 : 22), 해롭다(해, 박중하 : 61),
혐의롭다(혐의, 박중 : 34), 호스롭다(호스, 송강15, 성산별
곡), 효도롭다(효도, 신속열4 : 3>
ㄴ. (움 + '-롭/랍/롭-, -르/로외-') : 아쳐롭다(아쳘-, 가언5 : 17), 어
긔롭다(어긔-, 동문상18)
ㄷ. (그 + '-롭/랍/롭-, -르/로외-') : 사오랍다(사오-, 두해 중11 :
14), 어리롭다(어리-, 신어 6 : 8)

이렇게 두고보면 이 가지는 근대국어에서 현대국어에 이러는 사이 결합되는 밑말의 씨갈래 종류가 바뀌었다고 할 수 있다. 뿐만 아니라 가지의 이형태에서도 변천의 모습을 볼 수 있다. 근대국어에서는 '-롭/랍/롭-, -르/로외-' 가지가 쓰였는데 '-르/로외-' 가지는 사라지고 '-롭/랍-'도 '-롭-' 가지로 통합됨으로써 현대국어에서는 '-롭-' 가지만 쓰인다. 이는 중세국어에서 근대국어로 이어지면서 보인 이 가지의 꾸준한 변천 과정의 결과이다. 이 가지의 이형태는 중세국어에서 보면 '-롭/롭-, -르/로ᄫᅵ-, -르/로외-, -로이/의-'가 있었다. 그리고 이 가지가 이름씨 밑말과 결합될 경우에는 '-답-, -드/도외-' 가지와 음성적으로 상보적 관계를 이루었다.

중세국어에서의 '-둡/답-, -드ᄫᅵ-(>-드/도외-)' 가지는 밑말의 끝소리가 'ㄹ'을 제외한 닿소리 뒤에 쓰였고 '-롭/롭-, -르/로ᄫᅵ-(>-르/로외-, -로이/의-)' 가지는 'ㄹ'이나 홀소리 뒤에 쓰였다. 그리고 '-둡/답-'과 '-롭/롭-'은 가지 뒤에 이어나는 첫소리가 닿소리인 경우에 주로 쓰이고 '-드ᄫᅵ(>-드/도외-)'와 '-르/로ᄫᅵ-(>-르/로외-, -로이/의-)'는 가지 뒤에 이어나는 첫소리가 홀소리이거나 고룸 홀소리가 쓰이는 굴곡가지 앞에 주로 쓰이므로 이들 가지의 관계는 음성적으로 조건된 이형태의 관계

였다. 그러던 것이 근대국어에 이르러서는 이들 두 가지가 각각의 가지로 발전함으로써 이형태의 관계가 끊어지면서 중세국어에서의 '-룹/롭-, -릭/로뵈-, -릭/로외-, -로이/의-' 가지는 근대국어에서 '-릭/로뵈-'가 'ㅸ'의 사라짐으로 '-릭/로외'에 통합되고 또 비 제 1음절의 'ㆍ'도 소멸함으로써 대개 '-롭-'으로 통합되는데 '-룹-, -릭외-'는 중세국어의 잔영으로 남아 근대국어에까지 이어진다. '-룹-, -릭외-' 가지는 결국 현대국어에서 사라진다. '-롭-'이 현대국어의 파생어인 (388-390)과 근대국어인 파생어 (391)에서 밑말의 끝소리가 'ㄹ'이나 홀소리일 경우에만 결합하는 것도 이 때문으로 보인다. 즉 '-롭-'과 그 이형태들이 중세국어에서는 '-답-'따위와 이형태의 관계에 있으면서 음성적으로 상보적 관계를 가짐으로 밑말의 끝소리가 'ㄹ'이나 홀소리일 경우에만 결합하였는데 이것이 '-롭-'의 경우에 있어서는 근대와 현대국어에서 '-답-'과 '-롭-'이 이형태 관계에서 멀어졌음에도 그 생산 환경이 중세국어와 같이 계속 유지되고 있기 때문으로 보인다.

이제 이 가지가 결합된 밑말과 가지의 뜻바탕에 대해 살펴본다.

먼저 (388)의 '이름씨 + -롭-'의 형태에서 살펴본다. 여기에서 보면 이 가지에 앞선 밑말은 모두 (388ㄱ) '보배, 요괴'처럼 <실체, 사물, 개체물>의 뜻바탕을 가진 이름씨이거나 (388ㄴ)처럼 <양식, 사태, 사건>의 뜻바탕을 가진 이름씨이거나 (388ㄷ)처럼 <양식, 사태, 상태, 현상>의 뜻바탕을 가진 이름씨이다. '-롭-' 가지는 이러한 밑말과 결합하면서 <실체, 사물, 개체물>의 뜻바탕을 가진 이름씨의 경우는 'X의 속성과 같은 상태나 모양의 느낌이 있다'라는 자기 판단적 정의 표현의 뜻바탕을 더하고 <양식, 사태, 사건>의 뜻바탕을 가진 이름씨의 경우는 'X하다'라는 느낌이 있다'라는 자기 판단적 정의 표현의 뜻바탕을 더하며 <양식, 사태, 상태, 현상>의 뜻바탕을 가진 이름씨의 경우는 'X 현상의 느낌이

있다'라는 자기 판단적 정의 표현의 뜻바탕을 더하면서 이름씨를 그림
씨로 바꾼다.

이제 (389)의 '그림씨+-롭-'의 형태에서 살펴본다. (389)에서 보듯이
이 형태의 파생어는 '고르롭다' 하나뿐이다. 이의 뜻은 '보기에 고른 듯
하다'이다. 따라서 이 가지의 뜻바탕은 '보기에 X한 듯하다'이다. 즉 이
가지에는 '주관적으로 보기에 X상태의 느낌이 있다'라는 자기 판단적
정의 표현의 뜻바탕이 있다 하겠다.

끝으로 (390)의 '어찌씨+-롭-'의 형태에서 살펴본다. (390)에서 '번드롭
다'는 상징 어찌씨이고 '외따롭다'는 일반 어찌씨이다. 이들 밑말에는
'X현상'이라는 뜻바탕이 있다. 여기에 이 가지가 결합됨으로써 이들 파
생어는 'X현상의 느낌이 있다'라는 뜻바탕을 가진다. 따라서 이 가지에
도 'X현상의 느낌이 있다'라는 자기 판단적 정의 표현의 뜻바탕이 있다
하겠다.

(6) '-스럽-' 가지

이 가지는 이름씨, 어찌씨 밑말과 결합하여 정의 표현의 뜻바탕을 가
진 그림씨를 파생한다. 따라서 이 가지는 여러 씨갈래 밑말 바꾸는 가
지이므로 4유형 가지이다.

> (392) (이 + '-스럽-')
> ㄱ. 거물스럽다(巨物), 사람스럽다(사람), 소인스럽다(小人), 악물스
>   럽다(惡物), 어른스럽다(어른), 우자스럽다(愚者), 이물스럽다
>   (이물), 준걸스럽다(俊傑), 호걸스럽다(豪傑), 흉물스럽다(凶物)[54]

---

54) '악물스럽다, 흉물스럽다'의 밑말 '악물, 흉물'은 각각 우리말 큰 사전(한글학회 :

ㄴ. 곰팡스럽다(곰팡), 기구스럽다(器具), 냉수스럽다(冷水), 뒤웅스
럽다(뒤웅), 투깔스럽다(투깔), 맹물스럽다(맹물), 보배스럽다
(보배<寶貝), 복상스럽다(福相), 요괴스럽다(妖怪)

ㄷ. 농판스럽다(弄判), 촌스럽다(村)

ㄹ. 감격스럽다(感激), 객설스럽다(客說), 넌덕스럽다(넌덕), 노골스
럽다(露骨), 노적스럽다(노적), 도량스럽다(跳梁), 망신스럽다(亡
身), 몽짜스럽다(몽짜), 발악스럽다(發惡), 방정스럽다(방정), 변
사스럽다(變詐), 사랑스럽다(사랑), 사위스럽다(사위), 생광스럽
다(生光), 수고스럽다(수고), 안달스럽다(안달), 앙살스럽다(앙
살), 야단스럽다(야단), 어리광스럽다(어리광), 엄살스럽다(엄
살), 욕스럽다(辱), 원망스럽다(怨望), 위구스럽다(危懼), 응석스
럽다(응석), 의심스럽다(疑心), 자랑스럽다(자랑), 장난스럽다
(장난), 저주스럽다(咀呪), 조숙스럽다(早熟), 조심스럽다(조심),
주체스럽다(주체), 증오스럽다(憎惡), 충성스럽다(忠誠), 해찰스
럽다(해찰), 호강스럽다(호강), 호사스럽다(豪奢), 흥감스럽다
(흥감)

ㅁ. 가관스럽다(可觀), 가살스럽다(가살), 가상스럽다(嘉尙), 가탄스
럽다(嘉歎), 가탈스럽다(가탈), 간능스럽다(幹能), 간단스럽다(簡
單), 간린스럽다(慳吝), 간사스럽다(奸詐), 감격스럽다(感激), 객
설스럽다(客說), 거폐스럽다(巨弊), 게걸스럽다(게걸), 게염스럽
다(게염), 겸손스럽다(謙遜), 경망스럽다(輕妄), 경사스럽다(慶
事), 고난스럽다(苦難), 고만스럽다(高慢), 고집스럽다(固執), 고
통스럽다(苦痛), 고풍스럽다(古風), 곤란스럽다(困難), 괴사스럽
다(괴사), 교만스럽다(驕慢), 궁상스럽다(窮狀), 귀염성스럽다
(귀염성), 귀인성스럽다(貴人性), 극성스럽다(極盛), 극심스럽다
(極甚), 기승스럽다(氣勝), 까닭스럽다(까닭), 내흉스럽다(內凶),
넉살스럽다(넉살), 능청스럽다(능청), 다복스럽다(多福), 다정스

1991)에 '악물=악종 : 성질이 흉악한 사람이나 동물, 흉물 : ①성질이 그늘지고 험상
궂은 사람 ②흉측하게 생긴 사람이나 동물'이라 뜻풀이하고 있다. 따라서 이들을
<사람>의 뜻바탕을 가진 것으로 분류할 수도 있고 <사물>의 뜻바탕을 가진 것으
로 분류할 수도 있다. 이 글에서는 <사람>의 뜻바탕을 가진 것으로 분류하였다.

럽다(多情), 다행스럽다(多幸), 덕성스럽다(德性), 덕스럽다(德), 도섭스럽다(도섭), 독살스럽다(毒살), 마장스럽다(魔障), 만족스럽다(滿足), 맛깔스럽다(맛깔), 망녕스럽다(망녕), 망상스럽다(망상), 멋스럽다(멋), 몰골스럽다(몰골), 무식스럽다(無識), 무안스럽다(無顔), 무정스럽다(無情), 무지스럽다(無知), 물경스럽다(勿警), 미련스럽다(미련), 미안스럽다(미안), 믿음성스럽다(믿음성), 바끄럼성스럽다(바끄럼성<부끄럼성), 바지런스럽다(바지런), 뱐덕스럽다(뱐덕), 번잡스럽다(煩雜), 번폐스럽다(煩弊), 변덕스럽다(변덕), 변스럽다(變), 복스럽다(福), 부귀스럽다(富貴), 부산스럽다(부산), 부자유스럽다(不自由), 부지런스럽다(부지런), 불공스럽다(不恭), 불만스럽다(不滿), 불만족스럽다(不滿足), 불안스럽다(不安), 불편스럽다(不便), 비감스럽다(悲感), 비굴스럽다(卑屈), 비밀스럽다(秘密), 사풍스럽다(邪風), 살풍경스럽다(살풍경), 새침스럽다(새침), 소란스럽다(騷亂), 소망스럽다(所望), 수괴스럽다(羞愧), 수다스럽다(수다), 수란스럽다(愁亂), 수선스럽다(수선), 수치스럽다(羞恥), 순편스럽다(順便), 신고스럽다(辛苦), 신령스럽다(神靈), 신비스럽다(神秘), 신산스럽다(辛酸), 신세스럽다(身世), 신통스럽다(神通), 실살스럽다(실살), 심술스럽다(心術), 심통스럽다(心痛), 아망스럽다(아망), 악스럽다(惡), 악지스럽다(악지), 악착스럽다(악착), 암상스럽다(암상), 앙달머리스럽다(앙달머리), 애상스럽다(哀傷), 애연스럽다(哀然), 야만스럽다(野蠻), 야발스럽다(야발), 야살스럽다(야살), 야속스럽다(야속), 얌심스럽다(얌심), 얌전스럽다(얌전), 양강스럽다(양강), 어색스럽다(語塞), 억지스럽다(억지), 억척스럽다(억척), 언구럭스럽다(언구럭), 엄펑스럽다(엄펑), 영화스럽다(영화), 예사스럽다(例事), 오만스럽다(傲慢), 오망스럽다(迂妄), 요기스럽다(妖氣), 요망스럽다(妖妄), 요변스럽다(妖變), 요사스럽다(妖邪), 요상스럽다(요상<異常), 욕심스럽다(慾心), 용감스럽다(勇敢), 용맹스럽다(勇猛), 우연스럽다(偶然), 우치스럽다(愚癡), 위엄스럽다(威嚴), 위험스럽다(危險), 유감스럽다(遺憾), 유난스럽다(유난), 육중스럽다(肉重), 은밀스럽다(隱密), 음흉스럽다(陰凶), 의문스럽다(疑問), 의뭉스럽다(의뭉), 의사스럽다(意

思), 의아스럽다(疑訝), 이상스럽다(異常), 이어중스럽다(異於
衆), 익살스럽다(익살), 인정스럽다(人情), 자비스럽다(慈悲), 자
유스럽다(自由), 재미스럽다(재미), 재사스럽다(才思), 정성스럽
다(精誠), 조급스럽다(躁急), 조심성스럽다(조심性), 죄스럽다
(罪), 지성스럽다(至誠), 직심스럽다(直心), 짜증스럽다(짜증), 창
피스럽다(猖披), 천격스럽다(賤格), 청승스럽다(청승), 초조스럽
다(焦燥), 치욕스럽다(恥辱), 친절스럽다(親切), 탐욕스럽다(貪
慾), 태깔스럽다(態깔), 태연스럽다(泰然), 태평스럽다(太平), 퉁
명스럽다(퉁명), 평화스럽다(平和), 폐스럽다(弊), 포달스럽다
(포달), 풍류스럽다(風流), 한스럽다(恨), 행복스럽다(幸福), 험상
스럽다(險狀), 혐의스럽다(嫌疑), 호기스럽다(豪氣), 호들갑스럽
다(호들갑), 호사스럽다(豪奢), 혼란스럽다(混亂), 혼잡스럽다(混
雜), 효성스럽다(孝誠), 흉증스럽다(凶證), 흉측스럽다(凶測)

(393) (어 + '-스럽-') : 갑작스럽다(갑자기), 곰상스럽다(곰상곰상), 공연
스럽다(空然히), 급작스럽다(급자기), 깔끔스럽다(깔끔깔끔), 느
물스럽다(느물느물), 능글스럽다(능글능글), 데면스럽다(데면데
면), 뒤숭숭스럽다(뒤숭숭), 뒤스럭스럽다(뒤스럭뒤스럭), 말짱
스럽다(말짱말짱), 볼강스럽다(볼강볼강), 볼통스럽다(볼통볼
통), 불퉁스럽다(불퉁불퉁), 시설스럽다(시설시설), 시원스럽다
(시원시원), 아기자기스럽다(아기자기), 앙큼스럽다(앙큼앙큼),
얄팍스럽다(얄팍얄팍), 엄청스럽다(엄청), 이악스럽다(이악이
악), 팔팔스럽다(팔팔), 펄펄스럽다(팔팔)

(392-393)은 각각 이름씨, 어찌씨 밑말에 '-스럽-' 가지가 결합되어 정
의 표현의 뜻바탕을 가진 그림씨를 파생한 예를 보인 것인데 그 생산성
은 매우 높다. 특히 이름씨와 결합될 때 매우 높은 생산성을 가지는데
(392ㄱ-ㅂ)에서 보면 순 우리말 밑말과 결합될 때보다 한자말 이름씨와
결합될 때 더욱 높은 생산성을 가진다.

이러한 형태는 근대국어에서도 나타난다.

(394) 어룬스럽다 (長, 어룬) : 粧體面 어룬스러온 체<역보 : 56>
　　　원슈스럽다 (怨, 원슈) : 業障 원슈스러은 놈<역뵈 : 21>
　　　싁스럽다(面靦 *싁) : 婦女面靦 계집 싁스러워ᄒ다<한 8 : 32>

(394)은 근대국어에 나타난 '-스럽-' 가지의 예를 보인 것이다, 여기에서 보면 근대국어에 나타난 '-스럽-' 가지는 현대국어와는 달리 이름씨에만 결합되는 2유형 가지였다. 그리고 생산성도 매우 낮았다. 그러던 것이 현대국어에 이르러서는 그 생산성이 크게 높아지면서 어찌씨와도 결합하는 4유형가지로 바뀐다.

이제 이 가지가 결합된 밑말과 가지의 뜻바탕에 대해 살펴본다.

먼저 (392)의 '이름씨 + -스럽-'의 형태에서 살펴본다. 이도 (387)의 이름씨 분류에 따라 밑말의 뜻바탕을 살펴보면 (392ㄱ, 거물)은 <실체, 사람>의 뜻바탕을, (392ㄴ, 곰팡)은 <실체, 사물, 개체물>의 뜻바탕을, (392ㄷ, 농판)은 <실체, 사물, 공간물>의 뜻바탕을, (392ㄹ, 감격)은 <양식, 사태, 사건>의 뜻바탕을, (392ㅁ, 가관)은 <양식, 사태, 상태, 현상>의 뜻바탕을 가진 이름씨이다. 이렇듯 이 가지는 매우 다양한 뜻바탕을 가진 이름씨 밑말과 결합하면서 정의 표현의 뜻바탕을 가진 그림씨를 파생하는데 <실체>의 뜻바탕을 가진 이름씨의 경우는 '보기에 즉 주관적으로 판단하기에 X나 X의 속성과 같은 데가 있다'라는 자기 판단적 정의 표현의 뜻바탕을 더하고 <양식, 사태, 사건>의 뜻바탕을 가진 이름씨의 경우는 '주관적으로 판단하기에 X한 데가 있다'라는 자기 판단적 정의 표현의 뜻바탕을 더하며 <양식, 사태, 상태, 현상>의 뜻바탕을 가진 이름씨의 경우는 '주관적으로 판단하기에 X현상과 같은 데가 있다'라는 자기 판단적 정의 표현의 뜻바탕을 더하면서 이름씨를 그림씨로 바꾼다.

이렇게 두고보면 이 가지는 앞에서 살핀 '이름씨+-답-'이나 '이름씨+-롭-'

의 '-답-, -롭-' 가지의 뜻바탕과 크게 다르지 아니한 것으로 보이는데 이들 가지가 (395)에서 보듯이 같은 밑말에 동시에 쓰이는 것을 보면 그 뜻바탕에는 분명한 차이가 있다고 보아야 한다.

    (395) ㄱ. '-답- : -스럽-' :
             어른답다 : 어른스럽다, 사람답다 : 사람스럽다,
             인정답다 : 인정스럽다
         ㄴ. '-롭- : -스럽-' :
             경사롭다 : 경사스럽다, 공교롭다 : 공교스럽다, 번화롭다 :
             번화스럽다,　보배롭다 : 보배스럽다,　수고롭다 : 수고스럽
             다, 시기롭다 : 시기스럽다, 신기롭다 : 신기스럽다, 신비롭
             다 : 신비스럽다, 영화롭다 : 영화스럽다, 요괴롭다 : 요괴스
             럽다, 자비롭다 : 자비스럽다, 자유롭다 : 자유스럽다, 재미
             롭다 : 재미스럽다, 저주롭다 : 저주스럽다, 초조롭다 : 초조
             스럽다, 평화롭다 : 평화스럽다, 폐롭다 : 폐스럽다, 풍아롭
             다 : 풍아스럽다, 호기롭다 : 호기스럽다, 호사롭다 : 호사스
             럽다, 호화롭다 : 호화스럽다

먼저 이들 세 가지에 나타나는 추상적인 뜻바탕을 살펴보면 이들 가 지에는 모두 주관적 판단 즉 자기 판단적 평가에 의한 정의 표현이 있 다. 반면 이들 가지는 각기 다른 변별적 뜻바탕을 가지는데 그 대립하 는 형태를 보면 '-스럽-'을 중심으로 '-답- : -스럽-', '-롭- : -스럽-'으로 나타난다. '-답-'과 '-롭-'이 같은 밑말에 쓰인 예는 찾기 힘들다. 이렇게 두고보면 '-스럽-'은 '-답-'과 '-롭-'의 중간적 위치를 가진다(권숙렬, 1984 : 22) 하겠는데 이들이 가지는 대립된 형태 속에서 그 뜻바탕을 살펴보면 '-답- : -스럽-'에서는 '-답-'이 'X의 가치성'을 가지는데 비하여 '-스럽-' 은 'X의 인정성'을 가지고 '-롭- : -스럽-'에서는 '-롭-'이 'X의 인정성 을 가지는데 비하여 '-스럽-'은 'X의 근접성'이라는 뜻바탕을 가진다(하

치근, 1993 : 297-301). 따라서 '-답-, -롭-, -스럽-' 가지는 각각 'X의 가치
성'과 'X의 인정성'과 'X의 근접성'의 뜻바탕으로 말미암아 변별된다
하겠다. 또 이러한 뜻바탕으로 말미암아 '-답-'은 긍정적 가치를 가지는
밑말과 결합되는데 '-롭-'과 '-스럽-'은 밑말이 긍정적이거나 부정적이
거나 상관없이 결합된다.

이제 '어찌씨+-스럽-'의 형태에서 나타나는 밑말과 이 가지의 뜻바탕
에 대하여 살펴본다.

(393)에 나타나는 어찌씨 밑말은 '갑작, 급작'을 제외하고는 모두 상징
어찌씨이거나 상징 어찌씨의 단위 형태이다. 그리고 (393)에 나타난 상
징 어찌씨는 모두 시각적이다. 이러한 밑말에 이 가지가 결합됨으로써
이들 파생어는 'X한 듯하다'라는 뜻바탕을 가진다. 따라서 이 가지에는
'X한 듯하다'라는 자기 판단적 정의 표현의 뜻바탕이 있다 하겠다.

4) 종합

지금까지 '정의 표현 뒷가지'를 각 시대별로 살폈다. 여기서는 지금까
지 살펴 본 사실을 중심으로 이들 가지의 변천된 모습을 중세국어에서
근대국어, 근대국어에서 현대국어로 나누어 살핀다.

(1) 중세국어에서 근대국어의 변천

'정의 표현 뒷가지'의 중세국어에서 근대국어로의 변천된 모습은 크
게 셋으로 나누어 볼 수 있다.

하나는 중세국어에 쓰이다가 근대국어에서도 쓰이는 것이고, 둘은 중
세국어에서는 한 가지의 이형태로 쓰이다가 근대국어에서는 서로 다른

가지로 쓰이는 것이며, 셋은 근대국어에서 새롭게 가지로 쓰이는 것이다.

하나의 것은 '-ㅂ/브-, -ㅸ/보-, -ㅂ-' > '-ㅂ/브/부-, -ㅂ-', '-갑/겁-, -압/업-, -얍/엽-' > '-갑/겁-, -압/업-, -얍/엽-' 가지이고 둘의 것은 '-둡/답-, -ᄃᄫᅵ-(>-디/도외-), -롭/롭-, -ᄅᆞ/로ᄫᅵ-(>-ᄅᆞ/로외-, -로익/의-) > ① '-답-, -디/도외-', ② '-롭/랍/롭-, -ᄅᆞ/로외-' 가지이며 셋의 것은 '-스럽-' 가지이다.

이 셋으로 나누어 살핀다.

① 중세국어부터 쓰인 것

☐ '-ㅂ/브-, -ㅸ/보-, -ㅂ-' > '-ㅂ/브/부-, -ㅂ-' 가지

이 가지가 움직씨 밑말과 결합하여 그림씨를 파생하는 2유형 가지라는 것이나 가지에 'X상태의 느낌이 있다'라는 정의 표현의 뜻바탕이 있다는 것은 중세국어나 근대국어 모두 마찬가지여서 그 변천된 모습을 찾기 힘들다. 다만 가지의 이형태에서 약간의 다른 모습을 찾을 수 있는데 하나는 중세국어에 쓰였던 '-ㅸ/보-'가 근대국어에서는 쓰이지 않는다는 것이고 다른 하나는 중세국어에서는 보이지 않던 '부-'가 '-ㅂ/브-'와 함께 근대국어에 쓰인다는 것이다.

먼저 '-ㅸ/보-'에 대해 살펴보면 이 형태는 중세국어의 예 (396) '닸오다(←둣ㅸ-), 웅보다'에서 보듯이 'ㅿ'과 홀소리 사이에서 나타난다.

(396) 닸오다(愛, 둣-) : 境界ᄅᆞᆯ 브터 ᄆᆞᅀᆞ매 닸오며 아니 닸옴 굴희요몰
　　　　니ᄅᆞ와둘 씨라<능엄엄4 : 16>
　　웅보다(笑, 웃-) : 빯뎨(跋提)말이 긔 아니 웅보니<월곡 : 176>

이것은 'ㅂ'이 울림소리 사이에서 'ㅸ'으로 변동하기 때문에 중세국어

에서 '-ㅸ/ㅸ-'의 이형태로 나타나던 것이다. 그러던 것이 근대국어에서
는 'ㅸ'이 쓰이지 않음으로써(이 글 주 49 참조) 자연 '-ㅸ/ㅸ-'의 형태도 사
라진다.

그리고 중세국어에서는 보이지 않던 '-부-'가 '-ㅂ/브-'의 이형태로
근대국어에 나타나는데 이는 '-브-'에서 둥근 입술 소리 되기의 현상을
입어 나타난 것이다. 이러한 현상은 다분히 음운론적인 현상이어서 파
생 가지의 근본적 변화는 아니다.

② '-갑/겁-, -압/업-, -얍/엽-' **>** '-갑/겁-, -압/업-, -얍/엽-' 가지

이 가지도 근대국어가 중세국어와 다르지 않다. 이 가지는 중세국어
에서도 움직씨, 그림씨, 이름씨, 상징 어찌씨 밑말과 결합하여 정의 표
현의 뜻바탕을 가진 그림씨를 파생하는 3유형 가지였고 근대국어에서
도 마찬가지다. 그리고 가지의 뜻바탕도 움직씨나 그림씨, 상징 어찌씨
와 결합하였을 경우에는 'X상태의 느낌이 있다'를 이름씨와 결합하였
을 경우에는 'X특성의 느낌이 있다'를 가지는 것도 중세국어와 근대국
어가 다르지 않다.

다만 근대국어에서는 '-갑/겁-'에서 재구조화된 형태 '-곱-'과 '-압/업-'
에서 재구조화된 형태 '-웁(읍)-'이 나타나는 것이 다르다.

(397) ㄱ. 신목곱다(醋, 신목) : 打醋心 신목곱다<동문상 : 19>
　　　아닛곱다 (惡心, 아니) : 내 노린내롤 맛튼니 아닛고오미 올라
　　　<박해하 : 2>
　　ㄴ. 우숩다(笑, 웃-) : 그러나 노ᄒᆞ여도 몯ᄒᆞ고 거르기 우소온 일이
　　　웁도쇠<건해초9 : 21ㄱ>
　　　우숩다(笑, 웃-) : 笑殺 우숩다<어록중11ㄴ>

그러나 이들 형태는 근대국어에서 이미 재구조화의 과정을 겪어 형태상으로 근대국어의 '-갑/겁-, -압/업-'과는 거리가 멀어지게 됨으로써 서로 다른 가지로 보아야 한다. 따라서 '-갑/겁-, -압/업-'의 변천은 근대국어의 '-갑/겁-, -압/업-'과 중세국어의 '-갑/겁-, -압/업-'의 관계에서 살필 수밖에 없는데 이들 관계에서는 그 파생 양상이 다르지 않아 변천된 모습을 찾기 어렵다.

② 근대국어에서는 서로 다른 가지로 쓰이는 것

☐ '-둡/답-, -ᄃ외-(>-ᄃ/도외-), -룝/롭-, -ᄅ/로외-(>-ᄅ/로외-, -로이/의-) >① '- 답-, -ᄃ/도외-', ② '-룝/랍/롭-, -ᄅ/로외-' 가지 '-둡/답-, -ᄃ외-(>-ᄃ/도외-)'와 '-룝/롭-, -ᄅ/로외-(>-ᄅ/로외-, -로이/의-)' 가지는 중세국어에서 음성적으로 조건된 이형태였다(이 글 1). ⑶). (398-399)에서 보듯이 '-둡/답-, -ᄃ외-(>-ᄃ/도외-)'는 'ㄹ'을 제외한 닿소리 뒤에 쓰였고 '-룝/롭-, -ᄅ/로외-(>-ᄅ/로외-, -로이/의-)'는 'ㄹ'이나 홀소리 뒤에 쓰였다.

> (398) 곳답다(香, 곳) : 가비야온 龍애 나ᄀ 머지 곳답도다<두해 초 15 : 23>
> 노릇ᄃ외다(戲, 노릇) 노릇ᄃ왼 顔色 말며<내훈초 1 : 9>
> 뎡샹ᄃ외다(祥, 뎡샹) : 오직 하ᄂᆞᆯ히 아라 뎡샹ᄃ왼 일 내요몰<번소 9 : 100>
> (399) 겨르룝/롭/ᄅ외/ᄅ외다(閑, 겨를) : 日月이 겨르룝도다<금삼 5 : 49>/곧 겨르로이 ᄌᆞ을오<남명 상 : 59>/쥬의 坊이어나ᄇᆡᆫ 겨르ᄅᆡᆫ 짜히어나 자시어나<석보 19 : 1>/겨르ᄅ외며 밧보미 다ᄒᆞᆫ ᄢᅦ로다<금삼5 : 34>
> 고롭/ᄅ외다(苦, 고) : 여러 가짓 고롭고 셜움을 받ᄂᆞ니라<소해 5 : 55>/기픈 ᄠᅳ디 苦ᄅ왼ᄃᆞᆯ ㅡ定히아노니<두해초20 : 18>
> 녜ᄅ외/로외다(古, 녜) : 格調ㅣ 녜ᄅ외며 神이 몰가<남명 상 : 29>/

ᄀ올 안히 甚히 淳朴ᄒ며 녜로 외니<두해초 9 : 31>

그러면서 이들 형태는 이름씨 밑말과 결합하여 그림씨를 파생하는 2 유형가지였다.

그러던 것이 근대국어에 이르러서는 이 가지가 음성적 조건은 중세국어와 다르지 않으나 결합되는 밑말의 씨갈래가 중세국어와는 달리 나타난다.

이들 가지가 결합된 밑말의 씨갈래를 살펴보면 위에서도 말했듯이 중세국어에서는 '-돕/답-, -드빅-(>-드/도외-)'와 '-룹/롭-, -ᄅ/로빅-(>-ᄅ/로외-, -로익/의-)'는 모두 이름씨 맡말과만 결합하므로 2유형 가지였다. 그러던 것이 근대국어에서는 '-답-, -드/도외-'의 경우는 중세국어와 마찬가지로 이름씨 밑말과 결합하여 그림씨를 파생하나 '-룹/랍/롭-, -ᄅ/로외-'의 경우는 (400)처럼 이름씨 밑말에만 결합되는 것이 아니라 (401)과 (402)의 예에서 보듯이 움직씨 밑말에도 결합되고 그림씨 밑말에도 결합되어 그림씨를 파생함으로써 가지의 유형이 2유형에서 3유형으로 바뀐다.

(400) 可笑롭다(可笑, 可笑) : 그르고 可笑로온디라<가언 4 : 21>
　　　간새롭다 (奸詐, 간샤>*간새) : 병셔롤 닉이 닑어서 간새롭게 두루
　　　　　 는 법을 다 아느니<삼역 6 : 12>
　　　겨르ᄅ외다(閑, 겨르) : 朝와 野왜 겨르ᄅ왼 나리 젹도다<두해 중
　　　　　 1 : 1>
(401) 아쳐롭다(惡, 아쳔-) : 사롬이 주그면 이에 아쳐로온디라<가언 5 : 17>
　　　어긔롭다(偉, 어긔-) : 魁偉 어긔롭다<동문상 18>
(402) 사오랍다(劣, 사오-) : 사오라온 바ᄇ로<두해 중11 : 14>
　　　어리롭다(嬌, 어리-) : 쏘는 어리로온 아희둘의 씌노는 양과<신어
　　　　　 6 : 8>

이와 같이 '-롭/랍/롭-, -릭/로외-' 가지는 근대국어에서 '-답-, -드/도외-'와는 결합되는 밑말의 씨갈래가 다른데 이는 '-롭/랍/롭-, -릭/로외-'가 자신의 파생 영역을 독자적으로 확대한 결과로 보인다.

따라서 '-답-, -드/도외-'와 '-롭/랍/롭-, -릭/로외-'는 중세국어에서는 같은 가지였으나 근대국어에서는 '-롭/랍/롭-, -릭/로외-' 가지가 자신의 파생 영역을 이름씨뿐만 아니라 그림씨나 움직씨 밑말에까지 확보함으로써 '-답-, -드/도외-' 가지와는 나누어져 서로 다른 가지가 된 것으로 보아야 한다.

그리고 이 가지의 이형태에도 변화가 있다. '-둡/답-, -드뷔-(>-드/도외-)'의 경우는 중세국어에 쓰였던 '-둡-, -드뷔-'가 사라지고 근대국어에서는 '-답-, -드/도외-'만이 쓰이고 '-롭/롭-, -릭/로뷔-(>-릭/로외-, -로의/의-)'의 경우는 '-릭/로뷔-'가 사라지고 '-롭/랍/롭-, -릭/로외-'가 쓰인다.'-드뷔-, -릭/로뷔-'가 근대국어에 쓰이지 않게 된 것은 앞에서도 살폈듯이 'ㅸ'이 중세 초기에는 쓰이다가 15세기 후반부터는 쓰이지 않음으로써(주 49 참조) 근대국어에서는 자연 사라지게 된 것이고 '-둡-'의 경우는 비 제 1음절의 'ㆍ'가 16세기경에 소멸되어(이 글 주 37 참조) 쓰이지 않게 됨으로써 사라지게 된 것이다.

③ 근대국어에서 새롭게 가지로 쓰이는 것

① '-스럽-' 가지

'-스럽-' 가지는 중세국어에서는 쓰이지 아니하다가 근대국어에 처음으로 나타나는 가지이다,

이 가지는 지금까지 많이 연구되었으나 주로 형태, 의미, 기능적 특성을 살피는 데 집중되었고 그 유래를 살핀 경우는 안병희(1967 : 251)에서

'-스럽-'을 근대국어의 색체어와 결합하여 나타나는 '-스러ᄒ-'와 관련 있는 것으로 본 것과

> (403) 紅 붉다… 淡紅 붉으스러ᄒ다<동문하 25>
> 白 희다… 淡白 희읍스러ᄒ다<동문하 25>
> 淡黃 누루스러ᄒ다<동문하 25>

강은국(1993 : 420-424)에서 '-스럽-'을 중세국어의 매인 이름씨 'ᄉ'와 위 (400-402)에서 보인 가지 '-릅/랍/롭-'이 결합하여 'ᄉ+-롭->-ᄉ릅- >-스럽-'으로 변천하여 나타난 것으로 본 것이 있을 정도이다.

이렇듯 '-스럽-'은 그 유래를 확실히 잡기가 힘들다.

(2) 근대국어에서 현대국어의 변천

'정의 표현 뒷가지'의 근대국어에서 현대국어로의 변천된 모습은 크게 들로 나누어 볼 수 있다.

하나는 근대국어에 쓰이던 것이 현대국어에서도 쓰이는 것이고, 다른 하나는 근대국어에서는 한 가지의 이형태로 쓰이다가 현대국어에서는 서로 다른 가지로 쓰이는 것이다, 현대국어에서 새롭게 나타나는 가지는 보이지 않는다.

앞에 것은 '-ㅸ/브/부-, -ㅂ-' > '-(으)ㅂ-', '-답-, -드/도외-' > '-답-', '-릅/랍/롭-, -르/로외-' > '-롭-', '-스럽-' > '-스럽-' 가지이고 뒤에 것은 '-갑/겁-, -압/업-, -얍/엽-' > ① '-갑/겁-', ② '-압/업-, -얍/엽-' 가지이다.

이 둘을 나누어 살핀다.

① 근대국어에서도 쓰인 것

[1] '-ㅸ/브/부-, -ㅂ-' **>** '-(으)ㅂ-' 가지

이 가지가 움직씨 밑말과 결합하여 그림씨를 파생하는 2유형 가지라
는 것이나 가지에 'X상태의 느낌이 있다'라는 정의 표현의 뜻바탕이 있
다는 것은 근대국어나 현대국어 모두 마찬가지여서 그 변천된 모습을
찾기 힘들다. 다만 가지의 이형태에서 약간의 다른 모습을 찾을 수 있
는데 이는 근대국어에 쓰였던 '-ㅸ/브/부-'가 현대국어에서는 이 가지에
의해 파생되었던 파생어 모두가 어휘화함으로써 현대국어에서는 (375)
와 같이 '-ㅂ-' 가지만 남아 그 생산성을 어느 정도 유지하고 '-ㅸ/브/부
-' 가지는 생산성을 잃었다는 것이다. 근대국어에서 쓰이던 파생어가 현
대국어에서 어휘화한 것들을 살펴보면 (404)와 같다.

> (404) ㄱ. 현대국어에서 형태론적으로 어휘화 된 것
> 기쁘다 (<깃브/부다, 근·밑 : 깄-), 뉘우쁘다 (<뉘웃브다, 근·
> 밑 : 뉘웃-), 바쁘다 (<밧ᄲ/브/부다, 근·밑 : *밫-), 서글프다
> (<서그프다, 근·밑 : 서긇-), 슬프다 (<슬프다, 근·밑 : 슳-),
> 어여쁘다 (<어엿브/부다, 근·밑 : *어엿-), 가쁘다 (<ᄀᆞᆺ브/부
> 다, 근·밑 : ᄀᆞᆽ-), 밉다 (<뭽다, 근·밑 : 믜-), 붉다(<븕다, 근·
> 밑 : 블-), 맵다 (<밉다, 근·밑 : *민-)
>
> ㄴ. 현대국어에서 음운론적으로 어휘화 된 것
> 고프다 (<골프다, 근·밑 : 곯-), 아프다 (<알ᄑᆞ/프다, 근·밑 :
> 앓-)
>
> ㄷ. 근대국어에서는 쓰였으나 현대국어에서는 낱말 자체가 쓰이지
> 않는 것
> 애긋브다(腸斷, 애긋-), 저프/접프다(恐, 젛-), ᄀᆞᆺ브/부다(疲, ᄀᆞᆽ-),
> 잇브/부다(勞, 잋-), 노홉다 (怒, 노호-), 훟홉다(恨, 훟ᄒ-)

이러한 사실을 두고보면 현대국어에 쓰이는 '-(으)ㅂ-' 가지는 근대국어에서 이 가지에 의한 파생어가 일부 어휘화 되어 가지의 생산성은 크게 떨어졌으나 아직도 (375, 그립다)와 같은 낱말이 남아 있어 파생 가지로서의 생산성을 어느 정도 유지하고 있다 하겠으나 '-ㅂ/브/부-' 가지는 현대국어에 어휘화된 통시적 파생어만을 남기고 더 이상 가지로서의 생산성을 가지지 못하고 말았다.

　② '-답-, -ᄃᆞᆸ/도외-' > '-답-' 가지

이 가지는 현대국어나 근대국어 모두 2유형 가지로써 정의 표현의 뜻바탕을 가진 그림씨를 파생한다.

> (385)' 현대국어 : 귀동자답다(귀동자), 남자답다(남자), 사나이답다(사나
> 　　　　이), 사람답다(사람), 아들답다(아들), 어른답다(어른), 인간답
> 　　　　다(인간), 기물답다(기물), 꽃답다(꽃). 시답다(실), 예모답다
> 　　　　(예모), 인정답다(인정), 정답다(정), 참답다(참)
> (367)' 근대국어 : 곳답다(곳, 칠천 : 16), 시름도외다(시름, 두해 중11 : 7),
> 　　　　아롬ᄃᆞ외/답다(아롬, 두해 중14 : 38/신어1 : 2), 아ᄅᆞᆺ/아릿답다
> 　　　　(아롬>아ᄅᆞᆺ/아릿, 두해 중 6 : 12/내훈중1 : 24), 얼운답다(얼운,
> 　　　　송강 : 14), 正답다(正, 가언 4 : 12)

이렇게 두고보면 현대국어에 나타나는 이 가지에 의한 파생어는 근대국어와 크게 다를 바가 없다. 다만 근대국어에서 쓰이던 '-ᄃᆞᆸ/도외-'의 형태가 사라지고 현대국어에서는 '-답-'으로 통합된다. 그리고 근대국어에서는 이 가지가 'ㄹ'을 제외한, 닿소리인 밑말과 결합하여 나타나는데 비하여 현대국어에서는 'ㄹ'이나 홀소리 뒤에서도 나타나는 것이 다르다. 이 가지는 현대국어에 이르러 가지의 파생 영역이 좀 더 넓어

진다 하겠다.

③ '-롭/랍/롭-, -르/로외-' > '-롭-' 가지

이 가지는 근대국어에서는 이름씨, 움직씨, 그림씨 밑말과 결합하여 다시 그림씨를 파생하는 3유형 가지였다. 그런데 현대국어에 이르러서는 이 가지가 그림씨 밑말과는 결합하지 못하고 대신 어찌씨 밑말과 결합함으로써 결국 이 가지는 이름씨, 움직씨, 어찌씨 밑말과 결합하여 그림씨를 파생하는 2유형 가지로 변천한다.

> (269)' 근대국어 :
> ㄱ. (이 + '-롭/랍/롭-, -르/로외-') : 可笑롭다(可笑, 가언 4 : 21), 간새롭다(간샤>*간새, 삼역6 : 12), 겨르르외다(겨르, 두해 중 1 : 1), 고/괴롭다(고, 경민 : 11/마언상 : 42), 공교롭다(공교, 역해상 : 28), 공도롭다(공도, 삼역4 : 5), 귀롭다(귀<그위, 가언2 : 28), 녜랍/로외다(녜, 두요하 : 53/두해 중9 : 31), 니롭다(니, 삼역3 : 40), 妨해롭다(妨해, 가언7 : 22), 寶비롭다(寶비, 여훈하 : 46), 새롭/롭다(새, 두해 중 11 : 2/박중상 : 47), 슈고롭다(슈고, 어내훈1 : 39), 신긔롭다(신긔, 신속충 1 : 29), 스스롭다(스스, 여훈하 : 4), 꾀롭다(꾀, 삼역4 : 15), 위태롭다(위태, 동문하 : 57), 要害롭다(要害, 화포 : 12), 조♀르외/오로외다(조술>*조올/*조올, 두해 중 : 11 : 18/두해 중14 : 20), 종요롭다(종요, 어록중 : 25), 직조롭다(직조, 삼역6 : 21), 폐롭다(폐, 신어5 : 22), 해롭다(해, 박중하 : 61), 혐의롭다(혐의, 박중 : 34), 호스롭다(호스, 송강15, 성산별곡), 효도롭다(효도, 신속열4 : 3)
> ㄴ. (움 + '-롭/랍/롭-, -르/로외-') : 아쳐롭다(아쳘-, 가언5 : 17), 어긔롭다(어긔-, 동문상18)
> ㄷ. (그 + '-롭/랍/롭-, -르/로외-') : 사오랍다(사오-, 두해 중11 : 14), 어리롭다(어리-, 신어 6 : 8)

(388)′ 현대국어 :

  ㄱ. (이 + '-롭-') : 보배롭다(보배), 요괴롭다(妖怪), 방해롭다(妨害),
    수고롭다(수고), 시기롭다(猜忌), 애고롭다(哀苦), 저주롭
    다(咀呪), 감미롭다(甘味), 경사롭다(慶事), 고요롭다(고요),
    권태롭다(倦怠), 까다롭다(까닭), 낭패롭다(狼狽), 대수롭
    다(대수), 생기롭다(生氣), 순리롭다(順理), 슬기롭다(슬기),
    신비롭다(神秘), 양기롭다(陽氣), 영화롭다(榮華), 예사롭다
    (例事), 예의롭다(銳意), 은혜롭다(恩惠), 의롭다(義), 의외
    롭다(意外), 의초롭다(誼초), 이채롭다(異彩), 임의롭다(任
    意), 자비롭다(慈悲), 자애롭다(慈愛), 자유롭다(自由), 재미
    롭다(재미), 정예롭다(精銳), 지혜롭다(知慧), 초조롭다(焦
    燥), 평화롭다(平和), 폐롭다(弊), 풍요롭다(豊饒), 해롭다
    (害), 향기롭다(香氣), 호기롭다(豪氣), 호사롭다(豪奢)
  ㄴ. (그 + '-롭-') : 고르롭다(고르-)
  ㄷ. (어 + '-롭-') : 번드롭다(번드르르), 외따롭다(외따로)

이렇게 두고보면 이 가지는 근대국어에서 현대국어에 이르는 사이 결합되는 밑말의 씨갈래 종류가 바뀌었다고 할 수 있다. 뿐만 아니라 가지의 이형태에서도 변천의 모습을 볼 수 있다. 근대국어에서는 '-롭/랍/롭-, -르/로외-' 가지가 쓰였는데 '-르/로외-' 가지는 사라지고 '-롭/랍-'도 '-롭-' 가지로 통합됨으로써 현대국어에서는 '-롭-' 가지만 쓰인다. 이는 중세국어에서 근대국어로 이어지면서 보인 이 가지의 꾸준한 변천 과정의 결과이다. 이 가지의 이형태는 중세국어에서 보면 '-롭/롭-, -르/로뵈-, -르/로외-, -로익/의-'가 있었다. 그리고 이 가지가 이름씨 밑말과 결합될 경우에는 '-답-, -드/도외-' 가지와음성적으로 상보적 관계를 이루었다. 중세국어에서의 '-됩/답-, -드뵈-(>-드/도외-)' 가지는 밑말의 끝소리가 'ㄹ'을 제외한 닿소리 뒤에 쓰였고 '-롭/롭-, -르/로뵈-(>-르/로외-, -로익/의-)' 가지는 'ㄹ'이나 홀소리 뒤에 쓰였다. 그리고 '-됩/

답-’과 ‘-롭/롭-’은 가지 뒤에 이어나는 첫소리가 닿소리인 경우에 주로 쓰이고 ‘-드빙(>-드/도외-)’와 ‘-르/로빙-(>-르/로외-, -로이/의-)’는 가지 뒤에 이어나는 첫소리가 홀소리이거나 고룸 홀소리가 쓰이는 굴곡 가지 앞에 주로 쓰이므로 이들 가지의 관계는 음성적으로 조건된 이형태의 관계였다. 그러던 것이 근대국어에 이르러서는 이들 두 가지가 각각의 가지로 발전함으로써 이형태의 관계가 끊어진다. 중세국어에서의 ‘-롭/롭-, -르/로빙-, -르/로외-, -로이/의-’ 가지는 근대국어에서 ‘-르/로빙-’에서 ‘빙’의 사라짐으로 ‘-르/로외’에 통합되고 또 비 제 1음절의 ‘·’도 소멸함으로써 대개 ‘-롭-’으로 통합되는데 ‘-롭-, -르외-’는 중세국어의 잔영으로 남아 근대국어에까지 이어진다. ‘-롭-, -르외-’ 가지는 결국 현대국어에서 사라진다. ‘-롭-’이 현대국어의 파생어인 (388)’와 근대국어의 파생어인 (269)’에서 밑말의 끝소리가 ‘ㄹ’이나 홀소리일 경우에만 결합하는 것도 이 때문이다. 즉 ‘-롭-’과 그 이형태들이 중세국어에서는 ‘-답-’따위와 이형태의 관계에 있으면서 음성적으로 상보적 관계를 가짐으로 밑말의 끝소리가 ‘ㄹ’이나 홀소리일 경우에만 결합하였는데 이것이 ‘-롭-’의 경우에 있어서는 근대와 현대국어에서 ‘-답-’과 ‘-롭-’이 이형태 관계에서 멀어졌음에도 그 생산 환경이 중세국어와 같이 계속 유지되고 있기 때문이다.

이 가지의 뜻바탕은 근대와 현대국어가 크게 다르지 않다.

④ ‘-스럽-’ > ‘-스럽-’ 가지

이 가지는 근대국어에서는 이름씨 밑말과 결합하여 정의 표현의 뜻바탕을 가진 그림씨를 파생하는 2유형 가지였다. 그런데 현대국어에서는 이 가지가 이름씨뿐만 아니라 어찌씨 밑말과도 결합하는 4유형 가지이다. 따라서 이 가지는 근대국어에서 현대국어에 이르는 사이 2유형 가지에서 4유형 가지로 변천한다. 그리고 그 생산성도 현대국어에서는 크게 높아진다.

> (374)' 근대국어
>> (이+-스럽-) : 어룬스럽다(어룬, 역보 : 56), 원슈스럽다(원슈, 역보 : 21), 싀스럽다(*싁, 한8 : 32)
> (392)' 현대국어
>> (이+-스럽-) : 거물스럽다(巨物), 사람스럽다(사람), 소인스럽다(小人), 악물스럽다(惡物), 곰팡스럽다(곰팡), 기구스럽다(器具), 냉수스럽다(冷水), 뒤웅스럽다(뒤웅), 농판스럽다(弄判), 촌스럽다(村), 감격스럽다(感激), 객설스럽다(客說), 넌덕스럽다(넌덕), 노골스럽다(露骨), 가관스럽다(可觀), 가살스럽다(가살), 가상스럽다(嘉尙), 가탄스럽다(嘉歎) ……
>> (어+-스럽-) : 갑작스럽다(갑자기), 곰상스럽다(곰상곰상), 공연스럽다(空然히), 급작스럽다(급자기), 깔끔스럽다(깔끔깔끔), 느물스럽다(느물느물), 능글스럽다(능글능글)……

② 근대국어에서는 서로 다른 가지로 쓰이는 것

① '-갑/겁-, -압/업-, -압/엽-' > ① '-갑/겁-', ② '-압/업-, -압/엽-' 가지
이 글 2. 2). (2)에서도 살폈듯이 '-갑/겁-' 가지와 '-압/업-, -압/엽-' 가지는 근대국어에서는 음성적으로 조건된 이형태였다. 주로 닿소리 뒤에서는 '-갑/겁-'이 쓰이고 'ㄹ'이나 홀소리 뒤에서는 '-압/업-'이 쓰이며 /j/반홀소리 뒤에서는 '-압/엽-'이 쓰였다. 그리고 '-갑/겁-' 가지는 '-압/업-, -압/엽-' 가지와 마찬가지로 움직씨, 그림씨, 상징 어찌씨 밑말에 고루 나타나면서 '둣갑/둣겁다(*둣/*둣-, 두해 중11 : 17/삼역 9 : 10) : 도탑/두텁다(*돝/*둩-, 칠천 : 10/가언7 : 22)'에서 보듯이 같은 밑말에 의미 변화 없이 '-갑/겁-', '-압/업-'이 쓰였다. 음운론적으로도 중세와 근대국

어에서의 '-압/업-'은 '-갑/겁-'에서 'ㄱ'이 탈락한 것으로 설명된다. 이러한 사실로 보아 '-갑/겁-'은 근대국어에서는 '-압/업-, -얍/엽-'과 음성적으로 조건된 이형태 관계에 있었다.

그러나 현대국어에서는 다르다. 근대국어에서 '-갑/겁-'과 '-압/업-, -얍/엽-'이 가졌던 이형태로서의 음성적 조건이 현대국어에서는 사라진다.

첫째, '-갑/겁-'과 '-압/업-, -얍/엽-'은 현대국어에서 결합되는 밑말의 분포 환경이 다르다.

(378)'에서 보듯이 '-갑/겁-'은 그림씨 밑말과만 결합하여 그림씨를 파생하는 2유형 가지인데 비하여 '-압/업-, -얍/엽-'은 (383)에서 보듯이 결합되는 밑말의 씨갈래가 움직씨, 그림씨, 어찌씨 등이어서 이는 3유형 가지이다.

(378)' (그+-갑-) : 달갑다(달-), 차갑다(차-)
(383)' (움+-압/업-, -얍/엽-) : 가렵다(갏-), 느껍다(느끼-), 무럽다(물-), 미덥다(믿-), 반갑다(반기-), 부끄럽다(부끄리-), 아깝다(아끼-), 즐겁다(즐기-)
(그+-압/업-, -얍/엽-) : 구덥다(굳-), 서럽다(섧-)
(상, 어+-압/업-, -얍/엽-) : 간지럽다(간질간질), 근지럽다(근질근질), 누그럽다(누글누글), 매끄럽다(매끌매끌), 미끄럽다(미끄럽다), 반드럽다(반드르르), 반지럽다(반지르르), 번지럽다(번지르르), 보드랍다(보들보들), 부드럽다(부들부들), 빤드럽다(빤드르르), 산드럽다(산들산들), 서그럽다(서글서글), 시끄럽다(시끌시끌), 어지럽다(어질어질), 쟁그랍다(쟁글쟁글), 징그럽다(징글징글)

둘째, '-갑/겁-'과 '-압/업-, -얍/엽-'의 음성적 조건이 현대국어에서는 한 형태소의 이형태 관계를 성립시키지 못한다. 한 형태소의 이형태 관계가 성립되기 위해서는 두 형태의 음성적 환경이 상보적 분포를 이루어야 하는데 (378)'에서 보면 '-갑/겁-' 가지도 '달갑다(달-), 차갑다(차-)'처럼 'ㄹ'이나 홀소리 뒤에 나타나고 (383)'에서 '-압/업-, -얍/엽-' 가지도 '무럽다(물-), 느껍다(느끼-)'처럼 'ㄹ'이나 홀소리 뒤에 나타난다.

셋째, '-갑/겁-'이 현대국어에서는 (378)'에서 보듯이 'ㄹ'이나 홀소리 뒤에 나타나나 근대국어에서는 주로 'ㄹ'을 제외한 닿소리 뒤에 나타난다. 이 가지가 나타나는 음성 환경이 근대와 현대국어가 다르다.

이러한 관계로 '-갑/겁-'과 '-압/업-, -얍/엽-'은 현대국어에서는 서로 다른 가지로 보지 않을 수 없다.

따라서 이들 가지는 근대국어까지는 한 형태소의 이형태였으나 현대국어에 이르러서는 서로 다른 가지로 변천하여 '-갑/겁-'은 현대국어에서 그림씨 밑말과 결합하여 다시 그림씨를 파생하는 1유형 가지로 쓰이고 '-압/업-, -얍/엽-'은 움직씨, 그림씨, 상징 어찌씨 밑말과 결합하여 그림씨를 파생하는 3유형 가지로 쓰인다.

그리고 이들 가지에 있어서의 또 다른 하나의 변천 모습은 '-압/업-, -얍/엽-' 가지가 근대국어에 있어서는 다음 (26)'-(29)'에서 보듯이 이 가지의 생산성이 움직씨와 결합될 때 가장 높았으나 현대국어에 있어서는 다르다.

(359)' (움+-압/업-, -얍/엽-) : 늣겁다(늣기-, 청언 : 33), 두렵다(두리-, 신
　　　　구 : 8), 므의엽다(므의-, 두해 중7 : 24), 부럽다(불-, 동문 상
　　　　33), 붓그럽다(붓그리다-, 한8 : 32), 즐겁다(즐기-, 경민 : 25),
　　　　ㄱ랍/랍/렵다(ᄀᆞᆲ-, 두요하 : 9/두요하 : 9-10/동문하 : 7), 더렵
　　　　다(덟-, 마언 하 : 99), 시드럽다(시들-, 두해 중 2 : 11), 어즈럽
　　　　다(어즈리-, 삼략 상 : 32)
(360)' (그+-압/업-, -얍/엽-) : 머흐럽다(머흘-, 태요 : 47), 술갑/슬겁다(*

숙/*숧-, 어록중 : 7/삼역 6 : 9), 도탑/두텁다(*돋/*둍-, 칠천 :
10/가언7 : 22), 므겁다(*믁-, 신속효7 : 84ㄴ), 조비옵/뵈압다
(좁-, 한 8 : 33/동문 상 : 23)

(365)' (이+-압/업-, -얍/엽-) : 가비압/옵/얍다 (*가비-, 삼역 4 : 19/한10 :
20/칠천 : 17)

(366)' (상 · 어+-압/업-, -얍/엽-) : 믯글업다(*믯글, 역보 : 5), 보드랍/부드
럽다(*보둘/*부들, 마언 상4/여훈하 : 12), 서느/느럽다(*서늘,
송강 : 15/마언하 : 99)

위 예에서 보면 근대국어에서의 이 가지 생산성은 움직씨와 그림씨
밑말의 경우가 높고 이름씨나 상징 어찌씨의 경우는 상대적으로 낮았다.
그러던 것이 현대국어에 이르러서는 다음 (384)'에서 보듯이 근대국어에
서 생산성을 가지던 '움직씨 + -압/업-' 형태의 파생어나 '그림씨+-압/
업-' 형태의 파생어는 현대국어에서 많은 것들이 어휘화함으로써 그 생
산성은 크게 줄어들고 '상징 어찌씨+-압/업-' 형태의 파생어는 다른 형
태와의 비율로 보아 현대국어에서는 더욱 늘어나 상대적으로 그 생산
성이크게 늘어났다고 할 수 있다.

(384)' ㄱ. 현대국어에서 형태론적으로 어휘화 된 것
'움+-압/업-' : 두렵다(<두렵-, 근 · 밑 : 두리-), 무섭다(<므의엽-,
근 · 밑 : 므의-), 부럽다(<부럽-, 근 · 밑 : 불-), 더럽다(<더
럽-, 근 · 밑 : 덟-), 어지럽다(<어즈럽-, 근 · 밑 : 어즈리-)
'그+-압/업-' : 슬겁다(<슬갑/슬겁-, 근 · 밑 : *숙/*숧-), 두텁다
(<도탑/두텁-, 근 · 밑 : *돋/*둍-), 무겁다(<므겁-, 근 · 밑 :
*믁-)
'이+-압/업-' : 가볍다(<가비압/옵/얍-, 근 · 밑 : *가비-)
ㄴ. 근대국어에서는 쓰였으나 현대국어에서는 낱말 자체가 쓰이지
않는 것
'움+-압/업-' : 시드럽다 (疲, 시들-), 조비옵/뵈압다(窄, 좁-)

따라서 현대국어에서는 '상징 어찌씨+-압/업-, -얍/엽-'의 형태가 가
장 생산적이다.

3. 하임 뒷가지

'하임 풀이씨 뒷가지'는 가지가 밑말과 결합하여 새로운 낱말을 만들
되 하임의 주체가 어떤 다른 사람을 시켜, 어떠한 행동을 하게 하는 뜻
바탕을 가진 풀이씨(허웅, 1975 : 168-169)를 파생하는 뒷가지를 말한다.

> (405) ㄱ. 잤다 : 불휘롤 버혀 거프를 갓フ니 블근 玉이 곧ᄒ니<두해 초16 : 57>
> ㄴ. 갓기다 : 부톄 阿難일 시기샤 羅睺羅의 머리 갓기시니<석보6 : 10>

(405ㄱ)의 '잤다'는 '잤-'는 행동을 주체가 한다. 그런데 (405ㄴ)의 '갓
기다'는 '잤-'는 행동을 주체인 '부텨'가 하지 아니하고 다른 사람인 '阿
難'을 시켜 '잤-'는 행동을 하게 한다. 즉 '잤-는 행동을 하게 하는' 뜻을
가진다. 따라서 (405ㄴ)의 '갓기-'의 '-이-'에는 'X하게 하다'라는 뜻바탕
이 있다 하겠다. 이러한 뒷가지를 하임 뒷가지라 한다.

그런데 국어에는 하임의 뜻을 가진 말의 형태가 여럿 있다.

> (406) ㄱ. 머기다/먹이다 : 왼 藥올 머겨 아니 주긇 저긔<석보9 : 36>/그
> 집의 들거놀 ᄯᅩ 뻐 어미롤 먹이니<소해6 : 22>
> ㄴ. 긋게 ᄒ다 : 羅候羅롤 出家히이샤 나라 니으롤 긋게 ᄒᄂ니<석
> 보6 : 7>
> ㄷ. 시기다 : 촌애 가 장흔 사롬 일빅을 시겨 화살 연장 가지고<노
> 번 상30>

(406ㄱ)의 '머기-/먹이-'는 (405ㄴ)의 '갓기-'와 같은 형태론적 구성을 가지면서 '먹-는 행동을 하게 한다'라는 뜻을 가지고 있다. 그런데 (406 ㄴ, ㄷ)의 '긋게 하-'나 '시기-'는 (406ㄱ)의 '머기-/먹이-'와 그 형태의 구성에 있어서나 엄밀하게 따진다면 그 뜻도 서로 다르다.

(406ㄱ, 머기-/먹이-)은 밑말에 파생 가지가 결합된 형태론적 구성을 가지는데 비하여 (406ㄴ, 긋게 ㅎ-)는 통어론적 구성을 가진 이은말이고 (406ㄷ, 시기-)은 한 형태소로 이루어진 다른 홑낱말이다. 따라서 (406ㄴ, 긋게 ㅎ-)과 (406ㄷ, 시기-)은 이 글을 쓰는 목적에 어긋나므로 여기서는 연구의 대상으로 삼지 아니하고 (406ㄱ, 머기-/먹이-)과 같이 '밑말+가지'의 형태만을 대상으로 한다.

하임 뒷가지의 대상과 관련하여 여기서는 먼저 현대국어를 중심으로 하임 파생어의 특성을 살핀다. 그리고 각 시대별로 나타나는 하임 뒷가지에 대해 살핀다.

1) 하임 파생어의 특성

하임 파생어는 파생어의 임자가 밑말의 임자로 하여금 그 움직임을 하게 하는 뜻을 주로 가지는(허웅, 2000 고친판 : 455) 파생 움직씨로써 밑말에 하임 뒷가지가 결합되어 이루어진 말이다.

하임 파생어를 이렇게 정의해 두고보면 여기에는 하임 파생어가 가지는 두 가지의 큰 특성이 있음을 발견할 수 있다. 하나는 하임 파생어가 밑말에 하임 뒷가지가 결합되어 이루어진 말이라는 것이고 다른 하나는 파생어의 임자가 밑말의 임자로 하여금 그 움직임을 하게 하는 뜻을 가진다는 것이다, 앞엣것은 형태상의 특성이고 뒤엣것은 기능, 의미상의 특성이다.

뒤의 것은 다시 둘로 나누어 볼 수 있다. 하나는 파생어의 임자와 밑말의 임자가 가지는 움직임의 관계 속에서 나타나는 특성이고 다른 하나는 하임 파생어가 밑말의 임자로 하여금 그 움직임을 하게 한다는 뜻을 갖는다는 데에서 나타나는 특성이다. 앞엣것은 기능상의 특성이고 뒤엣것은 의미상의 특성이다.

여기서는 이들 특성에 대해 살펴본다. 그런데 어떠한 것이든 그 특성은, 우리가 이미 알고 있듯이, 같은 테두리에 속에 있는 인접하는 것과의 비교를 통하여 나타나는 것이어서 여기서도 하임 파생어의 특성을 이것의 한계에서 나타나는 인접한 것들과의 비교를 통하여 살펴보고자 한다.

(1) 형태상의 특성

하임 파생어가 가지는 형태상의 특성은 앞에서도 밝혔듯이 밑말에 하임 뒷가지가 결합되어 이루어진 말이라는 것이다. 그런데 여기에서 문제는 뒤 (418-476)에서 보이는 많은 예들에 결합된 뒷가지가 과연 파생가지인가 하는 점이다. 이는 굴곡가지와의 한계에서 나타나는 문제이다. 파생가지와 굴곡가지는 다른 점이 많다.[55]

첫째, 파생가지에는 어휘적인 뜻이 있어 새로운 낱말을 파생한다. 그런데 굴곡가지에는 어휘적인 뜻이 없다. 따라서 새로운 낱말을 파생하지 못하고 다만 어형변화 때에 문법적인 뜻만 더한다.

  (407) ㄱ. 울다 : 울리다(울게 하다)

---

[55] 여기에 대해서는 허웅(1975), 김봉주(1984), 하치근(1993), 송철의(1989), 조일규(1997), 이 글 3. 파생가지 등 참조.

ㄴ. 울다 : 울었다(울다의 지난 때)

(407ㄱ)의 '울리다'에서 파생가지 '-리-'에는 'X게 하-'의 뜻이 있어 이를 밑말 '울-'에 보충함으로써 '울리다'라는 새로운 말을 파생하였다. 따라서 '-리-'자리에 'X게 하-'를 대치시킬 수 있다. 그런데 (407ㄴ)의 '울었다'에서 '-었-'에는 이러한 뜻이 없다. 다만 줄기 '울-'의 행위가 지난 때에 있었다는 사실을 드러내는 문법적인 뜻을 가진다. 이러한 사실로 말미암아 (407ㄱ)의 '울리다'는 사전의 올림말이 될 수 있으나 (407ㄴ)의 '울었다'는 사전의 올림말이 되지 못한다.

둘째, 파생가지는 분포의 특수성이 있고 굴곡가지는 일반성이 있다. 따라서 파생가지의 어형변화표(paradigm)에는 빈칸이 있으나 굴곡가지에는 없다. 만약 있다면 이는 특별한 경우로써 예외로 처리한다.

(408) ㄱ. 울다 : 울리다, 먹다 : 먹이다, 죽다 : 죽이다, *가다 : 가이다, *배우다 : 배우이다
ㄴ. 울다 : 울었다, 먹다 : 먹었다, 죽다 : 죽었다, 가다 : 가았다, 배우다 : 배웠다

셋째, 파생가지는 밑말의 씨갈래를 바꿀 수 있으나 굴곡가지는 밑말의 씨갈래를 바꾸지 못한다.

(409) ㄱ. 깊다(그) : 깊이다(남움), 기울다(그) : 기울이다(남움)
ㄴ. 울다(제움) : 울었다(제움), 먹다(남움) : 먹으시다(남움)

넷째, 파생가지는 새로운 낱말을 파생하는 관계로 의미상 밑말과 결집성이 강하여 굴곡가지보다 밑말 가까이 자리하고 굴곡가지는 밑말과

의미상 관계가 없고 다만 문법적인 뜻만을 더하므로 밑말과 결집성이
약하여 파생가지보다 밑말 멀리 자리한다.

(410) 먹-이(파생)-시(굴곡)-었(굴곡)-습니(굴곡)-다.

이러한 사실을 두고보면 하임 뒷가지는 파생 뒷가지로 보아야 할 것
이며 이 가지가 결합되어 만들어진 새로운 낱말은 당연히 파생어가 된
다. 하임의 뜻바탕을 가진 파생가지가 결합되어 만들어진 파생어를 우
리는 하임 파생어라 한다.

(2) 기능상의 특성

하임 파생어의 밑말은 제움직씨, 남움직씨, 그림씨이다. 하임 뒷가지
는 이러한 밑말과 결합하여 주로 남움직씨를 파생한다.

(411) ㄱ. 친구가 나에게 속았다.
        ㄴ. 나는 친구를 속였다.
(412) ㄱ. 아이가 젖을 먹는다.
        ㄴ. 아이에게 젖을 먹인다.
(413) ㄱ. 길이 넓디.
        ㄴ. 길을 넓힌다.

(411ㄱ)의 풀이씨 '속-'은 제움직씨이고 (412ㄱ)의 '먹-'은 남움직씨며
(413ㄱ)의 '넓-'은 그림씨다. 여기에 하임 뒷가지 '-이/히-'가 결합되면
씨갈래나 움직씨의 하위범주가 바뀐다.

(411)에서는 제움직씨(속다) → 남움직씨(속이다),

(412)에서는 남움직씨(먹다) → 겹남움직씨(먹이다),

(413)에서는 그림씨(넓다) → 남움직씨(넓히다)로 바뀌었다.

그리고 이에 따라 월의 짜임새[56]도 바뀐다.

(411)에서 보면,

(411ㄱ) 임자-풀이 짜임새(친구가-속았다) → (411ㄴ) 부림 짜임새(친구를-속였다)

(411ㄱ) 상황 짜임새(나에게-속았다) → (411ㄴ) 임자-풀이 짜임새(나는-속였다)로 바뀌고,

(412)에서는,

(412ㄱ) 임자-풀이 짜임새(아이가-먹는다) → (412ㄴ) 상황 짜임새(아이에게-먹인다)

(412ㄱ) 부림 짜임새(젖을-먹는다) → (412ㄴ) 부림 짜임새(젖을-먹인다)로 바뀌며,

(413)에서는,

(413ㄱ) 임자-풀이 짜임새(길이-넓다) → 부림 짜임새(길을-넓힌다)로 바뀐다.

하임 뒷가지는 이렇게 제움직씨, 남움직씨, 그림씨 밑말과 결합하여 씨갈래나 움직씨의 하위범주를 바꾸기도 하고 또 이로 말미암아 월의 짜임새도 바뀐다.

하임 뒷가지의 이러한 기능적 특성으로 말미암아 많은 앞선 연구에서는 하임 뒷가지가 결합된 형태 즉 'X이/히다'를 'X게 하다'와 'X시키

---

56) 짜임새란 말본상으로 긴밀하게 통합된 언어형식에 이어진 모습, 또는 이어진 언어형식 그 자체를 가리킨다. 허웅(1983 : 258)에서는 월의 짜임새를 월에서 통합된 성분끼리의 관계에 따라 ① 임자-풀이 짜임새, ② 부림짜임새, ③상황 짜임새, ④ 인용 짜임새, ⑤ 한정 꾸밈 짜임새 등으로 나누었다.

다'와 함께 다루면서, 얼마간 다르기는 하나 하임법이라는 문법 체계를 세우기도 하였다.57)

물론 'X이/히다'에도 뒤 '(3) 의미적상의 특성'에서 보듯이 '행위 하임'의 뜻이 있고 'X게 하다'와 'X시키다'에도 '행위 하임'의 뜻이 있어 넓은 뜻으로 보아 함께 다루지 못 할 것은 없으나 그렇다고 'X이/히다'를 'X게 하다'와 함께 통어론적 체계 속에서 다루는 것은 여러 가지 점에서 어려울 것으로 여겨진다. 어떠한 문법 체계를 세울 때 그 한계에서 또 다른 문법 체계가 있을 수 있다면 다루어지는 문법 요소가 어느 쪽에 더 인접하며 직접적인가를 타당성 있게 따져 볼 필요가 있기 때문이다.

'X이/히다'에서 '-이/히-'가 파생가지라는 사실은 앞에서 살핀 바 있다.

여기서는 기능적인 면에서 밑말에 '-이/히-'가 결합되었을 때 월의 짜임새가 바뀌는 것에 대해 살펴본다.

위에서 살폈듯이 '-이/히-' 가지가 밑말에 결합되었을 때 밑말이 풀이씨인 월의 짜임새와는 다른 짜임새를 가지는 것은 분명하다. 그러나 이 짜임새의 변화는 '-이/히-' 가지가 직접 유도한 것이라고 보기 어렵다.58) 이는 풀이씨 밑말에 '-이/히-' 가지가 결합되어 만들어진 파생어에 의해 유도된 것이다. 다시 말하면 풀이씨 밑말에 '-이/히-' 가지가 결합되면 먼저 새 낱말을 파생하게 되는데 이 새 낱말이 밑말의 씨갈래나 하위범주와는 다른 남움직씨나 겹남움직씨를 파생함으로써 월 성분이 여기에 이끌림을 받아 밑말이 풀이씨인 짜임새와는 다른 새로운 짜임

---

57) 여기에 대해서는 최현배(1975), 이상억(1999), 김석득(1992), 류성기(1998), 송창선(1998), 김형배(1997) 등 참조.
58) 월의 짜임새 변화를 '-이/히-' 가지가 만약 직접 유도한 것이라고 한다면 이 가지를 우리는 굴곡가지로 보아야 할 것이다.

새가 된 것이다.

> (411)' ㄱ. 친구가 나에게 속았다.
> ㄴ. 나는 친구를 속였다.

(411)'에서 보면 (411'ㄴ)의 짜임새는 (411'ㄱ)의 풀이씨 '속-'에 '-이/히-' 가지가 결합됨으로써 밑말을 풀이씨로 하는 (411'ㄱ)과는 다른 월의 짜임새가 되었다. 그런데 문제는 이 월의 짜임새가 왜 바뀌었는가 하는 데 있다. 이는 '-이/히-' 가지가 한 낱말의 범위를 넘어서 직접 월의 짜임새를 바꾸는 데 관여한 것이 아니라 밑말에 '-이/히-' 가지가 결합됨으로써 일차적으로 밑말(속-) 즉 제움직씨와는 다른 남움직씨(속이-)를 파생하였고 다시 이 남움직씨가 (411'ㄱ)과는 다른 (411'ㄴ)의 짜임새를 유도한 것으로 보아야 할 것이다.[59]

따라서 '-이/히-' 가지는 기능적인 면으로 보아서도 굴곡가지가 아닌 파생가지로 보아야 할 것이다.

'-이/히-' 가지는 제움직씨, 남움직씨, 그림씨 밑말과 결합하여 주로 남움직씨를 파생하는 여러 씨갈래 바꾸거나 안바꾸는 파생가지이다.

(3) 의미상의 특성

하임 파생어가 가지는 의미상의 특성은 앞에서도 밝혔듯이 파생어의 임자가 밑말의 임자로 하여금 그 움직임을 하게 하는 뜻을 가진다는 것이다.

---

59) 허웅(1983 : 203)에서 '월은, 풀이말을 중심으로 하여, 다른 월성분들이 여기 이끌려 하나의 통일된 짜임새로 만들어진 언어형식'이라는 사실을 밝히고 있다.

(414) ㄱ. 아이가 밥을 먹는다.
　　　 ㄴ. 어머니가 아이에게 밥을 먹인다.

(414ㄱ)은 '아이'가 제 힘으로 '먹-'는 행위를 하는데 비하여 (414ㄴ)은 '아이'가 제 힘으로 '먹-'는 행위를 하는 것이 아니고 가지 '-이-'가 결합됨으로써 파생어의 임자인 '어머니'가 밑말의 임자인 '아이'로 하여금 '먹-'는 움직임을 하게 하는 즉 '행위 하임'의 뜻이 나타난다.

그런데 이 뜻은 '-이-' 가지의 밑말이 되는 (414ㄱ)의 월에서의 움직씨 '먹-'과의 비교를 통하여 얻어진 일반적인 뜻으로, 뜻으로만 본다면 국어에서 '-이-' 가지만이 가진 의미적 특성이라 하기는 어렵다. 이것은 'X게 하다' 즉 '먹게 하다'의 형태에서도 일반적인 '행위 하임'의 뜻이 나타나기 때문이다.

따라서 여기에서는 '먹이-'의 구체적 의미를 이와 의미적 한계를 가지는 '먹게 하다'와 빗대어 살펴본다.

(415) ㄱ. 아이가 밥을 먹는다.
　　　 ㄴ. 어머니가 아이에게 밥을 먹인다.
　　　 ㄷ. 어머니가 아이에게 밥을 먹게 한다.

(415)의 예에서 보면 (415ㄴ, ㄷ)의 '먹이-'와 '먹게 하-'는 (415ㄱ)의 '먹-'과 비교할 때 모두 '행위 하임'의 뜻을 가진다. 그러나 (415ㄴ)의 '먹이-'와 (415ㄷ)의 '먹게 하-'를 비교하면 이들 '행위 하임'에는 상당한 의미 차이가 있다.

(415ㄷ)의 '먹게 하-'는 이것의 임자인 '어머니'가 행위를 하는 '아이'에게 스스로 '먹-'는 행위를 하도록 하는 것인데 비하여 (415ㄴ)의 '먹이-'는 이것의 임자인 '어머니'가 '먹-'는 과정상의 행위를 한다.

따라서 ‘X+-이-’와 ‘X+게 하다’는 (416)와 같은 의미가 있다 하겠다.

(416) ‘X+-이-’ : <+행위 하임, +하임 임자의 X과정상의 행위>
　　　‘X+게 하’ : <+행위 하임, -하임 임자의 X과정상의 행위>

이러한 사실은 (415)ㄴ과 ㄷ월에 ‘스스로’라는 말을 넣어보면 더 잘 알 수 있다.

(415) ㄴ’. *어머니가 아이 스스로 밥을 먹인다.
　　　ㄷ’. 어머니가 아이 스스로 밥을 먹게 한다.

(415ㄷ’)은 바른 월이나 (415ㄴ’)은 아닌 월이다.

(415ㄴ’)이 아닌 월인 것은 풀이말 ‘먹이다’에 ‘어머니의 먹-는 과정상의 행위’가 있는데 여기에 이 뜻과 부딪치는 ‘스스로’라는 말이 월 속에 들어감으로써 아닌 월이 된 것이고, (415ㄷ’)이 바른 월인 것은 풀이말 ‘먹게 하다’에는 ‘어머니의 먹-는 과정상의 행위’가 없고 ‘먹-’는 행위는 오로지 ‘아이’에게만 있는 것이므로 여기에 ‘스스로’라는 말이 들어가도 자연스럽게 받아들여지므로 바른 월이 된 것이다. 이러한 사실로 미루어보면 하임 뒷가지에 의해 파생된 파생어에는 <+행위 하임, +하임 임자의 X과정상의 행위>의 의미상 특성이 있음을 알 수 있다.

이상의 사실로써 이 글에서는 (406ㄱ, 머기다/먹이다)와 같은 하임 파생어만을 대상으로 하임 뒷가지에 대해 살핀다.

2) 하임 뒷가지

하임 풀이씨 뒷가지는 중세국어에서는 ‘-이-, -히-, -기-, -오/우-, -호/

후-, -고/구-', '- · -' 가지가 있고, 근대국어에서는 '-이-, -히-, -기-, -오/우-, -호/후-, -고/구-', '- · -' 가지가 있으며 현대국어에서는 '-이-, -히-, -리-, -기-, -우-, -구-, -추-' 가지가 있다.

(1) 중세국어

중세국어에 나타나는 하임 풀이씨 뒷가지는 '-이-, -히-, -기-, -오/우-, -호/후-, -고/구-, - · (一)-'가 있다. 이들 가지는 대개 밑말의 끝소리에 따라 다르게 나타나는 변이형태이다. 이들 가지는 크게 '-이-'를 대표 형태로 하여 나타나는 '-이-, -히-, -기-'와 '-오/우-'를 대표 형태로 하여 나타나는 '-오/우-, -호/후-, -고/구-'와 '- · -'로 나누어진다.[60] 그러나 이들은 밑말의 끝소리에 따라 온전히 구분되지는 않는다. (407ㄱ-ㄷ)에서 보듯이 같은 밑말에 '-이-'계와 '-오/우-'계 가지가 같이 나타나기도 하고 같은 계열 안에서도 '-이-'와 '-히-', '-오/우-'와 '-호/후-' 가지가 같이 나타나기도 하여 이들을 음운론적 변이형태라 하기는 힘들다.

> (417) ㄱ. '-이-'계 : '-오/우-'계
> 　　　구티다 : 구투다 : 僞性을 구튜리라<용가71>/열본 어르믈 하늘
> 　　　　히 구티시니<용가30>
> 　　　기우리다 : 기울우다 : 蓋롤 기우료매 새 곧디 아니ᄒ도다<두해
> 　　　　초 20 : 28>/네 色과 空과로 如來藏애 서르 기울우며 서르
> 　　　　아ᄉᆞᆯ씨<능엄4 : 44>
> 　　　ᄌᆞᆺ기다 : ᄌᆞᆺ고다 : 사ᄅᆞ믈 ᄌᆞᆺ기며 ᄆᆞ룰 害ᄒᆞ야<두해초15 : 21>/
> 　　　　이 菩薩올 ᄌᆞᆺ고아 오래 劫 디내야 度 脫올 짓게 ᄒᆞᄂᆞ니<월

---

60) '-이-, -히-, -기-'를 이 글에서는 '-이-'계 하임 풀이씨 뒷가지, 줄여 '-이-'계 가지라 하고 '-오/우-, -호/후-, -고/구-'를 '-오/우-'계 하임 풀이씨 뒷가지, 줄여 '-오/우-'계 가지라 한다.

석21 : 117>

느치다 : 느초다/느추다 : 問罪江都롤　느치리잇가<용가17>/뜯
　　을 샹고ᄒᆞ야 출혀 되오며 느초면<소해5 : 32>/ᄀᆞᄅ치ᄂᆞᆫ 道
　　애 져고마도 느추디 아니 ᄒᆞ더라<내훈 초3 : 32>

닝이다 : 니수다 : ᄯᅩ 닝여 ᄢᅵ이샤<내훈 초, 2하 : 51>/동녁 ᄰᅡ히
　　가난ᄒᆞ고 니수어 군식 니러 날ᄉᆡ<번소 9 : 32>

다리다 : 달오다 : 차 다릴 스싀 만커든<구방, 상51>/다리우리
　　롤 달오고<내훈초, 서4>

다ᄉᆞ리다 : 다술오다 : 大王이 四百 小國 거느려 겨사 正ᄒᆞᆫ 法으
　　로 다ᄉᆞ리더시니<월석8 : 90>/왼 일 다술와 地獄苦롤 나토
　　샤미<월석8 : 29>

돌이다 : 도로다 : ᄒᆞᆫ 숨곰 돌여 치라<박번, 상21>/한 도로미 굿
　　디 몯ᄒᆞ면<원각, 상2-3 : 23>

메이다 : 메오다/메우다 : 駙馬ᄂᆞᆫ 네 몰 메윤 술위라<남명, 상
　　30>/술위 메옴을 기들이디 아니코<소학2 : 41>/慈悲ㅅ 비
　　롤 갓ᄀᆞ로 메워<금삼2 : 58>

살이다 : 살오다 : 닐굽 뎔 일어 즁 살이시고<월석2 : 77>/오면
　　살오리라<월석17 : 39>

안치다 : 안초다 : 제 座롤 눈호아 안치면<석보19 : 6>/쵼 므레
　　둠가 안초아 ᄆᆞᆯ겨<구방, 상33>

어리이다 : 어리우다 : 니즈면 空애 디여 도ᄅᆞ혀 定의 어리요믈
　　니버<몽산25>/순지 客塵이 어리워ᄀᆞ료미 ᄃᆞ왼 젼ᄎᆡᆯ쎠<능
　　엄1 : 104>

헐이다 : 헐우다 : 곧 이 瘡 업스닐 헐일 ᄯᆞᄅᆞ미니라<원각, 하
　　2-2 : 46>/돌ᄲᅡᆯ론 오술 걸위예 헐우고<두해 초15 : 6>

ㄴ. '-이-' : '-히-'

다리다 : 달히다 : 차 다릴 스싀 만커든<구방, 상51>/블로 달히
　　ᄂᆞᆫ ᄃᆞᆺ ᄒᆞ도다<두해초25 : 39>

맛디다 : 맛티다 : 나라ᄒᆞᆯ 아ᅀᆞ 맛디시고<월석1 : 5>/ᄡᅳᆯ 디 잇거
　　든 맛틴 사ᄅᆞ믜게 쳥ᄒᆞ야<이륜, 중13>

머기다 : 머키다 : 왼 藥ᄋᆞᆯ 머겨 아니 주긇 저긔<석보9 : 36>/만
　　일 음식 머키거시든<소해 2 : 12>

물기다 : 몰키다 : 흐린 므를 몰교디<능엄4 : 89>/澄 몰킬 딩 몰
갈 딩<신합하 : 9>

붉이다 : 불키다 : 인륜을 붉이니라<소해4 : 40>/人倫을 불키는
배라 ᄒ시니<소해2 : 1>

저지다 : 저치다 : 사ᄅ미 오ᄉᆞᆯ 저지게 마롤 디니라<두해초 1
5 : 44>/더운 므레 저쳐<우방2>

ㄷ. '-오/우-' : '-호/후-'

느주우다 : 느초다/느추다 : 느주워여 詔令을 그르츠면<두해 초
25 : 38>/법 셴 뜯을 샹고ᄒᆞ야 출혀 되오며 느초면<소해5 :
32>/ᄀᆞᄅ치ᄂᆞᆫ 道애 져고마도 느추디 아니ᄒᆞ더라<내훈 초3 :
32>

모도다 : 모토다 : 므리 몰리 이셔 가ᄅ롤 모도ᄃᆞᆺ ᄒᆞ니라<능엄
1 : 16>/모토고 알폴 브터 ᄯᅩ 노토다<금삼5 : 2>

그럼에도 이 글에서 하임 뒷가지의 파생 양상을 밑말의 끝소리에 따
라 나누어 보고자 하는 것은 중세국어에서 이들 가지가 밑말의 끝소리
에 따라 완전히 체계화되지는 않았으나 어느 정도는 체계성을 띄고 있
기 때문이다.61)

따라서 여기서는 중세국어의 하임 뒷가지를 어느 정도 음운론적 체
계성을 가지는 '-이-'계 '-이-, -히-, -기-'와 '-오/우-'계 '-오/우-, -호/

---

61) 이상억(1980 : 128-129)에서는 중세국어에 나타나는 하임 풀이씨 뒷가지를 '<-이-
계> 외에 <-오/우-계> 및 <특수형> <중첩형>들이 있다'고 하면서 이들 사이에는
형태론적인 조건된 관계로 설정하고 다시 하위분류인 <-이-계>, <-오/우-계> 속
에서의 각 이형태(<-이-계 : -이-(-에-), -히-, -기->, <-오/우-계 : -오/우-, -호/
후-, -고/구-, -ᄫᅵ/ᄫᅩ->) 사이의 선택은 음운론적인 조건에 의거한다고 하였다.
이에 비하여 류성기(1998 : 166-170)에서는 하임 파생가지의 기저형태를 풀이씨 밑
말에 {-이-}가 결합된 형태로 설정하고 여기에서 1차 파생가지로는 음운론적으로 조
건된 변이형태 '-이-'와 '-오/우-'가 있고 2차 파생가지로는 '-이-'계에서 '-ㅣ-, -이-,
-기-, -히-, -리-', '-오-'계에서 '-오-, -호(초)-, -구-'가 역시 음운론적으로 조건된
변이형태로 쓰인다고 하였다.

후-, -고/구-'로 나누어 이들 가지가 결합되는 밑말 끝소리를 살피고 뒤에 특수한 의미론적 상황으로 말미암아 하임의 뜻바탕을 가지면서 하임 뒷가지로 나타나는 '-·(ㅓ)-'에 대해 살피기로 한다.

① '-이-'계

① '-이-' 가지

이 가지는 움직씨와 그림씨 밑말과 결합하여 'X하게 하다'라는 하임의 뜻바탕을 가진 움직씨를 파생한다. 움직씨 밑말과 결합하여서는 밑말의 씨갈래를 바꾸지 아니하고 그림씨 밑말과 결합하여서는 씨갈래를 바꾼다. 따라서 '-이-'가 결합되는 것으로만 보면 이 가지는 여러 씨갈래 밑말 바꾸거나 바꾸지 아니하는 3유형 가지이다.

(418) ㄱ. 남움 홀소리 밑말 + '-이-' → 남움
      (ㅏ / ㅓ) : 건네다/건내다/걷내다(渡, 건너-, 건나-, 걷나-) : ᄒᆞ나ᄒᆞᆫ
                    비를 뮈워 뫼화 건네ᄂᆞᆫ觀이니<원 각, 하2-2 : 15>/아바
                    님 보ᅀᆞᆸ고져 ᄒᆞ거든 ᄇᆞᄅᆞ미 부러 뎌 ᄀᆞᅀᅢ 건내쇼 셔 ᄒᆞ
                    고<월석8 : 99>/濟渡ᄂᆞᆫ 믈걷낼 씨니<월석1 : 11>
             놀래다(驚, 놀라-) : ᄯᅩ 사ᄅᆞᄆᆞᆯ 놀래디 아니ᄒᆞ며<금삼3 : 42>
             디내다(過, 디나-) : 굴허에 ᄆᆞᄅᆞᆯ 디내샤 도ᄌᆞ기 다 도라가니
                    <용가48>
      (ㅗ / ㅜ) : 누이다/뉘다(便, 누-) : 오좀 누이라<구간6 : 49>/겨집으로
                    오좀 뉘라<구간6 : 59>
             뵈다(見, 보-) : 가야미 사릴 뵈오 몸 닷길 퀀(勸) ᄒᆞ야ᄂᆞᆯ<월
                    곡170>
             외오이다(誦, 외오-) : 그를 지ᅀᅥ 宗武를 뵈여 외오이노라
                    <두초25 : 2>
      (ㅡ) : 블리다(召, 브르-) : 나라해 어즈러ᄫᅵ 졋어미 블리디 마르쇼
                    셔<석보중11 : 33>

쓰이다/씌다/씌우다(用, 쓰-) : 미러 내여 薦擧ㅎ야 쓰이논 디
라<두해초23 : 38>/올마 굴히 여 씌여 朝廷을 빗내놋다
<두해 초24 : 5>/礪논 뭇돌히니 힘 씌워 フ다드믈씨라
<능엄1 : 37>/광디 씌워 놀개춤 츠이고<박 중 : 1>

스이다(書, 스-) : 아히 보내야 그를 스이노라<두해 초10 : 39>

스이다/쓰이다/씌우다(冠, 스-) : 士ㅣ 冠ㅎ는 禮예 처엄 스일
시<소해3 : 19>/ㅅ나히 죵을 프 른 두건 쓰이ㄴ니라
<소해 6 : 116>/광디 씌워 놀개춤 츠이고<박해1>

쓰이다(曳 쓰으-) : 곳 잡아 술위 쓰이고 톱질 시겨<박해, 하18>

얼이다(嫁, 어르-) : 뚤올 아둘 얼이라 가니<월곡149>/빅셩의
서리예 얼리니<소해 6 : 30-31>

츠이다(舞, 츠-) : 광디 씌워 놀개 춤 츠이고<박해1>

츠이다/치이다(除, 츠-) : 닐오디 반드기 서르 뻐 쏭올 츠이고
네 갑술 倍히 주리라 ㅎ라<법화2 : 241>/二十 年을 샹
네 쏭 치이더니<원각, 서47>

(ㅣ) : 지이다(負, 지-) : 지윤 거시 百 斤 두고 더으거든<월석 중2
1 : 106>

티이다(打, 티-) : 鑌鐵로 티이되 눌을 너무 두터이 말고<박
해, 상15>

(j) : 메이다/메에이다(駕, 메-) : 駟馬는 네 몰 메윤 술위라<남명, 상
30>/菩薩이 네 몰 네윤 寶車와<석보13 : 19>

믜이다(除, 믜-) : 픐서리예 길히 업슬시 히여곰 믜이고져 ㅎ
노라<두해 초22 : 13>

부븨이다(揉, 부븨-) : 病이 잇거놀 겨집죵을 ㅎ야 藥을 부븨
이더니<내훈초 1 : 61>

비븨이다(鑽, 비븨-) : 겨집죵으로 히여곰 약 비븨이더니<소
해5 : 53>

씌이다(帶, 남, 씌-, 남) : 어미 씌 씌이고 슈건 미오 굴오디
<소해2 : 46>

(·) : 따이다(摘, 따-) : 아히로 時節에 따이노라<두해 초16 : 71>

따이다(織, 따-) : 제 브리는 무기 잇거든 쏘 닝여 따이샤<내
훈초, 2하 51-52>

싸이다(築, 싸-) : 은 두 돈 반애 호판식 혜여 싸일 거시라<박
번, 상10>
츠이다/치치이다(佩, 츠-) : 庶母ㅣ 門 안해 미처 와 느뭇 츠
이고<소학2 : 47>/使者ㅣ 다시곰 달애오 印綬롤 치이거
든 미러 브리고 아니 받거늘<삼강, 충8>
틱이다/티오다(乘, 틱-) : 믈러 가거든 계절의 나삭가 몰 틱이
라<여씨화22>/큰 象 티오시고<석보 중11 : 29>
티오다(受, 틱-) : 다숫 통을 티오더라<박번, 상3>
픠다/퓌이다(掘, 픠-) : 혀는 제 몸 픠는 도최라<석보 중11 :
43>/帝ㅣ 무덤을 퓌이니 오직 뷘 棺애 호 짝 갓신이 잇
더라<남명, 상52>
ㅎ이다/히다/히이다/히에다/히오다(爲, ㅎ-) : 圓覺이 아비 圓
覺일 ㅎ야 담사너 지여<삼 강 효13>/제 쓰거나 눔 히
여 쓰거나 ㅎ고<석보9 : 21>/효근 풍류와굴근 풍류돌
다 히이시며<박번 상71>/使논 히여 ㅎ논 마리라<세훈
민3>/魔王ㅅ兵馬 十八億萬을 降服히오샤 光明이 世界
롤ㅅ뭇 비취샤<석보6 : 17-18>

ㄴ. 제움 홀소리 + '-이-' → 남움

(ㅏ/ㅓ) : 내다(出, 나-) : 몸 우희 믈 내오 몸 아래 블 내오<석보6 :
33>

재다(眠, 자-) : 쓰므레 즈마 호룻밤 재요니와<구간1 : 8>

뻐내다(離, 뻐나-) : 禮와 樂은 可히 져근 덛도 뻐내디 몯홀
거시니라<소해1 : 15>

(ㅓ) : 셔이다/셰다/셰오다/셰우다(立, 셔-) : 즈믄 묏 나조히 ᄆ롤
셔옛고<두해 초15 : 29>/부텻舍利로 七寶塔 셰숩논 양도
보리러니<석보13 : 14>/몸 셰욤애 묻ᄂ니라<소해2 :
29>/몸을 셰워 道를 行 ㅎ야<소해2 : 29>

(ㅡ) : 겨집얼이다(婚, 겨집어르다) : 남진 겨집얼이노라<불정3>

흘리다(流, 흐르-) : 忽然히 눉므를 비 디둧 흘리거시놀<월석
8 : 92-93>

(j) : 얼의우다(凝, 얼의-) : 그 ᄆ슥믈 몰기 얼의워 境 조차 뮈디
아니ㅎ야<능엄9 : 6>

(·) : 올이다/올리다(登, 오ᄅᆞ-) : 石壁에 ᄆᆞᄅᆞᆯ 올이샤 도ᄌᆞᄀᆞᆯ 다 자ᄇᆞ시니<용가48>/그 母ㅅ긔 올려든<소해6 : 47>

치오다(充, 남, ᄎᆞ-, 제) : 이 ᄀᆞ티 布施ᄒᆞ야 八十 年을 치오고 너교ᄃᆡ<월석17 : 47>

티오다(燒, 남, ᄐᆞ-, 제) : ᄯᅩ 대ᄅᆞᆯ 티오면 요괴를 업게 ᄒᆞᄂᆞ니라<분온4>

ㄷ. 남움 닿소리 + '-이-' → 남움

(ㄱ) : 갓기다(削, 갉-) : 부톄 阿難일 시기샤 羅睺羅ᄋᆡ 머리 갓기시니<석보6 : 10>

ᄀᆞᆺ기다(勞, ᄀᆞᆰ-) : 사ᄅᆞᄆᆞᆯ ᄀᆞᆺ기며 ᄆᆞᄅᆞᆯ 害ᄒᆞ야<두해초15 : 21>

닐기다(讀, 닑-) : 제 아ᄃᆞᄅᆞᆯ 글 닐기라 보내오<삼강, 효27>

머기다/먹이다(食, 먹-) : 왼 藥ᄋᆞᆯ 머겨 아니 주긇 저긔<석보9 : 36>/그 집의 들거늘 ᄯᅩ 뻐어미ᄅᆞᆯ 먹이니<소해6 : 22>

(ㄷ) : 길이다(汲, 긷-) : 聖人 뵈ᅀᆞᄫᅡ시ᄂᆞᆯ ᄀᆞ장 깃거 믈을 길이시니<월석8 : 84>

들이다(聞, 듣-) : 일후믈 잢간 들이시면 뎌에셔 주거 도로 人間애 나아<석보9 : 14-15>

맛디다(任, 맜-) : 나라ᄒᆞᆯ 아ᅀᆞ 맛디시고<월석1 : 5>

물이다(問, 묻-) : ᄯᅙ땋(調達)ᄋᆡ 한붏를 셰존(世尊)이 물여시ᄂᆞᆯ<월곡131>

(ㄹ) : 거슬이다/거스리다(逆, 거슬-) : ᄂᆞᆾ빗촐 거슬여 諫홈이라<소학2 : 72>/바ᄅᆞᆷ 거스려 홰 자봄 ᄀᆞᆮᄒᆞ야<월석7 : 18>

덜이다(除, 덜-) : 일후믈 덜여 淸江애 流配ᄒᆞ니<두해초 8 : 53>

돌이다(廻, 돌-) : ᄒᆞᆫ 숨곰 돌여 치라<박번, 상21>

들이다(擧, 들-) : 阿難이 尼師檀 들이시고 虛空ᄋᆞᆯ ᄇᆞᆯᄫᆞ시니<월석7 : 34>

말이다(禁, 말-) : ᄀᆞᇙᅎ 아니 말이샤 밀므를 마ᄀᆞ시니<용가68>

믈이다(徵, 믈-) : 도로 믈유미 업스려<능엄6 : 100>

밀이다(推, 밀-) : 本來ㅅ 스스이 沐浴ᄒᆞ며 ᄣᅵ 밀이더니<법어6>

밍ᄀᆞᆯ이다/밍ᄀᆞᆯ리다(造, 밍ᄀᆞᆯ-) : 내 갈 ᄒᆞᆫ 부를 밍ᄀᆞᆯ요리라<박

번, 상15>/집 아래 어루 받이럼밍 글릴식<두해 초16 :
66>

불이다(吹, 남, 불-, 남) : 붑티며 쥬라 불이고 가더니<석보2
3 : 57>

브티들이다(牽, 브티들-) : 사롬 드티들이여쇼몰 늘근 노미
붓그리노라<두해초23 : 35>

빌이다/빌리다(借, 빌-) : 쳥(請)커늘 자리롤 빌이라 ᄒ시니<월
곡100>/빌며 빌리기를 通티 아니ᄒ며<소해2 : 52>

쁘설이다(掃, 쁘설-) : 싁쫑을 쁘설이거든 祥이 더옥 공슌ᄒ고
삼가며<소해6 : 22>

섈이다(濯, 섈-) : 아비 고마롤 아랫옷 섈이디 말며<내훈 초
1 : 4>

섈이다(吮, 섈-) : 거머리로 피롤 섈이면 됴ᄒ리라 ᄒ야늘<속
삼, 효5>

헐이다/허리다(破, 헐-) : 곧 이 瘡 업스닐 헐일 ᄯᄅᄆᄌᄀ니라
<원각, 하2-2 : 46>/뵈가로몰 瀼水ㅅ 西ㅅ 녀글 허리노
라<두해초7 : 13>

(ㅅ) : 닛이다(連, 닛다-) : 제 ᄇ리ᄂᆫ 무기 잇거든 ᄯᅩ 닛여 ᄢᅵ이샤
<내훈초, 2하 51>

지시다/징이다(作, 짓-) : 皇帝聖旨로 지시신 琉璃閣 두 좌 잇
ᄂ니<박번, 상68>/ᄒ다가 닐 오ᄃᆡ 므스글 징유려 ᄒᄂᆫ
다커든<법화2 : 206>

(ㅊ) : 뉘으치다(悔, 뉘읓-) : 뉘으쳐 貴호ᄆᆫ 녯 일후믈 뉘읏고<법화
4 : 36>

ᄉᄆ치다(達, ᄉ몿-) : 機롤 順ᄒ샤 혀 ᄉᄆ치샤미라<법화5 :
38>

조치다(兼, 좇-) : 뎌 空둘홀 조치샤ᄆᆫ<능엄3 : 105>

(ㅌ) : 브티다/븥티다(附, 븥-) : 頭面으로 바래 브텨 절ᄒ야<법화5 :
212>/ᄆᆞᅀ몰 거싀 피브히븥티고져 ᄒ노라<두해초20 :
22>

(ㅎ) : 나히다(出産, 낳-) : 아기 나히던 어미와 아기롤 소랏 므레 노
하든<박번, 상56>

알히다(痛, 남, 앓-) : 信티 아니ᄒ면 제 몸 알효믈 사믈ᄡᅥ<법
　　　화2 : 161-162>

저저히다/저리다(脅, 젛-) : 大威 ᄂᆞᆫ 큰 威嚴이니 龍ᄋᆞᆯ 저히ᄂᆞ
　　　니라<석보13 : 11>/모기 가히저리고 제 즐겨 ᄒ며<법
　　　화2 : 118>

ㄹ. 제움 닿소리 + '-이-' → 남움

(ㄱ) : 깃기다/깃씨다(喜, 짖-) : 長者ㅣ 실ᄊᆞᆮ 泰民ᄋᆞᆯ 깃기시니<용가
　　　45>/甚ᄒ 이ᄂᆞᆫ 初喪애 풍뉴 ᄒᆞ야 ᄡᅥ 주검을 깃씨고
　　　<소학5 : 50>

　　노기다/녹이다(鎔, 녹-) : ᄀᆞᄅᆞ매 비 업거늘 얼우시고 ᄯᅩ 노기
　　　시니<용가20>/구리 즙을 녹여 죄인의게 흘려 븟고<은
　　　중42>

　　누기다(弛, 눅-) : 우디 마ᄅᆞ시고 ᄆᆞᅀᆞ몰 누기쇼셔<월석10 : 18>
　　니기다(褶, 닉-) : 사ᄅᆞᆷ마다 ᄒᆡᅇᅧ 수비 니겨 날로 ᄡᅮ메<세훈민3>
　　닉이다/니기다(熟, 닉-) : 음식 닉이ᄂᆞᆫ ᄯᅡ히라<소해3 : 26>/소
　　　ᄐᆡ 녀허 ᄀᆞ장 니규믈<두해 초16 : 64>

　　묵이다/무기다(故, 묵-) : 원망홈ᄋᆞᆯ 묵이디 아니ᄒᆞ고<소해4 :
　　　37>/이믜 命을 받ᄌᆞ와ᄂᆞᆫ 님금말ᄉᆞᆷ을 집의 무기디 아니
　　　ᄒᆞᆯ디니라<소해2 : 37>

　　소기다/속이다(欺, 속-) : 白衣ᄅᆞᆯ 소기며<월석21 : 40>/이제
　　　보야ᄒᆞ로 알옴이알옴이늘 속이면 이ᄂᆞᆫ 믿브디 아니 홈
　　　으로<소해4 : 5>

　　주기다(殺, 죽-) : 그 王이 사ᄅᆞᆷ 브려 쏘아 주기ᅀᆞᆸ니라<월
　　　석1 : 7>

(ㄷ) : 둘이다(走, 둗-) : 仇池ㅅ 머리로 ᄆᆞᆯ 둘이놋다<두해 초22 :
　　　38>

　　ᄠᅳ들이다(零, ᄠᅳᆮ들-) : 눇믈와 곳므를 ᄠᅳ들이노라<두해 초6 :
　　　20>

(ㄹ) : 굿블이다(曲, 굿블-) : 乞食ᄒᆞᄂᆞᆫ 法은 제 노폰 양 바툐믈 굿블
　　　이고 ᄂᆞ믹 仁善을 發ᄒᆞᄂᆞ니라<법화5 : 28>

　　그우리다/구리다/구우리다(轉, 그울-) : 轉法은 法을 그우릴
　　　씨니<석보6 : 18>/큰 돌 세홀 무덤ᄭᅴ애 구려 오니<속

삼, 효11>/평호 따해 다가 그우료터 일싀빅 번을 구우
리면 므리 나 즈션히 살 리라<구간1 : 67>

기우리다(傾, 기울-) : 사괴요모 蓋롤 기우료매 새 걷디 아니
ㅎ도다<두해초 20 : 28>

놀이다/놀리다(遊, 놀-) : 名相이 봄놀요몰 니부미<원각, 서
65>/새 삿기롤 어버의 겨틔셔 놀려 어버이 깃거콰뎌
ㅎ더라<소해4 : 16>

놀이다(飛, 놀-) : 아희 연 놀이거늘 보고 ㄱ른쳐 닐오터<남
명, 상38>

다리다(煎, 달-) : 차 다릴 스싀 만커든<구방, 상51>

다스리다(理, 다술-) : 正호 法으로 다스리더시니<월석8 : 90>

댱가드리다(婚, 댱가들-) : 제 아기아둘 댱가드리고 제 나라
ㅎ로 갈쩌긔<석보6 : 22>

드리다(入, 들-) : 날로 黃金을 드료터 모로기 아디 몯ㅎ놋다
<금삼5 : 6>

믈드리다(染, 믈들-) : 거므니 믈드려 밍ㄱ론 디 아니라<능엄
10 : 9>

버리다(羅, 벌-) : 每日 히 도듧 ㅃ 供養앳 거슬 버리고<월석
10 : 120>

버므리다(繞, 버믈-) : 딥 버므리논 막대로<박번, 상22>

벙으리다(開, 벙을-) : 眞言 다숫 字는 다 이블 벙어려 소리
나가게 ㅎ느니<칠대12>

봄놀이다(湧, 봄놀-) : 似量이 나비 ㅁ슨몰 봄놀이고<원각서64>

살이다/살리다(居, 살-) : 城 밧긔 닐굽 뎔 일어 즁 살이시고
<월석2 : 77>/받과 집을 사셔 살리고<소해6 : 32>

울이다(鳴, 울-) : 호 늘근 즁이 오히려 日暮鍾올 울이느니<두
해 초9 : 20>

조리다(略, 졸-) : 涅槃相올 頌티 아니ㅎ샤모 조리시니라<법
화1 : 119-120>

줌굴이다(沈, 줌굴-) : 貪ㅎ린 ㅁ슨몰 줌굴여 그스기 어드우니
<능엄8 : 116>

(ㅂ) : 누이다/뉘이다(臥, 눕-) : 아기를 누이고 우희 제 옷 둡고<박

번 상56>/거츤 미해 뉘이며<법화6 : 154>

(ㅅ) : 웃웃이다/웅이다(笑, 웃-) : 王이 褒姒를 웃요리라 ㅎ야<내훈,
　　　　서4>/西로셔 온 눈 파란 즁올 웅이리라<남명, 하65>

(ㅈ) : 저지다(霑, 젖-) : 이슬로 히여 사르미 오술 저지게 마롤 디니
　　　　라<두해 초15 : 44>

(ㅊ) : 그치다(絶, 긏-) : 모딘 룡이 노롤 그치니<월곡102>

(ㅌ) : 기기 티다/긷티다(遺, 긷-) : 一時랏 말도 부텻 기티샨 마리시
　　　　니<법화1 : 20>/父母의 됴호일홈 긷툐몰 ᄉ랑ㅎ야<내
　　　　훈초 1 : 58>

(ㅎ) : 글히다(烹, 긇-) : 흔 가마애 뷘 므를 글히더니<월석7 : 13>
　　　　다히다/대히다(接, 닿-) : 대룡을 항문에 다히고<구간1 : 46>/
　　　　正命이 제 머리를 펴 어믜 머리예 대혀 그 니를 올마
　　　　오게 ㅎ더라<속삼, 효 : 8>
　　　　바히다/버히다/베히다/배히다(斷, 벟-) : 남기 높고도 불휘를
　　　　바히면 여름을 다 ᄠᅡ 먹ᄂᆞ다<월곡99>/나모 버히는 소리
　　　　<두해초9 : 12>/처섬 솔 와 잣과 베효물 듣다니<두해초
　　　　22 : 41>/門올 는호며 이플 배혀<내훈초3 : 44>

(419) ㄱ. 그 홀소리 + '-이-' → 남움

(ㅡ) : 킈우다(長, 크-) : 킈울 확(擴)<신합, 하38>

(ㅣ) : 어리이다(遇, 어리-) : 니즈면 空애 디여 도르혀 定의 어리요
　　　　몰 니버<몽산25>

(·) : 됴히오다/조히오다(好, 됴/조ㅎ-) : 녀나믄 약으로 됴히오디
　　　　몯ᄒᆞᄂᆞᆫ ᄇᆞ롬마존 병을<구 간1 : 28>/塵勞애 나ᅀᅡ가 能
　　　　히 조히오시ᄂᆞᆫ디라<법화 4 : 12>
　　　　조히오다(淨, 조ㅎ-) : 律中에 다ᄉᆞᆺ 果롤 다 모로매 블로 조히
　　　　오ᄂᆞ니 生氣 먹디 아니ᄒᆞ몰<능엄8 : 7>
　　　　치오다(冷, 츠-) : ᄯᅩ 돌긔알 세 낫과 춤기름 닷 호볼 흔ᄃᆡ 달
　　　　혀 져기 두텁거든 치와 헌ᄃᆡ ᄇᆞᄅᆞ면<구방, 상88-89>

ㄴ. 그 닿소리 + '-이-' → 남움

(ㄱ) : 물기다(淸, 묽-) : 흐린 므를 물교ᄃᆡ ᄀᆞ무니 잇는 그르세 담둣
　　　　ᄒᆞ니<능엄4 : 89>
　　　　블기다(紅, 븕-) : 눗 블겨 뉘웃고 붓그려<번소8 : 27>

빗기다(橫, 빗-) : 폴을 빗기디 아니ᄒ며<소해3 : 17>
붉이다/불기다(明, 붉-) : 인륜을 붉이니라<소해4 : 40>/업던
　　　　번게를 하ᄂᆞᆯ히 불기시니<용가30>/인륜 붉규믈 너피니
　　　　라<소해5 : 82>
(ㅂ) : 더러뷔다/더러이다/더레다(汚, 더럽-) : 어버의 일후믈 더러
　　　　뷔ᄂ다<월석8 : 97>/煩惱와業이　　더러이며<능엄1 :
　　　　24>/외롭고 더러워 그뎃 아 ᄉ몰 더레요니<두초22 :
　　　　53>
더이다/데다/데이다/데우다(煬, 덥-) : 因ᄒ야 命ᄒ더 술 더이
　　　　고<내훈 초1 : 67>/盞을 데 여 머그라<구방 상 : 9>/너
　　　　와 불꼿을 토ᄒ여 데이며<은중42>/味를 술면 能히 데
　　　　운 丸과 쇠 쥭이 ᄃ외오<능엄8 : 97>
어두이다(暗, 어듭-) : 모ᄃᆫ 어드운 相이 永히 能히 어두이디
　　　　몯ᄒᄂ니<능엄4 : 118>
(ㅅ) : 빗이다/빗이다(飾, 빗-) : 香湯애 沐浴히여 위두ᄒ 오ᄉ로 빗
　　　　이시고<석보중11 : 28>/각시 뫼노라 ᄂᆞᆾ 고뷔 빗여 드
　　　　라<월곡49>
(ㅍ) : 기피다(深, 깊-) : 바ᄅᆞ래 비 업거늘 녀토시고 ᄯᅩ 기피시니
　　　　<용가20>

'-이-' 가지가 결합될 수 있는 형태, 음운론적 환경은 매우 다양하다.
형태론적으로는 움직씨, 그림씨 밑말 모두에 결합되고 음운론적으로는
홀소리나 닿소리 모두에 결합된다.

(418)은 '-이-' 가지가 움직씨 밑말과 결합하여 움직씨를 파생한 형태
를 보인 것이고 (419)는 그림씨 밑말과 결합하여 움직씨를 파생한 형태
를 보인 것이다. 움직씨에서는 밑말이 (418ㄱ, ㄷ, 건너다/건나다, 갔다)
처럼 남움직씨이거나 (418ㄴ, ㄹ, 나다, 졌다)처럼 제움직씨 모두에 결합
되는데 파생어는 모두 남움직씨이다. 다시 말하면 제움직씨 밑말과 결
합하여서는 (418ㄱ, ㄷ, 건네다/건내다/걸내다, 갓기다)처럼 남움직씨를

파생하고 남움직씨 밑말과 결합하여서는 (418ㄴ, ㄹ, 내다, 깃기다/깃끼다)처럼 겹남움직씨를 파생한다. 그림씨 밑말과 결합하여서도 남움직씨를 파생한다. 그리고 이들 파생어에는 모두 'X하게 하다'라는 하임의 뜻바탕이 있다. 따라서 가지 '-이-'에는 <하임, 남움직성>의 뜻바탕이 있다 하겠다.

이제 '-이-'가 나타나는 음운론적 환경에 대해 살펴본다. '-이-'는 그 나타난 예로써만 보면 홀소리에서는 'ㅏ/ㅓ, ㅕ, ㅗ/ㅜ, ㅡ, ㅣ, j(내림 홀소리ㅣ), ·' 뒤에 나타나고 닿소리에서는 'ㄱ, ㄷ, ㄹ, ㅂ, ㅅ, ㅈ, ㅊ, ㅌ, ㅍ, ㅎ' 뒤에 나타나는데 그 나타나는 모습은, '-이-'에 앞서는 소리에 따라 변동되기도 하여 조금씩 다르다. 먼저 홀소리에서 살펴본다.

1) 'ㅏ/ㅓ' 홀소리 뒤에 '-이-'가 결합될 경우에는 (418ㄱ)의 '건네다/건내다/걷내다, 놀래다, 디내다'나 (418ㄴ)의 '내다, 재다, 펴내다'처럼 두 홀소리가 한 겹홀소리가 된다.

2) 그러나 '-이-'가 결합되어 두 홀소리가 한 겹홀소리가 될 수 있는 모든 경우에 1)처럼 변동하는 것은 아니다. '-이-'가 결합되어 한 겹홀소리가 될 수 있는 것 중에서 'ㅏ/ㅓ'를 제외한 'ㅕ, ㅗ/ㅜ, ㅡ, ·'가 결합될 때에는 한 겹홀소리가 되는 경우도 있고 두 홀소리 그대로인 경우도 있다. (418ㄱ)의 '뉘다, 뵈다, 씌다, 퓌다, 희다'와 (418ㄴ)의 '셰다'는 'ㅕ, ㅗ/ㅜ, ㅡ, ·'에 '-이-'가 결합하여 한 겹홀소리가 된 경우이고 (418ㄱ)의 '누이다, 외오이다, 쓰이다, 스이다, 츠이다(舞), 츠이다(除), 쓰이다, 츠이다, 트이다, 흐이다'와 (418ㄴ)의 '셔이다'는 두 홀소리 그대로인 경우이다. 그런데 'ㅕ, ㅗ/ㅜ, ㅡ, ·'에 '-이-'가 결합하여 한 겹홀소리가 된 경우는 (418ㄱ)의 '씌우다(用), 씌우다(冠), 츼이다(除), 뗘이다, 뗘이다, 치이다(佩), 틔오다(乘), 틔오다(受), 퓌이다, 희이다'와 (418ㄴ)의 '셰오다/세우

다, 치오다(充), 틔오다(燒)', (419ㄱ)의 '킈우다, 됴히오다/조히오다, 치오다
(升)'처럼 '내림 j' 겹홀소리 뒤에 다시 입음 가지 '-이-'나 '-오/우-'를 다
시 결합하기도 하는데 이는 이들 파생어가 하임 풀이씨임을 분명히 하
기 위한 것(허웅, 1975 : 158)으로 보인다.

3) 'ㅡ' 홀소리 뒤에 '-이-'가 결합되는 것 중에서 '르/ㄹ' 불규칙 풀이
씨인 경우는 (418ㄱ)의 '얼이다(嫁)' (418ㄴ)의 '겨집얼이다(婚), 올이다'처
럼 밑말의 끝소리 'ㅡ, ·'가 줄면서 'ㄹ'은 밑말 끝소리가 되거나 다시
(418ㄱ)의 '블리다'나 (418ㄴ)의 '흘리다'처럼 'ㄹ'이 덧나 'ㄾ'이 되기도 하
는데 이는 'ㄹ'이 [l] 변이음이 된 것을 표기하는 방법이다(허웅, 1975 : 158).
그리고 '으' 불규칙인 경우는 (418ㄱ)의 '쁘이다'처럼 가지 '-이-' 앞에서
'으'가 줄어든다.

이제 닿소리에서 살펴본다.

1) 'ㄷ' 불규칙 풀이씨에 '-이-'가 결합될 경우에는 (418ㄷ)의 '길이다,
들이다, 물이다'나 (418ㄹ)의 '둘이다, 뜯들이다'처럼 밑말의 끝소리 'ㄷ'
이 'ㄹ'로 변동한다.

2) 'ㅅ' 불규칙 풀이씨에 '-이-'가 결합될 경우에는 (418ㄷ)의 '닝이다,
지ᅀㅣ다/징이다'나 (418ㄹ)의 '웄이다', (419ㄴ)의 '빗이다'처럼 밑말의 끝
소리 'ㅅ'이 울림소리인 'ㅿ'으로 변동하나 (418ㄹ)의 '웃이다'나 (419ㄴ)
의 '빗이다'처럼 변동하지 아니하기도 한다.

3) 'ㅂ' 불규칙 풀이씨에 '-이-'가 결합될 경우에는 (418ㄹ)의 '누이다'
나 (419ㄴ)의 '더러이다, 더이다, 어두이다'처럼 'ㅂ'이 줄어들거나 (419ㄴ)
의 '더러빙다'처럼 'ㅂ'이 'ㅸ'으로 변동한다.

② '-히-' 가지

'-히-'는 '-이-'에 'ㅎ'소리가 첨가된 변이형태이다. '-히-'는 '-이-'와 마찬가지로 움직씨, 그림씨 밑말과 결합하여 하임의 뜻바탕을 가진 움직씨를 파생한다.

(420) ㄱ. 남움 닿소리 밑말 + '-히-' → 남움
　　　(ㄱ) : 머키다(食, 먹-) : 만일 음식 머키거시든 비록 즐기디 아니ᄒ
　　　　　　나<소해 2 : 12>
　　　　　　바키다(印, 박-) : 校書館애 士官ᄒ야 보아 바키라 ᄒ시다<능
　　　　　　엄 발 : 4>
　　　(ㄷ) : 도티다(起, 돋-) : 文身은 모매 文 도틸 씨오<법화5 : 14>
　　　　　　맛티다(任, 맜-) : 쓸 디 잇거든 맛틴 사르믜게 쳥ᄒ야 쓰더라
　　　　　　<이륜, 중13>
　　　　　　바티다/받티다(貢, 받-) : 보비 어더와 바티ᅀᆞᄫ며<월석2 :
　　　　　　45>/자내 몸 받티유믈 아래 하양 고올 掌書記ㅅ벼슬 ᄒ
　　　　　　여신 적 ᄀ티 ᄒ더니<번소10 : 30>
　　　(ㅂ) : 니피다/닙히다/닙피다(服, 닙-) : 태ᄌᆞㅅ 몸애 가사 니피ᅀᆞᄫ
　　　　　　니<월곡56>/알퓌 ᄃ니는 아히롤프른 옷 닙히ᄂ니라<소
　　　　　　해6 : 116>/ᄒ 호술 어드면 반ᄃ시 몬져 뼈 어버이롤 닙
　　　　　　피ᄂ니<소해5 : 74>
　　　　　　어피다(覆, 업-) : 딕실 션븨 ᄒ야 어피고<노번, 상3>
　　　　　　자피다(捕, 남, 잡-, 남) : 제 法에 샹녜 門 자펴 두고<월석10 : 25>
　　　(ㅈ) : 마치다(迎, 맞-) : 블려 마치는 恩惠ㅣ ᄌᆞ조 니르니<두해 초
　　　　　　8 : 9>
　　　ㄴ. 제움 닿소리 밑말 + '-히-' → 남움
　　　(ㄱ) : 글키다(搔, 긁-) : 아히로 훤히 둥어리 글키고<두해초 15 : 4>
　　　　　　누키다(弛, 눅-) : 法을 누키디 아니ᄒ며<소해6 : 113>
　　　　　　닉키다(熟, 닉-) : 님금이 눌고기롤 주어시든 반ᄃ시 닉켜서
　　　　　　제ᄒ시고<소해2 : 41>
　　　(ㄷ) : 무티다/묻티다/므티다(染, 묻-) : 발 밧고 ᄂ치 썩 무티고<월

석10 : 17-18>/부도로 만히 묻텨 곳굼긔 ᄇᆞᄅᆞ면<분온
18>/먹 ᄆᆞ텨 너룰 붓을 주니<박해, 하12>

(ㄹ) : 달히다(煎, 달-) : 블로 달히ᄂᆞᆫ 듯 ᄒᆞ도다<두해 초25 : 39>

(ㅈ) : 마치다(適, 맞-) : 담뵈롤 스믈 살 마치시니<용가32>

안치다(坐, 남, 앉-, 제) : 제 座롤 ᄂᆞᆫ호아 안치면<석보19 : 6>

자치다/잔치다(盡, 잦-) : ᄇᆞᄅᆞ미 우룸 자치ᄂᆞᆫ 누른 니픈 ᄲᅳ러
업게 ᄒᆞ니<금삼5 : 27>/두리여 머구니 怒롤 잔치니라
<월석10 : 25>

저치다(霑, 남, 젖-, 제) : 더운 므레 저쳐<우방2>

(421) 그 닿소리 밑말 + '-히-' → 남움

(ㄱ) : 몰키다(靑, 몱-) : 澄 몰킬 딩 몰갈 딩<신합하 : 9>

불키다/붉키다(明, 붉-) : 人倫을 불키ᄂᆞᆫ 배라 ᄒᆞ시니<소해
2 : 1>/눈을 붉켜 行ᄒᆞ욤애<소해 5 : 104>

(ㄷ) : 고티다/곧티다(改, 곧-) : 田租롤 고티시니<용가73>/둘애여
곧텨 도이야<번소8 : 9>

고티이다(改, 곧-) : 겨릿 사ᄅᆞ물 비러 爲ᄒᆞ야 冠올 고티이노
라<두해초 11 : 33>

구티다(固, 굳-) : 열본 어르믈 하늘히 구티시니<용가30>

(ㅂ) : 구피다/고피다/굽피다(曲, 굽-) : 몸 구펴 合掌ᄒᆞ야<월석9 :
49>/善宿ㅣ 손 고펴 날 혜여 닐 웨예 다ᄃᆞ라<월석9 : 36
상>/몸올 굽피 ᄃᆞ시 ᄒᆞ샤<소해2 : 38>

너피다/넙피다/러피다(廣, 남, 넙-, 그) : 광명을 너피샤<월곡
187>/비홈이 아니면 뻐 지조 롤 넙핌이 업고<소해5 :
15>/眞實로 측여 러피시다 니ᄅᆞ리로다<영가, 서7>

(ㅈ) : 느치다(緩, 남, 늦-, 그) : 問罪江都롤 느치리잇가<용가17>

(420)은 '-히-' 가지가 움직씨 밑말과 결합한 형태를 보인 것이고
(421)은 그림씨 밑말과 결합한 형태를 보인 것이다. 움직씨에서는 밑말
이 (420ㄱ, 먹다)처럼 남움직씨이거나 (420ㄴ, 긁다)처럼 제움직씨에 두
루 결합되는데 밑말의 끝소리는 모두 닿소리이다. 그림씨 맡말의 경우

도 (421, 묽다)에서 보듯이 닿소리이다. '-히-'는 이렇게 닿소리로 끝난 밑말과 결합하여 하임의 뜻바탕을 가진 남움직씨를 파생한다.

이러한 사실을 두고보면 (418-419, 건네다/건내다/건내다, 내다, 킈우다, 말기다)에서 보인 '-이-'는 움직씨나 그림씨 밑말의 끝소리가 닿소리이거나 홀소리 모두에 결합되는데 비하여 '-히-'는 홀소리에는 결합되지 못하고 밑말의 끝소리가 닿소리인 경우에만 결합된다는 사실을 알 수 있다. 닿소리에 있어서도 '-이-'는 'ㄱ, ㄷ, ㄹ, ㅂ, ㅅ, ㅈ, ㅊ, ㅌ, ㅍ, ㅎ' 등과 결합함으로 매우 다양한 닿소리 뒤에 나타나는데 비하여 '-히-'는 'ㄱ, ㄷ, ㄹ, ㅂ, ㅈ' 뒤에 나타난다. '-히-'가 결합될 수 있는 닿소리는 '-이-'도 결합될 수 있는데 이들은 'ㄹ'을 제외하면 모두 거센소리의 짝이 있는 것들이다. 다시 말하면 거센소리의 짝이 있는 닿소리 뒤에서는 '-이-'나 '-히-'가 쓰이는데 거센소리의 짝이 있는 밑말에 '-히-'가 쓰이는 것은 거센소리가 예사소리보다는 음상이 뚜렷하므로 그 파생어가 하임 파생어라는 사실을 뚜렷이 하기 위한 것으로 보인다. 그러나 '-이-'나 '-히-'는 그 분포가 닿소리에 있어 상보적 관계를 가지지 못하므로 이들은 형태론적 변이형태라 할 수밖에 없다.

③ '-기-' 가지

'-기-'는 '-이-'에 'ㄱ'소리가 첨가된 변이형태이다. '-기-'는 형태론적으로는 앞의 '-이-'나 '-히-'와는 달리 움직씨 밑말에만 결합하여 하임의 뜻바탕을 가진 움직씨를 파생한다.

(422) ㄱ. 남움 닿소리 밑말 + '-기-' → 남움
     (ㅅ) : 벗기다/밧기다(脫, 밧-) : 慈悲心ᄋ로 비를 밍ᄀ라 벗겨 내시
            ᄂ니<월석10 : 5>/반ᄃ기 黃金 굴에롤 밧기더니라<두해

초16 : 18>

빗기다(梳, 빗-) : 갈기예 구스리 뼤엿거든 솔로 빗기면 눌근
구스른 뼈러디고<월석1 : 2 7>
싯기다(洗, 싯-) : 굼룡(九龍)이 모다 싯기ᅀᄫ니<월곡20>
(ㅁ) : 줌기다(鎖, 줌-) : 門둘홀 다 구디 줌겨 뒷더시니<석보6 : 2>
품기다(懷, 품-) : 제 ᄯ리 푸메 품기고 우므레 드러 죽거늘
<속삼, 열7>
ㄴ. 제움 닿소리 밑말 + '-기-' → 남움
(ㅁ) : 덞기다(染, 덞-) : 心魂이 이대 아로미 덞규ᄆ로 心光이 窮究
ᄒ야<능엄9 : 57>
옮기다/옴기다(移, 옮-) : 네 업던 돌홀 뎨셕(帝釋)이 옮겨 오
니<월곡105>/손ᅀᅩ 드러집 밧긔 옴기고<번소10 : 7>

(422)는 '-기-' 가지가 움직씨 밑말과 결합한 형태를 보인 것이다. (422
ㄱ, 벗기다/밧기다)은 남움직씨 밑말에 결합된 형태를 보인 것이고 (422
ㄴ, 덞기다)은 제움직씨 밑말에 결합된 형태를 보인 것이다. '-기-'는 이
렇게 남움직씨나 제움직씨 닿소리 밑말과 결합하여 하임의 뜻바탕을
가진 남움직씨를 파생한다.

이러한 사실을 두고 '-기-'를 (418-419, 건네다/건내다/걷내다, 내다,
킈우다, 말기다)에서 보인 '-이-'나 (420-421, 머키다, 몰키다)에서 보인
'-히-'와 빗대어 그 쓰임을 살펴본다.

앞에서도 살폈듯이 '-이-'는 움직씨, 그림씨의 홀소리나 닿소리로 끝
난 밑말 모두와 결합하는데 비하여 '-히-'는 움직씨, 그림씨의 닿소리로
끝난 밑말과 결합하고 '-기-'는 움직씨의 닿소리로 끝난 밑말과 결합한
다. 그리고 닿소리에서도 'ㅅ'과 'ㅁ'으로 끝난 밑말에 결합한다. 'ㅁ'으로
끝난 밑말에는 '-기-'만 결합하나 'ㅅ'으로 끝난 밑말에는 '-이-'도 결합
하므로 '-기-'도 '-이-'와는 상보적 관계를 가지지 못한다. 이도 '-이-'의

형태론적 변이형태라 할 수밖에 없다.

위에서 살핀 '-이-'계의 하임 파생 가지 '-이-, -히-, -기-'의 결합 형태를 밑말의 끝소리를 중심으로 다시 정리해 표로 보이면 (423)과 같다.

(423)

	결합되는 밑말의 끝소리						비고
	움 직 씨				그 림 씨		
	남 움직씨		제 움직씨				
	홀소리	닿소리	홀소리	닿소리	홀소리	닿소리	
-이-	ㅏ/ㅓ, ㅗ/ㅜ, ㅡ, ㅣ, j(내림홀소리), ㆍ	ㄱ, ㄷ, ㄹ, ㅅ, ㅊ, ㅌ, ㅎ	ㅏ/ㅓ, ㅕ, ㅡ, j(내림홀소리), ㆍ	ㄱ, ㄷ, ㄹ, ㅂ, ㅅ, ㅈ, ㅊ, ㅌ, ㅎ	ㅡ, ㅣ, ㆍ	ㄱ, ㅂ, ㅅ, ㅍ	• 움직씨, 그림씨 모두에 결합됨. • 홀소리, 닿소리에 모두 결합됨.
-히-		ㄱ, ㄷ, ㅂ, ㅈ		ㄱ, ㄷ, ㄹ, ㅈ		ㄱ, ㄷ, ㅂ, ㅈ	• 움직씨, 그림씨에 결합됨. • 닿소리에만 결합됨. • '-이-'가 결합되는 닿소리 중 'ㄹ'을 빼고 나면 모두거센소리의 짝이 있는 소리와 결합됨.
-기-		ㅅ, ㅁ		ㅁ			• 움직씨에만 결합됨. • '-이-'가 결합되는 닿소리 중에서는 'ㅅ'과 결합됨. • 'ㅁ'닿소리 뒤에서는 '-기-'만 결합됨

② '-오/우-'계

① '-오/우-' 가지

이 가지도 '-이-' 가지와 마찬가지로 움직씨와 그림씨 밑말과 결합하여 'X하게 하다'라는 하임의 뜻바탕을 가진 움직씨를 파생한다. 움직씨 밑말과 결합하여서는 밑말의 씨갈래를 바꾸지 아니하고 그림씨 밑말과 결합하여서는 씨갈래를 바꾼다. 따라서 '-오/우-'가 결합되는 것으로만 보면 이 가지는 여러 씨갈래 밑말 바꾸거나 바꾸지 아니하는 3유형 가지이다.

(424) ㄱ. 남움 홀소리 밑말 + '-오/우-' → 남움

(ㅡ) : 둘우다(圍, *둘-) : 흔 벼를 둘우메 世界 便安 ᄒ도다<금삼
5 : 49>

(ㅣ) : ᄀ리ᄫ다/ᄀ리오다/ᄀ리우다(蔽, ᄀ리-) : 더러본 서근 내를
ᄀ리ᄫ며<월석18 : 39>/ᄆᅀᆞ믈 ᄀ리온 젼ᄎ로 제 올호라
ᄒ고<월석9 : 31>/길녀는 사ᄅ미 손 ᄀ리울 만ᄒ 디셔
서르 보디 몯ᄒ리로다<두해초15 : 45>

브리오다/브리우다(卸, 브리-) : 잠깐 디디나 짐 브리왓다가
<노번 상 : 62>/네 이 지븨 우리를브리우거니와 차바는
엇디ᄒ려료<노번 상 : 68>

ᄢᅦ우다(揷, ᄢᅦ-) : ᄢᅦ울 감(嵌)<자회초 하20>

(j) : 딕희오다/딕희우다/디킈우다/(守, 디크-) : 그 어미 이 ᄯ니ᄆᆯ
東山 딕희오고<석보 중11 : 40> /門올 굳이 고쟈로 딕희
워 ᄉ나히ᄂᆞ 드디 아니ᄒ고<소 해2 : 50> 사ᄅᆷ 여러흘
디킈워 뒷거늘<삼강, 열17>

마긔오다/마긔오다(證, 마긔-) : 疑心ᄃ윈 이롤 마긔오디 마라
<내훈 초1 : 8>/證은 마긔와 알 씨라<월석, 서18>

메오다/메우다(駕, 메-) : 술위 메옴을 기들이디 아니코<소학
2 : 41>/慈悲ㅅ 비를 갓ᄀ로 메워 거스리 사ᄅᆷ믈 건내욜
디니라<금삼2 : 58>

비취오다/비취우다(照, 비취-) : 바ᄆᆡ 긇字를 섭나모 디더 비
취오ᄂᆞ니<두해초24 : 32>/주글젯 늧므를 ᄆᆞᆺ매 눈서베
비취우도다<두해초24 : 17>

ᄭᅵ오다(覺, ᄭᅵ-) : 츤 므리 能히 ᄭᅵ오ᄆᆞ 權敎ㅣ 能히 煩惱 다ᄉ
료믈<월석13 : 18>

ᄯᅴ오다(帶, ᄯᅴ-) : 이 구란 ᄭᅳᆯ ᄯᅴ와 치 夏五의 메운 거시라<박
번, 상18>

ㄴ. 제움 홀소리 밑말 + '-오/우-' → 남움

(ㅡ) : 니르위다/닐위다(到, 니르-) : 님그믈 니르위여<두해 초24 :
54>/ᄠᅳ든 不輕의 德 싸하 道닐위여<월석17 : 90>

(ㅣ) : ᄂ리오다/ᄂ리우다(降, ᄂ리-) : 므를 ᄂ리와 菩薩올 싯기ᅀᆞ
ᄫ니<월석2 : 39>/時節로 둔비롤ᄂ리워<월석10 : 68>

드리오다/드리우다(垂, 드리-) : 오직 주믈 드리오쇼셔<법화2 :
138>/五色 빗난 거스로 어울워 드리우눈 거시라<월석10 :
45>

드리디우다(垂, 드리디-) : 머리털 거두기를 드리디우게 말며
<소해3 : 9>

비리우다(腥, 비리-) : 되둘히 四海롤 비리우니<두해초23 : 55>

뼈디우다(落, 뼈디-) : 뎨 내 닷 량을 뼈디워 두셰라<박번 상34>

뻐디우다(沒, 뻐디-) : 生死롤 간대로 조차 本覺올 뻐디워 ㅂ
릴 씨라<능엄2 : 79>

(j) : 되오다(化, 되-) : 내 ᄒ마 ᄌ손을 ᄀᄅ쳐 어딜에 되오니 몯ᄒ
디라<번소9 : 90>

ᄃᄫ외오다(化, ᄃᄫ외-) : 敎化ᄂ ᄀᄅ쳐 어딜에 ᄃᄫ외올 씨라<월
석1 : 19>

메우다/메오다(充, 메-) : 뫼홀 平케 ᄒ야 모술 메우며<금삼
45>/ᄀᄃ기 메오고<구간 6 : 40>

뮈오다/뮈우다/뮈ᄫ우다(動, 뮈-) : 님그믈 뮈오ᅀᆞᆸ다니<두해초
25 : 52>/비란 사ᄅ몰 囚ᄒ야 뮈우고<두해초8 : 43>/智積
은 智싸홈 이슈믈 브틀씨 얽ᄆᆡᄢ매 잇ᄂ 識이 ᄃᄫ외니 뮈
ᄫ워내야 싸호미 업스면 大通勝智 ᄃᄫ외리라<월석14 : 14>

뷔우다(空, 뷔-) : 서리옛 매ᄂ 주머귀롤 뷔우디 아니ᄒᄂ니
라<두해초20 : 19>

ᄶ우다(酳, ᄶ-) : 졔쥬 ᄶ울 뢰(酳)<신합, 하24>

ᄠᆡ우다(躍, ᄠᆡ-) : 도ᄌᄀᆯ 다 자ᄇ시니 현 번 ᄠᆡ운ᄃᆯ ᄂ미 오
ᄅ리잇가<용가48>

쉬오다/쉬우다(休, 쉬-) : 노ᄑᆫ 수픐 ᄉᆡ예 ᄆᆞ롤 쉬오라<두해
초21 : 44>/졈졈 ᄀᆽ븐 히믈 쉬우노라<두해 초20 : 30>

얼의우다(凝, 얼의-) : 能히 그 ᄆᆞᅀᆞᆷ몰 몰기 얼의워 境 조차
뮈디 아니ᄒᆞ야<능엄9 : 6>

업데우다(伏, 업데-) : ᄆᆞ레 ᄲᅡ딘 사ᄅ모로 시르 우희 업데우
고 머리롤 져기 아래로 ᄲᅡ디게 ᄒ고<구방, 상71>

여위우다(瘦, 여위-) : 부톄 煩惱 바ᄅ롤 여위우샤미 곧ᄒ니라
<월석2 : 16>

외오다(誤, 외-) : 한비롤 아니 그치샤 날므를 외오시니<용가68>

퓌오다/퓌우다(焚, 퓌-) : 향 퓌오고 하늘끠 비로딕 갑새 죽긔 거 지라 ᄒᆞ더라<속삼 효29>/향 퓌우시고 구경ᄒᆞ신 후에 <박번 상71>

(ㆍ) : ᄆᆞᆯ오다/ᄆᆞᆯ외다(乾, ᄆᆞᄅᆞ-) : ᄆᆞ레 닐굽 저글 시서 뭇ᄆᆡᄌᆞᆫ 것 업게 ᄒᆞ야 ᄇᆞ레 ᄆᆞᆯ오고<구방, 하84-85>/西ㅅ녁 히 비취 옛ᄂᆞᆫ ᄃᆡ 놀개 ᄆᆞᆯ외노라<두해초7 : 5>

ㄷ. 남움 닿소리 밑말 + '-오/우-' → 남움

(ㄱ) : ᄀᆞᆺ고다(勞, ᄀᆞᆽ-) : 이 菩薩올 ᄀᆞᆺ고아 오래 劫數 디내야 度脫올 짓게 ᄒᆞᄂᆞ니<월석21 : 117>

(ㄷ) : 거도다/거두다(收, 걷-) : 婢 時急히 거도더니<내훈초 1 : 18>/帳을 거두니 ᄆᆞᆰ겨리 ᄢᅳᆺ도다<두해초15 : 30>

도도다(昇, 돋-) : 벼스를 도도시니<용가85>

(ㄹ) : 걸위다(掛, 걸-) : 아모 ᄃᆡ도 마ᄀᆞᆫ ᄃᆡ 업서 드긇 ᄢᅴ 걸위디 몯 ᄒᆞᆯ 씨라<월석, 서8>

도로다(廻, 돌-) : 한 도로미 굿디 몯ᄒᆞ면<원각, 상2-3 : 23>

알외다/알위다(知, 알-) : 부텻 知見으로 衆生ᄋᆞᆯ 알외오져 ᄒᆞ시며<석보13 : 55>/省會 알 위다<집람, 단자해9>

지지즐우다(壓, 지즐-) : 세흔 有情을 지즐우며 ᄢᅢ디여 四生애 잇게 ᄒᆞᄂᆞᆫ 젼치오<원각, 상1-2 : 86>

헐우다(破, 헐-) : 돌ᄲᅳ론 오술 걸위예 헐우고<두해 초15 : 6>

(ㅅ) : 니수다/니우다/닛우다/닛위다/닛위다(連, 닛-) : 동녁 ᄶᅡ히 가난ᄒᆞ고 니수어 군식 니러날 시<번소9 : 32>/병난으로 뼈 니우니(繼)<소해6 : 29>/세헤 ᄂᆞᆫ화 닛위 머그라<구간6 : 7> /닛위여 水族이 버렛ᄂᆞ니<두해 초22 : 18>/燈 혀아 닛위여 ᄇᆞᆰ게 ᄒᆞ며<석보9 : 35>

ㄹ. 제움 닿소리 밑말 + '-오/우-' → 남움

(ㄷ) : 모도다(集, 남, 몯-, 제) : ᄆᆞ리 ᄆᆞᆯ리 이셔 가ᄅᆞᆯ 모도ᄃᆞᆺ ᄒᆞ니라<능엄1 : 16>

(ㄹ) : 갓ᄀᆞᆯ오다(倒, 갓ᄀᆞᆯ-) : 爛慢히 곳다온 酒樽을 갓ᄀᆞᆯ오리로다 <두해초 21 : 23-4>

기울우다(傾, 기울-) : 네 色과 空과로 如來藏애 서르 기울우

며 서르 아슬씨<능엄4 : 44>

달오다((煎, 달-) : 다리우리를 달오고 사르 므로 들라 ᄒᆞ니 소
니 데어늘<내훈초, 서4>

다ᄉᆞ오다(理, 다ᄉᆞ-) : 왼 일 다ᄉᆞ와 地獄苦를 나토샤미<월석
8 : 29>

머믈오다/머믈우다(留, 머믈-) : 王宰ㅣ 비르서 眞實ㅅ 자최를
머믈오도다<두해초 16 : 31>/뉘 能히 네 얼구를 머믈우
리오<능엄6 : 74>

멀우다(瞖, 멀-) : 엇뎨 五色이 能히 눈 멀우리오<원각, 서27>

불우다(張, 불-) : 슬고 ᄢᅴ 숨 반 량 더운 므레 불워<구간6 : 43>

살오다(生, 살-) : 오면 살오리라<월석17 : 39>

슬우다(消, 슬-) : 여스슬 슬운 後에ᅀᅡ ᄒᆞ나흘 업게 ᄒᆞ고<능
엄4 : 106>

어울오다/어울우다(合, 어울-) : ᄒᆞ다가 숧바당ᄋᆞᆯ 브터 냞 딘
댄 반ᄃᆞ기 어울오ᄆᆞᆯ 기드리디 아니ᄒᆞ리라<능엄2 : 114>/
첫소리를 어울워 ᄡᅳᆯ 디면 ᄀᆞᆲ바 쓰라<세훈민>

얼우다(凍, 얼-) : ᄀᆞᄅᆞ매 ᄇᆡ 업거늘 얼우시고 ᄯᅩ 노기시니
<용가20>

열우다(結, 열-) : 空花를 어더 空앳 果實을 열우려툿 ᄒᆞ니<능
엄4 : 41>

염글우다(實, 염글-) : 人倫 ᄇᆞᆯ규믈 염글우니라<번소9 : 108>

오ᄉᆞᆯ오다/오ᄋᆞᆯ오다/오올오다/올오다(全, 오올-) : 道ᄂᆞᆫ 本來
生ᄋᆞᆯ 오ᄉᆞᆯ오미라<선가, 하49> 眞아롤 法에 므슴 오올오
면 곧 반ᄃᆞ기 眞 아 롤 期約이시며<금삼3 : 60>/목수믈
오올와이슈라<두초20 : 18>/道力을 올오디 몯ᄒᆞ야<능엄
1 : 3>

이울우다(枯, 이울-) : 修行 처ᅀᅥᆷ에 모로매 欲愛를 이울워 그
처 心性이 虛明케 ᄒᆞᆫ 後에ᅀᅡ<능엄8 : 21>

일오다/이로다/일우다(成, 일-) : 잢간도 절로 일오ᄂᆞᆫ 배 업스
니라<내훈초1 : 85>/뒷 東山애 五百塔ᄋᆞᆯ 이로고<석보1
1 : 38>/百姓이 큰 功ᄋᆞᆯ 일우ᅀᆞᆸ니<용가57>

져믈오다/져믈우다(暮, 져믈-) : 겨지븐 閨門 안해셔 나롤 져

믈오고<내훈 초1 : 85-86>/ᄒᆞ다가 物에 觸ᄒᆞ며 거레 다
와ᄃᆞ면 ᄀᆞᆺ 안해셔 져믈우리니<영가, 하83>

헏글우다/헏틀오다(亂, 헛글-/헛틀-) : 엇디 머리를 헏글우고
명망을 길워<소해6 : 109>/엇 디 머리를 헏틀오고 어디
다 ᄒᆞ요믈 길워셔<번소10 : 10>

횟도로다(回, 횟돌-) : 西江애셔 머리ᄅᆞᆯ ᄒᆞ올로 횟도로노라
<두해 초11 : 29>

(ㅁ) : 넘오다/넘우다(漫, 넘-) : 닐굽 슌에 넘오디 아니ᄒᆞ더<소해
6 : 130>/도라옴애 ᄢᆡᄅᆞᆯ 넘우디아니ᄒᆞ며<소해2 : 16>

(ㅅ) : 나ᅀᅩ다/나ᅀᅩ오다(進, 낫-) : 通커든 나ᅀᅩ고 막거든 말이ᄂᆞ니
<월석14 : 76>/네 나ᄅᆞᆯ 나ᅀᅩ와더ᄅᆞ게 ᄒᆞ야 다고려<박번, 상
18>

(425) ㄱ. 그 홀소리 밑말 + '-오/우-' → 남움

(ㅣ) : 비리우다(腥, 비리-) : 되ᄃᆞᆯ히 四海ᄅᆞᆯ 비리우니<두해초23 : 55>
어어리우다(遇, 어리-) : 손지 客塵이 어리워 ᄀᆞ료미 ᄃᆞ윈 젼
ᄎᆞᆯ씨<능엄1 : 104>
흐리우다(濁, 흐리-) : 中國 風俗ᄋᆞᆯ 흐리우디 아니ᄒᆞ리니<월
석2 : 72>

(j) : 되오다(堅, 되-) : 목 되와 말ᄒᆞ며<월석10 : 20>

ㄴ. 그 닿소리 밑말 + '-오/우-' → 남움

(ㄹ) : 길길오다/길우다(長, 길-) : ᄒᆞᆫ 이ᄅᆞᆯ 因티 아니ᄒᆞ면 ᄒᆞᆫ 智ᄅᆞᆯ
길오디 몯ᄒᆞ리라<금삼3 : 56>/능히 홀 둘 길우샤 ᄒᆞᆫ 劫 밍ᄀᆞ
ᄅᆞ시며<법화5 : 88>

(ㅈ) : 느주우다(緩, 늦-) : 느주워여 詔令을 그르츠면<두해 초25 : 38>

(ㅌ) : 녀토다(淺, 녇-) : 바ᄅᆞ래 비 업거늘 녀토시고 ᄯᅩ 기피시니
<용가20>

(424)는 '-오/우-' 가지가 움직씨 밑말과 결합하여 움직씨를 파생한
형태를 보인 것이고 (425)는 그림씨 밑말과 결합하여 움직씨를 파생한
형태를 보인 것이다. 이는 (418-419)에서 보인 '-이-'의 변이형태로써 그

결합되는 형태가 '-이-'와 크게 다르지 않다. '-오/우-'도 움직씨 밑말이
(424, ㄷ, 두르다, 쪄다)처럼 남움직씨일 경우나 (424ㄴ, ㄹ, 니르다, 몯다)
처럼 제움직씨일 경우 모두에 결합되고 결합된 파생어도 모두 남움직
씨이다. 제움직씨 밑말과 결합하여서는 (424ㄱ, ㄷ, 둘우다, ㅈ고다)처럼
남움직씨를 파생하고 남움직씨 밑말과 결합하여서는 (424ㄴ, ㄹ, 니르위
다/닐위다, 모도다)처럼 겹남움직씨를 파생한다. 그림씨 밑말과 결합하
여서도 남움직씨를 파생한다. 그리고 이들 파생어가 가진 뜻도 모두 'X
하게 하다' 라는 하임의 뜻이 있어 가지 '-오/우-'에도 '-이-'와 마찬가지
로 <하임, 남움직성>의 뜻바탕을 가진다.그러나 '-오/우-'가 나타나는
음운론적 환경 즉 이 가지가 결합되는 밑말의 끝소리는 '-이-'와 약간의
차이를 보인다.

먼저 밑말의 끝소리가 홀소리인 경우를 먼저 살펴본다.

'-이-'가 결합되는 경우는 (418-419)의 예에서 보듯이 밑말의 끝소리
가 'ㅏ/ㅓ, ㅗ/ㅜ, ㅕ, ㅡ, ㅣ, j, ·' 등 다양한 홀소리와 결합되는데 이 중
에서 '-이-'가 결합되는 홀소리는 주로 'ㅏ/ㅓ, ㅗ/ㅜ, ㅕ, ㅡ, ·'이고 'ㅣ,
j'와 결합되는 예는 그리 많지 아니한데 비하여 '-오/우-'의 경우는 밑말
의 끝소리가 'ㅏ/ㅓ, ㅗ/ㅜ, ㅕ' 에는 결합되지 못하고 주로 'ㅣ, j' 홀소리
에 결합되어 나타난다. 물론 (424ㄱ)에서 '둘우다(←두르-+-우-)'나 (424
ㄴ)에서 '니르위다/닐위다(←니르- +-우+-이-), 몰오다/몰외다(←ㅁㄹ-
+-오-(/+ -이-)'에서는 '-오/우-' 가지가 'ㅡ'와 '·' 홀소리 뒤에도 나타
나는데 이는 그 결합되어 나타나는 예가 매우 적어 이들의 결합은 오히
려 예외적이라 할만 하다,

이제 밑말의 끝소리가 닿소리인 경우를 살펴본다.

여기에서도 '-이-'는 'ㄱ, ㄷ, ㄹ, ㅂ, ㅅ, ㅈ, ㅊ, ㅌ, ㅍ, ㅎ' 등과 결합됨
으로써 결합되는 밑말의 끝소리가 매우 다양하다. 그런데 비하여 '-오/

우-'는 'ㄱ, ㄷ, ㄹ, ㅁ, ㅅ, ㅈ, ㅌ'에 결합되어 밑말의 끝소리가 '-이-'에
비하여 그리 다양하지 못하다. '-이-'와 '-오/우-'는 형태론적 변이형태
이다.

　　② '-호/후-' 가지

　이 가지는 움직씨와 그림씨 밑말과 결합하여 'X하게 하다'라는 하임
의 뜻바탕을 가진 움직씨를 파생하되 밑말의 끝소리가 홀소리인 경우에
는 결합하지 못하고 닿소리인 경우에만 결합하여 남움직씨를 파생한다.

　　　(426) ㄱ. 남움 닿소리 밑말 + '-호/후-' → 남움
　　　　(ㅈ) : 고초다(拱, 곶-) : ᄆᅀᆞᄆᆞᆯ 고초아 들더시니<내훈초 2하 : 50>
　　　　ㄴ. 제움 닿소리 밑말 + '-호/후-' → 남움
　　　　(ㄷ) : 난호다/나토다/나토오다(現, 낟-) : 져기 난호게 커늘<삼강,
　　　　　　　　충11>/微妙ᄒᆞᆫ 法을 나토며<석보13 : 33>/내 안ᄒᆞ로브터
　　　　　　　　精誠 나토ᇙ 디 업고<삼강, 열3>
　　　　　　모토다/몯토다(集, 몯-) : 모토고 알ᄑᆞᆯ 브터 ᄯᅩ 노토다<금삼
　　　　　　　　5 : 2>/대혹관이 몯토아셔 ᄀᆞᄅᆞ쳐<번소9 : 15>
　　　　(ㅈ) : ᄂᆞ초다(低, 낮-) : 믈읫 ᄆᆞᅀᆞᆷ ᄂᆞ초는 사ᄅᆞᆷᄋᆞᆫ 만복이 제 귀의ᄒᆞ
　　　　　　　　리라<야운64>
　　　　　　마초다(合, 맞-) : 合ᄋᆞᆫ 對ᄒᆞ야 서르 ᄧᅡᆨ 마촐 씨니<월석, 어
　　　　　　　　제 월인석보 서 : 7>
　　　　　　머추다(停, *멎-) : 禮義를 앗기샤 兵馬ᄅᆞᆯ 머추어시니<용가54>
　　　　　　안초다(坐, 앉-) : 돌ᄒᆞᆯ 봇가 븕게 ᄒᆞ야 촌 ᄆᆞ레 둠가 안초아
　　　　　　　　ᄆᆞᆯ겨<구방, 상33>
　　　(427) ㄱ. 닿소리 밑말 + '-호/후-' → 남움
　　　　(ㄷ) : 구투다(固, 굳-) : 僞性을 구튜리라<용가71>
　　　　(ㅈ) : ᄀᆞ초다(備, 곶-) : 음식 차반을 ᄀᆞ초와 권당과 녯 벗과 손둘ᄒᆞᆯ
　　　　　　　　쳥ᄒᆞ야<번소9 : 87>
　　　　　　느초다/느추다(緩, 늦-) : 법 셴 ᄠᅳᆮ을 샹고ᄒᆞ야 출혀 되오며

느초면<소해5 : 32>/マ르치 눈 道애 져고마도 느추디 아
니ᄒ더라<내훈 초3 : 32>

　(426)은 '-호/후-' 가지가 움직씨 밑말과 결합한 형태를 보인 것이고
(427)은 그림씨 밑말과 결합한 형태를 보인 것이다. 움직씨에서는 밑말
이 (426ㄱ, 곶다)처럼 남움직씨이거나 (425ㄴ, 낟다)처럼 제움직씨에 두
루 결합되는데 밑말의 끝소리는 모두 닿소리이다. 그림씨 밑말의 경우
도 (427, 굳다)에서 보듯이 닿소리이다. '-호/후-'는 이렇게 닿소리로 끝
나는 밑말과 결합하여 하임의 뜻바탕을 가진 남움직씨를 파생한다.
　이러한 사실을 두고보면 (424-425, 둘우다, 니르위다/닐위다, ᄀ고다,
모도다, 비리우다)에서 보인 '-오/우-'는 움직씨나 그림씨 밑말의 끝소리
가 닿소리이거나 홀소리 모두에 결합되는데 비하여 '-호/후-'는 홀소리
에는 결합되지 못하고 밑말의 끝소리가 닿소리인 경우에만 결합된다. 닿
소리에 있어서도 '-오/우-'는 'ㄱ, ㄷ, ㄹ, ㅁ, ㅅ, ㅈ, ㅌ' 등과 결합하는데
비하여 '-호/후-'는 'ㄷ, ㅈ'으로 끝난 밑말과 결합하는데 이는 거센소리
의 짝이 있는 것들이다. '-오/우-'나 '-호/후-'도 형태론적 변이형태이다.

　　③ '-고/구-'
　'-고/구-'는 움직씨 밑말에만 결합하여 하임의 뜻바탕을 가진 남움직
씨를 파생한다.

　　　(428) (ㅅ) : 솟고다(湧, 솟-) : 依羅눈 닐오매 너븐 엇게니 바롨므를 솟고
　　　　　 ᄂ니라<법화1 : 51>
　　　　(ㅁ) : 넘구다(漫, 넘-) : 禮눈 졀츠롤 넘구디 아니하며<소해3 : 6>

　(428)은 움직씨 밑말에 '-고/구-'가 결합된 형태를 보인 것인데 그 쓰

인 예가 적어 단정하기는 어려우나 나타난 형태로만 보면 'ㅅ'과 'ㅁ'으로 끝난 제움직씨 밑말과 결합한다. 이들에는 (424ㄹ. 넘오다/넘우다, 나소다/나소오다)에서 보듯이 '-오/우-'도 결합하므로 '-고/구-'는 '-오/우-'의 형태론적 변이 형태이다.

이상으로 살핀 '-오/우-'계의 하임 파생 가지 '-오/우, -호/후-, -고/구-'의 결합 형태를 밑말의 끝소리를 중심으로 다시 정리해 표로 보이면 (429)와 같다.

(429)

	결합되는 밑말의 끝소리						비고
	움 직 씨				그 림 씨		
	남 움직씨		제 움직씨				
	홀소리	닿소리	홑소리	닿소리	홀소리	닿소리	
-오/우-	ㅡ, ㅣ, j (내림홀소리)	ㄱ, ㄷ, ㄹ, ㅅ	ㅡ, ㅣ, j (내림홀소리)	ㄷ, ㄹ, ㅁ, ㅅ	ㅣ, j (내림홀소리)	ㄹ, ㅈ, ㅌ	• 움직씨, 그림씨 모두에 결합됨. • 홀소리, 닿소리에 모두 결합됨.
-호/후-		ㅈ		ㄷ, ㅈ		ㄷ, ㅈ	• 움직씨, 그림씨에 결합됨. • 닿소리에만 결합됨. • '-오/우-'가 결합되는 닿소리에서 거센소리의 짝이 있는 소리와 결합됨.
-고/구-				ㅅ, ㅁ			• 제움직씨 닿소리에만 결합됨

③ '- · (ㅡ)-' 가지

이 가지는 움직씨와 그림씨 밑말과 결합하여 'X하게 하다'라는 하임의 뜻바탕을 가진 움직씨를 파생하되 밑말의 끝소리가 홀소리인 경우에는 결합하지 못하고 닿소리도 'ㄹ'인 경우에만 결합하여 남움직씨를 파생한다.

(430) ㄱ. 남움 닿소리 밑말 + '- · (ㅡ)-' → 남움
　　　　도르다(廻, 돌-) : 비룰 도르디 아니ᄒ놋다<두해, 초23 : 54>

두르다(圍, *둘-) : 眞珠 그믈 두르고 棺올 우희 엱줍고<월석1
0 : 10>62)

ㄴ. 제움 닿소리 밑말 + '- ､(一)-' → 남움

니르다(激, 닐-) : 激온 믌결 니를 씨라<능엄1 : 113>

사르다(生, 살-) : 能히 子息의 善惡을 아ᄂ니 제 주기고져 ᄒ며
사르고져 호몰 드리라<내훈초3 : 20>

이르/르다(成, 일-) : 舍衛國에 도라가 精舍 이르ᅀᆞᄫᅩ리니 弟子
ᄒ나홀 주어시든 말 드러 이르ᅀᆞ 봐 지이다<석보 6 : 22>/
이 ᄯᅡ해 精舍 이르ᅀᆞᄫᅩᆯ 쩨도 이 개야미 이에셔 사더 니<석
보6 : 37>

횟도르다(回, 횟돌-) : 비롤 횟도르놋다<두해 초15 : 35>

(431) 그 닿소리 밑말 + '- ､(一)-' → 남움

기르/르다(養, 길-) : 아비 어미 날 기롤 저긔 밤나지 날로 희여 ᄀ
초더니<두해초 8 : 67>/둘 ᄀᆞᆯ해 기르놋다<두해초 8 : 33>

(430)은 '- ､(一)-' 가지가 움직씨 밑말과 결합한 형태를 보인 것이고
(431)은 그림씨 밑말과 결합한 형태를 보인 것이다. 움직씨에서는 밑말
이 (430ㄱ, 도르다)처럼 남움직씨이거나 (430ㄴ, 니르다)처럼 제움직씨에
두루 결합되는데 밑말의 끝소리는 모두 'ㄹ'이다. 그림씨 밑말의 경우도
(431, 기르/르다)에서 보듯이 'ㄹ'이다. '- ､(一)-'는 이렇게 'ㄹ'로 끝나는
밑말과 결합하여 하임의 뜻바탕을 가진 남움직씨를 파생한다.

이러한 사실을 두고보면 '- ､(一)-'는 'ㄹ'로 끝나는 밑말과 결합하는
하임 뒷가지이다. 'ㄹ'로 끝나는 밑말과 결합하는 가지의 형태는 이 밖에
도 앞에서 살핀 '-이-(418ㄷ, ㄹ, 거슬이다/거스리다, 굿블이다)'나 '-히-
(420ㄴ, 달히다)', '-오/우-(424ㄷ, ㄹ, 걸위다, 갓ᄀᆞᆯ오다, 425ㄴ, 길오다/길
우다)'가 있다. 따라서 이들 형태는 같은 밑말에 각각 결합되어 나타나

---

62) 허웅(1975 : 172)에서는 '도르-'가 '돌-'의 파생남움직씨임을 생각하면 '두르-'도, 아
마 이미 없어진 밑말인 '*둘-'의 파생남움직씨였을 것으로 생각된다고 한다.

기도 하는데 이를 살펴보면 (432-433)과 같다.

(432) ㄱ. 남움 'ㄹ' 끝소리 밑말 + 가지

　　　도ᄅ다 : 돌이다 : 비를 도ᄅ디 아니ᄒᆞ놋다<두해, 초23 : 54>/ᄒᆞ
　　　　　　숨곰 돌여 치라<박번, 상21>

　　　두르다 : 둘우다 : 眞珠 그믈 두르고 棺올 우희 엱줍고<월석10 :
　　　　　　10>/ᄒᆞᆫ 벼를 둘우메 世界 便安 ᄒᆞ도 다<금삼5 : 49>

　　ㄴ. 제움 'ㄹ' 끝소리 밑말 + 가지

　　　사ᄅ다 : 살이다/살리다 : 能히 子息의 善惡을 아ᄂᆞ니 제 주기고
　　　　　　져 ᄒᆞ며 사ᄅᆞ고져 호몰 드리라<내훈 초3 : 20>/城 밧
　　　　　　긔 닐굽 뎔 일어 줌 살이시고<월석2 : 77>/받과 집을
　　　　　　사셔살리고<소해6 : 32>

　　　이ᄅ/르다 : 일오다/이로다/일우다 : 舍衛國에 도라가 精舍 이ᄅ
　　　　　　ᅀᆞᄫᆞ리니 弟子 ᄒᆞ나홀 주어시든 말 드러 이ᄅᅀᆞᄫᅡ 지
　　　　　　이다<석보 6 : 22>/이 ᄯᅡ해 精舍 이르ᅀᆞᄫᅩᆯ 쩨도 이 개
　　　　　　야미 이에셔 사더니<석보6 : 37>/ᄒᆞ간도 절로 일오ᄂᆞᆫ
　　　　　　배업스니라<내훈 초1 : 85>/뒷 東山애 五百塔올 이로
　　　　　　고<석보11 : 3 8>/百姓이 큰 功올 일우ᅀᆞᄫᆞ니<용가57>

　　　횟도ᄅ다 : 횟도로다 : 비를 횟도ᄅ놋다<두해 초15 : 35>/西江
　　　　　　애셔 머리를 ᄒᆞ올로 횟도로노라<두해초11 : 29>

(433) ㄷ. 'ㄹ' 끝소리 밑말 + 가지

　　　기ᄅ/르다 : 길길오다/길우다 : 아비 어미 날 기롤 저긔 밤나지 날
　　　　　　로 ᄒᆡ여 ᄀᆞ초더니<두해 초8 : 67>/들 ᄀᆞᆯ해 기르놋다<두해
　　　　　　초 8 : 33>/ᄒᆞᆫ 이롤 因티 아니ᄒᆞ면 ᄒᆞᆫ 智롤 길오디 몯ᄒᆞ리
　　　　　　라<금삼3 : 56>/능히 홀돌 길우샤 ᄒᆞᆫ 劫 밍ᄀᆞᄅᆞ시며<법화
　　　　　　5 : 88>

　그런데 이들 대립 짝들을 살펴보면 가지는 모두 'X하게 하다'라는 하
임의 뜻바탕을 가지는데 파생어의 뜻은 서로 다르다.

　이러한 사실은 허웅(1975 : 171-173)에서 지적하고 있는데 허웅에서 지

적한 그 다른 뜻을 살펴보면 다음과 같다.

> (432ㄱ)' 도르다 : 돌이다 : 이 둘은 현대어로서는 모두 '돌리다'인데 '돌이
> 다'는 '번갈아들다'의 뜻으로 쓰인 듯 하다.
> (432ㄴ)' 사르다 : 살이다/살리다 : '살이다/살리다'는 허용의 뜻을 가져 '살
> 게 하다'인데 비하여 '사르다'는 '살리다('죽이다'의 반
> 대)'의 뜻을 가진다.
> 이르/르다 : 일오다/이로다/일우다 : '일오다/이로다/일우다'는 '이
> 루다'의 뜻을 가졌고 '이르/르다'는 '만들다'의 뜻을 가
> 져 약간 다르다.
> (433)' 기르/르다 : 길오다/길우다 : '길오다/길우다'는 '길게 하다'의 뜻을
> 가졌고 '기르/르다'는 '기르다'의 뜻을 가졌다

이러한 사실을 두고보면 하임 뒷가지 '-·(ㅡ)-'는 움직씨나 그림씨의
몇몇 밑말에 붙어 그 파생어가 같은 밑말과 결합한 'X이-'나 'X오/우-'
와는 다른 뜻을 가지고 있음을 보이고자 할 때 쓰인 어느 정도 한정적
인 하임 뒷가지라 할 수 있다. 그러나 하임 뒷가지로서의 뜻바탕은 '-·
(ㅡ)-'나 '-이-', '-오/우-'가 다르지 않아 이들은 형태론적 변이형태이다.

④ 하임 뒷가지의 겹침

1 '-이- + -이-'의 겹침

> (434) 데이다(爆, 덥-+-이->데-) : 니와 불꽂을 토ᄒ여 데이며 ᄉ로고 지
> 지며<은중42>
> 퓌이다(掘, 프-+-이->퓌-) : 帝ㅣ 무덤을 퓌이니 오직 뷘 棺애 혼
> 딱 갓신이 잇더라<남명, 상52>
> 히이다/히예다(爲, ᄒ-+-이->히-) : 효근 풍류와 굴근 풍류둘 다 히
> 이시며<박번 상71>/使ᄂᆞᆫ 히 예 ᄒᄂᆞᆫ 마리라<세훈민3>

② '-히- + -이-'의 겹침

(435) 고티이다(改, 곧-+-히-) : 겨릿 사름물 비러 爲ᄒ야 冠올 고티이노
라<두해초 11 : 33>

③ '-오/우- + -오/우-'의 겹침

(436) 나ᇫ오오다(進, 낫-+-오->나ᇫ오-) : 네 나룰 나ᇫ오와 뎌르게 ᄒ야 다고
려<박번, 상18>

④ '-호/후- + -오/우-'의 겹침

(437) 나토오다(現, 낟-+-호->나토-) : 내 안ᄒ로브터 精誠 나토옳 디 업
고<삼강, 열3>
마초오다(合, 맞-+-호->마초-) : 이 둘흘 마초와 혜언댄<금삼4 : 30>

⑤ '-이- + -오/우-'의 겹침

(438) 데우다(暑, 덥-+-이->데-) : 味룰 술면 能히 데운 丸과 쇠 쥭이 드
외오<능엄8 : 97>
세오다/셰우다(立, 셔-+-이->셰-) : 몸 셰옴애 몯ᄂ니라<소해2 :
29>/몸을 셰워 道를 行ᄒ야<소해 2 : 29>
조희오다(淨, 조ᄒ-+-이->조희-) : 律中에 다ᄉᆞ 果룰 다 모로매 블
로 조희오ᄂ니 生氣 먹디 아니 호물<능엄8 : 7>
힘ᄡᅴ오다/힘ᄡᅴ우다(力, 힘쓰-+--이>힘ᄡᅴ-) : 學올 힘ᄡᅴ오샤 子細히
니ᄅ시며<내훈 초2 하55-56> /礪ᄂᆞᆫ 뿢돌히니 힘ᄡᅴ워 ᄀᆞ다ᄃᆞ물
씨라<능엄1 : 3 7>
히오다(爲, ᄒ-+-이->히-) : 兵馬 十八 億萬을 降服히오샤 光明이
世界룰 ᄉᆞ못 비취샤<석보6 : 17-18>

⑥ '-오/우 + -이-'의 겹침

(439) 걸위다(掛, 걸-+-우-) : 아모 ᄃᆡ도 마ᄀᆞᆫ ᄃᆡ 업서 듣긇 쩌 걸위디 몯
홀 씨라<월석, 서8>

니르위다/닐위다(到, 니르-+-우-) : 님그믈 니르위여<두해 초24 :
54>/뜨든 不輕의 德 싸하 道 닐위여<월석17 : 90>
닝위다/닛위다(連, 닛-+-우-) : 닝위여 水族이 버롓ᄂ니<두해 초2
2 : 18>/燈 혀아 닛위여 볽게 ᄒ며<석보9 : 35>
몰외다(乾, ᄆᆞᄅ-+-오-) : 西ㅅ녁 히 비취옛ᄂ 딕 놀개 몰외노라<두
해초7 : 5>
알외다/알위다(知, 알-+-오/우-) : 부텻 知見으로 衆生ᄋᆞᆯ 알외오져
ᄒ시며<석보13 : 55>/省會 알위다<집람, 단자해9>

하임의 뜻바탕을 분명히 하기 위하여 하임의 뒷가지를 겹쳐 쓰는 일
이 있는데 위 (434-439)는 그러한 형태를 보인 것이다. 이때 뒤에 쓰이
는 가지는 '-이-'와 '-오/우-'로 한정된다.

'-이-'는 (434, 데이다), (435, 고티이다), (439, 걸위다)에서처럼 '-이-, -히-,
-오/우-'에 겹쳐 쓰이고 '-오/우-'는 (436, 나쇼오다), (437, 나토오다),
(438, 데우다)처럼 '-오/우-, -호/후-, -이-'에 겹쳐 쓰인다. 다시 말하면
'-이-'나 '-오/우-'가 결합된 파생어 뒤에서는 다시 '-이-'나 '-오/우-'가
겹칠 수 있으나 '-히-'가 결합된 파생어 뒤에서는 '-이-' 가지만 겹칠 수
있고 '-호/후-'가 결합된 파생어 뒤에서는 '-오/우-' 가지만 겹칠 수 있다.
'-이-'계의 '-기-'나 '-오/우-'계의 '-고/구-' 뒤에는 겹치는 일이 없다.

그리고 '-이-'나 '-오/우-'가 '-이-' 뒤에 나타날 때에는 앞의 '-이-'는
반드시 밑말의 끝소리에와 함께 한 겹홀소리가 된 경우에 나타나고(434,
데이다, 퓌이다, 희이다/희에다, 438, 데우다, 셰오다/셰우다, 조희오다, 힘ᄢ오다/힘ᄢ
우다, 희오다), '-이-'가 '-오/우-' 뒤에 겹쳐 나타날 때에는 가지끼리 겹쳐
두 홀소리가 한 겹홀소리가 된다(439, 걸위다, 니르위다/닐위다, 닝위다/닛위다,
몰외다, 알외다/알위다).

(2) 근대국어

근대국어에 나타나는 하임 풀이씨 뒷가지는 중세국어와 마찬가지로
‘-이-, -히-, -기-, -오/우-, -호/후-, -고/구-, -·(ㅡ)-’가 있다. 이들 가
지도 대개 밑말의 끝소리에 따라 다르게 나타나는 변이형태이다.

이들 가지도 ‘-이-’계 ‘-이-, -히-, -기-’와 ‘-오/우-’계 ‘-오/우-, -호/
후-, -고/구-’ 가지 그리고 ‘-·(ㅡ)-’ 가지로 나누어지는데 이들도 밑말
의 끝소리에 따라 온전히 구분되지는 않는다. (438ㄱ-ㄷ)에서 보듯이 같
은 밑말에 ‘-이-’계와 ‘-오/우-’계가 같이 나타나기도 하고 같은 계열 안
에서도 ‘-이-’와 ‘-히-’, ‘-이-’와 ‘-기-’, ‘-히-’와 ‘-기-’, ‘-오/우-’와 ‘-호/
후-’, ‘-오/우-’와 ‘-고/구-’가 같이 나타나기도 하여 이들을 음성적 변이
형태라 하기는 힘들다.

    (440) ㄱ. ‘-이-’계 : ‘-오/우-’계

       넘기다 : 넘고다 : 고변에 잘못호 윤리병리 세진은 형수로 넘기
         고<독립1 : 322>/만하도 열 필에 넘고디말라<가언 4 : 6>

       놀리다 : 놀오다 : 호가지로 발 손을 놀려<박해, 하 : 6>/손을
         놀와 浮浪호면<경민30>

       느치다 : 느추다 : 시름두윈 ᄆᆞᅀᆞ미 딘ᄂᆞᆫ 둣호ᄆᆞᆯ 爲ᄒᆞᄋᆞ 느치노
         라<두해, 중15 : 39>/도적이 그 마롤 미더 느추워놀<신속,
         열3 : 40>

       닐위이다 : 닐위우다 : 님금을 堯舜 우희 닐위이곡 다시 風俗ᄋᆞ
         로 ᄒᆡ여<두해, 중19 : 2>/님그물 堯舜에닐위우므란 그듸내
         게 브티노니<두해, 중19 : 23>

       달히다 : 달오다 : 감초 두 푼롤 달혀 머기라<두요, 상 : 62>/블
         의 달온 침을 각각 주기놀 혼 촌식 ᄒᆞ라<마언, 상62>

       데이다 : 데오다 : 믈 데여 내 발 싯기고<두해, 중1 : 13>/두워
         두워 데오라 가디 말라<노해초, 상 : 57>

       도티다 : 도도다 : 실 도틴 花梨木 갑플에 鹿角 마개에<박해,

상 : 15>/특명으로 부졍을 도도시다<동신, 효6 : 24>

돌이다 : 돌오다 : 돌여 보닛슨즉 일후의 금단ᄒ고 중집홈은 <독립2 : 237>/岗公이 머리롤 돌와 ᄇ라ᄂᆺ비츨 ᄀᆺ비 ᄒᄂ 니<두해 중16 : 56>

디이다 : 디오다 : 길헤 디연ᄂᆫ 왼발 초혜 쑤리<태요 27>/믈에 타 옷에 ᄠᅥ 디오ᄂᆫ 돌<역해, 상47>

몰리다 : 몰로다 : 빅 번 몰료오면 가히 냥식이 되ᄂᆫ니라<구 보 : 7>/패초산은 오란 짐우희 니엿던 새초롤 몰로여<두 요, 하 : 14>

몰뢰이다 : 몰뢰오다 : 曝 몰뢰일 포<왜어, 상6>/볏티 몰뢰오다 <역해, 하47>

불리다 : 불우다 : 쥬라 불리고 된각 불리고<신속, 충1 : 88>/아 모ᄒᆫ 人家에 가 혓긋ᄒ로 불워 창 굼 글 뚤고<박해 : 35>

비이다 : 비오다 : 비이다(打扮)<역해, 상 : 46>/두 숨人의 비온 거시 風風流流ᄒ고<박해, 상28>

셰이다 : 셰오다 : 니시롤 져혀 희여곰 압셰여 가더니<신속, 열 8 : 17>/각각 혼 標롤 셰오고<가언7 : 18>

ᄲᅵ이다 : ᄲᅵ오다 : 양지 ᄠᅥ ᄲᅵ이고<신속, 열6 : 18>/門에 쇠야기 ᄲᅵ오다<역해, 상18>

안치다 : 안초다 : 男은 左편의 안치고 女ᄂᆫ 右 편의 안치라<가 언 2 : 7>/壓驚 놀란 것 안초다<역보 : 56>

얼이다 : 얼오다 : 져머셔 남진 죽거늘 어버이 다ᄅᆞ니 얼이고져 ᄒ더니<동속, 열 : 12>/어버이 져머셔홀어미 된 줄를 어엿 비 너겨 남진 얼오려 혼대<동속, 열 : 2>

재이다 : 재오다 : 그저 여러 나그내로 ᄒ여 재엿더니<노해중 : 45>/내 엇지 敢히 너롤내 무러 재오리오<노해중, 상46>

ᄎᆞ이다 : 치오다 : ᄌᆞ믈쇠로 수기수기 ᄎᆞ엿ᄂᆫ듸<청언 : 63>/셕웅황 혼 냥을 불근 ᄂᆞᄆᆞ치 녀허 왼녁 허리예 치오고<태요 : 12>

히이다 : 히오다 : 공으로 튱쳥 병ᄉᆞ롤 히이신대<신속, 충1 : 41>/ᄲᅥ곰 히오디 高祖ㅣ 服이 이시니<가례 10 : 7>

ㄴ. '-이-' : '-히-'

나이다 : 나히다 : 公木을 半分도 아니 잡고 나여 가라 ᄒᄂ고

<신어 4 : 16>/네 몰이 집의셔 나힌 이가 본디 사니가<노
　　해초, 하 : 14>

닉이다 : 익히다 : 溫習 글 닉이다<동문, 상 : 43>/비화 익혀 의
　　방호야<독립3 : 359>

더러이다 : 더럽히다 : 도적이 부녀룰 수탐히여 내여다 더러이
　　거늘<신속, 열3 : 28>/일은 문창과 담벽과 물건을 더럽히
　　고<독립3 : 43>

먹이다 : 먹히다 : 흐ᄅ 세 끼식 뎌룰 주어 밥을 비브리 먹이고
　　<박해, 상 : 10>/그저 격이 됴흔 醬瓜우로 밥 ᄒ여 먹히라
　　<박해, 상 : 50>

박이다 : 박히다 : 미삭에　셰젼식　박여셔<독립5 : 150>/경신록
　　삼빅 벌 박히믈 허ᄒ니<경신 : 57>

보이다 : 보히다 : 나갈 제 고ᄒ고 도라와 보이며<신속, 효5 :
　　26>/그 하인의 문표믄 내보히고<독립4 : 248>

속이다 : 속키다 : 네 날을 속이디 말라<박해64>/완혼 말로뻐
　　도적글 속켜 도적 몬져 가더니<동신, 열3 : 15>

울리다 : 울히다 : 즁통 흔 번 노코 쇼징 두 바탕을 울리고<연병 :
　　20>/塔을 千斤 든 쇠붑 소리 티ᄃ록 울힐시고<송강, 하12>

죽이다 : 죽히다 : 도적기 크게 노ᄒ야 다 죽이니라<신속, 효
　　8 : 57>/그 몸을 죽히라 쳥혼대<신속, 열8 : 3>

지이다 : 지히다 : 아비 왜적의 자븐 배 되여 므거온 짐으로뻐
　　지이거늘<신속, 효7 : 84>/백셩으로 ᄒ여금 길짐을 지히고
　　<독립2 : 320>

ㄷ. ‘-이-’ : ‘-기-’

맛다다 : 맛기다 : 다만 婢僕의게 맛뎌 두미 피티 아니하니<가
　　언2 : 5>/ᄯ 分外언마론 理에 맛기니<두해, 즁6 : 48>

버리다 : 벌기다 : 범이 이블 버리고 믈고져 ᄒ거늘<신속, 효
　　5 : 37>/임진왜란 왜적이 그지아비눌 해코져 ᄒ거늘 연이
　　몸므로 뻐 벌겨ᄀ리오고 슬픈 말로 비니<신속, 열8 : 1>

올미다 : 옮기다 : 後제 福州 사룸이 다 녯 분墓 올미믈 보니
　　<가언 7 : 22>/몸소 홀글 져서 어미룰 옮겨 혼디 영장ᄒ고
　　<신속, 효2 : 40>

ㄹ. '-히-' : '-기-'

안치다 : 안기다 : 男은 左편의 안치고 女는 右 편의 안치라<가
언 2 : 7>/안줌 안기라(打坐)<어록, 초 : 11>

ㅁ. '-오/우-' : '-호/후-'

フ리오다 : フ리호다 : 방시 손오로 느출 フ리오고<신속, 열8 :
39>/술과 몸을 간슈ㅎ야 フ리フ리홈을主亡호 거시라<가언
5 : 11>

느리오다 : 느리호다 : 대츄 여름 フ투니롤 느리오니<신속, 열
2 : 33>/左로 向ㅎ야 두려디 구븓게 느리호와<가언1 : 46>

달오다 : 달호다 : 블의 달온 침을 각각 주기눌 흔 촌식 ㅎ
라<마언, 상62>/燒紅 달호다<한청12 : 4>

드리오다 : 드리호다 : 머리롤 싸해 드리오고<마언, 하 : 57>/그
フ올 네 녁 밧긔 드리호고<가언, 도 : 8>

모도오다 : 모토다 : 모도와 언머 갑슬 밧고져 ㅎ눈다<노해초, 하
9>/祖考의 精神을 모토눈 뜨둘 일티아니ㅎ고<가언 10 : 8>

ㅂ. '-오/우-' : '-고/구-'

메오다 : 먹고다 : 죽 쑤어 간대로 골픈 디 메오라<노해초, 상
49>/뼈곰 喪亽애 허費예 먹고와<가언5 : 18>

소소다 : 솟고다 : 跳上 소소다<동문, 상 : 26>/피ㅈ티 우러 虛空
애 솟고고<두해, 중14 : 9>

   그럼에도 이 글에서 하임 뒷가지의 파생 양상을 밑말의 끝소리에 따
라 나누어 보고자 하는 것은 근대국어에서 이들 가지가 밑말의 끝소리
에 따라 완전히 체계화되지는 않았으나 어느 정도는 체계성을 띄고 있
기 때문이다.

   따라서 여기서는 근대국어의 하임 뒷가지를 어느 정도 형태적 체계
성을 가지는 '-이-'계 '-이-, -히-, -기-'와 '-오/우-'계 '-오/우-, -호/후-,
-고/구-'로 나누어 이들 가지가 결합되는 밑말 끝소리를 살피고 뒤에
특수한 의미론적 상황으로 말미암아 하임의 뜻바탕을 가지면서 하임

뒷가지로 나타나는 '-·(ㅡ)-'에 대해 살피기로 한다.

① '-이-'계

[1] '-이-' 가지

이 가지는 움직씨와 그림씨 밑말과 결합하여 'X하게 하다'라는 하임의 뜻바탕을 가진 움직씨를 파생한다. 그리고 움직씨 밑말과 결합하여서는 밑말의 씨갈래를 바꾸지 아니하고 그림씨 밑말과 결합하여서는 씨갈래를 바꾼다. 따라서 '-이-'가 결합되는 것으로만 보면 이 가지는 두 씨갈래 밑말 바꾸거나 바꾸지 아니하는 가지이다.

(441) ㄱ. 남움 홀소리 밑말 + '-이-' → 남움
　　　(ㅏ/ㅓ) : 건네다(渡, 건너-) : 우리 兩人을 불의예 막켜 건네여 겨시
　　　　　　니<신어5 : 3>
　　　　　　놀래다(驚, 놀라-) : 새 ᄆᆞ몰 놀래노라<두해 중, 10 : 6>
　　　　　　디내다/지내다(過, 디나->지나-) : 過活 됴히 디내다<역해,
　　　　　　하 : 44>/아무조록 셰츌을 셰닙에서 지내지 안케 죠션
　　　　　　졍부에 권ᄒᆞ며<독립 2 : 25>
　　　（ㅗ/ㅜ） : 밧괴다(換, 밧고-) : 네 밧괴여 온 뽈에셔 나를 져기 노닐
　　　　　　워 주고려<노해초, 상 : 48>
　　　　　　보이다/뵈다(見, 보-) : 나갈 제 고ᄒᆞ고 도라와 보이며<신
　　　　　　속, 효5 : 26>/내 은을 아디 못ᄒᆞ거 든 다른 사롬 ᄒᆞ여
　　　　　　뵈라<노해중, 상 : 59>
　　　　　　쑤이다(貰, 쑤-) : 곳 ᄒᆞ냥에 ᄒᆞ냥 利錢을 밧고 쑤이되<박
　　　　　　해, 상 : 31>
　　　　　　쏘이다(射, 쏘-) : 믈군ㅅ롤 궁노 잡펴셔 니음ᄃᆞ라 쏘이쟈
　　　　　　ᄒᆞ고<삼역 4 : 16>
　　　（ㅡ） : 다이다(築, 남, 다으-, 남) : 돌 고로다가 날회여 다이되<박해,
　　　　　　상 : 10>
　　　　　　문희다(破壞, 문ᄒᆞ-) : 언덕 문희여<청언 : 67>

믈이다/믈리다(陪, 므르-) : 陪 믈이다<사해 중, 상50>/追陪
믈리다<역해, 상66>

쯔이다(引, 쯔으-) : 믈윗 즁을 보면 곳 잡아 술위 쯔이고<박
해, 하 : 18>

쓰이다(書, 쓰-) : 글월을 늘로 ᄒ여 쓰이료<노해초, 하 : 13>
쓰이다(冠, 쓰-) : 이에 관건 쓰이고<가언 도5>

얼이다/어리다/얼리다(嫁, 어르-) : 져머셔 남진 죽거늘 어버
이 다른니 얼이고져 ᄒ더니<동속, 열 : 12>/향니 니슌명
이룰 어렷쩌니 슌명이 죽거늘 아춤 나죄울오<동속, 열 :
18>/할아버이 나히 져믄 주를 어엿쎄 너겨 남진 얼리려
커늘<동속, 열 : 9>

츠이다/추이다(舞, 츠->추-) : 광디 쯰워 놀개춤 츠이고<박
해 : 1>/두 놀개로 춤 추이고<박 신1 : 12>

츼다(除, 츠-) : 길 츼고 조혼 ᄶ히 무드라<가언9 : 6>

(ㅣ) : 마시이다(飮, 마시-) : 손가락 버혀 약의 프러 마시이니<신속,
효3 : 15>

브리이다(使, 브리-) : 의예 도적놈의 브리이미 되디 아니ᄒ
리라<신속, 충1 : 52>

지이다(負, 지-) : 아비 왜적의 자븐 배 되여 므거온 짐으로뻐
지이거늘<신속, 효7 : 84>

티이다/치이다(打, 티->치-) : 므슴 鐵로 티이려 ᄒ는다<박해,
상 : 15>/격군 네놈으로 흰쩍을치이더니<일동 2 : 14>

(j) : 되이다(測, 되-) : 바른롤 되요미로소니<두해 중, 8 : 10>

미이다(結, 미-) : ᄀ룺 ᄀ 長沙驛에 서르 맛나나 그 내비를
미요라<두해 중, 22 : 14>

븨이다(捻, 븨-) : 뎔로 ᄒ여 名色 실을 븨이고<박해 : 54>

비븨이다(鑽, 비븨-) : 藥을 비븨이더니<어훈1 : 50>

쌔이다(破, 쌔-) : 가얌잣 쌔이다<한청 12 : 15>

되이다(測, 되-) : 바른롤 되요미로소니<두해 중, 8 : 10>

(·) : 받이다(築, 받-) : 여러 담 받는 이와 조역을 블러다가 담 받
이리라<박해, 상 : 10>

ᄎ이다(佩, ᄎ-) : ᄌ믈쇠로 수기수기 ᄎ엿는듸<청언 : 63>

튀이다(乘, 튀-) : 그 튼 바 물로뻐 밧고야 튀이고 디후야 주
그니라<신속, 충 : 22>

푸이다/퓌다(掘, 푸-) : 훈 굿올 푸이디 깁희논 二尺 남죽고
<증무원1 : 42>/삷과 광이롤 가져다가 흙을 퓌여 예셔
흙 니기라<박해, 하5>

후이다(爲, 후-) : 今夜쁜 下人을 番을 후이시면 너일란 못즈
오리<신어4 : 28>

ㄴ. 제움 홀소리 + '-이-' → 남움

(ㅏ/ㅓ) : 나이다/내다(出, 나-) : 公木을 半分도 아니 잡고 나여 가라
후는고<신어4 : 16>/고롬을 내고 기룸을 브르라<마언
상67>

드러내다(露, 드러나-) : 露窮 가난 드러내다<한청 6 : 63>
빗내다(光, 빗나-) : 믈 블에 슬워 빗내다<한청 12 : 9>
자이다/재다(眠, 자-) : 후른밤 자여 견뎌 세 번 쩌 세 번
몰뢰여<구보 : 9>/내 너희롤 재 디 아니려 후는 줄이
아니라<노해중, 상 : 43>

(ㅕ) : 블혀이다(點燈, 블혀-) : 小先生이 ㅇㅏ ㅃ퓌 와 블혀이거놀<박해,
하 : 19>

셔이다/셰다(立, 셔-) : 정문후고 비 셔이니라<신속, 효1 :
31>/처엄으로 祠堂을 셰거든<가언1 : 22>

(ㅡ) : 믈리다(退, 므르-) : 병이 우연후야 두 히롤 믈려 죽거놀<신
속, 효5 : 48>

몰리다(乾, 므르-) : 빅 번 몰료오면 가히 냥식이 되느니라
<구보 : 7>

쯰다(浮, 쯔-) : 년못시 쯰려 홀제<삼역1 : 16>

올이다/오리다/올리다(登, 오르-) : 白玉盤애 올이오<두해, 중1
6 : 66>/노프나 노픈 남게 날 勸후 여 오려 두고<청언 :
41>/도적의 믈이 븥드러 내여 몰게 올려놀<신속, 열7 : 13>

흘리다(流, 흐르-) : 피롤 흘려 주그매<신속, 열4 : 23>

(ㅣ) : 디이다(掃, 디-) : 길헤 디연논 왼발 초혜 뿌리<태요 27>

쯰이다(挿, 쯰-) : 양지 쩌 쯰이고<신속, 열6 : 18>

ㄷ. 남움 닿소리 + '-이-' → 남움

(ㄱ) : 굵이다(搔, 굵-) : 머리털을 딕어 긁흔 거시 칼을 써 굵인 듯
　　　　　흐고<증무원3 : 36>

　　　닑기다(讀, 닑-) : 빌 즁이며 도ᄉ돌로 경 닑기며<두요, 하43>

　　　먹이다/머기다/먹기다(食, 먹-) : ᄒᄅ 세 ᄢ식 뎌롤 주어 밥
　　　　　을 비브리 먹이고<박해, 상 : 10>/닐 온 庶母ㅣ 뎌롤 졋
　　　　　머겨 기론 者ㅣ라<가언6 : 25>/만이 니근콩이어든 새 믈
　　　　　로 듐가 일어 먹기고<마언, 상 : 39>

　　　박이다(印, 박-) : 미삭에 셰젼식 박여셔<독립5 : 150>

(ㄷ) : 맛디다(任, 맜-) : 다만 婢僕의게 맛뎌 두미 피티 아니하니
　　　　　<가언2 : 5>

(ㄹ) : ᄀ리다(替, 갈-) : 져기 비ᄅ 잇고 ᄯ 져기 굽 ᄀ리미 잇더라
　　　　　<박해, 상 : 56>

　　　덜리다(除, 덜-) : 그리흐면 氣力이 덜리라<박해, 상 : 58>

　　　돌이다/돌리다(廻, 돌-) : 돌여 보닛슨즉 일후의 금단흐고<독
　　　　　립2 : 237>/핑이 돌리다<역해, 하 : 23>

　　　말리다(禁, 말-) : 그 어미 말려 ᄀ로오디<신속, 열1 : 72>

　　　부리다/불리다(吹, 불-) : 쥬라 ᄒ바탕을 부려든<연병 : 20>/
　　　　　쥬라 불리고 된각 불리고<신속, 충1 : 88>

　　　빌리다(借, 빌-) : 날을 ᄒ나흘 빌려 주고려<박해, 상 : 57>

　　　ᄭ을리다(跪, ᄭ을-) : 賓이 冠者롤 揖ᄒ야 돗긔 나아와 ᄭ을리고
　　　　　<가언3 : 10>

　　　ᄲ일이다/ᄲ일리다(吸, ᄲ일-) : 졋 주어 ᄲ일리면 즉시 통ᄒᄂ니라
　　　　　<태요 : 71>/그제야 유즙을 아기 ᄲ일이라<두해, 하 : 41>

　　　조리다(蜜, 남, 졸-, 남) : 蜜栗子 ᄭ을에 조린 밤<역해, 상 : 55>

(ㅅ) : 비이다(飾, 빗-) : 打扮 비이다<역해, 상 : 46>

　　　지이다(作, 짓-) : 널로 힝여 글 지이고<두해 중, 3 : 31>

(ㅊ) : 그치다/긋치다(絶, 긎-) : 병이 그쳐든 처엄대로 도로 흘디니
　　　　　라<가언2 : 12>/울음을 솔의놀 긋 치디 아니ᄒ고<신속,
　　　　　효8 : 71>

　　　그티다(絶, 긎-) : 대장이 몰 브려돈 증 세 빈 텨 취타롤 그티
　　　　　라<연병14>

　　　부치다(風, 붗-) 그 옷이 부처 퍼 흗터 가며<권념 : 25>

조치다(兼, 좇-) : ᄉ매 조쳐 내 브틴 갓옷<박해, 하 : 1>

(ㅍ) : 더피다(蓋, 덮-) : 각벼리 ᄀ는 뵈어나 싱깁이어나 더펴셔<가
언8 : 12>

(ㅎ) : 골히다(飢, 곯-) : 비ᄅᆞᆯ 골히며 풍한 드리미 가티 아니ᄒᆞ니
<두요, 하41>

나히다/내히다(産, 낳-) : 산모ᄅᆞᆯ 히여곰 졋바누이고 나히ᄂᆞᆫ
사ᄅᆞᆷ이 ᄀᆞ만ᄀᆞ만아기를 미러티왇고<태요 24>/내힐 사ᄅᆞᆷ
이 ᄀᆞ만ᄀᆞ만 아기를 우흐로 밀고<언태 : 25>

저히다(脅, 젛-) : 니시ᄅᆞᆯ 저혀 히여곰 압셰여 가더니<신속,
열8 : 17>

ㄹ. 제움 닿소리 + '-이-' → 남움

(ㄱ) : 깃기다/긴기다(喜, 짔-) : ᄉ립이 그 ᄠᅳ돌 깃기고져 ᄒᆞ야<신
속, 효3 : 73>/그 ᄆᆞᆷ 긴김으로 힘뻐 ᄒᆞ더라<신속, 효
3 : 75>

노기다(鎔, 녹-) : 鎔化 노기다<동문, 하18>

니기다/닉이다(熟, 닉-) : 鍊鐵 쇠 니기다<동문, 하 : 23>/練熟
金 금 여러 번 닉이다<한청12 : 3>

뻑이다(腐, **뻑**-) : 곰탕 슬녀 **뻑이고**<경신 : 73>

사기다(消, 삭-) : 비 ᄀᆞ디 몯홀 졔 플을 사기디 못ᄒᆞ고<마언,
상 : 36>

석이다/서기다(朽, 석-) : 耐心 ᄆᆞᆷ 석이다<역보 : 53>

속이다/소기다(欺, 속-) : 네 날을 속이디 말라<박해64>/처엄
은 데 눔을 소겻더니<박해, 중 : 47>

수기다(低, 속->숙-) : 니ᄅᆞᆯ 굴며 머리ᄅᆞᆯ 수기고<마언, 상 : 71>

식이다/시기다(冷, 식-) : 湯茶 ᄭᅳᆯ흔 차 식이다<한청 12 : 55>/
오로 븥거든 시겨 나여셔<태요 : 50>

죽이다/주기다(殺, 죽-) : 도적기 크게 노히야 다 죽이니라
<신속, 효8 : 57>/왜적이 그 지아비 ᄅᆞᆯ 주겨 오욕고져 ᄒᆞ
거늘<신속, 열7 : 6>

(ㄷ) : 둘이다(走, 돈-) : 몰 둘여 ᄠᅩᄂᆞᆫ 거슨<두해 중, 17 : 26>

ᄠᅳᆮ들이다(零, ᄠᅳᆮ들-) : 눈믈을 ᄀᆞ올 ᄇᆞᄅᆞ매 ᄠᅳᆮ들이노라<두해
중, 11 : 9>

저리다/절이다(油了, 졀-) : 이러면 저린 외 이시니 이제 즉제
　　　가져 오마<노해초, 상 : 57>/配鹽소곰 절이다<물명5 : 6>
(ㄹ) : 구우리다/구으리다(轉, 구울-/구을-) : 돌흘 구우려<두해 중
　　　2 : 4>/노흘 디픈 둧ᄒ며 구슬 구으 리ᄂᆫ 둧ᄒ면 즉제 난
　　　ᄂᆞ니라<태요 20>
　　구브리다(伏, 굿블-) : 이 時節에 靑蒲에 굿브려셔<두해 중,
　　　2 : 44>
　　기우리다(傾, 기울-) : 귀롤 기우려 소리롤 둧더니<박해, 하9>
　　놀리다(動, 놀-) : 흔가지로 발 손을 놀려<박해, 하 : 6>
　　눌이다/눌리다(飛, 눌-) : 風霜ᄀᆞᄐᆞᆫ 威嚴을 눌이놋다<두해 중,
　　　1 : 55>/연 눌리다<역해, 하23>
　　다ᄉᆞ리다(理, 다ᄉᆞᆯ-) : 良藥으로 病다ᄉᆞ림도곤 나으리라<박
　　　해 : 18>
　　드리다(入, 들-) : 堂中의 드려 노ᄒᆞ티<가언 5 : 33>
　　버리다(羅, 벌-) : 범이 이블 버리고 믈고져 ᄒᆞ거놀<신속, 효
　　　5 : 37>
　　버므리다(拌, 버믈-) : 콩믈을 버므려 주어 먹이고<박해, 상 : 21>
　　숫그리다(竦, 숫글-) : 오직 여ᄋᆞ와 다ᄆᆞᆺ 술기 터리 숫그려 날
　　　보고 怒ᄒᆞ야 우루믈 對ᄒᆞ라<두해, 중4 : 11>
　　울리다(鳴, 울-) : 즁통 흔 번 노코 쇼징 두 바탕을 울리고<연
　　　병 : 20>
　　조리다(蜜, 졸-) : 蜜栗子 쑬에 조린 밤<역해, 상 : 55>
(ㅁ) : 올미다(移, 옴-) : 後제 福州 사ᄅᆞᆷ이 다 녯 분墓 올미믈 보니
　　　<가언 7 : 22>
(ㅂ) : 누이다/뉘다(臥, 눕-) : 비 안히 ᄀᆞ만이 누여 두니<태평1 :
　　　4>/신主롤 내여 卓ᄌᆞ 우희 뉘여 노코<가언8 : 15>
(ㅅ) : 녀름지이다(農, 녀름짓-) : 녀름지유메 나라홀 버으리와다쇼
　　　미<두해, 중7 : 5>
　　우이다(笑, 웃-) : 길히 일뎡 눔의 우임을 니브리라<박해 : 47>
(ㅈ) : 저지다(霑, 젖-) : 술독을 쌔텨 주검을 저져 지 되믈 면ᄒᆞ니라
　　　<신속, 효4 : 87>
(ㅌ) : 기티다(遺, 깉-) : 풍뉴ᄒᆞᄂᆞ 사ᄅᆞᆷ을 기티디 말고<신어8 : 24>

브티다(附, 븥-) : 심지예 블 브텨 비취라<두요, 상5 : 5>

(ㅎ) : 글히다/끓히다(烹, 긇-/끓-) : 熱湯 덥게 끓힌 믈<탕액, 초1 :
   18>/熱湯 덥게 끓힌믈<탕액, 중1 : 18>

다히다(着, 닿-) : 빈 다혀 흥졍ᄒᆞᄂᆞᆫ 딘<역해, 상 : 7>

끓히다(烹, 긇-) : 흰 ᄀᆞᄅᆞ ᄒᆞᆫ 근을 누른 밀을 끓혀<구보 : 4>

(442) ㄱ. 그 홀소리 + '-이-' → 남움

(ㅗ) : 날호이다/날회다(緩, 날호-) : 내 길흘 조차 날호여 녜여 기ᄃᆞ려
   오노라 ᄒᆞ니<노해초, 상 : 1>/且住 날회라<동문 하 : 48>

(ㅡ) : ᄀᆞᆺ비다(勞, ᄀᆞᆺ브-) : 사ᄅᆞ믈 ᄀᆞᆺ비며 ᄆᆞᄅᆞᆯ 害ᄒᆞ야<두해 중15 : 21>

(ㅣ) : 디이다(低, 디-) : 화롤 ᄣᅡ 狄와 體와ᄅᆞᆯ 디요라<두해, 중2 : 4>

(ㆍ) : ᄆᆞ뎌다(省, ᄆᆞᄃᆞ-) : 개암을 어뎌 먹으니 도로혀 돈을 ᄆᆞ뎌어
   다<박해, 하 : 28>

ㄴ. 그 닿소리 + '-이-' → 남움

(ㄱ) : 누기다(宥, 눅-) : 만일에 기름으로 누기디 아니ᄒᆞ며<두요,
   하 : 36>

니기다/닉이다(習, 닉-) : 소ᄂᆞ로 티며 디ᄅᆞ기롤 니기고<연
   병 : 17>/溫習 글 닉이다<동문, 상 : 43>

익히다(習, 닉->익-) : 비화 익혀 의방ᄒᆞ야<독립3 : 359>

빗기다(傾, 빗-) : 즉제 몰 트고 창을 빗기고<신속, 충1 : 8>

(ㅂ) : 더러이다(汚, 더럽-) : 도적이 부녀롤 수탐히여 내여다 더러
   이거늘<신속, 열3 : 28>

더이다(暑, 덥-) : 溫着 더이다<한청 12 : 55>

어즐어이다/어즈러이다(亂, 어즈럽-) : 亂德 덕을 어즐어이니
   <십구1 : 4>/풍속을 어즈러이ᄂᆞᆫ 빅 셩은 나라 법으로 더
   을 쎄라<경민 : 23>

'-이-' 가지가 결합될 수 있는 형태, 음운론적 환경은 매우 다양하다.
형태론적으로는 움직씨, 그림씨 밑말 모두에 결합되고 음운론적으로는
홀소리나 닿소리 모두에 결합된다.

(441)은 '-이-' 가지가 움직씨 밑말과 결합하여 움직씨를 파생한 형태

를 보인 것이고 (442)는 그림씨 밑말과 결합하여 움직씨를 파생한 형태를 보인 것이다. 움직씨에서는 밑말이 (441ㄱ, ㄷ, 건너다, 굵다)처럼 남움직씨이거나 (441ㄴ, ㄹ, 나다, 찌다)처럼 제움직씨 모두에 결합되는데 파생어는 모두 남움직씨이다. 다시 말하면 제움직씨 밑말과 결합하여서는 (441ㄱ, ㄷ, 건네다, 굵이다)처럼 남움직씨를 파생하고 남움직씨 밑말과 결합하여서는 (441ㄴ, ㄹ, 나이다/내다, 깃기다/긴기다)처럼 겹남움직씨를 파생한다. 그림씨에서도 (442ㄱ, ㄷ, 날호-, 눅-)처럼 그림씨 밑말과 결합하여 (442ㄱ, ㄷ, 날호이다/날회다, 누기다)처럼 모두 남움직씨를 파생한다. 그리고 이들 파생어에는 모두 'X하게 하다' 라는 하임의 뜻바탕이 있다. 따라서 가지 '-이-'에는 <하임, 남움직성>의 뜻바탕이 있다 하겠다.

이제 '-이-'가 나타나는 음운론적 환경에 대해 살펴본다. '-이-'는 그 나타난 예로써만 보면 홀소리에서는 'ㅏ/ㅓ, ㅕ, ㅗ/ㅜ, ㅡ, ㅣ, j(내림 홀소리ㅣ), ·' 뒤에 나타나고 닿소리에서는 'ㄱ, ㄷ, ㄹ, ㅁ, ㅂ, ㅅ, ㅈ, ㅊ, ㅌ, ㅍ, ㅎ' 뒤에 나타나는데 그 나타나는 모습은, '-이-'에 앞서는 소리에 따라 변동되기도 하여 조금씩 다르다. 먼저 홀소리에서 살펴본다.

1) 홀소리 뒤에 '-이-'가 결합될 경우에는 (441ㄱ)의 '보이다, 쑤이다, 쏘이다…'처럼 두 홀소리가 두 음절을 이루는 것이 일반적이다. 그러나 경우에 따라서는 임의적으로 (441ㄱ)의 '건네다, 놀래다, 디내다/지내다, 밧괴다, 뵈다, 칙다, 퓌다'나 (441ㄴ)의 '내다, 재다, 셰다, 씌다'처럼 '-이-'가 밑말 끝 홀소리에 붙어 하나의 음절 단위처럼 줄어들기도 한다.

2) 그러나 '-이-'가 결합되어 두 홀소리가 한 음절 단위처럼 줄어든 경우 이들 파생어가 하임 파생어임을 분명히 하기 위하여(허웅, 1975 : 158) '밧괴이다, 뵈오다, 쉬이다, 칙오다, 치오다, 틔오다, 희이다'처럼 파생어에 다시 뒷가지 '-이-'나 '-오/우-'를 겹쳐 붙이기도 한다.

3) ‘ㅡ’ 홀소리 뒤에 ‘-이-’가 결합되는 것 중에서 ‘르/ㄹ’ 불규칙 풀이
씨인 경우는 (441ㄱ)의 ‘믈이다(陷), 얼이다’, (441ㄴ)의 ‘올이다(刳)’처럼 밑
말의 끝소리 ‘ㅡ, ·’가 줄면서 ‘ㄹ’은 밑말 끝소리가 되거나 다시 (441ㄱ)
의 ‘믈리다(陷)’나 (441ㄴ)의 ‘믈리다(退), 몰리다, 올리다(刳), 흘리다’처럼
‘ㄹ’이 덧나 ‘ㄹㄹ’이 되기도 하는데 이는 ‘ㄹ’이 [l] 변이음이 된 것을 표기
하는 방법이다(허웅, 1975 : 158). 그리고 ‘으’ 불규칙인 경우는 (441ㄱ)의 ‘쓰
이다’처럼 가지 ‘-이-’ 앞에서 ‘으’가 줄어든다.

이제 닿소리에서 살펴본다.

1) ‘ㄷ’ 불규칙 풀이씨에 ‘-이-’가 결합될 경우에는 (441ㄹ)의 ‘둘이다,
뜯들이다, 저리다/절이다’처럼 밑말의 끝소리 ‘ㄷ’이 ‘ㄹ’로 변동한다.

2) ‘ㅂ’ 불규칙 풀이씨에 ‘-이-’가 결합될 경우에는 (441ㄹ)의 ‘누이다’
나 (442ㄴ)의 ‘더러이다, 더이다, 어즐어이다/어즈러이다’처럼 ‘ㅂ’이 줄어
든다.

2⃝ ‘-히-’ 가지

‘-히-’는 ‘-이-’에 ‘ㅎ’소리가 첨가된 변이형태이다. ‘-히-’는 ‘-이-’와
마찬가지로 움직씨, 그림씨 밑말과 결합하여 하임의 뜻바탕을 가진 움
직씨를 파생한다.

(443) ㄱ. 남움 홀소리 밑말 + ‘-히-’ → 남움
    (ㅗ) : 보히다(見, 보-) : 그 하인의 문표믄 내 보히고<독립4 : 248>
    ㄴ. 제움 홀소리 밑말 + ‘-히-’ → 남움
    (ㅏ) : 나히다(出, 나-) : 네 물이 집의셔 나힌 이가 본뎌 사니가<노
        해초, 하 : 14>
    ㄷ. 남움 닿소리 밑말 + ‘-히-’ → 남움
    (ㄱ) : 글키다(搔, 긁-) : 아히로 흰히 둥어리 글키고<두해 중, 15 : 4>

먹히다/머키다/먹키다(食, 먹-) : 그저 젹이 됴흔 醬瓜우
　　　로 밥 ᄒ여 먹히라<박해, 상 : 50>/졍훈집의 미야 머키기
　　　눌 닐웨 혼 후의<마언, 상47>/세 가디믈 먹키기과 세 가
　　　디 먹키기라<마언, 상 : 40>

　　　박히다(印, 박-) : 경신록 삼빅 벌 박히믈 허ᄒ니<경신 : 57>

(ㄷ) : 바티다(貢, 받-) : 上糧穀食 바티다<역해, 상 : 24>

(ㅂ) : 니피다/이피다/입히다/(服, 닙->입-) : 履룰 신기고 이에 深衣
　　　니피고 大帶 미고<가언5 : 16>/금박 은박 닐굽 편으로
　　　의 이펴<태요 : 27>다 잡아 보니 여 쳥바지 젹오리 입혀
　　　셔 증역 식히기로<독립5 : 107>

　　　쏩히다(拔, 쏩-) : 판결은 즉 공론ᄒ야 제비를 쏩혀 공편되히
　　　션취ᄒ니<독립3 : 311>

　　　어피다(背, 업-) : ᄒ다가 외오디 못ᄒ여든 딕일 션븨ᄒ여 어
　　　피고<노해 초, 상 : 3>

　　　자피다(捕, 잡-) : 시俗 풍뉴 자피모로써 ᄀᄅ치니<가언2 : 25>

(ㅈ) : 마치다(適, 맞-) : ᄒᄅ쌤 이슬 마쳐<태산44>

　　　마치다(迎, 맞-) : 혼인 ᄀᄉᆷ 쟝만ᄒ야 ᄣᅦ예 미쳐 셔방 마치고
　　　<신속, 충1 : 78>

(ㅌ) : 마티다(臭, 맡-) : 머리터럭 손 내둘홀 갓가이 마티디 말라
　　　<두창방, 하43>

(ㅍ) : 더피다(蓋, 덮-) : 각벼리 ᄀᄂ 뵈어나 싱깁이어나 뎌펴셔<가
　　　언8 : 12>/쟝군이 셰샹을 덥힌 큰 공 어더셔<삼역9 : 20>

ㄹ. 제움 닿소리 밑말 + '-히-' → 남움

(ㄱ) : 늙키다(老, 늙-) : 날을 몬져 늙킨다<청언79>

　　　속키다(欺, 속-) : 완훈 말로써 도적글 속켜 도적 몬져 가더니
　　　<신속, 열3 : 15>

　　　죽히다/주키다(殺, 죽-) : 그 몸을 죽히라 쳥훈대<신속, 열8 :
　　　3>/오직 수이 주키므로써 말을 ᄒ고<신속, 열4 : 38>

(ㄷ) : 도티다(起, 돋-) : 실 도틴 花梨木 갑플에 鹿角 마개에<박해,
　　　상 : 15>

　　　모히다(集, 몯-) : 학교 교관과 졸업싱들을 모혀<독립3 : 143>

　　　므티다(染, 믇-) : 먹 므텨 너룰 붓을 주니 이훔 두라<박해,

하 : 12>

(ㄹ) : 달히다(煎, 달-) : 감초 두 푼룰 달혀 머기라<두창, 상 : 62>

울히다(鳴, 울-) : 塔을 千斤 든 쇠붑 소리 티드록 울힐시고
<송강, 하12>

(ㅈ) : 안치다(坐, 앉-) : 男은左편의 안치고 女는 右 편의 안치라
<가언 2 : 7>

저치다(霑, 젖-) : 출히 피룰 무덤 우희 저치고 넉순 디하의
조초리라 ᄒ고<신속, 열5 : 79>

(444) 그 닿소리 밑말 + '-히-' → 남움

(ㄱ) : 고티다(改, 곧-) : 다만 告辭룰 고텨 굴오디<가언3 : 14>

익히다(習, 닉->익-) : 비화 익혀 의방ᄒ야<독립3 : 359>

몰키다(淸, 몱-) : 닉거든 몰켜 머거면<신구황 : 9>

블키다(赤, 븕-) : 눗 블키디 아니ᄒ엿더니<노해 초, 하 : 65>

붉히다(明, 붉-) : 블을 붉히고<신속, 효8 : 50>

(ㄷ) : 구티다(堅, 굳-) : 혈을 구틸 약을 쁠 거시니<태요26>

(ㅂ) : 구피다/고피다(曲, 굽-/곱-) : 허리를 구펴<태요48>/그 두 그
톨 各 半 치식 고펴<가언1 : 45>

넓히다(廣, 넓-) : 두무를 넓히 시힝ᄒ야<독립 6 : 5>

노피다(高, 놉-) : 뎡낭이 소릐를 노펴 크게 울며<신속, 효8 : 21>

더럽히다(汚, 더럽-) : 일은 문창과 담벽과 물건을 더럽히고
<독립3 : 43>

(ㅈ) : 느치다(遲, 늦-) : 시름드윈 ᄆᄋ미 딘는 둧ᄒ몰 爲ᄒ야 느치
노라<두해, 중15 : 39>

(443)은 '-히-' 가지가 움직씨 밑말과 결합한 형태를 보인 것이고
(444)는 그림씨 밑말과 결합한 형태를 보인 것이다.

움직씨에서는 밑말이 (443ㄱ, ㄷ, 보다, 굵다)처럼 남움직씨이거나
(443ㄴ, ㄹ, 나다, 녹다)처럼 제움직씨에 두루 결합된다. 그리고 결합되는
밑말의 끝소리도 홀소리나 닿소리 모두에 결합된다. 그러나 중세 국어
에서는 그렇지 못하였다. '-히-' 가지가 중세국어에서는 닿소리 밑말에

만 결합되다가 근대국어에서 (443ㄱ, 보다)와 (443ㄴ, 나다)처럼 홀소리 밑말에도 결합되어 나타난다. '-히-'가 결합되어 나타나는 파생어도 모두 남움직씨이다.

그림씨 밑말의 경우는 (444, 곧다)에서 보듯이 모두 닿소리이다. '-히-'는 이렇게 움직씨에서는 홀소리나 닿소리로 끝난 밑말과 결합하고 그림씨에서는 닿소리로 끝난 밑말과 결합하여 하임의 뜻바탕을 가진 남움직씨를 파생한다.

이러한 사실을 두고보면 (443-444, 건네다, 나이다/내다, 굵이다, 깃기다/긴기다, 날호이다/날회다, 누기다)에서 보인 '-이-'는 움직씨나 그림씨 밑말의 끝소리가 닿소리이거나 홀소리 모두에 결합되는데 비하여 '-히-'는 그림씨 홀소리에는 결합되지 못하고 밑말의 끝소리가 그림씨 닿소리인 경우에만 결합된다는 사실을 알 수 있다. 그리고 그 나타나는 밑말의 끝소리도 '-이-'는 매우 다양한데 비하여 '-히-'는 그렇지 못하다. 먼저 홀소리에서 보면 '-이-'의 경우는 'ㅏ/ㅓ, ㅗ/ㅜ, ㅡ, ㅣ, j, ·, ㅕ'와 결합하는데 비하여 '-히-'의 경우는 'ㅏ, ㅗ'에만 결합되고 그 나타난 용례도 남움직씨나 제움직씨 밑말과 결합한 '보이다, 나이다'뿐이어서 매우 적다.

닿소리에 있어서도 '-이-'는 'ㄱ, ㄷ, ㄹ, ㅁ, ㅂ, ㅅ, ㅈ, ㅊ, ㅌ, ㅍ, ㅎ' 등과 결합함으로 매우 다양한데 비하여 '-히-'는 'ㄱ, ㄷ, ㄹ, ㅂ, ㅈ, ㅌ, ㅍ' 뒤에 나타난다. '-히-'가 결합될 수 있는 닿소리는 '-이-'도 결합될 수 있는데 이들은 'ㄹ'을 제외하면 모두 거센소리의 짝이 있는 것들이다. 다시 말하면 거센소리의 짝이 있는 닿소리 뒤에서는 '-이-'나 '-히-'가 쓰이는데 거센소리의 짝이 있는 밑말에 '-히-'가 쓰이는 것은 거센소리가 예사소리보다는 음상이 뚜렷하므로 그 파생어가 하임 파생어라는 사실을 뚜렷이 하기 위한 것으로 보인다. 그러나 '-이-'나 '-히-'는 그 분포가

닿소리에 있어 상보적 관계를 가지지 못하므로 이들은 형태적 변이형
태라 할 수밖에 없다.

③ '-기-' 가지
'-기-'는 '-이-'에 'ㄱ'소리가 첨가된 변이형태이다. '-기-'는 형태론적
으로는 앞의 '-이-'나 '-히-'와는 달리 움직씨 밑말에만 결합하여 하임의
뜻바탕을 가진 움직씨를 파생한다.

(445) ㄱ. 남움 닿소리 밑말 + '-기-' → 남움
      (ㄴ) : 신기다(履, 신-) : 履룰 신기고 이에 深衣 니피고 大帶 미고
              <가언 5 : 16>
            안기다(坐, 안-) : 打坐 안줌 안기라<어록, 초 : 11>
      (ㄷ) : 맛기다(任, 맜-) : 쏘 分外언마론 理에 맛기니<두해, 즁6 : 48>
      (ㅅ) : 벗기다(脫, 벗-) : 도적이 의로이 너겨 의샹을 벗기디 아니코
              가다<신속, 열5 : 62>
            빗기다(梳, 빗-) : 춤빗 가져다가 빗기고<박해, 상40>
            싯기다(洗, 싯-) : 뒷내혜 몰 싯기라 가쟈<박해, 상20>
            긁빗기다(刮, 긁빗-) : 글게로 다가 긁빗기롤 乾淨히 호되<박
              해, 상20>
      (ㅁ) : 굼기다(洗, 굼-) : 반두시 믈을 더흐여 오래 굼겨<두창, 하45>
            머금기다/머곰기다(含, 머금/머곰-) : 말 입 안해 머금기라
              <마언, 하106>/골믹혈을 짜이고 쳥딕산을 입 안해 머곰
              기라<마언, 하16>
            심기다(植, 심-) : 슈령이 엇디 힘써 심기디 아니흐리오<구
              보 : 16>
            쑴기다(湧, 쑴-) : 못에 ᄀ득흔 년곳치 향내 쑴기더라<박해33>
   ㄴ. 제움 닿소리 밑말 + '-기-' → 남움
      (ㄹ) : 벌기다(羅, 벌-) : 임진왜란 왜적이 그 지아비놀 해코져 흐거늘
              연이 몸므로 뼈벌겨 ᄀ리오고슬픈 말로 비니<신속, 열8 : 1>

(ㅁ) : 곪기다(膿, 곪-) : 닐웨 여드래 아흐래면 곪겨서 더데 짓거니
　　와<두요, 상38>
굶기다(飢, 굶-) : 호룻밤 굶기게 호면<청노4 : 1>
남기다(餘, 남-) : 싱심이나 어이 남기고 머그리잇가<신어
　　3 : 11>
넘기다(過, 넘-) : 고변에 잘못혼 윤리병리 세진은 형수로 넘
　　기고<독립1 : 322>
옮기다/옴기다(移, 옮-) : 몸소 흘글 져서 어미롤 옮겨 흔디
　　영장호고<신속, 효2 : 40>/간이허호면 눈을 곰고 뒷다리
　　롤 옴기기 어렵고<마언, 상34>

(445)는 '-기-' 가지가 움직씨 밑말과 결합한 형태를 보인 것이다. (445
ㄱ, 신기다)은 남움직씨 밑말에 결합된 형태를 보인 것이고 (445ㄴ, 벌기
다)은 제움직씨 밑말에 결합된 형태를 보인 것이다. '-기-'는 이렇게 남
움직씨나 제움직씨 닿소리 밑말과 결합하여 하임의 뜻바탕을 가진 남
움직씨를 파생한다.

이러한 사실을 두고 '-기-'를 (441-442, 건네다, 나이다/내다, 굵이다,
깃기다/긴기다, 날호이다/날회다, 누기다)에서 보인 '-이-'나 (443-444,
보히다, 나히다, 글키다, 노키다, 고티다)에서 보인 '-히-'와 빗대어 그
쓰임을 살펴본다.

앞에서도 살폈듯이 '-이-'는 움직씨, 그림씨의 홀소리나 닿소리로 끝
난 밑말 모두와 결합하고 '-히-'는 움직씨에서는 홀소리와 닿소리, 그림
씨에서는 닿소리로 끝난 밑말과 결합한다. 이에 비하여 '-기-'는 움직씨
의 닿소리로 끝난 밑말과 결합한다. 그리고 닿소리에서도 'ㄴ, ㄷ, ㄹ, ㅁ,
ㅅ'으로 끝난 밑말에 결합한다. 콧소리 'ㄴ'으로 끝난 밑말에는 '-기-'만
결합하나 'ㅁ'의 경우는 '-이-'에서 '올미다(옮-+-이-)'의 한 예를 찾을
수 있고, 'ㄷ, ㄹ, ㅅ'은 '-이-'나 '-히-'에도 결합되므로 '-기-'도 '-이-'나

'-히-'와는 상보적 관계를 가지지 못한다. 따라서 이도 형태적 변이형태라 할 수밖에 없다.

위에서 살핀 '-이-'계의 하임 파생 가지 '-이-, -히-, -기-'의 결합 형태를 밑말의 끝소리를 중심으로 다시 정리해 표로 보이면 (446)과 같다.

(446)

	결합되는 밑말의 끝소리						비고
	움 직 씨				그 림 씨		
	남 움직씨		제 움직씨				
	홀소리	닿소리	홀소리	닿소리	홀소리	닿소리	
-이-	ㅏ/ㅓ, ㅗ/ㅜ, ㅡ, ㅣ, j(내림홀소리), ·	ㄱ, ㄷ, ㄹ, ㅅ, ㅊ, ㅍ, ㅎ	ㅏ/ㅓ, ㅕ, ㅡ, ㅣ	ㄱ, ㄷ, ㄹ, ㅁ, ㅂ, ㅅ, ㅈ, ㅌ, ㅎ	ㅗ, ㅡ, ㅣ, ·	ㄱ, ㅂ	• 움직씨, 그림씨 모두에 결합됨. • 홀소리, 닿소리에 모두 결합됨.
-히-	ㅗ	ㄱ, ㄷ, ㅂ, ㅈ, ㅌ, ㅍ	ㅏ	ㄱ, ㄷ, ㄹ, ㅈ		ㄱ, ㄷ, ㅂ, ㅈ	• 움직씨, 그림씨에 결합됨. • 움직씨는 홀소리, 닿소리 모두에 결합되고 그림씨는 닿소리에만 결합됨. • '-히-'가 결합되는 닿소리 중 'ㄹ'을 빼고 나면 모두 거센소리의 짝이 있는 소리와 결합됨.
-기-		ㄴ, ㄷ, ㅅ, ㅁ		ㄹ, ㅁ			• 움직씨에만 결합됨. • 'ㄴ'은 '-기-'에만 결합됨.

② '-오/우-'계

① '-오/우-' 가지

이 가지도 '-이-' 가지와 마찬가지로 움직씨와 그림씨 밑말과 결합하여 'X하게 하다'라는 하임의 뜻바탕을 가진 움직씨를 파생한다.

(447) ㄱ. 닮움 홀소리 밑말 + '-오/우-' → 닮움

　　　(ㅡ) : 둘오다(圍, 두르-) : 우흐로 오새 브텨 ㄱ듯 허리예 둘온 則
　　　　　　　<가언6 : 9>

　　　(ㅣ) : ㄱ리오다/ㄱ리우다(蔽, ㄱ리-) : 방시 손오로 ᄂᆞᆾ ㄱ리오고
　　　　　　　<신속, 열8 : 39>/술위 우희 ㄱ 리우다<사해 중, 상 : 3>

　　　　　　디오다/지오다(垂, 디->지-) : 각각 쟈근 발을 디오고<가언
　　　　　　　1 : 11>/防窓 창지오다<동문, 상 : 35>

　　　　　　디우다/지오다(鑄, 디->지-) : 飛震天雷ᄂᆞᆫ 무쇠로 디워<화포
　　　　　　　8>/鑄了 지오다<동문, 하 : 18>

　　　　　　부리오다(使, 부리-) : 사나오믈 아지 못ᄒᆞ며 可히 부리오리
　　　　　　　오<몽걸3 : 14>

　　　　　　브리오다/브리우다(下着, 브리-) : 몰 자바 믹고 짐 브리오고<역
　　　　　　　해, 상 : 55>/잢간 덧이나 짐 브리웟다가<노해 초, 상 : 56>

　　　(j) : 괴오다(飣, 괴-) : 약을 머겨 져즐 괴와 뼈곰 아기를 머기고
　　　　　　　<두창, 하41>

　　　　　　딕희우다(守, 딕희-) : 오히려 그 위를 두워 딕희우며<두해,
　　　　　　　중6 : 3>

　　　　　　메오다/메우다(駕, 메-) : 奮牛 쇼 메오다<역해, 하31>/枷號
　　　　　　　칼 메우다<역해, 상 : 67>

　　　　　　씌오다(帶, 씌-) : 世俗이 新壻를 花勝을 씌오고<가언4 : 12>

　　　　　　어긔오다/어긔우다(違, 어긔-) : 小人이 엇디 감히 어긔옴이
　　　　　　　이시리오<박해 : 16>/그 뜻을 어긔우디 아니ᄒᆞ며<어내
　　　　　　　훈 1 : 35>

　　ㄴ. 제움 홀소리 밑말 + '-오/우-' → 닮움

　　　(ㅏ) : 나오다(進, 나-) : 어딘 이를 알고 나오디 아니ᄒᆞ면 이ᄂᆞᆫ 忠이
　　　　　　　아니오<어내훈2 : 19>

　　　(ㅕ) : 셰오다/셰우다(立, 셔-) : 각각 ᄒᆞᆫ 標를 셰오고<가언 7 : 18>/
　　　　　　　ᄉᆞ당을 제 집의 셰우고<신속, 효6 : 41>

　　　(ㅡ) : 물오다/물로다(乾, 므르-) : 藥을 몰오리ᄂᆞᆫ 能히 겨지비 업스
　　　　　　　리아<두해 중, 13 : 43>/패초산 은 오란 짐 우희 니엿던
　　　　　　　새초를 몰로여<두요, 하 : 14>

　　　(ㅣ) : ᄂᆞ리오다(降, ᄂᆞ리-) : 대츄 여름 ㄱᄐᆞ니를 ᄂᆞ리오니<신속,

열2 : 33>

드리오다/드리우다(垂, 드리-) : 머리롤 짜해 드리오고<마언,
　　하 : 57>그 나믄 거슬 드리워神을 사마<가언 1 : 45>

디오다/디우다/지오다/지우다(掃, 디->지-) : 믈에 타 옷에 쩌
　　디오는 돌<역해, 상47>/혼 방문의 ᄌ식 비어 석 돌마니
　　반ᄃ시 디우더<태요33>/硝毛털 지오다<역보 : 49>/退垢
　　씨 지우다<역보29>

씨오다/씨우다(揷, 씨-) : 門에 쇠야기 씨오다<역해, 상18>/단
　　쵸 씨우다<역보 : 28>

쩌지오다(落, 쩌지-) 存住 쩌지오다<한청7 : 43>

빠디오다(拔, 빠디-) : 혀를 두어치나 빠디오고 죽ᄂ니라<벽
　　신 : 17>

처디오다(滴, 처디-) : 머리롤 짜이 처디오고<마언, 상34>

(j) : 되오다(化, 되-) : 형옥에 함정을 베풀며 되오니<독립3 : 314>

메오다/메우다(塡, 메-) : 쥭 쑤어 간대로 골픈 디 메오라<노
　　해 초, 상49>/힝혀 틈이 잇거든죠희로뻐 메워<화포 : 9>

무휘우다(熰, 무휘-) : 믈똥 가져다가 블 무휘워 손발 대이쟈
　　<노해 초, 하 : 60>

뮈우다(動, 뮈-) : 靑雲ㅣ 내의 노픈 興을 뮈우ᄂ니<두해, 중
　　1 : 3>

블픠오다(點火, 블픠-) : 화로에 블픠오고<박해, 하 : 7>

뛰우다(超, 뛰-) : 함이 몰 뛰워 크게 브르고<신속, 효7 : 29>

새오다/쇠오다(曙, 새-) : 불 아니 다힌 房에 긴 밤 어이 새오
　　려니<청언 : 172>/守歲 아촌설 밤 쇠오다<역해, 상4>

쉬오다/쉬우다(休, 쉬-) : 즘싱 쉬오디 잠깐 덧이나 짐 브리윗다
　　가<노해초, 상15>/우리 ᄆ쇼쉬워 니일 일 녜쟈<노해 초,
　　상9>

씨오다/씨우다(覺, 씨-) : 몬져 술 씨오는 탕을 먹고<노해초,
　　하48>/형편을 헤아려 바른 말노 닐씨우면<독립6 : 277>

외오다(回, 외-) : 外路走 외온 길로 가다<역보 : 5>

휘우다(曲, 휘-) : 목기 갈고 휘우디 몯ᄒ면 두 뇌티매오<마
　　언, 상9>

ㄷ. 남움 닿소리 밑말 + '-오/우-' → 남움

(ㄹ) : 머믈오다/머믈우다(留, 머믈-) : 갈 찔 머믈올가 저페라<노해
　　　초, 상 : 52>/내 엇디 감히 너를 머믈워 재리오<노해 초,
　　　상 : 45>

　　　밀우다/밀오다(推, 밀-) : 이 類롤 밀워 길오면 다 그러티 아
　　　니니 없르리<가언2 : 13>/놈의 게 밀오기 잘 ㅎ 는이<몽
　　　해보 : 5>

　　　불우다(吹, 불-) : 아모호 人家에 가 혓굿흐로 불워 창 굼글
　　　뚤고<박해 : 35>

　　　술오다/스로다(焚, 술-) : 간나히 죵으로 ㅎ여곰 숲ㄱ락글 술
　　　와<신속, 열2 : 85>/祭롤 므 츠매 스롤디니<가언 10 : 9>

　　　어오로다(合, 어올-) : 호와 어오론 디니 예롤 닐온 續衽鉤邊
　　　이라<가언 도 : 2>

　　　얼오다/얼우다(嫁, 얼-) : 어버이 져머셔 홀어미 된 줄를 어엿
　　　비 너겨 남진 얼오려 호대<동 속, 열 : 2>/얼운 사롭으로
　　　부러 졈졈 들게 ㅎ거나<두요, 하 : 21>

　　　일오다/일우다(成, 일-) : 거믄고롤 뜬시되 소리롤 일오디 아
　　　니ㅎ시고<가언9 : 29>/흙글 져셔 분묘롤 일우고<신속,
　　　효1 : 38>

(ㅅ) : 니우다(連, 닛-) : 그 아븨 쁘들 니워<신속, 충1 : 26>

　　　비오다/비우다(飾, 빗-) : 두 舍人의 비온 거시 風風流流ㅎ고
　　　<박해, 상28>/喬摸喬樣 모양 비 우다<역보 : 61>

ㄹ. 제움 닿소리 밑말 + '-오/우-' → 남움

(ㄷ) : 도도다(起, 돈-) : 특명으로 부졍을 도도시다<신속, 효6 : 24>

　　　모도다(集, 몯-) : 次次 모도와 쏘고<화포 : 19>

　　　져루다(油了, 졀-) : 油了 져루다<동문, 하 : 26>

(ㄹ) : 가굴오다(倒, 갓갈->*가굴-) : 곳다온 酒尊을 가굴오리로다
　　　<두해, 중21 : 23>

　　　길오다/길우다(長, 길-) : 이 類롤 밀워 길오면 다 그러티 아
　　　니니 업스니<가언 2 : 13>/집西ㅅ녀킈 竹笋 길우노라<두
　　　해 중, 25 : 19>

　　　놀오다(動, 놀-) : 손을 놀와 浮浪ㅎ면<경민30>

니로다/닐오다(開, 닐-) : 新開地 ᄀᆞᆺ 니론 짜<한청10 : 2>/開荒
田 다시 닐온 밧<역해, 하 : 7>
달오다/달우다(煎, 달-) : 블의 달온 침을 각각 주기눌 ᄒᆞᆫ 촌식
ᄒᆞ라<마언, 상62>/블에 쇠롤 달워 뎜낙ᄒᆞ야<마언, 상67>
머믈오다/머믈우다(留, 머믈-) : 갈 씰 머믈올가 저페라<노해
초, 상 : 52>/내 엇디 감히 너를머믈워 재리오<노해 초,
상 : 45>
멀오다(盲, 멀-) : ᄒᆞᆫ 눈을 멀오거나<경민신10>
불우다(浸, 분-) 즈초 불운 믈에나<두요, 하 : 28>
살오다/살우다(生, 살-) : 손가락을 베혀 구ᄒᆞ야 살오니라<신
속, 효7 : 37>/양이 도적의 딘의 ᄃᆞ라드러 어버 나 구안
ᄒᆞ여 살우다<신속, 효5 : 45>
슬우다(消, 슬-) : 금은 등믈 블에 슬워 빗내다<한청12 : 9>
헐우다(毁, 헐-) : 온 몸을 글거 헐우거든<두요, 하 : 11>
(ㅂ) : 누우다(練, 눕-) : 열 필 깁을 누우기롤 닉게 잇긋 ᄒᆞ라<박
해 : 4>
(ㅅ) : 소소다(湧, 솟-) : 跳上 소소다<동문, 상 : 26>
(448) ㄱ. 그 홀소리 밑말 + '-오/우-' → 남움
(|) : 디우다(低, 디-) : 닷 돈 은을 디워 푸노라<박해38>
비리우다(腥, 비리-) : 되둘히 四海롤 비리우니<두해 중, 23 : 55>
어리우다(遇, 어리-) : ᄆᆞ음을 어리워 가지고셔 디답ᄒᆞ여 니
로디<노해 초, 하 : 44>
흐리오다(濁, 흐리-) : 塗扶 흐리오다<동문, 상43>
(j) : 뷔오다/뷔우다(空, 부이->뷔-) : 空過 뷔오다<한청 6 : 51>/堂
올 뷔워 편안히 居케 ᄒᆞ야<두 해, 중1 : 13>
ㄴ. 그 닿소리 밑말 + '-오/우-' → 남움
(ㄹ) : 걸오다(濃, 걸-) : 밧 걸오다<역해, 하7>
니로다/닐오다(開, 닐-) : 新開地 ᄀᆞᆺ 니론 짜<한청10 : 2>/開荒
田 다시 닐온 밧<역해, 하 : 7>
오올오다/오오로다/올오다(全, 오올-) : 목숨 오올오ᄆᆞ란 시
혹 奇異호믈 쓰놋다<두해, 중17 : 36>/般 오오로다<어
록 : 2>/아비와 아ᄋᆞᆫ 올오 믈 어드니라<신속, 효6 : 60>

누우다(練, 눕-) : 열 필 깁을 누우기롤 닉게 잇긋 ᄒ라<박
　　해 : 4>
　(ㅅ) : 니우다(連, 닛-) : 그 아븨 ᄠ들 니워<신속, 충1 : 26>

　(447)은 '-오/우-' 가지가 움직씨 밑말과 결합하여 움직씨를 파생한 형태를 보인 것이고 (448)은 그림씨 밑말과 결합하여 움직씨를 파생한 형태를 보인 것이다. 이는 (441-442)에서 보인 '-이-'의 변이형태로써 그 결합되는 형태가 '-이-'와 크게 다르지 않다. '-오/우-'도 움직씨 밑말이 (447ㄱ, ㄷ, 두르-, 머믈-)처럼 남움직씨일 경우나 (447ㄴ, ㄹ, 나-, 돈-)처럼 제움직씨일 경우 모두에 결합되고 결합된 파생어도 모두 남움직씨이다. 제움직씨 밑말과 결합하여서는 (447ㄱ, ㄷ, 둘오다, 머믈오다/머믈우다)처럼 남움직씨를 파생하고 남움직씨 밑말과 결합하여서는 (448ㄴ, ㄹ, 나오다, 도도다)처럼 겹남움직씨를 파생한다.

　그림씨 밑말과 결합하여서도 남움직씨를 파생한다. 그리고 이들 파생어가 가진 뜻도 모두 'X하게 하다'라는 하임의 뜻바탕이 있어 가지 '-오/우-'에도 '-이-'와 마찬가지로 <하임, 남움직성>의 뜻바탕이 있다.

　그러나 '-오/우-'가 나타나는 음운론적 환경 즉 이 가지가 결합되는 밑말의 끝소리는 '-이-'와 약간의 차이를 보인다.

　먼저 밑말의 끝소리가 홀소리인 경우를 먼저 살펴본다.

　'-이-'가 결합되는 경우는 (441-442)의 예에서 보듯이 밑말의 끝소리가 'ㅏ/ㅓ, ㅕ, ㅗ/ㅜ, ㅡ, ㅣ, j(내림 홀소리 ㅣ), ·' 등 매우 다양한 홀소리와 결합되었다. -오/우-의 경우도 결합되는 밑말의 끝소리가 'ㅏ, ㅕ, ㅡ, ㅣ, j' 등으로 다양하게 나타난다. 그러나 중세국어에 있어서는 '-이-'나 '-오/우-' 모두 그렇지 못하였다. 그리고 어느 정도 '-이-'나 '-오/우-'가 결합되는 밑말의 끝소리가 나누어져 있었다. '-이-'가 결합되는 홀소리는

주로 'ㅏ/ㅓ, ㅗ/ㅜ, ㅕ, ㅡ, ·'이고 'ㅣ, j'와 결합되는 예는 그리 많지 아니한데 비하여 '-오/우-'의 경우는 밑말의 끝소리가 'ㅏ/ㅓ, ㅗ/ㅜ, ㅕ'에는 결합되지 못하고 주로 'ㅣ, j' 홀소리에 결합되어 나타났다. 이렇게 두고보면 '-이-'와 '-오/우-'는 근대국어에 이르러 음성적 변이음으로써의 임의성이 더욱 커졌다고 할 수 있겠다.

그리고 '-오/우-'는 앞에서 살핀 '-이-'와 마찬가지로 '-으-' 홀소리 뒤에 '-오/우-'가 결합되는 것 중에서 밑말이 '르/ㄹ' 불규칙 풀이씨인 경우는 (447ㄱ)의 '둘오다'나 (447ㄴ)의 '몰오다'처럼 밑말의 끝소리 'ㅡ'가 줄면서 'ㄹ'은 밑말 끝소리가 되거나 다시 (447ㄴ)의 '몰로다'처럼 'ㄹ'이 덧나 'ㄹㄹ'이 되기도 한다.

이제 밑말의 끝소리가 닿소리인 경우를 살펴본다.

'-오/우-'가 결합되는 닿소리는 'ㄷ, ㄹ, ㅂ, ㅅ'이다. '-이-'가 결합되는 닿소리 'ㄱ, ㄷ, ㄹ, ㅁ, ㅂ, ㅅ, ㅈ, ㅊ, ㅌ, ㅍ, ㅎ'에 비하면 매우 한정적이다. '-오/우-'가 결합될 수 있는 닿소리에는 '-이-'도 결합될 수 있으나 '-이-'가 결합될 수 있는 닿소리 'ㄱ, ㅁ, ㅈ, ㅊ, ㅌ, ㅍ, ㅎ'의 예는 찾기 힘들다.

'-오/우-'가 결합될 때 나타나는 닿소리의 음운 현상은 '-이-'가 결합될 때 나타나는 음운 현상과 비슷하다.

'ㄷ' 불규칙 풀이씨 밑말에 '-오/우-'가 결합될 때에는 (447ㄹ)의 '져루다'처럼 'ㄷ'이 'ㄹ'로 변동하고 'ㅂ' 불규칙 풀이씨 밑말에 '-오/우-'가 결합될 때에는 (447ㄹ)의 '누우다'처럼 'ㅂ'이 줄어든다. '-이-'와 '-오/우-'는 형태적 변이형태이다.

② '-호/후-' 가지

'-호/후-'는 '-오/우-'에 'ㅎ'소리가 첨가된 변이형태이다. '-호/후-'는

'-오/우-'와 마찬가지로 움직씨, 그림씨 밑말과 결합하여 하임의 뜻바탕
을 가진 움직씨를 파생한다.

> (449) ㄱ. 남움 홀소리 밑말 + '-호/후-' → 남움
> (ㅣ) : ᄀ리호다(蔽, ᄀ리-) : 술과 몸을 간슈ᄒᄋ야 ᄀ리홈을 主ᄂ혼
> 거시라<가언 5 : 11>
> ㄴ. 제움 홀소리 밑말 + '-호/후-' → 남움
> (ㅣ) : ᄂ리호다(降, ᄂ리-) : 左로 向ᄒᄋ야 두려디 구블게 ᄂ리호와
> <가언1 : 46>
> 드리호다/드리후다(垂, 드리-) : 그 ᄀᄋᆯ 네 녁 밧긔 드리호고
> <가언, 도 : 8>/大功애 니르히 처엄의 다 흐터 드리횟다
> 가<가언, 도 : 10>
> ㄷ. 제움 닿소리 밑말 + '-호/후-' → 남움
> (ㄷ) : 나토다(現, 낟-) : 郭欽이 上書ᄒᄋ야 큰 혜야료몰 나토고<두해
> 중19 : 22>
> 모토다/모호다(集, 몯-) : 祖考의 精神을 모토ᄂ 쁘들 일티 아
> 니ᄒ고<가언 10 : 8>/넷재 형 은 ᄒᆫ 디 모호고져 ᄒᄂ 거
> 시여<박해, 상36>
> (ㄹ) : 달호다(煎, 달-) : 燒紅 달호다<한청12 : 4>
> (ㅈ) : 마초다(合, 맞-) : 꾸짇기롤 이비 그치디 아니ᄒᄋ여 머리롤 마
> 초고<신속, 열3 : 53>
> 안초다(坐, 앉-) : 壓驚 놀란 것 아초다<역보 : 56>
> (450) 그 닿소리 밑말 + '-호/후-' → 남움
> (ㅈ) : ᄀ초다(備, ᄀᆽ-) : 全備 ᄀ초다<한청 12 : 17>
> 느추다(遲, 늦-) : 도적이 그 마롤 미더 느추워늘<신속, 열3 : 40>
> ᄂ초다(低, 낮-) : 범이 머리롤 ᄂ초고 나가더라<신속, 효4 : 90>

(449)는 '-호/후-' 가지가 움직씨 밑말과 결합한 형태를 보인 것이고
(450)은 그림씨 밑말과 결합한 형태를 보인 것이다.

움직씨에서는 밑말이 (449ㄱ, ᄀ리다)처럼 남움직씨이거나 (449ㄴ, ㄷ,

느리다, 낟다)처럼 제움직씨에 두루 결합된다. 그러나 중세국어에서는 (443)의 -히-와 마찬가지로 그렇지 못하였다. '-호/후-' 가지도 중세국어에서는 닿소리 밑말에만 결합되다가 근대국어에서 (449ㄱ, ㄱ리호다), (449ㄴ, ㄴ리호다)처럼 홀소리 밑말에도 결합되어 나타난다. '-호/후-'가 결합되어 나타나는 파생어도 모두 남움직씨이다.

그림씨 밑말의 경우는 (450, 굿다)에서 보듯이 모두 닿소리이다. '-호/후-'도 이렇게 움직씨에서는 홀소리나 닿소리로 끝난 밑말과 결합하고 그림씨에서는 닿소리로 끝난 밑말과 결합하여 하임의 뜻바탕을 가진 남움직씨를 파생한다.

이러한 사실을 두고보면 (447, 448, 둘오다, 나오다, 머믈오다/머믈우다, 도도다, 디우다, 걸오다)에서 보인 '-오/우-'는 움직씨나 그림씨 밑말의 끝소리가 닿소리이거나 홀소리 모두에 결합되는데 비하여 '-호/후-'는 남움직씨 닿소리 밑말이나 그림씨 홀소리 밑말에는 결합되지 못하고 밑말의 끝소리가 홀소리로 끝난 움직씨이거나 제움직씨의 닿소리, 그림씨 닿소리인 경우에만 결합된다는 사실을 알 수 있다. 그리고 그 나타나는 밑말의 끝소리도 '-오/우-'는 매우 다양한데 비하여 '-호/후-'는 그렇지 못하다. 먼저 홀소리에서 보면 '-오/우-'의 경우는 'ㅏ, ㅕ, ㅡ, ㅣ, j'와 결합하는데 비하여 '-호/후-'의 경우는 'ㅣ'에만 결합되고 그 나타난 용례도 남움직씨나 제움직씨 밑말과 결합한 'ㄱ리호다, ㄴ리호다, 드리호다/드리후다'뿐이어서 매우 적다.

닿소리의 경우는 '-오/우-'가 'ㄷ, ㄹ, ㅂ, ㅅ' 등과 결합하는데 비하여 '-호/후-'는 'ㄷ, ㄹ, ㅈ'과 결합한다. 닿소리의 경우는 홀소리에 비하여 그리 차이나지 않는다.

'-호/후-'는 '-오/우-'의 형태적 변이형태이다

③ '-고/구-' 가지

'-고/구-'는 '-오/우-'에 'ㄱ'소리가 첨가된 변이형태이다. '-고/구-'는 형태론적으로는 앞의 '-오/우-'나 '-호/후-'와는 달리 제움직씨 밑말에만 결합하여 하임의 뜻바탕을 가진 남움직씨를 파생한다.

> (451) 제움 닿소리 밑말 + '-고/구-' → 남움
> (ㅁ) : 넘고다/넘구다(過, 넘-) : 만하도 열 필에 넘고디 말라<가언
> 4 : 6>/뎡바기 前後에 넘궈 아래로 武의 붓게 ᄒ고<가언
> 1 : 45>
> (ㅅ) : 솟고다(湧, 솟-) : 피ᄌ티 우러 虛空애 솟고고<두해, 중14 : 9>

(451)은 움직씨 밑말에 '-고/구-'가 결합된 형태를 보인 것인데 그 쓰인 예가 적어 단정하기는 어려우나 나타난 형태로만 보면 'ㅁ'과 'ㅅ'으로 끝난 제움직씨 밑말과 결합한다. (447ㄹ, 소소다)에서 보듯이 'ㅅ'으로 끝난 밑말에 '-오/우-'도 결합하므로 '-고/구-'는 '-오/우-' 형태적 변이형태이다.

이상으로 살핀 '-오/우-'계의 하임 파생 가지 '-오/우, -호/후-, -고/구-'의 결합 형태를 밑말의 끝소리를 중심으로 다시 정리해 표로 보이면 (452)와 같다.

(452)

	결합되는 밑말의 끝소리						비고
	움 직 씨				그 림 씨		
	남 움직씨		제 움직씨				
	홀소리	닿소리	홀소리	닿소리	홀소리	닿소리	
-오/우-	ㅡ, ㅣ, j (내림홀소리)	ㄹ, ㅅ	ㅏ, ㅋ, ㅡ, ㅣ, j (내림홀소리)	ㄷ, ㄹ, ㅂ, ㅅ	ㅣ, j (내림홀소리)	ㄹ, ㅂ, ㅅ	• 움직씨, 그림씨 모두에 결합됨. • 홀소리, 닿소리에 모두 결합됨.

	결합되는 밑말의 끝소리						비고
	움 직 씨				그 림 씨		
	남 움직씨		제 움직씨				
	홀소리	닿소리	홀소리	닿소리	홀소리	닿소리	
-호/ 후-	ㅣ		ㅣ	ㄷ, ㄹ, ㅈ		ㅈ	• 움직씨, 그림씨에 결합됨. • 남움직씨 닿소리나 그림씨 홀소리에는 결합되지 아니함. • '-오/우-'가 결합되는 닿소리에서 'ㄹ'을 빼면 거센소리의 짝 이 있는 소리와 결합됨.
-고/ 구-				ㅅ, ㅁ			• 움직씨에만 결합됨. • 제움직씨 닿소리 밑말과 결합됨

③ '-·/ㅡ-' 가지

이 가지는 움직씨 밑말과 결합하여 'X하게 하다'라는 하임의 뜻바탕을 가진 움직씨를 파생하되 밑말의 끝소리가 홀소리인 경우에는 결합하지 못하고 닿소리도 'ㄹ'인 경우에만 결합하여 남움직씨를 파생한다.

(453) ㄱ. 남움 닿소리 밑말 + '-·/ㅡ-' → 남움
 (ㄹ) 도른다(廻, 돌-) : 쏘 돌라 頂中의 미오믈 위호미라 호니<가언 5 : 11>
  두르다(圍, 남, *둘-, 남) : 쏘 벽으로써 四면의 두르고 그우희 더프라<가언8 : 15>
  이른다/일으다(成, 일-) : 약간 이란 겻<역해, 하 : 53>/成 일을 셩<왜어, 하43>
 ㄴ. 제움 닿소리 밑말 + '-·/ㅡ-' → 남움
 (ㄹ) 기른다/기르다(養, 길-) : 즈식 기른기 フ장 어렵더라<박해, 상 : 51>/받드러 길러 즈라게 ㅎ 야<신속, 충1 : 78>
  사른다(生, 살-) : 언지는 피를 사른는 디라<두요, 상 : 26>
   울르다(鳴, 울-) : 쇼증을 울러든 각 군들히 안자 쉬고<연 병 : 29>

(453)은 ‘-·/—-’ 가지가 움직씨 밑말과 결합한 형태를 보인 것이다. 이 가지는 (453ㄱ, 도르다)처럼 남움직씨이거나 (453ㄴ, 기르다/기르다) 처럼 제움직씨 밑말과 결합하는데 밑말의 끝소리는 모두 ‘ㄹ’이다.

이러한 사실을 두고보면 ‘-·/—-’는 ‘ㄹ’로 끝나는 움직씨 밑말과 결합하는 하임 뒷가지인 듯하나 ‘ㄹ’로 끝나는 움직씨 밑말과 결합하는 하임의 가지는 이 밖에도 앞에서 살핀 ‘-이-(441ㄷ, ㄹ, ㄱ리다, 구우리다/구으리다)’나 ‘-히-(443ㄴ, 달히다)’, ‘-기-(445ㄴ, 벌기다)’, ‘-오/우-(447ㄷ, ㄹ, 머믈오다/머믈우다, 가굘오다)’, ‘-호/후-(449ㄷ, 달호다)’가 있다. 이들 형태는 (453)에서 살핀 파생어의 같은 밑말에도 각각 결합되어 나타나기도 하는데 이를 살펴보면 (454-455)와 같다.

(454) ㄱ. 남움 ‘ㄹ’ 끝소리 밑말 + 가지
　　　도르다 : 돌이다/돌리다 : ㅼ 돌라 頂中의 미오믈 위호미라 ㅎ
　　　　　　니<가언5 : 11>/돌여 보닛슨즉 일후의 금단ㅎ고 중집홈은
　　　　　　<독립2 : 237>/평이 돌리다<역해, 하 : 23>
　　　두르다 : 둘오다 : ㅼ 벽으로ᄡᅥ 四면의 두르고 그우희 더프라<가
　　　　　　언8 : 15>/우흐로 오새브텨 ㄱ르 허리예 둘온 則<가언6 : 9>
　　　이르다/일으다 : 일오다/일우다 : 약간 이란 것<역해, 하 : 53>/
　　　　　　成 일을 셩<왜어, 하43>/거믄고롤ᄡᅳ시되 소리롤 일오디 아
　　　　　　니ㅎ시고<가언9 : 29>/흙글져셔 분묘롤 일 우고<신속, 효
　　　　　　1 : 38>
(455) ㄴ. 제움 ‘ㄹ’ 끝소리 밑말 + 가지
　　　기르다/기르다 : 길길오다/길우다 : ᄌ식 기르기 ㄱ장 어렵더라
　　　　　　<박해, 상 : 51>/받드러 길러 ᄌ라게ㅎ야<신속, 츙1 : 78>/
　　　　　　이 類롤 밀워 길오면 다 그러티 아니니스니<가언2 : 13>/
　　　　　　집 西ㅅ녀킈 竹筍 길우노라<두해 중, 25 : 1 9>
　　　사르다 : 살오다/살우다 : 언지는 피를 사르는 디라<두요, 상 :
　　　　　　26>/손가락을 베혀 구ㅎ야 살오니라<신속, 효7 : 37>/양이
　　　　　　도적의 딘의 ᄃ라드러 어버 나 구안ㅎ여 살우다<동신, 효

5 : 45>
울르다 : 울리다 : 울히다 : 쇼즁을 울러든 각 군들히 안자 쉬고
　　　　<연병 : 29>/즁통 훈 번 노코 쇼징 두바탕을 울리고<연
　　　　병 : 20>/塔을 千斤 든 쇠붑 소리 티드록 울힐시고<송강
　　　　하12>

　　그런데 이들 대립 짝들을 살펴보면 가지는 모두 'X하게 하다'라는 하
임의 뜻바탕을 가지는데 파생어의 뜻은 서로 다르다.
　　이러한 사실은 허웅(1975 : 171-173)에서 중세국어를 다루면서 지적하고
있는데 이 지적은 근대국어에도 그대로 적용되는 것으로 보인다. 그 다
른 뜻을 살펴보면 다음과 같다.

　　　(454ㄱ)' 도르다 : 돌이다/돌리다 : 이 둘은 현대어로서는 모두 '돌리다'인
　　　　　　　데 '돌이다'는 '번갈아 들다'의 뜻으로 쓰인 듯하다.
　　　　　　이르다/일으다 : 일오다/일우다 : '일오다/일우다'는 '이루다'의 뜻
　　　　　　　을 가졌고 '이르다/일으다'는 '만들다'의 뜻을 가져 약간 다
　　　　　　　르다.
　　　(455ㄴ)' 기르/르다 : 길길오다/길우다 : '길길오다/길우다'는 '길게 하다'의
　　　　　　　뜻을 가졌고 '기르/르다'는 '기르다'의 뜻을 가졌다.
　　　　　　사르다 : 살오다/살우다 : '살오다/살우다'는 허용의 뜻을 가져
　　　　　　　'살게 하다'인데 비하여 '사르다'는 '살리다('죽이다'의 반대)'
　　　　　　　의 뜻을 가진다.

　　이러한 사실을 두고보면 하임 뒷가지 '-·/—-'는 움직씨의 몇몇 밑말
에 붙어 그 파생어가 같은 밑말과 결합한 'X이-'나 'X오/우-'와는 다른
뜻을 가지고 있음을 보이고자 할 때 쓰인 어느 정도 한정적인 하임 뒷가
지라 할 수 있다. 그러나 하임 뒷가지로서의 뜻바탕은 '-·/—-'나 '-이-',
'-오/우-'가 다르지 않아 이들도 형태적 변이형태이다.

④ 하임 뒷가지의 겹침

1 '-이-' + '-이-'의 겹침

(456) 내이다(出, 나-+-이→내-) : 부녀롤 수탐히여 내여다 더러이거늘
　　　　　<신속, 열3 : 28>
　　뉘이다(臥, 눕-+-이→누이->뉘-) : 외향의 노하 플을 찔고 뉘이고
　　　　　<마언, 상81>
　　데이다(暑, 덥-+-이→더이->데-) : 믈 데여 내 발 싯기고<두해,
　　　　　중1 : 13>
　　덜리이다(除, 덜-+-이→덜이->덜리-) : 지아븨 일이 덜리이고<박
　　　　　해 : 29>
　　밧괴이다(換, 밧고-+-이→*밧고이->밧괴-) : 아므려나 져기 ᄡᆞ롤
　　　　　밧괴여 주거든 밥 지서 머거지 라<노해중, 상 : 40>
　　셰이다(立, 셔-+-이→셔이->셰-) : 저혀 히여곰 압셰여 가더니
　　　　　<신속, 열8 : 17>
　　쮜이다(貫, ᄭᅮ-+-이→ᄭᅮ이->쮜-) : 文書를 써 定ᄒᆞ고 뎌룰 쮜엿더
　　　　　니<박해, 상31>
　　찌이다(織, ᄧᆞ-+-이→ᄧᅵ->찌-) : ᄯᅩ 히여곰 니어 찌이샤<어내훈
　　　　　2 : 90>
　　재이다(眠, 자-+-이→자이->재-) : 여러 나그내로 ᄒᆞ여 재엿더니
　　　　　<노해중 : 45>
　　히이다(爲, ᄒᆞ-+-이-+히이->히-, 남) : 공으로 튱쳥 병ᄉᆞ룰 히이신
　　　　　대<신속, 츙1 : 41>

2 '-히-+-이-'의 겹칩

(457) 박히이다(印, 박-+-히→박히-) : 다숫 번의 모도 일쳔이빅 벌을 박
　　　　　히이니<경신 : 58>
　　잡히이다(捕, 잡-+-히→*잡히->자피-) : 됴흔 거슬 잡히이고<삼
　　　　　역 10 : 20>

③ '-오/우-+-이-'의 겹침

(458) 니위다(連, 닛-+-우→니우-) : 니위여 水族이 버렛ᄂ니<두해, 중2
2 : 18>

닐위다/닐외다(至, 니르-+-오/우→*닐우-/닐오-) : 不測ᄒ 일에 닐
위ᄂ니라<경민신8>/굽머리돈홈에 닐외믈 인연홈이라<마언, 하
68>

밀위다/미뢰다(推, 밀-+-오/우→밀우-/밀오-) : 늘근 얼온들히 이
뜻을 밀위여<경민 신 : 30>/반ᄃ시 근본을 미뢰며 도리ᄅ 들
어 니롬은<경민신서 : 3>

믈뢰다(乾, 므르-+-오→믈오->믈로-) : 뎌 쁜 미탄을 ᄀ히여 ᄒᄃ
버므려 믈뢰디 못ᄒᆯ소냐<박해, 하 : 44>

알외다/아뢰다/알뢰다/알위다(知, 알-+-오/우→*알오-/*아로-/*
알로-/*알우-) : 신해 주글 의ᄅ 알외고 통곡하니<신속, 충1 :
43>/우리둘 음신을 안노슉끠 젼ᄒ야 아뢰쇼셔 ᄒ야눌<권념 :
10>/뒤히 인ᄂ 쵸탐 마긔 ᄅ 흔드러 경을 알뢰라<연병 : 22>/
省會 알위다<어록, 초 : 23>

일위다(成, 일-+-우→일우-) : 萬國이 일위더니<송강 : 4>

④ '-호/후-+-이-'의 겹침

(459) 달회다(煎, 달-+-호→달호-) : 그 ᄍ 술에 달회여<삼역8 : 15>

맛최다(合, 맞-+-호→마초-) : 回光返照 히ㅅ빗 맛최다<역보 : 1>

⑤ '-이-+-오/우-'의 겹침

(460) 데오다/데우다(暑, 덥-+-이→더이->데-) : 두워 두워 데오라 가디
말라<노해 초, 상57>/이 ᄎ 니란 네 가져가 화로에 데워 오라
<노해 초, 상55>

믈리오다(乾, 므르-+-이→믈리-) : 혹 볏틔 믈리와 환 지어 먹거
나<구보 : 18>

ᄆ디오다(省, ᄆ드-+-이→ᄆ디-) : 언멋 盤纒을 ᄆ디와뇨<박해,
상 : 48>

뵈오다(見, 보-+-이─→보이->뵈-) : 御意▽티 처음으로 뵈오디<신
　　어 3 : 5>

쯰오다/쯰우다(浮, 쓰-+-이─→*쓰이->쯰-) : ▽룺 비치 하눌과 다
　　못 머니 곧 仙槎를 쯰오고져 ᄒᆞ노라<두해, 중2 : 30>/비예 두
　　어 믈의 쯰우고<동삼, 열1>

쯰우다(隔, 쓰-+-이─→쯰-) : 쯰워 멀즈시 미라<노해 초, 상 : 38>
세오다/세우다(立, 셔-+-이─→셔이->세-) : 각각 혼 標를 세오
　　고<가언 7 : 18>/ᄉᆞ당을 제 집의 세우고<신속, 효6 : 41>

쁴오다(用, 쓰-+-이─→*쓰이->쁴-) : 진실로 날을 애 쁴오ᄂᆞ니라
　　<박해, 상32>

싀우다/쯰우다/쯰오다(冠, 스->쓰-+-이─→싀-/쯰-) : 무쇼를 갓곳
　　갈 싀워 밥 머기나 다ᄅᆞ랴<경 민, 신 : 39>/광디 쯰워 놀개춤
　　츠이고<박해 : 1>/ᄌᆞᄅᆞ 꿈글박은 남긔 쯰오고<화포 : 20>

재오다/재우다(眠, 자-+-이─→자이->재-) : 내 엇지 敢히 너를 내
　　무러 재오리오<노해중, 상46>/이 혼 사ᄅᆞᆷ의 집의 여러손을 재
　　윗더니<청노3 : 2>

츼오다(除, 츠-+-이─→츠이->츼-) : 믈이며 개야미를 츼오고<가언
　　7 : 23>

치오다(佩, 츠-+-이─→츠이->*치-) : 왼녁 허리예 치오고<태요 : 12>
치오다/치우다(充, 츠-+-이─→츠이->*최-) : 補定 흥정에 모즈란 것
　　치오다<역해, 하48>/이에구복이나 치우랴교 ᄒᆞ여셔<독립1 :
　　274>

티오다(乘, 트-+-이─→트이->*티-) : 임진왜난의 적의 자피인 배
　　되여 협박ᄒᆞ여 물게 티오거눌<신속, 열6 : 28>

티오다(燒, 트-+-이─→*트이->티-) : 기름을 화爐 숫불 우희 티오
　　고<가언 10 : 33>

히오다(爲, 흐-+-이─→흐이->히-) : 뻐곰 히오디 高祖ㅣ 服 이 이
　　시니<가언 10 : 7>

⑥ '-오/우-+-오/우-'의 겹침

(461) 느주우다(遲, 늦-+-우─→*느주-) : 느주워여 話令을 그르츠면<두해,

중25 : 38>

　　모도오다(集, 몯-+-오→모도-) : 모도와 언머 갑슬 밧고져 흐는다
　　　　<노해 초, 하9>

7　'-오/우-+-이-+-이-'의 겹침

　　(462) 몰뢰이다(乾, 므르-+-오-+-이→몰뢰-) : 曝 몰뢰일 포<왜어, 상6>

8　'-오/우-+-이-+-우-'의 겹침

　　(463) 닐위우다(至, 니르-+우-+-이→닐위-) : 님그물 堯舜에 닐위우므란
　　　　그듸내게 브티노니<두해, 중 19 : 23>
　　　　몰뢰오다(乾, 므르-+-오-+-이→몰뢰-) : 볏티 몰뢰오다<역해, 하47>
　　　　알외오다(知, 알-+-오-+-이→알외-) : 지조롤 子敬이 알외완지 오
　　　　랜지라<삼역3 : 4>

　하임의 뜻바탕을 분명히 하기 위하여 하임 뒷가지를 겹쳐 쓰는 일이 있는데 위 (456-463)은 그러한 형태를 보인 것이다. 이때 뒤에 쓰이는 가지는 '-이-'와 '-오/우-'로 한정된다.

　'-이-'는 (456, 내이다), (457, 박히이다), (458, 니위다), (459, 달회다)에 서처럼 '-이-, -히-, -오/우-, -호/후'에 겹쳐 쓰이고 '-오/우-'는 (460, 데오다/데우다), (461, 느주우다)에서처럼 '-이-', '-오/우-'에 겹쳐 쓰인다.

　'-이-'나 '-오/우-'가 '-이-' 뒤에 나타날 때에는 (456, 내이다), (460, 데오다/데우다)처럼 앞의 '-이-'는 반드시 밑말의 끝소리와 함께 줄어든 형태로 나타나고 '-이-'가 '-오/우-, -호/후-' 뒤에 겹쳐 나타날 때에는 (458, 니위다), (459, 달회다)처럼 가지끼리 겹치면서 줄어든 형태로 나타 난다. 그리고 (462, 몰뢰이다), (463, 닐위우다)처럼 가지 셋이 겹쳐 나타 나기도 하는데 이때에도 '-오/우-' 뒤의 '-이-'는 '-오/우-'와 겹치면서 줄어든 형태 즉 '-외/위-'로 나타난다.

(3) 현대국어

현대 국어에 나타나는 하임 풀이씨 뒷가지의 변이 형태는 '-이-, -히-, -리-, -기-, -우-, -구-, -추, -으키/이키-, -애-'가 있으나 '-으키/이키-, -애-'는 이가지에 의해 파생되는 파생어가 각각 '일으키다/돌이키다, 없애다'로 하나뿐이어서 생산성이 없으므로 이 글에서는 제외하고63) 나머지 형태에 대해 살펴본다.

① '-이-' 가지

이 가지는 움직씨와 그림씨 밑말과 결합하여 'X하게 하다'라는 하임의 뜻바탕을 가진 움직씨를 파생한다. 움직씨 밑말과 결합하여서는 밑말의 씨갈래를 바꾸지 아니하고 그림씨 밑말과 결합하여서는 씨갈래를 바꾼다. 따라서 '-이-'가 결합되는 것으로만 보면 이 가지는 여러 씨갈래 밑말 바꾸거나 안 바꾸는 3유형 가지이다.

> (464) ㄱ. 제움+-이→ 남움
> 홀밑말+-이- :
> 홀소리 뒤 : (ㅟ) 쉬이다(←쉬-), (ㅣ) 치이다(←치-)
> 닿소리 뒤 : (ㄱ) 녹이다(←녹-), 삭이다(←삭-), 석이다(←석-),
>   속이다(←속-), 숙이다(←숙-), 어녹이다(←어녹-),
>   썩이다(←썩-), 죽이다(←죽-), 축이다(←축-)
> (ㄹ) 늘이다(←늘-), 달이다(←달-), 들이다(←들-),
>   시들이다(←시들-), 절이다(←절-), 졸이다(←졸-),

---

63) 파생 뒷가지의 생산성은 그 뒷가지의 결합으로 이루어진 파생어의 수에서 1을 뺀 수로써 결정하는데 파생어가 하나밖에 없는 뒷가지는 '생산성이 없다'하고 생산성이 없는 파생 뒷가지에 의해 파생된 파생어는 어휘화된 것(하치근, 1993 증보판 : 360)으로 보는 것이 일반적이다.

줄이다(←줄-), 헝클이다(←헝클-)

(ᆶ) 끓이다(←끓-)

(ㅂ) 누이다(←눕-)

(ㅌ) 붙이다(←붙-)

겹밑말+-이- : 홀소리 뒤 : (ㅗ) 욕보이다(←욕보-)

닿소리 뒤 : (ㄱ) 놓아먹이다(←놓아먹-), 애먹이다(←애먹-)

(ㄹ) 갈아들이다(남, 갈아들-), 곁들이다(←곁들-), 늘줄이다(←늘줄-), 뜸들이다(←뜸들-), 맛들이다(←맛들-), 물들이다(←물들-), 번갈아들이다(←번갈아들-), 양자들이다(←양자들-), 옴츠러들이다(←옴츠러들-), 장가들이다(←장가들-), 정들이다(←정들-)

(ㅂ) 가로누이다(←가로눕-), 엇누이다(←엇눕-)

(ㅌ) 곁붙이다(←곁붙-), 내붙이다(←내붙-), 다붙이다(←다붙-), 덧붙이다(←덧붙-), 맞붙이다(←맞붙-), 얼러붙이다(←얼러붙-), 엇붙이다(←엇붙-), 흘레붙이다(←흘레붙-)

ㄴ. 남움+-이→ 남움

홑밑말+-이- :

홀소리 뒤 : (ㅏ) 사이다(←사-), 싸이다(←싸-), 하이다(←하-)

(ㅐ) 매이다(←매-)

(ㅔ) 메이다(←메-)

(ㅗ) 쏘이다(←쏘-), 보이다(←보-)

(ㅚ) 외이다(←외-)

(ㅜ) 누이다(←누-), 추이다(←추-)

(ㅟ) 쥐이다(←쥐-)

(ㅡ) 뜨이다(←뜨-), 쓰이다(←쓰-)

(ㅣ) 치이다(←치-)

닿소리 뒤 : (ㄱ) 먹이다(←먹-), 박이다(←박-)

(ㄲ) 깎이다(←깎-), 닦이다(←닦-), 묶이다(←묶-), 엮이다(←엮-)

(ㄹ) 헝클이다(←헝클-)

　　　　　　　(ㄾ) 핥이다(←핥-)
　　　　　　　(ㅅ) 지이다(←짓-)
　　　　　　　(ㅌ) 맡이다(←맡-), 밭이다(←밭-)
　　　　　　　(ㅎ) 놓이다(←놓-), 땋이다(←땋-)
　　　겹밑말+-이- :
　　　　홀소리 뒤 : (ㅔ) 걸머메이다(←걸머메-), 걸메이다(←걸메-)
　　　　닿소리 뒤 : (ㄱ) 곱먹이다(←곱먹-), 까먹이다(←까먹-), 처먹
　　　　　　　　　이다(←처먹-)
　　　　　　　(ㄹ) *끄어들이다*(←*끄어들*-)
　ㄷ. 제움+-이→ 제움
　　　겹밑말+-이- :
　　　　닿소리 뒤 : (ㄹ) 공들이다(←공들-), 힘들이다(←힘들-)
　　　　　　　(ㅌ)불붙이다(←불붙-)
　ㄹ. 남움+-이→ 제움
　　　겹밑말+-이- :
　　　　홀소리 뒤 : (ㄴ) 상보이다(←상보-), 선보이다(←선보-)
(465) 그+-이→ 남움
　　　홑밑말+-이- :
　　　　닿소리 뒤 : (ㄱ) 눅이다(←눅-), 옥이다(←옥-)
　　　　　　　(ㄹ) 기울이다(←기울-), 비뚤이다(←비뚤-)
　　　　　　　(ㅍ) 깊이다(←깊-), 높이다(←높-)

　‘-이-’ 가지가 결합될 수 있는 형태, 음운론적 특징은 매우 다양하다. 형태론적으로는 제움직씨, 남움직씨, 그림씨 밑말 모두에 결합되고 음운론적으로는 밑말의 끝소리가 홀소리나 닿소리 모두에 결합된다.

　먼저 형태론적 특징에 대해 살펴본다.

　(464)는 ‘-이-’ 가지가 움직씨 밑말과 결합하여 다시 움직씨를 파생한 형태를 보인 것이고 (465)는 그림씨 밑말과 결합하여 움직씨를 파생한 형태를 보인 것이다.

움직씨에서는 밑말이 (464ㄱ, ㄷ, 쉬다, 공들다)처럼 제움직씨이거나 (464ㄴ, ㄹ, 사다, 상보다)처럼 남움직씨에 결합되는데 '-이-' 가지는 이러한 밑말과 결합하여 (464ㄷ, ㄹ, 공들이다, 상보이다)처럼 제움직씨를 파생하거나 (464ㄱ, ㄴ, 쉬이다, 사이다)처럼 남움직씨를 파생한다. 그리고 이들 파생어에는 모두 'X하게 하다'라는 하임의 뜻바탕이 있다.

이렇듯 하임 뒷가지 '-이-'는 결합되는 밑말의 하위분류도 제움직씨와 남움직씨 모두에 결합되고 파생되는 파생어도 제움직씨와 남움직씨 모두를 파생한다. 그러나 이들의 관계에서 나타나는 밑말의 형태나 생산성에는 차이가 있다. (464ㄱ, ㄴ)과 (464ㄷ, ㄹ)을 빗대어 보면 (464ㄱ, ㄴ, 쉬이다, 사이다)처럼 남움직씨를 파생할 경우에는 '-이-' 가지가 홑밑말과 겹밑말에 두루 결합되고 또 생산성이 매우 높은데 비하여 (464ㄷ, ㄹ, 공들이다, 상보이다)처럼 제움직씨를 파생할 경우에는 겹밑말에만 결합되고 생산성도 그 예가 각각 두세 개만 보일 정도로 매우 낮다.

(465)에서 보면 '-이-' 가지는 또 그림씨 밑말과 결합하여 움직씨를 파생하기도 하는데 이 경우에는, 그 나타난 예로써 보면 (465, 눅이다)처럼 홑밑말에만 결합하여 남움직씨만을 파생한다. 이들 파생어에도 모두 'X하게 하다'라는 하임의 뜻바탕이 있다.

이제 음운론적 특징에 대해 살펴본다.

'-이-' 가지는 앞에서도 밝혔듯이 밑말의 끝소리가 홀소리나 닿소리 모두에 나타난다. (464-465)에서 보면 홀소리에서는 'ㅏ, ㅐ, ㅔ, ㅗ, ㅚ, ㅜ, ㅟ, ㅡ, ㅣ' 뒤에 나타나고 닿소리에서는 'ㄱ, ㄲ, ㄹ, ㅀ, ㄾ, ㅂ, ㅅ, ㅌ, ㅍ, ㅎ' 뒤에 나타난다. 이 중에서 다른 것은 모두가 밑말에 가지 '-이-' 가 바로 결합되는데 'ㅂ'이나 'ㅅ' 불규칙 풀이씨에 '-이-' 가지가 결합될 경우에는 (464ㄱ)의 '누이다(←눕-), 가로누이다(←가로눕-), 엇누이다(←엇눕-)'나 (464ㄴ)의 '지이다(←짓-)'처럼 밑말의 끝소리 'ㅂ'이나 'ㅅ'이 줄어든다.

② '-히-' 가지

이 가지도 움직씨와 그림씨 밑말과 결합하여 'X하게 하다'라는 하임
의 뜻바탕을 가진 움직씨를 파생한다. 움직씨 밑말과 결합하여서는 밑
말의 씨갈래를 바꾸지 아니하고 그림씨 밑말과 결합하여서는 씨갈래를
바꾼다. 따라서 '-히-'가 결합되는 것으로만 보면 이 가지는 여러 씨갈
래 밑말 바꾸거나 안 바꾸는 3유형 가지이다.

    (466) ㄱ. 제움+-히—→ 남움
        홑밑말+-히- :
        닿소리 뒤 : (ㄱ) 묵히다(←묵-), 삭히다(←삭-), 식히다(←식-),
               익히다(←익-)
               (ㅉ) 앉히다(←앉-)
               (ㄷ) 묻히다(←묻-)
               (ㄺ) 늙히다(←늙-)
               (ㅂ) 눕히다(←눕-)
               (ㅈ) 맞히다(←맞-), 잦히다(←잦-)
        겹밑말+-히- :
        닿소리 뒤 : (ㄱ) 치먹히다(←치먹-), 해묵히다(←해묵-)
               (ㄵ) 가라앉히다(←가라앉-), 걸어앉히다(←걸어
               앉-), 걸터앉히다(←걸터앉-), 꿇어앉히다(←
               꿇어앉-), 내앉히다(←내앉-), 주저앉히다(←
               주저앉-)
               (ㄷ) 덧묻히다(←덧묻-)
               (ㄺ) 겉늙히다(←겉늙-)
               (ㅂ) 드러눕히다(←드러눕-), 얼입히다(←얼입-)
               (ㅈ) 들어맞히다(←들어맞-), 바람맞히다(←바람
               맞-), 서방맞히다(←서방맞-)

ㄴ. 남움+-히→ 남움

홑밑말+-히- :

닿소리 뒤 : (ㄱ) 적히다(←적-)

(ㄵ) 얹히다(←얹-)

(ㄺ) 긁히다(←긁-), 읽히다(←읽)

(ㄼ) 밟히다(←밟-)

(ㅂ) 뽑히다(←뽑-), 입히다(←입-), 잡히다(←잡-),
씹히다(←씹-)

(ㅈ) 찢히다(←찢)

겹낱말+-히- :

닿소리 뒤 : (ㅂ) 덧입히다(←덧입-)

(467) 그+-히→ 남움

홑밑말+-히- :

닿소리 뒤 : (ㄱ) 익히다(←익-)

(ㄷ) 굳히다(←굳-)

(ㄺ) 맑히다(←맑-), 밝히다(←밝-), 붉히다(←붉-)

(ㄼ) 넓히다(←넓-), 얇히다(←얇-)

(ㅂ) 곱히다(←곱-), 괴롭히다(←괴롭-), 굽히다
(←굽-), 노엽히다(←노엽-), 더럽히다(←더럽-),
이롭히다(←이롭-), 좁히다(←좁-)

(ㅈ) 잦히다(←잦-)

겹밑말+-히- :

닿소리 뒤 : (ㅂ) 새롭히다(←새롭-), 어지럽히다(←어지럽-)

(ㄺ) 검붉히다(←검붉-)

(466)는 '-히-' 가지가 움직씨 밑말과 결합한 형태를 보인 것이고
(467)는 그림씨 밑말과 결합한 형태를 보인 것이다. 움직씨에서는 밑말
이 (466ㄱ, 묵다)처럼 제움직씨이거나 (466ㄴ, 적다)처럼 남움직씨에 두
루 결합되는데 밑말의 끝소리는 모두 닿소리이다. 그림씨 밑말의 경우
도 (467, 익다)에서 보듯이 닿소리이다. '-히-' 가지는 이렇게 닿소리로

끝난 밑말과 결합하여 하임의 뜻바탕을 가진 남움직씨를 파생한다. 따라서 '-히-' 가지에는 <+하임, +남움직성>이 있다 하겠다.

이러한 사실을 두고보면 '-히-' 가지는 (464ㄱ-ㄹ, 13, 쉬이다, 사이다, 공들이다, 상보이다, 눅이다)에서 보인 '-이-' 가지와는 그 결합되는 특징에 차이가 있다. 먼저 형태론적 차이를 살펴보면 '-이-' 가지는 제움직씨나 남움직씨, 그리고 그림씨 밑말과 결합하여 제움직씨나 남움직씨를 파생하는데 비하여 '-히-' 가지는 결합되는 밑말의 씨갈래는 같으나 파생되는 파생어의 하위범주에 차이가 있어 '-히-' 가지는 모두 남움직씨만을 파생한다.

그리고 '-이-'와 '-히-' 가지는 결합되는 밑말의 끝소리에도 약간의 차이가 있다.

'-이-' 가지는 밑말의 끝소리가 홀소리이거나 닿소리 모두에 결합되는데 비하여 '-히-' 가지는 홀소리에는 결합되지 못하고 밑말의 끝소리가 닿소리인 경우에만 결합된다. 닿소리에 있어서도 '-이-' 가지는 'ㄱ, ㄲ, ㄹ, ㄾ, ㅀ, ㅂ, ㅅ, ㅌ, ㅍ, ㅎ' 등과 결합함으로 매우 다양한 닿소리 뒤에 나타나는데 비하여 '-히-'는 (466-467)에서 보듯이 'ㄱ, ㄳ, ㄷ, ㄺ, ㄼ, ㅂ, ㅈ' 뒤에 나타난다. '-히-' 가지가 결합될 수 있는 닿소리는 모두 거센소리의 짝이 있는 것들이다. 다시 말하면 거센소리의 짝이 있는 닿소리 뒤에서는 주로 '-히-'가 쓰이는데 이는 거센소리가 예사소리보다는 음상이 뚜렷하므로 그 파생어가 하임 파생어라는 사실을 뚜렷이 하기 위한 것으로 보인다. 그러나 '-이-'나 '-히-'는 그 분포가 닿소리에 있어 상보적 관계를 가지지 못하므로 이들은 형태론적 변이형태라 할 수밖에 없다.

③ '-리-' 가지

이 가지도 움직씨와 그림씨 밑말과 결합하여 'X하게 하다'라는 하임
의 뜻바탕을 가진 움직씨를 파생한다. 움직씨 밑말과 결합하여서는 밑
말의 씨갈래를 바꾸지 아니하고 그림씨 밑말과 결합하여서는 씨갈래를
바꾼다. 따라서 '-리-'가 결합되는 것으로만 보면 이 가지는 여러 씨갈
래 밑말 바꾸거나 안 바꾸는 3유형 가지이다.

(468) ㄱ. 제움+-리→ 남움
    홑밑말+-리- :
      홀소리 뒤 : (ㅡ) 굴리다(←구르-), 말리다(←마르-), 물리다(←
        무르-), 올리다(←오르-), 흘리다(←흐르-)
      닿소리 뒤 : (ㄷ) 걸리다(←걷-), 눌리다(←눋-), 달리다(←닫-),
        불리다(←붇-)
        (ㄹ) 그을리다(←그을-), 날리다(←날-), 놀리다
        (←놀-), 늘리다(←늘-), 돌리다(←돌-), 벌리다
        (←벌-), 부풀리다(←부풀-), 살리다(←살-), 얼
        리다(←얼-), 여물리다(←여물-), 울리다(←울-)
        (ㄶ) 곯리다(←곯-), 곪리다(←곪-), 닳리다(←닳-)
    겹밑말+-리- :
      홀소리 뒤 : (ㅡ) 떠올리다(←떠오르-)
      닿소리 뒤 : (ㄷ) 치달리다(←치닫-)
        (ㄹ) 공기놀리다(←공기놀-), 되살리다(←되살-),
        맴돌리다(←맴돌-), 붓날리다(←붓날-), 휘돌
        리다(←휘돌-)
  ㄴ. 남움+-리→ 남움
    홑밑말+-리- :
      홀소리 뒤 : (ㅡ) 문질리다(←문지르-), 물리다(←무르-), 발리
        다(←바르-), 불리다(←부르-), 주물리다(←주
        무르-)

닿소리 뒤 : (ㄷ) 들리다(←듣-), 실리다(←싣-)

(ㄹ) 끌리다(←끌-), 들리다(←들-), 말리다(←말-),
말리다(←말-), 물리다(←물-), 물리다(←물-),
버물리다(←버물-), 불리다(←불-), 빌리다(←
빌-), 빨리다(←빨-), 빨리다(←빨-), 썰리다(←
썰-), 쓸리다(←쓸(방을)-), 쓸리다(←쓸(줄로)-),
알리다(←알-), 털리다(←털-), 틀리다(←틀-),
헐리다(←헐-)

(ㅀ) 꿇리다(←꿇-), 뚫리다(←뚫-)

겹밑말+-리- :

홀소리 뒤 : (ㅡ) 추어올리다(←추어오르-)

닿소리 뒤 : (ㄷ) 치달리다(←치닫-)

(ㄹ) 굽갈리다(←굽갈-), 어긋물리다(←어긋물-),
창갈리다(←창갈-)

ㄷ. 제움+-리→ 제움

홑밑말+-리- :

닿소리 뒤 : (ㄹ) 아물리다(←아물-)

겹밑말+-리- :

홀소리 뒤 : (ㅡ) 누에올리다(←누에오르-), 옻올리다(←옻오
르-)

(469) 그+-리→ 남움

홑밑말+-리- :

홀소리 뒤 : (ㅡ) 널리다(←너르-), 불리다(←부르-)

닿소리 뒤 : (ㄹ) 몽글리다(←몽글-)

겹밑말+-리- :

홀소리 뒤 : (ㅡ) 메말리다(←메마르-)

'-리-' 가지가 결합될 수 있는 형태, 음운론적 특징은 '-이-' 가지와
마찬가지로 매우 다양하다. 형태론적으로는 제움직씨, 남움직씨, 그림씨
밑말 모두에 결합되고 음운론적으로는 밑말의 끝소리가 홀소리나 닿소

리 모두에 결합된다.

먼저 형태론적 특징에 대해 살펴본다.

(468)은 '-리-' 가지가 움직씨 밑말과 결합하여 다시 움직씨를 파생한 형태를 보인 것이고 (469)는 그림씨 밑말과 결합하여 움직씨를 파생한 형태를 보인 것이다.

움직씨에서는 밑말이 (468ㄱ, ㄷ, 구르다, 아물다)처럼 제움직씨이거나 (468ㄴ, 문지르다)처럼 남움직씨에 결합되는데 '-리-' 가지는 이러한 밑말과 결합하여 (468ㄷ, 아물리다)처럼 제움직씨를 파생하거나 (468ㄱ, ㄴ, 굴리다, 문질리다)처럼 남움직씨를 파생한다. 그림씨 밑말의 경우는 (469, 널리다)에서 보듯이 모두 남움직씨를 파생한다. 그리고 이들 파생 어에는 모두 'X하게 하다'라는 하임의 뜻바탕이 있다.

이렇듯 하임 뒷가지 '-리-'는 결합되는 밑말의 하위분류도 제움직씨 와 남움직씨 모두에 결합되고 파생되는 파생어도 제움직씨와 남움직씨 모두를 파생한다. '-리-' 가지도 '-이-' 가지와 마찬가지로 제움직씨보다 는 남움직씨를 파생하는 경우에 생산성이 높다.

이제 '-리-' 가지가 나타나는 음운론적 특징에 대해 살펴본다.

'-리-' 가지는 앞에서도 밝혔듯이 밑말의 끝소리가 홀소리나 닿소리 모두에 나타난다. 그러나 '-이-' 가지에 비하여 결합되는 밑말의 끝소리 가 얼마 되지 않는다. 홀소리의 경우는 (468-469)에서 보듯이 '르' 불규 칙 풀이씨의 'ㅡ' 뒤에 나타나고 닿소리인 경우는 'ㄷ, ㄹ, ㅀ' 뒤에 나타 난다. 이들은 모두 뒤에 '-리-' 가지가 결합되면 'ㄹ'로 변동되는 소리들 이다.

④ '-기-' 가지

이 가지도 움직씨와 그림씨 밑말과 결합하여 'X하게 하다'라는 하임의 뜻바탕을 가진 움직씨를 파생한다. 움직씨 밑말과 결합하여서는 밑말의 씨갈래를 바꾸지 아니하고 그림씨 밑말과 결합하여서는 씨갈래를 바꾼다. 따라서 '-기-'가 결합되는 것으로만 보면 이 가지는 여러 씨갈래 밑말 바꾸거나 안 바꾸는 3유형 가지이다.

    (470) ㄱ. 제움+-기→ 남움
          홑밑말+-기- :
            홀소리 뒤 : (ㅟ) 튀기다(←튀-)
            닿소리 뒤 : (ㄼ) 굶기다(←굶다), (←옮-)
                   (ㅁ) 남기다(←남-), 넘기다(←넘-)
                   (ㅅ) 벗기다(←벗-)
                   (ㅈ) 짖기다(←짖-)
                   (ㅌ) 맡기다(←맡-)
          겹밑말+-기- :
            닿소리 뒤 : (ㅅ) 발가벗기다(←발가벗-), 헐벗기다(←헐벗-)
       ㄴ. 남움+-기→ 남움
          홑밑말+-기- :
             홀소리 뒤 : (ㅜ) 추기다(←추-)
            닿소리 뒤 : (ㄴ) 신기다(←신-), 안기다(←안-)
                   (ㄷ) 뜯기다(←뜯-)
                   (ㄶ) 끊기다(←끊-)
                   (ㅁ) 감기다(←감(눈을)-), 감기다(←감(머리를)-),
                      감기다(←감(실을)-), 뽑기다(←뽑-), 심기다
                      (←심-)
                   (ㅅ) 빗기다(←빗-), 씻기다(←씻-)
                   (ㅈ) 찢기다(←찢-)
         겹밑말+-기- :
           닿소리 뒤 : (ㅁ) 되넘기다(←되넘-)

(ㅅ) 헐벗기다(←헐벗-)

(ㅌ) 도맡기다(←도맡-)

(471) 그+-기→ 남움

홑밑말+-기- :

닿소리 뒤 : (ㅁ) 검기다(←검-)

(470)은 '-기-' 가지가 움직씨 밑말과 결합한 형태를 보인 것이고 (471)는 그림씨 밑말과 결합한 형태를 보인 것이다. 움직씨에서는 밑말이 (470ㄱ, 튀다)처럼 제움직씨이거나 (470ㄴ, 추다)처럼 남움직씨에 두루 결합되는데 이 가지를 결합하여 파생하는 파생어는 모두 남움직씨이다. 그림씨 밑말의 경우도 (471, 검기다)에서 보듯이 남움직씨를 파생한다. 그리고 이들 파생어에는 모두 하임의 뜻바탕이 있다. 따라서 '-기-' 가지에는 가지 '-히-'와 마찬가지로 <+하임, +남움직성>이 있다 하겠다.

이제 '-기-' 가지가 나타나는 음운론적 특징을 살펴본다.

'-기-' 가지는 '-이-' 가지와 같이 밑말의 끝소리가 홀소리나 닿소리 모두에 나타난다. (469-470)에서 보면 홀소리에서는 'ㅜ, ㅟ' 뒤에 나타나고 닿소리에서는 'ㄴ, ㄶ, ㄷ, ㄻ, ㅁ, ㅅ, ㅈ, ㅌ' 뒤에 나타난다. 이 중에서 '-기-' 가지만이 연결될 수 있는 끝소리는 'ㄴ, ㄶ, ㅁ, ㄻ'뿐이고 나머지 중 'ㅜ, ㅟ, ㅅ, ㅌ'은 '-이-' 가지도, 'ㄷ, ㅈ'은 '-히-' 가지도 연결됨으로써 이들 가지는 음운론적으로 상보적 관계를 가지지 못한다. 따라서 이들 가지는 형태론적 변이형태라 할 수밖에 없다.

⑤ '-우-' 가지

이 가지도 움직씨와 그림씨 밑말과 결합하여 'X하게 하다'라는 하임의 뜻바탕을 가진 움직씨를 파생한다. 움직씨 밑말과 결합하여서는 밑말의 씨갈래를 바꾸지 아니하고 그림씨 밑말과 결합하여서는 씨갈래를 바꾼다. 따라서 '-우-'가 결합되는 것으로만 보면 이 가지는 여러 씨갈래 밑말 바꾸거나 안 바꾸는 3유형 가지이다.

(472) ㄱ. 제움+-우—→ 남움
　　　　홑밑말+-우- :
　　　　　홀소리 뒤 : (ㅐ) 깨우다(←깨-)
　　　　　　　　　　(ㅔ) 메우다(←메-)
　　　　　　　　　　(ㅟ) 쉬우다(←쉬(음식이)-)
　　　　　　　　　　(ㅣ) 지우다(←지(그늘이)-제), 지우다(←지(싸워서)-),
　　　　　　　　　　　　지우다(←지(꽃잎이)-), 찌우다(←찌-), 찌우다
　　　　　　　　　　　　(←찌-), 피우다(←피-), 닿소리 뒤 : (ㄷ) 돋우
　　　　　　　　　　　　다(←돋-)
　　　　　　　　　　(ㅅ) 낫우다(←낫-)
　　　　겹밑말+-우- :
　　　　　홀소리 뒤 : (ㅣ) 꽃피우다(←꽃피-), 뒷짐지우다(←뒷짐지-),
　　　　　　　　　　　　북통지우다(←북통지-), 　살찌우다(←살찌-),
　　　　　　　　　　　　아이지우다(←아이지-)
　　ㄴ. 남움+-우—→ 남움
　　　　홑밑말+-우- :
　　　　　홀소리 뒤 : (ㅣ) 끼우다(←끼-), 마시우다(←마시-), 이우다(←
　　　　　　　　　　　　이-), 지우다(←지-)
　　　　　　　　　　(ㅟ)쉬우다(←쉬(삼베를)-)
　　　　닿소리 뒤 : (ㅅ) 이우다(←잇-)
　　　　겹밑말+-우- :
　　　　　홀소리 뒤 : (ㅣ) 걸머지우다(←걸머지-), 짊어지우다(←짊어
　　　　　　　　　　　　지-)
(473) ㄱ+-우—→ 남움
　　　　홑밑말+-우- :
　　　　　홀소리 뒤 : (ㅣ) 비우다(←비-)
　　　　　닿소리 뒤 : (ㄹ) 걸우다(←걸(땅이)-)

(472)는 '-우-' 가지가 움직씨 밑말과 결합한 형태를 보인 것이고 (473)은 그림씨 밑말과 결합한 형태를 보인 것이다. 움직씨에서는 밑말이 (472ㄱ, 깨다)처럼 제움직씨이거나 (472ㄴ, 끼다)처럼 남움직씨에 두루 결합되는데 이 가지를 결합하여 파생하는 파생어는 모두 남움직씨이다. 그림씨 밑말의 경우도 (473, 비우다)에서 보듯이 남움직씨를 파생한다. 그리고 이들 파생어에는 모두 하임의 뜻바탕이 있다. 따라서 '-우-' 가지에도 <+하임, +남움직성>이 있다 하겠다.

이제 '-우-' 가지가 나타나는 음운론적 특징을 살펴본다.

'-우-' 가지는 '-이-'나 '-기-' 가지와 마찬가지로 밑말의 끝소리가 홀소리나 닿소리 모두에 나타난다. (472-473)에서 보면 홀소리에서는 'ㅐ, ㅔ, ㅟ, ㅣ ~' 뒤에 나타나고 닿소리에서는 'ㄷ, ㄹ, ㅅ' 뒤에 나타난다. 그러나 이 가지의 생산성에는 큰 차이가 있어 홀소리 뒤에서는 생산성이 높으나 닿소리 뒤에서는 생산성이 매우 낮다. '-우-' 가지도 '-이-'나 '-기-' 가지와 음운론적으로 상보적 관계를 가지지 못한다.

⑥ '-구-' 가지

이 가지는 나타나는 예가 얼마 되지 않는다. 나타난 예로써 보면 이 가지는 제움직씨 밑말과 결합하여 'X하게 하다'라는 하임의 뜻바탕을 가진 남움직씨를 파생한다. 이 가지는 한 씨갈래 밑말 안바꾸는 가지이다. 이 가지만으로 보면 1유형 가지와 같은 파생 양상을 보인다.

(474) 제움+-구→ 남움
　　　홑밑말+-구- :
　　　　　닿소리 뒤 : (ㄷ) 돋구다(←돋-)
　　　　　　　　　　　(ㄹ) 달구다(←달-)
　　　　　　　　　　　(ㅅ) 솟구다(←솟-)

'-구-' 가지는 (474)에서 보듯이 제움직씨 밑말과 결합하여 남움직씨를 파생하는 것으로 그 생산성이 매우 낮다. 이들 파생어에도 모두 하임의 뜻바탕이 있다. 따라서 '-구-' 가지에도 <+하임, +남움직성>이 있다 하겠다. '-구-' 가지는 밑말의 끝닿소리 'ㄷ, ㄹ, ㅅ' 뒤에 나타난다.

⑦ '-추-' 가지

이 가지는 움직씨와 그림씨 밑말과 결합하여 'X하게 하다'라는 하임의 뜻바탕을 가진 움직씨를 파생한다. 움직씨 밑말과 결합하여서는 밑말의 씨갈래를 바꾸지 아니하고 그림씨 밑말과 결합하여서는 씨갈래를 바꾼다. 따라서 '-추-'가 결합되는 것으로만 보면 이 가지는 여러 씨갈래 밑말 바꾸거나 안 바꾸는 3유형 가지이다.

(475) ㄱ. 제움+-추→ 남움
　　　홑밑말+-추 :
　　　　닿소리 뒤 : (ㅈ) 늦추다(←늦-(때에)), 맞추다(←맞-)
　　　겹밑말+-추 :
　　　　닿소리 뒤 : (ㅈ) 아구맞추다(←아구맞-), 볼맞추다(←볼맞-)
　　　ㄴ. 남움+-추→ 남움
　　　홑밑말+-추 :
　　　　닿소리 뒤 : (ㅈ) 갖추다(←갖-)
(476) 그+-추→ 남움
　　　홑밑말+-추 :
　　　　닿소리 뒤 : (ㄷ) 곧추다(←곧-)
　　　　　　　　　(ㅈ) 낮추다(←낮-), 늦추다(←늦-)
　　　　　　　　　(ㅌ) 얕추다(←얕-)
　　　겹밑말+-추 :
　　　　닿소리 뒤 : (ㅈ) 때맞추다(←때맞-)

(475)는 '-추-' 가지가 움직씨 밑말과 결합한 형태를 보인 것이고 (476)은 그림씨 밑말과 결합한 형태를 보인 것이다. 움직씨에서는 밑말이 (475ㄱ, 늦다)처럼 제움직씨이거나 (475ㄴ, 갖다)처럼 남움직씨에 두루 결합되는데 이 가지를 결합하여 파생하는 파생어는 모두 남움직씨이다. 그림씨 밑말의 경우도 (476, 곧추다)에서 보듯이 남움직씨를 파생한다. 그리고 이들 파생어에는 모두 하임의 뜻바탕이 있다. 따라서 '-추-' 가지에도 <+하임, +남움직성>이 있다 하겠다.

그리고 '-추-' 가지가 결합되는 밑말의 끝소리는 모두 닿소리이다. '-추-' 가지는 닿소리 'ㄷ, ㅈ, ㅌ' 뒤에 결합된다.

지금까지 하임 뒷가지에 의해 파생되는 파생어의 특성과 하임 뒷가지의 파생 양상을 살폈다. 지금까지 살펴본 하임 뒷가지의 파생 양상을 표로 정리하여 보이면 (477)과 같다.

(477)

	파생형태	결합되는 밑말의 끝소리	
	밑말→파생어	홀소리	닿소리
-이-	제움→남움, 남움→남움 제움→제움, 남움→제움 그→남움	ㅏ, ㅐ, ㅔ, ㅗ, ㅚ, ㅜ, ㅟ, ㅡ, ㅣ	ㄱ, ㄲ, ㄹ, ㅀ, ㄾ, ㅂ, ㅅ, ㅌ, ㅍ, ㅎ
-히-	제움→남움, 남움→남움 그→남움		ㄱ, ㄵ, ㄷ, ㄺ, ㄼ, ㅂ, ㅈ
-리-	제움→남움, 남움→남움 제움→제움, 그→남움	ㅡ	ㄷ, ㄹ, ㅀ
-기-	제움→남움, 남움→남움 그→남움	ㅜ, ㅟ	ㄴ, ㄶ, ㄷ, ㄻ, ㅁ, ㅅ, ㅈ, ㅌ
-우-	제움→남움, 남움→남움 그→남움	ㅐ, ㅔ, ㅟ, ㅣ	ㄷ, ㄹ, ㅅ
-구-	제움→남움		ㄷ, ㄹ, ㅅ
-추-	제움→남움, 남움→남움 그→남움		ㄷ, ㅈ, ㅌ

(4) 종합

지금까지 중세, 근대, 현대국어에 나타나는 하임 뒷가지를 '-이-'계와 '-오/우-'계 그리고 중세와 근대국어에 나타나는 '-·/ㅡ-'로 나누어 살폈다. 여기서는 지금까지 살핀 것들을 중심으로 하임 뒷가지의 변천 모습을 그 결합되는 밑말 끝소리와 함께 살펴본다.

① '-이-'계의 변천

지금까지 살핀 중세, 근대, 현대국어의 '-이-'계 하임 뒷가지를 밑말 끝소리를 중심으로 한 데 모아 표로써 보이면 (478)과 같다.

(478)

		결합되는 밑말의 끝소리					
		움 직 씨				그 림 씨	
		남 움직씨		제 움직씨			
		홀소리	닿소리	홀소리	닿소리	홀소리	닿소리
-이-	중세	ㅏ/ㅓ, ㅗ/ㅜ, ㅡ, ㅣ, j(내림홀소리)·	ㄱ, ㄷ, ㄹ, ㅅ, ㅊ, ㅌ, ㅎ	ㅏ/ㅓ, ㅕ, ㅡ, ·	ㄱ, ㄷ, ㄹ, ㅂ, ㅅ, ㅈ, ㅊ, ㅌ, ㅎ	ㅡ, ㅣ, ·	ㄱ, ㅂ, ㅅ, ㅍ
	근대	ㅏ/ㅓ, ㅗ/ㅜ, ㅡ, ㅣ, j(내림 홀소리), ·	ㄱ, ㄷ, ㄹ, ㅅ, ㅊ, ㅍ, ㅎ	ㅏ/ㅓ, ㅕ, ㅡ, ㅣ	ㄱ, ㄷ, ㄹ, ㅁ, ㅂ, ㅅ, ㅈ, ㅌ, ㅎ	ㅗ, ㅡ, ㅣ, ·	ㄱ, ㅂ
	현대	ㅏ, ㅐ, ㅔ, ㅗ, ㅚ, ㅜ, ㅟ, ㅡ, ㅣ	ㄱ, ㄲ, ㄹ, ㄾ, ㅀ, ㅂ, ㅅ, ㅌ, ㅎ	ㅗ, ㅟ, ㅣ	ㄱ, ㄹ, ㅀ, ㅂ, ㅌ		ㄱ, ㄹ, ㅍ
-히-	중세		ㄱ, ㄷ, ㅂ, ㅈ		ㄱ, ㄷ, ㄹ, ㅈ		ㄱ, ㄷ, ㅂ, ㅈ
	근대	ㅗ	ㄱ, ㄷ, ㅂ, ㅈ, ㅌ, ㅍ	ㅏ	ㄱ, ㄷ, ㄹ, ㅈ		ㄱ, ㄷ, ㅂ, ㅈ
	현대		ㄱ, ㄳ, ㄺ, ㄼ, ㅂ, ㅈ		ㄱ, ㄳ, ㄷ, ㄼ, ㅈ		ㄱ, ㄷ, ㄺ, ㄼ, ㅂ, ㅈ
-기-	중세		ㅅ, ㅁ		ㅁ		
	근대		ㄴ, ㄷ, ㅅ, ㅁ		ㄹ, ㅁ		
	현대	ㅜ	ㄴ, ㄶ, ㄷ, ㅁ, ㅅ, ㅈ, ㅌ	ㅟ	ㄼ, ㅁ, ㅅ, ㅈ, ㅌ		ㅁ

		결합되는 밑말의 끝소리					
		움 직 씨				그 림 씨	
		남 움직씨		제 움직씨			
		홀소리	닿소리	홀소리	닿소리	홀소리	닿소리
-리-	중세						
	근대						
	현대	—	ㄷ, ㄹ, ㅀ	—	ㄷ, ㄹ, ㅀ	—	ㄹ

(478)을 중심으로 '-이-'계 하임 뒷가지의 변천 모습을 살펴보면 다음
과 같다.

1. '-이-'계 하임 뒷가지는 중세와 근대국어에서는 '-이-, -히-, -기-'
가 쓰였으나 현대국어에서는 '-이-, -히-, -기-, -리-'가 쓰인다. '-리-'
가지는 현대국어에서 '-이-' 가지가 결합되면 'ㄹ'로 변동되는 'ㄷ, ㄹ,
ㅀ' 뒤에 나타난다.

'-리-'의 형태는 중세나 근대국어에서도 나타나는데 이를 다시 보이
면 (479)와 같다.

<중세국어>
(479) (ㅡ) : 흘리다(流, 흐르-) : 忽然히 높므를 비 디듯 흘리거시눌<월석
　　　　　8 : 92-93>
　　　(·) : 올이다/올리다(登, 오르-) : 石壁에 모를 올이샤 도즈글 다 자
　　　　　ㅂ시니<용가48>/그 母ㅅ끠 올려든<소해6 : 47>
　　　(ㄹ) : 밍굴이다/밍굴리다(造, 밍굴-) : 내 갈 혼 부를 밍굴요리라
　　　　　<박번, 상15>/집 아래 어루 받이럼 밍굴릴식<두해 초16 :
　　　　　66>
　　　　밀이다/빌리다(借, 빌-) : 쳥(請)커늘 자리롤 빌이라 ㅎ시니
　　　　　<월곡100>/빌며 빌리기를 通티아니ㅎ며<소해2 : 52>
　　　　놀이다/놀리다(遊, 놀-) : 名相이 봄놀요몰 니부미<원각, 서

65>/새 삿기롤 어버의 겨틔셔 놀 려 어버이 깃거콰뎌 ᄒ
더라<소해4 : 16>
살이다/살리다(居, 살-) : 城 밧긔 닐굽 뎔 일어 즁 살이시고
<월석2 : 77>/받과 집을 사셔 살 리고<소해6 : 32>

<근대국어>

(480) (ㅡ) 믈이다/믈리다(陪, 므르-) : 陪 믈이다<사해 중, 상50>/追陪 믈
리다<역해, 상66>
얼이다/어리다/얼리다(嫁, 어르-) : 져머셔 남진 죽거늘 어버이
다ᄅᆞ니 얼이고져 ᄒ더니<동속, 열 : 12>/향니 니슌명이롤
어렷쩌니 슌명이 죽거늘 아촘 나죄 울오<동속, 열 : 18>/할
아버이 나히 져믄 주를 어엿쎄너겨 남진 얼리려 커늘<동
속, 열 : 9>
올이다/오리다/올리다(登, 오르-) : 白玉盤애 올이오<두해, 중1
6 : 66>/노프나 노픈 남게 날 勸ᄒ여 오려 두고<청언 : 41>/
도적의 믈이 븓드러 내여 믈 게 올려늘<신속, 열7 : 13>
흘리다(流, 흐르-) : 피롤 흘려 주그매<신속, 열4 : 23>
(ㄹ) 돌이다/돌리다(廻, 돌-) : 돌여 보닛슨즉 일후의 금단ᄒ고<독립
2 : 237>/핑이 돌리다<역해, 하 : 23>
말리다(禁, 말-) : 그 어미 말려 굴오뎌<신속, 열1 : 72>
부리다/불리다(吹, 불-) : 쥬라 훈바탕을 부려든<연병 : 20>/쥬
라 불리고 뒨각 불리고<신속, 충1 : 88>
샐이다/샐리다(吸, 샐-) : 졋 주어 샐리면 즉시 통ᄒᆞ니라<태
요 : 71>/그제야 유즙을 아기 샐이라<두해, 하 : 41>
놀리다(動, 놀-) : 훈가지로 발 손을 놀려<박해, 하 : 6>
울리다(鳴, 울-) : 즁통 훈 번 노코 쇼징 두 바탕을 울리고<연
병 : 20> .

그러나 이들 형태는 'ㄹ'이 [l] 변이음이 된 것을 표기하는 방법으로
나타난(허웅, 1975 : 158) 임의적 음운 변동 현상이어서 이때 나타난 '리'를
하임 파생 뒷가지의 변이형태 '-리-'로 보기는 어렵다. 이에 비하여 현
대국어에서는 '르' 불규칙 밑말이나 'ㄹ'로 끝난 밑말뿐만 아니라 'ㄷ'이

나 'ㅭ'으로 끝난 밑말에도 '-리-'가 쓰이고 중세나 근대국어에서처럼 같은 밑말에 '-이-'나 '-리-'가 같이 나타나는 예가 없다. 언제나 '-리-'가 쓰인다. 따라서 현대국어에 쓰인 '-리-'는 '-이-'의 변이형태인 하임 파생 뒷가지이다. 가지 '-리-'는 현대국어에서 나타난다.

2. '-이-' 가지가 중세나 근대국어에서는 내림홀소리 'j' 뒤에 나타나던 것이 현대국어에서는 내림홀소리 'j'가 앞 홀소리에 녹아 붙어 홑홀소리가 됨으로써 현대국어에서는 '-이-' 가지가 'ㅐ, ㅔ, ㅚ, ㅟ' 뒤에도 쓰이게 된다.

3. '-기-' 가지는 중세나 근대국어에서는 닿소리 뒤에서만 쓰이다가 현대국어에서는 홀소리 'ㅜ, ㅟ' 뒤에서도 쓰이고 닿소리도 'ㅈ, ㅌ' 뒤에서도 쓰인다. '-기-' 가지는 근대국어나 현대국어에서 그 쓰임을 점점 넓혀가는 모습을 보인다.

4. -이- 가지가 중세나 근대국어에서는 'ㆍ' 홀소리 뒤에서도 쓰였는데 현대국어에서는 음소 'ㆍ'가 사라짐으로써 쓰이지 아니한다.

　② '-오/우-'계의 변천

지금까지 살핀 중세, 근대, 현대국어의 '-오/우-'계 하임 뒷가지를 밑말 끝소리를 중심으로 한 데 모아 표로써 보이면 (481)과 같다.

(481)

		결합되는 밑말의 끝소리					
		움 직 씨				그 림 씨	
		남 움직씨		제 움직씨			
		홀소리	닿소리	홀소리	닿소리	홀소리	닿소리
-오/우-	중세	ㅡ, ㅣ, j (내림홀소리)	ㄱ, ㄷ, ㄹ, ㅅ	ㅡ, ㅣ, j (내림홀소리)	ㄷ, ㄹ, ㅁ, ㅅ	ㅡ, j (내림홀소리)	ㄹ, ㅈ, ㅌ
	근대	ㅡ, ㅣ, j (내림홀소리)	ㄹ, ㅅ	ㅏ, ㅕ, ㅡ, ㅣ, j(내림홀소리)	ㄷ, ㄹ, ㅂ, ㅅ	ㅣ, j (내림홀소리)	ㄹ, ㅂ, ㅅ

		결합되는 밑말의 끝소리					
		움 직 씨				그 림 씨	
		남 움직씨		제 움직씨			
		홀소리	닿소리	홀소리	닿소리	홀소리	닿소리
-우-	현대	ㅣ, ㅟ	ㅅ	ㅐ, ㅔ, ㅟ, ㅣ	ㄷ, ㅅ	ㅣ	ㄹ
-호/후-	중세		ㅈ		ㄷ, ㅈ		ㄷ, ㅈ
	근대	ㅣ		ㅣ	ㄷ, ㄹ, ㅈ		ㅈ
-추-	현대		ㅈ		ㅈ		ㄷ, ㅈ, ㅌ
-고/구-	중세				ㅅ, ㅁ		
	근대				ㅅ, ㅁ		
-구-	현대				ㄷ, ㄹ, ㅅ		
-·-	중세		ㄹ		ㄹ		ㄹ
	근대		ㄹ		ㄹ		
	현대						

(481)을 중심으로 '-오/우-'계 하임 뒷가지의 변천 모습을 살펴보면 다음과 같다.

1. '-오/우-'계 하임 뒷가지는 중세에서 근대국어까지는 '-오/우-, -호/후-, -고/구-'가 홀소리 어울림에 따라 밝은 홀소리, 어두운 홀소리로 가려 쓰였으나 현대국어에서는 이 어울림 현상이 부분적으로 남아 있을 정도로 허물어지면서(허웅, 1985 : 498) 하임 뒷가지의 경우는 모두 어두운 홀소리의 형태로 나타난다. '-오/우-'는 '-우-'로, '-호/후-'는 '-추-'로, '-고/구-'는 '-구-'로 나타난다.

2. '-호/후-' 가지는 중세나 근대국어에서는 하임 뒷가지로 쓰이다가 현대국어에서는 '-호/후->-후->추' 변천되면서 '-추-'로 나타난다. 이것은 중세나 근대국어에서 '-호/후-'가 'ㅈ' 닿소리 뒤에 나타나는데 'ㅈ' 뒤에서 '-호/후-'는 거센소리되기의 현상으로 (482-483)에서 보듯이 모두 '-초/추-'로 나타난다.

<중세국어>
(482) 고초다(拱, 곳-) : ᄆᆞᅀᆞ몷 고초아 듣더시니<내훈초 2하 : 50>
　　　느초다(低, 낮-) : 믈읫 ᄆᆞᅀᆞᆷ 느초는 사름ᄋᆞᆫ 만복이 제 귀의ᄒᆞ리라
　　　　　<야운64>
　　　마초다(合, 맞-) : 合ᄋᆞᆫ 對ᄒᆞᆶᄒᆞ야 서르 ᄧᅡᆨ 마촐 씨니<월석, 어제 월
　　　　　인석보 서 : 7>
　　　머추다(停, *멎-) : 禮義를 앗기샤 兵馬를 머추어시니<용가54>
　　　안초다(坐, 앉-) : 돌ᄒᆞᆯ 봇가 븕게 ᄒᆞ야 촌 므레 돔가 안초아 믈겨
　　　　　<구방, 상33>
　　　ᄀᆞ초다(備, 곶-) : 음식 차반을 ᄀᆞ초와 권당과 넷 벗과 손둘ᄒᆞᆯ 쳥ᄒᆞ
　　　　　야<번소9 : 87>
　　　느초다/느추다(緩, 늦-) : 법 셴 ᄠᅳᆮ을 샹고ᄒᆞ야 출혀 되오며 느초면
　　　　　<소해5 : 32>/ᄀᆞᄅᆞ치는 道애 져고마도 느추디 아니ᄒᆞ더라<내
　　　　　훈 초3 : 32>

<근대국어>
(483) 마초다(合, 맞-) : ᄭᅮ짇기를 이비 그치디 아니ᄒᆞ여 머리를 마초고
　　　　　<신속, 열3 : 53>
　　　안초다(坐, 앉-) : 壓驚 놀란 것 아초다<역보 : 56>
　　　ᄀᆞ초다(備, 곶-) : 全備 ᄀᆞ초다<한청 12 : 17>
　　　느추다(遲, 늦-) : 도적이 그 마를 미더 느추워늘<신속, 열3 : 40>
　　　　　느초다(低, 낮-) : 범이 머리를 느초고 나가더라<신속, 효4 :
　　　　　90>

　이 '-초/추-'가 현대국어에서 그대로 굳어지면서 위 1.에서와 같이 어
두운 홀소리 '-추-'로 나타나게 된 것이다.

　3. '-오/우-' 가지가 중세나 근대국어에서는 내림홀소리 'j' 뒤에 나타
나던 것이 현대국어에서는 내림홀소리 'j'가 앞의 홀소리에 녹아 붙어
홑홀소리가 됨으로써 현대국어에서는 '-우-' 가지가 'ㅐ, ㅔ, ㅟ' 뒤에도
쓰이게 된다.

4. 중세나 근대국어에서 하임 뒷가지로 쓰였던 '-·(─)-'는 현대국어
에는 '·' 음소가 없어지면서 '-·(─)-'는 하임 뒷가지로도 쓰이지 아니
한다.

4. 입음 뒷가지

'입음 풀이씨 뒷가지'는 가지가 밑말과 결합하여 새로운 낱말을 만들
되 입음의 주체가 자신이 그 행동을 하지 아니하고, 그 행동을 입는 대
상이 되는(허웅, 2000 : 457) 뜻바탕을 가진 풀이씨를 파생하는 뒷가지를 말
한다.

    (484) ㄱ. 쏠다 : 鹿皮 오술 바사 따해 꼬라시고<월석 1 : 16>
         ㄴ. 꼴이다 : 金剛摩尼花ㅣ 一切예 ㄱ두기 꼴이ᄂᆞ니<월석 8 : 36>

  (484ㄱ)의 '쏠다'는 '꼬-'는 행동을 주체가 한다. 그런데 (484ㄴ)의 '꼴
이다'는 '꼬-'는 행동을 주체인 '金剛摩尼花'가 하지 아니하고 金剛摩尼花
는 '꼬-'는 행동을 입는 대상이 되면서 '꼬-'는 행동을 입게 된다. 따라서
'꼴이다'의 '-이-'에는 'X 입음'의 뜻바탕이 있다 하겠는데 이러한 뜻바
탕을 가진 뒷가지를 '입음 뒷가지'라 한다.

  그런데 국어에는 입음의 뜻을 가진 다른 말의 형태가 있다.

    (485) ㄱ. 조치다 : 돌ᄒᆞ로 텨든 조치여 ᄃᆞ라 머리 가<석보 19 : 31>
         ㄴ. 비러지다 : 제 모ᄆᆞ로 鬼神의게 비러 지이다 請ᄒᆞ거늘<내훈, 2
            상 : 30>
         ㄷ. ᄃᆞ외다 : 내 ᄌᆞ조 郭氏의 疑心ᄒᆞ미 ᄃᆞ외야<내훈, 2하 : 40>
         ㄹ. 닙다 : 識이 ᄒᆞ마 ᄃᆞ로몰 니버니<능엄 3 : 41>

(485ㄱ)의 '조치다'는 (484ㄴ)의 '낄이다'와 같은 형태론적 구성을 가지
면서 '좇-는 행동의 입음'이라는 뜻을 가지는 파생어이다. 그런데 (485
ㄴ)의 '비러지다'는 (485ㄱ)의 '조치다'와 그 말의 형태 구성에 있어서나
엄밀하게 따진다면 그 뜻도 서로 다르다.

(485ㄱ, 조치다)는 밑말에 파생 가지가 결합된 형태론적 구성을 가지
는데 비하여 (485ㄴ, 비러지다)는 '빌다'에 입음의 뜻을 가진 밑말적 단
위[64] '지다'가 결합된 것으로 이 '지다'가 밑말과 결합되면 합성어가 된
다. 그리고 (485ㄷ)과 (485ㄹ)의 '다외다'와 '닙다'는 한 낱말로써 이도 밑
말적 단위이다. 이들이 앞의 말과 결합되면 통어론적 구성의 이은 말이
된다. 따라서 (485ㄴ)의 '비러지다'나 (485ㄷ)의 '다외다', (485ㄹ)의 '닙다'
와 같은 형태는 이 글을 쓰는 목적에서 벗어남으로 여기서는 연구의 대
상으로 삼지 아니하고 (485ㄱ, 조치다)과 같이 '밑말+가지'의 형태만을
대상으로 한다.[65]

입음 풀이씨 뒷가지는 중세국어에서는 '-이-, -히-, -기-'가 있고. 근
대국어에서는 '-이-, -히-, -기-, -리-'가 있으며 현대국어에서도 '-이-,
-히-, -기-, -리-' 가지가 있다. 이들 가지는 대개 밑말의 끝소리에 따라
다르게 나타나는 변이형태이다.

1) 중세국어

중세국어에 나타나는 입음 풀이씨 뒷가지는 '-이-, -히-, -기-'가 있

---

64) 밑말적 단위는 아직 파생어의 밑말이 되기 전의 어휘적 단위를 말하는 것으로 이
　　것은 뒤에 파생어의 밑말이 될 수 있는 것을 말한다(조일규, 1997 : 11 주4)
65) 입음의 뜻바탕을 가진 (485ㄱ)과 같은 뒷가지를 파생 뒷가지로 보는 까닭에 대해서
　　는 조일규(1991) 참조.

다. 이들 가지는 대개 밑말의 끝소리에 따라 다르게 나타나는 변이형태
이다. 그러나 이들은 밑말의 끝소리에 따라 온전히 구분되지는 않는다.

(486) ㄱ. 얼기다(纆, 얽다+-이-) : 法이 얼긴 디 업슨둘<남명 하 : 51>
　　　ㄴ. 얼키다(纆, 얽다+-히-) : ㅁᄉ매 얼켜제 아디 몯ᄒ도다<남명
　　　　　상 : 80>

(486ㄱ)과 (486ㄴ)의 '얼기다'와 '얼키다'는 둘 다 밑말 '얽다'에 결합된
입음 파생어이다. 그런데 (486ㄱ, 얼기다)에는 가지 '-이-'가 결합되었고
(486ㄴ, 얼키다)에는 가지 '-히-'가 결합되었다. 이러한 사실을 두고보면
입음 가지 '-이-'와 '-히-'는 밑말의 끝소리에 따라 온전히 구분되는 것
은 아니다.

그럼에도 이 글에서 입음 뒷가지의 파생 양상을 밑말의 끝소리에 따
라 나누어 보고자 하는 것은 중세국어에서 이들 가지가 밑말의 끝소리
에 따라 완전히 체계화되지는 않았으나 어느 정도는 체계성을 띠고 있
기 때문이다.

따라서 여기서는 중세국어의 입음 뒷가지를 밑말의 끝소리에 따라
나누어 살펴본다.

(1) '-이-' 가지

이 가지는 남움직씨나 제움직씨 밑말과 결합하여 'X 입음'의 뜻바탕
을 가진 제움직씨를 파생한다. 이 가지는 한 씨갈래 밑말 안 바꾸는 1유
형 가지이다.

(487) ㄱ. 남움 닿소리 밑말 + '-이-' → 제움

(ㄱ) 갓기다(削, 갔다) : 王室은 갓겨 보드랍디 아니ᄒ니라<두초 3 :
        66>
     마키다(錮, 막다) : ᄆᆞᄎᆞ매 마쿄미 몯 ᄒ리라<능엄 7 : 18>
     뭇기다(束, 묶다) : 道 니르디 몯호ᄆᆞᆫ ᄀᆞ르쵸매 뭇겨 이실ᄊᆞ니
        라<법화 3 : 156>
     봇기다(煎, 볶다) : 여듧 受苦애 봇겨<월석, 서 : 4>
     섯기다(錯, 섰다) : 흙과 ᄒᆞᆫ디 섯기여<칠대 14>
     얼기다(纏, 얽다) : 法이 얼긴 디 업슨둘<남명 하 : 51>
(ㄷ) 실이다(得, 싣다) : 온긔며 술위예 실여 원두바티 갓다가<칠대13>
     일콜이다(稱, 일콛다) : 名稱은 일홈 일쿨유미라<월석 10 : 64>
(ㄹ) 걸이다(掛, 걸다) : 다 權에 걸일ᄊᆡ 實을 몰로미라<법화 2 :
        248>
     굴이다(蠱, 굴다) : 藥을 먹거나 ᄂᆞ오롤 굴이거나 邪曲ᄒᆞᆫ 귓거
        시 들어나<석보9 : 37>
     ᄀᆞᆯ이다(磨, ᄀᆞᆯ다) 엇뎨 오래 ᄀᆞᆯ이ᄂᆞ뇨<두초23 : 33>
     덜이다(除, 덜다) : 罪이 불휘 永히 덜인 젼ᄎᆞ로<금삼 3 : 56>
     들이다(擧, 들다) : 즘게 남기 들여늘<월곡 178>
     돌이다(縣, 돌다) : 그 머리 갓ᄀᆞ로 돌요미<능엄 8 : 93>
     맛드리다(味, 맛들다) : 안즉 모로매 니기 닑고 맛드려<번소
        8 : 31>
     몰이다(驅, 몰다) : 殘害와 몰여 내조쵬과롤 論컨댄<원각 하1-
        1 : 31>
     믈이다(咬, 믈다) : 엇뎨 기피 믈이리오<두초24 : 30>
     밀이다(漲, 밀다) : 바ᄅᆞᆺ 므릐 밀유미 믇 히믈 주도다<두초16 :
        20>
     버므리다(累, 버믈다) : 識이 노녀 버므리논 짜힐ᄊᆡ<월석 2 : 22>
     븥들이다(攀, 븥들다) : 이레 븥들여 決斷ᄒᆞ야<능엄 1 : 16>
     불이다(飄, 불다) : 흰 믌겨리 부ᄒᆡᆫ ᄇᆞᄅᆞ매 불이고<두초16 : 42>
     술이다(焚, 술다) : 현마 스라도 술이디 아니ᄒ고<월석2 : 28>
     ᄲᅵ이다(布, ᄲᅵ다) : 金剛摩尼花ㅣ 一切예 ᄀᆞᄃᆞ기 ᄲᅵ리ᄂᆞ니<월
        석 8 : 36>
     열이다(開, 열다) : ᄒᆞᆫ 부체 열이곰 홀ᄊᆡ<월석 7 : 9>

일이다(淘, 일다) : 眞化애 일이디 몯혼 나롤 도르혀 혜아룐딘
　　　　<남명 하 : 63>

잇글이다(牽, 잇글다) : 惡業의 잇글일 배 되이디 아니ᄒ리라
　　　　<선가 상 : 19>

지즐이다(壓, 지즐다) : 둘흔 담 지즐이니오<구방 상 : 25>

할이다/할리다(訴, 할다) : ᄂᆞ미게 할여 주글 죄로<이륜 : 22>/
　　　　ᄂᆞ미게 할려 주글 죄로<이륜중 : 22>

헐이다(傷, 헐다) : 오직 갈콰 도최예 헐여<구방 상 : 82>

(ㅂ) 볼이다(踏, 밟다) : 몰게 볼이며 ᄉᆞ게 ᄢᅵ여<구방 하 : 29>

(ㅅ) 븟이다(注, 붓다) : 이에 흘러 븟이뇨<능엄 3 : 80>

웃이다(笑, 웃다) : 菩薩ᄭᅴ 웃움 어두미 이에 잇ᄂᆞ니라<금삼
　　4 : 59>

(ㅊ) 그치다(斷, 긏다) : 실 그츠면 一時에 그침 ᄀᆞ도다<선가 상 : 27>

내조치다(逐, 내좇다) : 보미 기픈더 내조친 나그내는<두초21 : 40>

믈리조치다(却, 믈리좇다) : 스ᄀᆞᄫᆞᆯ 軍馬롤 이길ᄊᆡ ᄒᆞᄫ샤 믈리
　　조치샤<용가 5 : 31>

부치다(飄, 붗다) : 盛하ᄂᆞᆫ 젼ᄎᆞ로 흐러 ᄡᅳ리며 盛히 부치ᄂᆞ니
　　라<능엄 8 : 97>

ᄩᅩ치다(追, 쫓다) : ᄒᆞ다가 ᄩᅩ쳐 오거든<월석 10 : 25>

조치다(隨, 좇다) : 사ᄅᆞ미 막다히며 디새며 돌ᄒ로 텨든 조치
　　여 ᄃᆞ라<석보 19 : 30>

(ㅍ) 두피다(蓋, 둪다) : 따 우희 차 두피고<월석 8 : 18>

(ㅎ) 노히다(放, 놓다) : 或 노힘을 보려니와<소언 6 : 39>

답사히다(積, 답샇다) : 甲 니븐 ᄆᆞ론 구루미 답사혯ᄂᆞᆫ 둣도다
　　　　<두초7 : 25>

싸히다(積, 쌓다) : 싸홈 업수미 이 眞實ㅅ 布施라<금강 25>

알히다(痛, 앓다) : 피 나고 알히ᄂᆞ닐 고툐더<구방 상 : 7>

ㄴ. 남움 홀소리 밑말 + '-이-' → 제움

(ㅏ) 보차이다/보채다(攻, 보차다) : ᄂᆞ외야 貪欲이 보ᄎᆞ요미 아니
　　　　ᄃᆞ외며<월석 18 : 54>/衆生이 種種 분버릐 보채요미 ᄃᆞ외
　　　　야<석보 9 : 29>

보태다(補, 보타다) : 므스기 보태리오<내훈, 2상 : 3>

스랑ᄒ이다(慈, 스랑하다) : 아비게 스랑ᄒ이디 몯ᄒ야<번소
　　　　9 : 24>

(ㅓ) 이어이다(搖, 이어다) : 乾坤ㅅ 이어이ᄂ 안히로다<두초21 : 31>

(ㅗ) 가도이다/가되다(囚, 가도다) : 매 마자 獄애 가도이거나<월석
　　　　9 : 25>/梁애 가되유니 ᄯ 門ㅅ 부체 굳도다<두초 24 : 6>

　　ᄀ리외다(障, ᄀ리오다) : 奸邪ᄒᆫ 사ᄅ미 正ᄒᆫ 사ᄅ몰 干犯ᄒ면
　　　　ᄀ리외여 주구메 니르러<두 초16 : 67>

　　논호이다/ᄂ호이다(分, 논호다/ᄂ호다) : 훌ᄀᆫ 金木水火애 논호여
　　　　잇ᄂ니<칠대 10>/이예 ᄂ호일 ᄲᆞ니 아니라<소언 5 : 94>

　　뵈다(見, 보다) : 벼ᄅ 무리 ᄌ조 뵈여<구간 3 : 120>

　　ᄡᅴ다(孝, ᄡᆞ다) : 볏비치 ᄡᅴ시니 조심ᄒ야<두초20 : 32>

(ㅜ) 닝위다(繼, 닝우다) : 닝위여 水族이 버렛ᄂ니<두초22 : 18>

　　머굴위다(滯, 머굴우다) : 져근 이레 머굴위디 아니호미<월석
　　　　13 : 26>

　　머굴우이다(滯, 머굴우다) : 權에 머굴우옛던 이를 펴 니ᄅ니라
　　　　<월석 13 : 34>

　　ᄲᅮ이다(貸, ᄲᅮ다) : 監河애 ᄲᅮ이ᄂ 조ᄒᆞᆯ ᄐ노니<두초20 : 41>

(ㅡ) 가리다(岐, *가르다) : 枝流ᄂ 므리 가리여나 正流 아닌 거시라
　　　　<원각 상 1 : 23>

　　글이다(解, 그르다) : ᄒᆞᆺ이 업스면 글여<능엄 5 : 8>

　　ᄀᆞᆼ이다(牽, 그ᅀ다) : 내이 여희ᄂ 興이 ᄀᆞᆼ여 나미 더ᄋᄂ다
　　　　<두초 8 : 46>

　　고오누르이다/고오눌리다(魘, 고오누르다) : 네혼 고오누르이
　　　　니오<구방 상 : 25>/고오눌린 사ᄅ미<능엄 9 : 66>

　　눌이다(壓, 누르다) : 마치 足히 제 눌이며<능엄 8 : 94>

　　묻딜이다(沒, *묻디르다) : 埋 무들 미 沒 둗딜일 몰<유합 하 :
　　　　60>

　　블리다(召, 브르다) : 濠梁애 ᄒᆞᆫᄢ 블료ᄆᆞᆯ 보라<두초15 : 7>

　　쓰이다(用, 쓰다) : 미리 내여 擧薦ᄒ야 쓰이ᄂ 디라<두초23 : 38>

　　ᄢᅵᆯ이다(觸, ᄢᅵ르다) : 가시예 ᄢᅵᆯ여 모ᄆᆞᆯ 브리며<능엄 6 : 78>

　　잇기다(牽, 잇그다) : 世俗ㅅ 이레 잇겨 ᄃ니노라<두초24 : 53>

　　잡긍이다(鉤牽, *잡그스다) : 외오 ᄡᅥ 잡긍윰과 믈읫 여러 어

려운 이룰<영가 하 : 139>

피다(開, 프다) : 곧 고즈로 픠게 호몰<두초 10 : 7>

(ㅣ) 그리이다(畵, 그리다) : 黃閣애 麒麟에 그리이요믈 일 듣고져
　　　　호노라<두초3 : 10>

　　　가리이다(障, ᄀ리다) : 손지 客塵이 어리워 ᄀ료미 드윈 젼칠
　　　　씨<능엄 1 : 104>

　　　더디이다(投, 더디다) : 엇뎨 삿기 치ᄂ ?賛의게 더디이뇨<두
　　　　초25 : 35>

　　　봇달히이다(煮, *봇달히다) : 가온ᄃ 봇달히이다가<선가 하 : 60>

　　　브리이다(投, 브리다) : 能히 한 가라굴 브리고 나는 브리이ᄂ
　　　　디 업스니<법화6 : 158>

　　　ᄇ리이다(委, ᄇ리다) : ᄯ 촌 이스를 니버 ᄇ리이리라<두초16 : 66>

　　　치이다(孺, 치다) : 孺ᄂ 사ᄅ몰 기드려 치이ᄂ니라<능엄2 : 5>

　　　티이다(擊, 티다) : 도족의게 티여 ᄒ마 주그리러라<번소 9 : 64>

　　　후리이다(掠, 후리다) : 그 쇼와 물을 후리이고 거러 드ᄅ며서
　　　　<소언 6 : 65>

(j) 괴이다(寵, 괴다) : 그ᄃᄂ 님금 겨신 댱 안해 ᄃ니며 괴이ᄂ
　　　　신해니<번소 9 : 43>

　　　내티이다(去, 내티다) : ᄯ 겨지븐 닐굽 가짓 내티요미 잇고
　　　　<삼강, 열 : 2>

　　　달애이다(說, 달애다) : 사오나온 이레 달애여 곧텨 도의야<번
　　　　소 8 : 9>

　　　믜이다(憎, 믜다) : 부텨와 祖師왜 사ᄅ믜게 믜이샨 고돌 술기
　　　　자바든<몽산 44>

　　　미이다/미에다(縛, 미다) : 諸法에 미이디 아니홀씨<법화 2 :
　　　　141>/軍 알ᄑ 가다가帝釋 손ᄃ 미에ᄂ니라<석보 13 : 9>

　　　븟들기이다(攀, 븟들기다) : 捨覺支ᄂ 人間ㅅ 法에 븥들기이디
　　　　아니ᄒ야<월석2 : 37>

　　　ᄢ이다(廁, ᄢ다) : 廁 뒷간 츠, ᄢ일 측<유합 상 : 23>

　　　얽미이다/얽미에다(纏, 얽미다) : 이럼 드로 生死애 얽미이ᄂ
　　　　니<능엄 6 : 86>/解脫相은 諸法에 얽미에디 아니홀씨오<월석 1
　　　　3 : 52>

쥐에다(拳, 쥐다) : 느미 고내 쥐여 이시며<월석 2 : 11>

(·) 딜이다(刺, 디르다) : 쏘 몰 쎠에 딜이며<구방 하 : 15>

막딜이다(閉, 막디르다) : 긔운이 막딜이며 어귀 굳브르고<구
간 1 : 7>

뽀이다/뼈다(封 *뽀다) : 無明ㅅ 대가리예 뽀일씨<월석 14 :
7>/즈연히 큰몰 볼 제 뼈여 나리라<구간 6 : 14>

치이다(蹴, 츠다) : 몰 치여 傷ᄒ닐<구방 하 : 18>

ㄷ. 제움 닿소리 밑말 + '-이-' → 제움

(ㄱ) 깃기다(說, 젖다) : 님금 사오나음올 나토고 스스로 빅셩의게
깃김이니<소언 4 : 25>

(ㄷ) 들이다/들리다(聞, 듣다) : 일후미 너비 들여<석보 13 : 4>/말
숨이 들리디 아니커든<소언 3 : 10>

(ㄹ) 멀이다(盲, 멀다) : 눈 멀유메 着ᄒ옛ᄂ니<법화 1 : 233>

봄뇌다(躍, 봄놀다) : 봄뇌야 달고질 ᄒ야 묻논 양 ᄒ신대<내
훈3 : 13>

실드리다(入絲, *실들다) : 빗난 金으로 실드린 갈콰<두초16 : 58>

ㄹ. 제움 홀소리 밑말 + '-이-' → 제움

(ㅕ) 녜다(行, 녀다) : 사르미 바미 녤 제<계초 16>

더위며이다(熱, 더위며다) : 더위며여 가스미 답답ᄒ거든<구
간 1 : 34>

(ㅡ) 범븨다(把, 범브다) : 스지와 몸과 범븨여 느미 술 걷거든<구
간 1 : 10>

'-이-' 가지가 결합될 수 있는 형태, 음운론적 환경은 다양하다. 형태
론적으로는 남움직씨나 제움직씨 밑말 모두에 결합되고 음운론적으로
는 홀소리나 닿소리 모두에 결합된다.

(487ㄱ, ㄴ, 갓기다, 보차이다/보채다)는 남움직씨 밑말에 '-이-' 가지
가 결합된 형태를 보인 것이고 (487ㄷ, ㄹ, 깃기다, 녜다)은 제움직씨 밑
말에 '-이-' 가지가 결합된 형태를 보인 것이다. '-이-' 가지는 이렇게 남
움직씨 밑말이나 제움직씨 밑말과 결합하여 다시 움직씨를 파생하는데

파생되는 움직씨는 모두 제움직씨이다. 다시 말하면 '-이-' 가지가 남움직씨 맡말과 결합하여서는 (487ㄱ, ㄴ, 갓기다, 보차이다/보채다)처럼 제움직씨를 파생하고 제움직씨와 결합하여서는 (487ㄷ, ㄹ, 깃기다, 네다)처럼 겹제움직씨를 파생한다. 이렇게 '-이-' 가지는 모두 제움직씨를 파생하는데 이는 입음 움직씨의 주체가 되는 임자가 제 힘으로 어떤 움직임을 하지 아니하고 남의 힘을 입어서 그 움직임을 하게 되기 때문이다 (김승곤, 1996 : 599). 그리고 이들 파생어는 모두 'X 입음' 뜻바탕을 가진다. 따라서 가지 '-이-'에는 <입음, 제움직성>의 뜻바탕이 있다 하겠다.

이제 '-이-'가 나타나는 음운론적 환경에 대해 살펴본다.

'-이-'는 그 나타난 예로써만 보면 닿소리에서는 'ㄱ, ㄷ, ㄹ, ㅂ, ㅅ, ㅊ, ㅍ, ㅎ' 뒤에 나타나고 홀소리에서는 'ㅏ, ㅓ, ㅕ, ㅗ, ㅜ, ㅡ, ㅣ, j(내림홀소리 ㅣ), ·' 뒤에 나타나는데 그 나타나는 모습은, '-이-'에 앞서는 소리에 따라 변동되기도 하여 조금씩 다르다. 먼저 닿소리에서 살펴본다.

1) 'ㄷ' 불규칙 풀이씨 밑말에 '-이-'가 결합될 경우에는 (487ㄱ)의 (ㄷ) '실이다, 일콜이다'나 (487ㄷ)의 (ㄷ) '들이다'처럼 밑말의 끝소리 'ㄷ'이 'ㄹ'로 변동하기도 하고 (487ㄷ)의 (ㄷ) '들리다'처럼 여기에 다시 'ㄹ'이 덧나 'ㄹㄹ'이 되기도 한다.

2) 'ㄼ' 겹받침 풀이씨 밑말에 '-이-'가 결합될 경우에는 (487ㄱ)의 (ㅂ) '불이다'처럼 뒤의 'ㅂ'이 줄어든다.66)

3) 'ㅅ' 끝소리 풀이씨 밑말에'-이-'가 결합될 경우에는 (487ㄱ)의 (ㅅ) '븡이다, 웅이다'처럼 밑말의 끝소리 'ㅅ'이 울림소리인 'ㅿ'으로 변동한다.67)

---

66) 허웅(1985 : 266)에서는 이러한 음운 변동 현상을 '겹받침 줄이기'라 한다.

67) 이 글에서는 나타나지 아니하나 'ㅅ' 끝소리 풀이씨 밑말에 '-이-'가 결합되어도 'ㅅ' 그대로 쓰이는 경우도 있다.

● 王이 褒姒롤 웃요리라 ᄒ야<내훈, 서4>

(487ㄹ)의 '웃이다'나 (5ㄴ)의 '빗이다'처럼 변동하지 아니하기도 한다.

이제 홀소리에서 살펴본다.

1) 중세국어의 안켕김 홑홀소리는 'ㅏ, ㅓ, ㅗ, ㅜ, ㅡ, ㅣ, ·'가 있다(허웅, 1985 : 400). 가지 '-이-'가 이러한 밑말 끝소리와 결합할 경우에는 'ㅣ'를 제외하고68)는 (487ㄴ)의 '보채다, 가되다, 픠다, 뼈다'와 (487ㄹ)의 '범븨다'처럼 두 음소가 내림 두겹홀소리가 되어 한음소로 나타난다. (487ㄹ)의 '녜다'처럼 오름 두겹홀소리에 '-이-'가 결합될 경우에는 세겹홀소리가 되어 한 음소로 나타난다.69)

2) 그러나 '-이-'가 결합되어 홀소리 두 음소가 한 음소의 겹홀소리가 될 수 있는 모든 경우에 위 1)처럼 변동하는 것은 아니다. '-이-'가 결합되어 한 음소의 겹홀소리가 되는 경우도 있고 홀소리 두 음소 그대로인 경우도 있다. (487ㄴ, ㄹ)의 '보채다, 가되다, 픠다, 뼈다, 범븨다, 녜다'의 경우는 한 음소의 겹홀소리가 된 경우이고 (487ㄴ, ㄹ)의 '보차이다, 이어이다, 가도이다, 머굴우이다, ㄱ오누르이다, 그리이다, 뿌이다, 더위며이다'는 홀소리 두 음소 그대로인 경우이다.

3) 'ㅡ, ·' 홀소리 뒤에 '-이-'가 결합되는 것 중에서 '르/르' 불규칙 풀이씨인 경우는 (487ㄴ)의 '글이다'나 '딜이다'처럼 밑말의 끝소리 'ㅡ, ·'가 줄면서 'ㄹ'은 밑말 끝소리가 되거나 다시 (487ㄴ)의 'ㄱ오눌리다' 'ㄹ'이 덧나 'ㄹㄹ'이 되기도 하는데 이는 'ㄹ'이 [l] 변이음이 된 것을 표기하는

• 香湯애 沐浴ᄒᆞ야 위두훈 오스로 빗이시고<석보 11 : 28>
  이 예문에 쓰인 '-이-'는 입음 풀이씨 뒷가지이다.

68) 밑말 끝소리가 'ㅣ'일 경우에는 'ㅣ'에 'ㅣ'가 겹칠 수 없으므로 밑말 끝소리 'ㅣ' 뒤에 가지 '-이-'가 그대로 결합된다.

69) 중세국어의 오름 두겹홀소리에는 'ㅑ, ㅕ, ㅛ, ㅠ'가 있고, 내림 두겹홀소리에는 'ㅐ, ㅔ, ㅚ, ㅟ, ㅢ, ㆎ'가 있으며 세겹홀소리에는 'ㅒ, ㅖ, ㆉ, ㆌ'가 있다(허웅, 1985 : 400-401).

방법이다(허웅, 1975 : 158). 그리고 '으' 불규칙인 경우는 (487ㄴ)의 '가리다'처럼 가지 '-이-' 앞에서 '으'가 줄어든다.

4) 밑말에 가지 '-이-'를 결합할 때 그 입음을 강조하기 위하여 홑홀소리 '-이-'를 (487ㄴ)의 '미에다'처럼 '-에-' 긴장 홀소리로 표기하기도 한다.

　(2) '-히-' 가지

'-히-'는 '-이-'에 'ㅎ'소리가 첨가된 변이형태이다. '-히-'는 '-이-'와 마찬가지로 움직씨밑말과 결합하여 입음의 뜻바탕을 가진 움직씨를 파생한다. 1유형 가지이다.

　　(488) ㄱ. 남움 닿소리 밑말 + '-히-' → 제움
　　　(ㄱ) 마키다(錮, 막다) : 무츠매 마쿄미 몯 흐리라<능엄 7 : 18>
　　　　　막키다(壅, 막다) : 일즉 막켜 머믈우디 아니ᄒ며<소언 6 : 108>
　　　　　미얼키다(緊, 미얽다) : 一切 미얼쿄몰 그츠며<불정 1>
　　　　　바키다(印, 박다) : ᄲᅧ 히메 바켜 즉재 나ᄂ니라<구방 상 : 49>
　　　　　박히다(印, 박다) : 댓 가시어나 나못 가시어나 술해 박히니
　　　　　　　<구간 6 : 23>
　　　　　얼키다(纏, 얽다) : 무슴매 얼켜제 아디 몯ᄒ도다<남명 상 : 80>
　　　(ㄷ) 갓고로와티다(倒, 갓고로왇다) : 이 維摩이 갓고로와툐몰 더위
　　　　　자바 니르와도미니<남명, 상 : 4 4>
　　　　　거티다(捲, 걷다) : ᄇᆞ롬 부는 帳온 어느제 거텻ᄂ뇨<두초 3 : 36>
　　　　　다티다(閉, 닫다) : 東門이 도로 다티고<월석 23 : 80>
　　　　　무티다(埋, 묻다) : ᄯᅡ해 무텻던 보비 절로 나며<원각 2 : 45>
　　　　　붑바티다(擡, *붑받다) : 두 시극 만 ᄒ야 긔우니 붑다티면 즉
　　　　　　재 살리라<구간1 : 62>
　　　(ㅂ) 니피다(被, 닙다) : 光明이 萬象애 니펴<금삼 3 : 26>
　　　　　더위자피다(扶, 더위잡다) : 몰곤 ᄃᆞ리 디거늘 醉ᄒ고 더위자

　　　　　펴 도라오몰<두초15 : 51>
　　　　모도자피다(攝, 모도잡다) : 짜히 어그러워도 다 虛空애 모도
　　　　　자펴 잇ᄂᆞ니<칠대 14>
　　　　자피다(攝, 잡다) : 이 土ᄂᆞᆫ 受用土애 자피고<원각 상1-2 : 45>
　　(ㅈ) 고치다(揷, 곳다) : 雕刻ᄒᆞᆫ 집 몰러 고쳿도다<두초16 : 42>
　　　　민치다(結, 및다) : 罪 민ᄌᆞ리니 罪 민치면 法王 볼 젼치 업스
　　　　　니라<금삼 4 : 63>
　　　　연치다(實, 엱다) : 藥 뽄 거시 ᄆᆞᅀᆞ매 연쳐시니<두초22 : 16>
　ㄴ. 제움 닿소리 밑말 + '-히-' → 제움
　　(ㄷ) 도티다(涬, 돋다) : 王이 드르시고 소홈 도텨<석보11 : 32>
　　(ㅈ) 저치다(濕, 젖다) : 말와 뜨데 저쳐 호미 아니시리오<남명 서 : 2>

　　(488)에서 보면 '-히-' 가지의 밑말도 '-이-' 가지와 마찬가지로 (488
ㄱ, 마키다)처럼 남움직씨이거나 (488ㄴ, 도티다)처럼 제움직씨 밑말에
두루 결합되는데 밑말의 끝소리는 모두 닿소리이다. '-히-'는 이렇게 닿
소리로 끝난 밑말과 결합하여 입음의 뜻바탕을 가진 제움직씨를 파생
한다. 다시 말하면 '-히-' 가지도 남움직씨 맡말과 결합하여서는 (488ㄱ,
마키다)처럼 제움직씨를 파생하고 제움직씨와 결합하여서는 (488ㄴ, 도
티다)처럼 겹제움직씨를 파생한다. 그리고 이들 파생어모두에도 'X 입
음'의 뜻바탕이 있다. 따라서 가지 '-히-'에도 <입음, 제움직성>의 뜻바
탕이 있다 하겠다.
　　이제 '-히-' 가지가 결합되는 밑말의 끝소리를 살펴본다.
　　(487)에서 살폈듯이 '-이-' 가지가 결합되는 밑말의 끝소리는 매우 다
양하였다. 닿소리에서는 'ㄱ, ㄷ, ㄹ, ㅂ, ㅅ, ㅊ, ㅍ, ㅎ' 뒤에 나타나고 홀
소리에서는 'ㅏ, ㅓ, ㅕ, ㅗ, ㅜ, ㅡ, ㅣ, j(내림 홀소리 ㅣ), ·' 뒤에 나타나
는 등 매우 다양한 데 비하여 '-히-' 가지는 밑말의 끝소리가 홀소리인
경우는 나타나지 아니하고 닿소리일 경우에만 나타나는데 이도 'ㄱ, ㄷ,

ㅂ, ㅈ'으로 모두 거센소리의 짝이 있는 것들이다. 다시 말하면 거센소리의 짝이 있는 닿소리 뒤에서는 '-이-'나 '-히-'가 쓰이는데 거센소리의 짝이 없는 밑말에는 'ㅁ' 뒤에서는 '-기-', 그 밖에는 '-이-'가 쓰인다. 거센소리의 짝이 있는 밑말에 '-히-'가 쓰이는 것은 거센소리가 예사소리보다는 음상이 뚜렷하므로 그 파생어가 입음 파생어라는 사실을 뚜렷이 하기 위한 것으로 보인다. 그러나 '-이-'나 '-히-'는 그 분포가 닿소리에 있어 상보적 관계를 가지지 못하므로 이들은 형태론적 변이형태라 할 수밖에 없다.

(3) '-기-' 가지

'-기-'는 '-이-'에 'ㄱ'소리가 첨가된 변이형태이다. '-기-'도 움직씨 밑말과 결합하여 입음의 뜻바탕을 가진 움직씨를 파생한다.

    (489) ㄱ. 남움 닿소리 밑말 + '-기-' → 제움
       (ㅁ) 감기다(繞, 감다) : 과ᄀ리 비얌 감겨 프디 몯ᄒ거든<구간 6 : 49>
           담기다(貯, 담다) : 風輪에 담겨 므리 ᄀ뼛더니라<월석 1 : 39>
           뿜기다(噴, 뿜다) : 큰 돌ᄒ로 罪人올 ᄀ니 피 뿜겻더니<월석
               중23 : 79>
           숢기다(烹, 숢다) : 뮰 되의 양지 숢교매<두초23 : 3>
           뿜기다(噴, 뿜다) : 프른 뮰겨리 뿜겨 尺度ㅣ 즈라도다<두초16 : 56>
           줌기다(沈, 줌다) : 뮰 뉘누리는 기퍼 므리 줌기고<두초 15 : 8>
      ㄴ. 제움 닿소리 밑말 + '-기-' → 제움
       (ㅁ) 둠기다(沈, 둠다) : 못 우묵ᄒ디 둠기놋다<두초 6 : 42>

(489)은 '-기-' 가지가 움직씨 밑말과 결합한 형태를 보인 것이다. (489ㄱ, 감기다)는 남움직씨 밑말에 이 가지가 결합된 형태를 보인 것이고

(489ㄴ, 담기다)는 제움직씨 밑말에 결합된 형태를 보인 것이다. '-기-' 가지도 이렇게 남움직씨나 제움직씨 닿소리 밑말과 결합하여 입음의 뜻바탕을 가진 남움직씨를 파생한다. '-기-' 가지는 닿소리 'ㅁ'으로 끝 난 밑말 뒤에 결합되어 나타난다. 이 가지에도 <입음, 제움직성>의 뜻 바탕이 있다.

위에서 살핀 입음 풀이씨 뒷가지 '-이-, -히-, -기-'의 파생 양상을 밑 말의 끝소리를 중심으로 다시 정리해 표로 보이면 (490)과 같다.

(490)

	결합되는 밑말의 끝소리				비고
	움 직 씨				
	남 움직씨		제 움직씨		
	닿소리	홀소리	닿소리	홀소리	
-이-	ㄱ, ㄷ, ㄹ, ㅂ, ㅅ, ㅊ, ㅍ, ㅎ	ㅏ, ㅓ, ㅗ, ㅜ, ㅡ, ㅣ, j(내림홀소리), ㆍ	ㄱ, ㄷ, ㄹ	ㅕ, ㅡ, ㆍ	• 남움직씨와 제움직씨 모두에 결합됨. • 홀소리, 닿소리에 모두에 결합됨.
-히-	ㄱ, ㄷ, ㅂ, ㅈ		ㄷ, ㅈ		• 남움직씨와 제움직씨 모두에 결합됨. • 닿소리에만 결합됨. • '-이-'가 결합되는 닿소리 중 거센소리의 짝이 있는 소 리와 결합됨.
-기-	ㅁ		ㅁ		• 남움직씨와 제움직씨 모두에 결합됨. • 'ㅁ'닿소리 뒤에서는'-기-'만 결합됨

(4) 입음 뒷가지의 겹침

(491) 내조치이다(제, 逐, 내조치다, 제) : 鄭老ㅣ 모미 지즈로 내조치이니

512 파생법의 변천

<두초21 : 41>

삐이다(제, 用, 쓰다+이>, 제) : 서르 삐이디 아니ᄒᆞᆞ<능엄 3 : 89>

잇기이다(제, 牽, 잇그다+이, 제) : 崔 浩의게 잇기인 거시니<번소
9 : 45>

해히이다(제, 害, 해ᄒᆞ다+이, 남) : 동뉴에 이셔 ᄃᆞ토면 병잠개예 해
히이ᄂᆞ<소언 2 : 33>

히이다(제, 爲, ᄒᆞ다+이, 제) : 諸侯 封 히이디 몯ᄒᆞ몰 어느 알리오
<두초21 : 16>

자피이다(제, 攝, 잡다+히, 제) : 天堂과 地獄에 能히 자피이디 아니
리라<선가 상 : 29>

입음의 뜻바탕을 분명히 하기 위하여 입음의 뒷가지를 겹쳐 쓰는 일
이 있는데 위 (491)은 그러한 형태를 보인 것이다. 이때 뒤에 쓰이는 가
지는 '-이-'로 한정된다.

2) 근대국어

근대국어에 나타나는 입음 풀이씨 뒷가지는 '-이-, -히-, -기-, -리-'
가 있다. 이들 가지는 대개 밑말의 끝소리에 따라 다르게 나타나는 변
이형태이다. 그러나 이들도 중세국어와 마찬가지로 밑말의 끝소리에 따
라 온전히 구분되지는 않는다.

(492) ㄱ. 다미리다(擊, *다밀다+-이-) : 춘 어름은 ᄃᆞ토와 다미렷고<두해
중 2 : 20>

ㄴ. 다밀히다(擊, *다밀다+-히-) : 길헤 ᄆᆞ리 서르 다밀혓도다<두해
중 13 : 7>

(493) ㄱ. ᄲᅢ이다(選, ᄲᅢ다+-이-) : 너는 샹샹에 ᄲᅢ이는 관원이라<박해 : 46>

ㄴ. ᄲᅢ히다(選, ᄲᅢ다+-히-) : 삼십여 셰에 응당 시랑 즁승의 ᄲᅢ이고
<경신 51>

(492)와 (493)의 ㄱ과 ㄴ을 보면 둘 다 같은 밑말 즉 ‘*다밀다’와 ‘샌다’
에 결합된 입음 파생어이다. 그런데 (492ㄱ, 다미리다)와 (493ㄱ, 샌이다)
에는 가지 ‘-이-’가 결합되었고 (492ㄴ, 다밀히다)와 (493ㄴ, 샌히다)에는
가지 ‘-히-’가 결합되었다. 둘 다 같은 밑말에 가지 ‘-이-’와 ‘-히-’가 결
합되어 입음 파생어가 되었다. 이러한 사실을 두고보면 입음 가지 ‘-이-’
와 ‘-히-’는 밑말의 끝소리에 따라 온전히 구분되는 것은 아니다.

그럼에도 이 글에서 입음 뒷가지의 파생 양상을 밑말의 끝소리에 따
라 나누어 보고자 하는 것은 근대국어에서 이들 가지가 밑말의 끝소리
에 따라 완전히 체계화되지는 않았으나 어느 정도는 체계성을 띄고 있
기 때문이다.

따라서 여기서도 근대국어의 입음 뒷가지를 밑말의 끝소리에 따라
나누어 살펴본다.

(1) ‘-이-’ 가지

이 가지는 남움직씨나 제움직씨 밑말과 결합하여 ‘X 입음’의 뜻바탕
을 가진 제움직씨를 파생한다. 따라서 이 가지는 한 씨갈래 밑말 안 바
꾸는 가지로 1유형 가지이다.

　　　　(494) ㄱ. 남움 닿소리 밑말 + ‘-이-’ → 제움
　　　　　　(ㄱ) 석기다(錯, 섰다) : 흙에 석기리라<삼역5 : 11>
　　　　　　　　 섯기다(錯, 섰다) : 沙青 白黑毛 섯긴 춍이몰<한청 14 : 21>
　　　　　　(ㄹ) 굴이다(蠱, 굴다) : 蠱蟲 노올 굴인 사롭의게셔 난 벌에<탕액
　　　　　　　　 초 2 : 16>
　　　　　　　　 미리다(擊, *다밀다) : 춘 어름은 드토와 다미렷고<두해 중
　　　　　　　　 2 : 20>
　　　　　　　　 미리다(漲, 밀다) : 바르리 미렷ᄂᆞᆫ 딘 고래 잇ᄂᆞᆫ 믌겨리 움즈

겻고<두해 중2 : 16>

　　버므리다(累, 버믈다) : 온집 사룸이 버므리여 다 죽을 쩌시니
　　　　<박해2 : 28>

　　지즈리다(壓, 지즐다) : 제 섬에 지즈려 죽으니<팔세 6>

　　지즐이다(壓, 지즐다) : 믓근 쟐온 半 만 지즐여<두해 중2 : 8>

　　짓드리다(棲, *짓들다) : 棲止 짓드리다<동문 하 : 36>

(ㅅ) 궃이다(斷, 궃다) : 모난 듸 궃일세라<청언40>

(ㅊ) 부치다(飄, 붗다) : 虛空애 비취여 이어 부치여 실 궃티 느놋다
　　　　<두해 중12 : 25>

　　휘좃치다(追, *휘좃다) : 뫼헤 미게 휘좃친 가톨의 안과<교시
　　　　조 440-24>

　　쪼치다(追, 쫓다) : 軍이 우리게 쪼쵸미 두외도다<두해 중5 :
　　　　29>

(ㅍ) 덥히다(蓋, 덮다) : 覆蓋 덥히다<한청 11 : 19>

(ㅎ) 노히다(放, 놓다) : 쟝 범이 노혀 가는 양을 보고<태평 1 : 38>

　　답사히다(積, 답샇다) : 주거미 답사효매 플와 나모왜 비뉘ᄒ
　　　　고<두해 중4 : 10>

　　짜히다(積, 쌓다) : 무음의 미친 시름 疊疊이 짜혀 이셔<송강7
　　　　8 사미인곡>

　　알히다(제, 痛, 앓다, 남) : 독긔를 프르 보리면 알히기 절로 긋
　　　　고<두요 하 : 52>

ㄴ. 남움 홀소리 밑말 + '-이-' → 제움

(ㅏ) 보차이다(攻, 보차다) : 즈식 빈 겨집이 남진의게 보차여<태요 19>

(ㅗ) 가되다(囚, 가도다) : 오라디 아녀셔 가되여 미여 매 마자<경
　　　　민 신 16>

　　난호이다(分, 난호다) : 혹 형뎨 난호여 다토며<경신 15>

　　논호이다(分, 논호다) : 훈 긔운으로 논호엿도다<경민, 서 : 1>

　　눈호이다(分, 눈호다) : 훈 힉 만에 도로 눈호이니<오륜 3 : 23>

　　눈회다(分, 눈호다) : 닙히 눈회여 허여뎌시나<경민 신 29>

　　달회다(煎, 달호다) : 그 째 술에 달회여<삼역 8 : 15>

　　마초이다(配, 마초다) : 董卓이 가슴에 마초여 董卓이 산히 쩌
　　　　러지다<삼역 1 : 22>

모도이다(제, 集, 모도다, 남) : 모단 간인이 모도이고<신삼략
　　　　하 : 16>

(ㅜ) 니위다(繼, 니우다) : 니위여 水族이 버렛ᄂ니<두해 중22 : 18>

(ㅡ) ᄀᄅ딜이다(駕, ᄀᄅ디르다) : 긴 ᄇ롬애 노폰 묽겨리 ᄀᄅ딜
　　　　엿ᄂ니<두해 중1 : 32>

　　쓰이다(拽, 쓰스다) : 긴 쵸마ᄅᆯ 버혀 히여곰 싸희 쓰이디 아
　　　　니케 ᄒ라<가언 9 : 19>

(l) 고이이다(寵, 고이다) : 被寵 고이이다<동문 상 : 31>

　　더위티이다(攬, 더위티다) : 아비 범의 더위티인 배 되거ᄅᆞᆯ<신
　　　　속 효33>

　　뒤티이다(飜, 뒤티다) : 口脣이 뒤티이고<증무원 1 : 45>

　　티이다(擊, 티다) : 그 사롬의 다리예 티이더라<태평 1 : 41>

　　후리이다(掠, 후리다) : ᄌ식이 쏘 후리이니 내 엇디 홀로 사
　　　　라시리오<신속열5 : 16>

(j) ᄌ칙이다(溜, ᄌ칙다) : 出溜 ᄌ칙이다<한청 9 : 78>

(·) 삐다(封, ᄡ다) : 속닙혜 삐엿다가 밤즁만 술하져<청언42>

　　섄이다(選, 섄다) : 너는 샹샹에 섄이는 관원이라<박해 : 46>

　　츠이다(佩, 츠다) : ᄌ물쇠로 수기수기 츠엿ᄂ듸<청언63>

ㄷ. 제움 홀소리 밑말 + '-이-' → 제움

(ㅕ) 녜다(行, 녀다) : 내 길흘 조차 날호여 녜여 기드려 오노라 ᄒ
　　　　니<노해초, 상 : 1>

(ㅡ) 픠다(開, 프다 : 수프렛 고즌 디고 쏘 픠놋다<두해 중14 : 7>

(·) 노힉다(恣, 노ᄒ다) : 곳 노힉여 니러<박해 하 : 19>

　　훗눌리다(飛, 훗눌다) : ᄇ람에 훗눌리니 곳의 탓 아니로다<청
　　　　언40>

'-이-' 가지가 결합될 수 있는 형태, 음운론적 환경은 다양하다. 형태
론적으로는 남움직씨나 제움직씨 밑말 모두에 결합되고 음운론적으로
는 홀소리나 닿소리 모두에 결합된다.

　(494ㄱ, ㄴ, 갓기다, 보차이다)는 남움직씨 밑말에 '-이-' 가지가 결합

된 형태를 보인 것이고 (494ㄷ, ㄹ다)는 제움직씨 밑말에 '-이-' 가지가
결합된 형태를 보인 것이다. '-이-' 가지는 이렇게 남움직씨 밑말이나
제움직씨 밑말과 결합하여 다시 움직씨를 파생하는데 파생되는 움직씨
는 모두 제움직씨이다. 다시 말하면 '-이-' 가지가 남움직씨 밑말과 결
합하여서는 (494ㄱ, ㄴ, 갓기다, 보차이다)처럼 제움직씨를 파생하고 제
움직씨와 결합하여서는 (494ㄷ, ㄹ다)처럼 겹제움직씨를 파생한다. 이렇
게 '-이-' 가지는 모두 제움직씨를 파생하는데 이는 입음 움직씨의 주체
가 되는 임자가 제 힘으로 어떤 움직임을 하지 아니하고 남의 힘을 입
어서 그 움직임을 하게 되기 때문이다(김승곤, 1996 : 599). 그리고 이들 파
생어는 모두 'X 입음' 뜻바탕을 가진다. 따라서 가지 '-이-'에는 <입음,
제움직성>의 뜻바탕이 있다 하겠다.

　이제 '-이-'가 나타나는 음운론적 환경에 대해 살펴본다. '-이-'는 그
나타난 예로써만 보면닿소리에서는 'ㄱ, ㄹ, ㅅ, ㅊ, ㅍ, ㅎ' 뒤에 나타나
고 홀소리에서는 'ㅏ, ㅕ, ㅗ, ㅜ, ㅡ, ㅣ, j(내림 홀소리 ㅣ), ·' 뒤에 나타
나는데 그 나타나는 모습은, '-이-'에 앞서는 소리에 따라 변동되기도
하여 조금씩 다르다. 먼저 닿소리에서 살펴본다.

　1) 'ㅺ' 겹받침 풀이씨 밑말에 '-이-'가 결합될 경우에는 (494ㄱ)의 (ㄱ)
'석기다'처럼 앞의 'ㅅ'이 줄어들기도 한다.70)

　2) 'ㅅ' 끝소리 풀이씨 밑말에 '-이-'가 결합될 경우에는 (494ㄱ)의 (ㅅ)
'ㄹ이다'처럼 'ㅅ'이 없어진다.

　이제 홀소리에서 살펴본다.

　1) 밑말 끝소리가 홑홀소리 'ㅏ, ㅓ, ㅗ, ㅜ, ㅡ, ·'일 경우 여기에 가지
'-이-'가 결합되면(494ㄴ)의 '가되다, 눈회다, 달회다, 니위다, 뼈다'나

---

70) 허웅(1985 : 266)에서는 이러한 음운 변동 현상을 '겹받침 줄이기'라 한다.

(494ㄷ)의 ‘픠다, 노희다’처럼 두 음소가 내림 두겹홀소리가 되어 한 음소로 나타난다. (494ㄷ)의 ‘녜다’처럼 오름 두겹홀소리에 ‘-이-’가 결합될 경우에는 세겹홀소리가 되어 한 음소로 나타난다.71)

2) 그러나 ‘-이-’가 결합되어 홀소리 두 음소가 한 음소의 겹홀소리가 될 수 있는 모든 경우에 위 1)처럼 변동하는 것은 아니다. ‘-이-’가 결합되어 한 음소의 겹홀소리가 되는 경우도 있고 홀소리 두 음소 그대로인 경우도 있다. (494ㄴ, ㄷ)의 ‘가되다, 논회다, 달회다, 니위다, 뻐다, 픠다, 노희다, 녜다’의 경우는 한 음소의 겹홀소리가 된 경우이고 (494ㄴ, ㄷ)의 ‘보차이다, 난호이다/논호이다/눈호이다, 마초이다, 모도이다, 뿟이다, 춧이다, 튓이다’는 홀소리 두 음소 그대로인 경우이다.

3) ‘ㅡ’ 홀소리 뒤에 ‘-이-’가 결합되는 것 중에서 ‘르’ 불규칙 풀이씨인 경우는 (494ㄴ)의 ‘ㄱ른딜이다’처럼 밑말의 끝소리 ‘ㅡ、’가 줄면서 ‘ㄹ’은 밑말 끝소리가 된다. 이는 ‘ㄹ’이 [l] 변이음이 된 것을 표기하는 방법이다(허웅, 1975 : 158).

(2) ‘-히-’ 가지

‘-히-’는 ‘-이-’에 ‘ㅎ’소리가 첨가된 변이형태이다. ‘-히-’는 ‘-이-’와 마찬가지로 움직씨밑말과 결합하여 입음의 뜻바탕을 가진 움직씨를 파생한다. 1유형 가지이다.

(495) 남움 닿소리 밑말 + ‘-이-’ → 제움

---

71) 허웅(1985 : 400-401)에서는 중세국어의 홀소리를 살피면서 오름 두겹홀소리에는 ‘ㅑ, ㅕ, ㅛ, ㅠ’가 있고, 내림 두겹홀소리에는 ‘ㅐ, ㅔ, ㅚ, ㅟ, ㅢ, ㅓ’가 있으며 세겹홀소리에는 ‘ㅒ, ㅖ, ㆇ, ㆋ’가 있다고 밝힌다.

(ㄱ) 딕히다(啄, 딕다) : 눈의 알 딕히다<역해 상 : 61>
　　막키다(壅, 막다) : 길히 막킨 거시 업고<태평 1 : 4>
　　바키다(印, 박다) : 더데 구더 바키면 반드시 허믈히 되느니라
　　　　<두요 하 : 36>
　　얼키다(纏, 얽다) : 남게 굽걸온 藤이 얼켓고<박해 : 32>
(ㄷ) 다티다(閉, 닫다) : 妖怪르왼 氣運이 다티엿느니<두해 중5 : 37>
　　티와티다(喘, 티왇다) : 긔운이 티와티며 망녕된 말 ᄒ며<두요
　　　　하 : 26>
(ㄹ) 다밀히다(撃, *다밀다) : 길헤 므리 서르 다밀혓도다<두해 중
　　　　13 : 7>
(ㅂ) 볼피다(踏, 볿다) : 어디 혼 지차리 볼펴 죽엇느뇨<박해 하 : 2>
　　봛피다(踏, 밟다) : 被躪 봛피다<동문 상 : 26>
　　사르자피다(虜, 사르잡다) : 적의 사르자핀 배 되어<신속 열
　　　　4 : 64>
　　사르잡피다(虜, 사르잡다) : 몽병의 사르잡핀 배 되어<신속 충
　　　　1 : 21>
　　접히다(捲, 접다) : 刀刃捲 칼늘 접히다<역보 16>

　(495)에서 보면 '-히-' 가지의 밑말은 모두 남움직씨이다. 그리고 밑말
의 끝소리는 모두 닿소리이다. '-히-'는 이렇게 닿소리로 끝난 밑말과 결
합하여 (495ㄱ, 딕히다)처럼 입음의 뜻바탕을 가진 제움직씨를 파생한다.
이들 파생어 모두에는 'X 입음'의 뜻바탕이 있다. 따라서 가지 '-히-'에
도 '-이-'와 마찬가지로 <입음, 제움직성>의 뜻바탕이 있다 하겠다.
　이제 '-히-' 가지가 결합되는 밑말의 끝소리를 살펴본다.
　(495)에서 살폈듯이 '-이-' 가지가 결합되는 밑말의 끝소리는 매우 다
양하였다. 닿소리에서는 'ㄱ, ㄹ, ㅅ, ㅊ, ㅍ, ㅎ' 뒤에 나타나고 홀소리에
서는 'ㅏ, ㅕ, ㅗ, ㅜ, ㅡ, ㅣ, j(내림 홀소리 ㅣ), ·' 뒤에 나타나는 등 매
우 다양한 데 비하여 '-히-' 가지는 밑말의 끝소리가 홀소리인 경우는

나타나지 아니하고 닿소리일 경우에만 나타나는데 이도 'ㄱ, ㄷ, ㄹ, ㅂ'
으로 'ㄹ'을 제외하면 모두 거센소리의 짝이 있는 것들이다. 거센소리의
짝이 있는 밑말에 '-히-'가 쓰이는 것은 거센소리가 예사소리보다는 음
상이 뚜렷하므로 그 파생어가 입음 파생어라는 사실을 뚜렷이 하기 위
한 것으로 보인다. 그러나 '-이-'나 '-히-'는 그 분포가 닿소리에 있어 상
보적 관계를 가지지 못하므로 이들은 형태론적 변이형태라 할 수밖에
없다.

(3) '-기-' 가지

'-기-'는 '-이-'에 'ㄱ'소리가 첨가된 변이형태이다. '-기-'도 움직씨 밑말
과 결합하여 입음의 뜻바탕을 가진 움직씨를 파생한다. 1유형 가지이다.

(496) 남움 닿소리 밑말 + '-기-' → 제움
　　(ㄹ) 흐느기다(撼, 흐늘다) : 나모 긋티 흐느긴다<고산 6하별 : 10>
　　　　 흔드기다(撼, 흐들다) : 남기 흔드기디 아니ᄒ고<박해 : 58>
　　(ㅁ) 삼기다(烹, 슒다) : 기 마자 삼기ᄂ니<교시조2635-7>
　　　　 쏨기다(噴, 쏨다) : 년곳치 향내 쏨기더라<박해 : 33>
　　　　 좀기다(沈, 좀다) : 믈 아래 좀긴 龍이<송강 15>

(496)은 '-기-' 가지가 움직씨 밑말과 결합한 형태를 보인 것이다. 이
들 밑말은 모두 남움직씨이다. 그리고 밑말의 끝소리는 모두 닿소리이
다. '-기-'는 이렇게 가지 '-히-'와 마찬가지로 (496ㄱ, 삼기다)처럼 남움
직씨 밑말과 결합하여 입음의 뜻바탕을 가진 제움직씨를 파생한다. 이
들 파생어 모두에도 'X 입음'의 뜻바탕이 있다. 따라서 가지 '-기-'에도
<입음, 제움직성>의 뜻바탕이 있다 하겠다.

이제 '-기-' 가지가 결합되는 밑말의 끝소리를 살펴본다.

'-기-' 가지에 결합되는 밑말의 끝소리는 'ㅁ'과 'ㄹ'로 한정된다. 밑말의 끝소리가 'ㄹ'인 경우는 입음의 가지 '-이-, -히-, -기-, -리-'가 모두 결합되는데 비해 밑말의 끝소리가 'ㅁ'인 경우는 가지 '-기-'만 결합된다. 밑말 끝소리 'ㄹ'에 가지 '-기-'가 결합되면 끝소리 'ㄹ'이 준다.

가지 '-기-'도 닿소리에 있어 그 분포가 '-이-', '-히-'와 빗대어 보면 상보적 관계를 가지지 못한다. 이도 형태론적 변이형태이다.

(4) '-리-' 가지

'-리-'는 '-이-'에 'ㄹ'소리가 첨가된 변이형태이다. '-리-'도 움직씨 밑말과 결합하여 입음의 뜻바탕을 가진 움직씨를 파생한다. 1유형 가지이다.

> (497) 남움 닿소리 밑말 + '-리-' → 제움
> (ㄹ) 굴리다(排盪, 굴다) : 굴리여 결단 못 ᄒ다<한청 8 : 20>
> 둘리다(縣, 둘다) : ᄯᅩ 겨집의 용ᄒ며 사오나오매 둘련ᄂᆞ니라
> <어내훈, 서 : 5>
> 믈리다(牙塵, 믈다) : 牙塵 돌 믈리다<한청 12 : 49>
> 일리다(淘, 일다) : 風波에 일리든 그 빅<교시조 3124-3>
> 조올리다(困, 조올다) : 困了 조올리다<한청 7 : 40>
> 할리다(訴, 할다) : 陳 元이 제 어믜 할린 배 되여눌<경민 신 : 23>

(497)은 '-리-' 가지가 움직씨 밑말과 결합한 형태를 보인 것이다. 이들 밑말은 모두 남움직씨이다. 그리고 밑말의 끝소리는 모두 'ㄹ' 닿소리이다. '-리-'는 이렇게 (497ㄹ, 굴리다)처럼 'ㄹ' 닿소리로 끝난 남움직씨 밑말과 결합하여 입음의 뜻바탕을 가진 제움직씨를 파생한다. 이들 파생어 모두에도 'X 입음'의 뜻바탕이 있다. 따라서 가지 '-리-'에도

<입음, 제움직성>의 뜻바탕이 있다 하겠다.

가지 '-리-'도 닿소리에 있어 그 분포가 '-이-', '-히-', '-기-'와 빗대어 보면 상보적 관계를 가지지 못한다. 이도 형태론적 변이형태이다.

가지 '-리-'의 형태는 중세국어에서도 나타난다. 그런데 중세국어에 나타나는 '-리-'의 형태는 'ㄷ' 불규칙 풀이씨 밑말에 가지 '-이-'가 결합되었을 때 나타나는 음운 변동 현상 즉 밑말 끝소리 'ㄷ'이 'ㄹ'로 변동하고 여기에 다시 'ㄹ'이 덧나 'ㄹㄹ'이 되면서 '-리-'가 나타난 것이다.

(498) 들이다(聞, 듣다) : 일후미 너비 들여<석보 13 : 4>

들리다(聞, 듣다) : 말솜이 들리디 아니커든<소언 3 : 10>

(498)에서 보면 중세국어에서 밑말 끝소리 'ㄷ'이 'ㄹ'로 변동한 '들이다'도 쓰이고 여기에 'ㄹ'이 덧난 '들리다'도 쓰인다. 이렇게 'ㄹ'이 덧나는 까닭을 허웅(1985 : 443)에서는 끝소리 변이음 [l]을 유지하면서 안정된 음절 짜임새를 얻기 위한 것이라 밝히고 있다. 중세국어에 나타난 '-리-'의 형태는 이렇게 음운 변동 현상으로 나타난 것이다. 이런데 비하여 근대국어의 '-리-'는 밑말 끝소리가 'ㄹ'인 풀이씨에 결합된 것으로 근대국어에서는, 중세국어에서 쓰였던 '-리-'가 이미 하나의 형태소로 굳어진 것으로 보인다. 따라서 이 글에서는 'ㄹ' 끝소리 밑말에 결합된 '-리-'를 하나의 형태소로 보아 입음 풀이씨 뒷가지로 보아둔다.72)

위에서 살핀 입음 풀이씨 뒷가지 '-이-, -히-, -기-, -리-'의 파생 양상을 밑말의 끝소리를 중심으로 다시 정리해 표로 보이면 (499)과 같다.

---

72) 중세국어에서는 밑말 끝소리가 'ㄹ'인 경우는 대부분 'ㄹ' 뒤에 '-이-'가 결합된다.
 • 걸이다(掛, 걸다) : 다 權에 걸일씨 實을 몰로미라<법화경 2 : 248>
 • 굴이다(蟲, 굴다) : 藥을 먹거나 느오롤 굴이거나 邪曲흔 귓거시 들어나<석보9 : 37>

(499)

	결합되는 밑말의 끝소리				비고
	움 직 씨				
	남 움직씨		제 움직씨		
	닿소리	홀소리	닿소리	홀소리	
-이-	ㄱ, ㄹ, ㅅ, ㅊ, ㅍ, ㅎ	ㅏ, ㅗ, ㅜ, ㅡ, ㅣ, j(내림홀소리ㅣ), ·		ㅕ, ㅡ, ·	• 남움직씨와 제움직씨 모두에 결합됨. • 홀소리, 닿소리에 모두에 결합됨.
-히-	ㄱ, ㄷ, ㄹ, ㅂ				• 남움직씨에 결합됨. • 닿소리에만 결합됨. • 'ㄹ'을 제외하면 거센소리의 짝이 있는 소리와 결합됨.
-기-	ㄹ, ㅁ				• 남움직씨에 결합됨. • 'ㅁ'닿소리 뒤에서는 '-기-'만 결합됨
-리-	ㄹ				• 남움직씨에 결합됨. • 'ㄹ'닿소리 뒤에서만 결합됨.

(5) 입음 뒷가지의 겹침

① '-이-' + '-이-'의 겹침

(500) 걸리이다(掛, 걸다) : 搭拉着 걸리이다〈한청 12 : 13〉

덜리이다(除, 덜다) : 妻ㅣ 어딜면 지아븨 일이 덜리이고〈박해 : 29〉

몰리이다(驅, 몰다) : 弓半欺 활 몰리이다〈역보 15〉

부치이다(近, 붗다) : 去親近 부치이다〈한청 6 : 45〉

넓히이다(踏, 넓다) : 被跳 넓히이다 被踏〈역보 26〉

또치이다(제, 追, 쫓다+이〉, 제) : 왜적의 또치인 배 되어〈신속 열 3 : 20〉

석기이다(제, 錯, 섰다+이, 제) : 子敬도 석기이리라〈삼역 4 : 12〉

앗기이다(제, 搶, 앗다+기, 제) : 搶了 앗다 被搶了 앗기이다〈동문 하 : 30〉

우이이다(제, 笑, 웃다+이, 입음, 남) : 被笑話 우이이다〈한청 7 : 52〉

울이이다(제, 響, 울다+이, 입음 남) : 響 울이일 향<왜어 상 : 20>
잡히이다(제, 攝, 잡다+히, 남) : 검거ᄒᆞᄂᆞᆫ 군ᄉᆞ 사름의게 잡히이다
    <삼역 6 : 4>
케이다(제, 揪, 켜다, 남) : 揪心 ᄆᆞᄋᆞᆷ 케이다<동문 하 : 59>

② '-이-' + '-히-'의 겹침

  (501) 쎄히다(제, 選, 샌다+이, 제) : 삼십여 셰에 응당 시랑 즁승의 쎄이고
     <경신 51>

③ '-기-' + '-이-'의 겹침

  (502) 숨기이다<제, 烹, 삶다+기, 제> : 토끼 죽은 後ㅣ면 기무즈 숨기이
     ᄂᆞ니<교시조 2635-1>
  줌기이다(제, 沈, 줌기다+이, 제) : 水淹了믈 줌기이다<역해 상 : 2>

입음의 뜻바탕을 분명히 하기 위하여 입음 뒷가지를 겹쳐 쓰는 일이
있는데 위 (500-502)는 그러한 형태를 보인 것이다. 이때 뒤에 쓰이는
가지는 '-이-'나 '-히-'이다.

가지 '-이-'는 (500, 걸리이다), (502, 숨기이다)처럼 '-이-, -기-' 가지
에 겹쳐 쓰이고 가지 '-히-'는 (501, 쎄히다)처럼 가지 '-이-'에 겹쳐 쓰
인다.

3) 현대국어

현대국어에 나타나는 입음 풀이씨 뒷가지의 변이 형태는 '-이-, -히-,
-기-, -리-'가 있다.

(1) '-이-' 가지

이 가지는 남움직씨나 제움직씨 밑말과 결합하여 'X 입음'의 뜻바탕을 가진 제움직씨를 파생한다. 따라서 이 가지는 한 씨갈래 밑말 안 바꾸는 가지로 1유형 가지이다.

(503) ㄱ. 남움 + '-이-' → 제움
　　　홑밑말 + '-이-' :
　　　닿소리 뒤 : (ㄱ) 깍이다(깍-)
　　　　　　　　　(ㄲ) 꺾이다(꺾-), 묶이다(묶-), 볶이다(볶-)
　　　　　　　　　(ㄾ) 핥이다(핥-), 훑이다(훑-)
　　　　　　　　　(ㅍ) 덮이다(덮-)
　　　　　　　　　(ㅎ) 쌓이다(쌓-)
　　　홀소리 뒤 : (ㅏ) 싸이다(싸-), 채다(차-)
　　　　　　　　　(ㅕ) 켜이다(켜-), 펴이다(펴-)
　　　　　　　　　(ㅗ) 꼬이다(꼬-), 보이다(보-)
　　　　　　　　　(ㅚ) 괴이다(괴-), 꾀이다(꾀-)
　　　　　　　　　(ㅜ) 꾸이다(꾸-), 나누이다(나누-), 바꾸이다(바꾸다 -), 비추이다(비추-)
　　　　　　　　　(ㅣ) 미이다(미-), 부리이다(부리-), 부치이다(부치-)
　　　겹밑말 + '-이-' :
　　　닿소리 뒤 : (ㄱ) 까먹이다(까먹-)
　　　　　　　　　(ㄲ) 뒤섞이다(뒤섞-)
　　　　　　　　　(ㅍ) 뒤덮이다(뒤덮-)
　　　　　　　　　(ㅎ) 가로놓이다(가로놓-)
　　　홀소리 뒤 : (ㅏ) 가로채다(가로차-), 걸어채다(걸어차-), 둘러싸이다(둘러싸-), 휩싸이다(휩싸-)
　　　　　　　　　(ㅐ) 가로채이다(가로채-), 얽매이다(얽매-)
　　　　　　　　　(ㅗ) 헛보이다(헛보-), 내다보이다(내다보-), 도두보이다(도두보-), 바라보이다(바라보-), 들여다

보이다(들여다보-), 비비꼬이다(비비꼬-), 얼보
이다(얼보-), 헛보이다(헛보-)
(ㅜ) 들이끼이다(들이끼우-)
(ㅣ) 접치이다(접치-)
ㄴ. 제움 + '-이-' → 제움
겹밑말 + '-이-' :
홀소리 뒤 : (ㅡ) 들뜨이다(들뜨-)
(ㅚ) 옥죄이다(옥죄-)

'-이-' 가지가 결합될 수 있는 형태, 음운론적 특징은 다양하다. 형태
론적으로는 남움직씨와 제움직씨 밑말에 결합되고 음운론적으로는 밑
말의 끝소리가 홀소리나 닿소리 모두에 결합된다.

(503ㄱ, 깎이다, 싸이다)는 남움직씨 밑말에 '-이-' 가지가 결합된 형
태를 보인 것이고 (503ㄴ, 들뜨이다)는 제움직씨 밑말에 '-이-' 가지가
결합된 형태를 보인 것이다. '-이-' 가지는 이렇게 남움직씨 밑말이나
제움직씨 밑말과 결합하여 다시 움직씨를 파생하는데 파생되는 움직씨
는 모두 제움직씨이다. 다시 말하면 '-이-' 가지가 남움직씨 밑말과 결
합하여서는 (503ㄱ, 깎이다, 싸이다)처럼 제움직씨를 파생하고 제움직씨
와 결합하여서는 (503ㄴ, 들뜨이다)처럼 겹제움직씨를 파생한다. 그리고
이들 파생어는 모두 'X 입음'의 뜻바탕을 가진다. 따라서 가지 '-이-'에
는 <입음, 제움직성>의 뜻바탕이 있다 하겠다.

이제 '-이-'가 나타나는 음운론적 환경에 대해 살펴본다.

'-이-'는 그 나타난 예로써만 보면 닿소리에서는 'ㄱ, ㄲ, ㄾ, ㅍ, ㅎ' 뒤
에 나타나고 홀소리에서는 'ㅏ, ㅐ, ㅋ, ㅗ, ㅚ, ㅜ, ㅡ, ㅣ' 뒤에 나타난다.

(2) '-히-' 가지

'-히-'는 '-이-'에 'ㅎ'소리가 첨가된 변이형태이다. '-히-'는 '-이-'와
마찬가지로 움직씨 밑말과 결합하여 입음의 뜻바탕을 가진 움직씨를
파생한다. '-히-' 가지와 결합되는 밑말은 모두 남움직씨이다. 이도 1유
형 가지이다.

> (504) ㄱ. 홑밑말 남움 + '-히-' → 제움
>   (ㄱ) 막히다(막-), 박히다(박-), 적히다(적-)치먹히다(치먹다, 위로
>   올라가며 먹게 되다)
>   (ㅉ) 얹히다(얹-)
>   (ㄷ) 걷히다(걷-), 닫히다(닫-), 묻히다(묻-)
>   (ㄹ) 긁히다(긁-), 얽히다(얽-), 옭히다(옭-)
>   (ㅈ) 꽂히다(꽂-)
>   (ㅂ) 뽑히다(뽑-), 씹히다(씹-), 잡히다(잡-)
>   (ㄼ) 밟히다(밟-)
>   ㄴ. 겹밑말 남움 + '-히-' → 제움
>   (ㄱ) 가로막히다(가로막-), 구워박히다(구워박-), 오금박히다(오금
>   박-), 휘어박히다(휘어박-)
>   (ㄷ) 파묻히다(파묻-)
>   (ㄼ) 짓밟히다(짓밟-)
>   (ㅂ) 겨린잡히다(겨린잡-), 굽잡히다(굽잡-), 궐잡히다(궐잡-), 꼬집
>   히다(꼬집-), 볼모잡히다(볼모잡-), 붙잡히다(붙잡-), 사로잡히
>   다(사로잡-), 전당잡히다(전당잡-), 주름잡히다(주름잡-), 책잡
>   히다(책잡-), 헛잡히다(헛잡-), 흉잡히다(흉잡-)
>   (ㅈ) 내부딪히다(내부딪-)

(504)에서 보면 '-히-' 가지의 밑말은 모두 남움직씨이다. 그리고 밑말
의 끝소리는 모두 닿소리이다. '-히-'는 이렇게 닿소리로 끝난 밑말과

결합하여 (504ㄱ,ㄴ, 막히다, 가로막히다)처럼 입음의 뜻바탕을 가진 제움직씨를 파생한다. 이들 파생어 모두에는 'X 입음'의 뜻바탕이 있다. 따라서 가지 '-히-'에도 '-이-'와 마찬가지로 <입음, 제움직성>의 뜻바탕이 있다 하겠다.

이제 '-히-' 가지가 결합되는 밑말의 끝소리를 살펴본다.

(504)에서 살폈듯이 '-이-' 가지가 결합되는 밑말의 끝소리는 매우 다양하였다. 닿소리에서는 'ㄱ, ㄲ, ㄾ, ㅍ, ㅎ' 뒤에 나타나고 홀소리에서는 'ㅏ, ㅐ, ㅕ, ㅗ, ㅚ, ㅜ, ㅡ, ㅣ' 뒤에 나타나는 등 매우 다양한 데 비하여 '-히-' 가지는 밑말의 끝소리가 홀소리인 경우는 나타나지 아니하고 닿소리일 경우에만 나타나는데 이도 'ㄱ, ㄷ, ㅂ, ㅈ'으로 모두 거센소리의 짝이 있는 것들이다.

(3) '-기-' 가지

'-기-'는 '-이-'에 'ㄱ'소리가 첨가된 변이형태이다. '-기-'도 움직씨 밑말과 결합하여 입음의 뜻바탕을 가진 움직씨를 파생한다. '-기-' 가지와 결합되는 밑말은 모두 남움직씨이다. 이도 1유형 가지이다.

> (505) ㄱ. 홑밑말 남움 + '-히-' → 제움
>   (ㄷ) 뜯기다(뜯-)
>   (ㅁ) 감기다(감-), 담기다(담-), 심기다(심-)
>   (ㅅ) 앗기다(앗-)
>   ㄴ. 겹밑말 남움 + '-히-' → 제움
>   (ㅁ) 데삶기다(데삶-), 휘감기다(휘감-)
>   (ㅅ) 빼앗기다(빼앗-)

(505)는 '-기-' 가지가 움직씨 밑말과 결합한 형태를 보인 것이다. 이

들 밑말은 모두 남움직씨이다. 그리고 밑말의 끝소리는 모두 닿소리이다. '-기-'는 이렇게 가지 '-히-'와 마찬가지로 (505ㄱ,ㄴ, 뜯기다, 데삶기다)처럼 남움직씨 밑말과 결합하여 입음의 뜻바탕을 가진 제움직씨를 파생한다. 이들 파생어 모두에도 'X 입음'의 뜻바탕이 있다. 따라서 가지 '-기-'에도 <입음, 제움직성>의 뜻바탕이 있다 하겠다.

이제 '-기-' 가지가 결합되는 밑말의 끝소리를 살펴본다.

'-기-' 가지에 결합되는 밑말의 끝소리는 'ㄷ, ㅁ, ㅅ'으로 다른 입음 뒷가지에 비해 생산성이 그리 높지 못하다. 밑말의 끝소리가 'ㄷ'인 경우는 다른 입음의 가지에도 결합되나 'ㅁ, ㅅ'의 경우는 가지 '-기-'만 결합된다.

(4) '-리-' 가지

'-리-'는 '-이-'에 'ㄹ'소리가 첨가된 변이형태이다. '-리-' 가지는 남움직씨나 제움직씨 밑말과 결합하여 'X 입음'의 뜻바탕을 가진 제움직씨를 파생한다. 이 가지도 그 파생하는 형태만으로 보면 한 씨갈래 밑말 안 바꾸는 1유형 가지이다.

> (506) ㄱ. 남움 + '-리-' → 제움
> 　　　홑밑말 + '-리-' :
> 　　닿소리 뒤 : (ㄷ) 실리다(싣--)
> 　　　　　　　(ㄹ) 걸리다(걸-), 깔리다(깔-), 달리다(달-), 덜리다(덜-), 말리다(말-), 몰리다(몰-), 물리다(물-), 들리다(들-), 빨리다(빨-), 열리다(열-), 틀리다(틀-),헐리다(헐-)
> 　　홀소리 뒤 : (ㅡ) 길리다(기르-), 둘리다(두르-), 발리다(바르-), 불리다(부르-)

겹밑말 + '-리-' :
닿소리 뒤 : (ㄹ) 귀양풀리다(귀양풀-), 내몰리다(내몰-), 뒤흔
들리다(뒤흔들-), 매달리다(매달-), 비비틀리다
(비비틀-), 악물리다(악물-), 엇걸리다(엇걸-),
옥갈리다(옥갈-)
(ㅀ) 내뚫리다(내뚫-)
홀소리 뒤 : (ㅡ) 가로질리다(가로지르-), 꼭뒤눌리다(꼭뒤누르-),
꼭뒤질리다(꼭뒤지르-), 내둘리다(내두르-), 겯
질리다(겯지르-), 들까불리다(들까부르-), 질
리다(막지르-), 억눌리다(억누르-), 편갈리다
(편가르-)
ㄴ. 제움 + '-리-' → 제움
겹밑말 + '-리-' :
닿소리 뒤 : (ㄹ) 날리다(날-), 떨리다(떨-), 불리다(불-), 내밀
리다(내밀-)

'-리-' 가지가 결합될 수 있는 형태, 음운론적 환경은 현대국어에서는
다양하다. 형태론적으로는 남움직씨나 제움직씨 밑말 모두에 결합되고
음운론적으로는 홀소리나 닿소리 모두에 결합된다.

(506ㄱ, 실리다, 길리다)는 남움직씨 밑말에 '-리-' 가지가 결합된 형
태를 보인 것이고 (506ㄴ, 날리다)는 제움직씨 밑말에 '-리-' 가지가 결
합된 형태를 보인 것이다. '-리-' 가지는 이렇게 남움직씨 밑말이나 제
움직씨 밑말과 결합하여 다시 움직씨를 파생하는데 파생되는 움직씨는
모두 제움직씨이다. 다시 말하면 '-리-' 가지가 남움직씨 밑말과 결합하
여서는 (506ㄱ, 실리다, 길리다)처럼 제움직씨를 파생하고 제움직씨와
결합하여서는 (506ㄴ, 날리다)처럼 겹제움직씨를 파생한다. 그리고 이들
파생어는 모두 'X 입음' 뜻바탕을 가진다. 따라서 가지 '-리-'에는 <입
음, 제움직성>의 뜻바탕이 있다 하겠다.

이제 '-리-'가 나타나는 음운론적 환경에 대해 살펴본다. '-리-'는 그 나타난 예로써만 보면닿소리에서는 'ㄷ, ㄹ'과 겹받침 줄이기[73]에서 'ㄹ'로 소리나는 'ㅀ' 뒤에 나타나고 홀소리에서는 '르' 불규칙 풀이씨의 'ㅡ' 뒤에 나타난다.

위에서 살핀 입음 풀이씨 뒷가지 '-이-, -히-, -기- , -리-'의 파생 양상을 밑말의 끝소리를 중심으로 다시 정리해 표로 보이면 (507)과 같다.

(507)

	결합되는 밑말의 끝소리				비 고
	움 직 씨				
	남 움직씨		제 움직씨		
	닿소리	홀소리	닿소리	홀소리	
-이-	ㄱ,ㄲ,ㄾ,ㅍ,ㅎ	ㅏ,ㅐ,ㅋ,ㅗ,ㅚ,ㅜ,ㅡ,ㅣ		ㅡ,ㅚ	• 남움직씨와 제움직씨 모두에 결합됨. • 홀소리, 닿소리에 모두에 결합됨.
-히-	ㄱ,ㄷ,ㅂ,ㅈ				• 남움직씨에 결합됨. • 닿소리에만 결합됨. • 거센소리의 짝이 있는 소리와 결합됨.
-기-	ㄷ,ㅁ,ㅅ				• 남움직씨에 결합됨. • 'ㅁ' 닿소리 뒤에서는 '-기-'만 결합됨
-리-	ㄷ,ㄹ,ㅀ	—	ㄹ		• 남움직씨와 제움직씨 모두에 결합됨. • 홀소리, 닿소리에 모두에 결합됨.

4) 종합

지금까지 중세, 근대, 현대국어에 나타나는 입음 뒷가지를 살폈다. 여

---

73) 여기에 대해서는 허웅(1985, 266) 참조.

기서는 지금까지 살핀 것들을 중심으로 하임 뒷가지의 변천 모습을 그 결합되는 밑말 끝소리와 함께 살펴본다.

중세, 근대, 현대국어의 하임 뒷가지를 밑말 끝소리를 중심으로 한 데 모아 표로써 보이면 (508)과 같다.

(508)

		결합되는 밑말의 끝소리			
		움 직 씨			
		남 움직씨		제 움직씨	
		닿소리	홀소리	닿소리	홀소리
-이-	중세	ㄱ,ㄷ,ㄹ,ㅂ,ㅅ,ㅊ,ㅍ,ㅎ	ㅏ,ㅓ,ㅗ,ㅜ,ㅡ,ㅣ,j(내림홀소리)·	ㄱ,ㄷ,ㄹ	ㅑ,ㅡ
	근대	ㄱ,ㄹ,ㅅ,ㅊ,ㅍ,ㅎ	ㅏ,ㅗ,ㅜ,ㅡ,ㅣ,j(내림홀소리),·		ㅕ,ㅡ,·
	현대	ㄱ,ㄲ,ㄾ,ㅍ,ㅎ	ㅏ,ㅐ,ㅕ,ㅗ,ㅚ,ㅜ,ㅡ,ㅣ		ㅡ,ㅚ
-히-	중세	ㄱ,ㄷ,ㅂ,ㅈ		ㄷ,ㅈ	
	근대	ㄱ,ㄷ,ㄹ,ㅂ			
	현대	ㄱ,ㄷ,ㅂ,ㅈ			
-기-	중세	ㅁ		ㅁ	
	근대	ㄹ,ㅁ			
	현대	ㄷ,ㅁ,ㅅ			
-리-	중세				
	근대	ㄹ			
	현대	ㄷ,ㄹ,ㅀ	ㅡ	ㄹ	

(508)을 중심으로 입음 뒷가지의 변천 모습을 살펴보면 다음과 같다.

1. 입음 뒷가지는 중세국어에서는 '-이-, -히-, -기-'가 쓰였으나 근대 국어에와 현대국어에서는 '-이-, -히-, -기-, -리-'가 쓰인다. '-리-' 가지 는 근대국어에 처음 나타나게 되는데 'ㄹ' 끝소리 뒤에서 나타난다. -리- 는 현대국어에서도 그대로 쓰이는데 현대국어에서는 근대국어처럼 'ㄹ'

끝소리 밑말에 결합되어 나타나기도 하고 'ㄷ' 불규칙 풀이씨나 'ㄹ' 불규칙 풀이씨 밑말에도 결합되어 나타난다.

2. '-이-' 가지가 중세나 근대국어에서는 내림홀소리 'j' 뒤에 나타나던 것이 현대국어에서는 내림홀소리 'j'가 앞 홀소리에 녹아 붙어 홑홀소리가 됨으로써 현대국어에서는 '-이-' 가지가 'ㅐ, ㅚ' 뒤에도 쓰이게 된다.

3. 홀소리로 끝난 밑말에는 중세, 근대, 현대국어 모두 '-이-' 가지만이 쓰인다.

4. '-히-' 가지는 근대국어에서는 'ㄹ' 뒤에 나타나기도 하나 이를 제외하면 중세, 근대, 현대국어 모두 거센소리 짝이 있는 끝소리 밑말 뒤에 쓰인다.

5. '-기-' 가지는 중세국어에서는 'ㅁ' 뒤에 쓰이다가 근대국어에서는 'ㄹ, ㅁ' 뒤에 쓰이고 현대국어에서는 'ㄷ, ㅁ, ㅅ' 뒤에 쓰임으로 현대로 올수록 그 쓰임을 점점 넓혀가는 모습을 보인다.

6. -이- 가지가 중세나 근대국어에서는 'ㆍ' 홀소리 뒤에서도 쓰였는데 현대국어에서는 음소 'ㆍ'가 사라짐으로써 쓰이지 아니한다.

제5장 | **맺음말**

1. 이름씨 뒷가지

이름씨 뒷가지는 ① 가지가 가진 추상 여부에 따라 추상화 뒷가지, 사물 뒷가지, 사람 뒷가지로 나누어지고 ② 밑말의 씨갈래 바꿈의 여부에 따라 씨갈래 바꾸는 뒷가지와 씨갈래 안바꾸는 뒷가지로 나누어 지며 ③ 가지가 결합될 수 있는 정도에 따라 한 씨갈래 뒷가지와 여러 씨갈래 뒷가지로 나누어진다.

이 글에서는 뒷가지의 분류를 ①을 으뜸으로 하고 ②, ③을 딸림으로 함으로써 추상화 뒷가지, 사물 뒷가지, 사람 뒷가지는 다시 1, 2, 3, 4유형으로 각각 나누어졌다. 그리고 기타 뒷가지는 따로 다루었다.

1유형은 한 씨갈래 안바꾸는 가지이고, 2유형은 한 씨갈래 바꾸는 가지이며, 3유형은 여러 씨갈래 바꾸거나 안바꾸는 가지이고, 4유형은 여러 씨갈래 바꾸는 가지이다.

이 분류에 따른 뒷가지의 형태와 그 변천을 지금까지의 논의를 바탕으로 정리하면 다음과 같다.

1) 추상화 뒷가지

추상화 뒷가지는 중세, 근대국어에서는 '-이, -기, -음, -익/의'가 쓰이고 현대국어에서는 '-이, -기, -음'이 쓰인다.

'-이'는 중세, 근대, 현대국어 모두 4유형 가지이고 '-기'는 중세나 근대국어에서는 2유형 가지이다가 근대, 현대국어에서는 4유형 가지로 나타난다.

'-익/의'는 중세나 근대국어에만 나타나는데 이는 그림씨 밑말과 결합하는 2유형 가지이다. 이제 이들 가지의 구체적인 변천 모습을 정리하면 다음과 같다.

(1) 움직씨 밑말 + 가지

1) 움직씨 밑말과 결합하는 '-이'는 변천하는 경우와 변천하지 않는 경우가 있다.

변천하지 않는 경우는 '홑낱말, 겹낱말, 이은말 짜임새 밑말'과 결합하는 '-이'로서의 특이 뜻바탕을 가지는 경우이고 변천하는 경우는 '이은말 짜임새 밑말'과 결합하는 '-이'로서의 중심적인 뜻바탕을 가지는 경우이다. 이는 현대국어에서 '-이 > -기'로 변천한다.

중심적인 뜻바탕을 가지는 '-이'도 '홑낱말, 겹낱말 + 「-이」'의 형태에서는 변천하지 아니한다.

2) '-이'에 의한 파생어 중에는 중세나 근대국어에서는 쓰이다가 현대국어에서 어휘화 되거나 그 파생어가 사라진 경우도 있다.

‘이바디, 므자미, 여름지이, 메아리’ 등은 밑말이 현대국어에서 생산성을 가지지 못하므로 어휘화된 것이고 ‘더니, 할이, 쁘서리, 씌거리, 갓거리, 바눌걸이, 룡지걸이, 귓대박이, 오월잡이, 외다디, 상다디, 모시숨이, 왜걸이’ 등은 현대국어에서 그 용도가 없어지거나 그 사물에 대한 인식이 희박해짐으로써 낱말 자체가 사라진 경우이다.

3) 현대국어에서 ‘-이’에 의한 파생어는 ‘-기’에 의한 파생어보다 특이 뜻바탕을 가진 파생어가 월등히 많다.

4) ‘-음’은 중세나 근대국어에서는 홑낱말이나 겹낱말인 움직씨와 결합하여 이름씨를 형성하였다. 그러나 현대국어는 이은말 짜임새 밑말과도 결합됨으로써 확장된 파생영역을 가지게 된다.

(2) 그림씨 밑말 + 가지

1) ‘그림씨 밑말 +「-이」’의 형태는 각 시대의 유동이 거의 없다.

2) 다만 현대국어에서는 ‘길이, 깊이, 높이, 넓이, 부피, 굽이’ 등이 ‘-이’에 의해 파생됨으로써 그 생산성을 높이게 되는데 이는 중세나 근대국어에서 ‘X정도, 척도’의 뜻바탕을 가지던 ‘-익/의’가 현대국어에서 사라짐으로써 나타나는 현상이다.

3) 중세나 근대국어에서 쓰였던 ‘-익/의’는 현대국어에서 사라진다.

4) 이 시대에 쓰였던 ‘-익/의’에 의한 파생어는 현대국어에서 ‘-이, -기, -게’의 형태를 띠면서 나타난다.

5) 4)에서 ‘-이’의 형태는 ‘길이, 깊이, 넓이, 높이, 굽이’이고 ‘-기’의 형태는 ‘굵기, 크기’이며 ‘-게’의 형태는 ‘무게’이다. ‘무게’는 현대국어에서 어휘화 된 형태이다.

6) 현대국어에서 ‘-기’에 의한 척도 이름씨는 매우 생산적이다.

7) '그림씨 + 「-음」'은 근대국어부터 보이는데 근대나 현대국어 모두 'X현상(심리적, 또는 자연)'의 중심적인 뜻바탕을 가진다.

2) 사물 뒷가지

사물 뒷가지의 변천된 모습은 크게 네 가지로 나타난다.

1) 중세, 근대, 현대국어에 같이 쓰여 그 변천을 볼 수 없는 것 : -지, -아미/어미, -의>-이, -아괴>아귀, -듸영/의영>-정, -읍>읍, -아리/어리, -박>-빡, -을>-울

2) 앞 시대에는 가지로 쓰였으나 다음 시대에는 나타나지 않는 것 : -복, -살(중세국어), -오리/우리(중세, 근대국어)

'-복'은 '-곱'으로 변한다. '-곱'은 중세, 근대국어에서 뿌리로 쓰이므로 '비쏩'은 합성어이다.

·머리옛 곱과 바랫 떠롤(두초8 : 28)

'눈살'은 '속눈섭'에 세력이 밀려 사라진다.

'다리오리/다리우리'는 현대국어의 '다리미'에 세력이 밀려 사라진다.

3) 앞 시대에도 쓰였고 다음 시대에도 가지로 쓰이나 가지의 형태, 의미 등이 변한것 : '-아지/야지, -쌔(개)>-깨, -게/개(에/애), -이, -앙(이)/엉(이), -아기/어기, -다기>때기, -악/억

4) 앞 시대에는 가지로 나타나지 않으나 다음 시대에 가지로 나타나는 것 : -갱기, -때, -계, -꼬, -초리, -껏, -아불/아풀

3) 사람 뒷가지

사람 뒷가지의 변천된 모습도 크게 네 가지로 나타난다.

1) 앞 시대와 다음 시대에 같이 쓰여 그 변천을 볼 수 없는 것 : -어리>-어리/아리(중세, 근대, 현대국어에 같이 쓰임), -직이, -쑤럭이>꾸러기, -이, -군>-꾼(근대, 현대국어에 같이 쓰임)

2) 앞 시대에는 가지로 쓰였으나 다음 시대에는 나타나지 않는 것 : -뎡이(중세국어), -여기(근대국어)

3) 앞 시대에도 쓰였고 다음 시대에도 가지로 쓰이나 가지의 형태, 의미 등이 변한 것 : (이는 근대국어와 현대국어의 사이에서 나타난다) -바치/아치>-아치, -방이>-뱅이/방이, -장이/쟝이>-장이/쟁이

4) 앞 시대에는 가지로 나타나지 않으나 다음 시대에 나타나는 것 : -바치/아치, -직이, -쑤럭이, -방이, -여기, -이, -장이/쟝이(근대국어에서나타남) -뜨기, -내기, -다리, -보, -따니, -비(현대국어에서 나타남)

4) 기타 뒷가지

1) 행위 뒷가지 '-질', 겹셈 뒷가지 '-희', 높임 뒷가지 '-님', 장소 뒷가지 '-맡' 등의 가지는 중세, 근대, 현대에 걸쳐 형태, 의미, 유형에 있어 그 변천된 모습을 발견하기 힘들다.

2) 뭇셈 뒷가지 '-븨'는 중세나 근대국어에서는 'X의 무리'의 뜻바탕을 가지면서 가지로 나타나나 현대국어에서는 '-들'에 세력이 밀려 사라진 것으로 보인다.

3) 뭇셈 뒷가지 '-네/내'는 중세나 근대국어에서는 주로 'X와 같은 무리'라는 뜻바탕을 가진다. 이것이 현대국어에서는 'X와 같은 무리', 'X의 무리'와 같은 구체적인 뜻바탕을 가진다.

2. 풀이씨 뒷가지

풀이씨 만드는 뒷가지는 ①밑말의 본질적인 뜻을 바꾸는가 바꾸지
않는가에 따라 본질적인 뜻을 바꾸는 뒷가지와 본질적인 뜻을 안바꾸
는 뒷가지로 나누어지고 ②가지가 밑말의 씨갈래를 바꾸는가 바꾸지
않는가에 따라 씨갈래 바꾸는 뒷가지와 씨갈래 안바꾸는 뒷가지로 나
누어지며 ③가지가 결합될 수 있는 밑말의 정도에 따라 한 씨갈래 뒷가
지와 여러 씨갈래 뒷가지로 나누어진다.

이 분류에 따라 풀이씨 뒷가지의 파생 형태와 그 변천을 지금까지의
논의를 바탕으로 정리하면 다음과 같다.

1) 힘줌 뒷가지

'힘줌 뒷가지'는 가지가 밑말과 결합하여 새로운 낱말을 만들되 힘줌
의 뜻바탕을 가진 풀이씨를 파생하는 뒷가지이다.

힘줌 뒷가지는 중세국어에서는 '-티-, -혀/혀-, -받/완-, -잊-, -ᄧ/ᄈ-,
-츠/츠/치/스-' 가지가 있고, 근대국어에서는 '-티/치-, -혀/켜/키-, -완-.
-잊-, -ᄈ-, -츠/츠/스-' 가지가 있으며 현대국어에서는 '-뜨리-, -치-,
-(이/으)키-, -앟/엏-, -다랗-, -차-' 가지가 있다.

이들 가지의 구체적인 변천 모습을 정리하면 다음과 같다.

'힘줌 뒷가지'의 변천된 모습은 크게 둘로 나누어 볼 수 있다.

하나는 중세국어에 나타나 근대나 현대국어까지 쓰이는 것이고 다른
하나는 중세나 근대국어에는 쓰이지 아니하다가 현대국어에서 새롭게
쓰이는 것이다.

앞의 것은 '-티->-티/치->-치-, -혀/혀->-혀/켜/키->-키-, -받/완

(윌)->-완-, -잊->-잊-, -ᄣ/ᄠ->-ᄠ-, -ᄎ/ᄌ/치/ᄉ->-ᄎ/ᄌ/ᄉ->-차 -'
가지이고, 뒤의 것은 '-뜨리-, -앟/엏-, -다랗-' 가지이다.

(1) 중세국어부터 쓰인 것

① '-티- > -티/치- > -치-' 가지

중세국어에서는 '-티-'가 쓰이다가 근대국어에서는 '-티-'와 함께 '-치-'
가 새롭게 나타나는데 이는 '-티-'에서 입천장소리 되기의 현상을 입은
것이다. 그리고 현대국어에서는 '-치-'로 통합되어 쓰인다.

② '-혀/혀- > -혀/켜/키- > -키-' 가지

중세국어에서는 '-혀-', '-혀-'가 쓰이다가 근대국어에서는 '-혀-'가 사
라지고 대신 '-혀-'와 '-혀-'에서 입천장소리되기의 현상을 입은 '-켜-'
와 '-켜-'에서 홑홀소리 되기 현상을 입은 '-키-'가 쓰인다. 현대국어에
서는 '-(이/으)키-'로 통합된다.

③ '-밭/완(윌)- > -완-' 가지

이 가지는 중세, 근대국어까지는 쓰이다가 현대국어에 이르러서는 생
산성을 잃고 그 기능을 '그→그'의 경우는 '-차-'에 그 나머지는 '-치-'에
물려준다.

④ -잊- 가지

이 가지도 중세, 근대국어까지는 생산성 있게 쓰이다가 현대국어에서
는 생산성을 잃고 그 기능을 현대국어의 '-치-'에 넘겨준다.

⑤ -ᄧ/ᄩ- > -ᄩ- 가지

이 가지는 중세국어에는 어느 정도 생산성을 가지다가 근대국어에서는 그 생산성이 크게 낮아진다. 그리고 현대국어에서는 생산성을 완전히 잃고 사라진다.

가지의 형태는 중세국어에서 쓰이던 '-ᄧ-'가 근대국어에서는 -'ᄩ-'에 통합된다.

⑥ '-츠/츠/치/ᄼ- > -츠/츠/ᄼ- > -차-' 가지

이 가지는 중세국어에서는 '-츠/츠/치/ᄼ-'로 쓰이다가 근대국어에서는 '-츠/츠/ᄼ-'로 나타난다. 이것은 중세국어의 '-치-'가 근대국어에서는 (1)의 '-티/치-'의 '-치-'와 형태, 의미상 변별적 기능을 발휘하지 못하고 '-티/치-' 가지에 통합되었기 때문이다. 그러다가 현대국어에서는 '-차-' 가지로 형태가 변한다. '-차-'는 근대국어의 '-츠-'에서 /ㆍ/가 사라지면서 /ㆍ/> /ㅏ/로의 음운 변천을 입어 나타난 것이다.

(2) 현대국어에서 새롭게 쓰이는 것

① '-뜨리-' 가지

현대국어의 힘줌 뒷가지 '-뜨리-'는 중세국어의 하임 남움직씨 '디이-'에서 그 유래를 찾을 수 있다.

'디이-'는 근대국어까지는 그대로 쓰이다가 근대에서 현대로 이르는 사이 이 형태는 '디이->*디리->-띠리->-뜨리-'의 변천을 거쳐 나타난 것으로 보인다.

② '-앟/엏-' 가지

힘줌 뒷가지로써의 '-앟/엏-'은 중세나 근대국어에서는 쓰이지 아니하다가 현대국어에서 주로 색채어 밑말과 결합하여 생산성을 가진다.

이는 중세나 근대국어에 쓰였던 'X+-아/어-#ㅎ-'의 축약형 '-앟/엏-'에서 형태소 경계의 약화현상(#→+)과 '힘줌'의 뜻바탕을 입어 현대국어에서는 '-아/어-'와 '하-'로 분리되지 못하고 그대로 파생 뒷가지로 굳어진 것으로 보인다.

③ '-다랗-' 가지

'-다랗-'은 중세나 근대국어에서는 나타나지 아니하다가 현대국어에 이르러 주로 그림씨 차원낱말과 결합하여 다시 그림씨를 파생한다.

현대국어의 '-다랗-' 가지는 근대국어의 '*-다아ㅎ-'에서 '*-다아ㅎ->*-다라하->-다랗-'으로 변천된 형대이다.

2) 정의 표현 뒷가지

'정의 표현 풀이씨 뒷가지는 가지가 밑말과 결합하여 새로운 낱말을 만들되 감각적이거나 정의적인 뜻바탕을 가진 풀이씨를 파생하는 뒷가지를 말한다.

생산성을 가진 '정의 표현 풀이씨 뒷가지'는 중세국어에서는 '-받/브-, -봏/보-, -ㅂ-, -갑/겁-, -압/업-, -얍/엽-, -둡/답-, -드뵈-(>-드/도외-), -롭/롭-, -르/로뵈-(>-르/로외-, -로익/의-)' 가지가 있고, 근대국어에서는 '-받/브/부-, -ㅂ-, -갑/겁-, -압/업-, -얍/엽-, -답-, -드/도외-, -스럽-' 가지가 있으며 현대국어에서는 '-(으)ㅂ-, -갑/겁-, -압/업-, -얍/엽-, -답-, -롭-, -스럽-' 가지가 있다.

이들 가지의 구체적인 변천 모습을 정리하면 다음과 같다.

(1) 중세국어에서 근대국어의 변천

'정의 표현 뒷가지'의 중세국어에서 근대국어로의 변천된 모습은 크게 셋으로 나누어 볼 수 있다. 하나는 중세국어에 쓰이다가 근대국어에서도 쓰이는 것이고, 둘은 중세국어에서는 한 가지의 이형태로 쓰이다가 근대국어에서는 서로 다른 가지로 쓰이는 것이며, 셋은 근대국어에서 새롭게 가지로 쓰이는 것이다.

하나의 것은 '-ᄫᆞ/브-, -ᄫᆞ/보-, -ㅂ-' > '-ᄫᆞ/브/부-, -ㅂ-', '-갑/겁-, -압/업-, -얍/엽-' > '-갑/겁-, -압/업-, -얍/엽-' 가지이고 둘의 것은 '-ᄃᆞᆸ/답-, -ᄃᆞᄫᆡ-(>-ᄃᆞ/도외-), -ᄅᆞᆸ/롭-, -ᄅᆞ/로ᄫᆡ-(>-ᄅᆞ/로외-, -로의/의-) > ① '-답-, -ᄃᆞ/도외-', ② '-ᄅᆞᆸ/랍/롭-, -ᄅᆞ/로외-' 가지이며 셋의 것은 '-스럽-' 가지이다.

   ① 중세국어부터 쓰인 것

      ㄱ. '-ᄫᆞ/브-, -ᄫᆞ/보-, -ㅂ-' > '-ᄫᆞ/브/부-, -ㅂ-' 가지
      ㄴ. '-갑/겁-, -압/업-, -얍/엽-' > '-갑/겁-, -압/업-, -얍/엽-' 가지

   ② 근대국어에서는 서로 다른 가지로 쓰이는 것

      '-ᄃᆞᆸ/답-, -ᄃᆞᄫᆡ-(>-ᄃᆞ/도외-), -ᄅᆞᆸ/롭-, -ᄅᆞ/로ᄫᆡ-(>-ᄅᆞ/로외-, -로의/의-)
      > ① '-답-, -ᄃᆞ/도외-', ② '-ᄅᆞᆸ/랍/롭-, -ᄅᆞ/로외-' 가지

   ③ 근대국어에서 새롭게 가지로 쓰이는 것

      '-스럽-' 가지

(2) 근대국어에서 현대국어의 변천

근대국어에서 현대국어로의 변천된 모습은 크게 들로 나누어 볼 수 있다.

하나는 근대국어에 쓰이던 것이 현대국어에서도 쓰이는 것이고, 다른 하나는 근대국어에서는 한 가지의 이형태로 쓰이다가 현대국어에서는 서로 다른 가지로 쓰이는 것이다, 현대국어에서 새롭게 나타나는 가지는 보이지 않는다.

앞에 것은 '-ᄇ/브/부-, -ㅂ-' > '-(으)ㅂ-', '-답-, -드/도외-' > '-답-', '-릅/랍/롭-, -릭/로외-' > '-롭-', '-스럽-' > '-스럽-' 가지이고 뒤에 것은 '-갑/겁-, -압/업-, -얍/엽-' > ① '-갑/겁-', ② '-압/업-, -얍/엽-' 가지이다.

① 근대국어에서도 쓰인 것

ㄱ. '-ᄇ/브/부-, -ㅂ-' > '-(으)ㅂ-' 가지
ㄴ. '-답-, -드/도외-' > '-답-' 가지
ㄷ. '-릅/랍/롭-, -릭/로외-' > '-롭-' 가지
ㄹ. '-스럽-' > '-스럽-' 가지

② 근대국어에서는 서로 다른 가지로 쓰이는 것

'-갑/겁-, -압/업-, -얍/엽-' > ① '-갑/겁-', ② '-압/업-, -얍/엽-' 가지

3) 하임 뒷가지

'하임 풀이씨 뒷가지'는 가지가 밑말과 결합하여 새로운 낱말을 만들되 하임의 주체가 어떤 다른 사람을 시켜, 어떠한 행동을 하게 하는 뜻

바탕을 가진 풀이씨를 파생하는 뒷가지를 말한다.

하임 풀이씨 뒷가지는 중세국어에서는 '-이-, -히-, -기-, -오/우-, -호/후-, -고/구-, -ᆞ-' 가지가 있고, 근대국어에서는 '-이-, -히-, -기-, -오/우-, -호/후-, -고/구-, -ᆞ-' 가지가 있으며 현대국어에서는 '-이-, -히-, -리-, -기-, -우-, -구-, -추-' 가지가 있다

이들 가지의 구체적인 변천 모습을 정리하면 다음과 같다.

 (1) '-이-'계의 변천

 1. '-이-'계 하임 뒷가지는 중세와 근대국어에서는 '-이-, -히-, -기-'가 쓰였으나 현대국어에서는 '-이-, -히-, -기-, -리-'가 쓰인다. '-리-' 가지는 현대국어에서 '르' 불규칙 풀이씨에 '-이-' 가지가 결합되면 'ㄹ'로 변동되는 'ㄷ, ㄹ, ᆶ' 뒤에 나타난다.

 2. '-이-' 가지가 중세나 근대국어에서는 내림홀소리 'j' 뒤에 나타나던 것이 현대국어에서는 내림홀소리 'j'가 앞 홀소리에 녹아 붙어 홑홀소리가 됨으로써 현대국어에서는 '-이-' 가지가 'ㅐ,ㅔ,ㅚ,ㅟ' 뒤에도 쓰이게 된다.

 3. '-기-' 가지는 중세나 근대국어에서는 닿소리 뒤에서만 쓰이다가 현대국어에서는 홀소리 'ㅜ, ㅟ' 뒤에서도 쓰이고 닿소리도 'ㅈ, ㅌ' 뒤에서도 쓰인다. '-기-' 가지는 근대국어나 현대국어에서 그 쓰임을 점점 넓혀가는 모습을 보인다.

 4. -이- 가지가 중세나 근대국어에서는 'ㆍ' 홀소리 뒤에서도 쓰였는데 현대국어에서는 음소 'ㆍ'가 사라짐으로써 쓰이지 아니한다.

(2) '-오/우-'계의 변천

1. '-오/우-'계 하임 뒷가지는 중세에서 근대국어까지는 '-오/우-, -호/후-, -고/구-'가 홀소리 어울림에 따라 밝은 홀소리, 어두운 홀소리로 가려 쓰였으나 현대국어에서는 이 어울림 현상이 부분적으로 남아 있을 정도로 허물어지면서 하임 뒷가지의 경우는 모두 어두운 홀소리의 형태로 나타난다. '-오/우-'는 '-우-'로, '-호/후-'는 '-추-'로, '-고/구-'는 '-구-'로 나타난다.

2. '-호/후-' 가지는 중세나 근대국어에서는 하임 뒷가지로 쓰이다가 현대국어에서는 '-호/후->-후->추' 변천되면서 '-추-'로 나타난다. 이것은 중세나 근대국어에서 '-호/후-'가 'ㅈ' 닿소리 뒤에 나타나는데 'ㅈ' 뒤에서 '-호/후-'는 거센소리되기의 현상으로 모두 '-초/추-'로 나타게 되는데 현대국어에서는 어두운 홀소리 형태인 '-추-'로 나타난다.

3. '-오/우-' 가지가 중세나 근대국어에서는 내림홀소리 'j' 뒤에 나타나던 것이 현대국어에서는 내림홀소리 'j'가 앞의 홀소리에 녹아 붙어 홑홀소리가 됨으로써 현대국어에서는 '-우-' 가지가 'ㅐ, ㅔ, ㅟ' 뒤에도 쓰이게 된다.

4. 중세나 근대국어에서 하임 뒷가지로 쓰였던 '-·(ㅡ)-'는 현대국어에서 '·' 음소가 없어지면서 '-·(ㅡ)-'는 하임 뒷가지로 쓰이지 아니한다.

4) 입음 뒷가지

'입음 풀이씨 뒷가지'는 가지가 밑말과 결합하여 새로운 낱말을 만들되 입음의 주체가 자신이 그 행동을 하지 아니하고, 그 행동을 입는 대상이 되는 뜻바탕을 가진 풀이씨를 파생하는 뒷가지를 말한다.

입음 풀이씨 뒷가지는 중세국어에서는 '-이-, -히-, -기-'가 있고. 근대국어에서는 '-이-, -히-, -기-, -리-'가 있으며 현대국어에서도 '-이-, -히-, -기-, -리-' 가지가 있다. 이들 가지는 대개 밑말의 끝소리에 따라 다르게 나타나는 변이형태이다.

이들 가지의 구체적인 변천 모습을 정리하면 다음과 같다.

1. 입음 뒷가지는 중세국어에서는 '-이-, -히-, -기-'가 쓰였으나 근대국어에와 현대국어에서는 '-이-, -히-, -기-, -리-'가 쓰인다. '-리-' 가지는 근대국어에 처음 나타나게 되는데 'ㄹ' 끝소리 뒤에서 나타난다. -리-는 현대국어에서도 그대로 쓰이는데 현대국어에서는 근대국어처럼 'ㄹ' 끝소리 밑말에 결합되어 나타나기도 하고 'ㄷ' 불규칙 풀이씨나 'ㄹ' 불규칙 풀이씨 밑말에도 결합되어 나타난다.

2. '-이-' 가지가 중세나 근대국어에서는 내림홀소리 'j' 뒤에 나타나던 것이 현대국어에서는 내림홀소리 'j'가 앞 홀소리에 녹아 붙어 홑홀소리가 됨으로써 현대국어에서는 '-이-' 가지가 'ㅐ, ㅚ' 뒤에도 쓰이게 된다.

3. 홀소리로 끝난 밑말에는 중세, 근대, 현대국어 모두 '-이-' 가지만이 쓰인다.

4. '-히-' 가지는 근대국어에서는 'ㄹ' 뒤에 나타나기도 하나 이를 제외하면 중세, 근대, 현대국어 모두 거센소리 짝이 있는 끝소리 밑말 뒤에 쓰인다.

5. '-기-' 가지는 중세국어에서는 'ㅁ' 뒤에 쓰이다가 근대국어에서는 'ㄹ, ㅁ' 뒤에 쓰이고 현대국어에서는 'ㄷ, ㅁ, ㅅ' 뒤에 쓰임으로 현대로 올수록 그 쓰임을 점점 넓혀가는 모습을 보인다.

6. -이- 가지가 중세나 근대국어에서는 'ㆍ' 홀소리 뒤에서도 쓰였는데 현대국어에서는 음소 'ㆍ'가 사라짐으로써 쓰이지 아니한다.

참고문헌

강길운(1991), 『한국어 계통론』, 형설출판사.

강명순(2001), "국어 사, 피동법의 역사적 변화 방향 및 그 원인에 관한 새로운 고찰", 한글 254, 한글학회.

강성일(1972), 중세국어 조어론 연구, 동아대학교 대학원 박사학위 논문.

______(1975), 『국어학 논고』, 형설출판사.

______(1993), 『국어학 연구』, 동아대학교 출판부.

강은국(1993), 『조선어 접미사의 통시적 연구』, 서광학술자료사.

강정희(1983), 제주방언의 명사류 접미사에 관한 연구, 이화여자대학교 대학원 박사학위 논문.

고광주(2001), 『국어의 능격성 연구』, 월인.

고영근(1974), 『현대국어 접미사에 대한 구조적 연구』, 광문사.

______(1978), "형태소의 분석한계", 언어학 제3호.

______(1989), 『국어 형태론 연구』, 서울대학교 출판부.

고영진(1997), 『한국어 문법화 과정』, 국학자료원.

구본관(1998), 『15세기 국어 파생법에 대한 연구』, 국어학회.

권재일(1984), 현대국어의 복합문구성에 관한 연구, 서울대학교 대학원 박사학위 논문.

______(1991), "사동범 실현 방법의 역사", 한글 211호, 한글학회.

______(1994), 『한국어 문법의 연구』, 서광 학술 자료사.

______(1998), 『한국어 문법사』, 박이정.

권숙렬(1984), "답, 롭, 스럽에 대하여", 새국어교육 39. 한국국어교육학회.

기주연(1991), 근대국어의 파생어 연구, 한양대학교 대학원 박사학위 논문.

______(1994), 『근대국어 조어론 연구』 I, 태학사.

김계곤(1969 ㄱ), "현대국어의 뒷가지 처리에 관한 관견", 한글 14호.

______(1969 ㄴ), "현대국어의 조어법 연구–뒷가지에 의한 파생법", 『인천교대 논문집』 4.

______(1996), 『현대국어의 조어법 연구』, 박이정.

김규철(1981), "단어 형성 규칙의 정밀화–방해현상을 중심으로", 언어 제6권 제2호.

김동찬(1987), 『단어 조성론』, 고등교육 도서 출판사.

김민수(1980), 『신국어 학사』, 일조각.

______(1982), 『국어문법론』, 일조각.

김민수 외(1992), 『국어대사전』(금성판), 금성출판사.

김봉모(1983), 국어매김말 연구, 부산대학교 대학원 박사학위 논문.

______(1984), "국어 입음움직씨 연구", 어문 교육 논집 제8집, 부산 사범대학교.

______(1992), 『국어 매김말의 문법』, 태학사.

______(1996), 『국어 문법 연구』, 세종출판사.

김봉주(1984), 『형태론』, 한신문화사.

김석득(1971), 『국어 구조론』, 연세대학교 출판부.

______(1992), 『우리말 형태론』, 탑출판사.

김승곤(1989), 『우리말 토씨 연구』, 건국대학교 출판부.

______(1996), 『현대 나라 말본』, 박이정.

김완진(1973), "국어 어휘 마멸의 연구", 진단학보 35호.

김영신(1988), 『국어학 연구』, 제일문화사.

김영석, 이상억(1992), 『현대 형태론』, 학연사.

김영송(1979), "고유 한자어의 어휘론적 고찰", 성곡논총 제10집.

김완진(1971), "음운현상과 형태론적 제약", 학술원 논문집 제10집.

______(1973), "국어 어휘 마멸의 연구", 진단학보 제35집.

김일웅(1982), 우리말 대용어 연구, 부산대학교 대학원 박사학위논문.

______(1985), "생략과 그 유형", 부산한글 제4집, 한글학회 부산지회.

김종택(1992), 『국어어휘론』, 탑출판사.

김종운(1973), "접사 연구", 어문논집 제8집, 중앙대학교.

김창섭(1981), "현대국어의 복합동사연구", 국어연구 제47호, 국어연구회.

______(1983), "'줄넘기'와 '갈림길'형 합성명사에 대하여", 국어학 12, 국어학회.

______(1996), 『국어의 단어형성과 단어구조 연구』, 국어학회.

김철남(1992 ㄱ), "근대국어 이름씨 파생접미법 연구", 동아대학교 대학원 석사논문.

______(1992 ㄴ), "국어 사람접미사의 역사적 연구", 부산한글 제11집, 한글 학회 부산지회.

______(1997), 『우리말 어휘소 되기』, 한국문화사,

김형규(1978), 『국어사 연구』, 일조각.

김형배(1997), 『국어 사동사 연구』, 박이정.

김형주(1987), 『국어사 연구』, 동아대 출판부.

______(1988), “고대국어의 음절종성 ㄱ[k], ㄷ[t], ㅂ[p] 음고”, 석당논총 제14집, 동아대학교.

______(1991), 『국어학사』, 형설출판사.

남광우(1969), 『국어학 논문집』, 춘조사.

______(1971), 『보정 고어사전』, 일조각.

남풍현(1965), “15세기 국어 음성상징 연구”, 국어연구 13호, 국어연구회.

______(1981), 『차자표기법 연구』, 단국대학교 출판부.

노대규(1988), 『국어 의미론 연구』, 국학자료원.

류성기(1998), 『한국어 사동사 연구』, 홍문각.

박양규(1978), “사동과 피동”, 국어학 7, 국어학회.

박지홍(1984), 『우리 현대말본』, 문성출판사.

박홍길(1997), 『우리말 어휘 변천 연구』, 세종 출판사.

배희임(1985), 국어 피동 연구, 고려대학교 대학원 박사 논문.

서병국(1975), 『국어조어론』, 경북대학교 출판부.

서재극(1980), 『중세국어의 단어족 연구』, 계명대학교 출판부.

서정수(1975), 『동사 “하–”의 문법』, 형설 출판사.

서태룡(1988), 『국어 활용 어미의 형태와 의미』, 탑출판사.

송상조(1991), 제주도 방언이 접미파생어 연구, 동아대학교 대학원 박사학위 논문.

송석중(1978), “사동문의 두 형식”, 언어 제3권 제2호, 한국 언어학회.

송창선(1998), 『국어 사동법 연구』, 홍문각.

송철의(1977), “파생어 형성과 음운현상”, 국어연구 38호, 국어연구회.

______(1983), “파생어 형성과 통시성의 문제”, 국어학 12, 국어학회.

______(1985), “파생어 형성에 있어서 어기의 의미와 파생어의 의미”, 진단학보 60호, 진단학회.

______(1987), “15세기 국어의 표기법에 대한 음운론적 고찰”, 국어학 16, 국어학회.

______(1992), 『국어의 파생어 형성 연구』, 태학사.

______(1997), “파생법의 변화”, 국어사 연구, 태학사.

심재기(1982), 『국어 어휘론』, 집문당.

안병희(1965), 『한국어 발달사(중)』, 한국 문화사 대계 5, 고대 민족문화 연구소.

______(1977), “초기 한글 표기의 고유어 인명에 대하여”, 언어학 제2호.

______(1982), 『15세기 국어의 활용어간에 대한 형태론적 연구』, 탑출판사.

양태식(1984), 『국어구조 의미론』, 태화출판사.

______(1985), 『국어 차원낱말의 의미구조』, 태화 출판사.

우인혜(1995), "국어 피동의 범위", 국어학 26. 국어학회.

______(1997), 『우리말 피동 연구』, 한국문화사.

우형식(1987), "명사화소 '-(으), ㅁ, -기'의 분포와 의미 기능", 말 12집, 연세대학교

______(1996), 『국어 타동사 구문 연구』, 박이정.

유목상(1990), 『한국어 문법 이론』, 일조각.

유창돈(1964), 『이조어 사전』, 연세대학교 출판부.

______(1974), 『어휘사 연구』, 선명문화사.

이광호(1985), "미지의 '-이'를 찾아서", 어문학 제5집, 국민대학교.

이경우(1981), "파생어 형성에 있어서의 의미 변화", 국어교육 제39 · 40호.

이기동(1975), "생성문법에 있어서의 파생어 취급 방법의 고찰", 언어와 언어학
        제3집, 한국외대 어학연구소.

이기문(1978), 『국어사개설』<개정판>, 탑출판사.

______(1991), 『국어어휘사 연구』, 동아출판사.

이기백(1957), "주격조사 '이'에 대한 연구", 계명대학교 대학원.

이남덕(1985), 『한국어 어원 연구 Ⅰ, Ⅱ, Ⅲ』, 이화여자대학교 출판부.

______(1986), 『한국어 어원 연구 Ⅳ』, 이화여자대학교 출판부.

이병근 · 채완 · 김창섭 편(1993), 『형태』, 태학사.

이병근(1976), "파생어 형성과 i 역행동화 규칙들", 진단학보 제42호, 진단학회.

이병선(1993), 『국어학 논고』, 아세아 문화사.

이상복(1990), 현대국어의 조어법 연구, 연세대학교 대학원 박사학위 논문.

이상억(1980), "사동, 피동어간 형성접미사에 대한 고찰", 어문논집 제21집, 고대
        국어국문학 연구회.

______(1999), 『국어 사동, 피동 구문 연구』, 집문당.

이석주(1989), 『국어 형태론』, 한샘.

이숭녕(1961), 『국어 조어론고』, 을유문화사.

______(1975), 『중세국어 문법』, 을유문화사.

이승재(1992), "융합형의 형태분석과 형태의 화석", 주 시경 학보 10, 탑출판사.

이양혜(1996), "형용사 파생접미사의 상호 관련성과 생산성", 부산한글 15집, 한글
        학회 부산지회.

______(2000), 『국어의 파생접사화 연구』, 박이정.

이익섭(1965), "국어 복합명사의 IC 분석", 국어국문학 제30호, 국어 국문학회.

______(1975), "한국 조어론의 몇 문제", 동양학 제5집, 단국대학교.

이익환(1989), 『의미론 개론』<수정판>, 한신문화사.

이재인(1985), "명사파생 접미사의 통합현상", 『국어학논총』, 『소당 천시권 박사 회갑 기념 논총』.

______(1989), "'-이'명사의 형태론", 『이정 정연찬 선생 회갑기념 논총』.

이정택(1992), "용언 '되다'와 피동법", 한글 218, 한글학회.

______(2001), "국어 피동에 관한 역사적 연구", 한글 254, 한글학회.

______(2003), "목적어 있는 피동문에 관한 연구", 배당말 32, 배달말학회.

______(2004), 『현대 국어 피동 연구』, 박이정.

______(2007), "피동의 범주 확정과 범주 구조", 한말연구 21, 한말연구학회.

이주행(1988), 『한국어 의존명사의 통시적 연구』, 한샘.

이진환(1984), 18세기 국어의 조어법 연구–방언집석을 중심으로, 단국대학교 대학원 석사학위 논문.

이현규(1995), 『국어 형태 변화의 원리』, 영남대학교 출판부.

이현희(1987), "중세국어 '둗겁-'의 형태론", 진단학보 제63호, 진단학회.

______(1997), "중세국어 강세접미사에 대한 일고찰", 한국 어문학 논고. 태학사.

이희성(1961), 『국어학 개론』, 민중서관.

임경순(1968), "형용사 형성 접미사 {'P}, {P'}의 고찰", 한국 언어문학 제5집, 한국 어문학회.

임홍빈(1974), "명사화의 의미특성에 대하여", 국어학 2, 국어학회.

전광현(1988), "17세기 국어의 접미파생어에 대하여", 동양학 제18집, 단국대.

정원수(1990), 국어의 단어 형성 연구, 충남대학교 대학원 박사학위 논문.

정호성(1988), 17세기 국어의 파생접미사에 대한 연구, 성균관대학교 대학원 석사학위 논문.

조남호(1988), "현대국어의 파생접미사 연구–생산력이 높은 접미사를 중심으로", 국어연구 85호, 국어연구회.

조일규(1988), "국어 파생법과 그 한계", 언어와 언어교육 제3집, 동아대학교 어학연구소.

______(1989), "「ᄒᆞ다」형 풀이씨에 관한 연구", 지산 김재문 교수 회갑 기념 논문집.

______(1991), "하임·입음 접사의 특성과 그 변천", 동아 어문논집 제1호, 동아어문학회.

______(1996), "중세국어 힘줌 풀이씨 뒷가지 연구", 평택대학교 논문집 제8집.

______(1997ㄱ), "힘줌 풀이씨 뒷가지의 변천", 평택대 논문집 제9집 제2호.

______(1997), 『파생법의 변천』, 박이정.

______(1998ㄱ), "중세국어에 나타난 정의 표현 풀이씨 뒷가지의 파생 양상", 평택대학교 논문집 제11집.

______(1998ㄴ), "근대국어에 나타난 정의 표현 풀이씨 뒷가지의 파생 양상", 부산한글 제18집, 한글학회 부산지회.

______(1999), "중세국어에 나타난 정의 표현 풀이씨 뒷가지의 파생양상", 국어학의 본질 제1집, 국어학 연구회.

______(2000), "현대국어에 나타난 정의 표현 풀이씨 뒷가지의 파생양상", 평택대학교 논문집 제14집.

______(2002), "중세국어에 나타난 하임 풀이씨 뒷가지의 파생 양상", 사회과학 연구 제6집, 평택대학교 사회과학 연구소.

______(2005), "근대국어에 나타난 힘줌 풀이씨 뒷가지의 파생 양상", 한글 267, 한글학회.

______(2006), "현대국어의 하임 풀이씨 뒷가지와 그 파생 양상", 한말연구 제18집, 한말연구학회.

______(2009), "근대국어에 나타난 하임 풀이씨 뒷가지의 파생 양상", 동남어문논집 제27집, 동남어문학회.

채　완(1979), "명사화소 '-기'에 대하여", 국어학 8, 국어학회.

최경봉(1998), 『국어 명사의 의미 연구』, 태학사.

최규일(1989), 한국어 어휘형성에 관한 연구, 성균관대학교 대학원 박사학위 논문.

최낙복(1989), 주시경 말본의 형태론 연구, 동아대학교 대학원 박사학위 논문.

______(1991), 『주시경 문법의 연구』, 문성출판사.

______(2009), 『개화기 국어 문법의 연구』, 역락.

최범훈(1981), 『중세 한국어 문법론』, 이우출판사.

최보일(1993), "국어 동일어의 대립양상 연구", 동아대학교 대학원 박사학위 논문.

최창열(1986), 『우리말 어원연구』, 일지사.

최현배(1975), 『우리 말본』, 정음사.

하치근(1984), "국어 접미사의 기능 연구", 동아대학교 대학원 논문집 제9집.

______(1987), 국어 파생접미사 연구, 부산대학교 대학원 박사학위 논문.

______(1988), "국어 파생 접미사의 유형 분류", 한글 199, 한글학회.

______(1991), "남북한의 단어 형성법 비교 연구", 『갈음 김석득 교수 회갑 기념

논문집』(『국어의 이해와 인식』, 한국문화사).

______(1993 ㄱ),『국어 파생형태론』(증보판), 남명문화사.

______(1993 ㄴ),『남북한 문법 비교 연구』, 한국문화사.

______(1998), "형식 형태소 목록의 간결화를 위한 공형태소 설정의 의의(I)", 한글 240·241합집, 한글학회.

______(2010),『우리말 파생형태론』, 도서출판 경진.

한글학회(1991-2),『우리말 큰사전』, 어문각.

허 웅(1956),『용비어천가』, 정음사.

______(1966), "서기 15세기 국어를 대상으로 한 조어법의 서술 방법과 몇 가지 문제점",『동아문화』제6집, 동아문화연구소.

______(1975),『우리 옛말본』, 샘문화사.

______(1981),『언어학』, 샘문화사.

______(1983),『국어학』, 샘문화사.

______(1985),『국어 음운학』, 샘문화사.

______(1989),『16세기 우리 옛말본』, 샘문화사.

______(2000),『20세기 우리말의 형태론』(고친판), 샘문화사,

홍사만(1985),『국어 어휘 의미 연구』, 학문사.

홍양추(1987), 국어 매인 이름씨 연구, 건국대학교 대학원 박사학위 논문.

홍윤표, 송기중, 송철희(1995),『17세기 국어사전』, 한국정신문화연구원,

홍종선(1990),『국어체언화 구문의 연구』, 고려대학교 민족문화연구소.

Ahn, Sang-cheol(1985), *The Interplay of phonology and Morphology in korean*, ph. d dissertation, University of Illinois.

Allan, K.(1986), *Linguistic Meaning*, 1, 2 Routedge and Kegan Paul.

Allen, M. R.(1978), *Mprphological Investigations*, Ph, D dissertation, University of Connecticut.

Aronoff, M.(1976), *Word-Formation in Generative Grammar*, Linguis-tic Inquiry Monograph 1, The MIT Press.

Bauer, L.(1983), *English word-formation*, Cambridge Univ. Press.

Bloomfield, L.(1935), *Language*, George Allen & Unwin, London.

Chafe, W. L.(1970), *Meaning and the Structure of Language*, The University Chicago Press.

Chomsky, N.(1965), *Aspect of the Theory of Syntax*, The MIT press.

Gaeng, P. A.(1971), *Introduction to the Principle of Language*, Harp-er & Row Pubishers, New York.

Halle, M.(1973), *Proregomena to a Theory of Word Formation*, Ling-uistic Inquiry 4.

Hoekstra, T. (eds) (1980), *Lexical Grammar*, Foris Publications.

Lyons, J.(1977), *Semantics 2*, Cambridge Univ. Press.

Nida, E. A.(1975), *Componential Analysis of meaning*, The Hague : Mouton.(조항범 역 (1990), 『의미분석론』, 탑출판사.),

Nida, E. A. and others(1977), *Semantics Domains and Componetial Analysis*, In Current Issues in Linguistic THeory, Indiana Un-iv. Press.

Nida, E. A.(1978), *Morphology*, University of Michigan Press.

Scalise, S(1984), *Generative Morphology*, Dordrecht, Foris publication (전상범역, 『생성형태론』, 한신문화사, 1987).

Selkirk, E. O.(1982), *The Syntax of words*, The MIT Press.

Stageberg, N. C.(1981), *An Introductory English Grammar, etc, Holt*, Rinehar and Winston, New York.

Williams, E.(1981), *On the Notions 'Lexically Related' and 'Head of a Word'*, Linguistic Inguiry 12.

저자 조일규

경남 산청군 시천면에서 태어나 경남 삼천포에서 자랐다.
동아대학교 국어국문학과 졸업
단국대학교 대학원 국어국문학과 문학석사
동아대학교 대학원 국어국문학과 문학박사
현재 평택대학교 국어국문학과 교수

주요 저서
『파생법 변천(Ⅰ)』

파생법의 변천

초판인쇄 2011년 12월 15일
초판발행 2011년 12월 26일
지은이 조일규
펴낸이 이대현
편 집 박선주
디자인 이홍주
펴낸곳 도서출판 역락
　　　　서울 서초구 반포4동 577－25 문창빌딩 2층
　　　　전화 02－3409－2058(영업부), 2060(편집부) | FAX 3409－2059
　　　　이메일 youkrack@hanmail.net
　　　　등록 1999년 4월 19일 제303－2002－000014호
ISBN 　978－89－5556－954－4 93710

정 가 40,000원
* 잘못된 책은 교환해 드립니다.